大学生心理学基本原理与应用指导

许东红　唐伶俐　白洁　主　编

中国纺织出版社

图书在版编目（CIP）数据

大学生心理学基本原理与应用指导 / 许东红，唐伶俐，白洁主编．--北京：中国纺织出版社，2019．1

ISBN 978-7-5180-3014-9

Ⅰ．①大… Ⅱ．①许… ②唐… ③白… Ⅲ．①大学生－心理健康－健康教育－研究 Ⅳ．①G444

中国版本图书馆 CIP 数据核字（2016）第 237081 号

责任编辑：汤　浩　　责任印制：储志伟

中国纺织出版社出版发行

地址：北京市朝阳区百子湾东里 A407 号楼　邮政编码：100124

销售电话：010－67004422　传真：010－87155801

http：//www. c-textilep. com

E-mail：faxing@c-textilep. com

中国纺织出版社天猫旗舰店

官方微博 http：//www. weibo. com/2119887771

北京虎彩文化传播有限公司印制　各地新华书店经销

2019 年 1 月第 1 版第 1 次印刷

开本：787×1092　1/16　印张：24. 75

字数：350 千字　定价：148. 00 元

前　言

大学阶段是人生成长发展过程中具有转折性的关键时期，是大学生学知识、长才干、全面提升综合素质的极好时期，同时也是他们心理问题和矛盾冲突较多而自己又缺乏相应成熟解决能力的特殊时期。在社会竞争日益激烈以及经济、学习、择业等压力不断加大的新形势下，大学生的心理负荷越来越大，心理问题发生率呈逐年上升之势。心理问题对大学生的成才与发展产生了很大影响：一些大学生因心理问题而休学、退学，甚至少数大学生因心理危机而导致自残、自杀或杀人。实践表明，加强大学生的心理健康教育已到了刻不容缓的地步。

近年来，我国高校心理健康教育取得了长足发展。随着“5·25”大学生心理健康节的设立，我国高校学生心理教育工作步入全面发展时期，已有很多高校成立了大学生心理健康教育机构，大部分高校开设了心理健康教育课程。大学生心理健康教育仍需要得到持续的发展。

本书本着加强大学生心理健康教育的初衷，结合大学生群体的心理特点，对大学生在学习、生活、情感以及职业规划方面所出现的各种心理问题进行阐述、分析，并提出解决方法。全书共分为十七章。第一章是大学生心理健康概述，分析了大学生心理健康的特殊性以及现状，从宏观角度对全书内容做了提示；第二章到第九章阐述了内在和外在因素与大学生心理健康教育之间的联系，主要包括大学生自我意识与心理健康、大学生生命意识与心理健康、大学生人格与心理健康、大学生适应能力与心理健康、大学生抗挫折能力与心理健康、大学生创造能力与心理健康、大学生情绪管理能力与心理健康、性的发展与心理健康，能够让读者全面认识到问题所在；第十章到第十五章从大学生所接触的方方面面来寻求解决方案，主要包括大学生日常学习与心理健康指导、大学生家庭生活与心理健康指导、大学生情感生活与心理健康指导、大学生网络生活与心理健康指导、大学生人际交往与心理健康指导、大学生职业生涯规划与心理健康指导，对于促进大学生健康成长、培养造就拔尖创新人才、全面贯彻党的教育方针以及推动高等教育改革、加强和改进大学生思想政治教育具有重要作用；第十六章描述了大学生常见的行为问题并提出了相关建议，对大学生行为具有引导作用，同时有利于通过行为建设推动心理健康发展；第十七章是大学生常见心理疾病及高校心理咨询工作，这一章内容，对高校心理健康教育体制机制建设以及相关人性化工作的开展有积极的作用。

本书在编写过程中参阅了国内外大量文献资料和研究成果，在此表示由衷的感谢。由于编者的水平有限，本书难免会出现错误和瑕疵，敬请各位专家和读者批评指正。

编　者

2018 年 6 月

目 录

第一章　大学生心理健康概述

心理健康与大学生的成长成才息息相关。大学是一个能够实现人生梦想的地方。四年时光虽然短暂，但对人一生发展的影响却具有决定性的作用。许多学生进入大学后，一直苦苦挣扎在学业成绩、两性交往、人际关系、情绪调控、前途命运等人生课题中，生活中充满困惑和烦恼，出现诸多不适感、焦虑感、压抑感、紧张感等消极心理体验。如果这些消极心理长期积累得不到缓解，就容易出现心理障碍，轻则影响正常的学习与生活，重则导致心理疾病，影响今后的发展。因此，保持心理健康，优化心理素质，不仅是大学期间正常学习、生活的基本保证，也是促进人格完善和德、智、体全面发展的重要条件。

第一节　心理健康概述

一、心理与心理健康

（一）心理的内涵

人的心理神秘奇特、复杂多变，具有隐蔽性和复杂性，有些人的言与行不一致，表象与本质不相同。我们可以借助仪器观察粒子世界的微妙，但对于人的心理，我们不能用手术刀把它解剖开来，借助显微镜观察它的结构。这些特点，给我们了解、分析人的心理带来了一定困难。但人的心理又是可以推测的，心理支配行为，又通过行为表现出来。

心理活动尽管是人人具有并为大家所熟悉的，但是对它的实质却有各种说法。科学的观点是：心理是脑的机能，即任何心理活动都产生于脑，所有心理活动都是脑的高级机能的表现；心理是客观现实的主观反映，即所有心理活动的内容都来源于外界，是客观事物在脑中的主观反映。

1. 心理是脑的机能，脑是心理活动的器官

心理活动是脑的机能，这是人们长期探索的结果。在古代，人们曾把心脏看作心理的器官，认为心理是心脏的机能。如荀子说“心居中虚，以治五官”“心卧则梦”；亚里士多德也认为精神位于心脏，而脑不过是一个“冷却”的装置。由于受传统观念影响，人们在日常用语中，凡是与心理活动有关的词都含有“心”字，如“思”“恨”“意志”等。古人把心脏与心理联系起来，是企图找出心理活动的物质器官，但这是不符合事实的。

现代科学以无可置辩的事实证明：心理活动是脑的机能，脑是心理活动的器官。心理现象是随着神经系统的产生而出现，又是随着神经系统的不断发展和不断完善，才由初级不断发展到高级的。无机物和植物没有心理活动，没有神经系统的动物也没有心理，只有有了神经系统的动物才有心理活动。无脊椎动物的神经系统非常简单，如环节动物只有一条简单的神经索，它们只具有感觉的心理现象，只能认识事物的个别属性；脊椎动物有了脊髓和大脑，它们就有

了知觉的心理现象，能够对事物外部的整体加以认识；灵长类动物，如猩猩、猴子，大脑有了相当高度的发展，它们能够认识事物的外部联系，有了思维的萌芽，但是还不能认识到事物的本质和事物之间的内部联系。只有人类才有思维，有意识，人的心理是心理发展的最高阶段，因为人的大脑是最复杂的物质，是神经系统发展的最高产物。所以，心理现象产生和发展的过程，也说明了心理是神经系统，特别是大脑活动的结果。脑是心理活动的器官，人们获得这一正确的认识经历了几千年。现在，这一论断得到了人们生活的经验、临床的事实，以及从心理发生和发展过程，脑解剖、生理研究所获得的大量资料的证明。

2. 心理是客观现实的反映

健全的大脑给心理现象的产生提供了物质基础，但是，大脑只是从事心理活动的器官，有反映外界事物产生心理的机能，心理并不是它自身所固有的。心理现象是客观事物作用于人的感觉器官，通过大脑活动而产生的，所以客观现实是心理的源泉和内容。离开客观现实来考察人的心理，心理就变成了无源之水、无本之木。对人来说，客观现实既包括自然界，也包括人类社会，还包括人类自己。20 世纪 20 年代印度发现的两个狼孩——让狼叼走养大的孩子，他们有健全人的大脑，但是，他们脱离了人类社会，是在狼群里长大的，他们只具有狼的本性，而不具备人的心理。所以，心理也是社会的产物，离开了人类社会，即使有人的大脑，也不能自发地产生人的心理。

心理的反映不是镜子似的机械的反映，而是能动的反映。因为通过心理活动不仅能认识事物的外部现象，还能认识到事物的本质和事物之间的内在联系，并用这种认识来指导人的实践活动，改造客观世界。心理是大脑活动的结果，却不是大脑活动的产品，因为心理是一种主观映象，这种主观映象可以是事物的形象，也可以是概念，甚至可以是体验，它是主观的，而不是物质的。从这个角度来说，应该把心理和物质对立起来，不能混淆，否则便会犯唯心主义或庸俗唯物主义的错误。

3. 人的心理是人脑对客观现实的能动反映

人脑对于客观现实的反映，不是像照镜子、拍照片那样机械、被动，而是积极能动的。个人过去已有的知识经验、个性特点、当前的心理状态等，都在反映事物中起着重要的作用，使反映带有个人的特点。因此，我们常常可以看到：不同的人，或同一个人，在不同时期和不同条件下，对同一事物的反映是不同的。例如，欣赏同一首乐曲，缺少音乐修养的人与具有一定音乐素质的人，其感受是大不一样的；同一株浓荫蔽日的大树，植物学家和艺术大师对它的评价也是不同的。这是知识经验参与到反映中的缘故。

人的心理是人脑对客观现实积极的能动的反映，还表现在人在实践中是有目的、有意识地支配和调节自己的行动，能动地反作用于客观现实、改造现实的。列宁说过：“人的意识不仅反映客观世界，并且创造客观世界。”

（二）心理健康的内涵

心理健康的内涵是研究人的心理健康的形成、发展、变化的规律，以及如何维护和增进心理健康的科学。

1. 心理健康的概念

对于疾病产生的原因，人们的共识是首先考虑生理因素，但随着时代的发展、生活节奏的

加快，来自工作、家庭、社会等方面压力的加大及一些不恰当生活方式的影响，导致疾病的发生掺入了许多心理因素。

第三届国际心理卫生大会（1946 年）将心理健康定义为："所谓心理健康，是指在身体、智能及情感上与他人的心理健康不相矛盾的范围内，将个人心境发展成最佳的状态。"

心理学家英格里士（H. B. English）指出：心理健康是指一种持续的心理状态，当事人在各种情况下都能做出良好的适应，具有生命的活力并能充分发挥其身心潜能，是一种积极的、丰富的体验。

也有学者将心理健康定义为个体的各种心理状态（如一般适应能力、人格的健全状况等）保持正常或良好水平，且自我内部（如自我意识、自我控制、自我体验等）及自我与环境之间保持和谐一致的良好状态。

还有观点认为：心理健康就是指一种高效而满意的持续的心理状态。心理健康是人的基本心理活动协调一致的过程，即认识、情感、意志、行为和人格完整协调，能顺应社会，与社会保持同步的过程。

结合各家观点，我们认为：心理健康是个体能够随内外环境的变化保持心理在正常范围内波动的一种状态。

2. 心理健康的特点

（1）动态性

心理健康的状态是动态的变化过程。个体在遇到积极事件时心理状态就会较为激进，而在遇到消极事件时则会很低落。另外，随着个体的成长、经验的积累、环境的改变，心理健康状况也会有所改变。尤其是个体在发展中遇到的一些困惑，可能在很长一段时间内都会影响到个体的心理状态，这并不能说明个体在该时期的心理是不健康的，如在青春期的叛逆心理等，并非心理不健康。

（2）整体协调性

心理不健康是指一种持续的不良状态，偶尔出现的不健康心理或不健康行为并不能表明个体心理不健康，它同时受到情景因素的影响。比如，平时性格开朗的人，最近郁郁寡欢，不愿与他人接触，可能是刚刚失恋所致，而并非心理不健康。人的心理健康具有整体协调性，与人们所处的时代、环境、年龄、文化背景等因素有关，所以不能仅仅以一种行为或者一种短暂的状态来判断自己或他人心理是否健康。

（3）无明显界限性

如果把心理健康与不健康比作白色与黑色，那么，白色与黑色的交叠部分是灰色，即过渡阶段。良好的心理健康状态到严重的心理疾病之间是一个渐进的连续体，异常心理与正常心理、变态心理与常态心理之间没有绝对的界限。

（4）可逆性

心理健康或不健康都属于正常心理的范畴，并未进入或发展到病理状态。心理健康与不健康状态之间可以互相转化。当出现不健康状态时，可通过适当的调节来变得健康；同样，良好、协调的心理状态如果不注意保健，也可能出现不良或不协调的心理。

二、心理健康的标准

（一）确立科学的健康观

1. 健康的科学定义

心理健康是完整健康概念的组成部分。人类对健康概念的认识是随着社会的发展以及人类自身认识的深化而不断丰富的。在生产力低下的时期，人类只关注如何适应和征服自然，维护自身的生存。其后，随着生产力水平的提高，人类开始关心身体健康，防病治病的医学科学应运而生。历史发展到现代，人类对健康的认识又发生了飞跃，不再局限于生理机能的正常、衰弱与疾病的减少。1948 年，联合国世界卫生组织（WHO）成立时，在其宪章中开宗明义地指出：健康不仅仅是没有疾病，而且是身体上、心理上和社会上的完好状态或完全安宁。这是对健康全面、科学、完整、系统的定义。这种对健康的理解就意味着衡量一个人是否健康，必须从生理、心理、社会、行为等因素分析，不仅看他有没有器质性或功能性异常，还要看他有没有主观不适感，有没有社会公认的不健康行为。

2. 健康的具体标准

为了加深人们对健康的认识，世界卫生组织还规定了健康的 10 条标准：

（1）有足够充沛的精力，能从容不迫地应付日常生活和工作压力，而不感到过分紧张；

（2）态度积极，乐于承担责任，不论事情大小都不挑剔；

（3）善于休息，睡眠良好；

（4）能适应外界环境的各种变化，应变能力强；

（5）能够抵抗一般性的感冒和传染病；

（6）体重得当，身体均匀，站立时，头、肩、臂的位置协调；

（7）反应敏锐，眼睛明亮，眼睑不发炎；

（8）牙齿清洁、无空洞、无痛感、无出血现象，齿龈颜色正常；

（9）头发有光泽、无头屑；

（10）肌肉和皮肤富有弹性，走路轻松匀称。

从这 10 条健康标准可以看出，健康包括身体健康和心理健康两个方面，二者相辅相成，缺一不可。严格地说，没有一种病是纯粹身体方面的，也没有一种病是纯粹心理方面的。因此，我们在考虑自身的健康和疾病时，也要注意身心两个方面的反应。

3. 健康观的演变

长期以来，人们对健康的传统认识存在着许多片面性。比如，一谈起健康就认为是医学的事，只注重生理健康而忽视心理健康。所以在日常生活中往往只注重锻炼身体，而不重视培养健康的心理；一有头痛脑热就往医院跑，而有了严重的心理疾患却自觉不自觉地掩盖。这种片面的健康观已经带来了许多不良后果。据美国的统计资料，每 4 个人中就有 1 人在其一生中将因心理方面的原因而引起生理方面的疾病；每 12 个人中就有 1 个人将因心理方面的疾病而住院。美国全国的医院病床中，几乎有一半是被心理疾病患者所占住。世界卫生组织根据在世界范围内的调查推测，目前全球约有 3.4 亿抑郁障碍的患者，而且这个数字还在不断地上升。2003 年开展的北京地区抑郁障碍流行病学的研究调查发现，全市 15 岁及以上人群中患抑郁障碍的时点为33.31%，终身患病率为6.87%。由此推算，全市15岁及以上人群约有30万人正在患有抑郁障碍，曾经患有和正在患病的人数大约有60万。可见，心理卫生问题在人群中大量存在，严重地影响着人们的健康。事实证明了古罗马哲学家西塞罗的论断：心理的疾病比起生理的疾病为数更多，危害更烈。

（二）心理健康及界定原则

一个人的心理怎样才算健康，以什么作为心理健康的标志，这是一个非常复杂的问题。

1. 心理健康的标志

国内外学者曾就心理健康的定义与内涵从不同角度阐述过。第三届国际心理卫生大会（1946年）对心理健康是这样定义的："所谓心理健康，是指在身体、智能以及情感上与他人的心理健康不相矛盾的范围内，将个人心境发展成最佳的状态。"

世界心理卫生联合会还明确提出了心理健康的标志：

（1）身体、智力、情绪十分调和；

（2）适应环境、人际关系中彼此能谦让；

（3）有幸福感；

（4）在工作和职业中，能充分发挥自己的能力，过高效率的生活。

心理学家英格里士于1958年指出，心理健康是指一种持续的心理状态，当事人在那种情况下，能做出良好的适应，具有生命的活力，且能充分发挥其身心潜能。

综上所述，我们可以从广义和狭义两种角度来定义心理健康。从广义上讲，心理健康是指一种高效而满意的、持续的心理状态；从狭义上讲，心理健康是指人的基本心理活动的过程内容完整、协调一致，即认识、情感、意志、行为、人格完整和协调，能顺应社会，与社会保持同步。

2. 心理健康的等级

心理健康与生理健康是健康概念不可分割的部分，但是心理健康的标准并不像生理健康那样具体、精确、绝对。因为心理现象是主观精神现象，它的度量很难有一个固定而清晰的界限。根据中外心理健康专家们的研究，可将人的心理健康水平大致分为3个等级：

（1）一般常态心理者

表现为心情经常愉快，适应能力强，善于与别人相处，能较好地完成同龄人发展水平应做的活动，具有调节情绪的能力。

（2）轻度失调心理者

表现出不具有同龄人所应有的愉快，和他人相处略感困难，生活自理有些吃力。若主动调节或通过专业人员帮助，可恢复常态。

（3）严重病态心理者

表现为严重的适应失调，不能维持正常的生活、工作。如不及时治疗将会恶化，可能成为精神病患者。

3. 界定心理健康标准时应遵循的基本原则

界定心理健康与否应遵循3条基本原则：

（1）心理活动与外部环境是否具有同一性，即一个人的所思所想、所作所为是否正确地反映外部世界，有无明显的差异。

(2) 心理过程是否具有完整性和协调性，即人在心理活动中认识、情感、意志三个过程内容是否完整，是否协调一致。

(3) 个性心理特征是否具有相对稳定性，即人的个性心理特征在没有重大的外部环境改变的前提下，人的气质、性格、能力等个性特征相对稳定，行为表现出一贯性。

由此可见，在具体界定心理健康标准时，一般应该从环境适应能力、挫折耐受能力、情绪调控能力、社会交往能力、自我意识水平等方面提出明确的标准。

第二节　大学生心理健康的特殊性

一、大学生心理发展的一般特点

大学生作为一个特殊的群体，在其心理发展和心理健康问题上有着自己的鲜明特色。我国大学生的入学年龄在18岁左右，经过4～5年的大学学习，毕业都在22岁左右。这一时期正处于青春期的后期与成年初期阶段，处在这一阶段的大学生，其生理发展有些方面虽然还继续有所增长，但基本上已经成熟。但就其心理发展来说，却还未达到真正成熟的水平，处于从不成熟到逐渐成熟、迅速向成人过渡的急剧变化时期。此阶段，他们自我意识增强，但由于阅历浅，社会经验不足，独立生活能力不强，对自己缺乏正确全面的认识，因而很容易受到社会上各种思潮的冲击，很容易产生各种各样的心理矛盾和问题。因此，正确认识自身的心理发展特点，正确评价自身的心理健康状况，是大学生心理健康的前提和基础。

大学生心理发展的特点总体表现为：正在迅速走向成熟，而又未完全成熟。这一特点决定了大学生心理发展对其心理健康具有两方面的影响，其中那些成熟方面表现出积极作用，从而促进心理健康；而那些没有达到真正成熟的方面就有可能表现出消极作用，从而对心理健康起负面的影响。也就是说，大学生的心理发展有两面性，某些本来属于积极的特点，当他们不考虑当时的客观条件或情境时，或发挥作用超过一定限度时，会呈现出某些消极甚至是有害的作用。这就要求我们必须认真研究大学生的心理发展特点，尽可能地扬长避短，促进大学生的健康成长。

(一) 精力充沛，朝气蓬勃，心态积极，但自控力不足

由于大学生在身体成长与生理机能上正处于发育的高峰时期，其旺盛的体力和生机就为充分发挥其心理活动提供了条件；加上进大学本身是通过高考竞争获胜的结果，心理上本身具有一种成功感，因此，绝大多数大学生觉得浑身有使不完的劲儿，同时也在从事各项活动中体验到自己所具有的青春活力，从而深信自己的巨大能量，感到没有任何力量可以阻挠他们不断前进。即使遇到困难和不利的条件，他们往往也能以积极心态看问题，用正确心理和信念支持自己努力拼搏，力求冲破障碍夺取胜利。从某种角度来看，所有这些正是身体生理机能成熟所提供的力量在心理上的反映。也就是说，生理机能的旺盛发展促进了积极心态的形成。

精力充沛、心态积极本是大学生心理发展的积极方面，但由于自控力还没有得到相应发展，如果不考虑现实的情境和具体的条件，不用在正确的活动上，就会表现为发泄过剩的心理能量

和生理能量的现象，有时甚至会造成巨大危害。诸如球场闹事之类的过激行为，就是这种过剩心理能量不正确宣泄的典型表现之一。

（二）认识能力高度发展，智力水平空前提高，但认识问题易走极端

我国心理学的一些研究表明，高中毕业生的智力已初步接近成熟。进入大学后，其智力水平迅速提高。具体表现在：

（1）由于学习的知识越来越多，涉及面越来越广，因而大学生能经常系统地思考事物之间的联系，能够从具体走向抽象、从经验走向理论，具备了初步演绎归纳能力，能够在一定程度上推断和预测未来。

（2）由于广泛地接触一果多因和一因多果的现象，他们越来越明确一切事物都依条件而变化的规律，从而使辩证思维有了很大发展。

（3）由于接触到的理论、学说、知识越来越多，加上大学阶段受到更多自由思考和表达独立见解的鼓励，所以大学生思维独立性和批判性显著增强。

（4）大学教育促进了复合思维和发散思维的结合，加上青年人丰富活跃的想象，大学生的创造性思维相当发达，有不少大学生在校期间就有所发明或在理论上有所建树。

大学生心理发展的这一特点本来是积极的，但在一定条件下，也容易向消极方面转化。比如，思考问题好走极端，下结论有时显得主观、片面、狭隘；由于抽象、逻辑思维高度发展，他们易于脱离现实、轻视实践和经验；由于独立思考和批判能力提高而导致怀疑精神增强，有可能导致否定一切和对现实不满，甚至产生悲观厌世情绪；由于自觉见多识广，容易产生自以为是心理，目空一切、谁也瞧不起。

（三）感情丰富、反应强烈而又不稳定

大学生的情绪、情感、情操（统称感情）与他们的需要和价值观有着紧密联系。中小学生情绪的变化主要来自外部刺激，而大学生的情绪变化主要源于内部需要的结构变化和价值观的不平衡、不稳定。大学生的需要结构和价值观既有其实际的一面，又有其过于理想的一面。

如果仅从大学生需要结构和价值观的特点来看，他们这种追求理想、追求完美、感情丰富的特点是非常可取的。但这种过分理想化的追求，再加上自身存在的现实生活经验不足和情绪不稳、容易偏激的特点，易产生一些极端情绪：一方面，当自己的需要和愿望得到满足时，便欢呼雀跃、手舞足蹈，甚至因此而盲目狂热、冲动；当现实生活与自己的理想存在一定差距，需要和愿望得不到满足时便愤世嫉俗或悲观失望。另一方面，强烈的参与社会生活的愿望和社会经验不足也往往使他们陷入不知所措的境地。因此，大学生的行为和表现往往具有较大的不稳定性和冲动性，耐受挫折的能力相对较弱。

（四）自我意识增强，自我认知易出偏差

“自我”就是个体对自己的认识，包括自己的特点、能力、外貌，以及各种各样的表现等。事实上，我们每个人都以一种独特方式看待自己。自我意识在个体身上表现为紧密相连而又相对独立的认知、情感和意志三种形式。属于认知方面的有自我感觉、自我观察、自我分析和自我评价；属于情感方面的有自谦、自尊、自信、自爱；属于意志方面的有自制、自我调节、自我激励等。心理学上常把个人对自己的期望或理想称作“理想自我”。

大学生脱离家庭踏入大学，生活空间扩大，独立感和成人感迅速增强，自尊心、自信心、荣誉感等自我意识进一步发展，随着社会交往的扩大和深化，他们往往从更多、更深的角度认识自己，逐步学会运用社会尺度观察、分析和评价自己。然而大学生的自我意识发展尚不完善，对自己尚未形成稳定的自我评价。总的来看，由于他们的高度自尊心和自信心以及对理想的追求，往往使他们对理想自我的标准定得太高，这就造成“理想自我”与实际的自我或别人的评价存在一定的差距。

理想自我与现实自我之间的差异，对个体的成长和发展具有两面性。一定程度的差异可以促进个体的发展，但如果对理想自我的要求太高，反而容易丧失信心，出现各种各样的问题。美国心理学家罗杰斯通过研究发现，理想自我与现实自我的过分失调就是产生精神病等心理障碍的主要原因。国内大学心理学工作者的研究也表明，大学生理想自我与现实自我的差距越大，在测评中其抑郁方面的得分越高。

综上所述，从个体发展的角度来看，大学生正处于青春期后期到成人的转变，这一发展特点决定了大学生活将是个人逐渐走向成熟和独立的重要阶段。这一阶段的发展状况如何，将直接影响大学生走向社会以后的适应问题。心理学的研究表明，从青少年向成人转变是一个相当艰巨、充满危机的时期。除了生理上的发育成熟与科学文化知识及技能的积累提高以外，大学生在发展过程中，一个重要方面就是完善自己的心理发展，塑造完美个性。这一任务主要取决于两方面：学校、社会与家庭的教育培养和大学生的自我完善。因此，大学生应针对自己的心理发展特点，有意识地扬长避短，尽可能地发展积极的一面，最大限度地抑制消极的一面，使自己的心理健康地发展。

二、大学生心理健康的标准

从个体心理发展的角度看，大学生正处在青年中期向成人的转变。几乎所有的心理学家都承认，从青少年向成人的转变是一个相当艰巨并且充满危机的时期。大学生，特别是大学新生，由于独立性的不完全，对家长有较大的依赖；对社会了解有限，过于理想化，环境突变难以适应；对自我的认识摇摆不定而难以定位等，从而在心理上显露出一系列的矛盾与冲突。准确界定大学生心理健康标准对于引导大学生提高心理健康水平意义重大。

根据处于青年中期的大学生具有的心理特征、大学生特定社会角色的要求以及心理健康学的基本理论，大学生心理健康的标准可以概括为 7 条：

（一）能保持较浓厚的学习兴趣和求知欲望

智力正常是人一切活动的最基本的心理条件，而大学生一般智力都比较高。学习是大学生活的主要内容，心理健康的学生珍惜学习机会，求知欲望强烈，能克服学习中的困难，学习成绩稳定，能保持一定的学习效率，从学习中体验满足与快乐。

（二）能保持正确的自我意识和自我接纳

自我意识是人格的核心，指人对自己以及自己与周围世界关系的认识和体验。人贵有自知之明。心理健康的学生了解自己，接受自己，自我评价客观，既不妄自尊大而做力所不能及的工作，也不妄自菲薄而甘愿放弃可能发展的一切机会。自信乐观，生活目标与理想切合实际，不苛求自己，能扬长避短。

（三）能协调与控制情绪，保持良好的心境

情绪影响人的健康，影响人的工作效率，影响人际关系。心理健康的学生能经常保持愉快、开朗、乐观、满足的心境，对生活和未来充满希望。虽然也有悲、忧、哀、愁等消极体验，但能主动调节；同时能适度表达和控制情绪，做到喜不狂、忧不绝、胜不骄、败不馁。

（四）能保持和谐的人际关系，乐于交往

人际关系状况最能体现和反映人的心理健康状况。心理健康的学生乐于与他人交往，能用尊重、信任、友爱、宽容、理解的态度与人相处，能分享、接受、给予爱和友谊，与集体保持协调的关系，能与他人同心协力，合作共事，乐于助人。

（五）能保持完整、统一的人格品质

人格指人的整体精神面貌。人格完整指人格构成要素的气质、能力、性格和理想、信念、人生观等各方面平衡发展。心理健康的学生，他们的所思、所做、所言能够协调一致，具有积极进取的人生观，并以此为中心把自己的需要、愿望、目标和行为统一起来。

（六）能保持良好的环境适应能力

环境适应能力包括正确认识环境以及处理个人和环境的关系。心理健康的学生在环境改变时能面对现实，对环境作出客观的认识和评价，使个人行为符合新环境的要求；能和社会保持良好的接触，对社会现状有清晰的认识，能及时修正自己的需要和愿望，使自己的思想、行为与社会协调一致。

（七）心理行为符合年龄特征

在人的生命发展的不同年龄阶段，都有相应的心理行为表现。心理健康的人，他们的认识、情感、言行、举止都符合他所处的年龄段。心理健康的大学生应该是精力充沛、勤学好问、反应敏捷、喜欢探索。过于老成、过于幼稚、过于依赖都是心理不健康的表现。

三、正确理解和运用心理健康的标准

正确理解和运用大学生心理健康标准应注意以下几个问题：

（一）心理不健康不等于有不健康的心理和行为

心理不健康与有不健康的心理和行为表现不能画等号。心理不健康是指一种持续的不良状态。偶尔出现一些不健康的心理和行为并不等于心理不健康，更不等于已患心理疾病。因此，不能仅从一时一事而简单地给自己或他人下心理不健康的结论。

（二）心理健康与不健康是一种连续状态

心理健康与不健康不是泾渭分明的对立面，而是一种连续状态。从良好的心理健康状态到严重的心理疾病之间有一个广阔的过渡带。在许多情况下，异常心理与正常心理、变态心理与常态心理之间没有绝对的界限，只是程度上的差异。见图 1-1。

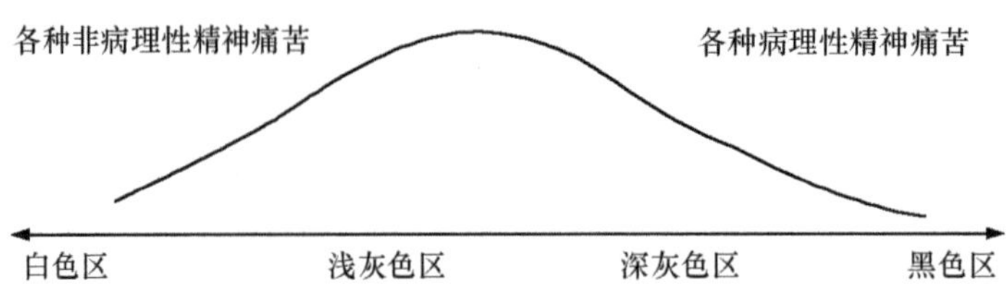

图 1-1　心理问题的程度与范围

注：白色区——健康人格　浅灰色区——有心理冲突者

深灰色区——人格异常者　黑色区——人格变态者

心理状态 / 咨询内容 / 项目	白色区	浅灰色区	深灰色区	黑色区
特点	健康人格自信适应	各种由生活人际关系压力而产生的心理冲突	各种人格异常者	精神病患者
服务者	无须	心理咨询师、社会工作者	心理咨询师	精神科医生
服务模式	无须	咨询心理学模式	临床心理学模式	医学模式

（三）心理健康的状态是动态变化的过程

心理健康的状态不是固定不变的，而是动态变化的过程。随着人的成长，经验的积累，环境的改变，心理健康状况也会有所改变。

（四）心理健康的标准是一种理想尺度

心理健康的标准是一种理想尺度，它不仅为我们提供了衡量是否健康的标准，而且为我们指明了提高心理健康水平的努力方向。每一个人在自己现有的基础上作不同程度的努力，都可以追求心理发展的更高层次，不断发挥自身的潜能。

（五）满足大学生心理健康的基本标准

大学生心理健康的基本标准是能够有效地进行工作、学习和生活。如果正常的工作、学习、生活难以维持，应该及时调整。

第三节　大学生心理健康现状

大学生作为社会生活中一个高学历的群体，从总体上看，是心理健康的群体之一，大多数大学生的心理是健康的。但任何事情都要一分为二地看。正是由于大学生属于高智商和思维活跃型的群体。他们争强好胜，追求完善，思想活跃，但其心理发展尚未成熟，心理素质比较脆弱，在学习竞争、择业竞争、恋爱苦恼、经济条件限制、人际关系难处、家长期望值过高以及因社会变革加快而带来的多方面压力冲击下，造成了大学生强烈的忧患意识，心理负荷过重，致使相当一部分大学生存在着不同程度的心理问题。

一、大学生心理问题的发生趋势及其特点

随着社会转型、科技发展速度的加快，人们的生活节奏也在加速，学习、工作、生活的竞争日趋激烈，很多人因此而出现种种心理问题。在这样的背景下，大学生的心理健康问题也出现一些新的变化。一是心理问题的发生率呈逐年上升趋势。万素英等选择了国内 12 所不同层次的高校，开展了大学生心理健康状况调查，调查显示：大学生认为自己心理健康的占 60%，认为自己存在不同程度心理障碍的达 36.5%，这反映出大学生中心理问题发生率相当高。综合有关高校近年来的调查，21 世纪大学生的心理健康状况是：虽然大学生群体中大部分人心理是比较健康的，但也确有不少人存在心理问题，其中有一般心理困扰如恋爱、学习、交往问题的约占 35%，具有一定程度心理问题的约占 28%，有中等程度以上心理问题的约占 15%，真正严重的约占 5%，患精神疾病的不到 1%，因心理障碍而休、退学的占休、退学总人数的 54%。二是心理问题出现了一些新的特点。如大学生常见心理问题以往主要表现在学业、人际关系、恋爱情感、求职择业等方面，但近年来除了继续保留这种趋势外，还明显出现了一些新的特点：

（1）自杀率上升。大学生自杀近年来呈明显上升趋势。据有关方面统计，大学生自杀率目前达到万分之二以上，已超过社会平均水平。这反映了一些大学生对生命不珍视，同时心理脆弱，经受不住挫折，缺乏危机应对办法。在大学生中开展生命教育和危机调适教育是心理健康教育的新课题。

（2）网络依赖问题严重。有关研究发现，60%的大学生网络活动正常，主要集中在发邮件、学习、查资料。但也有不少人对网络产生严重依赖，一天上网六七个小时或更长时间，主要用于玩游戏、聊天以及网恋等，这势必影响作息与健康，减少对学习的投入和与同学的交往，不利于大学生健康成长。有不少大学生因“网瘾”而不得不辍学。

（3）职业生涯发展问题凸显。大学扩招使更多的青年获得接受高等教育的机会，但也产生了大学生就业难的问题，不少大学生担心毕业即失业，出现空前的盲目考研热、考证热，高位低就使大学生自我价值感受到冲击。考上大学就是为有更好的未来，而上了大学又感到未来渺茫，因就业压力而导致焦虑、失眠的大学生不在少数。

（4）性引发的心理问题增多。随着社会开放，人们对性开放的接纳程度有所提高。对中、日、韩三国青年价值观比较研究发现，在对性问题的态度上三国青年没什么差别，对性行为的包容者高达 89%。对性问题包容预示发生婚前性行为的可能性提高。在实际生活中，大学生婚前性行为的发生确实增多，因婚前性行为而导致的心理问题也随之增多。

（5）贫困生心理问题较普遍。专家研究发现贫困生心理问题比非贫困生多，因为他们需要承受的压力更多一些。经济压力会带来不良心理反应，如自卑、自我封闭、孤僻等。

（6）极端事件增加。近年来大学生中发生极端事件屡见不鲜。如震惊全国的大学生马加爵杀人案、清华大学生刘海洋用硫酸泼洒狗熊事件等都充分反映了一些大学生的心理极端扭曲。

二、大学生心理问题的阶段性特征

（一）大一：主要是适应不良的问题

广泛的调查表明，一年级主要是适应不良问题，包括人际关系、生活、学习方法等的不适应。其中人际关系、学习方法和自我角色定位是大学新生存在的主要问题。

(1) 在人际关系方面不知道怎么交往，人际交往技能缺失。首先，一个主要原因是独生子女多，孩子在社会化过程中缺乏同辈交往；其次是受教育背景与成长经历的影响。许多学生在家和学校是好孩子，大人不让到处乱跑，只要学习好就行，造成孩子性格内向，没有交往的欲望。即使有交往欲望也不知道怎样做，缺乏必要的训练和实践，这种状况导致进入大学后人际交往不适应。

(2) 在学习方法上，无论是学生的学习方式方法还是老师的教学方式方法，大学都与中学差别很大。中学教育是老师手把手地教，有指导，有监督，主要是他律；大学是自主型的，监督指导少了，主要靠自律。许多人失去他律后又缺乏自律，由放松导致无目标、无动力等问题。

(3) 在自我角色定位方面，主要是自我角色定位不适应角色转换而产生自信心丧失的问题。现在高等教育的入学率虽已达到大众化水准，但在我国能上大学的仍是少数。能考上大学的学生在当地是优秀的学生，他们不缺乏鼓励、支持和掌声，原来的佼佼者在大学里成了“普通人物”，会突然因自信心丧失而产生自卑。加上大学生普遍处在自我同一性发展的关键年龄段，习惯上称为“心理断乳期”。这种心理上的失落感处理不好，很容易产生自我认识和自我评价的矛盾和混乱。如女大学生小华从初中到高中成绩一直排在前面。上了大学以后，往日的优势没有了，她发现无论怎么努力，成绩还是不如有些人好，小华难以接受这个现实。她起初是割腕自残，后来不得不休学。

(二) 大二：问题多发之期

根据樊富珉、王建中等学者对北京高校学生心理健康状况的调查发现，大学二年级学生心理问题发生率在大学四个年级中最高。在高校从事心理健康教育工作的教师在心理咨询工作中也发现，大二是心理问题高发阶段。大二时，评定奖学金常常是引发心理问题的导火索，因指标所限，总有评得上和评不上的、有评得高的和评得低的，有的同学不能正确对待公平公正问题，追求绝对的公平公正，一旦事与愿违，便想不通，产生心理问题。此外，恋爱也是困扰领域之一。因为大二阶段男女生彼此相处时间已较长，加上性意识随年龄增长而日趋强烈，恋爱问题逐渐成为引发心理问题的重要方面。某高校男生小胡与同班女生小敏相互之间很有好感，可又怕谈恋爱影响学习，于是拒绝了小敏。没想到心里又放不下小敏，每次上课老想看她，不让自己看又控制不住，逐渐泛化到不敢看女生，后来发展到不敢去上课。

(三) 大三：爱的困惑凸显

恋爱情感问题在大三比较突出。大一、大二刚开始恋爱，问题似乎比较简单，到大三有重新选择、与旧的恋人分手问题，有失恋问题，有找不找的问题，有性越轨而引发的问题等。有关专家认为，大学阶段性生理成熟，而性心理、性道德观念的发展相对滞后。性冲动与传统价值观和道德观发生冲突，造成大量性心理异常，出问题的多是内向、腼腆、害羞的好学生。有的手淫后有犯罪感，导致自卑等问题，还会出现异性交往障碍、性别角色紊乱、恋物癖等心理障碍；有的因发生婚前性行为而怀孕，导致人流，产生一系列身体与心理问题；有的因多角恋爱或单相思而出现种种情感纠葛，导致性心理不正常。

(四) 大四：职业发展的苦恼

考研、择业是大四的主题。是继续深造还是工作，如何选择工作领域与职业？大四的同学都在思考自己的前途，由此产生困惑。不少人在考研还是不考研的矛盾中作艰难的抉择。因为现在考研的竞争不亚于高考，考上了还好，万一考不上耽误了找工作怎么办；如果考上了研究生毕业后能找到好工作吗；如果不考研，到什么地方找什么工作；与男朋友或女朋友的关系是持续还是打住，自己的未来是一个未知数，两个人的关系将如何发展……需要分析、思考、抉择的事的确很多。更多的人是在考虑就业，找到一个适合自己、报酬又不错的工作实属不易。招聘会人山人海的情景本身就给人以压力。有的毕业生见投简历是有去无回，便心灰意冷；有的女生看到一些单位的用人条件是"只要男生"，难免会受到刺激，产生自卑。即使用人单位有了回复，但具体到面试，还是压力重重，如怎样克服自卑心理、怎样见单位领导、面试技巧如何等，都不得不反复思考。有的人在应激状态下便出现了问题。

三、影响大学生心理健康的主要因素

大学生心理问题一方面与他们自身所处的心理发展阶段有关，另一方面与他们所处的社会环境有关。各种生理因素、心理因素、社会因素交织在一起，容易造成大学生心理发展失衡，导致各种心理疾病。主要有客观和主观两方面的原因。

（一）客观方面

1. 生物遗传因素

近十年医学遗传流行病研究表明：重型心理障碍如精神分裂症、情感障碍等，与遗传的关系较密切；而轻型心理障碍如神经症，则与遗传的关联度较小。有研究表明，心理障碍随着年龄的增加，遗传因素的影响呈下降的趋势，环境因素的影响呈上升趋势。大学生的年龄处于青春期后期，因此遗传因素和环境因素的影响都处于比较重要的位置。

2. 早期经历

精神分析学派创始人弗洛伊德通过长期研究和精神病临床治疗中发现，心理障碍与早期经历有关。不良的早期经历留在个体心里的痛苦记忆，将对个体后来的生活产生重大影响，并有可能引发心理疾病，如有些同学童年或者少年时期受过重大精神创伤，未向家人或朋友提及而一直压抑在心里。进入大学后，可能由于自由时间较多或者面临了新的难以解决的困难，从而使被压抑在心底的创伤又浮现出来，折磨着个体。

3. 环境变迁的因素

生活环境的变迁对刚入学的大学生是个不小的挑战。这种变化的主要方面是要独立生活，应对一切生活琐事。几个同学共住一个寝室，彼此的生活习惯、作息安排及语言隔阂都需要去面对和适应。心理学研究表明：个体所处环境的巨大变迁也会使个体产生心理应激。具有良好心理的同学，很快就能适应新的环境，并与同学、老师建立起良好的人际关系。而心理承受力、适应力差的同学却较难适应，从而出现心理问题。例如，某大学一男生考入离家很远的外省学校，自幼该生受到家长无微不至的关怀和照顾，就连交往的同学、朋友也是家长"考察"之后确定的。进入大学后，该生面对新的环境无所适从，不会与他人相处，最终也只是和同省来的两个同学交往，不参加各类课外活动，大学生活单调而乏味。全新的角色要求大学生重新评价自己与他人，要完成重新设计自我的过程。在适应过程中，一个基本的特点是大学生在新的环境中希望自己更优秀。对于刚刚经历巨大环境变迁的大学生来讲，不仅存在一个适应外部环境的问题，同时更重要的是他们也面临一个如何自我调适的过程。总的来看，无论是对学习和生活环境的适应，还是对人际关系和自我地位变化的适应，都会极大地影响到大学生们当时的心理健康状况。

4. 重要因素的丧失

人际关系主要是指与家人、朋友特别是异性（恋人）的关系。一旦这些关系丧失或出现问题，不仅会影响到大学生的情绪、学习和生活，也可能会极大地影响到他们对自己的看法。尤其是在失恋以后，这种影响表现得更加突出。

荣誉的丧失现在已经发展成为一个非常广泛的问题，特别是高校实行奖学金制度后，很多学生都自认为可以获得奖学金但又没有得到，或者因为其他原因影响了他们的名声甚至以后的发展前途，如考试不及格、作弊等。

自尊的丧失、荣誉的丧失和重要人际关系的丧失有一定的关系，但在很大程度上与自我重新确认有关。伴随着自尊丧失，自卑和抑郁接踵而来。这种丧失对大学生的影响是非常大的。

主体性是指人作为主体的规定性，是“主体在对客体进行认识和改造的对象性活动中所表现出来的人的特性”（如积极性、主动性、自觉性、创造性等）。当代大学生主体性是否健全发展，关系到大学生的成长和成才。因为当代大学生主体性的丧失不仅会引起依赖感较强、盲目性较大、迷茫与困惑并存、从众行为突出、功利主义严重、学习被动与沉迷于网络等一系列表现，而且还会引起学生对学习和生活失去兴趣，严重的话还会引起抑郁等心理问题。

5. 冲突与选择

在相对比较稳定的大学生活中，大学生仍面临着各种各样的冲突与选择，主要包括以下几个方面，即专业学习与社会工作的冲突，所学专业与自己兴趣的冲突，学习、社会工作与恋爱之间的冲突，考研与找工作之间的冲突及在将来的计划中不同目标的冲突等。对有些人来讲，这些冲突的影响可能会很小，而对有些人来讲，这些冲突的影响可能会很大。当他们面临的冲突对他们的影响较大时（如关系到工作的性质和前途时），要作出选择可能就比较困难了。

面对冲突而难以作出选择往往是由于对冲突的性质认识不清以及对自我的认识不清造成的。其实，大学生活中需要作出的选择并不是单选题，而是有很多答案的多选题。只要想出折中的办法就可以很好地解决。

6. 家庭环境因素

家庭的影响主要包括家庭的氛围、父母的教养态度、家庭结构及家庭经济状况四个方面。在人的成长过程中，家庭的影响非常重要，如民主、平等而非命令、居高临下的，开明而非专制的，潜移默化而非一味娇宠的教养态度与教育方法有利于个体心理的健康发展；家庭结构的变化，如单亲家庭、重新组合家庭等因素对正在读书的大学生的心理也有一定的影响；家庭经济困难特别是家庭贫困的学生更易产生心理不适感。因此家庭环境所带来的学生心理问题，其影响是深远而长久的。

7. 社会因素

社会因素包括社会制度、伦理道德观念、教育方式、经济状况、科学技术水平、社会阶级阶层、传统习俗等方面。

我国大学生的心理健康问题与中国社会文化背景、民族心理特征有着紧密的联系。中国传统文化强调“喜怒不形于色”，强调人对自己情感的抑制和对情绪的控制。在中国，人际关系十

分重要，所以人与人之间存在着较强的人际依赖和人际制约，也就由此产生许多无处诉说的郁闷，从而深化了情感危机。非常严重的是，也许是传统文化的影响，人们常常把心理疾病与道德问题等同起来，所以大多数人忌讳心理疾病。

随着社会的发展，大学生所面临的压力与挑战越来越多。社会对大学生的期望值越来越高，社会岗位对人才的要求也越来越高，所以大学生要长期承受较高的学业压力。虽然国家出台的很多政策，如绿色通道、助学贷款、奖助学金，在一定程度上暂时缓解了学生的经济压力，但贫困家庭的大学生还是要承受学费的压力，极有可能诱发较多的心理问题。

随着社会的发展，竞争的残酷日益加剧，一些学生不能正确认识某些社会丑恶现象，观点偏颇或过激，把积极的一面归功于自己的努力，把个人的不幸归责于社会，陷入心理学上的“归责理论”而不能自拔。

8. 网络影响

大学生是一个充满青春活力的群体，他们有着活跃的思维和鲜明的个性，他们害怕寂寞，渴望交友，希望能够得到别人的理解，但矛盾的是有些人又不愿主动与同学交往，在这样的心理状态下，网络的出现满足了他们渴望交流的内心需求，有的学生沉溺于网络世界，上网时精神亢奋，下网后烦躁不安（陷入“网络病”）；有的宁可荒废学业也要和网络为伴；还有的甚至受到网络不良信息的影响而误入歧途。

（二）主观方面

1. 道德因素

世界卫生组织近年来把道德纳入健康范畴，把道德作为健康的一部分。巴西著名医学家马丁斯研究发现，品德端正、心态淡泊、为人正直、心地善良、胸怀坦荡则会心理平衡，有助于身心健康。相反，有违于社会道德准则胡作非为，则会导致心情紧张、恐惧等不良心理，有损健康。马丁斯的结论同样适用于大学生。一个道德水准低下，处处伤害他人的人，他自己最先受到伤害。因为这样的人很难有一个平静愉快的心境，他总是处于紧张易怒的状态，很难把自己的心理调整到健康状态。

2. 价值取向

人生的价值取向可分为两种不同类型，一类是个人主义的价值取向，以个人利益为出发点，以追求满足个人需要为目的；另一类是利他主义的价值取向，活着是为了追求一个目标，在追求目标和实现目标的奋斗中，为他人、为社会作出贡献。如果一个大学生只以个人为中心，以私欲为目的，必然表现为狭隘闭塞、难有良好的人际关系，个人愿望不满足的痛苦经常困扰着他，焦虑不安会经常与其相伴，难以达到健康稳定的心理平衡状态。而具有利他主义价值取向的人，心胸开阔，积极进取而充满活力，以学习为乐趣。这种优秀的人格品质决定他处处能有良好的人际关系，有益于获得健康的心理。

3. 冲突与矛盾

新生物质生活的依赖性与精神生活的独立意识发生着矛盾；日益增强的自主自立意识以及主观愿望上的自主自立与客观条件上的可能性及能力之间发生着矛盾。这两方面的原因使那些适应新环境能力不强的大学新生很容易产生以下心理问题。

（1）自我陶醉与盲目自满。历经千辛万苦而考入了大学，受到老师表扬、亲友夸奖，看到

同学羡慕，父母满意，部分学生在这种自我陶醉中渐渐松懈了斗志，同时也厌倦了高中生活的枯燥。由于惯性，他们认为自己在中学阶段是尖子生，大学里成绩也不会差，从而放松了对自己的要求，盲目自满。

（2）失望与失宠感。有的学生入学前把大学生活想得过于理想和神秘，入学后经历了大学生活，感到理想与现实差距很大，从而产生失望感；有的学生在中学阶段曾是尖子生，是家庭与学校的宠儿，进入大学一下子不受重视了，就会产生失宠感。

（3）松气情绪与歇脚心理。20世纪八九十年代的大学毕业生国家包分配，现在是市场经济双向选择，可是有的同学仍然认为考上大学就是端上了铁饭碗，不再积极上进。认为长期拼搏的目标已经达到，心理上得到了满足，生理上也希望得到休整，而且进入大学后奋斗目标一下子变得模糊，再加上适应能力不强，竞争的气势也有所减弱，便产生了“松口气，歇歇脚”的心理，再也鼓不起奋斗的勇气了。

（4）畏首畏尾。因为环境发生了巨大的变化，一些学生瞻前顾后畏缩不前，不参加社会实践活动，不光顾运动场，整日除了学习之外没有其他安排，生活单一，有碍个性发展。

4. 个性缺陷

心理咨询人员在咨询中发现，出现明显心理问题的学生都一定程度上存在个性缺陷，如性格内向、敏感多疑、自卑、虚荣心强、情绪不稳定、依赖性强、优柔寡断、以自我为中心等。南京某学院通过连续5年的新生心理测验，发现内向型性格者及情绪不稳定型者出现心理问题的可能性较大。

5. 自我认同危机

相当一部分新生都未及时地调整自我概念、正确认识和评价自我，“理想自我”与现实自我存在较大差异，从而在学习和生活中出现心理困惑。不少学生在中学是尖子生，容易形成优越感，进入大学后，成为一般的学生，在知识面和能力上出现很大落差。有些学生未能适应这种变化，从而产生强烈的挫折感、自卑感。

6. 心理素质脆弱

大学生中，独生子女越来越多，相当一部分人因受到家庭的过分保护和宠爱而心理素质特别脆弱。他们承受挫折的能力和适应环境的能力都很差，一旦学习、生活中遇到困难便灰心失望、萎靡不振、逃避现实。

第四节　加强大学生心理健康教育

大学生的心理健康问题不仅关系到大学生个人的生活、学习、工作和身心健康成长，也关系到中华民族素质的提高，关系到社会的发展与未来，理应引起全社会的重视。作为为社会培养身心健康、全面发展的专业人才的高等学校，采取积极措施，对大学生进行心理健康方面的指导与帮助，是优化大学生心理素质，增进大学生心理健康的重要途径。

一、我国大学生心理健康教育现状

我国大学生心理健康教育经过二十多年的发展历程，取得了可喜的成绩。首先，大学生心理健康和心理健康教育逐渐取得了社会各界的关注、支持与重视。如中共中央、国家教育部下发了一系列文件，明确指出："针对新形势下青少年成长的特点，加强学生的心理健康教育""加强和改进大学生心理健康教育是新形势下全面贯彻党的教育方针、推进素质教育的重要举措"；社会舆论和媒体对大学生心理健康问题的关注和披露也从另外一个方面促进了教育工作者对大学生心理健康的重视，推动着大学生心理健康教育的发展。

其次，各高校纷纷建立了大学生心理咨询和心理健康教育相关机构，并积极开展多种形式的心理健康教育活动，心理健康教育的工作效果得以明显提升。如江光荣老师评论所言："近几年我国大学生心理健康教育工作效果有明显提升，比早些年好，早些年许多工作只是形式上的。在近几年的发展中，特别是危机干预工作做得很有效。由于大学生自杀问题引起全社会的关注，一些高校在这方面做了许多确实有效的措施。"大学生心理健康教育工作的开展为大学生提供了寻求专业帮助的有效渠道。

最后，心理健康的观念逐渐被大学生普遍接受。在我国传统观念中，健康就是身体没病，所谓"心理问题"就是精神病或神经病。这种观念在大学生群体中也长期存在，许多同学否认自己出现心理方面的问题，更不愿去心理咨询机构寻求帮助。随着近年来心理健康教育宣传普及工作力度的加大，大学生对健康的内涵、对维护心理健康的重要性有了全面的认识，日益关注自己内心的和谐与丰富，并主动寻求老师的帮助与咨询。对此，雷伍明老师谈到，"人们对心理健康教育和心理咨询的态度、观念有很大转变。过去认为，只有心理障碍的人才需要心理健康教育，现在则认为人人都需要心理健康教育。过去，谈到心理咨询，很多人的直接反应就是心理变态，而现在辅导员、班主任、学生等都认为进行心理健康教育很有必要。"

由于心理咨询在我国的引入及大学生心理健康教育开展为时不久，许多工作还处在摸索和积累经验的初级发展阶段，因此，除上述工作成效外，当前我国大学生心理健康教育还存在许多不足，这些不足是我们寻求大学生心理健康教育进一步发展的现实依据。

（一）学校领导对心理健康教育的认识和重视程度有待进一步提高

随着大学生心理健康问题日益突出及国家相关政策文件的系列颁布，高校对大学生心理健康教育的认识和重视程度不断加强。但仍有一些学校领导对新形势下高校开展心理健康教育的重要性和必要性认识不足，特别是当前高校普遍面临扩大招生和提高教育教学质量双重压力的背景下，一些学校领导认为心理健康教育工作可有可无，实施心理健康教育与否并不影响学校工作的正常运转，只是为了回应国家政策文件和应付上级工作检查而成立心理健康教育机构，往往是说起来重要做起来次要，没有把心理健康教育工作纳入学校整体教育体系中，没有正规编制和活动经费，更缺乏科学的指导和全面发展的规划，使大学生心理健康教育工作长期停留在表面甚至流于形式。

（二）心理健康教育地区差异大，各高校发展不平衡

我国大学生心理健康教育起始于 20 世纪 50 年代中期，就全国而言，当前发展水平极不平衡，悬殊较大。总体来看，沿海地区、大中城市、经济发达地区发展速度快、专业水平较高，如在我国上海、北京、武汉等地已进行了 20 多年的研究与实践，积累了丰富的经验，取得了很好的成效，但在我国许多地区心理健康教育工作才刚刚起步，甚至一些边远地区对此还很陌生，违背心理健康教育工作原则和规范的行为事件经常发生。就同一地区而言，由于各高校重视程度不一样，发展也不平衡。在重视程度高的学校，心理健康教育机构的设置、资金的投入、人

员的培训、发展的策略都有科学的规划和明确的指导，心理健康教育专业水平一般较高，发展较快。而在一些不受重视的学校，资金无保障、培训无计划、发展无规划、机构无地位，心理健康教育被视为应付检查的“摆设”，一些学校甚至将其等同于一般性谈心活动，安排退休教职工或其他无相关知识、技能和经验的人员值班和开展，使心理咨询及心理健康教育的专业性、科学性受到质疑和漠视，心理健康教育工作难以持续开展。以大学生心理健康教育发展水平较高的北京地区为例，各高校发展不平衡是北京地区大学生心理健康教育存在的主要问题之一：一是机构设置不平衡，许多高校没有建立心理素质教育和咨询专门机构，没有专门办公场所；二是经费投入不平衡，许多高校在心理素质教育工作方面没有经费投入，在有经费投入的学校中，数额也远不能满足大学生心理素质教育工作的需要；三是工作开展不平衡，如一些学校已经建立了比较完善的心理素质教育教学体系和心理疾病预防、危机干预机制，但还有不少学校尚在起步阶段甚至还没有起步。

（三）咨询效果不理想，专业化水平不高，队伍发展前景不明朗

心理咨询效果不理想是目前我国高校大学生心理健康教育存在的一大问题，其原因主要在于咨询工作专业化水平欠缺。心理健康教育尤其是心理咨询工作是一项专业性、技术性很强的工作，它要求咨询人员应具有较高学历，受过专门训练，掌握心理咨询理论与技巧，并持有咨询员职业资格认可证明。可以说，大学生心理健康教育工作质量与成效的优劣在很大程度上取决于教育队伍素质的高低。然而由于这项工作在我国许多高校还处在探索和起步阶段，各大学心理健康教育队伍在结构、水平与层次方面参差不齐，专业化程度整体偏低，无论在数量还是质量上都不能满足教育发展的现实需要。从数量来看，在我国大学生心理健康教育队伍中受过较好训练的咨询员人数远远不够；从质量来看，我国大学生心理健康教育队伍人员构成较复杂，主要包括思想政治教育工作人员、心理学专业人员、学校医务工作人员，许多教师属于半路出家，缺乏正规、系统的心理健康教育知识与技能的专业培训，对现代心理咨询技术掌握不够，加之缺乏相应行为规范的约束和指导，在教育和咨询实践中失控现象时有发生，难以保证取得好的效果，甚至造成一些负面影响，使大学生对大学生心理健康教育工作的信任度降低。此外，大学生心理健康教育队伍发展前景也并不明朗，按目前国家政策，既可以走行政路线，又可以走专业路线，但以后会出现问题。如果按行政路线，他们做的不是行政工作而是专业工作，大量时间用在专业工作上，对行政事务、人际协调方面有所忽略，这样将来以行政职员标准对他们予以考核将不会太理想。如果按专业路线，今后做科研将是个大问题，因为他们没有时间去做，做科研不是说做就做得出来的，许多科研人员在某一领域取得一点成绩需要投入数年的精力和时间，而他们大量的时间在做咨询工作，不可能有太多的时间来从事科研的工作。所以将来他们的职业发展道路没有太大保障，将存在一定的问题。

（四）心理健康教育重障碍性心理咨询，轻发展性心理能力的培养

鉴于我国大学生心理健康教育主要教育对象的特殊性及其所承担的教育职能，对于大学生心理健康教育的价值取向，目前理论界比较一致的观点是坚持和侧重发展性心理健康教育的发展取向，然而就目前我国大学生心理健康教育工作实践而言，仍普遍存在着注重对大学生障碍性心理问题的咨询与帮助，而忽视了对大学生发展性心理能力的积极关注与主动培养的现象。

由于我国大学生心理健康教育起始于国外心理咨询的引入，在其发展初期主要侧重于学生

障碍性心理问题的预防、减少和解决，致使人们对大学生心理健康教育的内涵缺乏全面了解，不是从教育的立场而是从治疗的角度来看待这项工作的意义，把心理健康教育等同于心理咨询和心理治疗。在教育实践中，不少高校将心理健康教育工作的重点放在对个别学生的心理咨询和治疗上，把解决学生的心理问题、排除心理障碍或危机干预作为主要的出发点，忽视了对学生心理健康素质的培养及心理潜能的开发与指导，使绝大多数学生心理发展的需要得不到满足，大学生心理健康教育所应当履行的教育职能不同程度地受到冷落与搁置。即便个别学生的心理问题得到了解决，但由于多数学生的心理健康维护受到忽视，新的问题仍会不断出现。

同时，这种以障碍性心理健康教育为主的工作模式还会给人们留下凡是“心理咨询的人都有心理疾病”的错误印象，使得一些大学生在出现心理困惑时不敢、不想、不愿及时求助与咨询，束缚和影响了大学生心理健康教育的作用发挥与价值展现。“目前高校心理咨询较多地局限于障碍性咨询，这与心理咨询员缺乏，心理障碍患者的现实问题更突出、更迫切，以及我们对心理咨询理解的狭隘化有关。大学生心理健康教育的根本意义应在于促进人的身心健康、人格发展，而不仅仅只是免于心理疾病。这与学校教育的目标是一致的。”

（五）心理健康教育单一化倾向显著

大学生心理健康教育单一化倾向可以从三个方面来理解：第一，心理健康教育形式相对单一。在我国许多高校，心理健康教育的主要形式就是开展心理咨询，把对学生进行心理测量、开展心理咨询和心理治疗当成心理健康教育的全部或重点。鉴于西方心理咨询“主动求询”原则，我国高校心理咨询普遍采取被动等待的工作形式，缺乏应有的主动性。然而，从大学生心理发展特点来看，独立性和闭锁性是青年大学生显著的心理特征，由于闭锁性心理特征的存在及对心理咨询的认识的偏差，许多同学在生活和学习中遇到心理困惑和烦恼，往往选择向朋友倾诉而不愿意到心理咨询部门寻求老师的帮助。进入高年级后，随着独立意识的增强，大学生往往选择独立面对和解决自己的各种问题，因而失去心理求助的主动性。因此，单一的心理咨询形式难以满足大学生心理发展的现实需要。

第二，即使一些院校开展了少量的心理健康教育讲座，建立学生心理健康教育社团，开设心理健康教育课程，举办一定的职业辅导活动，也往往因为种种原因而流于形式。如许多高校学生社团由于缺乏必要的专业指导和支持，缺少一定的活动资金，加之一些学生对心理咨询的好奇心逐渐消失，从而陷入虎头蛇尾或名存实亡的境地；而心理健康教育课程主要以选修课形式在高校开设，在课时设置、内容选择、学生数量、学校重视等方面难以得到有效的保障；所谓的职业辅导也只是以提供就业信息为主，与职业辅导的内涵相差甚远。同时，这种少量的、不定期的、仅限于个别学校的单一形式也远远不能满足大学生心理健康教育的本质要求。形式在一定程度上限制了内容，不同的心理健康教育形式往往蕴含着不同的教育内容和教育目的，各种形式互补互利，忽略教育形式的多样性与丰富性将在很大程度上限制我国大学生心理健康教育的效果及发展。

第三，从资源利用来看，大学生心理健康教育缺乏校内、校际及高校与社会的沟通与交流。大学生心理健康教育是一项系统工程，既需要学校各部门人员的积极配合参与，也需要各院校间的联合与互助，还需要寻求社会力量的支持和关注。而目前我国高校大学生心理健康教育多为孤军奋战，学校内部缺乏全员育人意识，认为心理健康教育就是心理健康教育中心的任务，是心理健康教育专兼职人员的职责，心理健康教育中心和院系之间相互配合不够，缺乏有效沟通，部分信息不能及时反馈，两者之间缺乏有效的衔接；除在特定会议场合的少量交流外，各院校一般各自为政，缺乏相互协助及资源共享的意识及实践。大学生心理健康教育是一项在探索中前进的新事物，它需要各高校之间相互学习，相互切磋，取长补短、对一些共性的问题共同探索解决之路，实现资源共享，及时发现、纠正和避免心理健康教育过程中出现的一些误区和偏差；就社会而言，虽然社会各界对大学生心理健康及教育问题予以了关注与重视，但如何充分利用社会资源，实现大学生心理健康教育与社会力量的结合也是当前面临的重要课题。

（六）理论研究本土化不足

我国大学生心理健康教育是从心理咨询做起的，心理健康教育的内容包含心理咨询，但它不仅仅是心理咨询，也不同于心理治疗。在大学生心理健康教育理论研究方面主要包括两大方面：一为心理咨询相关理论研究，二为心理健康教育相关理论研究。在心理咨询理论研究方面，由于我国高校心理咨询为舶来品，而西方心理咨询理论流派纷呈，源远流长，在理论研究方面引领世界潮流。因此，在我国高校心理咨询理论研究方面盗版现象严重，本土化研究不足。

鉴于西方心理咨询理论研究的先进与前沿，借鉴与引用实属必要，但任何一种理论与方法都有其特定的时代背景，产生于特定的人群和问题中，试图用一种理论来解释错综复杂的心理现象是不现实的，而希望直接引用产生于西方人文背景中的心理咨询理论来解决当代中国大学生的问题也是不科学的。任何一种理论方法都始终处在不断变化之中，时代在变、对象在变、问题在变、国情在变，借鉴的目的在于更好地创新和运用，实现对西方咨询理论的本土化创新是当前理论研究的难点所在。在心理健康教育理论研究方面，由于我国大学生心理健康教育起步晚，发展还很不成熟，在理论研究方面较薄弱，虽然许多专家学者对我国大学生心理健康教育的发展现状、经验不足、发展趋势，大学生心理健康教育的目标、功能、内容、师资、教育模式，大学生心理健康教育与思想政治教育的融合与共进等方面进行了深入探讨和研究，取得了丰硕的成果，对我国大学生心理健康教育的运行及发展起着重要的指导作用，但相对于整体研究而言，力量依然薄弱。

到目前为止，学术界还没有建立起清晰、科学、规范的大学生心理健康教育理论体系，对大学生心理健康教育的内涵外延还存在不同理解，对如何操作大学生心理健康教育运行模式，如何提高大学生心理健康教育工作效果，如何开展大学生心理健康的干预和援助工作还没有形成一套完整的科学的运行体系。对此，姚本先教授在其《我国学校心理健康教育：现状、问题、展望》一文中指出：我国学校心理健康教育还面临多方面的研究困境。在理论性研究方面表现为：有特色的研究少，高水平的研究少，系列化的研究少，争鸣类的研究少，发展层面的研究少，服务性的研究少等；在实践性研究方面表现为：研究对象不具代表性，研究结果不具公正性，分析不具准确性，研究变量失控性，数据统计随意性等。理论研究和教育实践相脱节，导致对学校心理健康教育活动缺乏有效指导。总体上，学校心理健康教育的科学研究水准不高，低水平简单重复现象严重，缺乏系统的理论体系。

二、加强大学生心理健康教育的意义

健康的心理是一个人全面发展必须具备的条件和基础。加强对大学生心理素质的教育与培

养，全面提高人才素质已成为高等学校所面临的迫切任务。

（一）健康的心理是顺利完成学业的基本条件

大学学习是一项艰苦的脑力劳动，需要消耗大量的生理和心理能量。健康的心理使学生在学习时能全神贯注、记忆清晰、联想丰富、思维敏捷，使整个智力活动处于兴奋活跃状态，从而有助于提高学习效率。否则，即便强迫自己坐在教室学习，也只能是心猿意马，不能集中精力，学习效率不佳。久而久之，会因效率低下而否定自己，失去学习的信心，更甚者可能会放纵自己，最终对学习失去兴趣。

（二）心理健康教育可以更好地开发学生的潜能

教育可以开发受教育者的潜能。而心理健康教育是其他教育开发潜能的基础和前提，只有具备良好的心理素质，潜能才能被充分开发。良好的心理素质可以通过提高受教育者的适应能力、意志力、自信心等，帮助主体在更高的层次上认识自我，从而实现角色转换，增强对环境的适应能力，最终使潜能得到充分发展。

有些心理学家的研究结果证实：每个人都会在某种程度上具有创造的天性，但只有保持健康心理的人才会把创造性表现出来。心理不正常者，包括情绪低落者、焦虑者等，往往无法发挥出自己正常的水平，甚至无法专心学习和工作。

（三）心理健康教育可以提高学生的综合素质

学生综合素质的提高，在很大程度上要受心理素质的影响。学生各种素质的形成，要以心理素质为中介，创造意识、自主人格、竞争能力、适应能力的形成和发展要以心理素质为先导。教育提供给学生的文化知识，只有通过个体的选择、内化，才能渗透到个体的人格特质中，使其走向成熟。这个过程也是个体的心理素质水平不断提高的过程。在复杂多变的社会环境中，保持良好的心理适应状况是抗拒诱惑、承受挫折、实现自我调节的关键。从这个意义上说，大学生综合素质的强弱，主要取决于他们心理素质的高低，取决于学校心理健康教育的成功与否。

21 世纪是一个思想文化激荡、价值观念多元、新闻舆论冲击、社会瞬息万变的世纪，面对如此纷繁复杂的世界，未来人才的心理承受能力必然将经受严峻的考验。我们要不断加强对大学生的适应性、承受力、调控力、意志力、思维力、创造力及自信心等心理素质的教育与培养，使他们做好战胜各种困难和挫折的心理准备，更新观念，突破时空，超越自我，走向成熟，迎接挑战。

三、加强大学生心理健康教育的措施

（一）社会层面

目前我国对高校大学生的心理健康教育已出台了许多相关的文件，整个社会也逐渐重视此领域，并取得了一定的成效。但我们仍要清醒地看到，大学生群体中出现的自杀、他杀等恶性事件中很多是由于心理问题引起的。从社会因素方面来看，还需注意媒体的引导，一些媒体，如影视作品、网络、报刊等的暴力画面、情节的呈现使大学生的心理上也受到感染，从而使校园暴力事件增加。一些负面报道或某些事件的过度渲染，也会对大学生的心理产生影响。因此，对我国的媒体管理应该更加规范，以便对大学生进行积极引导。

（二）学校层面

首先，在学校教师、医务人员中普及心理卫生知识，有必要获取相关的资格证书。教育工作者在维护和促进自身身心健康的同时，也会潜移默化地影响学生。因此，从心理健康的角度说，教育者的人格和心理健康状况，比其他的专业学科知识和教育方法更为重要，更有利于营造良好的学校心理健康教育环境，给大学生提供一个健康成长的良好环境。

其次，高校要加强大学生心理健康教育教学和宣传工作。要在全校开设心理健康必修课或选修课以及一系列相关讲座，系统地对大学生进行心理健康教育。除此之外，还要通过多种渠道进行心理健康知识宣传和普及，提高大学生的心理保障意识。例如，可以广泛地发动学生的积极主动性，在学校创办有专业老师指导、以学生为主体的心理健康协会，在全校担负起宣传、普及心理健康知识的责任。心理健康教育教学具有成本低、教育面广、收效大等一系列特点，是提高大学生心理健康水平的重要措施。

最后，建立完善的心理咨询机构。在大学建立心理咨询机构，安排专职教师从事咨询服务工作，对于同学心理问题的疏导能够起到巨大作用，同时更容易发现问题学生，做到早发现、早治疗，极大地促进学生的心理健康水平，减少恶性事件的发生。

（三）个体层面

1. 调适心理状态

如果心理状态出现波动和异常，人们要适当自我调节，严重时应进行心理咨询。下面介绍几种心理调适的方法供大家参考。

（1）自我保护法

①压抑，是指将在意识层面上不能被社会伦理道德准则接受的、使人感到困扰或痛苦的欲望、思想和需求，自觉不自觉地推进到无意识中，使自己不能觉察或回忆。

②补偿，是指个体在人生某一方面不能取得成功时，会在自己力所能及的方面发挥所长，“失之东隅，收之桑榆”。例如，盲人不能看到眼前的东西，但是他们的听觉特别发达，这在一定程度上弥补了视觉上的缺陷。这种方式可以使当事人因某方面的挫折而受到损伤的自尊心、自信心得以恢复。

③文饰，是指在个人达不到自己追求的目标时，为避免或缓和因挫折而产生的焦虑心理，用自以为是的理由来解释自己未能实现的目标，用自圆其说为自己的行为开脱，求得短暂的心理平衡，如孔乙己的“阿Q精神”和“吃不到葡萄说葡萄酸”的做法都是文饰手法。

④升华，是指把某种冲动和欲望通过某种高尚的行为转变成社会所接受的东西，用积极的、新的、更高层次的心理认知代替固有的、旧的心理认知，如“失败乃成功之母”“把悲痛化为力量”等就是对升华的很好诠释。

（2）直接控制法

在现实中虽然可以用药物或者是刺激性饮料来缓和或化解紧张的精神，但更有效的是通过运动如跑步、跳韵律健身操、打球、听音乐等来转移注意力，缓解内心的紧张。此外，还有两种直接控制方法可以减轻焦虑并改善心态。

①肌肉放松法。这是一个较易实施和推广的心理控制法，由哈佛医学院的赫伯特·本森教授倡导。它包括四个要点：一个安静的环境（干扰越少越好），一个专注的目标（尽量不想外界

的事物而集中注意于一字一音上），一个平静的态度（尽量不让烦恼干扰思维），一个舒适的姿势（尽量不让肌肉觉得紧张、不舒服）。

②善用资源法。研究表明，有七种资源对良好的适应能力极为有益，即彼此满意的人际关系，健康的身体，充沛的精力与康复能力，良好的智力，兴趣爱好，一定的物质储备，信仰，憧憬与梦想。

2. 讲究心理卫生

大学生要讲究心理卫生，增进心理健康，可以从下面五个方面入手。

（1）科学用脑

要维护心理健康，科学用脑是必不可少的。虽然进入了大学，但学生的主要任务还是学习，繁重的学习任务必然会增加大脑的负担。因此，注意用脑卫生，学会科学、合理地安排自己的学习时间，是十分重要的。

首先，要勤用脑。勤用脑不但不会像人们所说的那样会用坏脑子，反而会越用越灵活。当然用脑也要合理，连续用脑时间不宜过长，在大脑经过一段时间的劳累之后，可以听听音乐、欣赏一下图画，进行适当的体育活动等，使大脑得到适当的调节。

其次，要适当用脑。用脑要讲究最佳时间，应该在人的精力最充沛、大脑最清醒的状态下进行学习。大学生应根据大脑的活动规律合理安排学习活动，并注意劳逸结合，以寻求获得更好的学习效果，维持大脑的健康。

（2）生活有规律

现代科学证明，拥有良好生活习惯的人身心一般都很健康，良好的生活习惯是具有积极意义的卫生保健措施。大学生饮食起居、学习休息要有一定的规律和计划，当日的事都在当日完成。要有意识地培养良好的生活习惯：在学习上要重效率，不能打疲劳战和车轮战；要加强身体锻炼；要适时开展自己感兴趣的体育活动；饮食讲究营养，以满足生长发育的需要。只有为自己制订了良好的学习计划和生活制度，并严格遵守、持之以恒，才能保证心理健康有可靠的物质基础——强健的身体。

（3）参加有益的集体活动

“独学而无友，则孤陋而寡闻”是我们先辈留下来的千古名言。从心理卫生角度讲，一方面，通过集体活动可以发现和发展自己的能力、丰富自己的知识、开阔自己的视野；另一方面，在集体活动中，同学之间进行思想沟通、信息交换、情感交流等，这对于增进友谊、协调关系、促进团结、加深互相了解、消除矛盾有重要意义。集体活动可以使人感到青春的活力、心情舒畅、精神愉快。正如人本主义心理学家罗杰斯所说：“只要能够创造真诚相处、互相理解和彼此尊重的气氛，就会出现奇迹。人人都可以由僵化变为灵活，由静态变为动态，由依赖变为自主，逐步实现自己的全部潜能。”相反，孤独自傲、孤芳自赏的不合群性情往往是各种心理变异的先兆。

（4）理智对待环境刺激

大学生在校求学，一个幽雅舒服的环境是大家都希望的，但现实生活中并不都是想象中的那么美好，学校内部和外部环境都存在着许多不尽如人意的地方，如住宿拥挤、卫生条件差、环境嘈杂、吃饭排长队等。有些同学常常为这些小事而心烦意乱、大动干戈。虽然环境的不良刺激会带来一些消极影响，但这种影响能达到什么程度，就要视个人的具体情况而定了。正确的做法应该是尽量使环境不良刺激的作用降低到最小，只要我们情绪稳定、心平气和，即使外界对自己有不利的干扰也会被我们健全的心理化解掉。

（5）寻求心理咨询

所谓心理咨询，是指通过专业咨询人员与来访者之间语言、思想、情感等方面的交流，心理咨询者运用心理学知识和技术，给来访者以帮助、启发和疏导，给希望自己心理健康发展的人提供专门的服务。进行心理咨询是解决大学生心理矛盾、提高心理健康水平的重要的途径和方法。通过心理咨询，可以疏导情绪，减轻情绪压力，改变原来的非理性认知，以新的经验代替旧的经验，形成正确的态度和自信，找到解除心理困惑和障碍的可行方法，心理咨询可以使自己重新建立起与环境的和谐关系，促进个性的全面发展。通过专业咨询人员的帮助和鼓励，发现在自我成长过程中的心理障碍或心理疑惑，认识自己心理或行为的真正原因，依靠自己的力量去摆脱情绪上的痛苦，提高个人解决心理问题的自助能力是最关键的。并且要勇于尝试某些新的策略和新的行为，这样有助于最大限度地发挥出自己的潜力，或者形成更为适当的应变能力。因此，当大学生出现心理矛盾，无法自我调节时，就应该主动地、及时地求助于心理咨询师。

第二章　大学生自我意识与心理健康

人对自己以及自己与周围世界关系的认识、体验和评价是心理健康的重要标志。我就是我，千万不要说，我若是某人，我就一定会成功。每一个人都是独特的。大学阶段正是一个人从青春期向成年期转变的重要时期，也是人的自我认识自我探索更加主动自觉、自我发展自我完善更加强烈的时期。客观地认识自我，正确地评价自我，积极地悦纳自我，有效地控制自我，科学地发展自我，建立健康的自我形象，是大学生心理健康的保证。

第一节　自我意识概述

生活中，我们时常也会问自己：我是一个怎样的人？我希望自己成为一个怎样的人？别人眼里我是一个怎样的人？我对现在的自己满意吗？我怎样才能成为自己所期望的那种人？通俗地说，对以上问题的回答都集中到一个概念，就是自我意识。大学阶段正是一个人从青春期向成年期转变的重要时期，也是人的自我意识发展、完善的重要时期。

一、自我意识及其内涵

（一）自我意识的含义

自我意识就是一个人在社会化过程中逐步形成和发展起来的，对自我以及自己与周围环境关系的多方面多层次的认知、体验和评价，是个体关于自我全部的思想、情感和态度的总和。自我意识具有目的性、社会性、能动性等特点，对个性的形成、发展起着调节、监督的作用。自我意识的表现形式是丰富多样的。正因为如此，我们可以通过多种途径来认识自己和认识他人。比如，你喜欢自己的外表、能力、性格、家庭背景吗？你满意你自己的成绩和努力吗？你认为别人对你评价如何？他们是喜欢你还是讨厌你？这些问题都属于自我意识的范畴。

（二）自我意识的内涵

自我意识一般包括三方面的内容：

1. 对自身生理状态的认识和评价

指对自己身高、体重、容貌、身材、性别等的认识以及生理病痛、温饱饥饿、劳累疲乏的感受等。如果一个人对生理自我不能接纳，嫌自己个子矮、不漂亮、身材差，就会讨厌自己，表现出自卑和缺乏自信。

2. 对自身心理状态的认识和评价

指对自己知识、能力、情绪、兴趣、爱好、性格、气质等的认识和体验。如果一个人对自己的心理自我评价低，嫌自己能力差、智商不高、情绪起伏太大、自制力差、性格不成熟，就会否定自己。

3. 对自己与周围关系的认识和评价

是指对自己在群体中的地位、作用以及自己和他人相互关系的认识、评价和体验。如果一个人认为自己不善于交流和沟通，周围的人不喜欢自己，不接纳自己，没有知心朋友，就会感到很孤独、很寂寞。影响自我意识的因素除了与我们的自我态度、成长经历、生活环境有关以外，他人对我们的评价，特别是生命中的重要人物，如父母、家人、恋人、老师、朋友、同学等对待我们的态度，也对我们的自我意识起着重要的影响作用。

二、自我意识的结构

从不同的角度可以对自我意识进行不同的划分：

（一）从自我内容上划分

从自我内容上可将自我意识划分为生理自我、心理自我和社会自我。生理自我是指个体对自己生理属性的认识，如对自己身高、体重、长相等的认识，对身体的痛苦、饥饿、疲倦等的感觉；心理自我是指个体对自己心理属性的认识，如对自己的能力、知识、情绪、气质、性格、理想、信念、兴趣、爱好等的认识；社会自我是指个体对自己社会属性的认识，如对自己在各种社会关系中的角色、地位、权利等的认识。因此，自我意识就是个体对自己的身心状况和对自身与别人以及与周围世界关系的认识。

（二）从自我观念上划分

从自我观念上可将自我意识划分为现实自我、理想自我和投射自我。现实自我是指认为自己实际上现在所具有的特征与品质，即个体对自己当前总体实际状况的基本看法；理想自我是指希望自己成为怎样的人，具有怎样的特征和品质，是个人将来欲追求的目标；投射自我是指在与别人接触、交往的过程中，认为别人对自己的认识。其中，现实自我是客观存在的，而理想自我与投射自我都只是一种主观映像。理想自我建立在现实自我的基础上，且当理想自我符合社会期望时，个体的自我意识获得快速发展。当现实自我与投射自我一致时，个体产生加快自我发展的倾向；反之，个体会感到别人不理解自己，或试图改变现实自我。

（三）从自我形式上划分

从自我形式上可将自我意识分为自我认识、自我体验和自我调节。

自我认识是自我意识的认知成分。它是自我意识的首要成分，也是自我调节控制的心理基础，它又包括自我感觉、自我概念、自我观察、自我分析和自我评价。自我分析是在自我观察的基础上对自身状况的反思。自我评价是对自己能力、品德、行为等方面社会价值的评估，它最能代表一个人自我认识的水平。

自我体验是自我意识在情感方面的表现。自尊心、自信心是自我体验的具体内容。自尊心是指个体在社会比较过程中所获得的有关自我价值的积极的评价与体验。自信心是对自己的能力是否适合所承担的任务而产生的自我体验。自信心与自尊心都是和自我评价紧密联系在一起的。

自我调节是自我意识的意志成分。自我调节主要表现为个人对自己的行为、活动和态度的调控。它包括自我检查、自我监督、自我控制等。自我检查是主体在头脑中将自己的活动结果与活动目的加以比较、对照的过程。自我监督是一个人以其良心或内在的行为准则对自己的言

行实行监督的过程。自我控制是主体对自身心理与行为的主动的掌握。自我调节是自我意识中直接作用于个体行为的环节，它是一个人自我教育、自我发展的重要机制。自我调节的实现是自我意识的能动性质的表现。自我意识的调节作用表现为：启动或制止行为，心理活动的转移，心理过程的加速或减速，积极性的加强或减弱，动机的协调，根据所拟订的计划监督检查行动，动作的协调一致等。

自我认识、自我体验和自我调节三者之间的和谐程度以及与客观现实的吻合程度，决定了个体自我意识的健康状况。

三、自我意识的发生、发展

人的自我意识是随着人生每一阶段的成长而逐渐发展的。个体的自我意识从发生、发展到相对稳定，大约要经过 20 年的时间。它是在社会交往过程中，随着语言和思维的发展而发展，起始于婴幼儿时期，萌芽于童年少年期，形成于青春期，发展于青年期，完善于成年期。而青少年阶段是自我意识发展最重要的时期。自我形象得到良好建立，人就会生活得有信心、有动力，了解和接纳自己的优点和缺点，能进一步迈向成熟的阶段。

（一）自我发展渐成说

心理学家艾里克森经过深入系统的研究，提出人的自我意识发展持续一生，但会经历不同的发展阶段，每个阶段都有一个核心课题，每个阶段都不可逾越，但时间早晚因人而异。自我在人生经历中不断获得或失去力量，保证个人适应环境，健康成长（见表 2-1）。

虽然自我的发展是随着人的发展而发展的，但青少年时期的主要发展课题是“自我同一性”，即自我的建立和整合是青年期心理发展的主要任务。自我同一性发展不良者表现出对自己缺乏清晰而完整的认识，“自我”各部分是混乱的、矛盾的、冲突的，迷失自我和生活的方向，难以应付复杂的社会生活。相反，自我同一性发展良好者具有自我认同感，自我概念清晰，接纳自我，有生活的目标和前进的方向，这就为下一个阶段的发展打下了良好的基础。

表 2-1　艾里克森的人生发展阶段

发展期	发展目标与危机	需完成的主要任务	导致的适应力
婴儿期	信任与怀疑	信任性格	有希望
幼儿期	自主与羞愧	自助能力	意志
游戏期	自动与内疚	自动性格	有目标
学龄期	勤奋与自卑	勤奋性格	胜任感
青春期	自我认同与认同混淆	自我认同	忠贞
成年初期	亲密关系与孤立	能与他人建立亲密关系	爱与被爱
成年期	生产建设与自我中心	生产、建设性工作	关怀心
老年期	身心统整与失望	身心统整	智慧

（二）自我发展三阶段说

我国心理学家提出了自我意识发展的三阶段模式，即生理自我、社会自我和心理自我发展时期。

1. 生理自我时期

从自我意识的发生、发展到相对稳定，大约要经过 20 年的时间。初生婴儿并没有自我意识，刚出生的婴儿生活在主体与客体尚未分化的状态中，他们不知道自己身体的存在，他们有时吸吮自己的手和脚就像吸吮自己身外的别的东西一样。婴儿快 1 岁时，个体的自我意识才发生。婴幼儿期（1～3 岁）是自我意识的发生阶段，其标志是物—我知觉分化和有关自我的词的掌握，这一阶段的结果是生理自我的形成。幼儿在即将满 1 岁时，开始能把自己的动作和动作的对象区分开来，如自己扔皮球，皮球就滚了，这是自我意识的最初表现。大约在生活的第二年，幼儿开始知道自己的名字，并在 2～3 岁时，幼儿逐渐掌握了物主代名词“我的”和人称代名词“我”。这时，幼儿开始把自己从客体转变为一个主体的人来认识，自我意识便产生了。三岁左右的儿童，开始出现羞耻感、占有心，要求“我自己来”（要求自主性），其自我意识有新的发展。

但是这一时期的幼儿，其行为是一种以自我为中心的行为，以自己的身体为中心，以自己的想法和情感来认识和投射外部世界。因此，这一时期的自我意识被认为是生理自我时期，也有人称之为自我中心期，它是自我意识最原始的形态。

2. 社会自我时期

从 3 岁到青春期（3～14 岁）这段时期，是个体接受社会教化影响最深的时期，也是角色学习的重要时期。这一阶段，儿童在幼儿园、小学、中学接受正规教育，通过在家庭、幼儿园、学校中的劳动、游戏和学习活动及与成人和同伴的交往中，逐渐获得并形成自我评价、自我体验。在集体生活中，儿童的自我控制能力增强，形成社会自我，即多种角色观念，如性别角色、家庭角色、伙伴团体角色、学校中的角色，并能有意识地调节控制自己的行动，道德心在逐渐发展。但此时儿童尚未了解自己的内心状况，虽然开始积极关注自己的内心世界，但他们主要是以别人的观点去评价事物、认识他人，对自己的认识也服从于权威或同伴的评价，自我评价、自我控制能力相当低下。因此，这一时期个体自我意识的发展被称为“社会自我”发展阶段，也称为“客观化”时期。

3. 心理自我时期

从十一二岁开始，就进入了个体自我意识迅速发展的阶段，这是心理自我的发展时期，自我观念渐趋成熟，是自我意识发展的关键期。此时少年一般进入了初中，其自我意识的特点是：对人的内心世界、内心的品质发生了兴趣，开始要求了解别人的以及自己的个性特点，并能较为自觉地评价别人和自己的内心世界，喜欢用自己的眼光和观点去认识和评价外部世界，开始有明确的价值探索和追求，强烈要求独立，产生了自我塑造、自我教育的紧迫感和实现自我目标的驱动力。青年初期（进入高中阶段），个体自我意识中的自我评价的概括性有了很大的发展，但总的来说，学生的自我意识还不是十分成熟的，主要表现为自我评价的深刻性不够，自我批评的态度尚未完全形成。

青年的世界观、人生观、价值观的形成是心理自我成熟的标志。大学生正处在心理自我阶段，渴望认识自我、肯定自我、发展自我、完善自我。

（三）自我意识的发展途径

研究表明，个体自我意识的发展途径主要有以下四种。

1. 通过将自己与别人加以对照来认识自己

人最初是以别人来反映自己的。个体往往把对他人的认识迁移到自己身上，像认识他人那样来“客观”地认识自己。例如，当看到别人对长者很有礼貌并受到大家称赞时，就来对照反思自己的言行，从而认识到自己平时对长者的态度。经过多次对比，就会促进个体对自我的认识，形成相应的自我概念。

2. 通过他人对自己的评价来认识自己

一个人对自己的认识，在很大程度上受他人评价的影响。这如同人对着镜子来认识自己的模样一样，儿童认识自己是把别人对自己的评价当作一面镜子，来不断认识自我的，包括自己的优点和缺点。由于人的活动范围比较大，经常从属于不同的团体，接触不同的人，每个团体、每个人对你的评价就是一面镜子，这样就可以通过不同的镜子来照出多个自我，这样，个体就能较为全面地认识自己，从而促使自我意识的不断发展。

3. 通过考察自己的言行和活动的成效来认识自己

自我意识是个体实践活动的反映。自己在实践活动中的表现和取得的成果也会成为一面镜子，通过这面镜子能反映出自己的体力、智能、情感、意志和品德等特性，从而使之成为自我认识、评价的对象。比如一个学生，在学习上或一项竞赛中取得了好成绩，他会从中体验到一种自信，对自己和自己的能力就会有新的认识。

4. 通过自我监督与自我教育来完善自己

个体通过以上几方面的途径，在不断地反省自己中发现现实自我与理想自我的差距，一方面通过自我监督，来克制、约束自我，服从既定目标；另一方面通过自我教育，按社会要求对客体自我自觉实施教育，以实现现实自我与理想自我的积极统一。总之，自我监督着眼于“克制”，而自我教育着眼于“发展”，二者共同承担自我意识的不断完善。

四、大学生自我意识的发展过程及特点

（一）大学生自我意识的发展过程

大学生正处于自我意识的迅速发展时期，在自我认知、自我体验和自我控制三者相互影响、相互作用的过程中，经历不断的分化、冲突和整合，其自我意识逐渐趋于成熟。首先表现的是大学生进入大学后，摆脱了高中时的学习压力，面对丰富多彩的大学生活，他们想更多地发展自己、完善自己，却不知该怎样做，于是感到迷茫、困惑。他们会自觉或不自觉地问自己：我是一个什么样的人？我希望自己成为什么样的人？这就是“理想我”（主体我“I”）与“现实我”（客体我“Me”）的分化，这种分化标志着大学生的自我意识开始走向成熟。同时，这种分化也给大学生带来了前所未有的内心的冲突，如成就期望与现实失望的冲突、独立意向与依附心理的冲突、交往需要与自我闭锁的冲突、自信心与自卑感的冲突、追求上进与自我消沉的冲突、理智与激情的冲突等。为了缓解冲突，大学生会不断地调整现实自我与理想自我之间的差距，具体的做法有以下三种：第一，努力改善现实自我，使之逐渐接近理想自我；第二，修正理想自我中某些不切实际的过高标准，并改善现实自我，使两者互相趋近；第三，放弃理想自我而迁就现实自我。经过这样的分化、冲突和整合，大学生最终建立起自我同一性，即实现“理想我”与“现实我”的整合统一，从而实现内心的和谐。但也有人始终难以达到“理想我”

与“现实我”的统一，从而整日苦闷、烦恼，无所适从。

（二）大学生自我意识发展的特点

1. 自我意识开始分化，并且迅速发展，自我矛盾开始出现

进入大学以后，随着学习、生活方式的改变和心理意识的发展，大学生的自我意识有了明显的变化，出现了理想自我和现实自我的分化，并且迅速发展，导致矛盾冲突日益明显。大学生对自己的生活充满信心，对未来抱有幻想，而现实往往不是他们所想象的，于是就出现了理想自我和现实自我的矛盾。这种矛盾分化，使得大学生发生自我意识的改变，经过自我体验和自我调控，而表现出各种激动、焦虑、喜悦与不安情绪。当理想自我占优势时，往往会将“客体我”萎缩到实际能力以下，总认为自己事事不如人，从而产生较强的自卑感，甚至放弃努力，形成自我怜悯或伤感的心理状态。相反，当“现实我”占优势时，往往表现出较强的虚荣心和自我陶醉，特别在乎别人对自己的评价，担心暴露自己的缺点。

2. 自我意识矛盾日益突出，但调控能力相对较弱

由于自我意识的分化，“主体我”和“客体我”，“理想我”和“现实我”之间的种种矛盾开始出现，随着自我意识的进一步发展，这种矛盾也越来越突出。在这种矛盾心理的作用下，他们对自己的评价也常常是矛盾的，对自己的态度也是波动的，对自己的调控常常是不自觉、不果断的。他们忽而看到自己的这一面，忽而又看到自己的另一面，时而能客观地评价自己，时而又高估或低估自己；时而感到自己很成熟，时而感到自己很幼稚；时而对自己充满信心，时而又对自己不满。面对自我意识中的种种矛盾，大学生便开始通过各种活动来重新认识自己，自觉或不自觉地在调节矛盾中认识自己，完善自我。他们常常会问自己，“我聪明吗?”“我的性格如何?”“我有什么能力和特长?”“我应该怎样度过自己的一生?”。经过一段时间的矛盾冲突和自我探究后，大学生的自我意识就会在新的水平和方向上趋于一致，达到暂时的自我统一。然而，新的自我意识矛盾又会产生，还需要不断地自我调控和自我探究。但大学生的这种自我调控能力相对较弱，过多地关注自己，过于看重自己，而对他人、集体、社会考虑较少等。

3. 自我意识的矛盾不断激化，出现混乱

大学生自我意识的混乱通常表现为两种类型：一种是过高的自我评价，另一种则是过低的自我评价。过高或过低的自我评价往往导致个体自我意识确立过程中的过分自负或过分自卑这两大心理缺陷。它们是妨碍良好自我意识形成的心理障碍。

（1）过低的自我评价

处于这种意识状态的大学生，在把“理想我”与“现实我”进行比较时，对“理想我”期望较高，又无法达到；对“现实我”不满意，又无法改进。他们在心理上的一个特征就是自我排斥。由于在成长过程中，“理想我”与“现实我”的距离过大所导致的自我矛盾冲突，他们往往会产生否定自己、拒绝接纳自我的心理倾向。这类大学生往往降低人的社会需求水平，对自我过分怀疑，压抑自我的积极性，并可能引发严重的情感损伤和内心冲突。他们的心理体验常伴随较多的自卑感、盲目性、自信心丧失和情绪消沉、意志薄弱、孤僻、抑郁等现象，尤其是面对新的环境、挫折和重大生活事件时，常常会产生过激行为，酿成悲剧。近几年来发生的大学生自杀事件中相当一部分就是由此心理问题所导致的。

（2）过高的自我评价

这是一种与过低自我评价相对立的自我意识状态。在这种自我概念的支配下，个体往往扩大现实的自我，形成错误的、不切实际的理想自我，并认为“理想我”可以轻易实现。这种类型的大学生往往盲目乐观，以自我为中心、自以为是，不易被周围环境和他人所接受与认可，容易引起别人的反感和不满。因此极易遭受失败和内心冲突，产生严重的情感挫伤，导致苦闷、自卑、自我放弃，有时会引发过激行为和社会行为。

4. 自我意识的矛盾转化不断进行，且渐趋稳定

在自我意识由“矛盾—统一——新矛盾—新统一”转化发展过程中，大学生自我意识不断发生重大变化，由刚进校的“依赖性”和“盲目性”，渐渐转变为“想入非非”，到毕业前就显得沉稳多了。正是由于这种矛盾转化，使得大学生自我意识产生了明显的飞跃，个体之间出现了不同的差异，自我意识也逐渐趋向成熟。由此可见，大学阶段是大学生自我意识的“转折”时期，也是自我意识和自我矛盾表现最突出的阶段，对个体的人生观、价值观、世界观形成有着非常重要的意义。针对大学生自我意识的发展特点，进行相应的自我意识教育和培养，可以促进大学生走上全面发展和健康成长之路，因此要引导他们全面认识自我，积极认可自我，努力完善自我。

第二节　自我意识与心理健康的关系

个体具备良好心理素质的最重要的标志是对自我的接受和认可，即有成熟的自我意识和健康的自我形象。大学生自我认识、自我评价、自我控制如何，直接影响着大学生的社会适应、身心健康和成才发展。

一、自我意识是心理健康的重要标志

许多西方和东方的心理学家在界定心理健康标准时，不约而同地将自我认识作为主要的指标。可见，心理健康的人必然是对自己有客观认知，能够接纳自我，有很强的自尊心的人，但那又不是自以为是或自我陶醉。人必须首先去爱和尊重自己，才能真正地爱其他人。心理健康的人能清楚地认识自己，尤其是在自己的感觉和意图方面，自我觉察力特别强。可见，大学生自我意识的发展状况既是以往心理发展和健康状况的集中反映，也是现阶段大学生心理健康、人格发展的新起点。

二、良好的自我形象是成功的基础

自我形象不仅影响人的心理健康，而且影响人的成就水平。正如马斯洛（Maslow）所指出的那样，一个有稳固基础的自我形象是迈向自我实现的先决条件。一般而言，人有自尊心，才能尊重别人；有自信，才能相信别人。而偏低的自我形象往往隐含在许多精神病症里，如情绪抑郁、人际关系问题和滥用药物等。不同自我形象的表现见表 2-2。

表 2-2　不同自我形象的表现

高自我形象的表现	低自我形象的表现
接纳自我	否定自我
喜欢和尊重自己	不尊重和讨厌自己
有安全感和自我肯定，清楚个人的能力	没有安全感，怀疑自己，不清楚个人的能力
独立自主、自律	依赖他人
对自己的行为负责	情绪化，逃避责任
对自己有恰当的期望	没有恰当的期望
有勇气开放表达自己	羞怯，不敢表达自己
对自己的成就感到自豪	害怕成功

三、自我概念影响心理健康

2000 年清华大学的樊富珉、付吉元采用“田纳西自我概念量表（TSCS）”及“临床症状自评量表（SCI—90）”，对 1006 名大学生的自我概念和心理健康进行了测量、统计与分析。研究结果发现，大学生的自我概念与心理健康呈较高的正相关（r＝0.601）。自我总分与忧郁、人际关系敏感、精神病性、强迫有直接关系，其中消极的自我认同、自我满意、自我行动和心理自我与忧郁、人际关系敏感有较高的正相关。见图 2-1 和图 2-2。

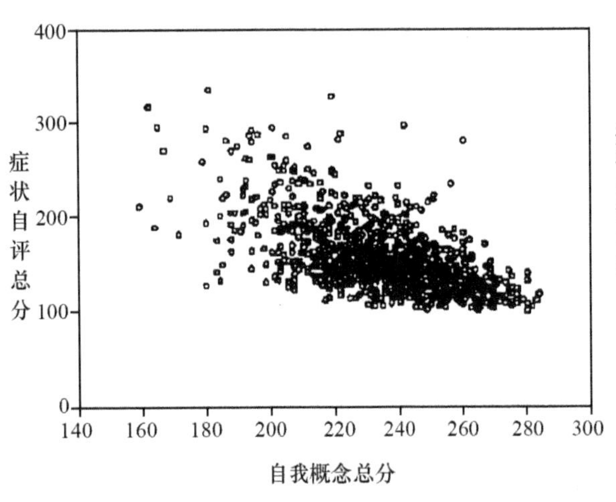

图 2-1　自我概念与心理疾病散点图

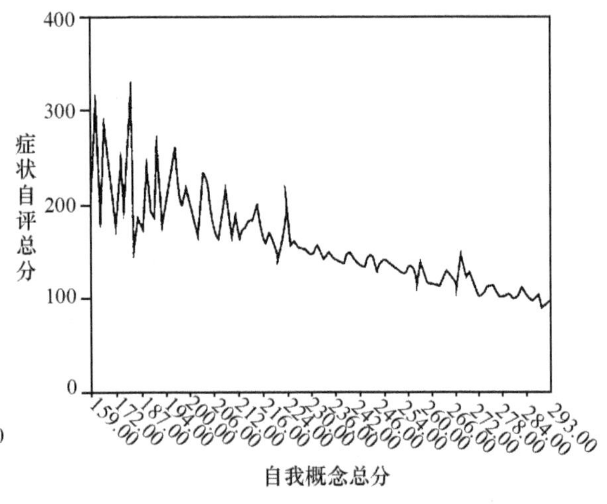

图 2-2　自我概念与心理疾病的相关曲线图

这项研究得出以下结论：第一，大学生自我概念与心理健康呈较高正相关，因此，培养大学生积极的自我概念是增进大学生心理健康的有效途径。第二，大学生消极的自我概念容易诱发忧郁、强迫、人际关系敏感、精神病性等不健康的心理，因此，积极的自我概念的培养有助于预防、减少心理疾病的发生。第三，大学生心理疾病（尤其是忧郁）的发生与其自我认同程度、自我接纳程度和自我调节能力均存在较高负相关。正确引导大学生客观评价自己，积极悦纳自己，不断提高自我调节能力，是促进大学生心理健康的具体途径与方法。

第三节　大学生自我意识发展的特点

大学生的自我意识在大学阶段得到了迅速的发展，其自我认识、自我体验、自我控制逐步协调一致。但在自我意识逐步成熟、确立的这一过程中，大学生也品尝了酸甜苦辣，付出了艰难代价，并为解决内心的矛盾冲突进行了不懈努力。

一、大学生自我意识发展的规律

（一）自我意识的分化

青年期自我意识的发展是从明显的自我分化开始的。原来完整、笼统的“我”被打破了，出现了两个“我”：主观的我（I）和客观的我（Me），即大学生既是观察者又是被观察者。伴随着主我和客我的分化，“理想我”和“现实我”开始分化。自我意识分化是自我意识开始走向成熟的标志。自我意识明显的分化，使大学生主动、迅速地关注自己的内心世界和行为，产生了新的认识、体验，同时，由此而来的种种激动、不安、焦虑、喜悦增加，自我沉思增多起来，要求有属于自己的一片空间，渴望被理解、被关怀。

（二）自我意识的矛盾

自我意识的分化，一方面使青年开始意识到自己不曾注意的许多“我”的细节；另一方面也带来了主体我与客体我的矛盾斗争，呈现出理想我和现实我的矛盾并且加剧。随着自我冲突加剧，自我不能统一，自我形象不能确立，自我概念不能形成，表现出明显的内心冲突，甚至有很大的内心痛苦和激烈的不安感。他们对自我的评价常常是矛盾的，对自我的态度常常是波动的，对自我的控制常常是不果断的。

归纳起来，当代大学生自我意识的矛盾主要表现在以下几个方面：

1. 主观我与客观我的矛盾

由于大学生活的范围比较窄，交往多限于老师、同学、父母，相对简单、直接，因此大学生对自我的认识参照点少，局限性较大。又加之社会对大学生期望甚高，使大学生自我认识也沾染上了光环色彩，而现实生活的自己却很平凡。和想象中的自己存在较大差距，这种差距给大学生带来苦恼和不满。

2. 理想我和现实我的矛盾

这是大学生自我意识最突出、最集中的表现，主要源于理想我与现实我的差距。大学生富于理想、抱负高、成就欲望强，对自己未来充满了信心。然而，他们较少接触社会，还不能很好地把理想和现实有机地结合起来，而且自己的现实条件与自己的理想相差甚远，这给他们带来很大的苦恼和冲突，也正是因为这种冲突和差距，激发了大学生奋发进取的积极性。但是，如果理想我和现实我迟迟不能趋近、统一，则会引起自我的分裂，导致一系列心理卫生问题。

3. 独立意向与依附心理的冲突

进入大学后，大学生的独立意向迅速发展，他们希望能在经济、生活、学习、思想各方面独立，希望摆脱成人的管束。但他们在心理上又依赖成人，无法真正做到人格上的独立。这种独立和依赖的矛盾也一直是大学生苦恼的问题。

4. 交往需要和自我闭锁的冲突

大学生迫切需要友谊、渴望理解、寻求归属和爱。他们有强烈的交往需要，希望和朋友探讨人生，分享苦与乐。然而，大学生同时又存在着自我闭锁的趋向，他们把自己的心灵深藏起来，与人交往常存戒备心理，总是有意无意地保持一定距离。正是这种矛盾冲突，使不少大学生常处于孤独的煎熬中。

此外，还有一些自我意识的矛盾冲突，如个人我与社会我、个人我与理想我、自我上进和自我消沉等矛盾冲突都是大学生心理发展过程中的正常现象，是大学生自我意识迅速走向成熟而又未完全真正成熟的集中表现。自我意识的矛盾使大学生在心理和行为上出现某些不适应，或适应困难，感到苦恼焦虑、痛苦不安，也可能影响其心理发展和心理健康，但这都是迈向成熟必需的一步，是个体逐步获得自我内在力量的必要丧失。

(三) 自我意识的统一

自我意识分化、矛盾所带来的痛苦不断促使大学生寻求方法以求得自我意识的统一，即自我同一性。自我同一，主要指主体我和客观我的统一、自我与客观环境的统一、理想我与现实我的统一，也表现为自我认识、自我体验、自我监督的和谐统一。

消除矛盾，获得自我统一的途径有三条：

(1) 努力改善现实自我，使之逐渐接近理想自我；

(2) 修正理想自我中某些不切实际的过高标准，使之与现实自我趋近；

(3) 放弃理想自我而迁就现实自我。按照心理健康的标准，不管哪种途径达到自我意识统一，只要统一后的自我是完整的、协调的、充实的、有力的，就是积极和健康的统一。

二、大学生良好自我意识的标准

衡量大学生的自我意识是否健全很难，但可以从以下几个方面来参照：能够自我肯定、自我统合；自我认识、自我体验、自我调节协调一致；独立的，同时又与外界保持协调；主动发展自我，且自我具有灵活性；不仅自己能健康发展，而且能促进社会文明和进步。

第四节 大学生健康自我意识的培养

自我意识在大学生人格形成和人格结构中占有极重要的地位。人的认知、情感、意志都受到自我意识的影响，因此健全的自我意识是人全面发展的重要途径，也是心理健康的具体反映。加深自我认识，克服自我认识中的偏差，有效控制自己，不断超越自己，大学生就可以提高心理健康的水平。

一、正确认识自我

(一) 他人评价和自我评价的冲突

很多大学生都有这样的困惑，非常在意别人对自己的看法，但是他们同时又反感自己这一点，却又难以摆脱，希望自己可以活得更自由、自在。对于“别人对自己的看法”，我们应该是“虚心学习，照单全收”，还是“走自己的路，让别人说去”，或是置之不理、悉听尊便呢？我们需要理性而恰当地看待他人评价和自我评价之间的冲突。

大学阶段，我们的自我意识在不断增长，这种提升的自我意识表现为两种形式：一方面表现为对自我的关注；另一方面表现为过度关注个体在他人心中的形象。我们认为有人在仔细地观察我们、谈论我们，并且评价我们，这些感觉在大学阶段是非常敏感的。

1. 他评和自评的冲突是我们的盲区

心理学上有一个“乔韩窗口理论”，是由美国心理学家乔恩和哈里提出的关于自我认识的窗口理论。乔韩窗口理论把自我划分为四个领域：公开的领域、盲目的领域、隐秘的领域和未知的领域。即每个人的内心都有公开的自我、盲日的自我、秘密的自我和未知的自我。

（1）不断拓宽我们的公开区域。如果一个人自我的“公开的领域”越大，那么他就生活得越真实，在与人交往时往往也会更自然愉快。因此我们要勇于表现自我，不害怕犯错，犯错也是我们的一部分，而且是真实的一部分。不轻易给自己贴标签，例如，我就是一个胆小的人，我就是一个没有艺术细胞的人。不放弃探索自我可能性的机会，我们的“秘密区域”越小，对自己的认识和探索就会越多，对自我的认识也会越丰富，我们的自我也就越“开放”。

（2）不断探索我们的盲目区域。为了了解别人知道而你自己不知道的“盲目的领域”，你应该多听听别人的评价，以便结合自己主观的自我评价，获得对自己的客观认识，以提高自我认识水平。因此我们每个人都要积极地接收来自各方面的信息反馈，不断调整对自己的认识，以积极的心态促使客观全面的自我意识的形成。通过与他人分享自我，了解他人的反馈，像照镜子一样，可以达到对自己的认识，逐渐达到自我的“协调”。乔韩窗口理论相关解说如图 2-3、图 2-4、图 2-5 所示。

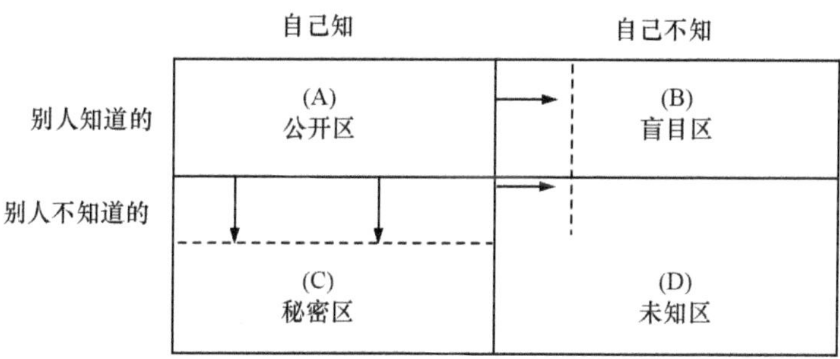

图 2-3 乔韩窗口理论

A	B
C	D

图 2-4 防卫的、孤立的自我

A	B
C	D

图 2-5 开放的、协调的自我

2. 合理的自评是平衡矛盾的核心

“人贵有自知之明”，合理的自我评价，对个人的心理生活及其行为表现，对协调社会生活中的他人评价有较大的影响。

在我们的心理生活中，自尊或自卑的自我评价有很大作用，自尊水平比较高的人，有更高的自我评价。人们经常希望把自己看作有价值的、令人喜欢的、优越的、能干的人。如果一个人看不到自己的价值，只看到自己的不足，什么都不如别人，处处低人一等，就会丧失信心，产生厌恶自己并否定自己的自卑感，缺乏朝气，缺乏积极性。别人的积极评价在他看来也变成了一文不值的，别人的批评在他看来就更是火上浇油、雪上加霜，进一步印证了自己对自己的看法，从而更加自卑。

如果一个人只看到自己比别人好，别人都比不上自己，这样就会产生盲目的乐观情绪、自我欣赏、自以为是，因此也不能处理好人际关系，调动主客观双方的积极性，而且还会遇到社会挫折，产生苦闷。

所以，只有合理的自我评价才能促进自己有合理的定位，有恰当的着力点，只有自己知道了自己的方向，才能知道哪些风是顺风，哪些风是逆风，才能知道该怎么应对以及消化外界的评价，平衡二者的关系。

3. 以他人为镜加深自我了解

我国古代思想家墨子就曾说过："君子不镜于水，而镜于人。镜于水，见面之容；镜于人，则知吉与凶。"意思是说用水作镜子，只能看见自己的长相；而用他人的评价作镜子，则可以发现自己各方面的长处和短处，优点和缺点。培根也说："一个人从另一个人的诤言中所得来的光明更干净、纯粹。"别人对自己的态度和评价是认识自己的重要依据之一，犹如一面镜子，可以帮助我们纠正自我认识的偏差，形成较为客观的自我概念。

对待别人的评价及对自己的态度要注意以下几点：

(1) 要重视熟悉自己或与自己打交道较多的人的评价，如父母、老师、交往和接触多的同学等，他们对自己较为了解，评价较有根据。

(2) 要特别重视高度一致、众口一词的评价。

(3) 既重视与自己观点一致的意见，也重视与自己观点不一致的意见。

(4) 多和别人交往，用开放的心态多了解别人，同时也多了解自己。

当然，别人的态度和评价有时也难免偏颇，这就需要多用几面镜子，学会观察和分析大多数人对自己的态度，获得足够的经验，从而客观地认识和评价自己。

一名同学用"水滴"描述自己，指出了如何合理对待他人评价，他说，"水滴需要大海的呵护，就像我需要老师、同学的关怀。水滴能回报大海以滋润，就像我能回报大家以欢笑。水滴无形，却有它的方向，就像我的梦想无边，却有它的朝向。水滴把它遇到的一切作为美丽的事物，就像我把人生路中遇到的人、事当作我生命中不可或缺的篇章。我似水滴，更愿像水滴一样，将自身的美丽保留，将自我的价值实现"。我们保留自身的美丽，同时我们也会参考别人给我们的意见，实现自我的价值。

4. 用开放的心态对待评价

大学生正处于自我意识不断发展、不断变化、不断形成的时期，一次演讲的成功可能会让我们觉得信心满满、春风得意，而一次没有达到期望的考试失利也可能会让我们瞬间跌入谷底。别人的一句无心之谈可能会让我们对自己思考半天，老师一句鼓励的话也可能让我们充满了前进的动力。面对时时刻刻不断涌向我们的各种看法和评价，面对经常浮现在脑海中的关于自我

的字眼，我们要保持一种开放的心态。

所谓开放的心态，就是“兼听则明”，我们不排斥来自外界在我们看来积极的或者消极的评价，我们也不逃避自己内心可能会有一些自己不接纳的地方，而把这些都看作一次了解自己的特殊经历，毕竟，我们还年轻，我们还处于不断发展变化中。总而言之，我们要看别人的路，欣赏别人的看法，这样才能有更开阔的视角，更全面的认知，但最终我们还是要坚持自己的信念，坚定地走出一条属于我们自己的人生之路。

（二）理想自我与现实自我的冲突

现实自我亦称“现实我”，是个体从自己的立场出发对现实中自我的认识。理想自我指个体心目中追求的我或理想化的我，一般高于现实自我。

正如同学们经常所说的那样，当理想照进现实，我们会觉得理想很丰满，而现实很骨感。理想和现实之间总是存在着各种各样的冲突和落差。为什么会有这样的心理落差呢？因为现实和理想、想象中的不一样，和你期望的不一样，和你以前所拥有的不一样。有环境方面的落差，如学校的教育教学环境、居住环境、食堂的伙食等。在许多学生的心目中，大学是绿荫覆盖的校园，宽敞明亮的教室，现代化的教学设备，学识渊博的教授……而进入大学之后看到的现实并非自己想象的那样完美，于是备感失望。有理想方面的落差，从原来小池塘的大鱼来到了一个更大的海洋，我们发现以前所拥有的不复存在，对新的人与人之间的关系感到陌生和疏离，对自己感到失望和迷茫，因为几乎每个年轻人都有自己远大的理想，都对未来充满着希望与幻想。

是要顺从于现实，做个实际的人，还是要勇敢坚持理想，做个追梦的人？这是经常萦绕在我们脑海中的问题。另外，在大学生实践过程中，经常会出现“眼高手低”的情况，如何正确处理理想自我和现实自我的冲突是大学生面临的一个重要问题。

1. 现实自我为成长奠定基础

对现实生活中的“我”的认识，是大学生发展的基础和起点。现实自我涉及的根本问题是“我实际是个什么样的人”。现实自我使我们脚踏实地，实事求是，提醒我们哪些是我们能做的，哪些是现在还不具备的，哪些是通过努力可能达到的。

现实自我还包括我们对现实环境的认知，对我们所生活的社会有一些基本的认识，而不是完全生活在自己的幻想中。如果你不知道自己现在的位置，再精确的地图也不能引导你到达任何地方；假如你并不“自知”适合于什么，再美好的职业生涯设计终会成为南柯一梦。比如学业成绩好、踌躇满志的文科大学生在学校处于高水平的自尊和自信状态，而在文科专业就业状况整体上不如理工科专业的大背景下，他们在人才市场职业竞争中却会受到很大的挫折，他们在与理工科普通学生就业状况的比较中，理想自我与现实自我之间出现了很大的落差和冲突。只有对现实自我有了良好的认识，我们才能正视环境和客观现实，有更加准确的自我定位、更加清晰的角色观念以及更加现实的未来规划。对于客观存在、不可逃避的现实，只有首先面对这个现实，接受这个现实，才会积极采取各种应对措施，才有可能最终改变这个现实。

2. 理想自我为成长指引方向

理想自我是个体想要达到的完善的自我形象，它为大学生的发展确定目标、指引方向。理想自我涉及的问题是“我想要成为一个什么样的人”，理想自我使我们有目标、有追求，提醒我

们哪些东西是我们所在意和认为有意义的。

实际生活中，大学生可能缺乏理想和信念，不知道自己想要追求什么，由此造成生活空虚，缺乏学习动力。高考前不顾一切地拼搏，一旦进了大学，出现了动机真空，失去了生活中继续前进的目标，感到大学生活“没意思极了”，整天无所事事，不知道“如何消磨时光”。有的学生甚至奉行“分不在高，六十就行，学不在深，一抄就灵”的消极信条，过着“当一天和尚撞一天钟”的生活。所以经常有大学生在一个学期结束时感慨地说，觉得这学期好忙啊，可是还觉得好空虚啊，没有目标的忙最终带来的就是缺乏充实感、成就感和价值感。抛开别人的想法，自己对自己的未来又是怎样的规划，这都是需要我们深入思考和探索的。只有拥有了符合自己未来定位的理想，才能真正成为指引我们前进的灯塔和方向标。

3. 既要仰望星空，也要脚踏实地

俄国著名作家克雷洛夫曾说过：“现实是此岸，理想是彼岸，中间隔着湍急的河流，行动则是架在川上的桥梁。”理想自我是一个未来理想的图式，给我们带来希望，但也不能过于执着于理想，也要结合现实进行变化和调整。毕竟，理想自我存在的价值并不是一定要实现，而是为我们提供指引，让我们不断反思、思考和接近，毕竟，并不是所有的理想都是用来实现的。

随着竞争越来越激烈，大学生群体越来越庞大，现实也变得越来越残酷，躲在象牙塔中无忧无虑地生活，未来有美好工作保障的时代已经一去不复返了。所以，大学生一定要立足现实，认清形势，从自己和环境的现实出发，一步一步，戒骄戒躁，认准目标，不断努力。既仰望星空又脚踏实地，才能不断地将理想自我成就为现实自我，实现我们的理想和梦想。

（三）成功与成长的冲突

1. 大学生渴望成功和成长

大学生正处于朝气蓬勃，追求发展的阶段，对未来有很多的想法，不断探索自我，寻找未来的发展道路，对于成功和成长有自己的追求和渴望。正如一名同学在自我描述中，用毛毛虫形容自己，他说：“因为我毫不起眼，虽然我很孤独，就像一只在树上独行的毛毛虫那样寂寞，但我从不孤傲。虽然我是一只毛毛虫，但我也有美丽的梦想——破茧成蝶。”也有同学把自己比喻成蘑菇：“在雨后成长，默默地成长在角落里，自己为自己撑伞，活得简单，连阳光也不要，我不起眼，没有斑斓的色彩，也不会伤人，但如果有人注意到了我，把我采摘带回去煲汤，他一定会赞美我的美味。”这些都反映了大学生渴望成长，渴望实现自我价值。

有研究发现，大学生的自我成就动机普遍高于同龄人，成人成才和成功的意识更为强烈，主要表现为三个特点：一是从动力上看，由个人发展为主要动力，变为满足社会需要为主要动力；二是从途径上看，由注重考试成绩，变为注重校园文化活动、社会实践等多种形式提升综合素质和能力；三是从目标上看，由拿到毕业证为目标，变为能够更好地就业创业。

2. 成功不一定代表成长

达成我们希望的目标，获得某种社会的认可，功成名就都是成功，追求这些东西本身并没有错，但如果一味追求自己想要的东西，一味希望通过外显的成功来证明和彰显自己，把成功功利化，把成功金钱化。那么，成功可能恰恰反映了内心的脆弱，自尊的低下，所以我们才需要不断用外在的名利来武装和打扮自己。就像有些人觉得自己太矮，便总是踮着脚尖走路使自己显得更高大一点儿。这种力图用成就来包裹和武装自己的行为，是强迫自己用优越感战胜内

心的恐惧，并不是真正意义上的成长。

相反，成长则是一种自我的丰满，内心的平和，自我内心的强大具有根本意义上的价值，也会给我们战胜困难带来无穷的力量。成长有十大契机，如下所示：

（1）讲述你自己的故事：告诉别人你是谁更能影响你对自己的认识。

（2）面对生活中的挫折：许多人害怕失败，从而力图避免失败。事实上，你要回避的失败包含着心理成长不可或缺的养分。

（3）阅读：阅读的过程是你发现自己的过程，阅读大师们的作品更是如此。

（4）独处：在独处中享受孤独，真诚面对自己的人，是具有自省能力的人。

（5）冒险：冒险是一个人生命活力的体现。

（6）自我接纳：接纳自己，意味着自我价值的真正确立。

（7）承担责任：生活中，许多人想方设法推卸责任，害怕承担责任，甚至对自己的幸福和快乐也不负责，这种人常常会说："是他惹我生气的。"

（8）树立理想：生命的意义始于确立自己的理想。理想的价值在于引导生命向有意义的方向发展。

（9）助人：助人行为使人体会到自身的价值。

（10）持久的兴趣爱好：它们不仅丰富生活，更能锤炼意志。

3. 成长是长成自己希望的样子

从某种角度来讲，成功是短暂的，而成长是永恒的主题。成功不过是你的需要在某种场合和某个时期达到了一种平衡，而这种平衡是短暂的，可能转瞬即逝并不断被打破。比如高中时，你认为的成功可能是考上大学，考上大学后，下一个成功又是什么呢？大学时，你认为成功是有房有车，那么当你有房有车之后，成功对你而言又意味着什么呢？在不断追逐成功的背后，是否是我们永远无法平静和感知幸福的内心呢？

成长则是自我的不断强大，我们变得更加自信，更加懂得自己想要什么，更加懂得感恩，更能感受到幸福。成长需要不断的自我探索和反思，不断整合、丰富和完善的自我是我们追求的永恒目标。我们不断成长的过程，也是不断长成自己希望样子的过程，是达成内心潜意识需要的过程。就像张泉灵一样，只有首先知道了自己希望的样子是什么，知道自己想要什么，才有可能不断成长，朝着那个目标前进。

二、直面真实的自我

你或许没有听说过彼得·巴菲特，但一定听说过他的父亲——沃伦·巴菲特，他是名列《时代》杂志全球100名最具影响力人物榜、富可敌国的"股神"。然而，身为股神之子，彼得·巴菲特却没有继承衣钵成为华尔街金童，而是选择用音乐谱出人生最美妙的乐章。彼得从父亲那里获益最大的是一套人生哲学：人一生最大的财富，就是能做自己！在父亲的鼓励下，彼得的哥哥成了摄影师，姐姐成为家庭主妇和两个孩子的母亲。彼得永远记得，当他20岁出头，决心以音乐作为终生职业追求时，他的父亲对他说过的一番话："儿子，咱们俩其实做的是同一件事。音乐是你的画布，伯克希尔（沃伦·巴菲特的投资公司）是我的画布，我很高兴每天都在画布上添几笔。"

能做自己意味着，首先对自己有良好的自我认知，知道自己想要什么；其次，做自己意味

着能接纳自己对自己的看法，接纳自己的情绪体验，无论积极的或是消极的。最后，做自己意味着能勇敢地按照自己的想法思想、表达和行动。只有从知、情、行三个方面都能做自己，才说明拥有了良好的自我意识。

（一）接纳独特的自我

1. 接纳自己的缺点和不同

每个人都是独特的，就像世界上没有两片完全相同的树叶一样，世界上也没有完全相同的两个人。每个人都有自己的闪光点和价值，我们无须用自己的短处和别人的长处比，这样做只是徒增无谓的烦恼。我们关键是要知道自己想要什么，而不是生活在和别人的比较中。

把自己所认为的不足当成特点而不是缺点，这样接纳自己就会容易得多。有一位男大学生总觉得自己的声音太嘶哑、不好听而不太敢说话和表达自己，更不敢唱歌，当他听了阿杜的歌后，才觉得沙哑也是一种特点，这种接纳不仅让他敢于开口说话，还在歌手比赛中获了奖。

在人本主义心理学家看来，人性规定了价值，我们天生就有自我实现的趋向，不管是一株草、一棵树，还是一头狮子，一个人，只要被赋予了生命，就会表现出一个明显的生长、发展、活动的趋势，这个趋势大概而言就是一种求生存、求强大、求茂盛、求完满的趋势。

正如马斯洛所说，是画家就要画画，是诗人就想作诗，是音乐家就要演奏音乐。所以，无论是在满意、成功面前，还是在失败、失落面前，我们都是有价值、有潜力的。

你是独特的，但并不意味着你是完美的，一个拥有智慧的人不仅能够接纳自己的优点，同时也有能力去接纳自己的不足。对于可以改进的缺点，如不良的生活习惯，应学会勇敢地承认并积极去改正；而对于不可改进的缺点，则要坦然承认和接受，并尝试通过其他方面的优秀来弥补，承认和接纳自己的不足本身也是自信的。

2. 接纳意味着接受不完美

完美主义作为一种人格特质，指的是一个人个性中有凡事追求尽善尽美的倾向，对自己有着高标准严要求。最早对完美主义倾向进行研究的人是心理学家阿德勒，他认为追求完美是人类最本质的动机，是无可厚非的，但是追求完美有着不同的取向，一般来说，如果不是以社会兴趣为目的取向的话，容易产生各种心理问题和心理障碍。

有研究发现，大学生完美主义水平比较高，其中，典型完美主义者占43.1%，有完美主义倾向的占43.5%。但并非只要是完美主义就会产生不良后果。大学生的完美主义可以分为三种类型：适应完美主义者、适应不良完美主义者以及非完美主义者。适应完美主义者表现为具有高标准，尽力将事情做得尽善尽美，自己有很高的期望。但在追求高标准的同时，能及时根据自己的实际水平调整好目标的期望，在追求完美的同时不伴随过度的自我批评，能在工作中体验到满意感和快乐感。因此，适应完美主义者在追求高标准的同时，也能带来积极的感受，拥有较高的自尊水平和较多的正性情绪体验，适应完美主义者是这三类群体中心理健康水平最高的。

大学生应对自己有更高的要求，但也不能过度或极端，陷入适应不良完美主义。这是对我们自身能力以及现状的接纳，也是适应良好的表现。

3. 接纳自己处于不断成长中

大学生正处于人生急剧变幻的时期，如狄更斯所说：“它是人生最好的时期，也是最坏的时

期；它是智慧的时期，也是愚蠢的时期；它是信仰的时期，也是怀疑的时期；它是光明的时期，也是黑暗的时期；它是充满希望的春天，也是令人失望的冬天；我们面前有着一切，我们面前什么也没有；我们正在直升天堂，我们也正在直堕地狱。”所以，我们要接纳自己还处于不断成长过程中，我们拥有很大的弹性、可塑性和广阔的成长空间。

当然，我们有时也会自我评价很低，也会低落，这都是正常的。在我们自己感觉自尊比较低、自我形象比较差时，我们要经常自我鼓励、自我肯定。

（二）开放封闭的自我

大学和高中是两个截然不同的人生阶段。大学时期特殊的发展阶段，大学生特殊的任务，都让大学生的生活充满了跌宕起伏，充满了青春气息。但是，大学生面临的是自我统一性的危机，如果自我没有达到好的整合，就容易逃避到自己的小世界，封闭自我。大学生因为失落和压抑，逐渐隐藏到自己的世界里，找不到昔日的风采，逐渐变得孤独和自卑。

1. 独处带来沉淀和反思

有些时候，我们很想逃避，逃到属于自己的空间里，不愿意再和外界有任何交流。动物受伤后，也会给自己一段时间，躲在自己的洞穴里，舔舐自己的伤口，靠自己的免疫力逐渐让身体恢复强壮和健康。一时的逃避，偶尔的独处让我们有时间静下心来看看自己走过的路，有利于自我反思，不断沉淀，“学而不思则罔，思而不学则殆”，我们也需要在“一日三省吾身”中思考，这个过程对我们的成长是很重要的，我们不仅要埋头赶路，也要偶尔总结一下自己，回头看看自己，反观自己。

独处不同于孤独，孤独是一种人际的疏离感，是自我的脆弱和无力，独处则是自我主动给现实生活放假，促使我们进入另一个模式以汲取力量。

2. 过度封闭容易导致自卑

长时间的逃避，封闭自我，不和他人交流，有可能会加剧我们本已脆弱的自我。封闭意味着隐藏自己，怜悯自己。可能会不断发现自己的缺点和短处，这些缺点还会不断发酵，产生自卑感。而且，这种自卑感会不断发酵，产生一种恶性循环，从而使得我们更加封闭。

残疾演说大师尼克·胡哲，从一生下来就没有四肢，他也曾经封闭过自我，也曾经自卑过，想过放弃自己。但最终他选择了勇敢面对自己的不足，并努力适应社会，就像他说的那样，“在生命中，我们不能选择什么，却可以改变什么。”他获得了两个学士学位，创办了国际公益组织，拥有幸福的家庭生活，并激励了无数人。

3. 拆掉思维里的墙

我们不能长期地封闭自我，就像植物需要阳光和水分一样，自我也需要他人的肯定和鼓励，需要他人的警醒和指点，自我评价也需要和他人评价结合，才能更加全面和完善。当我们把内心的感受和他人交流时，会发现自己的痛苦并不是唯一的，自己也不是一个人在战斗，从他人那里我们也能收获意见和建议，这些都对于我们完善自我是有益的。

很多人认为，我之所以封闭和逃避，是因为我对自己没有信心，我太自卑了。这句话的潜台词是如果我变得更加自信，我就能有勇气走出去了。这是一种认为我们的认知改变了，行为才能改变的思维模式。我们需要拆掉思维里阻碍我们前进的这堵墙，因为有的时候，并不是你的认识改变了，你的行动才会改变，而恰恰相反，你的行为改变了，你的认知才会随之改变。

例如，一个个子矮的男生认为只有自己有自信了，才能找到女朋友，这个想法并没有什么不妥。但也可以换个视角，你可以尝试走出去，结交更多的异性朋友，当你最终找到一个女朋友时，也是你对自己拥有自信的时候。与其在等待中枯萎，不如在行动中绽放。

（三）提升内在的自我

我们每个人的生活里，都充满了各种各样的逆境、挫折和打击。有人因为这些打击，使自己变得愤怒、恐惧、悲伤，甚至让自己持续活在懊悔和愤恨的日子当中。然而有些人能够在挫折中屹立不倒，不断在逆境中调适自己，自我坚持，找出新的出路。

自我已经具备了达成梦想的所有资源，我们生来就是有实现自我的能力的，我们就是自己最好的工具。大学生需要不断发现自我，激励自我，挖掘自己的潜力，才能靠自我达成自我实现。

1. 想象出你想成为的那个人

提升自我的一种有效方法是想象出一个你想成为的人——苗条的我、自信的我或富有的我。想象你的"可能的自我"（包括想要的和害怕的自我）不仅会帮助你实现目标，也会帮助你更有效地应对现在的状况，还可能帮助你处理目前生活中的难题。其中主要的暗示是我们可以创造新的自我形象，反过来，这个能力又可以帮助我们更有效地应对现在的生活。

你内在的潜能好像你的咨询顾问，如果一开始你信任他，他就会越来越努力，为你做越来越多的事情。但是如果你一开始就不信任他，而去依赖其他的东西，他就会慢慢远离你，在你需要用到他的时候，他也不会再来。用我们的暗示来激发我们的潜能，让我们最终能朝着自己内心的期望不断前进。

2. 咨询：了解自我的一种方式

关注自己的身体、心理、社会和精神的健康是非常重要的。当你发现自己不能给予自己想要的帮助，或者也不能从朋友和家人那里得到想要的帮助时，那么你可以尝试寻求专业咨询师的帮助。当人们身体出问题的时候，会上医院。可是当他们"心理出问题"时，却怯于寻求心理咨询师的帮助。

咨询师是帮助你利用内在潜能的引导者。优秀的咨询师不会尝试帮你解决问题。相反，他们会帮助你学会自己更有效地解决问题。从很多方面说，咨询师是心灵的导师，让你学会如何从生活中得益最多、如何让生活更加有趣、如何运用你自己的力量以及如何成为理想中的自己。

咨询师的作用是教导你最终成为自己的治疗师。咨询师不会通过洗脑的方式改变你的信念，相反，他们会帮助你思考你的思想怎样影响了你的情感和行为，会帮你找到那些阻碍你正常生活的特定的信念。选择适合自己的咨询师是最重要的事情。正如你愿意接受信得过的医生看病一样，你也必须找信任的心理咨询师。面对和解决自身的问题是需要勇气的，只是简单地去做咨询，你就走出了通往痊愈的第一步，意识到自己需要帮助本身就是一种成长的进步。

最后，咨询是帮助自己强大的自我探索过程。咨询本身并不是目的，最终你会停止会见你的咨询师，但是，你的成长过程并没有结束。

三、改善自我意识的不良反应与调适方法

总体来说，大学生的自我意识发展水平较高，但尚未完全成熟，因而容易出现各种发展偏

差，引起自我意识的发展问题，致使大学生的自我意识过强或过弱，影响他们的健康成长。因此，探讨自我意识的不良心理因素及表现，有助于促进大学生自我意识的健全发展。

（一）过分追求完美

不能客观地认识和评价自我的情况有许多种，最明显的是对自我的苛求和追求完美。尽管“人皆有爱美之心”，也有“追求完美之心”，这乃是人类健康向上的本能，但过分追求完美则易引起自我适应障碍。

1. 过分追求完美的表现

追求完美的大学生对自己持过高的要求，期望自己完美无缺，却不顾自己的实际状况。此外，他们不能容忍自己“不完美”的表现，对自己“不完美”的地方过分看重，甚至把人人都会出现的、人人都会遇到的问题看成是自己“不完美”的表现，总对自己不满意，从而严重地影响了自己的情绪和自信心。他们对自我十分苛刻，只接受自己理想中的“完美”的自我，不肯接纳现实中平凡的、有缺点的自我，其后果往往适得其反，使其对自我的认识和适应更加困难。产生的原因有不真正了解自己、过分受他人期望的影响等。

2. 改善的途径与方法

（1）树立正确的认知观念。人不能十全十美，每个人都有优缺点。人既不会事事行，也不会事事不行；一事行不说明事事行，一事不行也不说明事事不行；优点和缺点不能随意增加或丢掉，成功或失败也不是自说自定。一个人应该接纳自己，并肯定自己的价值，不自以为是，也不妄自菲薄。

（2）确立合理的评价参照体系和立足点。人只有在比较中方能定出高低优劣。自我评价以其不同的方式（相符的、过高的、过低的）可以激发或者压抑人的积极性。以弱者为参照会自大，以强者为标准则自卑，因而应该选择合适的标准，更重要的是以自己为标准，按照自己的条件评定自己的价值。有的大学生无形中重视了别人，贬抑了自己。人应该立足于自己的长处，明白、接受并尽力改进自己的短处。成功时应多反省缺点以再接再厉，失败时多看到优点和成绩，以提高自信和勇气。

（3）目标合理恰当。在充分了解自己的基础上对自己有恰当的目标和要求，目标应该符合自己的实际能力，不苛求自己，不被他人的要求所左右。虽然，每个人都不可能完全不顾他人对自我的期望和评价，但也不能被他人的期望所束缚，只为父母、老师或他人学习、生活。事实上，个体越能独立于周围人的期望，其自我意识的独立性就越强，所遭遇的冲突也就越少。对大学生来说必须明确自己的期望是什么，以及这种期望是来自自我的本身能力和需要，还是来自他人的期望。只有明确了这一点，才可能真正地认清自己，规划自己的发展方向，最终建立独立的自我。

（4）接纳自己的不完美。人各有所长所短，每个人都是独特的、与众不同的。欣赏自己的独特性，不断自我激励。

（二）过度自卑

1. 过度自卑的表现

自卑感是对自己不满、否定的情感，往往是自尊心屡屡受挫的结果。这类人自我认识不客观，往往只看到自我的缺点而忽略了自我的长处，不喜欢自己，不能容忍自己的缺点和弱点，

否定、抱怨、指责自己，看不到自己的价值，或夸大了自己的不足，感到自己什么都不如他人，处处低人一等，丧失信心，严重的还可能由自我否定发展为自我厌恶甚至走向自我毁灭。

在大学里，各门课业的成绩评定，校内外各类活动的展开，人与人之间经过比赛竞争而定胜负、争荣誉的情况是无法避免的。而且，如果从能力、成绩、特长以及身体、容貌、家世、地位等所有条件来说，没有一个人是永远胜利的。每个人在不同层面上都有他自己的成败经验，己不如人的失败感受人皆有之，只是程度不同而已。大学校园是人才济济之地，有些人在某些方面曾有自卑的倾向和感受，亦很正常。但有的同学过度自卑，斤斤计较于自己的缺点、不足和失误，结果因自卑而心虚胆怯，凡有挑战性场合即逃避退缩，或对自己所作所为过分夸张、过分补偿，唯恐天下不知，其结果捍卫的是虚假的、脆弱的、不健康的自我。

事实上，过强的自尊心和过强的自卑感是密切联系、互为一体的。那些自尊心表现得越外显、越强烈的人，往往是极度自卑的人。自尊心、自卑感过强都会影响大学生的心理发展和人格成熟。如何调整过度的自我接受和过度的自我拒绝呢?

2. 调适的方法

为了改变过度自卑，应该做到以下几点：第一，应对过度自卑的危害性有清醒的认识，有勇气和决心改变自己。第二，应客观、正确、自觉地认识自己，无条件地接受自己，欣赏自己所长，接纳自己所短，做到扬长避短。第三，正确地表现自己，对自己的经验持开放态度，但同化自我要有限度。第四，根据经验，调整对自己的期望，确立合适的抱负水平，区分长期目标和近期目标，区分潜能和现在表现。第五，对外界影响相对独立，正确对待得失，勇于坚持正确的，改正错误的，同时保持一定程度的容忍。

(三) 过度的自我接受

1. 过度自我接受的表现

自我接受是指自己认可自己、肯定自己的价值，对自己的才能和局限、长处和短处都能客观评价、坦然接受，不会过多地抱怨和谴责自己。对自我的接受是心理健康的表现。过度的自我接受是指有自我扩张的人，他们高估自我，对自己的肯定评价往往有过之而无不及。他们拿放大镜看自己的长处，甚至把缺点也视为长处，拿显微镜看他人的短处，把别人细微的短处都找出来，他们的人际交往模式是“我好，你不好”“我行，你不行”。过度自我接受的人容易产生盲目乐观情绪，自以为是，不易处理好人际关系；而且过高的评价滋生骄傲，对自己常常提出过高要求，承担无法完成的任务、义务而导致失败。

2. 产生的原因及调适

自尊心和自信心、好胜心、独立感等都是大学生自我意识发展的主要表现，是要求尊重自己的言行和人格，维护一定荣誉和社会地位的一种自我意识倾向。每个大学生都有强烈的自尊心，好强，好胜，不甘落后。自尊心强的大学生对自己有信心，相信自己能克服缺点，取得进步，这不是自大。但过强的自尊心却和骄傲、自大等联系在一起。有此缺陷的大学生缺乏自我批评，而且不允许别人批评，以自我为中心，唯我独尊。这样的人回避或否认自己的缺点，缺乏自知能力，不能和他人和谐相处，容易失败，也容易受伤害。要克服过度的自我接受，首先要看到自己的不足，承认自己也需要不断完善；其次要看到他人的长处，欣赏他人的独特性；最后要多与他人交往，以开放的心态尊重和认真对待来自他人的反馈意见。

（四）自我中心

1. 自我中心产生的原因及表现

大学阶段是自我意识发展最强烈的阶段。大学生们强烈关注自我，往往愿从自我的角度、标准去认识、评价和行动，容易出现自我中心倾向。当这种倾向与某些不健康的思想、意识（如个人主义、自私自利思想）和心理特征（过度的自我接受和自尊心）结合时，就会表现出过分的、扭曲的自我中心。自我中心的人凡事从自我出发，不能设身处地进行客观思考。只关心自己，一事当前先替自己打算，不顾及他人的感受和需要。他们往往以同学的导师或领袖身份出现，颐指气使，盛气凌人，为人处世中总认为自己对、别人错，好把自己的意志强加于人，因而他们不易赢得他人的好感和信任，人际关系多不和谐，行为做事很难得到他人的帮助，易遭受挫折。

2. 克服自我中心的方法

要克服自我中心，首先得摆正自己的位置，既重视自己也不贬抑他人，自觉地把自己和他人、集体结合起来，走出自我的小天地；其次要实事求是、恰如其分地评估自己，既不高抬自大，也不低踩菲薄；最后要学会移情，多设身处地地从他人的角度思考问题，尊重他人的感受、关心他人。

从以上分析我们可以看到，大学生自我意识发展过程中出现的失误、偏差是心理还不成熟的表现，这是由其身心发展状况和成长背景决定的，并不是某个人的缺点，而是所有的大学生或多或少都要亲自经历的，是整个年龄阶段的特征，因而是普遍的、正常的。但是这些必须得到调整。只有认识到这一点，才有可能去面对它、正视它，并争取解决它，以达到自我真正的统一、强大和健康。

完善自我、超越自我并不是一帆风顺的过程，它需要付出艰辛的努力和沉重的代价，也是一个“新我”形成的过程，是从“小我”走向“大我”，从“昨天之我”向“今日之我”“明日之我”迈进。珍惜已有的自我，追求更好更高的自我，做一个“自如的、独特的、最好的自我”。

第三章 大学生生命意识与心理健康

人生是个有始有终的过程。我们每个人无法决定生命的长度，但我们可以掌握自己生命的宽度，即实现生命的意义，活出人生的精彩，展现自我的价值。生命总会面临无尽的挑战，唯有探索生命的意义，培养尊重生命的态度，关怀、珍爱每一个生命的价值，热爱生活，积极乐观，你将会拥有一个丰盛的、无悔的人生。生命构成了世界存在的基础，世界正是因为有了生命才精彩。而在所有生命存在中，人是超越一切其他生命现象之上的存在物。人是宇宙的精华，万物之灵长，正如马克思指出的那样："任何人类历史的第一个前提无疑是有生命的个人的存在。"

第一节 认识生命

"生命"是个很直观而又很神圣的字眼，也是人们常常挂在嘴边的词，好像谁都知道。但是，到底什么是生命？生命从何而来？生命是由什么组成的？生命的意义何在？对这些问题的思考一直是人类社会苦苦探寻和孜孜以求的。那么，你是否觉得每个人对自己的生命皆负有完全的责任？你对生命的意义是如何理解的？

一、人的生命存在形式

生命构成了世界存在的基础，世界正是因为有了生命才精彩。人的生命存在形式有生物性、精神性和社会性三种形态。

（一）生物性的存在

人是生物性的存在，生物性是人的生命最基本的特性，是人的生命的社会性、精神性存在的基础和前提。人的生命作为一个自然生理性的肉体而存在，人的生长和发展就必然要服从生物界的法则和规律，所以，衣食住行、吃喝拉撒、生老病死是每一个人都必须具有的，也是每一个人无法逃避的。

（二）精神性的存在

人之所以为人，就在于人不仅仅是为了满足自己的自然生命而活着，还要追求超越生物性存在的精神性存在。人要规划自己的人生，创造自己的价值，指导和提升生物性的存在。正是有了生命的精神性的存在，才使人的生命有了人文意义和价值，有了理性的意蕴和道德的升华。

（三）社会性的存在

每个人要想生存下去，就必须参与和融入社会活动之中，在与人的沟通、交往和互动中保存自己的生命，追求自己生命的意义，实现自己生命的价值。正是这种社会性的存在使人面对千差万别、千变万化的社会生活，能够使自己有一种生命的智慧和坚定的信念；使人面对有生

有死、有爱有恨、有聚有散、有得有失的有限人生和无奈命运时，有一种豁达的胸怀和安然的态度。

二、生命的特征

（一）生命的有限性

人的生命有限性表现在三个方面：第一，生命存在的时间有限，人的自然寿命一般是七八十岁，最多百十来岁。第二，生命的无常性，表现在生老病死、旦夕祸福等不可预测，任何人都逃脱不了，任何人必然走向死亡。第三，个体生命的存在不能离群索居，不食人间烟火，每个人都需要别人的帮助、支持和关怀。正是生命的有限性才促使人去努力思考、发奋创造，积极生活去实现自己生命的意义。

（二）生命的双重性

在人的生命体中存在着两种生命：一是人作为肉体的存在物是自然界的一部分，受自然规律的决定和制约，具有自然性；二是人作为精神的存在物要受到道德规律的决定和支配。每个时代、每个人都必须面对这种矛盾，人的这种双重性、矛盾性及其之间的作用是人的生命存在的最根本的动力。人就是在生命的双重性中寻求生命的意义，实现生命的价值。

（三）生命的创造性

人的生命本身就是一个不断成长、发展、生生不息的过程。生命就是运动，不间断的运动，一切静止就是死亡。但生命比单纯的持续运动更为丰富，生命乃是在此基础上不断产生新内容的创造性运动，生命的基本特点就是创造性。人通过创造去把握生活的变化，通过创造去发现生命的意义，通过创造去实现对自己生命的认识、把握和超越。每个人的生命过程都是不同的、独特的。

（四）生命的完整性

马克思说过，人以一种全面的方式，也就是说作为完整的人，把自己的全面本质据为己有。德国哲学家雅斯贝尔斯也非常强调人的生命的完整性，他认为人的生命虽然有年龄、自我实现、成熟、生命可能性等不同形式，但是，人的生命的完整性却是一个毋庸置疑的事实。将人的存在形态分为三种，是为了更深入地认识、了解、领悟和研究生命。

第二节　正确认识与体验生命意义

生命意义是关于生命的积极思考，是个人正在努力实现的、社会给予高度评价的生命目标。具体地说，包括个人存在的意义，寻求和确定获得价值的目标，并去接近这些目标。弗兰克认为，人们对于生命意义的追寻是生活的基本动力，或者说是第一位的动力。

一、生命意义的内涵及其作用

（一）生命意义的内涵

在讨论生命意义的内涵之前，有必要首先明确几个相关概念，即生命意义、生命意义感、

生命意义内涵。

生命意义就是指人的生命存在的价值，也就是人的生命存在的合理性、有用性。通俗的说法就是人活着有什么意义。

生命意义感就是指个人对生命意义的具体感知，是个体对生命的价值、内涵等的看法。如一些人说“活着没有意思”，就是个体在生活中体验到一种消极情绪，是对生命意义的负面感知。

生命意义内涵就是指生命存在价值所包括的具体内容，也就是指生命对谁有价值、有什么价值。

综观各种关于生命意义的论述，我们认为探讨生命的意义就必须弄清楚人的生命发生作用的对象，即个体生命对谁（或什么）有用处，并且需要进一步弄清楚个体生命能够对其作用的对象起到什么作用，概括地说就是一个人的生命对谁（或什么）有用和有什么用。人的生命与生俱来的这种价值是通过个体对自身、个体对他人、个体对社会履行义务和承担责任而体现出来的，除此之外，我们无法找到人的生命起作用的对象，从而也不能正确理解生命意义的内涵。由此可见，生命意义的内涵应从三个方面去理解：一是个体生命对自身的意义，二是个体生命对他人的意义，三是个体生命对社会的意义。

（1）个体生命对自身的意义，即一个人的生命对一个人自身存在和发展的价值。生命对于一个人来讲，是最根本的价值。一个最基本的事实是，每个人只有一次生命，只有活着，人生的一切生活目标、一切应承担责任和人生价值才有实现的可能，失去了生命，一切都无从谈起。从这个意义上讲，活着就是硬道理。以人为本首先要体现在尊重、珍惜人的生命上。因此，在日常生活和各种工作过程中，我们提倡安全第一，人命大于天。

（2）个体生命对他人的意义，即每个人的生命对他人的存在和发展的价值。个体生命不仅对自身的存在和发展具有根本价值，而且对他人的存在和发展具有重要价值。我们知道个体生命的存在和发展除了要通过自己的劳动创造物质财富等各种条件来满足外，还需要他人通过生产劳动创造物质财富等各种条件来满足。人处在特定的社会关系中，人与人之间就是通过这种相互满足需要来体现自身生命存在和发展的价值的。一个人活着不仅是自己生命存在和发展的需要，也是他人生命存在和发展的需要。可自杀者却常常这样想：“生命是我自己的，为什么不可以自杀？”其实，个体生命不单是属于自己的，而是与他人有着千丝万缕的联系。比如：没有母亲的十月怀胎，哪来个体的生命？没有他人辛勤劳动创造的物质财富和生活条件，个体生命怎么能够生存和发展？最简单的例子就是当一个人出生时，如果没有产科医生的帮助，就难以顺利来到人世。当一个人生病时，如果没有医生与药品，就难以健康地活着。因此，个体生命从诞生的那一天起就享受他人提供的服务，同时也注定要承担起为他人的生命存在和发展提供服务的责任。由此可见，生命并不仅仅属于我们自己，它还属于我们的父母、亲人、朋友乃至整个社会。如果一个人对自己的生命不珍爱、不负责，就是对他人生命的不珍爱、不负责。失去生命对一个人自身也许是一种解脱，可是对生他养他的父母、对关心和爱护他的亲朋无疑是一个极大的伤害。个体生命和他人生命的关系可以这样说：一个人自己要有尊严地活着或者死去，离不开他人；总体上看，他人要有尊严地活着或者死去也离不开自己，这就是个体生命对他人的意义。

（3）个体生命对社会的意义，即一个人的生命对社会的存在和发展的价值。个体生命的存

在和发展不仅对具体的“他人”的生命存在和发展具有重要意义，而且对作为“他人”集合体的“社会”的存在和发展具有重要意义。因为人类社会是众多个体生命的集合体，人类社会的发展延续既需要一个个具体生命的存在和发展，也需要这一个个作为具体生命载体的人的努力奋斗而更趋完美。从这个视角来看，个体生命对社会的意义表现在两个方面：一是个体通过合理的途径和方式满足自身生命存在和发展需要并使自身生命存在和发展的状况更趋完美，从而对社会进步作出贡献。因为社会进步本身就包含了个体生命的发展，包括物质条件的改善、幸福感增强、精神境界提升等。没有一个个个体生命的存在与发展，也就没有社会的存在与发展。事实上，每个人的生命在根源上都连着民族和社会的生命。如有日本学者通过认真测算指出，按照现有的生育率，日本1000年后只有一个人了。可见没有一个个个体人的生命存在和发展，民族和社会也就不能存在和发展。二是个体在满足自身生命需要的同时，又通过自身创造性的劳动促进社会的存在和发展，促使社会存在和发展的状态更完美。人类社会的不断进步，正是一个个具体的人充分发挥各自聪明才智和挥洒劳动汗水的结果。换句话讲，社会的存在和发展离不开一个个的个体生命所作的贡献，即社会本身的存在和发展的需要必须通过所有社会成员的活动来满足。如果没有人发明青霉素、天花疫苗等现代药物，也许人类社会早已在瘟疫中消亡；如果没有爱迪生发明电灯，也许人类还处在秉烛照明的时代……

综上所述，我们应当肯定地指出：个体生命的存在与发展，对自身有价值，对他人有价值，对社会有价值。当代大学生要以“父母之子”“群体一员”“社会一分子”的宽广视域来审视自己的生命，充分认清自己生命地位的无可替代性，多为父母着想，多为他人和社会着想，坚强、勇敢地面对困难、挫折，顽强地生活，尽力承担起自己应担当的社会责任。

（二）生命意义的作用

生命意义对人生发展的作用大致可以体现在三个方面：第一，体会生活的意义。一个人如果能够理解并承担生活中的责任，肩负起责任，才会感到满足和充实，真正体会到生活的乐趣和意义。第二，确立生活的目标。对生命意义的探求使人在不同的人生阶段确立自己的生活目标，并在实现目标的过程中感受到活得充实，活得丰富，活得精彩。第三，加强自我顽强性，即加强对压力的承受能力和对挫折的耐受力。长久以来我们的教育使学生习惯于被动学习，遇到挫折和困难时，往往对生命缺乏足够的反省，反而轻易放弃培养自己应付困难、面对挫折的能力，这种现象的确值得重视。加强自我顽强性的关键在于当个人追求生活目标遇到障碍时，应该坚定沉着，不轻言放弃，要不断尝试着去解决问题，只有这样才不会在压力和挫折面前产生无力感。弗兰克曾经谈道：“今天，如此多的人对生活抱怨，因为他们不知道，也感受不到生命的意义究竟是什么，他们缺乏对活着的价值的理解。他们被自己的内在空虚感所缠绕，或者说被自己的生存空虚感所缠绕。”

（三）生命意义对大学生的影响

韦尔特报告，1967年大约有83％的美国大学生把“过有意义的生活”作为他们生活的主要目标；到1984年，大约只有47％的美国大学生抱有这样的生活目标。韦尔特认为，当人们生活在贫困线的时候，生存具有重要的意义；但是，当生活富裕的时候，人们的生活就缺少了目标。换句话说，人们对意义的追寻也受到社会生活环境的影响，贫穷、困难的生活能够提高人们追寻意义的动力。

韦尔特在对25000名大学生进行调查研究后发现，大学生缺乏对生命意义的理解主要由于三个原因：追求金钱、追求享乐生活、缺乏感恩。感恩很重要，因为它可以让人们体会生命的意义。总之，了解生命存在的意义与价值，了解个人的所作所为与他人、团体以及社会的关联，学会感恩，懂得感恩，有助于认识自我、珍惜生命、尊重他人。

二、现代人对生命意义的困惑与生命教育的兴起

（一）现代人对生命意义的困惑

人是地球上最智慧的生物，他不仅要求生存求发展，而且要探究自身生存发展的意义，因为人不能忍受无意义的生活。可以说，自从人类诞生就开始了对生命意义的不断探寻。在几千年的发展历程中，人类一方面在努力认识并积极改造客观世界，不断地丰富着自身的物质生活；另一方面又在努力认识自身、积极改造主观世界，不断地克服并解决着生命本身遇到的各种难题。在寻找生命的意义与对抗生命的无意义过程中，人以各种不同的理念确定着自己的安身立命之本，以获得生命意义的安顿。

但进入20世纪以来，人之生命存在的意义却遭受到了前所未有的挑战，让人产生了诸多困惑。

1. 科技发展和环境变化产生的“生存危机”

众所周知，随着现代科技的飞速发展，人类征服自然的梦想已经逐步实现，但是人们却没有沉浸在征服自然的快乐之中，而是越来越陷入科学这把“双刃剑”的困惑之中。正如著名科学哲学家瓦托夫斯基所言：“一方面，我们知道科学是理性和人类文化的最高成就；另一方面，我们同时又害怕科学业已变成一种发展得超出人类的控制的不道德和无人性的工具，一架吞噬着它面前的一切的没有灵魂的凶残机器。”科学造福人类的成就毋庸置疑，而科学所带来的负面影响却造成了整个人类的“生存危机”：现代军事科技的发展使大规模的战争威胁着众多人的生命安全；现代医学科技的发展虽然延缓了人的生命时限，但随之而来的老龄化问题和医学伦理学困境却在不断加深；现代生物科技的发展使克隆技术等取得了令人瞩目的成就，但运用到人类身上，人类的将来又将会怎样？此外还有能源危机、环境污染、生态失衡等的科技进步给人类所带来的负面影响，无疑加深了现代人“生存危机”的困惑。

2. 科技进步带来了“传统人性的消解危机”

在科技欠发达时代，人性被罩上了神秘的光环，但科技进步造成这些光环的消解，从而也对人之生命存在的意义产生了严重的冲击。从“日心说”到“宇宙无心说”，科学打碎了人类中心的设想：地球不再是宇宙的中心，而不过是浩瀚宇宙中的沧海一粟——人的崇高性被消解了。虽然人类不再是宇宙的中心，但人仍是上帝的缔造物，仍具有上帝赋予的神圣性。可是，“生物进化论”却残酷地宣告：人不过是由猴子进化来的——人的神圣性也被消解了。即便如此，人类仍不失为万物的灵长，其理性的光环依旧灿烂。然而，弗洛伊德的心理学却告诉人们：人类的行为不过是潜意识的体现，性欲本能支配着人的一切——人的理性又被消解了。这种科技进步对于人类崇高性、神圣性和理性的消解，无疑也是对人类生命意义的巨大冲击。

3. 哲学的进步引发了“信仰危机”

伴随着科技进步，哲学研究不断深入发展，人类精神文化领域也发生了翻天覆地的变化，

彻底动摇了人们原有的宗教信仰。自近代以来，宗教信仰的根基便在不断地动摇。先是康德以“理性的手术刀杀死了上帝”，将上帝驱逐出理论理性的领域，但是作为神圣形象的上帝却在实践理性中被康德保留；尼采借狂人之口宣布了“上帝的死亡”，但也保留了作为非神圣形象的“超人”；最后，费尔巴哈认为神不过是由人创造出来并反过来奴役人类自身的异化产物，彻底打碎了上帝的神圣性。在传统社会，宗教信仰支撑着人类生命的意义，动摇或消灭了宗教信仰，无异于取消了人类生命的意义。正如康德的老仆人兰培提出的疑问——没有上帝，我们怎么活？老兰培的这种困惑无疑触及了以宗教信仰支撑生命意义时代的思想根基，虽然其后思想家希图以各种方式去给出新的生命意义的立足点，但都没有真正解决问题，最终大多都陷入虚无主义，以致在现代社会出现了一种“耻言理想，蔑视道德，躲避崇高，不要规则，怎么都行”的社会风潮。

综上所述，现代社会人们对生命意义的思考确实遇到了空前的挑战与困惑。

（二）生命教育的兴起

综上所述，在物质文明极大丰富的现代社会，人们不仅意识到了自身的“生存危机”，更重要的是随着传统人类精神家园的坍塌，也意识到了人类生命意义的危机。正是基于这种人类生命意义的困惑，生命教育的必要性和重要性才得以体现，人类开展生命教育就是希图通过对于生命意义的探寻追究来应对现代人的生命意义危机问题。

回顾生命教育的历史，自1968年美国著名讲演家、作家杰·唐纳·华特士在加州创建“阿南达村”和“阿南达学校”，明确提出生命教育思想开始，到现在为止，生命教育已经走过了40多年的风雨历程。经过不断地推进和发展，越来越多的人已经认识到生命教育的重要性，在倡导生命教育方面逐渐形成了共识，生命教育正在世界各地蓬勃兴起。

1979年，澳大利亚首府悉尼成立了“生命教育中心”（Life Educational Center，LEC），这可能是西方国家最早使用“生命教育”概念的机构，现已成为一个正式的国际性机构，并成为联合国“非政府组织”的一员。到了20世纪80年代，西方一些发达国家开始在中小学中推行生命教育，用各种实例来向孩子们介绍生命的由来，让孩子们认识到生命的可贵，珍爱生命。1989年，日本修订的《教学大纲》中明确提出了以尊重人的精神和对生命的敬畏之观念来定位道德教育的目标。在我国，辽宁省和上海市最早开始推行生命教育。2004年12月，辽宁省启动了中小学生命教育工程，辽宁省教育厅为此制定了《中小学生命教育专项工作方案》。同年，上海市也出台了《上海市中小学生命教育指导纲要》。以此为标志，我国的生命教育正式起步。

2008年5月12日，四川汶川发生8.0级大地震，夺走了数以万计同胞的生命。如此大规模的自然灾害深深地刺激了人们内心中最为薄弱的一层：在生命无法保证的情况下，我们应当如何面对生存？当生存境遇发生重大突变的情境下，我们如何面对生活？汶川大地震成为我国全面推行生命教育的加速器，生命教育工作迅速地在全国各地得以开展，其中以云南省于2008年启动的以“生命教育、生存教育、生活教育”为核心的“三生教育”推进力度最大，江西、浙江、广东、吉林、北京、上海等省市的生命教育课程也纷纷走进了各级院校的学生课堂，有关生命教育的会议、论坛、培训和交流等活动也日渐频繁。2010年7月29日出台的《国家中长期教育改革和发展规划纲要（2010—2020年）》明确将“生命教育”列入其中，标志着一个崭新的中国生命教育时代的开启。

现代人之生命意义的困惑为开展普遍性的生命教育提供了历史背景和现实需求，生命教育旨在引导人们树立正确、积极、乐观的生活态度和价值取向，让人们拥有健康的世界观、人生观和价值观，克服生命中的无意义倾向和悲观负面情绪。通过生命教育的普遍开展，人们必定能够走出现代人遭遇的生命意义的挑战与困惑，寻找到自己的安身立命之本，获得生命意义的安顿之所，并且活出生命的精彩意义。

三、当代大学生对生命意义的认识状况

正确认识生命的意义对于促进大学生的健康成长十分重要。因为当一个人感受到生命具有重要的意义和目的时，自我认同的价值感觉会随之提高，面对生命中的挫折与困境时才能够忍受并想办法渡过逆境；反之，则可能失去前进的方向，导致一些偏差行为的发生。因此，认真分析当代大学生对生命意义的感知状况及其致因，认清对大学生开展生命教育的必要性、重要性，努力探索获得生命意义的途径与方法，解决好如何教育引导大学生发现生命意义，强化生命意识问题，是当前高校人才培养不可缺少的内容。

（一）当代大学生对生命意义认识的概况

相关调查表明，当代大学生对生命意义认识状况总体较好，大多数大学生能够热爱生命、珍爱生命，理解生命责任，关注生命意义与价值的实现。但部分大学生对生命意义的认知还存在不足，特别是一些独生子女大学生长期生活于“溺爱”的家庭环境，缺乏对生命意义的正确认识，突出表现在以下几个方面。

1. 部分大学生缺乏对生命意义的积极体验和生命信仰

根据一份针对上千名大学生的调查结果，大学生中感到“较空虚”的占到12%，感到特别空虚的也有5%。大学生虽然平时尽量让自己忙于学习、社团活动和文体娱乐活动，但莫名的空虚、惆怅和孤独感仍时有出现。另据中国人口宣教中心发布的青少年健康人格2010年调研报告显示，“大学阶段，感觉不孤独的大学生仅为16.4%，其余大学生都有孤独感”，还有“高达29%的大学生对大学生活感到‘困惑和迷茫，觉得无聊、没意思’”。这种精神空虚、迷茫的深层次原因就是由于生命意义感不强，缺乏生命信仰，导致大学生在应对人际冲突、社会现实所带来的挫折与挑战时容易产生心理适应上的困难，虽然忙忙碌碌，却不知人生目标和意义何在、追求的价值何在，于是空虚、无聊、迷茫等感觉会随时产生。

2. 对自我生命珍惜不够

根据网络、报纸等新闻媒体报道的不完全统计，从2001年至2010年全国共发生将近600起大学生自杀事件。其中，仅2005年就发生116起，涉及全国23个省份的100余所高校。统计资料表明，大学生中有心理障碍的人已经成为自杀的高危群体，自杀率高于其他同龄人群达2～4倍，并呈现上升态势。“10.71%的大学生表示当遭遇挫折时想到用结束生命的方式来解决，28.6%的大学生‘偶尔有’或‘经常有’自杀的念头，5.79%的大学生认为死亡是解决一切痛苦的办法。”这一系列令人触目惊心的数字充分说明当前一部分大学生生命意义感严重缺失。自杀已经成为我国当代大学生非正常死亡的重要原因之一，而自杀的根源是自我价值的否定、生命意义的缺失。

3. 蔑视生命，虐待生命

近些年来，大学生犯罪的案件呈现不断上升的趋势。部分大学生不仅对自己的生命不予珍

惜，而且暴力伤人，甚至杀人以泄私愤的事件屡见报道。例如，2011年4月宁波高教园区一大学生因公交司机提醒其买票而下车拿砖头砸向司机，2004年2月云南某大学学生马某因玩牌而杀害4名同学以及2010年10月西安某学院学生药某“撞人补八刀”致人死亡等一系列案件。据浙江大学《青少年攻击性行为的社会心理研究》课题组的调查显示：“49.2%的同学承认对其他同学有过不同程度的暴力行为，87.3%的同学承认曾遭受过其他同学不同程度的暴力行为。”另外，在网络上还不时爆出大学生蔑视生命、虐待生命的事件，比如某大学研究生虐杀20余只小猫的事件等。这些案例充分说明加强当代大学生生命意义教育的紧迫性。

（二）当代大学生生命意义感缺失的致因

大学生虽然已是成人，但由于他们没有经过真正的社会磨炼，对生命意义的认知还难以成熟。造成大学生生命意义感缺失的原因是多方面的。

1. 过分溺爱的家庭教育使大学生缺乏应对困难的意志与信心

当今大学生特别是“90后”大学生许多都是独生子女，在家里过着“衣来伸手，饭来张口”的“无忧无虑”的生活。父母把他们生活中遇到的困难都代为“克服”了。在他们的视野中，世界是“平”的，没有什么“障碍”可言。然而，当他们离开父母，开始独立的人生之路后，却发现“现实”是相当“麻烦”的。不仅要面对日常生活中遇到的种种困难，而且要处理对于他们来说相当“复杂”的人际关系。一个小小的困难对于他们来说可能是一座不可逾越的“大山”，一点微不足道的挫折对于他们来说有可能就是一个重大的“打击”。他们不懂得人就是在“麻烦”中感受生命的意义，就是在征服“麻烦”的过程中创造自己的幸福人生。实践表明，耐挫折能力差往往是诱导生命意义感缺失的重要原因。

2. 突出功利的教育弱化了完善人生、升华人性的功能

人生的意义体现于对生命价值的追求，追寻生命意义的过程也就是人的价值理想的实现过程和精神境界的提升过程。“人是不会满足于生命支配的本能的生活的，总要利用这种自然的生命去创造生活的价值和意义。人之为人的本质，应该说是一种意义性存在、价值性实现。”然而，当代大学生从刚刚步入大学校门的第一天起就有了就业的压力。老师告诫“一定要学好专业，多学一项技能就能多增加一点就业的机会”；学生则忙于“考证”“考级”，以至于他们对于生命意义的理解非常简单——上大学就是为了找一份好工作，以保证一生衣食无忧，从而扭曲了对生命价值的理解。同时，一些高校出于提高就业率的目的，往往只重视专业技能的培养，忽视理想信念和人格教育。“没有内在人格、自我意识的觉醒，外在的所谓各种压力对学生的学习与成长所起的作用不仅是短暂的，而且就学生的终身发展而言是极其有害的。”近年来，部分大学生自我伤害或暴力伤人就是其内在人格扭曲、缺乏人生追求的重要表现。从根本上讲，类似的生命困境正是由于一些大学生无视生命意义或只从功利角度审视生命和理解生命价值的结果。

3. 缺失的生命教育降低了大学生对于生命的敬畏

生命教育应成为大学人才培养的应有内容。然而，功利式教育理念在当代高等教育中的全面占位，使得真正意义上的生命教育已被生存教育所代替。上大学不是为了提高生命质量，焕发生命意义和提升生命价值，而是为了求得生存技巧以在社会中立足。因而生命教育逐渐在高等教育中被边缘化甚至被取消，以至于在当今大学生当中很多人已没有了对生命的敬畏，于是使用最极端的方式自伤或他伤一个个鲜活的生命便屡见不鲜。

四、正确认识和体验生命意义

现代人由于种种原因产生的生命意义困惑，在当代大学生身上同样也有显著体现。我们不仅能经常听到一些学生发出这样的疑问：“人为什么活着?”“人活着有什么意义?”而且时常听到有些学生发出如此感叹：“人活着没有意思!”这些都表明，开展生命教育，引导大学生深入思考人生，正确认识生命意义和人生价值的实现途径，是高校人才培养的应有内容，也是高校义不容辞的责任。同时，对于大学生而言，如何正确认识生命意义和人生价值的实现途径，也是自身成才成长必须要回答的问题。

（一）正确认识生命意义的重要性

对于人自身而言，生命是最基本的价值。没有了生命，人的一切其他价值都无从谈起。一个人如果不能认清生命的意义，就很难做到珍惜自己的生命、善待他人的生命、努力实现人生价值，为人类的生命延续发展作贡献。生命意义的正面体验具有众多积极的功能。一般来讲，正确认识生命意义至少具有以下三个方面的重要意义。

1. 增强抗挫折与困难的信心与能力

当一个人感受到生命具有重要意义时，生活的意义感、自我认同的价值感会随之提高，这样在他面对生活中的挫折与困难时才能够坚持奋斗拼搏、担当承受压力，想方设法克服困难、渡过逆境。相反，不能正确认识生命意义，则可能失去生活的勇气、迷失前进的方向，导致一些偏差行为的发生。很多案例表明，如果个体在追寻生命意义过程中遭受挫折的话，就会出现“存在空虚病”，发生包括自杀在内的各种消极行为。耿永红（2008）研究发现，自杀意念与生命意义感缺乏、消极应对、自我接纳差呈显著正相关性。一些相关研究也明确指出，生命意义感缺乏会导致物质滥用、自杀、自我怀疑、精神萎靡等。

2. 提高身心健康水平

生命意义感可以缓冲外界压力对生理心理的影响，调节人的生理功能和心理机能，因而生命意义感是身心健康的一个稳定可靠的预测指标。国内外众多研究认为，生命意义感与幸福感、焦虑、抑郁等有着非常密切的关系，对于生命意义的正面体验与心理幸福感呈显著正相关，与焦虑、抑郁呈高度负相关。通过对一些有生理心理疾病患者的临床调查发现，生命意义感强在一定程度上能缓解病人的生理痛苦和心理疾患，从而促进人们的身心健康。

3. 提升日常生活活力

个体在生活中的精神状态与生命意义感有着非常紧密的联系。生命意义感赋予个体在生活中有一种目的感、价值感和成就感。对生命意义的正确认识和体验能让人摆脱消极情绪，振奋精神，提升工作、学习乃至日常生活的活力，使人能以积极的态度面对生活。相反，一个人如果感觉不到生命的意义，就会对生活失去兴趣，消极情绪就会弥漫全身，工作学习和日常生活便缺乏动力、失去活力。

因此，深入探究生命意义，正确认识生命意义，对于一个人来讲不是可有可无的事，其不仅是重要的，而且是必需的。奥地利著名精神科医生维克多·E. 弗兰克尔把生命意义的探索从哲学、伦理道德领域延伸到心理学领域，从心理学视角精辟地论述了对生命意义探究的重要性。弗兰克尔指出，对生命意义的追寻是人类的基本精神需要。不仅在生理需要、安全需要和归属需要等低级心理需要得到满足之后，人们会考虑生命意义的问题；即使是在这些需要得不到满足或者满足受挫的时候，人们也会追寻生命的意义，特别是当人们遇到极其糟糕的境况时，更需要生命意义的支撑。这一点在因疾病折磨濒临死亡的病人身上、集中营或灾难的幸存者身上都得到了证明。因此，意志的自由（Freedom of Will）、求意义的意志（Will to Meaning）和生命意义（Meaning of Life）三者被弗兰克尔视为完整人格所必备的特征。

（二）生命意义对心理健康的影响

生命意义和心理健康的关系不是单向影响，而是交互作用的。心理健康在一定程度上依赖于人们怎样看待生命；相反，对于生命意义的认识也受心理健康的影响。生命意义对心理健康的积极影响几乎被所有的研究所证明；而缺乏对生命意义的理解与心理问题也有正相关同样被研究所证明。近年来关于生命意义与心理健康的关系问题开始影响到心理学研究的主流。

1. 生命意义的心理学研究

从心理学角度看，按照马斯洛的需要层次论来解释，当人们的较低需要层次获得满足之后，有可能体验生命的价值和高峰经验。马斯洛对自我实现者的研究直接启发了后来人们关于生命意义的研究。而存在主义心理学则直接涉及对生命意义的积极思考。最有影响力的是弗兰克提出的理论，他认为在生活的压力之下，人们之所以会产生各种心理问题，是因为他们没有找到生命的意义。心理学研究已经证明：生命意义对心理健康有积极影响，缺乏对生命意义的理解与心理问题有正相关，对生命意义的探索和情绪健康有正相关，对生命意义的认识能够减缓消极生活事件对忧郁的影响。

2. 缺乏生命意义的后果

近年来，西方一些学者提出个人对生命意义和生活目标的认识对心理健康的影响非常大。一个人在生活中如果没有找到自己生命的意义，会产生如下严重的后果：第一，当人们在探索生命意义的过程中遭受挫折时，就可能被生存的空虚感所笼罩，便会转而寻求享乐和金钱作为补偿；第二，生存意义的挫折感和价值观的矛盾会导致心理疾病；第三，缺乏对生命意义的认识是大学生自杀的主要原因。研究发现自杀的人缺乏对生存的重要信仰和价值的认识，当遇到较大的压力时，往往会放弃解决问题的努力和尝试，而选择轻生。弗兰克曾提出过“星期天精神病”的概念，他说很多人在忙碌了一周以后突然间变得无所事事，于是感到内心的惆怅和空虚。许多人自杀是因为生存的空虚感造成的；许多人的忧郁情绪、攻击性和沉溺于药物等也是由于在他们心灵深处的空虚感造成的。很显然，人们需要意义和精神，绝不仅仅在严重压力之下，而在他们的日常生活中。

3. 自我超越的生命意义对心理健康有直接影响

经调查分析发现，自我超越的生命意义对大学生心理健康有着直接的作用，并且能够缓解校园压力对心理健康的负面影响。该研究还发现，个人对生命意义的追寻和执着在整个人的一生中都能够起到缓解压力的作用。由于人们对生命意义的执着，使得他们能够对消极生活事件有新的不同的解释，使他们有能力在消极事件中找到积极的意义，从而提高他们应对消极事件的能力。

（三）大学生体验生命意义的主要途径

大学生不仅要从理论上认清生命的意义，而且要通过具体的生活实践来体验生命的意义，这样才能真正培育起良好的生命意义感。怎样才能深刻地体验生命的意义呢？借鉴弗兰克尔的理论，从积极心理学的视角，我们认为大学生体验生命意义可通过以下三种途径：

1. 通过开展创造性的工作或投入一项具体工作来体验生命的意义

弗兰克尔把这称之为“创造性价值”，是指个体可以通过某种建设性工作的完成过程来体验生命的意义，如艺术创造、科技发明、某种日常具体工作，以及所有个体认为值得并愿意花时间和精力去做的事情。事实上，生命意义凭空想是不能产生深刻体验的，只有脚踏实地地开展工作才能真正体验生命的意义，工作是体验生命意义的一个重要途径。但被动地、机械地工作也不能很好地体验生命意义，必须把握工作背后的意义和动机，只有这样，人才能在对工作的价值和意义的感悟中很好地体验生命的意义，积极的、创造性的、有责任感的工作态度赋予工作以积极的生命意义。

对于大学生来说，特别是新生，首先要重视培养自己的人生责任感，认清学习意义和端正学习动机，把个人成才与服务祖国人民统一起来，这样就会在刻苦学习中体验生命的意义。其次，要明确学习的目标，特别是要将目标转化为具体的计划与行动。职业生涯规划是一种明确学习目标和行动计划的有效措施。在职业生涯规划过程中，大学生能对自己有比较清醒的认识，同时能够对未来有一个比较清晰的目标，如果大学生能够按照自己的职业生涯规划去努力、去实行的话，就非常有利于自己去发现学习的意义以及生活的价值。

2. 通过体验某人某事某种情感发现生命的意义

弗兰克尔认为这是“经验性价值”，是指个体由对真、善、美等事物的接触以及爱与被爱的情感体验中获得对生命意义的感知，如对音乐、文学、绘画、舞蹈等的欣赏和体验以及接受别人的爱和自己爱别人的体验，都可深化人们对生命意义的感知。这是因为，通过欣赏他人创造性劳动产生的成果或作品可以发现生命意义的实现价值和途径；通过爱别人或接受别人的爱而体会到生命的强烈责任感。因此，大学生除了注意学习各种文化和专业知识外，还要积极投身社会实践，通过广泛接触社会实际去感悟人的创造能力与价值、体验人与人之间的真情所在，增进自己对生命意义的认知与理解。

3. 通过优化自身认知事物的态度来挖掘生命的意义

弗兰克尔把这称之为“态度性价值”，他认为人对命运的选择完全取决于自身的精神状态，当个体身处无法抗拒的最困难境地时，亦即创造性价值和经验性价值都难以实现时，个体还可以通过改变自己对待事物的态度（视角），以坦然面对命运、正视人生痛苦的方式获得生命的意义。比如绝症患者不为疾病所压倒，保持自己“抉择态度的意志自由”，就是实现“态度性价值”。事实正是如此，当人们面对苦难时，能否战胜苦难，重要的是对苦难采取什么态度。大学生在学习和日常生活中难免遭受挫折、失败和苦难，如恋爱受挫、亲人离去、学业失败等，这些压力对于个体而言，便是生命中的“难”，导致个体生命自由发展受限，面对这种苦难，关键是以什么样的态度来对待这些苦难。面对苦难，“凡是意志坚强的人都会使生命更充实，而聪明者总是往生的方面，而不是死的方面去想（斯宾诺莎）”。“2011 年度中国大学生自强之星”获得者、河南理工大学电气工程与自动化学院自动化专业 2008 级学生刘宁以自己的人生实践证明了这一点。刘宁是一位来自贫困山村的大学生，母亲腿部骨折几乎丧失劳动能力，父亲体弱多病；2010 年夏天山洪泥石流又冲毁了他家的房屋和田地。面对家徒四壁和家人贫病交加的困境，刘宁不抱怨、不灰心、不消沉，他坚信，“不是命运决定自己，而是自己决定命运”。他更加努

力地学习，以优异的成绩托起家庭的希望。他积极为父母分担家务，经常利用节假日外出打工赚取学费和生活费。他以乐观的心态直面生活，以坚强的意志应对困难，磨砺了自强的性格，练就了向上的精神，托起了生命的希望。刘宁以勤奋和坚强为莘莘学子树立了榜样。当代大学生应注意优化自己对事物的认知态度，积极乐观地面对人生的苦难，养成坚强的生命意志，善于从人生缺憾中发掘生命的意义。

第三节　生活压力管理策略

上大学对青年人来说确实是生活中的重大转折。每一个人都将面临结交新朋友、接触新环境、学习新课程、面临新挑战并且拥有新体验。大多数学生都是满怀着期待、兴奋和焦急的心情去适应的。然而有一些情况会让学生产生心理压力，如果学生承受的压力超过了其对应能力，那么压力就变成了危机。大多数危机可以在几周内顺利解决，但有一些危机却会逐步增强，最终导致人际关系问题和学习问题的产生。最严重的是，有些危机还会使学生产生自伤的想法。认识压力，了解面对困境时摆脱痛苦的方法，可以增进心理健康。

一、压力及其作用

压力（stress）这一概念最早是在 1936 年由加拿大著名的内分泌专家汉斯·薛利博士提出的。汉斯认为，压力是表现出某种特殊症状的一种状态，这种状态是由生理系统中因对刺激的反应所引发之非特定性变化所组成的。

（一）压力的含义

国内通常将压力（stress）译为应激，通常指三种不同的含义：第一种是指导致机体产生紧张反应的刺激；第二种是指机体对刺激的紧张性反应；第三种是指由于机体与环境之间的“失衡”而产生的一种身心紧张状态。目前，比较普遍被接受的看法是压力指由刺激引起的、伴有躯体机能以及心理活动改变的一种身心紧张状态。

当人们面临压力时会产生一系列心理、生理的反应。这些反应在一定程度上是机体主动适应环境变化的需要，它能够唤起和发挥机体的潜能，增强抵御和抗病能力。但是，如果反应过于强烈或持久，超过了机体自身调节和控制能力，就可能导致心理、生理功能的紊乱而致病。

（二）压力反应

压力反应通常表现在心理反应、生理反应、行为反应等方面。

1. 心理反应

压力引起的心理反应有警觉、注意力集中、思维敏捷、情绪的适度唤起，这是适度的反应，有助于个体应付环境。但过度的心理反应如过分烦躁、抑郁、焦虑、激动不安、愤怒、沮丧、失望、消沉、健忘等，会使人自我评价降低，自信心减弱，表现出消极被动，无所适从。

2. 生理反应

在压力状态下，机体必然伴有不同程度的生理反应，主要表现在中枢神经内分泌系统和免疫系统等方面。比如，导致心率加快、心肌收缩力增强、血压升高、呼吸急促、各种激素分泌增加、消化道蠕动和分泌减少、出汗等。这些生理反应，调动了机体的潜在能量，提高了机体

对外界刺激的感受和适应能力，从而使机体能更有效地应付外界环境条件的变化。但过度的压力会使人口干、腹泻、呕吐、头痛、口吃等。

3. 行为反应

压力状态下的行为反应可分为直接反应与间接反应。直接的行为反应是指直接面临紧张刺激时为了消除刺激源而做出的反应，例如，路遇歹徒，或与其搏斗，或逃避。间接的行为反应是指为了减少或暂时消除与压力体验有关的苦恼，会借酒、烟、麻醉品等使自己暂时缓解紧张状态。

（三）压力反应过程

人们对压力的反应通常会经历三个不同的阶段：

第一阶段为冲击阶段。发生在暴露于压力源后不久或当时。如果刺激过大，就会使人感到眩晕，表情麻木呆板，不知所措，亦可称为“类休克状态”。如突然听到亲人死亡的消息后大多数人会表现出发呆、惊慌或歇斯底里，只有少数人能保持冷静与镇定。

第二阶段为安定阶段。这时，当事人会努力恢复心理上的平衡，控制焦虑和情绪紊乱，恢复受到损害的认识功能，而后采用各种心理防御机制或争取亲人、朋友的支持。

第三阶段为解决阶段。当事人将自己的注意力转向产生压力的刺激，并努力设法处理它。可能采取逃避行为远离产生压力的原因；也可能提高自己的应付技能，改变策略和行为，直接面对刺激，解决刺激。

（四）压力的作用

人们对压力的反应有显著的个体差异，也就是说相同的刺激对不同的人所引起的反应是不同的，这取决于个体的认知、评价以及起调节作用的个性心理特征、个性倾向性和社会支持、个体健康状况等因素。压力是由刺激引起的，不仅有害的、侵略性的刺激会引起压力，就连愉悦的、受欢迎的刺激也会带来压力。承受压力并非都是坏事。适度的压力是维持人们正常的心理功能和生理功能的必要条件，同时有助于人们适应环境、提高能力。可见，压力是我们生活的一部分，我们需要压力，正像需要食物与水分一样。生活中如果没有压力，我们就无法适当地成长，不管在生理、心理方面还是在社会方面。当生活中没有足够的刺激来引发生理激活状态时，我们通常会觉得厌烦，于是就会去寻找一些能造成压力的刺激，如爬山、竞赛等。假如工作、学习中缺乏压力，也会使我们感到厌烦，难以保持适当的效率。但是，如果在持续一段时间内有太多的压力，身体的细胞、组织与器官就会发生变化，生理与心理便会出现不同的混乱甚至致病。因此，我们需要学习处理压力，并将其应用于自己的生活、学习之中。

二、压力产生的原因

压力产生的原因可称为压力源（stressor），或称应激源。压力源广泛地存在于我们的生活之中。有些压力源是稍纵即逝的，它引起瞬间的兴奋和欢欣。有些压力源则持之以日、周或月，造成习惯性的高压反应，使人经常处于一种戒备状态，甚至导致心理失衡。我们所遇到的压力源可能在自身，也可能在环境之中。自身的压力源包括痛苦、疾病、记忆、罪恶感、不良的自我概念等，可称之为“内因性压力源”；环境的压力源包括热、冷、噪声、其他任何无机性的刺激和有机性的刺激，可称之为“外因性压力源”。但是，人类最主要的压力源是人，人际关系是

造成压力的最主要来源。如果我们把造成压力的各种因素作一个大致分类，可以划分为躯体性、心理性、社会性和文化性四大类压力源。

（一）躯体性压力源

躯体性压力源是指经由人的躯体直接发生刺激作用的刺激物，包括各种物理的、化学的、生物的刺激物，如过高过低的温度、酸碱刺激、微生物、变质食物等。这一类刺激是引起生理压力和压力的生理反应的主要原因。

（二）心理性压力源

心理性压力源是指来自人们头脑中的紧张性信息。例如，心理冲突与挫折、不切实际的期望、不祥预感，以及与工作责任有关的压力和紧张等。心理性压力源与其他类压力源的显著不同之处在于它直接来自人们的头脑中。弗雷德曼与罗森门两位学者在对心脏病的长期研究中找出一种特殊的性格称为A型性格，指出这种性格比其他性格更容易导致心脏受损。A型性格者经常都是努力工作的高成就者，事业十分成功，但却由于压力过大或无法处理压力而赔上了自己的健康。

（三）社会性压力源

社会性压力源是指造成个人生活样式上的变化，并要求人们对其做出调整或适应的情境和事件。这里的生活样式是指组成一个人的日常生活方式的许多“经验和事件”，包括居住地及居住环境、工作类别及工作场所的环境条件、饮食情况、个人生活习惯、娱乐活动的种类与时间、体力活动的程度、社会联系等。比如，家庭中常常存在导致大量的持续性压力的因素，像照顾年长的双亲、配偶或孩子患病、夫妻关系恶化等。

（四）文化性压力源

文化性压力源，最为常见的是“文化性迁移”，如由一种语言环境进入另一种语言环境，或由一个民族聚居区、一个国家迁入另一个民族聚居区、一个国家。在这种情况下，一个人将面临一种全新的环境、生疏的生活方式、陌生的风俗，从而不得不改变自己原有的生活方式与习惯，以顺应新的变化。如出国留学是众多学子期盼的深造机会，但一些学生对面临的文化环境改变缺乏充分的心理准备，在异文化背景下难以适应，压力过大而引发疾病，中断学业的事例时常发生。

三、压力与身心疾病

承受压力是每个人生活中不可避免的，压力产生的紧张状态可以提高警觉水平，适当的压力是健康所必须具备的条件。但是压力过于强烈、持久，超过个人的耐受能力，就会破坏人的身心平衡，影响人的学习与工作，损害身心健康，这是压力的有害方面。

（一）压力引发身心疾病

身心医学研究发现，身心疾病是由多种因素引起的，但更多的是由个人遭到的紧张刺激以及生活境遇所决定的，因紧张刺激而引起的生理改变最终导致自我损害是身心疾病发病的重要原因之一。也就是说，如果心理性、社会性、文化性的压力引起的紧张状态过于强烈、持久，就会通过生理渠道导致躯体病变或直接导致心理疾病。

（二）常见的身心疾病分类

身心疾病一般可表现在以下方面：

心血管系统：原发性高血压、冠心病、心律失常、心动过速或过缓等；

呼吸系统：支气管哮喘、过度换气综合征、血管舒缩性鼻炎等；

消化系统：消化性溃疡、溃疡性结肠炎、神经性厌食、神经性呕吐等；

内分泌系统：肥胖症、糖尿病、甲状腺功能亢进等；

肌肉骨骼系统：痉挛斜颈、类风湿关节炎、口吃等；

神经系统：紧张性头痛和偏头痛等；

泌尿生殖系统：性功能障碍、月经失调等；

皮肤系统：神经性皮炎、瘙痒症、过敏性皮炎、斑秃、荨麻疹等；

其他：癌症、自身免疫性疾病等。

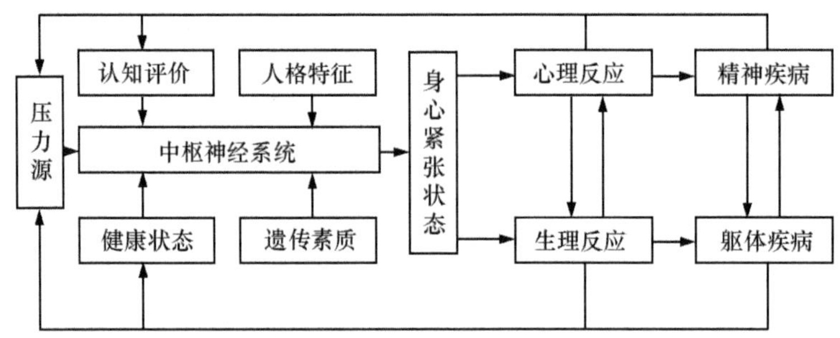

图 3-1　压力源、压力反应与身心疾病的关系

四、应对压力的方法

当人们面对压力和紧张困扰时就会自觉或不自觉地采取一些方法来应对压力。

（一）常见的错误方法

1. 依赖药物

有些人相信药物可以消除压力，因而常常服用，甚至滥用。药物只可以暂时消除紧张情绪，不可能治疗压力的根源。如果长期持续性地使用药物，而不主动去控制自己的压力行为，那么药物就会带来依赖，使人失去尊严并带来各种疾病。

2. 饮酒

有些人认为酒精是解除压力的方法之一，因此面临压力时借酒消愁。酒精是神经系统的刺激物，同时也是一种镇静剂，能够暂时起到抑制中枢神经系统的功能，但经常饮酒，容易导致酒精中毒而危害健康，而且饮酒过量会影响人的判断力。

3. 抽烟

烟草是一种兴奋剂，有一定镇静的作用。有些人遇到大压力时拼命吸烟，以缓解紧张的神经。但吸烟过量会导致神经过敏，因吸入大量尼古丁而使心肺呈现紧张状态，产生一些意料不到的反应和后果。

（二）正确的应对方法

1. 认识压力及其可能导致的后果

当我们认识到在现实生活中充满竞争，心理压力和精神紧张无法彻底消除时，就可能对已出现或将要出现的压力有一定的准备，同时可以学习一些更有效的应对方法。

2. 在问题及后果还未引发之前控制压力

控制压力常用的方法有：坦诚倾吐，当紧张情绪积累时，找一位朋友或亲人诉说倾吐；增加休息时间，忙里偷闲，在还没有达到极度疲劳时，将工作步伐缓慢下来；切合实际，当自己期望过高达不到目标时就会产生精神紧张，如果制定的目标切合实际，必定会把握成功；计划工作，当感到工作永远做不完而内心紧张、焦虑增加时，最好把工作好好计划一下，使时间与精力能有效使用；经常运动，运动可调整身心，有助于发泄愤怒和消除压力；学会放松，每天花几分钟时间平静和安定情绪。

3. 放松方法

从紧张状态到松弛状态的过程叫放松。放松会使我们心境安静、身心和谐。一般来说，放松包括身体上的放松和精神上的放松。放松可解除紧张，让我们保持更好的心理状态去面对生活中的困难，帮助我们应对各种压力。身体放松的常用方法有游泳、做操、散步、洗热水澡；精神放松的方法有听音乐、看漫画、静坐、钓鱼等；其他常用方法还有瑜伽、冥想、打太极拳等。

表 3-1　A—Z 减压 26 式

A	Appreciation	接纳自己接纳人，避免挑剔免伤神
B	Balance	学习娱乐巧安排，平衡生活最适宜
C	Cry	伤心之际放声哭，释放抑郁舒愁怀
D	Detour	碰壁时候要变通，无须撞到南墙头
E	Entertainment	看看电影听听歌，松弛神经选择多
F	Fear Not	正直无惧莫退缩，哪怕背后小人戳
G	Give	自我中心限制大，关心他人展胸怀
H	Humor	戴副墨镜瞧一瞧，苦中寻乐自有福
I	Imperfect	世上谁人能完美，尽力而为心坦然
J	Jogging	跑跑步来爬爬山，真是赛过食仙丹
K	Laugh	每天都会笑哈哈，压力面前不会垮
M	Management	不怕多却只怕乱，时间管理很重要
N	No	适当时候要讲不，不是样样你都行
0	Optimistic	凡事要向好处看，无须吓得一头汗
P	Priority	先后轻重细掂量，取舍方向不难求
Q	Quiet	心乱如麻自然慌，心静如水自然安
R	Reward	日忙夜忙身心倦，爱惜自己要牢记
S	Slow Down	做下停下喘口气，不必做到脑麻痹

续表

T	Talk	找人聊聊有人听，被人理解好开心
U	Unique	人比人会气死人，自我突破最要紧
V	Vacation	放放假或充充电，活力充沛展笑脸
W	Wear	穿着打扮用点心，精神焕发心情好
X	X－ray	探寻压力的源头，对症下药有计谋
Y	Yes I can	相信自己有潜能，勇往直前步青云
Z	Zero	从零开始向前看，每日都是新起点

第四节　自杀与预防措施

2003 年 9 月 10 日，是世界卫生组织确定的“世界预防自杀日”。最新的研究数字显示，自杀排在我国青少年死因的第一位。在我国，每两分钟就有一个人自杀死亡、8 人自杀未遂，150 万人因家人或亲友自杀而遭受长期、严重的心理创伤。自杀的原因虽然复杂而不相同，但是人到了自杀的时候，总以为从此“一了百了”“从此解脱”。可是，死，真能一了百了吗？我们观察大学生自杀的案例，有哪一件不是给家人、亲友、同学、朋友留下一肩沉重、痛苦的担子？自杀，只不过把责任转嫁给别人，将问题转嫁给社会。生命宝贵，生命需要珍惜。

一、自杀分析

（一）自杀者的心理过程

自杀不是突然发生的，它有一个发展的过程。日本学者长冈利贞指出，自杀过程一般经历：产生自杀意念—下决心自杀—行为出现变化—思考自杀的方式—选择自杀的地点与时间—采取自杀行为。对于不同年龄、不同个性、不同情境下的人，自杀过程有长有短。我国学者一般把自杀过程分为三个阶段：第一，自杀动机或自杀意念形成阶段。当事人表现为遇到难以解决的问题，想逃避现实，为解脱自己而准备把自杀当作解决问题的手段。第二，矛盾冲突阶段。当事人产生了自杀意念后，由于求生的本能又会使他陷入生与死的矛盾冲突之中，从而表现出谈论自杀、暗示自杀等直接或间接的表现自杀企图的信号。第三，自杀行为选择阶段。从矛盾冲突中解脱出来，决死意志坚定，情绪逐渐恢复，表现出异常平静，考虑自杀方式，做自杀准备，如买绳子、搜集安眠药等。等待时机一到，即采取结束生命的行为。

（二）自杀者的性格特征

日本心理咨询学家松原达哉认为，大多数自杀者的性格特征主要表现为：过于内向、孤独，容易陷入焦虑与绝望感中，偏执，过分认真，责任感过强，缺乏兴趣爱好，情绪不稳定，心情多变等。而这些性格特征常常与偏颇的父母教养态度、复杂的家庭关系有关。

国内有研究报道，自杀者中性格内向与较内向的占 95.2%，孤僻的占 52.4%，虚荣心强的占 71.4%。方明昭对 1987 年 8 月至 1988 年 10 月 100 例自杀急诊病人的分析发现，性格内向、孤僻、敏感多疑者占三分之二。内向性格的人容易出现焦虑感、绝望感；而认真、固执、责任

感强又没爱好的人，一旦遇到困难则强烈自责，易产生自杀想法。另外有四分之一的人属外向性格，可能与一时冲动有关。外向性格的人如果同时伴为自我中心，情感变化大，易激怒，对人情感肤浅的癔病性人格时，可能会出现自杀行为。对自杀者及自杀未遂者进行详细的性格倾向分析，可以为自杀预防提供参考。

日本心理学家认为自杀者的心理特征常常表现出自罚倾向、逃避现实、自我评价低。图 3-2 是日本太原先生 1972 年勾画的自杀倾向构成图。

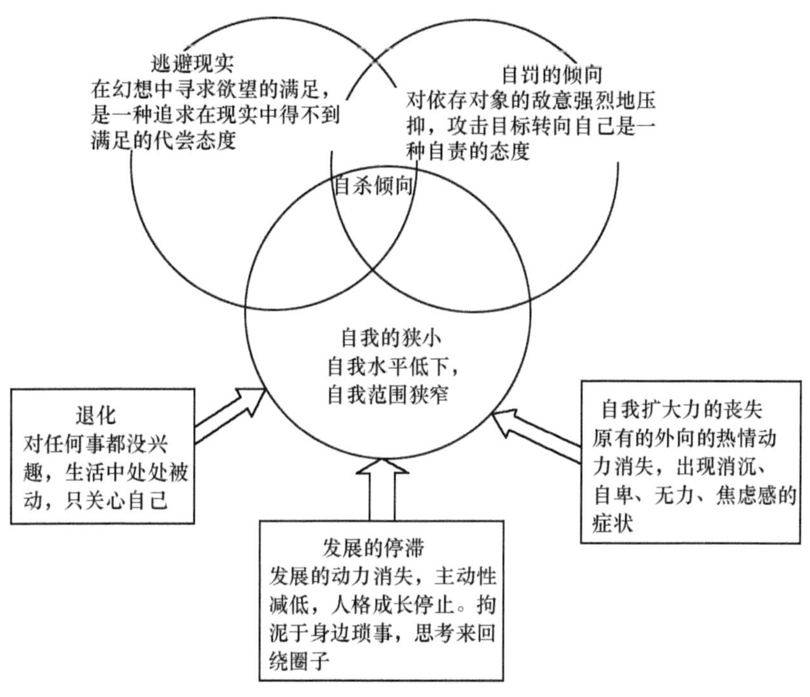

图 3-2　自杀倾向构成图

（三）自杀者的心理状态

想自杀的人共同的心理特征是孤独，认为谁也理解不了自己，谁也帮不了自己，在这个世界上唯有自己最不幸、最痛苦，因此绝望，想以死来解脱困境。但实际上，想自杀的人心情很矛盾，在想死的同时又渴望获得帮助。具体地讲，自杀者的心理状态表现如下：

1. 矛盾心态

死亡对于自杀者来说是既可怕又有吸引力的事。现实生活中许多有形无形的困难可以在死亡的幻想中得以解决和满足。但死亡毕竟是可怕的，自杀者一方面想求得解脱，另一方面又想向他人求助。

2. 偏差认知

企图自杀者的知觉常因情绪影响而变得歪曲，表现为“绝对化”或“概括化”或两者交替。“绝对化”是指对任何事物都怀有其必定如此的信念，比如“我做任何事都注定失败”“周围的人肯定不喜欢我”等。“概括化”是指以偏概全、以一概十的不合理思维方式，常常使人过分专注于某项困难而忽略除死之外的其他解决方法，比如“我考试作弊，我爸爸一定不会饶恕我，永远不再爱我”“我有缺陷，别人都瞧不起我”等，从而自暴自弃，自责自怨，自伤自毁。

3. 冲动行为

青少年的自杀意念常常在很短的时间内形成，因情绪激动而导致冲动行为，一想到死马上就采取行动。他们对自己面临的危机状态缺乏冷静的分析和理智的思考，往往认定没办法了，只有死路一条，思考变得极其狭隘。

4. 关系失调

自杀者大多性格内向、孤僻、自我中心，难以与他人建立正常的人际关系。当缺乏家庭的温暖和爱护，缺乏朋友师长的支持与鼓励时，常常感到彷徨无助，最后变得越来越孤独，进入自我封闭的小圈子，失去自我价值感。

5. 死亡概念模糊

企图自杀的青少年对死亡的概念比较模糊，部分人甚至认为死是可逆的、暂时的，因此对自杀的后果没有充分估计。

二、自杀原因分析

自杀原因一直是学者们探讨的重点问题。因为没人会无缘无故地去自杀，所以寻找自杀的背景，努力消除引起自杀的原因，可减少自杀事件的发生。一般认为自杀是由于主观上或客观上无法克服的动机冲突或挫折情境造成的。

（一）自杀的一般原因分析

1. 自杀的客观原因

包括人际关系紧张、社会竞争激烈、不可预测的天灾人祸、家庭纠纷、成长环境不良、压力过重等。调查发现，当战争、社会动乱、经济危机等社会状态不稳定时，自杀率会有所变化。社会变化剧烈时，自杀率有明显的增高趋势。前苏联解体后，俄罗斯的自杀率明显上升就是例证。家庭关系是影响自杀的另一重要社会原因。家庭关系失调，家庭功能丧失，父母离异或夫妻冲突，爱情纠纷，亲子不和等，缺乏正常的家庭温暖的人容易自杀。经济困难、严重疾病也常常是自杀的诱因。工作、学习负担过重，紧张疲劳也是自杀的原因之一。

2. 自杀的主观原因

包括面临变化的不适应、内心的烦恼、心理压力等。从个人角度看，因搬迁、调动等改变而引发的情绪问题以及由于个人体力或智力条件的限制不能达到目的，或者个人健康状况不佳、生理上的缺陷不能胜任工作，能力不够、经验不足容易在工作和生活中遭到失败，这些都可能产生心理压力。从心理因素分析，青年期是人一生中心理变化最激烈的时期，也最容易产生各种烦恼。研究发现，当个人内在的不快乐因素或外界环境尤其是人际关系上的冲突达到令人无法忍受的地步时就会引发自杀行为。造成个人不快乐的原因即失去个人认为的具有重要性的事物，如自尊心、成就感、爱恋的对象等。根据 WHO 的资料显示，维也纳自杀防治中心对 1040 位企图自杀者的自杀原因加以分类时，发现寂寞、失去所爱的人等个人不快乐的原因以及与人争吵等人际冲突原因的分布与性别、年龄有关，44％的男性和 30％的女性是为了不快乐的原因而自杀的，56％的男性与 70％的女性是为了人际冲突的原因而自杀的；30 岁以下的人因人际关系冲突而自杀者占多数。

3. 精神病理学原因

包括抑郁症、精神分裂症、酒精中毒等。据临床观察，有 20％左右的企图自杀者有精神症状。抑郁症状与自杀意念不可分。抑郁症病人的重要特征是：第一，联想困难或自觉思考能力下降，无法集中注意力；第二，精力明显减退或无原因的持续疲乏感；第三，对日常活动丧失兴趣；第四，食欲不振或体重明显减轻；第五，自我评价过低或过分自责、内疚；第六，失眠、早醒或睡眠过多；第七，反复出现死亡和自杀念头。精神分裂症患者人格失衡，行为异常，常出现妄想、幻听幻觉症状，幻听症状尤为频繁，其内容多半是“有人在说我的坏话，说要杀死我”，从而出现自杀或他杀的危险。可见，精神病患者的自杀危险率确实高于一般人群。

（二）大学生自杀原因分析

据南京危机干预中心的调查显示，恋爱和学习压力分别占大学生自杀原因的44.2%和29.8%。北京市高校关于“学生非正常失学的研究”中列举了学生因“自狂不能得志”“自卑无法自拔”“疾病无法摆脱”“家教方法不当”“挫折承受力差”等而自杀的个案。

从我们所了解的情况来看，近年来我国大学生自杀的原因主要有以下几种：

1. 学习压力

因学习压力而轻生是大学生自杀事件中常见的原因，尤其是在名牌重点大学，这类情况较为多见。高中毕业后，由于学习成绩优秀而被名牌重点大学录取的荣誉本身就是一种沉重的精神压力。家长和母校都为这些佼佼者而自豪，他们被低年级同学视为榜样。荣誉的光环笼罩着他们，反而形成一种桎梏。但进入大学后由于学习目标不明确、学习方法不适应或所学专业与自己的学习兴趣、思维方式相抵触等原因，有一部分同学的学习成绩明显滑坡，甚至面临留级、复读等问题。涉世不深，心理上对挫折缺乏承受力的年轻人，一时想不开往往铤而走险，结束了自己本可再度辉煌的年轻生命。

2. 抑郁症等神经症的困扰

大学生自杀的事例中，相当大的比例源于抑郁症、强迫症等心理疾病，而这些疾病的病根多数在少儿时期形成。在进入大学的身体检查中，并无心理疾病检测这一项，所以很难发现这方面的问题。进入大学后，这些学生一旦被严重的心理冲突所困扰，他们就会对什么活动都不感兴趣，心情压抑，郁郁寡欢。抑郁症患者常伴有失眠，并为此而痛苦不堪；身体上感到疲劳乏力，学习时注意力难以集中；情绪焦躁不安，心情持续抑郁，懒得和他人讲话。这些人感到这样活下去没什么意思而选择了自杀。在自杀的时间和方式上，他们多数选择在上午同学们离开宿舍时跳楼身亡。

3. 环境适应不良

在大学一年级新生中，环境适应不良是较为普遍的现象，尤其是那些初次离家过集体生活的同学，更需要经历一个从不适应到逐步适应的过程。但在这一适应过程中，那些从小被溺爱或过度保护的学生，那些性格孤僻、内向或暴戾的学生，不易合群，难以适应生活的变化，在孤独感、无助感的折磨下，个别人会选择轻生。

4. 失恋

恋爱是大学生中多见的现象，且多数为初恋。感情过分专注的人，一旦失恋便会体验到深切的痛苦。当他们感到难以忍受这种精神上的打击时，便会由怨恨而引起轻生的念头。这种现象在女同学中较为多见。

5. 其他

亲子关系失和、经济拮据、毕业后找不到满意的工作等，都会引起轻生的念头。

三、大学生自杀预防措施

预测人的行为是一件比较困难的事，预测自杀行为就更加困难，因为自杀的原因非常复杂，常常连与自杀者接触极其密切的人都难以觉察其细小的变化，而且自杀行为常常带有突发性，令周围人措手不及。即使通过种种征兆发现了自杀的迹象，进行危机干预也并非易事。直接对当事人说，会使当事人感到自己的隐私被侵犯，反而增加危险性。但是，自杀的预防又是可能的，因为自杀行为有一定规律可循。因此，只要抓住机会，因势利导，及时提供心理支持和帮助，预防自杀行为的可能性是有的。

（一）自杀预防的可能性

1. 为什么说自杀可以预防

自杀可以预防的理由如下：

（1）想自杀的人，当他面临生活中的危机而产生消极态度和情绪，如羞耻、罪恶、自责等，到选择自杀行为之间要经过一段时间。

（2）想自杀的人大多数有想死同时又期待得到帮助的矛盾心态，因此会表现出种种自杀征兆。

（3）想自杀的人在采取行动之前，当考虑到自己的死会给亲人、朋友、老师带来极大的痛苦和震惊时，会感到沉重的心理压力和负担。

（4）自杀者一般都会经历使之震惊、困扰的诱发事件。

2. 了解自杀的征兆

自杀并非突发。一般而言，自杀者在自杀前处于想死同时又渴望被救助的矛盾心态时，从其行为与态度变化中可以看出蛛丝马迹，大约三分之二的人都有可观察到的征兆。据南京危机中心调查，在61例自杀的大学生中，有22人曾明显地流露出各种消极言行以引起周围人的注意。日本心理学家长冈利贞认为自杀者在自杀前会流露出种种征兆，可以从言语、身体、行为三方面观察。

（1）言语。有自杀意念的人会间接地、委婉地说出来，或者谨慎地暗示周围的人，如“想逃学”“想出走”“活着没有意思”等。

（2）身体。有自杀意念的人会有一些身体症状反应，比如感到疲劳、体重减轻、食欲不好、头晕等，这往往是抑郁情绪所致，不能简单地认为是身体有病，应引起注意。

（3）行为。当一个人自杀意念增强时，在日常生活中会表现出不同于平常的行为，如无故缺课、频繁洗澡、看有关死的书籍，甚至出走、自伤手腕等。

根据以上种种征兆，可以为自杀预防提供线索和可能。

3. 改变对自杀的模糊观念

社会上对自杀这种行为所持的态度和认识差别很大，其中有一些错误的观念，若不加以纠正，对自杀预防是不利的。

（1）自杀无规律可循

自杀事件常常带有突发性，一旦发生，周围的人常感意外和诧异。其实大部分自杀者都曾发出过明显的直接或间接的求助信息。他们在决定自杀前会因为内心的痛苦和犹豫而发出种种信号。

（2）宣称自杀的人不会自杀

当有些人向他人透露自己会自杀，尤其当用语带有恐吓成分时，他人以为他不过是说说而已，因为真正想死的人是不会把自己的打算告诉别人的。其实研究表明，80%的自杀企图者在自杀前曾向他人谈论过自杀，这种人很可能有自杀的举动，必须引起高度重视。

（3）一般人不会有自杀念头

很多人以为一般人不会存有自杀念头。可是国内外研究结果显示，30%～50%的成年人都曾有过一次或多次自杀念头。对于体格健康、家庭关系好的人，自杀意念可能只是一闪而过，很少发展为真正的自杀行动；而性格或精神卫生状况存在问题的人在缺乏社会支持时，自杀念头就有可能转变为自杀的行为。

（4）所有自杀的人都是精神异常者

有人认为只有精神病患者才会自杀。但事实证明，自杀的人大多数不是精神病病人，只有20%的自杀者是抑郁症或精神分裂症患者，大多数自杀者是正常人，他们只是有暂时性的情绪障碍。

（5）自杀危机改善后就不会再有问题

有自杀企图的人经过危机干预状态改善后，情绪会有所好转，周围的人常常会误以为自杀危险性减低了，从而放松了防范措施。然而，研究结果表明，企图自杀者在这次自杀危机改善后，至少在3个月内还有再度自杀的可能，尤其是抑郁症患者在症状好转时最有危险性。

（6）对有自杀危险的人不能提及自杀

很多人担心，对那些有情绪困扰的人、有自杀意念的人，主动谈及自杀会加强他们自杀的意念。事实恰好相反。那些有严重情绪困扰的人往往愿意别人与他倾谈，听他诉说对自杀的感受。如果故意避开不谈，有情绪困扰的人反而会因被困扰的情绪无从分解而加重情绪问题。

（7）学业问题是青少年自杀的主要原因

不少人认为青少年正处在求学阶段，学业上的困扰是导致青少年自杀的主要原因。但学者们经过研究发现，50%以上的青少年自杀者，其自杀原因首先是与父母的关系，其次是男女感情，然后才是学业的问题。

（二）自杀倾向的早期发现

早发现有自杀倾向的人，从而有针对性地给予及时援助，是预防自杀行为的重要措施。目前，国内外对有自杀倾向者的预测主要通过两种手段：一是心理测验和心理健康调查，二是依靠临床经验。

1. 关于自杀倾向的调查

曾有人用明尼苏达多相人格问卷（MMPI）来辨认自杀行为，也有人用罗夏墨迹测验和主题统觉测验（TAT）来确定自杀危险的程度，还有人用文森克问卷（EPQ）、卡特尔16人格因素（16PF）等量表来做自杀行为的预测。这些心理测验对自杀危险性的临床评定有一些用处，但都不能作为一个可靠的评定工具，因此，就出现了用于评估自杀危险性的专用调查，如自杀可能性问卷（SPS）、自杀意念问卷（SIQ）等。1992年，樊富珉、王建中等人修订了UPI（大学生人格问卷），大学生自杀倾向的调查包含在新生进校时普遍进行的UPI调查中，其中第25题是“想轻生”，若学生在该项目上画圈，作了肯定选择，一般都由咨询员约请来面谈，进一步了解

选择者的心理状态。

2. 自杀者的临床表现

根据临床经验，有以下表现者一般具有自杀的危险性，应给予更多的关注：

（1）具有明显外部精神因素的刺激者，如突然受打击、失恋等。

（2）情绪低落、悲观抑郁者。

（3）性格孤僻内向，与周围人缺乏正常的感情交流者。

（4）在严重不良家庭环境中成长、缺乏温暖关怀者，如父母离异、家庭破裂、亲子关系恶化等。

（5）曾谈论过自杀并考虑过自杀的方法。

（6）过去曾有过自杀企图或行为者。

（7）亲友中曾有人自杀过。

一旦发现有以上表现的人，应及时给予干预和援助。

（三）建立校园学生生命自助热线

目前，全世界许多国家的大城市都建立了自杀预防中心或危机干预中心，每年接待数以万计的潜在危险者，挽救了许多生命。世界上第一条用于自杀预防的生命电话首创于英国伦敦，它就是1953年开通的“撒玛利亚”电话。迄今全世界陆续成立了200多个生命线服务中心，遍布世界各国主要城市，成为一个国际性组织，每年约有千万人因生命线而得救。在美国的大学校园里，学生自助热线咨询活动近年来蓬勃发展。它完全由学生自己组织与管理，并接受学校医院和心理咨询机构的监督与指导。它每周定时定点开放，并通过电话和面谈的方式为那些情绪低落、学习压力大及人际关系不和的同学提供义务咨询。由于学生自助热线咨询完全由学生自己担任，并具有很大的隐蔽性，它为那些有自杀意念却又不愿去见精神医生和心理咨询人员的学生提供了一个很好的抒发个人苦恼、追求精神安慰的场所。另外，学生之间相互咨询，也能够使咨询人更加理解对方的苦衷，使求询者获取更大的安慰，因此，学生的自助热线服务，很好地补充了学校医院和心理咨询机构对学生自杀行动的了解与控制的不足。据一项研究表明，美国大学校园近年来的自杀率有所下降，这与学生之间的互相咨询有很大联系。生命电话有实用、方便、及时、匿名、有效、普及等特点，在帮助求询者渡过心理危机、恢复心理平衡是一种有效的手段和干预的技术。

（四）举办或开设自杀预防讲座或课程

自杀预防教育旨在通过举办讲座或开设课程、散发学习材料等手段来提高学生对自杀行为的认识与控制，其中心目的在于使学生突破情绪抑郁时的自我封闭，达观地看待人生，以增强对自杀意念的抵御能力。此外，这些讲座和小册子还为人们提供有关自杀控制与咨询机构的情况和电话号码。有的学习资料还向学生传授摆脱自杀念头的具体方法，如在精神苦闷时，竭力去回想儿时的幸福情景、个人生活中的成功经历等来转移注意力，实现情绪的自我控制。面向学生开设的自杀预防课程除了讲解预防自杀的一些基本常识外，还应教授如何辨别同学中存在的自杀征兆，以及如何向有关机构求助等问题。对于自杀未遂、重返校园的同学，其他同学应采取什么态度，也应给予特别注意，比如不刻意营造快乐的气氛，不与自杀未遂者争辩自杀的害处，不要企图揭穿他为什么自杀，而要主动与自杀未遂者交往相处、做朋友等。

（五）心理咨询中危机的处理

心理咨询中危机的处理大致可分为两个阶段：第一阶段，必须立即消除死亡的危险，去除导致死亡的物品，如绳子、刀枪、安眠药等，设法暂时稳定当事人的情绪。有条件的话，尽快与当事人的亲友取得联系。心理咨询人员或教师应尽快与有自杀危险的人建立信任的关系，使他感到自己的生命受到重视，咨询员正积极地帮助他。第二阶段，通过心理咨询与心理治疗，帮助企图自杀者解决其面临的困扰，鼓励他树立更积极乐观的人生观，改善他解决问题的能力。培养兴趣爱好可丰富人的生活，调节心情，使人增加对现实的眷恋。同时鼓励企图自杀者交朋友，建立自己的社会支持系统；避免无意义的人际冲突和纠纷，注意处理好人际关系。

第四章　大学生人格与心理健康

人格是一个人素质的重要组成部分，是灵魂的骨架，也是一个人精神面貌的集中反映。健全的人格能给我们一个正直、清澈的灵魂，带给我们美好的生活体验和幸福的心灵，引导我们走上正确的人生方向。无论我们是否拥有强健的心灵，我们都可以不断努力来完善自己的人格，从而获得更加美好的生活。心理健康学认为，作为认识社会、改造社会主体的人，其人格发展状况、人格所呈现的面貌不仅直接影响着人的社会生活质量，而且也间接地关系着整个人类社会是否能得到健康、和谐的发展。因此，创造良好的社会心理条件，培养、增进、塑造健全的人格就成为大学生心理健康教育的一项重要任务。

第一节　人格概述

每个人都有比较系统、完整的关于自己以及对接触的人的行为、品行的看法，不论你是否意识到它的存在，它实际上就是一种潜在的“人格理论”，这种理论帮助你随时随地解释和预测他人的行为并控制自己的行为。

无论是在日常生活中，还是在诸多学科领域，“人格”都是一个常用词汇，但其含义往往不同。比如说“侮辱人格”，这主要是从法律的角度陈述人身侵犯；而说“某某人格卑鄙，某某人格高尚”，这主要是从道德或伦理的角度对人的评价；一些化妆品的广告上说“增进你的人格”，是指经过化妆后使你的外表更吸引人。与这些不同，心理学中所谓的人格，大体相当于我们平常所说的性格。心理学对人格的研究颇为丰富，人格与心理健康之间的关系也一直受到重视。临床心理学的大量研究发现，同样的压力、打击等精神刺激发生在不同人格特征的个体身上时，他们的表现、程度、结果各不相同。也就是说，人格是通过一个人对压力事件的反应而对心理健康产生影响的。

一、人格及其特征

人格是从英文“personality”翻译过来的，该词源于拉丁文的“persona”，原意是指希腊罗马时代戏剧演员在舞台上扮演角色时所戴的假面具，它用来表现剧中人物的身份和性格。在我国京剧当中也有大花脸、小花脸等各种脸谱，表现各种性格和角色。例如：在京剧脸谱中，红脸代表忠义，白脸代表奸佞，黑脸代表刚强……心理学沿用其含义，把一个人在人生舞台上扮演角色时表现出来的种种行为和心理活动都看作人格的表现。其含义是指一个人表现于外的给人以印象性的特点和生活中所扮演的角色以及与此角色相应的个人品质、声誉和尊严等。综合各家的定义，可以认为，人格是个体在行为上的内部倾向，它表现为个体适应环境时在能力、气质、性格、需要、动机、价值观和体质等方面的整合，是具有动力一致性和连续性的自我，是个体在社会化过程中形成的给人以特色的身心组织（黄希庭，2002）。概括来看，人格具有整体性、稳定性、独特性和社会性等四个基本特征。

（一）人格的整体性

人格的整体性是指人格虽然有多种成分和特质，如能力、气质、性格、需要、动机、态度、价值观等，但在一个现实的人身上，它们并不是孤立存在的，而是错综复杂的；它们相互联系、交互作用组成一个有机的整体。正常人的行动并不是某一特定成分（如性格或能力）运作的结果，而是各个成分密切联系、协调一致所进行的活动。人格的整体性表现在人格的内在统一性上，人格的统一性是人格健康的标志，一个失去了人格内在统一性的人，他的行为就会经常由几种相互抵触的动机支配，是一种人格分裂的现象，会形成“二重人格”或“多重人格”。

（二）人格的稳定性

人格的稳定性是指个体的人格特征具有跨时间的持续性和跨情境的一致性。个人的行为中偶然表现出来的心理特征和心理倾向不能表征一个人的人格。例如：一个内向寡言的大学生，他平时严肃认真，不苟言笑，但经过精心准备和多次练习，也可以在某次晚会的节目中表现得活泼开朗。在这里，他的人格特征是内向严肃，而活泼开朗则不是他的人格特征。人格的稳定性源于孕育期，经历出生、婴儿期、童年期、青少年期、成人以至老年。随着年龄的增长，儿童时代的人格特征往往变得日益巩固。由于人格的稳定性，我们可以通过人格特征的描述来推论个人整个一生的人格状况。

人格具有稳定性并不意味着人格是一成不变的，人格也具有可塑性。它随着现实环境的变化也会发生某些变化。正在形成中的儿童的人格还不稳定，容易受到环境影响而发生变化。成年人的人格比较稳定，但对个人具有决定性影响的环境因素和机体因素也有可能改变个人的人格，如移民异地、严重疾病、严重挫折等有可能影响某些人格特征的变化，如自我观念、价值观、信仰等。这在现实生活中是常常可以见到的。

（三）人格的独特性

人格的独特性是指人与人之间的心理和行为是各不相同的。也就是说，人的人格是由某些与别人共同的或相似的特征，以及完全不同的特征错综复杂地交织在一起构成的，具有独特性。由于人格结构组成的多样性，使每个人的人格都有自己的特点。正所谓“人心不同，各如其面”。在日常生活中，我们随时随地都可以观察到各具个性的大学生个体，他们各自的能力、气质、性格、动机和价值观等都不尽相同。当然人与人之间在人格上也有共同性，人格是共同性和差异性的统一。

当然，人格的独特性并不排除人们之间在心理和行为上的共同性。同一民族、同一阶级、同一群体的人们具有相似的人格特征。例如，许多研究表明，不论是大陆的华人还是新加坡、我国台湾等地的华人都有很多相同的人格特征。虽然人格心理学家也研究人的共同性，但他们更重视的是人的独特性。

（四）人格的社会性

人格的社会性是指由于社会化把人这样的动物变成社会的成员，人格是社会的人所特有的。社会化是个人在与他人的交往中掌握社会经验和行为规范，获得自我的过程。通过社会化，个人获得了价值观、自我观念等人格特征。人格既是社会化的对象，也是社会化的结果。如果婴

儿的社会接触被剥夺，就不可能成长为真正的人。例如，1920 年印度一位牧师辛格在狼窝里发现了两个小女孩，她们从小被狼叼走，在狼群中长大，像狼一样生活。她们被救出来以后，小的约 2 岁，很快死去了。大的约 8 岁，经过辛格的悉心照料和教育，她两年学会了站立，四年学会了 6 个单词，六年学会直立行走，并能讲出 40 个单词，到 17 岁临死时，她仅仅具有相当于正常儿童 4 岁时的心理发展水平。

人格的社会性并不排除人格的生物性，人格也受个体的生物性的制约。人格是在个体的遗传和生物性的基础上形成的。人的自然的生物性不能预定人格的发展方向，然而它却构成人格形成的基础，影响着人格发展的方向和方式，影响着某些人格特征形成的难易。

二、人格心理结构

心理学中的人格，包含了人格心理特征与人格倾向性两方面。人格的心理特征是一个人经常地、稳定地表现出来的心理特点，表现在人们活动效率和活动风格方面的差异。

人格倾向是一个人对现实的态度，对认识活动的对象的趋向和选择，主要包括需要、动机、兴趣、理想、信念。可以将人格的结构用图 4-1 来表示。

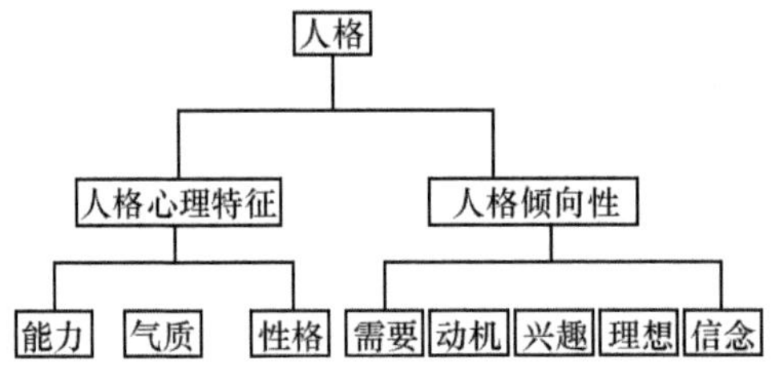

图 4-1　人格结构

下面我们分析一下人格结构中各元素的具体内容。

（一）能力

能力是指人们成功完成某种活动所必须具备的人格心理特征，是成功完成某种活动的必要条件。能力和活动联系在一起，掌握活动的速度和成果的质量被认为是能力的两种标志。

能力可以分为许多种类，按照能力的倾向性可以分为一般能力和特殊能力。一般能力是指完成一般的活动所共同要求的能力，如观察力、思维力、记忆力等，是一般人所共有的最基本的能力，我们经常提到的智力就是指一般能力。特殊能力是指完成某项专门活动所必需的能力，如数学能力、音乐能力、写作能力等。在活动中，一般能力和特殊能力将协同发挥作用，如在学唱一首歌曲时，注意力、记忆力等一般能力与音乐感知能力和音乐情感能力等协同作用，才能学会一首歌曲。

能力可以划分为认知能力、操作能力和社交能力。认知能力是学习、研究、理解、概括和分析的能力，是人们成功地完成活动最重要的心理条件。操作能力是操纵、制作和运动的能力，是在操作技能的基础上发展起来的。社交能力是完成社交活动所需要的能力，如组织管理能力、语言感染能力等。

（二）气质

气质是个人心理活动稳定的动力特征。心理活动的动力特征主要是指心理过程的速度和稳

定性（如知觉的速度、思维的灵活程度、注意力集中时间的长短）、心理过程的强度（如情绪的强弱、意志努力的程度）和心理活动的指向性（有人倾向外界事物，有人倾向内心世界）等方面的特点。心理学家对气质有多种分类方法。目前使用比较多的是由古希腊著名医生希波克拉底的“四液说”沿袭下来的气质分类，即多血质、胆汁质、黏液质和抑郁质。

（三）性格

“性格”是英语单词“character”的译名，在我国心理学界，有时将“personality”也译成“性格”（或“人格”“个性”）。“character”应该包含在“personality”之下，为了便于理解，我们沿用大多数中国心理学工作者的习惯，将“character”译成“性格”，将“personality”译成“人格”。因此，性格是人格概念中的一部分。

性格的心理学定义为一个人在现实的稳定态度和习惯化了的行为方式中所表现出来的人格心理特征。

性格是最能表征一个人的人格差异的，是人格中最有代表性的部分，心理学家对性格进行研究和分析，逐渐形成了不同的理论。有些心理学家通过对性格进行分类来进行研究和分析，形成性格的类型理论，如德国心理学家克雷奇默根据人的体格类型将性格划分为矮胖型、瘦长型、强壮型等，认为不同体型的人具有不同的性格特征；瑞士心理学家荣格根据里比多（来自本能的力量称为里比多）的倾向性和人的心理活动的基本机能，将性格分为外倾向思维型、外倾向情感型等 8 种类型；美国著名的职业指导专家霍兰德将性格与职业匹配，划分了 6 种性格类型（社会型、现实型、文艺型等）。这些理论在当代大学生的职业辅导中具有积极的指导作用。

此外还有一些心理学家将性格用人的各种特质来说明，如美国心理学家卡特尔通过因素分析法得到了 16 个性格的根源特质：乐群性、聪慧性、稳定性、恃强性、有恒性等，并据此编制了著名的卡特尔 16 种人格因素问卷，这份问卷至今仍在全世界通用，我国高校也常常采用这份问卷来了解当代大学生的性格特征。

（四）需要

需要是人脑对生理和社会需求的反映。需要是个人的心理活动与行为的基本动力，在人的活动、心理过程和个性中起着重要的作用。心理学家彼得罗夫斯基等指出：“需要是积极性的源泉，生物的共同特征是它的积极性。这种积极性能保证维持与周围世界的最有意义的联系……需要是生物的一种状态，它表现出生物对其具体的生存条件的依赖，而这种依赖是引起这些条件的积极性。”波果斯洛夫斯基等认为：“需要——这是被人感受到的一定的生活和发展条件的必需性。需要反映有机体内部环境或外部生活条件的稳定的要求……需要激发人的积极性……需要是人的思想活动的基本动力。”

（五）动机

动机是为了实现一定的目的而行动的原因。人从事任何活动都有一定的原因，这个原因就是人的行为动机。引起人的行为动机需要两个重要条件，即内在条件是人的各种需要，外在条件是能够满足个体需要的外部刺激。动机和需要是紧密相连的，没有需要就不能产生动机，只有当需要达到一定程度，并且有能满足需要的外部条件存在时，动机才能产生。

（六）兴趣

兴趣是个体积极探究事物的认识倾向，兴趣使人对有趣的事物给予优先注意，积极地探索，

并且带有情绪色彩和向往心情。

人的兴趣是在需要的基础上，在活动中发生发展起来的。需要的对象也就是兴趣的对象。瑞士心理学家皮亚杰指出："兴趣，实际上就是需要的延伸，它表现出对象与需要之间的关系，因为我们之所以对一个对象发生兴趣，是由于它能满足我们的需要。"可见兴趣与需要是紧密相连的。

（七）理想、信念与世界观

理想是个人对未来有可能实现的奋斗目标的向往和追求。理想是个人动机系统的一部分，是由家庭教育、学校教育和社会环境的影响形成和发展起来的。一旦形成，就成为鼓舞个人前进的巨大动力。

信念是坚信某种观点的正确性，并支配自己行动的个性倾向。信念是关于自然界和社会的某些原理、见解、意见和知识，一旦形成便具有稳定性。信念使个人的性格稳定而明确，具有主动性和积极性。如热爱教育事业的人，愿意在教学上刻苦钻研，对待学生呕心沥血而不图回报。信念是人类具有巨大力量的动机。

世界观是信念的体系，是个人对整个世界的根本看法。世界观是个性倾向性的最高层次，是人行为的最高调节器，制约着个人的整个心理面貌。世界观是由认识、观点、信念和理想相互作用形成的，反过来又影响个人的认识、观点、信念和理想的形成。理想、信念和世界观有机地联系着，受社会历史条件的制约，而且在阶级社会中具有阶级性。

三、健全人格的思想

健全人格是生物进化所赋予的人的本性在充分发挥时所能达到的境界，是人类应该追求的价值目标。具有健全人格的人是心理健康者，他们能有意识地控制自己的生活，掌握自己的命运；他们能意识到自己的优点和弱点、善与恶，并且容忍和认可它们，他们不是生活在过去之中，而是坚定地立足于现在，并注意到未来的目标和任务。健全人格和正常人格是不同的。仅仅摆脱心理疾病的正常人格是迈向健全人格的第一步，但远非全部，健全人格显然高于正常人格。健全人格具有一种在结构上和动力上向崇高人性发展的特征，健全人格表现出人格的完整性、统一性、稳定性等特点，健全人格是人格特征的完美结合。

（一）健全人格的模式

自20世纪50年代以来，西方很重视研究人的潜能。这给心理学领域带来又一次重大变革，并因此越来越重视对健全人格等方面的研究。很多心理学家根据他们的临床经验，运用心理测验等方法，对高健康水平的人进行了研究，提出了不少健全人格的模式。

1. 马斯洛的"自我实现者"模型

美国人本主义心理学家马斯洛强调人的自我实现。他认为，自我实现是一种过程而非结果。马斯洛研究了那些能够充分发挥自己才能，全力以赴地工作，并把工作做得最出色的人。根据自己的长期观察，马斯洛概括出自我实现者具有以下特征：良好的现实知觉；对自己、他人和现实表现出高度的接纳；有自发性和率真；以问题为中心；有独处的需要；高度的自主性，不受环境和文化的支配；高品位的鉴赏力；对普通生活的新鲜感；常常有高峰体验；能与他人建立持久深厚的友谊；具有民主的性格结构；强烈的道德感和独立的善恶判断能力；善意的幽默

感；富有创造性；不受现实文化规范的束缚。

2. 奥尔波特的"成熟者"模型

美国心理学家奥尔波特认为，健康人是在理性和有意识的水平上活动，对激励他们活动的力量完全是能够意识到的，是可以控制的。他认为健康人的视线应该指向当前和未来的事件，而不是指向童年的事件。他把心理健康水平高的人称为"成熟者"，根据多年在哈佛大学的研究，奥尔波特从"成熟者"身上归纳出七个特点：具有持续的自我扩展能力，人际关系融洽，情绪上有安全感并能自我接纳，具有客观感知现实的能力，有客观认识自我的能力，以问题为中心并发展出问题解决技术，具备统一的人生哲学。

3. 罗杰斯的"功能充分发挥者"模型

美国人本主义心理学家罗杰斯是人格现象学理论的最著名代表人物。他认为，人类的基本动机是实现自我的成长与发展，人性是美好的并且具有无限发展的潜能。罗杰斯强调，健全人格不应理解为人的状态，而是过程或趋势。罗杰斯把"功能充分发挥者"的优秀特征概括为五个方面：他们的社会经验都能进入意识领域，对一切经验持开放态度；协调的自我；以自己的内在评价机制来评价经验；自我关注；乐意给他人以无条件的关怀，能与其他人高度协调。

4. 弗洛姆的"创发者"模型

心理学家弗洛姆有着当代西方哲学、社会学、人类学、史学和神学等方面的广博知识。他既批评地接受弗洛伊德的精神分析学说，又受到精神分析社会文化学派新理论的影响。他认为每个人都有充分利用自己潜能成长和发展的固有倾向，由于社会本身的压抑和不合理，很多人未能达到心理健康的状态，病态的社会产生了病态的人格。他强调社会变革在产生大量健康者或"创发者"方面的重要性。弗洛姆认为"创发者"有四个方面的特征：创发性爱情，这是一种自由、平等的关系，相爱的双方都可以保持他们的个性；创发性思维，创发性的爱会使人意识到与被爱者有密切关系，意识到关怀被爱者；有真正的幸福体验，即身心健康，个体各种潜能得到实现的状态；以良心为定向系统，"创发者"有一种特殊的良心，弗洛姆称其为"人本主义良心"，它引导人们实现个性的充分发展和表现，并使人获得幸福感。

5. 凯利的"有效构念者"模型

美国心理学家凯利在大量的临床实践中发现，通过改变人看问题的角度可以有效地改变其心情。凯利认为，个体的人格就是他的构念系统，而一个构念系统就是一套用来解释并预测世界的特定的认知方式。人格健康的人就是具有有效人格构念的人，这类人在建立构念系统的过程中具有建设性。具有有效构念的人有三项特征：有广阔的视野，对经验持开放态度；注重变化，不断寻求对世界的新理解；对自身的构念进行建设性选择和调节（杨眉，2004）。

6. 皮尔斯的"立足现实者"模型

美国心理学家皮尔斯认为，健康的人生活在眼前、当下，即此时此地。也就是说，人格健全的人应该是充分地理解并坚定地立足于自己的现实情境。皮尔斯认为，立足于现实的人具有下列七项人格特征：生活在此时此地，了解并接纳自己的现状与特点，能够坦率地表达自己，不干预别人的生活，能够与自我和世界保持密切的联系，生活不受外在环境的影响，不以幸福为人生的目标。

此外，科恩研究了"理想的自我"，指出健全人格的五种特征：高效能、有创造性、内在的平静、密切的关系和超脱。黑斯通过追踪研究和跨文化研究，提出了健全成长和发展模型的五个维度：符号化、非自我中心化、整合、稳定性、自主。杰拉德也提出了对健全人格的看法：对新思想、对人具有开放态度；关心自己、他人和世界；整合吸收否定性经验的能力；创造力；做生产性工作的能力；爱的能力。

根据国内外的研究，可以从三个方面概括健全人格者的特点（高玉祥，1997）：一是内部心理和谐发展。人格健全的人，他们的需要和动机、兴趣和爱好、智慧和才能、人生观和价值观、理想和信念、性格和气质都朝着健康的方向发展。他们的内心协调一致，言行统一，能正确认识和评价自己的所作所为是否符合客观需求，是否符合社会道德准则，能及时调整个体与外部世界的关系。一个人如果失去他的人格统一性，就会出现认识扭曲、情绪变态、行为失控等问题。二是能够正确处理人际关系，发展友谊。人格健全的人，在人际交往当中显示出自尊和他尊、理解和信任、同情和人道等优良品质。友谊使人开朗、热情和坦诚，而缺乏友谊的人，在情绪上往往有很大困扰，轻则产生恐惧、焦虑、孤独的感觉，重则产生多疑、嫉妒、敌对、攻击的心态和行为。三是能够把自己的智慧和能力有效地运用到能获得成功的工作和事业上。人格健全的人，他们在学习、工作中能被强烈的创造动机和热情所推动，从而使他们勇于创造，有所革新，有所建树。他们的成功，往往又为他们带来满足和愉悦，并形成新的兴趣和动机，使他们的生活更充实。

四、健全人格与心理健康

健全人格是心理健康的基础，也是心理健康的良好表现。人格特点会影响一个人对待事情、对待他人的观念和态度。我们在日常生活当中常常会见到两类人。一类人面对困难和挫折总是试图逃避、畏缩不前，对批评非常敏感，很容易受到伤害；他们总是显得灰心丧气，觉得生活中只有痛苦和失败，对前途也是悲观失望。而另一类人则不同，他们在面对困难时总是勇敢地迎接挑战，把战胜困难当作提高自己的途径；即使结果很不理想，他们也坦然地面对现实，对前途充满信心，对生活充满希望。我们也可以看到，有些人对别人处处提防，敏感多疑，要么时时以自我为中心，要么对人尖酸刻薄；而另一些人则对他人热情大方，胸怀坦荡，与别人相处融洽。人格健全者能正确地待人处事，不仅使自己身心愉悦，很好地完成各项事务，而且能让别人生活得更愉快。但是一些人格不健全者就很容易导致心理健康方面的问题。

大量研究表明，各种精神疾病特别是神经官能症患者往往都有相应的特殊人格特征。例如，强迫性人格的特征为谨小慎微、求全求美、自我克制、优柔寡断、墨守成规、拘谨呆板、敏感多疑、心胸狭窄、事事容易后悔、责任心过重、过分苛求自己等，容易导致强迫性神经症。再如，与癔症相联系的人格特征则为易受暗示、情感多变、易激动、好幻想、自我中心、爱自我表现等。与精神分裂症相联系的人格特征是依赖性强、胆小、犹豫、孤僻、敏感、好幻想、内向等。

第二节　人格与心理健康的关系

人格是一个人素质的重要组成部分，也是一个人精神面貌的集中反映。心理健康学认为，作为认识社会、改造社会主体的人，其人格发展状况、人格所呈现的面貌不仅直接影响着人的社会生活质量，而且也间接地关系着整个人类社会是否能得到健康、和谐的发展。因此，创造

良好的社会心理条件，培养、增进、塑造健全的人格就成为大学生心理健康教育的一项重要任务。人格是人类心理行为的基础，人类的心理行为则是人格与环境相互作用的结果。因此，人格的面貌会影响一个人的心理健康、潜能的开发、活动效率和对社会的适应状况。并且，人格对心理疾病、心身疾病的患病概率、患病种类、病程长短、愈后效果等均有明显的影响。比如，抑郁质和胆汁质的人在不良环境作用下，容易出现神经症一类的心理障碍；还有些人格类型的人容易引起紧张、焦虑、抑郁、暴躁等情绪障碍。而严重的人格缺陷本身就是一种心理疾病，即人格障碍。

一、心身疾病与人格特征的关系

（一）人格特征在疾病的发生发展中的作用

心身医学的研究发现，许多心身疾病都与相应的人格特征有关，这些人格特征在疾病的发生、发展过程中起到了生成、促进、催化的作用。例如，哮喘病的患者多与过分依赖、幼稚、暗示性高的人格特征有关；偏头痛患者多表现出刻板、好竞争、好嫉妒、追求完美的人格特征；而具有矛盾性、强迫性、吝啬、抑郁特征的人容易得结肠炎、胃溃疡等疾病。

（二）A 型性格与冠心病

我国学者在人格与疾病关系的研究中，通过大量实验及调查表明，A 型性格是发生冠心病、高血压的重要因素。A 型性格中对外界的敌意态度和高度生气、发怒的特征联合作用，成为冠心病与高血压的诱因。因为人体在激动、紧张、气愤的状态下，肾上腺素分泌增加，一方面引起呼吸加深、加快，心搏加快、加强，外周血管阻力增加，舒张压升高；另一方面引起血黏度和血小板聚集性增加，促发冠脉痉挛或血栓形成，成为高血压与冠心病的病理基础。国内外的研究还发现，C 型性格的人易患癌症。北京医科大学王效道认为“抑郁是癌症的激化剂。癌症病人有 78%爱生闷气”。由此可见，不良的人格因素危及人体健康。

（三）人格健康可减少和避免疾病

讲究人格心理健康不仅是为了避免疾病，更重要的是为了发挥积极人格的作用，以增进人的社会适应能力，促进人的健康和完善，进而促进社会的文明和发展。比如，一个性情开朗、热情、善于交际、为人诚恳的人，往往容易得到群体和他人的接纳和帮助、欢迎和喜爱，容易建立起和谐的人际关系，不仅自己过得心情愉快、情绪欢畅，也给周围的人带来欢乐，并使自己的才华得以施展。新入学的大学生和走上社会的毕业生，其对学校及社会的适应状态往往是他的人格素质的综合反映。

大学生的人格状况与成才直接相关。作为在校大学生，都是考场上的高手，其智商总的来说都比较高，经过几年的学习，多数学生能顺利地完成学业。但也确实有一些人中途退学、留级以至被淘汰等，这固然有智力因素的影响，但据我们了解的情况看，更主要的是非智力因素，尤其是人格因素造成的，如在独立性、自信心、勤奋、踏实、坚韧、耐挫、性格等方面不适应，则不利于成才。另外，还有一些天资聪明、才华横溢者，最终却一事无成，其主要原因多与人格缺陷有关。因此，重视人格的培养是大学生自身成才的需要，也是社会发展的需要。

二、大学生中常见的人格障碍

（一）人格障碍的一般特征

人格障碍也称病态人格、变态人格，是指偏离常态的人格。人格障碍和人格缺陷在大学生中有一定数量。一般认为，紊乱不定的心理特征和难以相处的人际关系是各类人格障碍的突出特征。

（1）有紊乱不定的心理特点和与人难以相处的人际关系。如偏执怀疑、自我爱恋、被动性、侵犯等。

（2）把自己遇到的一切困难都归咎于命运和别人的错误，把社会和外界对自己不利的条件都看作是不应该的，对自己的缺点却无所觉察，也不改正。

（3）自我中心，认为自己对别人不负任何责任，对不道德的行为没有罪恶感，对伤害别人的行为不后悔，对自己的一切行为都执意偏袒与辩护。以自己的利益为中心，而不能设身处地体谅他人。

（4）在任何环境中都表现出猜疑、仇视和偏颇的看法，难以改变病态观念。

（5）缺乏自知，当行为后果伤害他人时，自己却泰然自若，毫无感觉。

（6）一般意识清醒，无智力障碍。

（7）幼年开始，一旦形成，则难以改变。

（二）大学生常见人格障碍类型

根据人格障碍的不同表现，可将人格障碍分为不同类型。世界卫生组织的《国际疾病分类》（第9版）将人格障碍分为偏执型、情感型、分裂型、爆发型、强迫型、癔病型、无力型、反社会型或不合群型。大学生中常见的各种人格障碍有如下具体表现：

（1）偏执型人格：敏感多疑，主观固执，心胸狭隘，好嫉妒，自我评价高，易冲动和诡辩，常怀疑别人的用心，报复心强。

（2）情感型人格：情绪波动大，兴奋时情绪高涨，热情善感，内心充满了希望和喜悦；抑郁时一言不发，悲观失望。

（3）分裂型人格：极端内向、孤僻，回避社交，言行怪异，情感冷漠，退缩，敏感，羞怯，易沉溺于白日梦。

（4）爆发型人格：平日表现正常，但偶有因细小的精神刺激而突然爆发强烈的愤怒情绪和冲动行为，且自己不能控制。

（5）强迫型人格：过分认真和自我控制，十分注意细节和追求完美，做事反复检查仍放心不下，常感紧张、苦恼和焦虑，常有不安全感，易发生强迫型神经症。

（6）癔病型人格：好表现，喜欢引人注目，人格不成熟，情绪不稳定，往往由细微刺激引起爆发性情绪，反应过强，表现具有戏剧性。

（7）无力型人格：也称依赖型人格，缺乏自主、自信和独立意识，过多依赖他人，总想求助于他人，有被动服从他人的愿望。

（8）反社会型或不合群型人格：也称反社会型和悖德型人格，表现为情绪不稳定，常为一时的冲动所左右，以自我为中心，不顾别人的痛苦和社会的损失，易发生违纪行为和不正当的

意向活动。

以上人格障碍表现有男女性别的差异，依赖型、癔病型多见于女性；偏执型、强迫型、悖德型多见于男性。

（三）人格障碍的病因

一般认为，人格障碍可能是生物、心理和社会文化等因素共同作用下形成的。在人格的发展过程中，儿童早期的环境和家庭教育是非常重要的因素。儿童人格的发展与父母的态度和教育方法有很大关系，父母过于严厉，儿童往往形成焦虑、胆怯的性格；反之，则往往形成被动、依赖、脆弱的性格。对儿童的不合理教养和不良生活环境的影响以及童年的某些创伤都可以对儿童人格的发展产生严重的影响。此外，某种特殊的社会、文化环境的潜移默化的影响，也是形成人格障碍的因素。

（四）人格障碍的矫治

人格障碍一般形成于童年或少年时期，并且由于具有人格障碍的人其内心体验背离生活常情，所以矫治比较困难。目前在我国主要的对策是实行“综合治理”，即通过家庭、社会、学校的共同努力，尤其是使本人有所认识，并积极配合、不懈地努力改造，同时配合心理治疗，如认知疗法、行为疗法、集体疗法等，达到一定的疗效。

第三节 大学生常见人格问题及矫正

在人格的形成、发展过程中，由于内外、主客观不良因素的作用，会不同程度地影响人格的健康发展，从而导致人格发展缺陷，严重的还会引起人格障碍。

人格缺陷是介于正常人格与人格障碍之间的一种人格状态，也可以说是一种人格发展的不良倾向，或者说是某种轻度的人格障碍。常见的人格缺陷有自卑、抑郁、怯懦、孤僻、冷漠、悲观、依赖、敏感、多疑、焦虑或对人敌视、暴躁冲动、破坏，等等。这些都是不健康的心理因素，它们不仅影响活动效率，妨碍正常的人际关系，同时还会给人蒙上一层消极、阴暗的色彩。下面将一些常见人格缺陷的特征及矫正方法介绍如下：

（一）悲观及其改变

有些人遇到不如意、失败的情况时便垂头丧气、怨天尤人，面临重任、挑战便自认无能为力，甘愿失败，对前途失去信心，心灰意懒……这些都是悲观的表现。引起悲观的既有人生态度、意志品质方面的原因，也有认知错误、人格不成熟的因素。有些人则是因为理想破灭、道路坎坷而灰心丧气。

大学生中有的人常从消极的角度去看问题，总把眼睛盯着伤心、弱点和困难的方面，或认为失败无法改变。这实际上是用悲观来对待挫折，结果是“帮助”挫折来打击自己，在已有的失败感中又增添新的失败感，就像在伤口上又撒了一把盐。这种悲观心理的发展，会使人浑浑噩噩、毫无生气，甚至厌世轻生。

悲观心理是一种严重的不健康心理，对人身心的危害极大。怎样才能改变悲观，走出情绪低谷，培养乐观的人生态度呢？德国心理学家皮特·劳斯特提出了一些有价值的建议。

（1）越担惊受怕就越遭灾祸。因此，一定要懂得积极态度所带来的力量，要坚信希望和乐

观能引导你走向胜利。

（2）即使处境危难，也要寻找积极因素。这样，你就不会放弃争取微小胜利转机的努力。你越乐观，你克服困难的勇气就越会倍增。

（3）以幽默的态度来接受现实中的失败。有幽默感的人，才有能力轻松地克服厄运，排除随之而来的倒霉念头。

（4）既不要被逆境困扰，也不要幻想出现奇迹，要脚踏实地、坚持不懈，全力以赴去争取胜利。

（5）不管多么严峻的形势向你逼来，你也要去发现有利的条件。不久你就会发现，你到处都有一些小的成功。这样，自信心自然也就增大了。

（6）不要把悲观作为保护你失望情绪的缓冲器。乐观是希望之花，能赐给人力量。

（7）你失败了，但你要想到，你曾经多次获得过成功，这才是值得庆幸的。如果 10 个问题你做对了 5 个，做错了 5 个，那么你还是完全有理由庆祝一番，因为你已经成功地解决了 5 个问题。

（8）在你的闲暇时间努力接近乐观的人，观察他们的行为。通过观察培养起你的乐观态度，乐观的火种会慢慢地在你内心点燃。

（9）要知道，悲观不是天生的。像人类的其他态度一样，悲观不但可以减轻，而且通过努力还能转变成一种新的态度，这就是乐观。

（10）如果乐观态度使你成功了，那么你就应该相信这样的结论：乐观是成功之源。

此外，培养多方面的兴趣与爱好，多参加集体活动，多加强体育锻炼，多看幽默剧、相声等给人带来笑声的节目，都有助于培养乐观的性格。

（二）羞怯及其改变

羞怯在大学生中并不少见，例如，不敢在大众场合发表意见，害怕与陌生人打交道，路上见到异性同学会手足无措，见到老师便难为情，说话感到紧张等。一般而言，害羞之心人皆有之，但过分地害羞就不正常了，它会阻碍人际交往，影响一个人正常地发挥才能，还会导致压抑、孤独、焦虑等不良心态。羞怯是一个人自我防御心理过强的结果，其特点表现为：

（1）过于胆小被动，过于谨小慎微。羞怯者说话时，意思往往表达不清楚，说话、做事总怕有错，担心被人议论、讥笑。因此，每想说一句话，总要在喉咙口反复多次；每做一件事，总要思前想后，为此把自己搞得神经紧张、坐立不安，而且往往为错过说话、做事的时机而后悔、沮丧、自责。

（2）过于关注自己。羞怯者特别注意自己在别人心目中的形象，总觉得自己时时处处在众目睽睽之下，于是敏感、拘束。

（3）自信心不足。羞怯者对自己的社交能力、表达能力、做事能力乃至自我形象缺乏信心，因而使本来可以做到、做好的事难以如愿。

虽然羞怯的人格特征与神经类型有一定的联系，但更多的还是后天因素所致，所以，通过有意识地调节可以改变。

第一，要对自己做一个具体分析，找到自己的所长和所短，发扬所长可增强信心，并补偿不足。特别是要多看到自己的长处，以增强信心。

第二，放下思想包袱。事实上每个人都有怕羞心理，只是有些人善于调节，注意锻炼罢了。金无足赤，人无完人。一个人说错话、办错事没什么可怕，也没什么难为情，错了改正就是了。

第三，不要太在意别人的议论。所谓“人多口杂，金子也会融化”，总把别人说的话放在心上便寸步难行，什么也不敢做、不敢说了。只要自己看准的就大胆去做。无论你做得多好，也不可能人人称赞。

第四，有意识地锻炼自己。胆量和能力都是锻炼的结果，要敢于说第一句话，敢于迈第一步。一旦这样做了，会发现自己不仅有能力把事情干好，而且有潜力把事情干得更好。20 世纪 70 年代的日本首相田中角荣在学生时代是一个严重的口吃患者，他发现自己越是在众人面前说话就越口吃，这非但没使他退却，反而促使他下决心克服口吃的毛病。于是他索性参加了学校的话剧团，迫使自己背台词，并要求自己背得烂熟，否则无法登台演出。就这样，他百折不挠地锻炼，终于战胜口吃，不但话剧演得很成功，后来还参加竞选演讲，出任一届日本首相。由此可见，锻炼是克服人格缺陷的一个好办法。

（三）猜疑及其改变

所谓猜疑，一猜二疑，疑是建立在猜的基础上，因而往往缺乏事实根据，有时也缺乏合理的思维逻辑。好猜疑的人往往对人、对事敏感多疑，看到同学背着自己说话，便疑心是在说自己的坏话；某同学没和自己打招呼，便猜他对自己有意见等。

猜疑是很有害的人格缺陷，它会导致人际关系紧张、伤害他人感情、无事生非等；自己则会陷入庸人自扰、苦闷、惶惑的不良心境中。培根在《论猜疑》一文中指出，疑心“是迷陷人的，又是乱人心智的。它能使你陷入迷惘，混淆敌友，破坏人的事业”。有这种不健康人格品质的人应积极寻求矫治。

克服猜疑的办法包括：

（1）当产生猜疑时，先不要外露，可留心体察所疑的人和事，若猜疑被证实，不会因此感到震惊；当猜疑不成立时，应打消疑心。由于不曾外露，当然不会伤害他人。

（2）加强沟通。猜疑常常是由于误会或他人搬弄口舌引起的，因此碰到这种情况应主动地和被猜疑者沟通、交流，这样有助于消除误会，改善、增进彼此的信任感。

（3）抛弃成见和克服自我暗示，学会全面、发展地看问题，改变封闭式思维方式。

总之，要克服摆脱猜疑的心理主要是自己做人要正，“身正不怕影子斜”；对他人宽厚为怀，即使被别人误会也不必去计较；充分驾驭好“语言”这个工具，出现了误会或彼此不信任、猜疑时，通过沟通思想、说明情况，达到彼此谅解。只有这样，你才会生活得愉快。

（四）急躁及其改变

急躁是大学生中常见的不良人格品质。表现为碰到不称心的事情马上激动不安；做事缺乏充分准备，没准备好就盲目行动，急于达到目的；缺乏耐心、细心和恒心。性情急躁的人说话、办事快，竞争意识强，容易冲动，心情常常处于紧张状态。日常生活中急躁者常会忙中生乱，祸及自己与他人。大学生中在学习上表现出急躁特点的人为数不少，他们常常什么都想学，而且想短时间内学会，生怕比别人落后，急于求成，但实际效果常常达不到期望的目标，从而生气、发怒，既影响自己的身体健康和学习效率，又妨碍人际关系。因此，预防急躁的情绪是保证大学生健康成长，全面发展的着力点之一。

第四节　大学生人格障碍调适与心理健康教育

大学生健康人格的塑造不仅关系到大学生本身的健康和成才，也关系到社会的发展和进步，关系到我国现代化建设的进程和质量。美国社会学家英格尔斯指出："一个国家，只有当它的人民是现代人，它的国民从心理和行为转变为现代的人格，它的现代政治、经济和文化管理机构中的工作人员都获得了某种与现代化发展相适应的现代性，这样的国家才可真正称之为现代化国家。"可见，人格的现代化是社会现代化发展和成功的先决条件。

一、人格障碍的特征和类型

人格障碍是一种介乎于精神病和正常人格之间的心理现象和行为类型。这些行为模式的发展常没有明确的起讫时间，发展缓慢。

虽然在大学生人群中真正有人格障碍的人并不多，但存在不良人格倾向的人却不少，他们是人格障碍的易感人群，应该引起警惕。

（一）各类人格障碍共同的特征

人格障碍通常开始于童年、青少年时期，并一直持续至成年，甚至持续终生。人格障碍关键在于预防，而不是治疗，因为治疗的效果一般不太理想。其特征如下：

（1）人格障碍者一般都能正确处理自己的日常工作和生活，能理解自己行为的后果，也能理解社会对自己行为后果的评价标准。但由于这种人缺乏自制力，尽管经常同周围人发生冲突，并处处碰壁，却很难从错误中吸取教训，因此难以适应工作和社会环境。

（2）人格障碍者一般来说意识是清醒的，认识能力也保持完整。这种人是在没有意识障碍、智力活动无明显缺损的情况下，出现行为活动、情感等方面的明显障碍。这种人中的大多数都有求医的愿望，希望治好自己的"病"。

（3）人格障碍者在智力水平、思维水平和创造力等方面并不低，有的还超过常人，但由于人格异常，妨碍了他们的意志活动，破坏了其行为的目的性和统一性。

（4）人格障碍与一般疾病不同，它没有起病标志和病程变动。因此，人格障碍不是真正的精神病。

（5）人格障碍者常把自己所遇到的任何困难都归咎于命运或别人的过错，认为自己对别人无任何责任。

（6）人格障碍的行为问题程度各有不同。轻者完全过着正常人的生活，只有与他亲密接近的人（亲属或同事）才会领教他的怪癖，觉得他无事生非，难以相处；严重者事事都违抗社会习俗且积极表现于外，使自己很难适应正常的社会生活。

（二）人格障碍的类型

根据不同的表现特点和轻重程度，美国《精神障碍诊断与统计手册》DSM—Ⅳ将人格障碍分为多种类型，包括依赖型人格障碍、表演型人格障碍、自恋型人格障碍、反社会型人格障碍、强迫型人格障碍、被动攻击型人格障碍、回避型人格障碍、分离型人格障碍、边缘型人格障碍、偏执型人格障碍和分裂型人格障碍。

1. 依赖型人格障碍

其主要特征是极度地依赖他人。他们虽然有较好的工作能力，但由于缺乏自信，自觉难以独立，不时地需要别人的帮助。他们不果断，也缺乏判断力，总是依靠别人为自己作出决策或指出方向。

2. 表演型人格障碍

又称癔症型人格障碍，这种人具有浓厚而强烈的情绪反应，行为特点是自吹自擂、装腔作势；喜欢引起他人的注意和关心，爱虚荣，喜欢有兴奋的事情发生，常把自己的感觉和情感加以夸张，从而加深他人对自己的印象；善变、爱挑逗；要求于人多，内心真情少；自我中心，依赖性强，常需别人的保证与支持；有时也善于玩弄或威胁他人。

3. 自恋型人格障碍

其主要特点是：过分地自我关心、自我中心和自夸自尊；常幻想自己了不起、有才学、有美貌；期待别人的欣赏，总希望有人特别对待自己，不能接受别人的建议和批评；以极端的眼光看人，不是说得很好，就是一无是处。很难理解别人的苦处和难处。

4. 反社会型人格障碍，又称精神病态和社会病态

其主要特征是：时常做出不符合社会要求的行为；妨碍公众，不负责任；经常违法乱纪，行为冲动，缺乏羞耻心和自责感；犯错误后，没有后悔之意，也不能从中吸取经验教训，常把一些责任归罪他人。这是文献报告较多的一种人格障碍类型。

5. 强迫型人格障碍

其主要特征是强烈的自制和自我束缚。他们过分注意自己的行为是否正确、举止是否适当，因此表现特别死板、缺乏灵活性。过多的清规戒律，极度地墨守成规，他们对任何事情都谨小慎微，顾虑多端，怕犯错误。他们还要求别人根据他的思想方式和习惯行事，妨碍他人的自由。

6. 被动攻击型人格障碍

其主要特征是以被动的方式表现其强烈的攻击倾向。表面上唯唯诺诺，背地里不予合作。例如，故意晚到，故意不回电话和回信，故意拆台使工作无法进行。顽固执拗，不听调动，拖延时间，暗地破坏和阻挠。他们的仇视情感与攻击倾向十分强烈，但又不敢直接表露于外。他们虽然牢骚满腹，但心理又很依赖权威。

7. 回避型人格障碍

其主要特征是：心理自卑、行为退缩；面对挑战采取逃避态度或不能应付；想与人来往，又怕被人拒绝、嫌弃；想得到别人的关心与体贴，又害羞不敢亲近。与分裂型人格障碍不同，他们并不安于孤独或欣赏自己的孤独，不与人来往并非出于自己的心愿。他们被迫应用众多的心理防御机制。

8. 分离型人格障碍

其主要特点是：行为怪癖而偏执，为人孤独而隐退；对人对事缺乏起码的温和与柔肠；明显的社会化障碍，几乎没有朋友，没有社会往来，对别人给他的批评或鼓励毫无感觉；强烈的自我向性思维，但一般还能认知现实；繁多的白日梦幻想，但一般与实际不脱节。他们在表达攻击和仇恨上显得无力，在面对紧张和遇到灾难时又是超然的、满不在乎的。

9. 边缘型人格障碍

以反复无常的心境变更和行为不稳定为主要特点。他们的挫折阈很低，时而大发脾气或郁闷而感到空虚，时而恢复正常。他们常做出一些冲动性的、无法预料的破坏行为，如偷窃、赌博、施行暴力、乱花钱等。他们的不少行为犹如精神病急性发作状态，边缘型名称也由此而来。

10. 偏执型人格障碍

其主要特点是：极度的感觉过敏，思想、行为固执死板，坚持毫无根据的怀疑；对别人特别嫉妒，而又非常羡慕；对自己过分关心，且又无端夸张自己的重要性；把由于自己的错误或不慎产生的后果归咎于他人，且从来不信任别人的动机和意愿，认为别人存心不良。这种性格的人在家不能和睦，在外不能与朋友、同事很好地相处，别人只能对他敬而远之。

11. 分裂型人格障碍

其主要特点是：观念、思考、知觉、言谈和行为多有各种奇异的表现。他们的观念离奇，具有魔术式思考、众多的迷信禁忌、玄幻的想象、荒唐的推理、意料不到的异端层出不穷等行为。由于这些特点，他们有时会被人看作现世“奇人”。

以上分类可视为三大人格障碍群。第一群以行为怪癖、奇异为特点，包括偏执型、分离型、分裂型人格障碍；第二群以情感强烈、不稳定为特点，包括戏剧化型、自恋型、反社会型、边缘型人格障碍；第三群以紧张、退缩为特点，包括回避型、依赖型、强迫型、被动攻击型人格障碍。

二、人格障碍的自我矫正方法

人格障碍的矫正虽然有一定的难度，但也不是什么“不治之症”。在临床实践中发现，有相当一部分人格障碍者，在精神科医生和心理学家的指导下，通过自身的努力，在可能的限度内，人格障碍的矫正取得了令人满意的效果。

下面简要介绍几种人格障碍自我矫正的方法。

（一）反向观念法

人格障碍者大多伴随有认识歪曲现象，反向观念法即是改造认识歪曲的一种有效方法。反向观念法是指自己主动与自己原有的不良自我观念唱反调，原来是以自我为中心，现在则应逐渐放弃自我中心，学习设身处地为他人着想；原来爱走极端，现在则学习多方位考察问题；原来喜欢超规则化，现在则应偶尔放松一下，学习无规则地自由行事。采用反向观念法克服缺点的要点是：先对自己的错误观念进行分析，然后提出相反的改进意见，在生活中努力按新观念办事。这种自我分析可以定期进行，几天一次或一星期一次，也可以在心情不好或遭挫折之时进行。认识上的错误往往被内化为无意识的层次，通过上述自我分析，就可把无意识层次上升到有意识的自觉层次，这有助于发现和改进自己的不良人格状态。

（二）习惯纠正法

人格障碍者的许多行为已成为一种习惯，破除这些不良的习惯有利于人格障碍的矫正。以依赖型人格为例，实施这种方法有以下三个要点。一是清查自己的行为中有哪些事是习惯地依赖别人去做的，哪些事是自主决定的，你可以每天做记录，记录一个星期。二是将自主意识很强的事归纳在一起，如果做了，则当做一件值得庆贺的事，以后遇到同类情况应坚持做；如果没做，以后遇到同类情况则应要求自己去做。而对自我意识差、没有按自己意愿去做的事，自己提出改进的办法，并在以后的行动中逐步实施。例如，在制订某项计划时，你听从了朋友的

意见，但你对这些意见并不欣赏，便应把自己不欣赏的理由说出来。这样，在计划中便渗透了你自己的意见，随着你的意见的增多，你便能从依赖别人意见逐步转为完全自主决定。三是找一个你信赖的人做监督者，并与监督者订立双边协议，当你有良好表现时予以奖励，当你违约时予以惩罚。

（三）行为禁止法

对于人格障碍者的许多不良行为，可以采取该法。例如，当一个偏执型人格障碍的人对一件事忍无可忍而将要发作时，对自己默念如下指令："我必须克制住自己的反击行为，我至少要忍 10 分钟。我的反击行为是过分的，在这 10 分钟内，让我当即分析一下有什么非理性观念在作怪。"采取这种方法后不久，你就会发现，每次你认为怒不可遏的事，只要忍上几分钟，用理性观念加以分析，怒气便会随之消减。不少你认定极具威胁的事，在忍耐了几分钟后，你会发现灾难并未降临，不过是自己的一种无谓担忧罢了。

（四）情绪调整法

人格障碍者多伴有情绪障碍。例如，表演型人格的情绪表达太过分，旁人无法接受。采用此法首先要做到的便是向你的亲朋好友做一番调查，听听他们对你的看法。对他人提出的看法，你应持全盘接受的态度，千万不要反驳，然后你扪心自问一下，上述情绪表现哪些是有意识的，哪些是无意识的；哪些是别人喜欢的，哪些是别人讨厌的。对别人讨厌的坚决予以改进，对别人喜欢的则再表现。

强度上力求适中，对无意识的表现，你将其写下来，放在醒目处，不时地自我提醒。此外，请你的好友在关键时刻提醒一下，或在事后对自己的表现作一评价，然后从中体会自己情绪表达的过火之处。这样坚持下去，你的情绪表达就会越来越得体和自然了。

三、大学生中常见的人格缺陷及其调适

人格缺陷是介于正常人格与人格障碍之间的一种人格状态，是一种人格发展的不良倾向，或是说某种轻度的人格障碍。大学生在人格发展中常见的缺陷主要有：自卑、懒惰、拖拉、粗心、鲁莽、怯懦、急躁、悲观、孤僻、多疑、抑郁、狭隘、冷漠、被动、骄傲、虚荣、焦虑、以自我为中心、敌对、冲动、脆弱等。这些人格缺陷不仅影响大学生的各种活动效率，妨碍大学生正常的人际关系，同时还会给大学生蒙上一层消极、阴暗的色彩。下面将一些常见人格缺陷的特点及调适方法作一介绍。

（一）自卑及其调适

自卑感是对自己不满、鄙视、否定的情感。进入大学后，相当一部分大学生会发现"山外有山"，特别是那些在中学时只知埋头学习的大学生，他们发现在学习成绩之外还需社交、文体等多方面的才能，面对自己的某些不足陷入怀疑自己、否定自己的认知偏差中，产生自卑心理。

自卑心理严重的大学生，并不一定是具有某些缺陷与短处，而是不能正确认识自己，悦纳自己，自惭形秽，总喜欢拿自己的短处与别人的长处相比，习惯于把自己放在低人一等的位置。

自卑的调适方法：

（1）要客观准确地认识自己，悦纳自己；

（2）要调整比较对象；

（3）要降低比较标准。多与自己作纵向比较而不是一味地与人作横向比较；常以“人比人，气死人”“尺有所短寸有所长”提醒自己；主动进行自信心磨炼，将目标定得切合实际些，多积累成功的愉悦体验，这样自卑感就会悄然而退。

（二）懒惰及其调适

大学生本应是充满朝气和活力、开拓进取的群体，但事实并不总是如此。部分大学生表现得懒懒散散、疲疲沓沓、得过且过、做一天和尚撞一天钟，缺乏进取精神。懒惰是不少大学生为之感到苦恼又难以克服的一种人格发展缺陷，是意志活动无力的表现。大学校园内曾经流行着这样的打油诗：“人生本该 HAPPY，何必整天 STUDY，只要考试 PASS，拿到文凭 GO-AWAY”，就是这些大学生的真实写照。

处于懒惰状态的大学生也常以此感到内疚、自责、后悔，但又觉得无力自拔，心有余而力不足，其主要原因是：想得多而做得少，缺乏毅力。

懒惰的调适方法：

（1）要充分认识懒惰的危害性，确立一个坚定而有价值的理想；

（2）振作精神立即行动，从日常小事做起，并努力做到不给自己找借口，不原谅自己的偷懒，力争今日事今日毕；

（3）多与人交往，要多关心外部世界，多参加有益身心的社会活动。

（三）拖拉及其调适

拖拉是指可以完成的事而不及时完成，今天推明天，明天推后天，正是：“春天不是读书天，夏日炎炎正好眠，秋多蚊虫冬又冷，一心收拾待明年。”

拖拉的原因：一是试图逃避困难的事，二是目标不明确，三是惰性作用。

拖拉的结果是：耽误时间，降低学习、工作效率，导致心理压力，引起焦虑，应该做的事没完成，干别的事也难以安心，常常贻误时机。拖延与懒散的生活，会使你的生活处于阴暗面之中。

拖拉的调适方法：

（1）承认拖拉是一种无益的生活方式；

（2）找到自己拖拉的原因，下决心改变，并立即付诸行动，“行万里路始于踏出第一步”；

（3）科学安排时间，将要做的事按轻重缓急排序，并明确完成的具体时间；

（4）直接面对不愉快的事，要敢于做不合心意或者需要花大力气的工作，必须完成的事，与其拖着、欠着，还不如及早动手干，完成后会有一种如释重负的感觉，会有一种欣喜感、满足感、成就感，而拖拖拉拉只会带来疲惫、松垮及焦虑。

（四）怯懦及其调适

怯懦主要表现为缺乏勇气和信心，害怕可能面临的困难和挫折，在挫折、困难面前常常知难而退，甚至不战而败。有些大学生由于胆怯，不敢与人讲话，不敢出头露面，也不敢表明自己的态度，甚至不敢向老师提问题。有些大学生由于软弱不敢冒风险，不敢担重任，不敢与坏人坏事作斗争，不敢坚持自己正确的观点。但越是这样回避矛盾、躲避失败，越是容易体验到强烈的挫折感。

“只能成功，不能失败”的非理性信念是造成大学生产生怯懦心理的认知因素。

在挑战与机遇并存的现代社会，怯懦者会失去很多成功的机会，并可能成为落伍者。积极迎接挑战，争做生活的强者才是明智的选择。

改变怯懦的最好办法是要敢于抓住机遇，积极锻炼，不怕失败，不怕丢面子，不怕担子重，多给自己鼓励和加压，在生活的词典中去掉“不敢”二字。

（五）嫉妒及其调适

莎士比亚把嫉妒比作“绿眼妖魔”；培根认为：“嫉妒是最卑劣、最堕落的情欲，是魔鬼的本来特质。魔鬼被叫作那个在夜间在麦子中种植稗子的嫉妒者。”嫉妒的痛苦和危害主要属于那些心胸狭隘者。看到他人成功了，就生气；看见他人强过自己，就四处散布谣言，诋毁他人；发现几个人亲如家人时，就千方百计地挑拨离间。嫉妒就是这样在给自己带来极大痛苦的同时，也妨碍着他人的生活。

嫉妒心理是由于欲望不能满足而产生的一种挫折心理。在充满竞争的现代社会，嫉妒更应被看成是一种扭曲了的上进心，同学们只要能控制嫉妒心理，不让它转化为嫉妒行为，它就不会那么丑恶；相反，有嫉妒心的同学知耻而后勇，还可使嫉妒得到升华。

嫉妒的调适方法：

（1）克服狭隘，对待他人要宽容。受功利主义影响，当代大学生中的“狭隘”现象有增无减。心胸狭隘的人容易产生嫉妒心理，因此，必须改变这种性格，胸怀宽广，坦诚待人，才能净化心灵，避免沾染嫉妒之病。

（2）认识自我，调节优劣对比。当我们嫉妒某人时，总是因为他人在某些方面的优势吸引了自己，而自己在此方面恰好处于劣势。如果一个人不能正确估价自己，不能客观地评价别人，那么，他就很容易产生嫉妒心理。只有正确认识自己，才能正确认识他人。当认识到别人的成功源于其努力，别人的成功并不是对自己利益的侵占，别人的成功也不等于自己的失败，此时嫉妒感也就消失了。正如歌德所言，比海洋更广阔的是天空，比天空更广阔的是心灵。

（六）抑郁及其调适

抑郁是一种感到无力应付外界压力而产生的消极情绪，常伴有厌恶、痛苦、羞愧、自卑等情绪体验。抑郁人皆有之，对于大多数人来说，抑郁只是偶尔出现，时过境迁，很快会消失。但那些性格内向，多疑多虑，不爱交际，生活中遭遇意外挫折的人更容易长期处于抑郁状态，甚至导致抑郁症。

抑郁的主要表现是：情绪低落，郁郁寡欢，闷闷不乐，思维迟缓，兴趣丧失，缺乏活力，反应迟钝，干什么都打不起精神，体验不到快乐。抑郁在低年级大学生中更为普遍。所谓的“周末综合征”在很大程度上即是抑郁。

抑郁的调适方法：

（1）正确地评价自己，看清自己的长处，建立自尊，增强自信。

（2）调整认知方式，建立理性认知，不把事物看成非黑即白。

（3）扩大人际交往，多与人沟通，多交朋友。如果抑郁情绪较严重，应寻求心理咨询帮助。

（七）急躁及其调适

急躁表现为碰到不称心的事情马上激动不安；做事缺乏充分准备，没准备好就盲目行动急于达到目的；缺乏耐心、细心、恒心。性情急躁之人说话办事快、竞争意识强、容易冲动、心

情常常处于紧张状态。有部分大学生什么都想学，而且想短时间内学会，生怕比别人落后而急于求成，但实际效果常常达不到期望的目标，从而泄气，发怒，既影响自己的健康和效率，又妨碍人际关系。

急躁的调适方法：

（1）思先于行。要加强自我涵养，自觉地养成冷静沉着的习惯。在学习、生活中，对非原则性问题，尽量避免与人发生矛盾以至激化，把精力用到积极思考之中。

（2）改变行为。细心、认真行事，吃饭时间不得少于 20 分钟，细嚼慢咽；说话控制语速，想好了再说，不随意打断别人谈话。当你有了自信，认识到自己给他人带来的益处，相信自己会与周围的同学友好相处时，就不会再怀疑别人。

（3）“心底无私天地宽”。自私总与猜疑相伴，所谓“疑人者，人未必皆诈，己则先诈矣”。私欲越重，猜疑心理也越强。无私就无畏，坦坦荡荡地做人，和同学朋友坦诚相处，别人如何看自己，不必过分在意，相信“日久见人心”。

总之，要克服摆脱猜疑的心理主要是自己做人要正，“人正不怕影子斜”；对他人宽厚为怀，即使被别人误会也不必去计较；充分驾驭好“语言”这个工具，出现了误会或彼此不信任、猜疑时，通过沟通思想、说明情况而彼此谅解。

（八）焦虑及其调适

焦虑是个体主观上预料将会有某种不良后果产生或模糊的威胁出现时的一种不安感，并伴有忧虑、烦恼、害怕、紧张等情绪体验。在这个紧张刺激不断增多、竞争不断增强的社会里，每个人都可能处于一定的焦虑状态。适度的焦虑对于保持生命活力是必要的，这里所说的焦虑主要是指不适当的高度焦虑。

被焦虑困扰的大学生常表现出烦躁不安、思维受阻、行动不灵活、身体不舒服等症状。

大学生焦虑主要集中在考试和人际关系两个方面。大学生的考试焦虑与自信心缺乏、对考试结果过于担忧及认知障碍等有关，大学生对人际关系的焦虑与缺乏自信、交往技能差（或自认为差）、自尊心过强等密切相关。

焦虑是今天到明天的一段空白。焦虑的调适方法：

（1）应增强自信，相信“车到山前必有路”，总会有办法的；

（2）要立即行动，无所谓的担忧正是焦虑之本质，当机立断，积极行动，不怕困难，磨炼意志，凡事尽最大的努力，把注意力从担心失败转移到积极行动、争取成功上来。

（九）自我中心及其调适

随着自我意识的发展，大学生越来越感到自己内心世界的千变万化、独一无二，他们越来越多地把关注的重心投向自我，尤其是那些有较强自信心、自尊心、优越感、独立感的学生更加容易出现自我中心倾向。当这种倾向与一些不健康的思想意识（如个人主义、自私自利思想）和心理特征（如过强的自尊心、唯我独尊等）结合时，就会表现出过分的、扭曲的自我中心。过多自我中心的人往往以自我为核心，想问题、做事情，从“我”出发，不能设身处地进行客观思考，颐指气使，盛气凌人，不允许别人批评，“老虎屁股摸不得”。这种人往往见好就上，见困难就让，有错误就推，总认为对的是自己、错的是别人，因而他们常常不能赢得他人的好感和信任，人际关系大多不和谐。

过分自我中心的调适方法：

（1）树立健康的人生观，自觉地将自己和他人、集体结合起来，走出自己的小天地；

（2）恰当地评价自己，既不低估也不高估，既不妄自菲薄，也不自高自大；

（3）尊重他人，只有尊重和信任他人才能获得友谊；

（4）设身处地地从他人的角度思考问题，将心比心，真诚地关爱他人。

四、大学生健全人格的培养

千学万学，学做人。健康的人格就是一个要努力做到因满足于个人生活而保持21世纪的大学生是充满朝气、充满活力的新生代，如何注重大学生健康的、积极的人格发展呢？

（一）了解自己人格类型的特点

人格的培养和塑造，其最终目的是改正缺点，吸收优点，不断完善自我。因此，应清楚地了解自己的人格，并采用扬长避短的原则，发扬自身良好品质之长，而对自己人格中的缺点或不足则要努力克服，逐步形成健全人格。

就气质的特点来看，气质类型本身没有好坏之分，每一种气质都有积极的方面和消极的方面。比如，胆汁质的人容易发出迅速有力的动作，形成勇敢、爽朗等积极品质，但也容易形成拖沓等消极品质。多血质的人容易形成活泼、机敏、爱交际、富有同情心等品质，但也容易形成轻浮、精力分散、注意力不稳定、忽冷忽热等消极品质；抑郁质的人具有做事小心，感情细腻等积极品质，但也容易表现出耐受力差、胆小怕事、不爱交际、孤僻、怯懦、多疑等消极品质。因此，大学生在了解自己的气质类型和特点的基础上，应努力使自己向积极方面发展。

正确地悦纳自己。悦纳自己必先了解自己，有自知之明，对自己的各方面有一个客观、全面的评价。在此基础上学会接受自己，对自己不提出苛刻、非分的期望和要求，对自己的生活目标和理想也能切合实际，因而对自己总是满意的。同时努力发挥和发展自己的优势、潜能，即使对于自己无法弥补的缺陷，也能泰然处之。总之，要使“理想自我”和“现实自我”尽可能靠近，进而愉快地接受现实中的“我”。青年人都有强烈的自尊感，而真正的自尊，并非祈求获得一个社会普遍赞许的形象，而是对自己本来就有的人格、个性和能力的尊重。

在这个问题上，特别要注意防止过分追求完美的倾向。过分追求完美常常表现在两个方面：一是对自己提出过高要求，离开了自己的实际情况，从而使自己的“完美期望”受到挫折，增加了适应的困难；二是对自己苛求，希望自己完美无缺，对自己“不完美”的地方过分看重，甚至把人人都会出现的、人人都会遇到的问题看成是自己“不完美”的表现，从而影响了自己的情绪和自信心。应该承认，每个人都希望自己是完美的，也不同程度地追求完美，这是人类健康向上的本能力量。但在追求完美的过程中如果对自己要求过分严格。不允许自己有一点“不完美”的表现，就很容易带来适应的障碍。从心理学的角度来说，一个良好的、可接受的自我形象，是维护人格健康的因素之一。

二、学会自我教育

健全人格自我塑造的一个很重要的途径就是帮助大学生学会自我教育，因为自我教育是其他教育和环境影响的内化和深化，是人格形成中由被动变为主动的过程。其主要内容和方法包

括以下几个方面。

（一）学会反省

在自我教育的过程中，大学生要学会自我反省，即经常地反省自己的思想和言行。孔子曾讲过："见贤思齐；见不贤，而内自省也。"意思是说，看到一些好的行为或好的榜样，就要马上学习，塑造同样好的性格；看到不好的行为或事情，要反省自己是否有同样的缺点和不足。在自我反省过程中，也不要自我贬低，既要善于发现自己的长处，也要敢于承认自己的短处。

（二）培养自我调控能力

大学生的主体意识表现为强烈的内在的心理需求与外部行为方面的主动性。自我调节是指通过主动按照自己的实际情况与社会的要求对自己的活动进行有意识、有目的的调控。自我调节体现了大学生的自觉性、自信心和主体意识，它能激发大学生的内在潜能，充分调动其主观能动性，使其自身的成长与社会要求相适应，从而获得最佳的成长环境。在自我调节的具体过程中，大学生应从自己的实际情况出发，在学习、活动、性格发展等实践方面，不断学会自己教育自己，自己管理自己，从而增强自我调控能力。

学习自我控制，还要对环境的影响保持自己相对的独立性。不论对人还是对事都应该有自己的主见，按照自己的信念去行动，而不是随大流，别人怎么看，我也怎么看，别人怎么做，我也跟着去做。特别应该提出的是，在当前社会变迁、价值多元化、各种思潮的涌现以及各种生活方式竞相呈现在人们面前的时代，大学生应接受环境中积极的影响，经受住各种不良诱惑，提高自己抗拒不良诱惑的能力。只有如此，才能使自己的观念、价值观等不受干扰，使自己的个性健康发展。

（三）保持良好的心境

在自我教育中，要学会保持自己良好的心境。在日常的学习生活中，应主动培养生活的情趣，合理调节自己的情绪，保持积极、乐观的心境。一般而言，一个人偶尔会心情不好，不至于影响其性格。但若经常地生气、发脾气，为一点小事也大动肝火，那就容易形成暴躁易怒、神经过敏、冲动、沮丧的性格特征。因此大学生要乐观地去对待生活，丰富愉快地体验生活，培养幽默感。即使是遇到困难和挫折时，也要从积极的一面去思考问题。即使身处逆境，也不要埋怨生不逢时，不要怪罪别人没有照顾自己，而应学会正视现实，敢于面对挑战，采取积极、进取的态度去适应环境。

（四）积极的自我观念

自我观念理论是心理学家罗杰斯提出来的。按照罗杰斯的观点，一个具有完善功能的人能够与自己的内部情感和冲动保持和谐，且根据自己的生活经验形成了一种对外部的开放态度，并相信自己的直觉，逐步形成一个恰当的、积极的"自我形象"。罗杰斯说，好的人生，是一种过程，而不是一种状态；它是一个方向，而不是一个终点。

自我观念是指个人从经验中对自己一切的知觉、了解、感受，包括对"我是谁?""我是什么样的人?"等问题的可能答案。这些答案汇集起来，就形成了个人的自我观念。自我观念的形成，是直接性经验和评价性经验综合影响的结果。直接性经验指个体自身与他人、与外界事物接触时的感受；评价性经验是别人对其行为的评价。二者是否一致，对自我观念的形成起关键性的影响。比如4岁的小孩偶然在墙壁上用彩笔画图，这是直接经验，可能使他自己觉得满足又得意；但是母亲发现后说那是“坏孩子做的事”，他由此又得到了评价性经验。这二者不一致，会使儿童自我观念的形成发生困难。假如他不是画在墙壁上，而是在哥哥剩余的画纸上，母亲发现后大加表扬，在此情景下，儿童的直接经验和评价经验一致，将会形成积极的自我观念，即“我喜欢绘画，我好能干，我是好孩子”。

另外，个体根据直接性经验和评价性经验形成自我观念时，对别人怀有一种强烈的寻求积极关注的心理倾向，希望别人以积极的态度支持自己。当个体来自本身的直接性经验获得别人的积极关注时，自我观念易形成，且能获得继续健康的成长。积极关注分无条件积极关注和有条件积极关注。

自我观念是一种“调节变量”，它在人的心理活动中起着认知、过滤、行为启动、生活目标设立等作用。而且社会心理学家指出，正确的自我观念是心理健康的重要条件，一个人心目中的自我是怎样的，他的生活就是什么样的。一个人的自我观念决定着他的整个生存方式。正确的自我观念是实事求是地正视现实中的自我，树起理想的旗帜作为自己的奋斗目标，为实现自我的愿望而不懈地努力。当你想象自己是一个失败型的人时，那么，尽管你有良好的愿望、顽强的意志力，甚至于时机也完全对你有益，你还是会不断地寻找各种环境、各种理由来证实自己失败。就拿一个因几次数学考试不及格的孩子来说，就因为他把自己想象成一个没有数学天分的人，在学习中，他会处处找到自己不适合学习数学的例子，这样就致使他的数学成绩一直很不理想。而当你想象自己是一个成功型的人时，你也会很自然地发现，自己很多时候都是生活中的成功者，并且可以从其中找出各种各样的理由去自圆其说，证明我是一个成功者。在教学中，我们可以发现某位学生起先可能并不出色，但他从不言败，总是从容不迫，他总有一天会证明自己是一个成功者。由此可见，积极的自我观念是至关重要的，它会直接或间接地影响到某件事的结果，甚至人一生的命运。

所以我们要促进个体个性化，培养完美的自我观念，认识自我、悦纳自我、延伸自我、创造自我。在充分获得美感的享受中，健全自己的人格，培养积极的自我观念。

（五）积极参与社会实践，培养良好习惯

人的任何目标都要通过实践才能达到。大学生正处在自我意识的高度发展阶段，内心都希望独立自主，希望参与学校活动和社会实践。只有亲身参与各种社会实践活动，大学生才能加深社会认同和理解，真正增强自己的社会责任感。此外，社会是个大舞台，每个人最终都要在这一舞台上扮演自己的角色，只有到社会生活中去锻炼，才能把握好自己的角色行为，形成自己独特的人格。因此，大学生在完成学业的首要前提下，应积极参与学校组织的社会学习实践和科研活动，尽快适应未来的社会角色。

另外，健全的人格体现在良好的行为方式中。心理学研究证明，良好习惯的形成有助于改变人格的内在品质和结构。因此，健全人格塑造的另一重要途径就是培养良好的习惯。首先要确定合理的目标榜样模式，因为榜样的力量是无穷的。在实际操作中，可模仿现实生活中具有良好个性的人，取其精华作为自己的目标或榜样，从点滴小事做起，锲而不舍，经过长期艰辛的锻炼，终能实现自己确定的健全人格的目标。

第五章　大学生适应能力与心理健康

适应与发展是心理健康的重要标志，是大学生适应现代社会的必备素质。适应是一个人通过不断调整自身，使其个人需要能够在环境中得到满足的过程，适应也是自我与环境和谐统一的一种良好的生存状态。人在社会中生存、发展，就需要有良好的适应能力。积极的适应就是发展。面对现在这个充满竞争的社会，当代大学生必须具备极强的适应能力，这样他们才能在竞争中实现自己的理想，完成自我超越。学习、了解适应和发展的心理学理论，了解大学阶段人生发展的任务，认识和掌握人生发展的规律，将有助于大学生自身的发展更为完善。

第一节　适应概述

适应是指行为主体为了更好地生存和发展，对所在社会的客观环境及发展变化进行了解、同化、顺应、充分利用和改造的一种社会活动。

面临从中学到大学的转变，许多大学生都经历了一个像这位同学那样的从不适应到适应的过程。适应是心理健康的一项最基本的标志，是大学生必备的心理素质。人生是一个不断使自己适应环境的过程。其实，每一个人从中学步入大学，从大学步入社会，从一种生活环境再进入另一种生活环境，都是一种适应，都需要人们学会适应。一位哲人曾经说过："生活的成功与否，要看适应能力与其内外机遇调剂融合的难度是否相对应。"积极的适应就是发展。面对当今我国剧烈变革的社会，面对无数的挑战和机遇，谁拥有良好的适应能力，谁就能够获取成功。

大学生的适应问题主要是指大学生进入大学新环境后的生活适应问题，即指大学生在新环境的刺激下，内心处在心理失衡的状态，为了使心理达到平衡，大学生积极的重塑认知结构从而改变自身行为的一种过程。

一、心理适应机制

有些人将适应的过程总结为"产生需要—受到阻挠—作出反应—面对并解决问题"四个环节。这种解释虽然从个体心理动能与主体、客体之间联系的方面阐释了适应这一过程，但只停留在了表面，并没有对适应的内部机制进行探讨。

从皮亚杰的发生认识论的角度来看，个体的心理适应就是主体对外界环境变化所作出的一系列自我调节的过程，最终的目的是使个体自身适应新的环境，达到机体内部的平衡。然而，同化和顺应只能简单地说明适应过程。在大多数的社会适应过程中，我们更多地应该结合认知心理学和社会心理学的有关理论。心理学家将心理适应的内部机制表述为以下的模式，从个体出现不适应现象到重新适应这个过程中，个体经历了认知调节、态度转变和行为选择三个阶段，其中认知调节可以分为外部评估和内部评估两个部分。下面我们将其具体的运行过程和各环节的作用大致介绍如下。

(一) 认知调节

认知调节是适应过程的起始阶段，这一环节包括外部评估和内部评估两部分。

1. 外部评估

认知调节的第一个阶段就是外部评估，主要是指主体对新的环境及其环境对自身发展所具有的影响进行全面的了解、分析和判断的过程。它的主要任务是确定周边环境发生了哪些新的变化，对自身提出了哪些新的要求，这些变化和要求对个体自身具有哪些影响。在这个基础之上个体对发展中遇到的困难作出准确的判断，对新环境和新角色的期待形成正确的理解和把握。如果这个阶段的认识、判断出现了偏差，个体就有可能产生不适应的现象。例如，新入学的大学生小李，面对大学课程教授速度过快的新情况，出现了一时的心理不平衡即不适应的现象，导致学习成绩下降。为了重新达到心理平衡，完成新环境的适应过程，就要正确判断成绩下降的原因，从中找到有效的对策。首先，我们要分析客观的原因，如学习策略、教授方法出现了与以往不同的新特点和新要求，对此我们应该作出正确、合理的判断。如果我们对这个问题分析的比较准确和全面，那么就会为有效地调节打下良好基础，否则，就会判断失误，给适应过程带来困难。

2. 内部评估

内部评估是指主体在对外部变化作出正确判断的前提下，对自身内部状态开始进一步的了解与判断。实际上，这是一种在自我监控系统的参与下，自我评价和自我体验重新调整的过程。通常自我评价的结果会影响到自我体验的改变，如自我效能感的增强或者削弱。同时，自我体验的改变也会影响到对行为目标的重新选择，包括对目标价值及成功概率的重新评估以及在此基础上形成的新的自我期待等。例如，上面那位大一新生小李对课程教授方法的新特点与新要求有了全面的了解后，接下来还要分析一下其内部原因，对自己原有的知识经验和操作能力做出一个估计，判断自己是否有能力满足新的环境要求。如果认为跟不上课程进度只是暂时的，主要原因是一时的不适应或努力不够，这时他的自信心不会受到影响，自我观念仍然是积极的；但假如认为跟不上课程进度的主要原因是自己的能力不足，这就会使自信心水平下降，同时会感到紧张和担忧。

由外部评估到内部评估，这是认知调节发展的必然过程。在这一过程中，主体的理解能力、判断能力和自我评价的水平对认知调节的效果具有直接影响。

(二) 态度转变

从认知的角度来看，个体情绪体验的变化与认知的变化有关，同时也会导致行为的变化。当个体的认知、情感和行为都发生变化时，就会引起个体对这一新环境的态度变化。态度的转变实际上是对动力系统和反应倾向的调节，在这个基础上，个体才能完成对新环境的适应，达到心理平衡。例如，学生小李要想继续保持对学习的积极的态度，就必须能够对跟不上课程的原因做出正确的认识，并相信自己有能力改变这一情况；但是如果小李由于跟不上课程进度进而开始怀疑自己的实力，导致自信水平下降甚至产生自卑感和焦虑感，其结果就会使他的学习态度发生消极的变化甚至产生厌学心理。在这一过程中，主体的价值观念，对目标的期望水平以及情绪、情感的深刻性，对态度的转变具有重要的影响作用。

（三）行为选择

行为选择实际上是一种对个体原有行为方式的调整和改变。在个体思维方式与态度倾向的直接制约下，个体的认知调节与态度的变化影响着行为的重新选择。个体如果抱着积极的思维方式和态度倾向，个体的行为方式也会是积极的；如果个体抱着消极的思维方式和态度倾向，那么其行为方式也会是消极的。例如，学生小李会有不同的行为选择，如果他认为学习对自己非常重要，同时又对自己充满信心，就会表现出积极的学习态度并为目标坚持不懈地努力；相反，如果他认为学习对自己无足轻重，同时认为自己不是学习那块料的话，就会产生厌学、倦怠的态度，最后放弃学业。

在这一过程中，同化与顺应调节机制一直起着作用。面对内外环境的复杂性和行为效果的多重可能性，主体的判断与选择不可能一次性完成。所以适应过程必然会表现为一个反复循环的动态过程。一般规律是，经过以上几个环节，如果所选择的行为方式取得了令人满意的结果，对适应环境起到了积极的作用，就意味着同化与顺应的过程基本上实现了平衡，这一行为就会因受到正强化而巩固下来，逐渐形成稳定的态度倾向与行为习惯。这就是性格形成的过程。如果行为反应的效果不理想，主体与环境之间仍然存在着不适应的现象，说明同化与顺应之间并不平衡，这时就需要再次进入上述的自我调节系统中进行重新选择。有时这种选择需要经历若干次的重复循环才能达到同化与顺应的平衡状态。

二、适应对个体发展的重要性

人在发展的过程中有得有失，生命发展在任何时候都是消亡和重建相结合的。个体每一次的发展都会习得新的适应能力，同时也包含着先前有些能力的丧失。人每完成一个阶段的发展任务，就会更接近自我完善一步。在能力培养的过程中，个体会积极充分地发挥每个阶段的潜力，实现每个阶段的人生价值，为国家、社会、人类做出自己的贡献。人的个性在一定程度上受到社会环境的影响、制约和塑造，所以社会环境对人的发展有着巨大的影响作用。然而，人不同于动物，人的发展不会被动地受环境的制约，人的心理活动、对自我的认识、个性特点和培养能力的积极主动的精神对个体的发展具有重要作用。适应与发展是相辅相成、密切相关的一个连续体，发展是人对环境积极的适应。

（一）适应是人生存的基本本领

人的生存和发展的外部环境基础是社会，社会存在具有它的客观性和现实性，不会以人的意志为转移，人如果想在这个社会环境中更好地生存和发展，首先，必须对这个外界环境有一个比较全面的了解，并能将这些赖以生存的外部条件好好利用。其次，人所生存的这个社会环境是纷繁复杂而又千变万化的，不断发展和前进是社会的自然属性。这就要求人不断地观察社会的变化，找出规律，掌握社会发展的趋势，不断地、有效地调整自己的认知与行动，顺应并有效地利用这些社会变化，从而帮助自己更好地在社会上生存，最终达到对社会的适应。

（二）适应是人发展的基本前提

人在社会中最基本的需要是生存，在社会中的发展则是人更高层次的追求。所以，个体首先必须保证自己生存的需要，然后才能追求自身更高层次的需要。个体首先要掌握社会生存环境的基本知识，然后在熟悉社会发展对人的要求之后，根据自己的兴趣、爱好客观而深入地分析自身的条件，这样才有可能找准自己今后的发展方向。人也只有在社会认同、人们理解的基础上，才有可能根据自己的思想去创新、去改造社会，在自身进步之后推动和促进社会发展。

（三）适应是人生的永恒追求

人在社会中的生存适应是一个主动的、积极的和进取的过程。人生的适应最初应该包括对社会上已有事物的适应，和对外界环境变化、自我实现的新需要的适应，即维持性适应和动态性适应；然后，包括自己和外界环境之间的调整、修正，用自己的力量、智慧和创造去改变外在环境的适应，即改造性适应，还应该包括对未来的发展做出预测并做好心理准备的适应，即前瞻性适应。

人生是一个不断适应、超越，再适应、再超越的历程。适应是对业已完成超越的适应，超越是为了达到新水平的适应，适应是人生永恒的追求。

三、当代大学生必须具备极强的适应能力

（一）具备极强的适应能力是当代大学生实现人生理想的需要

人类社会经过漫长的发展演变，已经进入发达的现代社会。作为现代人，今天的大学生肩负着历史赋予的重任，即继承世界文明的优秀文化遗产和优秀成果，促进现代社会向更高层次发展。作为中国大学生，更肩负着振兴中华，加快中国特色社会主义现代化建设的进程，全面建设小康社会，使中华民族屹立于世界民族之林的伟大历史使命。

大学阶段是一个人走向社会实现自己人生理想和目标的最后准备阶段，这个阶段对于人的一生至关重要。在这个阶段，大学生将确立自己的人生理想、奋斗目标；掌握赖以安身立命、服务社会、实现自身价值的知识、技能；完备作为现代人所应具备的综合素质等。那么，大学生怎样去确立自己的理想、规划自己的人生目标，怎样有目的地去完善自身素质呢？

大学生首先要找准出发基点。人具有显著的社会属性，人所在的社会环境条件是人生存与发展的基础，社会的现状和发展既滋润又规范着每一个人。中国有句古训："识时务者为俊杰"，就是指当一个人能对所处的社会环境、时代背景、社会发展趋势有清醒的、正确的认识，并能以此指导自己的行动时，那么这个人可称为那个时代的才俊，才有可能谋求其事业的发展，才有可能成功。这里强调"审时度势"对人的生存与发展的重要性，能做到审时度势是一个人适应社会的前提条件。所以，当代大学生必须始终关注和清醒地认识到我们当前所处时代的大背景，我国政治、经济、文化等诸方面的现状，以及世界和我国前进、发展的大趋势，同时也必须了解和熟悉我国高等教育正在日益深化的教育改革等。当代大学生只有在认清形势的基础上，才会清醒地认识到当今时代和祖国对人才素质的基本要求，才能较准确地预测未来对人才素质提出的新要求，以此去确立自己的基本目标、近期目标和长远目标，并为此作好充分的准备。归根结底，当代大学生必须了解社会，学会预测社会发展的大趋势，根据社会的需要不断调整自我，确立自己成才的目标，调整自己成才的行为。只有这样，当代大学生进入社会后才会有备无患、胸有成竹、从容应付来自社会的各种挑战，才能更快地成才，才能通过奋斗走向成功并最终实现人生的理想。

（二）具备极强的适应能力是当代大学生成才成功的前提

当今时代，以信息技术为代表的高新技术迅猛发展，加快了人类进入知识经济时代的步伐。

知识经济对现代社会全方位地产生着重大而深远的影响，也对现代人才素质提出了新的、更高的要求。当代大学生，应主动迎接知识经济的挑战，具备极强的适应知识经济的能力，学会按照知识经济时代的要求去规划自己的成才目标。只有这样，才有可能在自己成才过程中适应社会而谋求发展。

近年来，世界各国都致力于教育改革和发展的研究与实践，其着力点集中于科技如何更好地得以开发、创新和应用，人才综合素质如何更好地得到提高，创新人才如何更快、更多地脱颖而出。这一正在发生的世界性的教育革命深刻地影响着各国的经济、社会发展甚至未来世界的格局。我国为了应对当前世界发生的变化，党和政府确立了科教兴国和人才强国战略。为了加快这两大战略的实施，高等教育正经历着深刻的变革，素质教育全面推进，因而，当代大学生应具备极强的适应高等教育改革发展的能力，才能顺利地完成大学学业。

大学是学习知识和技能、追求真理、完善自我的神圣殿堂。每一位大学生自跨进大学之日起，都希望自己的大学生活丰富多彩、充实成功，能顺利度过这一人生中最宝贵的时光、最绚丽的年华。大学的环境和生活是崭新的，当代大学生应具备极强的适应大学环境变化的能力，尽快完成从高中生向大学生的角色转换，尽快自我定位、找准奋斗目标，走好大学历程的第一步。与此同时，应具备极强的增进心理健康、学会学习、拓展素质的能力，走好大学历程的每一步。当代大学生在经过大学期间的努力拼搏，顺利走完大学历程后，都将离开学校，到社会的广阔天地中寻求发展。如何选择自己的职业岗位，如何走好迈入社会的第一步，如何尽快实现从大学生到社会职业者的角色转换，迈出走向成功的坚实步伐，这都要求大学生在校期间必须作好各方面的准备，抓紧进行相应的训练，具备极强的适应从学校走向社会顺利发展的能力。

第二节　大学生适应问题与调适

大学生的适应性，主要是指在现代社会中，面对外界环境的飞速变化，大学生如何提高自己的社会生存能力，如何构建自我认知，如何有效地建造自我良性的生存状态的过程。大学新生的适应性教育主要是指对大学生面对和高中完全不同的生活环境、学习环境而进行的一系列教育活动的统称，它是高等学校“大学生心理健康教育”的主要内容之一，直接影响到大学生在新环境下的健康成长与成才。

大学生在面对生活中的改变时，常常由于准备不足、经验不足、能力不足，而出现各种适应问题。常见的适应问题有理想与现实的冲突、角色错位的困扰、学习适应不良的焦虑、人际交往的心理孤独、生活应对的烦恼等。大学新生生活不适应的问题比较多，毕业生经过 4 年的大学生活，理应独立了，但是有些大学毕业生在求职应聘时还要依赖父母，请父母陪同，不敢独立去面对复杂的社会生活，缺乏勇气渡过人生的一道道难关。

一、大学生适应问题

（一）理想与现实的冲突

每个年轻人都有自己远大的理想，都对未来充满着希望与幻想。大学生们常常按照自己的理想来规划自己的学习、择业、恋爱和婚姻。然而，现实生活的复杂性常常使他们生活理想的

实现受到限制。例如，许多学生心目中的大学是绿荫遮盖的校园，宽敞明亮的教室，现代化的教学设备，学识渊博的教授……而进入大学之后，看到的现实并非如自己想象的那样完美，于是感到很失望。在恋爱方面，只由于自己喜欢对方，就认为对方一定会喜欢自己，一旦求爱遭到拒绝，就对自己的一切失去了信心。在职业选择上，一些大学生不顾自己的主观条件，一心想去收入高、待遇好的单位，结果使自己一次次在应聘场上受挫。

对于未来的工作，许多人向往着初到岗位就大显身手，幻想马上受到重用、得到提拔。当现实不如己愿时，就怨天尤人。这一切都反映了青年成长过程中理想与现实的心理冲突，这些冲突是正常的，年轻人正是在解决这些冲突中走向人生的成熟。

（二）角色错位的困扰

环境的变化引起大学生对自我的重新定位。由中学到大学，由结束大学生活走上工作岗位等变化，人们都会经历一个对自己的角色进行再定位的过程。这一过程能否顺利通过，反映了人们的心理适应能力。

每个步入大学校门的学生在原有的群体中都可以说是较为优秀者。大学新生带着"过去的辉煌"来到了大学，各方优秀的人才汇聚成为一个新的集体，人人有奇才，个个是高手，重新组合以后，只有少数人能保持原来的中心地位，多数同学要从中心角色向普通角色转化。这一转变引发了大学生对自己定位的困惑，自卑、抑郁、退缩等心理问题常常因此发生。一位大学生这样描述了她进入大学后的角色困惑："我是被鲜花掌声和荣誉簇拥着长大的女孩。我的学习成绩优异，多次在比赛中获奖，在小学和中学阶段我连任 9 年班长，做过学生会的文艺部长、团委会的宣传委员，在无数的光环照耀下，我就像一个骄傲的公主。这使我形成了自傲的性格，或者说我从来没有时间思考自己的期望值是否太高，但这里的人才济济，我只是这个环境里的小角色，我努力过，但并没有获得更大的收获。我感到内心的失落和压抑，这种苦闷比其他人更强烈。我对自己失望了，开始自我放纵，成了享乐主义者，但这却与我的性格发生着强烈的冲突。我选择逃避，隐藏了自己的才华，成了一个封闭的人，我再也找不到曾经的光彩，在一个狭隘、孤独的空间，我不断发现自身的缺点，与这个环境格格不人，最终产生了恶性循环，使我产生了自卑心理。这种自卑像一块阴云一直笼罩着我，更加影响了我的生活……"许多大学新生在步入大学后都经历过像这位同学这样的角色转换的心理困惑。

从学校到社会的变化是人生中较为重要的变化。在学校里，青年人的主要角色是学生，主要任务是为走向社会做准备，要接受师长的教导。师长、父母对他的期望是努力学习和健康成长。而走向社会便大不相同了，个人要扮演的角色一下子复杂了起来。每个人都以独立的个体面对社会，独立地担负起社会所赋予的责任，担当下属、领导、竞争对手等新角色。自己和他人的期望同时多样化起来，要满足这些期望，非常困难。在学校中，学生接受教师灌输的单纯的价值观念，一旦投入社会，便接触到一系列相互矛盾的价值观，相当多的人感到混乱和无所适从。在学校里，人际关系比较简单，主要是师生之间、同学之间的关系。到了社会上，人际关系复杂得多，再加上社会竞争比在学校里要激烈得多、复杂得多，如果你总是认为英雄无用武之地，总是抱着原来的自我不放，而不重新给自己一个恰当的定位的话，就会陷入个人对角色理解的迷茫和对角色期待的困惑。

（三）学习适应不良的焦虑

学生从一种学习环境进入另一种学习环境时常常对新的学习环境感到很不适应。上高中时，

学习目标非常实际、具体，就是为了考大学，学生的学习处于一种被老师、家长严格控制的被动状态。进入大学后，学习主要是为走向社会做准备。许多学生由于已经习惯于高中时外在的严格控制，为一个具体的目标而学习，不适应在自己内在因素控制下为一个长远的目标而学习，不会在这一长期目标指导下建立具体的学习目标，因此陷入了目标迷失带来的心理困惑。从学习内容上，大学所学的专业课程比起中学的基础课程，在深度和广度上都有一个极大的变化。从学习方法上，大学学习的特点是以学生自学为主、教师指导为辅的高自觉、高主动、高强度、高效率的学习。那些已经习惯了中学时教师满堂灌、“学生跟着教师转”的学习方式的同学，对大学学习很难适应。

（四）人际交往中的心理孤独

人际交往能力是当代青年社会生活适应不可缺少的方面，也是个体完善的重要组成部分，更是事业成败的关键因素。大学生们一方面要求建立一种和谐、融洽的人际氛围，建立真诚、理解、宽容的友谊；另一方面，他们又封闭自己不愿向别人敞开心扉，他们也不了解新型人际关系的建立需要一定的时间，需要经历一定的过程，如人际定向、情感探索、感情交流和稳定交往几个阶段。他们对人际关系的追求过于急切，也过于追求最终的和谐，因此，一些大学生常常因个人愿望未能实现体验到了人际交往中的挫折感，造成了一定的心理冲突。大学生们面对大学新的陌生环境往往怀念往日的友情和亲情，他们往往在人际中感到孤独，甚至出现严重的人际交往障碍。在心理咨询中，因人际冲突而产生情绪困扰寻求帮助的比例非常高。

（五）生活应对的烦恼

现代家庭舒适的生活条件，独生子女的特殊身份，父母过分的关爱，使许多学生欠缺独立生活的能力以及独立判断和独立处理问题的能力。他们一旦离开父母，便失去了依靠，心理也便失去了平衡。一位上高中时每天由父母接送上学的大学生，无法忍受需要自我独立的大学生活，她每天晚上要给父母打很长时间的长途电话，请父母为自己在学校中发生的事情做决定，甚至要求父母前来陪读。其父母说：“在家里时，只是让她专心读书，生活的事情我们全包下来，遇到外界发生了什么矛盾，从来都是我们帮她摆平。”一位考到外地高校的男生，由于无法面对离开父母照顾的生活，产生了严重的厌学情绪，他宁愿选择退学，也不愿选择独立面对生活。其母亲说：“在家时，我总是牛奶煮得不冷不热后摆在他的面前，苹果削好片再递给他吃。”

二、引导大学生进行心理适应问题的调适

（一）充分发挥辅导员和班主任的作用

新生入学之初最先接触的就是他们的辅导员或者是班主任，那么新生在对大学生活无助的时候最先想到要依靠的就是从事辅导员或班主任工作的老师，他们很容易将辅导员看作新环境下可以依靠的大树，因此，辅导员或班主任在新生适应大学环境阶段有着不可替代的作用。在新生入学之初，辅导员或班主任就应该加强与新生的沟通，增强学生对自己的信任感，让他们觉得自己虽然离开了家乡、离开了父母，但是他们并不孤单。在第一次班会上，辅导员或班主任就要对新生进行大学适应性教育，向学生介绍当前的国家形式与政策，让新生明确专业学习的方向，指导他们形成正确的人生观和价值观，让他们明白考上大学不是学习生涯的结束，而是学习征程的开始，要尽快使学生确立新的奋斗目标，找准人生目标，并为自己所定的目标不

懈地努力。

面对如今大学里学生不认识老师，老师不晓得学生，辅导员一学年见不到学生几面的现象。辅导员或班主任应该每个月集中开一次班会，对学生的不良心理问题进行辅导，对学生的不良行为进行纠正，以便使学生在心理问题出现的萌芽期就得到正确的帮助。

（二）帮助学生适应新的学习环境

1. 建立良好的学习动机

相当一部分大学生身上不同程度地存在着学习动力不足的问题。上大学前后的“动机落差”，自我控制能力差，缺乏远大的理想，没有树立正确的人生观等，都是导致大学新生学习动机不足的重要原因。

通过正确引导要让新生明确大学生的学习比中学时更复杂、更高级，同时也更为自觉、更为独立，因此，学习动机的强弱对大学生的学业成就有着极大的影响。

调查发现，造成大学新生学习动力不足的主要原因来自三个方面：

（1）上大学前后的“动机落差”。在高中阶段，学生以考上大学为唯一的学习目标，一旦目标实现，容易产生松懈心理，希望在大学里好好享乐一番，没有及时树立起进一步的学习目标，造成了考上大学前后的“动机落差”。此外，高中阶段很多学生兴趣狭窄，一门心思考大学，没有形成特长。一旦进入大学，就迫切地想发展自己的爱好特长，把主要精力放在参加学校社团上，而对学习却逐渐失去了兴趣。

（2）自我控制能力较差，容易受别人的影响。大学新生一般自我控制能力较差，容易受别人的影响，有时会有意无意地模仿高年级学生的做法，诸如“他们玩我也玩”“他们谈恋爱我也谈恋爱”，久而久之便失去了自控能力。有的大学生经受不住暂时失败的考验，因为一次考试成绩落后就一蹶不振。还有的大学生受到社会不良风气的影响，看到“搞导弹的不如卖鸡蛋的，拿手术刀的不如拿剃头刀的”所谓“知识贬值”“上大学无用”现象，便觉得读书无用，滋生厌学情绪，导致学习动力不足。

（3）学习动力不足。大学新生学习动力不足的深层原因是缺乏远大的理想，没有树立正确的人生观。只有明确了“为什么活着”“为什么上大学”等根本问题，学习动力不足的问题才可能得以根本解决。

2. 掌握正确的学习方法

（1）适应大学校园的学习气氛

在大学的学习过程中很少有人监督你，很少有人主动指导你；这里没有人给你制定具体的学习目标，考试一般不公布分数、不排红榜……每个人都在独立地面对学业；每个人都该有自己设定的目标；每个人都在和自己的昨天比，和自己的潜能比。

一般来讲，大学的校园范围都比较大，教学设施要比普通中学齐全得多，教学内容所包含的信息量越来越大。大学新生刚入学的时候，在思想上应认识到：要想在学业上获得成功，一定要充分利用现有的学习条件，掌握、运用自己所学的知识，提高自己的能力。

在入学最初的几个月里，大学新生在熟悉新的生活、老师和同学的同时，还要迅速熟悉学校中的教学及辅助设施，如教学办公地点、图书馆、实验室、复印室、录音室、书店的开放时间和使用方法等。

此外，大学生还要学会利用现代高科技的教学手段来掌握、运用所学的知识。在大学里，教学内容所包括的信息量越来越大，单凭坐在教室里苦读书是难以适应的。大学生必须通过多种渠道（如互联网）获取大量的信息，并充分利用现代多种高科技教学手段（如计算机教学）来掌握、运用自己所学的知识，提高自己的能力。

大学生应该充分利用环境中的优势，使个人的能力与潜力得到最大限度的提高与开发。有一些大学生，对学习环境、教学设施的意义理解不够，认为只要把老师讲的知识掌握了就行了，所以他们在课堂以外，很少利用各种有利条件来发展自己、提高自己，这是对有限教育资源的浪费，不利于自身综合素质的提高。

大学里面的学习气氛是外松内紧的，和中学相比没有人监督，没有老师请家长，没有红白榜……但大学中绝不是没有竞争。在这种竞争气氛中，大学新生还要改变一些原有的观念：在大学里，考试分数并不是衡量人的最重要的指标，人们更看重的是综合能力的培养和全面素质的提高。在这里，竞争是潜在的、全方位的。

（2）调整学习方法

学习方法对学习结果的影响是不言而喻的，而大学的学习方法又与中小学的方法差别很大，许多学生一时难以适应。在高校心理咨询中心，一些大学生心情沮丧、神态忧郁，主诉的内容多与学习上的挫折有关。

例如，某一理科女大学生在高校心理咨询中心主诉时，觉得自己上课听不懂，作业不会做，学习成绩总上不去，尤其是高等数学和英语最感头疼。过去在读高中时，自己能控制、掌握自己，通过努力学习成绩总能赶上去，可是自从上了大学，这一套却不管用了。

究其原因，我们不难发现，承袭过去在高中阶段的学习方法，即使勤奋用功可能也难以获得能力的全面提高，这在大学新生里是相当普遍的现象。尤其对那些高中阶段的学习尖子来说，这种挫折可能会造成自信心的丧失，严重者可导致神经症和精神病。要使他们从这种打击中恢复过来并非易事。

进入大学后，以教师为主导的教学模式变成了以学生为主导的自学模式。教师在课堂讲授知识后，学生不仅要消化理解课堂上学习的内容，而且还要阅读大量相关的书籍和文献资料。可以说，自学能力的高低成为影响学业成绩的最重要因素。

这种自学能力包括：能独立确定学习目标，能对教师所讲内容提出质疑，查询有关文献，确定自修内容，将自修的内容表达出来与人探讨，写学习心得或学术论文等。

从旧的学习方法向新的学习方法过渡，这是每个大学新生都必须经历的过程。尽早作好思想准备，就能较好地、顺利地度过这一阶段，少走弯路，减少心理压力，促进学业成绩的提高。

所以，学校一般在新生入学时会进行入学后的学习方法与学习经验的介绍。对于大学新生本人来说，应该积极观察、思考，掌握适合自己的学习方法，顺利渡过学习适应期。

（三）引导大学新生适应新的生活方式

上大学后，生活环境有了很大的变化，没有了父母、长辈每日的悉心照料，许多事情需要独自处理，真正的独立生活开始了。从离不开父母的家庭生活到事事完全自理的大学生活，一切都要从头学起。从某种意义上说，这是一种真正的生活独立性训练。

1. 生活自理与独立

刚进入大学的新生，首先应学会日常生活的打理。要学会准时起床、运动，学会自己料理

床铺，收拾房间，学会自己洗衣服，学会自己照料自己……在学习过程中，如果能够和同学进行交流就更好了，因为同学间的互相影响和互相学习能够在一定程度上促进生活自理能力的提高。

独立生活的另外一个重要方面是对钱财的管理。大学新生一般都没有太多“理财”的经验。由于家长一般每月或每几个月给一次生活费，大学生就要自己独立计划如何进行消费。计划不当甚至没有计划的学生常常在最初的时间里大手大脚，把后面的伙食费提前花掉。赶时髦、讲排场的社会风气对大学新生也有相当的影响，往往娱乐一次就花掉生活费的一大半，除了伙食费，每个月的生活费就所剩无几了。

因此，大学新生要有“理财”的观念，要考虑哪些开支是必需的，哪些开支是完全不必要的，哪些是可有可无的。钱要花在刀刃上，要避免完全不必要的消费，可花可不花的尽量不花。此外，还要根据父母的经济能力和自己“勤工俭学”的能力来进行日常消费。有了这些基本情况的分析，再确定自己每个月的“消费计划”，使之切实可行，并且要尽量按照计划执行，多余的钱可以存入银行，以备急需时使用。

入学几个月或半年之后，大学新生对自理的生活就会逐渐适应了。

2. 良好生活习惯的养成

生活习惯代表着个人的生活方式。良好的生活习惯不仅能促进个人的身心健康，而且也对其未来发展有间接的推动作用。大学生精力旺盛，又处于长身体、长知识的阶段，良好的生活习惯是确保顺利、成功度过大学阶段的一个重要基础。为了达到身心健康的目的，从一进大学起就该切实重视这个问题，培养良好的生活习惯并防止不良生活习惯的形成。

（1）要合理地安排作息时间，形成良好的作息习惯。因为有规律的生活能使大脑和神经系统的兴奋和抑制交替进行，天长日久，能在大脑皮层上形成动力定型，这对促进身心健康是非常有利的。

大学新生应养成早睡早起的习惯，有的同学习惯在晚上卧谈，天马行空地一谈就是两三个小时，结果第二天上课的时候非常疲惫，根本无心听课。长期如此，不仅影响平时的课业学习，还容易引起失眠，甚至引发神经衰弱症。研究表明，大学生的睡眠时间一般每天不得少于 7 个小时。如果条件许可，午饭后可以小睡一会儿，但最好不要超过 40 分钟。

（2）要进行适当的体育锻炼和文娱活动。“文武之道，一张一弛”，学习之余参加一些文体活动，不但可以缓解刻板紧张的生活，还可以放松心情、增加生活乐趣，有助于提高学习效率。

听音乐、跑步、做广播体操、踢足球等都有助于增强体质，提高对疾病的抵抗力，这是一种积极的休息。实践证明：7＋1＞8。在这里，“7＋1”表示 7 个小时的学习加上 1 个小时的体育文娱活动，“8”表示 8 个小时的连续学习。也就是说，参加体育活动的 7 个小时学习比不参加体育活动的 8 个小时学习效果要好。

（3）要保证合理的营养供应，养成良好的饮食习惯。大学生“饮食不良”现象主要表现在两个方面：一是饮食不规律，很多人早晨起床较晚，来不及吃早饭便去上课，有的索性取消了早饭，有的则在课间饿的时候随便吃些零食。二是暴饮暴食。学生们主要在食堂就餐，但食堂的就餐时间比较固定，常有学生由于学习或其他原因错过了开饭时间，于是就吃点饼干、方便面来对付，等下一顿吃饭时再吃双份。营养学家们的研究证明：早餐吃饱、吃好对维持血糖水平是很必要的；用餐时不能挑食、偏食，要注意营养全面，还要多吃水果和蔬菜。

（4）要改正或防止吸烟、酗酒、沉溺于电子游戏等不良的生活习惯。

（四）引导大学生适应新的人际关系

社会中的人总是处于一定的社会关系之中的，大学生同样离不开与人交往。和谐的人际关系既是大学生心理健康不可缺少的条件，也是大学生获得心理健康的重要途径。大学生在人际交往过程中要注意纠正以下三种心理。

1. 面子心理

大学生的许多人际冲突，都是发生在没有什么原则问题的小事情上，往往是一次无意的碰撞、不经意的言语伤害、区区小利等。本来只要打个招呼、说声抱歉也就没事了，但双方都“赌气”，不仅不打招呼、不道歉，反而出言不逊，结果争吵起来。更有甚者，互不相让，拔拳相向，头破血流，事后懊悔不迭。从心理学角度讲，这种行为是双方都在用不适当的方法维护自尊即典型的面子心理。仿佛谁先道歉就伤了面子，谁就在威胁面前低了头，谁就是孬种，于是层层升级，以悲剧而告终。

2. 冲动心理

大学生处于特定的生理发展期，自制能力较弱，遇事容易冲动。有些同学认为自己做事爽快，实则也是冲动表现。像骑车相撞以及类似的许多事情，是大家都不愿意发生的，有时也很难断定谁是谁非，双方谦让一下就相安无事了，即使自己有理也可以忍让一点，好言相对。但有些大学生往往一时冲动，气势汹汹，把事情搞糟。

3. 封闭心理

大学生人际和谐的表现之一是乐于与人交往，然而有的大学生由于种种原因则形成不同程度的封闭心理，阻碍其正常人际关系的形成。有的是因为性格内向，情感冲动的强度较弱，外露表现不明显，被人误认为封闭，实际上他们是情感深沉，能帮人一帮到底；有的是整天忙忙碌碌，因为紧张的工作和学习，始终处于疲倦状态，自然也就很少有高涨的热情，只要紧张气氛松弛了，他们的热情一般能很快调动起来；有的则是因为心灵上的创伤所致，如过去曾赤诚待人，结果却遭欺骗、暗算，因此对人渐存戒心，不轻易暴露自己的思想感情；有的是因某事屡屡受挫，世界在其眼中被蒙上了一层灰暗的色彩，失去了信心，失去了对生活的追求，自以为是看破红尘，新的事物、新的活动难以再激起他的热情，看不到自己改造世界的力量，只想消极混世，了此一生。对于心理封闭的同学，最重要的是要努力改变自我、自强不息。大家要以更大的热情关心他（她）、帮助他（她），不能简单予以责备，甚至孤立他（她）。

第三节 大学生社会适应能力的培养

学校和社会在运行规则上有很大的不同。在学校这个“象牙塔”中，大学生与社会处于一种隔离的状态，这就使得多数大学生对社会的看法趋于简单化、片面化和理想化。企业在招聘过程中对应届毕业生表现出冷淡和不感冒的态度，多半原因是刚毕业的大学生缺乏工作经历与生活经验，角色没有及时地转换好，适应期时间过长。他们在挑选和录用大学毕业生时，同等条件下，往往优先考虑那些曾经参加过工作和社会实践，具有一定组织管理能力与应变能力的毕业生。这就需要大学生在就业前就注重培养自身适应社会、融入社会的能力。

一、大学生社会适应能力的提出及其含义

大学生社会适应能力是一种综合能力，因为社会是人的组织化实存状态的总和，是人们以物质生产活动为基础的相互联系的总体。人生活的社会错综复杂，社会现象丰富多彩，社会关系盘根错节，社会问题形形色色。大学生要适应这样复杂的社会，必然需要具备适应社会的能力。当代大学生的社会适应能力所涉及的面非常广泛，包括的内容很多，主要可概括为下面四个方面。

（一）提升道德品质

道德品质是大学生作为高素质人才存在的基础，更是发展的前提。思想道德素质一般包括是非标准、勇于坚持真理、爱国主义、心理素质等内容。一个具有就业能力的大学生必须具备较高的思想道德修养，如执着如一、不怕困难的精神，有所为、有所不为的选择本领，忍耐与克服困难的韧劲和决心以及较强的社会责任感等。这就要求大学生能正确认知、合理定位自我，注重团队精神的培养，学会与他人合作，树立对同学、家庭、学校、社会的责任意识，同时具备高尚的道德品质和爱国、爱校情操。

（二）提高学习能力

大学生应学会学习、学会思考，具有持续学习的能力。在科学技术迅猛发展的今天，大学生仅仅满足于掌握本专业范围内的知识是不够的，必须具有多学科的知识储备，熟练掌握复合型国际人才应有的基础知识，优化知识结构。在刚刚进入大学阶段就应该有意识地了解本专业的学习特点、教学进程、发展趋势，学会充分利用大学期间的一切学习资源，掌握适合自己的学习方法，懂得寻求帮助。

学习适应能力主要是指在学习环境，如学习目的、学习内容、学习要求、学习方式、学习时间等发生变化的情况下，人们调节、控制自己做出正确恰当反应的能力。大学生在学习上不仅面临从中学到大学学习环境的变化和适应，而且面临大学毕业后继续学习的环境变化和适应。因此，学习适应能力是大学生社会适应能力的基本能力。

（三）提高工作能力

大学生在大学期间学习的最终目的在于积极投身于社会实践、参与社会工作，而在参与社会工作中必然面对各种可能的工作性质和工作环境，这些工作性质和工作环境又随着人生的发展而不断变化。较好地适应不断变化发展的工作性质和工作环境是对大学生提出的一项基本要求。

工作适应能力是指在工作环境，如工作岗位、工作性质、工作条件等发生变化时，人们调节、控制自己做出正确反应的能力。大学生社会工作适应能力是大学生社会适应能力的主要方面，包括实践能力、创新能力、组织和管理能力等。

（四）提升人际交往能力

人际交往适应能力是指人们在通过各种手段进行人与人之间的联系和接触的过程中，调节、控制自己所做出的恰当反应的能力。人际交往作为人类的一项基本的实践活动，存在于社会生活的各个领域，贯穿于人的一生，具有沟通人际信息、交流人际情感、协调人际行为、提高人

际知觉准确性的普遍作用。大学生作为社会的成员，参与各种社会实践活动是其人生的需要，而在各种社会实践活动中必然面对各种社会关系，进行各种交往。进行人际交往必须了解相应的道德规范、礼仪规范和习俗规范。对人际交往的适应是向大学生提出的一项重要的要求。

二、适应能力培养的社会背景

（一）社会竞争激烈

我们生存在一个信息的时代，一个由新技术革命所引发的新经济革命的时代，一个充满发展机遇与激烈竞争的时代。国际上，各个国家为了赢得自己的发展机遇，都在拼命地争夺资源，争夺科技信息，争夺人才，争夺市场。中国要在21世纪进入中等发达国家，必将参与这场激烈的国际竞争。从国内来说，中国人多地少，有限的土地，有限的资源，有限的发展空间，谁要想获得好的发展，也必将面临激烈的社会竞争，这些竞争具体表现为升学的竞争，择业的竞争，职务、职称的竞争。竞争给人们带来了许多压力。

（二）社会变化太快

现代的社会变化太快，有时快得让你来不及观察、来不及思考。这种变化从这几年社会热点的流动就可以看出，如“当兵热”“从政热”“出国热”“经商热”“金融热”“文凭热”等。其实，每一个“热点”都反映了社会政治经济的变化，每一个“热点”都包含着人们的价值追求，每一个“热点”都引导着人们的思维方式和行为方式，每一个“热点”都刺激着人们的心理。其他方面的变化也是如此。你看，昔日大学本科毕业生还能拥有一些“时代骄子”的优越感，今朝的硕士研究生在社会的选择面前似乎也开始有了几分危机感；去年有的专业还“热”得灼人，今年已经在悄悄降温；昨天你可能还会觉得学了一种专业就能支持你一生的职业，今天激烈的社会竞争会促使你再去攻读第二专业、第三专业……社会的这些迅速变化使人们越来越感到，适应的相对平衡期越来越短，动态调整期越来越长。人们只有不断地学习新的社会经验、新的知识，不断地完善自己的个性，提高自己的能力，才会建立起新的适应模式，迎接新的挑战。

（三）选择的机会增加

市场经济注重人的主体性，给予个人生存与发展更大的自由选择度。在传统的计划经济社会中，“服从”成为人们的思维和行为的习惯模式，学什么课程，读什么专业，从事什么职业，都是别人规定好的，你用不着选择，只有服从。这种模式限制了人的主体性的发挥，但也使人们的心理稳定。如今，社会给你创造了无数的选择机会。在学校里，课程可以自己挑选，毕业就业允许个人和工作单位双向选择，对已从事的工作不满意，可以“跳槽”重新选择……选择给人们带来了更多的发展机遇，选择也给人们带来了许多痛苦，因为你选择了某种生活方式，就意味着你必须放弃其他一些生活方式；你选择了你想要得到的，就意味着你要失去你已经得到的，而且当你由于羡慕别人而盲目做出选择时，你还要承担选择后由自己酿就的苦酒。这样不仅给你带来了自由，也带来了许多困惑与烦恼。怎样才能知己知彼，有效地运用自己的选择权力，是现代社会带给你的思考。

（四）价值观发生改变

在中国社会过去相当长的时间内，群体为本的道德价值观压倒一切，忽视主体的权利，个

体只能消极地适应社会和群体。在这种观念的束缚下，个体的利益和人格被贬低甚至淹没。市场经济的建立，唤醒了人们的自我意识和个体价值意识，人们开始用责、权、利相统一的原则来处理个人与群体、个人与社会的关系。但是在这新旧体制交替之际，人们又很容易把个体为本的道德价值观推到极端，过分强调个人利益，忽视群体与社会的利益。在这一过程中，原有的心理上的稳定结构被打破，道德评价易产生错位与失当，再加上西方个人主义价值观的影响，人们的价值观心理产生了混乱与失衡。

（五）人际矛盾

中国是一个有几千年封建历史的农业大国。中国的历史与文化，形成了中国人以人缘、人情和人伦为特征的人际交往模式。现代化的推进、改革开放的深入、社会主义市场经济的建立，大大扩展了人们的生活空间，拓宽了人际交往的范围。个体独立意识的增强、对自身利益的关注与追求，使得人与人之间的竞争加剧，人际关系的冲突增加。加之现代生产生活节奏的紧张，使得人们在客观上也没有太多的时间进行直接的个人交往，交往的内容也多是社会问题，人们普遍感到人情冷漠。传统的人际交往模式被打破，适应于中国现代经济生活的新的人际交往模式尚未形成，很多人产生了人际交往上的心理困惑。

二、培养大学生良好社会适应能力在提升其就业能力中的必要性

（一）培养大学生社会适应能力是培养大学生综合素质的重要内容

大学生的综合素质主要包括实际操作能力、组织管理能力、语言表达能力、社会适应能力和创新能力等。未来世界多极化发展和新格局的定位，将主要取决于各国综合国力的强弱，而综合国力的竞争实质上是科学技术中高科技领域的竞争，其关键又是国民素质及现代化人才的竞争。现代化人才是指在社会化大生产和科学技术文化进步过程中能积极地适应并促进物质文明和精神文明的变革与发展，具有创造性思维的高素质人才。这种高素质人才实际上就是具有很高综合素质的人。由此可见，培养当代大学生社会适应能力是培养大学生综合素质的重要内容。

（二）培养大学生社会适应能力是社会发展的要求

当代大学生是青年中的佼佼者，掌握着现代化的知识和技术，是未来国家和社会建设及发展的栋梁之材，肩负着振兴中华民族的历史使命和社会责任。这种使命和责任与当代世界的状况，与国家的前途和命运紧密相连。大学生社会适应能力的强弱关系到大学生科学文化知识和技能发挥的程度，关系到大学生个人的前途和命运，关系到社会的繁荣和发展。当代大学生只有努力顺应时代发展的潮流，才能充分发挥自身的科学文化知识和技能，从而促进社会的变革和发展。所以，培养当代大学生社会适应能力是社会发展的要求。

（三）培养大学生社会适应能力是大学生社会化的重要目的

任何一个希望巩固和发展的社会都要努力使其成员社会化，使其成员心甘情愿地接受它的价值标准并传统、规范并承担起它的责任和义务。大学生是青年中最优秀的一部分，担负着继承上一代的事业、知识和优良传统，开创社会发展新局面的历史重任。大学生社会化的内容非常广泛，凡社会生活所必需的知识、技能、行为方式、生活习惯以及社会的各种思想、观念都

包含于其中。显然大学生的社会适应能力所包含学习适应能力、社会工作适应能力和人际交往适应能力都是大学生社会化的几个重要结果。培养当代大学生社会适应能力是大学生社会化的重要目的。

(四）培养大学生社会适应能力是大学生自我发展的需要

人的需要是在社会化过程中逐步发展的。人的社会化程度越高，他的需要层次和水平就越高。大学生接受教育的程度高于其他阶层的青年，他们的社会化过程和社会化发展目标也就相对较高。大学生只有把自己的事业目标与社会需要紧密地结合，自觉地服从和服务于社会，才有可能成为对社会有用的人才，自我才能得以发展。因此，大学生的自我发展需要是以满足和适应社会需要为目标的，当然就不可缺少对社会适应能力的培养。所以，培养当代大学生社会适应能力也是大学生自我发展的需要。

三、培养大学生社会适应能力的有效途径

(一）组织开展大学生就业体验活动，搭建与社会经济发展和谐对接的育人平台

高校教育教学改革要不断地随社会经济的发展而深化，创新充满活力的人才培养机制，全面提高大学生的综合素质和社会适应能力。高校在经历了扩招后，眼下的首要重任应该是培养满足社会经济发展需要的、为用人单位普遍认可的大学生。高校在立足学科建设基础的同时，要高度重视大学生以专业学习奠定职业基础的现实需要，把提高大学生的专业技能作为人才培养的重要目标之一，消除大学生成才与市场需求间的时间差，将大学毕业生普遍需经过的“见习期”“适应期”尽可能地在学习期完成，实现从毕业到就业的平稳搭接、从校园到社会的和谐交融。

在大学生中开展就业体验活动，使学生认识学校学习与职业工作的关系，让他们在实践中亲身感受学校所学的知识是如何应用于实际工作之中的，了解实际中最重要的知识、技能是什么，从而将自己现在的学习与将来的职业相联系，明确学习目的，激发学习动机，使学生在实践中品尝到职业工作的酸甜苦辣，加深自我认识，发现自己的职业适应特性，在与共同劳动的不同年代人的接触和交流中，提高社会交往能力，学习大量的社会知识。通过就业体验活动，进一步加强学校与社会、企业的联系，深入了解社会的需要和对大学教育的期待，学校在组织就业体验活动时，也能广泛与各界人士交流，改变学校的教育内容和方法，培养社会需要的优秀人才。通过就业体验活动，满足企业选拔人才的愿望和需求，企业可以直接对学生进行多方面的观察和考验，从而发现需要的人才。

(二）提升服务意识，分层次构建大学生职业生涯规划教育体系

构建高校大学生职业生涯规划教育体系，首先要做好总体规划，明确职责，落实责任。学校要设专门机构，负责大学生职业生涯规划教育工作的总体规划和具体实施。其次，要加强职业生涯规划教育师资队伍的建设。职业生涯规划教育工作是一项要求既具备人文科学知识，又具有一定战略策划思想和相应技术手段的边缘性极强的专业工作。要培养和建设一支相对稳定的专职师资队伍。再次，要大力宣传职业生涯规划的科学性，消除学生对职业生涯设计的短浅认识和被动接受的心理恐惧，促进大学生职业生涯规划的自我意识和主动性的增强。最后，要建立大学生职业生涯规划教育制度，形成从大一到大四、贯穿整个大学教育的完整体系，使大

学生的职业生涯规划教育与完成学业同步进行。通过对大学生进行职业生涯规划教育，使他们正确认识自己的职业基础，发现优势，找到不足，从而清楚地把握自己的职业发展方向，有目的地进行适合自身职业生涯需要的学习和锻炼，增强职业信心，积累谋职技巧，提高社会适应能力。

（三）有的放矢，广泛开展其他形式的大学生社会实践活动

要使大学生真正地具备就业能力，必须具备很强的综合能力和综合素质，第二课堂活动是培养和提高学生综合素质的重要途径。近几年来高校广泛开展的包括“挑战杯”创业计划大赛、大学生“三下乡”活动在内的大学生素质拓展计划，促进了大学生参与社会实践活动。

学生是活动的主体，参与社会实践活动，能培养大学生的动手能力、合作意识和组织能力。在社会实践中，学生对现实的感觉和认识的深度、广度都不是在封闭的环境下所能比拟的，学生身上具备的各种基本素质和潜能会得到发挥，综合能力得以加强。大学生的社会实践活动应该成为大学生完成学业之外的主导活动。借助社会实践平台，可以提高大学生的组织管理能力、心理承受能力、人际交往能力和应变能力等。此外，还可以使他们了解就业环境、政策和形势等，有利于他们找到与自己的知识水平、性格特征和能力素质等相匹配的职业。

适者生存，生存是为了发展。对社会和环境的适应应该是积极主动的，而不是消极的等待和却步。大学生只有具备较强的社会适应能力，走入社会后才能缩短自己的适应期，充分发挥自己的聪明才智。因此，在不影响专业知识学习的基础上，大胆走向社会、参与包括兼职在内的社会活动，是大学生提升自身就业能力和尽快适应社会的有效途径。

（四）广泛参加体育锻炼，提高自身的社会健康水平

体育活动对于提高人的社会健康水平具有重要的促进作用，这是由体育活动的社会特性所决定的。人在体育活动时，既需要交往与合作，又存在相互竞争的现象。这种在体育活动过程中形成的交往、合作和竞争的意识和行为会迁移到日常的生活、学习和工作中去。

1. 体育活动有助于人际交往

通过参与体育活动，可以忘却烦恼和痛苦、消除孤独感，并逐渐形成与人交往的意识和习惯。有研究表明，外向性格者比内向性格者的社会交往需求更强烈，这种社交需求通过跳舞、打球等集体性的体育活动可得到满足。性格内向者更应该参与集体性的体育活动，使个性逐步得到改变。

研究表明，个体坚持体育锻炼的一个重要原因是为了与他人交往或参与群体活动。布拉尼认为，个体参与群体活动可增加群体认同感、社会强化、刺激性及参与活动的机会。坚持参与体育活动者要比中途退出者更能与他人形成亲密的关系。

女性坚持体育锻炼似乎更与体育活动的社会特性有关。美国有一项研究显示，62％的女性喜欢与朋友一起进行锻炼，而男性只有 26％。25％的女性和 18％的男性认为，与同伴一起练习是自己坚持体育锻炼的重要原因之一。斯蒂芬等人的研究指出，在他们所调查的加拿大籍被试者中，18％的女性和 12％的男性认为，不与他人一起练习就会阻碍自己继续参加活动。此外，35％的女性和 24％的男性将社会交往看成是坚持体育锻炼的重要原因。

一些研究认为，青少年参与运动的程度与家庭成员、好朋友的参与程度紧密相关；其中好朋友的参与程度比家庭成员的参与程度更能影响青少年参与运动的程度；对个体参与运动程度而言，同性家庭成员的参与程度要比异性成员参与程度影响大；家庭、好朋友喜欢体育锻炼的青少年更易形成朋友支持网络，并形成良好的人际关系。

由此可见，体育锻炼不仅能促进人的社会交往活动，同时体育活动的社会交往特性又会吸引人参与和坚持体育锻炼。

2. 体育活动有助于培养合作精神

合作是建立在团体成员对团体目标具有相同认识基础上的。在合作的社会情景中，个人所得有助于团体所得。合作的优越性体现在个人与他人一起工作时所获得的社会效益，如增加交流、相互信任等。在一些相互依赖性的任务（如篮球运动）中，合作会使活动变得更为有效，因为团体要获得成功，团体成员就必须相互协作、共同努力。

现代社会需要合作精神，一个人的力量微不足道，一个人要想在社会中取得成功和成就，需要与他人合作，得到他人的帮助。孤军奋战，难成大业。

合作能力既是体育活动参与者必备的素质，也是通过体育活动所发展的一种能力。从事体育活动，特别是从事集体性的体育活动，需要个体与他人通力合作，这不但使集体的目标得以实现，而且个人的作用也能得到充分发挥。

经常性地参与体育活动，特别是参与集体性的体育活动，有助于个体加强合作意识，有助于个体培养团队精神。

3. 体育锻炼有助于形成竞争意识

竞争与合作相对立，是指为了自己的利益和需要而同他人争胜的行为。在竞争的社会情景中，一方的得益会引起另一方利益的损失，而且个人对个体目标的追求程度高于对集体目标的追求程度。一般而言，在独立性的任务中，竞争有优越性，因为在这样的任务中，对成员间相互协作的要求不是很高，个体的活动目标不是击败他人，而是指向任务的成功。

现代社会竞争日趋激烈，努力培养竞争意识和能力有助于学生走出校门、走向社会后能很好地适应社会。

竞争是体育运动的主要特性之一。在体育运动过程中，时时处处都充斥着竞争，既有对自己运动能力的挑战，也有与他人的争胜；既有人与人之间的竞争，也有团体与团体之间的竞争。需注意的是，在运动中与他人竞争时要有良好的体育道德，争胜主要是靠自己的能力，而不是通过不择手段伤害他人来达到。要通过竞争来培养自己积极进取、顽强拼搏的精神。

第六章　大学生抗挫折能力与心理健康

在人的一生中，只要有追求、有欲望、有需求，就会有失败、有失望、有失落。每个人都享受过成功的喜悦，也都品尝过失败的沮丧。挫折与成功一样，是一个人成长与发展不可缺少的，是人一生的伴侣。大学生不仅要有迎接成功的准备，也要有面对挫折的勇气。当自己的奋斗目标遇到阻碍或重大挫折时，冷静地分析情况，及时调整应对策略和方式，设法摆脱困境，使自己避免心理和行为失常，对每个大学生的健康成长都是至关重要的。能够客观、理性地面对挫折和采取积极的方式应对挫折、化解挫折是大学生走向成熟的重要标志，也是维护大学生心理健康的重要保证。

第一节　挫折概述

大学生初出茅庐，涉世不深，在以往的成长过程中，顺境多，逆境少，成就感强，挫折体验少，绝大多数人没有经历过人生大风大浪的洗礼，生活阅历浅，对可能遇到的挫折缺乏心理准备，对挫折的承受能力和应对能力都比较弱。大学生自迈入大学校门之日起，便真正开始尝试从对父母和家庭的依赖中摆脱出来而独立生活，新的环境、新的起点、新的需要迫使他们必须靠自己去独立思考和独立解决问题，由此也就会越来越多地遇到人生发展过程中比较大的课题和可能由此带来的比较大的挫折，特别是越来越多地要靠自己独立地面对挫折、承受挫折和化解挫折。

一、挫折的含义

在社会心理学中，挫折是指个人从事有目的的活动时，由于遇到障碍和干扰，其需要不能得到满足时的一种消极的情绪状态。在日常生活中，人们既可以把它看成一种外部条件（即挫折情景或挫折源），也可以将它看成人们对这种条件的反应（即挫折感或心理挫折）。心理学研究表明，人们的行为总是从一定的动机出发达到一定目标。挫折就是在这一过程中遇到不可逾越或克服的困难和障碍时所产生的紧张状态及情绪反应。

挫折的分类如下：

（一）从挫折的内容划分

从挫折的内容来看，可将挫折分为学习性挫折、交往性挫折、志趣性挫折、自尊性挫折和情境性挫折。学习性挫折指由于个体在学习过程中遇到种种障碍而引起的挫折。交往性挫折指由于个体在处理人际关系或与学校及其他群体人员交往时遇到障碍而引起的挫折。志趣性挫折指由于个体在兴趣、志向、愿望等方面所遇到的障碍而引起的挫折。自尊性挫折指由于个体在自我尊重方面的需要没有得到相应满足而引起的种种挫折。情境性挫折指特定的时空限制所造成的挫折。

（二）从挫折的持续性划分

从挫折的持续性看，可将挫折划分为短暂挫折和持续挫折。短暂挫折指持续时间较短、暂时性的挫折，这种挫折对人的身心影响不大，产生的情绪变化容易调整。持续挫折是一种长期持续不断的挫折状态，这种持续的紧张感与挫折感，对人的身心健康十分不利，甚至可能导致心身障碍。

（三）从挫折的产生原因划分

从挫折的产生原因看，可将挫折划分为需要挫折、行为挫折、目标挫折和丧失挫折。需要挫折是指因外界阻碍使需要无法获得满足的状态。行为挫折是指个体在一定的动机支配下产生行为意向，但因各种条件的影响，行为无法付诸实施时的情绪状态。目标挫折是指行为者在行为过程中，由于遇到无法克服的障碍，不能达到目标的情绪状态。丧失挫折是指个体自认为本来应该属于自己的东西，却在一定条件下丧失了，由此而感受到的情绪状态。

二、挫折的产生机制及性质

动机理论认为，需要产生动机，动机引导人的行为，指向一定的目标，并力求实现这一目标。但在动机指向目标和实现目标的行为过程中，并不是一帆风顺的，一旦受到阻碍和干扰，致使目标不能实现，就会产生挫折。

（一）挫折产生的机制

挫折的产生与以下五个方面有关：其一是需要和由此产生的动机；其二是在动机驱使下有目的的行为；其三是使需要不能获得满足或目标不能实现的内外障碍或干扰的情境状态、情境条件，称为挫折情境，挫折情境可以是实际存在的，也可能是当事人想象中存在的；其四是对挫折情境的知觉、认识和评价，称为挫折认知，挫折认知既可以是对实际遇到的挫折情境的认知，也可以是对想象中可能出现的挫折情境的认知；其五是因受到挫折而产生的情绪和行为反应，称为挫折反应。

在以上五个方面中，挫折认知是产生挫折最重要的因素，因为只有在挫折情境被知觉后人们才会产生挫折感；否则，即使挫折情境实际存在，只要不被知觉，人们也不会有挫折感。所以，挫折感的实质是当事人的一种主观感受，当事人是否有挫折感和挫折反应的强弱，主要取决于当事人对挫折情境以及对自己的动机、目标与结果之间关系的知觉、认识和评价。对不同的人来说，需要和动机的强度、对实现目标的评价标准、对自我的预期以及对挫折的归因等都不尽相同，所以，即使面对同样的挫折情境，不同的人便会产生不同的挫折反应。例如，同样是考试不及格，有的学生痛不欲生，有的学生懊悔不已，有的学生则不以为然，这就是因为他们对考试不及格这一挫折情境的认知不同所造成的。通过下图可以进一步认识挫折产生的机制。

由于当事人对挫折及其意义的认识和评价受其本人的信念、判断、价值观念等认知因素的影响，所以，当事人在以往社会生活中所形成的固有的认知结构对挫折的产生以及挫折反应的强度具有重要作用，特别是在人们的认知结构中常常存在一些不合理的信念，这些不合理信念将会导致不适当、不适度的情绪和行为反应。

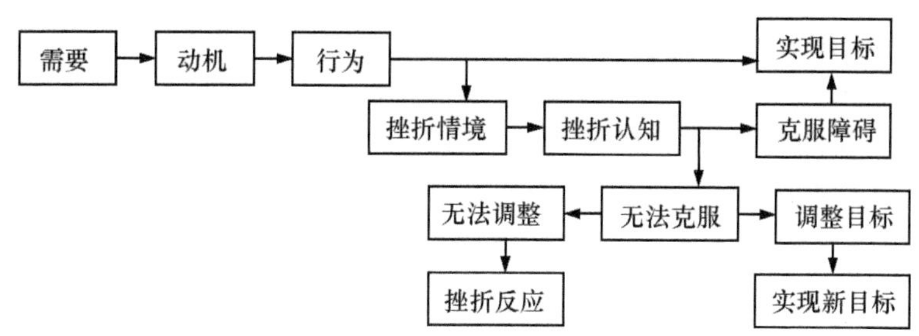

图 6-1 挫折产生的过程

（二）挫折的性质及其转化

从挫折产生的基础和过程看，挫折是不可避免的和随时随地都可能发生的，所以，挫折具有必然性和普遍性。同时，挫折还具有两面性：一方面挫折具有消极性，使人失望、痛苦、沮丧，或引起粗暴的消极对抗行为，甚至导致攻击侵犯行为，或失去对生活的追求，给自己和他人造成严重损失；另一方面挫折又具有积极性，给人以教益，使人认识错误，接受教训，磨炼意志，使人更加成熟、坚强，在逆境中奋起，从而获得进一步的发展。

挫折的消极性和积极性都是相对的，也是可以转化的。挫折的转化是指当人们遇到挫折时，以积极的态度向挫折学习，将挫折变为动力，以顽强的毅力继续奋斗，或重新调整目标，从而使需要或动机获得新的满足的心理过程和实践过程，即减少挫折的消极因素，积极寻找挫折积极的一面，促使挫折产生的消极因素向积极方面转化。

（三）挫折阈限

挫折阈限是指引起人们产生挫折感的最小刺激量。一个人挫折阈限的高低与挫折本身的刺激量有关，但更主要的是取决于当事人对挫折情境、挫折事件的主观认识与感受，即更多的是由当事人的主观因素所决定。所以，不同的人对具有相同刺激量的挫折情境和事件会产生不同的主观感受，因而也就产生不同的反应。一般情况下，挫折阈限与挫折感成反比关系，即挫折阈限越低，越容易感受挫折，挫折感就越强；挫折阈限越高，对挫折越不敏感，挫折感就越弱。

（四）挫折承受力

挫折承受力是指人们在遇到挫折时，能够忍受和排解挫折的程度，也就是人们适应挫折、抵抗和应对挫折的一种能力。挫折承受力包括挫折耐受力和挫折排解力两个方面。挫折耐受力是指人们受到挫折时经受得起挫折的打击和压力，保持心理和行为正常的能力。挫折排解力是指人们受到挫折后，对挫折进行直接的调整和转变，积极改善挫折情境，解脱挫折状态的能力。挫折的耐受力和排解力是两个既有联系又有区别的概念。两者的联系在于，它们都是对挫折的适应能力，共同组成挫折的承受力。耐受力是适应的前一阶段，是对挫折消极被动地适应，表现为对挫折的负荷能力，为排解力提供基础；排解力是适应的后一阶段，是对挫折的主动适应，表现为对挫折情境的改造能力，是对耐受力的进一步发展。耐受力是接受现实，能够减轻挫折情绪反应的强度；排解力是改变现状，促使需要的满足和目标的实现。

三、大学生产生挫折的原因

（一）大学生挫折的个体成因

引起大学生挫折心理的个体成因包括生理和心理两方面。

1. 生理因素

大学生生理原因引起的挫折是指个体本身因生理素质、体力、外貌以及某些生理上的缺陷所带来的限制，导致自身活动的失败，无法实现目标。例如，有的大学生身材太矮、太胖、面容丑陋、皮肤颜色不佳等，还有的大学生染上了这样或那样的疾病，一时难以治愈，这些都会导致大学生产生挫折心理。

2. 心理因素

由心理原因引起的挫折，一方面是指大学生本身意识到自己心理发展水平不高，不能胜任自己的社会角色，无法与他人协调一致而产生的挫折，如伴有能力差、意志力薄弱、情绪淡漠、不合群、内向、自卑等消极自我认知与自我体验；另一方面是由于大学生面临不同需要导致的动机冲突最终使得需要受阻而产生的挫折。从心理学的角度看，人的一切活动都是由需要引发的，随着自我意识的觉醒、社会活动范围的扩大，大学生的需要日趋丰富、复杂。在现实生活中，由于各方面的原因，大学生的各种需要（即使是合理的需要）不一定都能得到满足。在许多情况下，他们不得不选择其中的某一项而舍弃其他，这种不得已而为之的选择必然会在心理上引发冲突。大学生常见的动机冲突如下：

（1）双趋冲突

当两个事物都能满足人的需要但必须择其一时，人们便陷入了双趋冲突。有人进一步把这类冲突分为简单和复杂两种情况。简单冲突是指两个事物都能满足人的同一种需要，所谓“鱼，我所欲也；熊掌，亦我所欲也”便是指这种冲突；复杂冲突是指两个客体分别能满足人的两种不同的需要，由此引起了需要内部的激烈矛盾，因而复杂冲突的强度要比简单冲突剧烈得多。比如毕业前夕，有些大学生既想尽快走上工作岗位以求得自立，又想报考研究生以便在学术上有所发展，这两种需要的矛盾会使个体处于长时间的、反复的痛苦抉择之中。

（2）双避冲突

当个体同时面对两个令人不快的客体而必须接受其中之一时，便会产生双避冲突。例如，有的学生既想逃避艰苦的学习活动，又想避免考试不及格的厄运，这就产生了双避冲突。有人想以作弊来解决这一冲突，但又会陷入既要规避作弊风险又要避免不及格结局的冲突。

（3）趋避冲突

这是指某种客体能够满足人的某种需要但同时又会违背另一种需要的情况。在这种情况下，某一种需要的满足必须以牺牲另一种需要为代价，因而其冲突程度相当剧烈。“生命诚可贵，爱情价更高；若为自由故，两者皆可抛。”裴多菲用诗的语言，为我们描绘了一种趋避冲突。在实际生活中，这类冲突是很常见的。比如有的大学生一心想找一个效益好的单位，以获取较高的经济收入；但又怕专业不对口，自己无用武之地。

（4）多重趋避冲突

这是一种现实生活中最常见的冲突形式。处在这种冲突情况下，个体面临着两种或两种以

上的选择，每种选择都能为个体带来某些好处，但同时又都伴有一些不良的影响。比如大学生在选择工作单位时，可以选国营企事业单位，好处是“旱涝保收”，有劳保，但收入偏低；也可以选合资或独资企业，优点是经济待遇好，但必须接受严格的管束，还有随时被“炒鱿鱼”的危险。

3. 大学生挫折反应的个体差异

挫折反应会表现出明显的个体差异。在同样的条件下，不同的大学生挫折反应的强度不同。有人反应微弱，若无其事；有人反应强烈，痛苦万分；有人百折不挠、愈挫愈勇。在反应时间上亦不同，有人时过境迁，转瞬即逝；有人耿耿于怀，永世不忘。

面对同样的挫折，为何不同的大学生个体反应会如此大相径庭？这可以从个体的抱负水平与容忍两方面进行分析。

大学生在学习、生活中遇到了困难，他是否体验到挫折，以及体验的深度、强度，与其抱负水平密切相关。

大学生对挫折容忍力的大小也存在个体差异，这与个体的生理条件、心理特点有关。从生理条件来说，身强体壮的人往往比体弱多病的人更能容忍挫折。心理特点就更为复杂了，性格、气质、认识、经验等方面的差异，都会影响个体对挫折的容忍力。比如，具有胆汁质型气质的个体遇到挫折沉不住气，而具有黏液质型气质的个体对挫折的容忍力一般要大些；待人处事斤斤计较的人比豁达大度的人对挫折的容忍力要小些。此外，个人自尊心的强弱也是影响其对挫折的容忍力的一个重要心理原因，遭受挫折的经验的多少亦会影响其对挫折的容忍力。有的大学生在生活中经常身处逆境，遇到不顺心的事情多，遭受挫折多，因此能够容忍挫折。也有很多大学生身处顺境，生活一帆风顺，缺乏挫折的经验，遇到一点挫折就会产生消极情绪。再者，个体对挫折有无思想准备也会影响其对挫折的容忍力。

价值观是影响大学生对挫折的容忍力的一个最重要的心理原因。同样是胆汁质型气质的个体，有的是经济上不能吃亏，有的则对学习的成败更计较；同样是自尊心极强的人，有的忍受不了他人对其品格的低估，有的则忍受不了他人对其能力的低估等。这些对挫折的反应，都与个体的价值观有关。

（二）大学生挫折的社会因素

由外部原因引起的挫折称为环境起因的挫折，这是指因外界事物或情况阻碍个体达到目标而产生的挫折。大学生挫折的外界成因包括自然条件与社会条件两种。

1. 自然条件

大学生产生挫折的自然条件，是指个体本身无法克服的自然环境条件，如大学生住宿条件相对较差、伙食不习惯、洗澡条件有限等。许多大学生入校住宿后，发现学校的条件和家里相差悬殊，因而引发了很多生活上的问题，出现了诸如失眠、饮食不习惯等现象。

2. 社会条件

大学生因社会条件产生的挫折，是指个体在学习生活中受到社会各方面问题以及生活中的不幸事件等原因引起的挫折，这些原因又根据其形成的背景的不同，可分为大社会条件因素和小社会条件（又称学校条件）因素两方面。

（1）大社会条件因素

①封闭的学校教育。多少年来，从小学、中学到大学，老师们都在认真地为学生们灌输着理想规范。不少学生只知正面，不知反面；只知光明，不知阴暗；只知顺畅，不知艰险。一旦理想的蓝图与现实发生冲突，就会形成强烈的反差和错位。

②畸形的家庭教育。不少家长在子女教育上有着明显的弊端。一种是溺爱的教育方式，对孩子百依百顺，有求必应，一味骄纵，必然使孩子经不起挫折和刺激；一种是专制的教育方式，动辄斥骂或加以棍棒，使孩子极度内向、孤僻，形成神经过敏性人格。另外，家长普遍望子成龙心切，他们往往将“高分”作为孩子是否有出息的唯一指标，学生一旦学习受阻，情绪便一落千丈，感到无脸见父母，枉活人世间。

③缺乏行之有效的耐挫训练。由于对挫折教育的重视度不够，缺乏行之有效的训练方法和提高学生耐挫能力的手段，使得学生工作只注意“消防”，不重视“预防”，出了事才会忙碌一阵，平时没有警钟长鸣。这种现象对大学生遭受挫折以后的思想防治和事故防范极为不利，使一些本来可以防范的事情变得措手不及，有的甚至演变成了恶性事件。

（2）学校条件因素

①人际关系紧张。在大学，来自五湖四海的学生汇集为一个群体，由于他们原来各自的生活习惯、性格、兴趣等方面的不同，在这个群体的人际交往过程中，不可避免地会发生一些摩擦、冲突和情感损伤，这一切难免引起一部分学生的不快。本来他们远离家乡和父母，就有一种孤独感，一旦出现人际关系不和谐或发生其他冲突，这种孤独感就会进一步加剧，从而产生压抑和焦虑，最后导致各种挫折心理的产生，影响其身心健康和学业发展。

大学生为了适应市场经济对复合型人才的需要，普遍重视专业实用课程和社会急需课程的学习。社会需要的热门专业的学生积极性和主动性很高，而长线专业和面向艰苦行业的学生则想方设法拓宽自己的知识面，甚至不惜花钱去辅修有实用价值的热门课程，如计算机、外语、法律、财经等。他们以“学海无涯苦作舟”为座右铭，废寝忘食，超负荷运转，长期处于紧张的临战状态。由于持久紧张，很多大学生不注意用脑卫生，用脑过度，注意力下降，以致学习效率降低，给他们带来极大的心理压力，由此极容易产生挫折心理。

②性生理的成熟与性心理的不完善之间的矛盾。大学生已进入青年中期，性生理基本成熟，性意识增强。但由于性心理的不完全成熟，生活经验欠缺，对青春期的性冲动和性要求理解不当，常会产生一些不必要的紧张、恐惧、羞涩，甚至不正确的行为。还有的因理想的恋爱观与现实的具体问题发生矛盾和冲突，不免陷入感情的旋涡，失恋、单相思困扰着他们，随之产生苦闷、惆怅、失望、悔恨、愤怒等情绪，给身心健康带来了严重的影响，有的甚至发展为精神疾病。

③自身行为太差以及某些恶习。有的大学生不遵守学校纪律，经常遭到老师同学们的批评，甚至学校的处分，从而产生挫折心理；有的大学生自身存在着一些恶习，如吸烟、酗酒、赌博、网络成瘾等行为，自己无法摆脱，内心十分痛苦，自责、自怨，导致挫折心理的产生。

④双向选择所带来的择业就业压力。社会主义市场经济的建立，竞争机制的引入，大学生不再由国家统包统分，他们就业必须进入人才市场，实行双向选择。这样一来，无论是一般的学生还是品学兼优的学生都深切感到择业就业的压力，出现了新的难以摆脱的心理矛盾。他们认同竞争，赞成双向选择，但既担心机会不均，又害怕找不到符合自己心意的工作岗位，于是

引起心理失衡，出现心理挫折。

⑤经济负担的压力。在社会主义市场经济条件下，上大学被视为一种投资行为，高等学校属非义务教育已经被社会所承认。大学生必须面对交费上大学这一现实，这直接关系到大学生的切身利益，不可能不引起他们心理上的反应和波动。据有关调查资料表明，高校中35%左右的学生来自农村，其中不少学生是贫困学生，来自城镇的低收入家庭者也不在少数。尽管国家充分考虑到大学生家庭的经济承受能力，采取了各种帮困措施，但不少大学生仍然在经济上不堪重负，承受着家庭经济困难的压力。经济困难的学生感到囊中羞涩而贬低自己，也有一些学生互相攀比，愈演愈烈，引起心理挫折。

总之，挫折产生的原因不是单一的，特别是严重的挫折往往是由多方面的原因所致，所以，对挫折的归因应从上述多方面加以考虑。

第二节　大学生挫折的表现及防御机制

一、大学生常见挫折

不同年龄段和不同类型的人群面对的挫折具有不同的特点。大学生遇到的挫折与大学生活环境和大学生自身特点密切相关，具有鲜明的特点。

（一）自我认识、自我定位、性心理、恋爱等方面的挫折

大学生正处于人生发展阶段的青年期中后期，这一时期是大学生自我意识形成的关键时期，也是性生理发育日趋成熟的时期。所以，大学生遇到挫折常常与自我认识、自我定位、性心理、恋爱等方面有关。

（二）人际交往、个人发展方面的挫折

大学是一个集体生活环境，同时也是一个学习压力大和竞争激烈的环境。

很多大学生都是第一次离开父母和家庭开始独立生活，所以，大学生在人际交往、个人发展过程中经常遇到挫折。

（三）生活习惯、专业学习、人际关系、经济来源方面的挫折

大学是一个不同于中学的新的成长环境，大学生（特别是低年级学生）将面临大量的适应问题，在生活习惯、专业学习、人际关系、经济来源等方面经常会遇到各种各样的挫折。

（四）求职、择业、就业和生活适应方面的挫折

大学是为未来职业生涯打基础的阶段，大学生（特别是高年级的学生）越来越关注就业问题，在求职择业过程中也常常会遇到这样或那样的挫折。

二、大学生挫折的表现

大学生产生心理挫折后的外部表现一般有两种情况：一种是冷静、自控，即积极的理智性行为；另一种是失常、失控，即消极的情绪性行为。

理智性行为是最普遍的心理挫折反应方式。在学习生活的道路上，谁都会经历坎坷与失败，

只要冷静分析客观实际，追求自己的理想，对自己的成功充满信心，就能坚持不懈，继续努力，奋勇向前。比如，考试成绩不理想，能多方面查找漏洞，总结经验教训，更加刻苦学习；违反了纪律，受到了老师的批评，能直面事实，改正缺点；在某些方面不如他人，则能在其他方面寻求发展，展示自己的价值与能力。

情绪性行为与理智性行为不同，它通常表现为消极、偏激、焦虑、愤懑等。比如，有的同学连续几次考试不及格，于是对考试就产生一种惧怕心理，寻找各种理由逃避考试；有的同学多次受到老师批评后，产生逆反心理，认识偏激；有的同学遇到不顺心的事，或张口辱骂，或动手打人，或毁物泄愤。

由于大学生心理发育得不够成熟，在遇到挫折时往往会表现出较多的消极情绪反应，具体表现如下：

（一）自卑

一般是指由于生理缺陷或某些心理缺陷而产生的轻视自己的心理。考入大学的学生，昔日大都是中学里被认为学习尖子的学生。这些昔日的优等生，在中学里曾辉煌一时，常常作为别人学习的榜样，他们接受着来自社会、家庭、学校的称赞，以及同学的羡慕，失败对他们是如此陌生，因此在他们的脑海里，从来就没有失败的记录，当失败终于有一天降临到这些优等生头上时，他们便无法接受这一突如其来的现实。这种失败可能是学习成绩的下降，可能是竞选干部的落榜，可能是失恋。不管面对哪一种失败，他们都会感到茫然，并开始怀疑自己。另外，如今大学生大都是独生子女，是父母的掌上明珠，从小娇生惯养，养成了自私、固执、任性、蛮横、孤僻等不良品性，缺乏意志力和与困难作斗争的信心与勇气。

有些大学生贪图安逸的生活，错误地认为考取大学就是船到码头车到站了。他们满足于现状，不愿担风险，没有开拓进取与拼搏精神，胸无大志，得过且过，缺乏明确的奋斗目标，最终导致目标失落，产生自卑心理。

（二）孤独

环境变迁的心理挫折，是一种感到自己与世隔绝，内心充满孤单、寂寞的心理状态。在大学生群体中容易产生孤独感的人主要有：性格内向者、学习成绩较差者、经济拮据者、身体较差或患有慢性病者、犯过错误受过处分者、来自农村或中小城市者、家庭不幸者等。或者是已适应了熟识、单纯的中学生活，习惯了在老师和父母保护下生活的“大孩子”，当他们进入一个陌生的环境时，时常感到有离群索居的孤独心理。在新的生活环境里，旧的平衡被打破，新的平衡又未建立起来，有的同学茫然不知所措。他们在学习、生活、社交等各项活动中感到难以适应，从而产生优势地位丧失的失落感，生活不能自理的痛苦感，感情难以寄托的孤独感，理想破灭的失望感。同时，由于个性差异、城乡差别及经济、文化、生活水平等的差异，加上中学时代依赖、闭锁的强大惯性，使独立能力差、心理准备不足者迟迟不能进入新的生活轨道，想念父母、留恋中学时代的心态比较普遍。有的学生常因生活中一点不如意，或稍遇一点困难，或不被他人理解，便感到孤独无助，产生心理挫折和适应不良。

（三）焦虑

学习与考试的心理挫折焦虑，是内心紧张并预感到似乎即将发生不幸的一种心态。也就是说，过分地为未来而担忧，又找不到解除担忧的办法。大学生的心理焦虑状态主要表现在学习和考试上。据有关调查发现有45.6%的学生有不同程度的学业受挫、焦虑不安、紧张恐惧的挫折心理体验。这种状态主要是由于被动接受知识的习惯与主动获取知识的矛盾构成的。绝大多数大学生具有强烈的成就感，希望自己取得学业上的成功。当今社会竞争激烈，在大学生身上主要表现为学业成绩上的竞争。一方面，他们必须完成繁重的学习任务，使自己更好地适应社会的需要，学校为了促进他们学习，实行教考分离，严格考风考纪，他们必须面对考试过关的压力。另一方面，大学生之间在学习上的竞争大致处在同一水平上，他们在中学时的优势已经丧失，要想在学习上超过别人并非易事。而上进心越强的大学生，他们的心理压力就越大。同时，学生进入大学后，开始由中学时的单一的死记硬背学习方式向自主摄取、广泛涉猎、创造性地学习方式过渡。一些学生还没有完全脱离中学时机械记忆、被动听课、超额复习的学习定势的束缚，而对课程多、节奏快、密度高、流量大、更新快、灵活多变的教学方式难以适应，致使学习成绩不理想。

另外，对大学生而言，虽说在考场上已经是身经百战了，但仍然会有部分学生怯场。有些是由于平时学习不认真、不刻苦，准备不足，考试前就开始紧张，几天睡不好，临场脑子发懵，产生焦虑；也有相当一部分同学把考分看得太重，还脱离不了中学“分、分、分，学生的命根”的观念，而一旦达不到理想的目标，就会悲观失望。

（四）厌倦

生活与人际交往的心理挫折厌倦，是心理疲劳、心理消沉的一种情绪表现。常常表现为对生活、学习没有信心，缺乏动力，觉得活得太累，厌学、厌世等。有些学生觉得大学生活单调、重复、平淡，总是三点一线，宿舍—食堂—教室。成天是听课、笔记、作业，再加上考试、分数，年年如此，似乎生活在一个简单的圆圈上，造成心理上无聊、空虚、乏味和苦闷，乃至于厌倦。但同时又缺乏长远的生活目标和进取精神，满足于一般地完成学习任务，缺乏改变现状的要求和活力，或者身体状况不好，感到疲倦、惰性强。

另外，对大学生而言，他们对人际关系的追求仍带有浓厚的理想主义色彩。他们不仅希望拓宽交往的范围，也要求提高交往的质量。希望建立一种和谐、融洽的人际氛围，建立真诚、理解、宽容的友谊。然而，新的人际关系的建立需要一定时间，大学生良好人际关系的建立和发展一般需要经历人际定向、情感探索、感情交流和稳定交往4个阶段，需要一个过程。同时大学人际交往比中学时期更多了一层社会的复杂性，使一些大学生体验到了人际交往中的挫折感。当大学生离开了中学的伙伴、父母的羽翼，便渴望在新的生活圈中寻找知音佳友、情投意合的伴侣，然而他们已有的经验和能力往往不能适应交往的需要，致使认知偏差，形成消极心理定式。如偶尔和同学发生冲突便认为自己缺乏交际能力，一次失恋便认为自己对异性没有吸引力，特别是性格内向、缺少特长、拙于交际、言辞表达差者，感到在众人面前相形见绌，自愧不如，往往表现出郁闷不乐、消沉冷漠的负向情绪。

三、大学生挫折的防御机制

何谓挫折防御机制？有研究表明：挫折防御机制是指个体处在挫折与冲突的情境时，在潜意识中渴望减轻内心的不安，自觉或不自觉地舒解焦虑或缓和紧张，以达到心理平衡的一种适应性倾向。大学生挫折的防御机制是大学生应对心理压力或需要不遂，为适应环境而使用的一种精神上的自我保护机制，也是维护自身心理健康不可或缺的独特心理过程。按照弗洛伊德的精神分析理论，根据引起大学生挫折的主客观原因，选用潜意识决定论的研究方法，将大学生挫折防御机制分为消极性防御机制、中性防御机制和积极性防御机制。

（一）消极性防御机制

消极性防御机制是指当大学生遭受挫折后所表现出来的带有强烈情绪色彩的非理性的心理倾向，如否认、退化、反向、投射等机制。

1. 否认机制

它是指当大学生遭受挫折后，自我透过潜意识否认现实来逃避那些痛苦或焦虑的心理倾向。它是一种将已发生的令人不能接受的事情在心理上完全予以否定，以减轻痛苦，暂时获得心理平衡的防御机制。如个别学生考试不及格以后，不承认自己答题失误的现实，反而固执地认为老师批改卷有误或评分不公。这是一种最原始简单的心理防御机制，往往在重大挫折发生时，当事人本能地会采用这一否认机制来保护自己。

2. 退化机制

它是指当大学生遭遇挫折或遇到焦虑、威胁时，借退回到幼稚行为以使自己感到舒服、获得安慰的一种心理防御机制。如个别大学生会模仿婴儿的行为，用婴儿奶瓶喝牛奶，表现出与自己的实际年龄不相符的行为。本来，青年期的大学生渴望成熟，并在生活经历中已经习得了成熟的适应技巧或方式，但在遭遇挫折以后，有时也会放弃习得的成熟方式而恢复使用幼稚的方式去应付困难或满足自己的欲望。实际上，退化行为是一种幼稚化的表现方式。

3. 反向机制

它是指大学生在遭遇挫折时，对正确的方向盲目地采用反对或排斥的立场，强烈地表达相反的态度或行为模式。常说的逆反心理就是指这一机制。通常，个体的行为方式总是和动机联系在一起的，但对持逆反心理的学生来说正好相反。明明爱慕女生却一副捣蛋样；想与家长、老师亲近却表现超然。否则，今天我们又怎么去解释校园中单纯、张扬、活泼的个性外一副沉稳、含蓄、持重的扮酷模样呢？

4. 投射机制

它是指大学生在遭遇挫折情境时，将自己不喜欢的特质或感觉归因于他人，以保护自己。如在人际冲突中，宿舍里发生了一点矛盾，其实是自己过多的话语或不切实际的意见成了众矢之的，却不去好好想想问题所在，反而将责任推给别人。

（二）中性防御机制

中性防御机制是指当大学生遭受挫折时所采取的一些暂时减轻挫折感以寻求心理平衡的行为方式，如文饰、推诿、逃避、压抑等机制。

1. 文饰机制

又称合理化作用，它是指大学生在遭遇挫折情境中，给自己一个合适的理由或自以为理想的借口来说服自己，借以隐藏自己的真实动机或愿望的行为方式。“成绩还可以”用于搪塞唠叨的妈妈，将面临的窘迫处境加以文饰；“路上塞车”为迟到找借口，用有利于自己的理由来为自己辩解；“最近学校很忙或学生会有事”用来摆脱不想约会的旧同学；“老板不允许请假”为毕业论文来不及交寻找理由……信手拈来的借口说多了，便连自己也难辨真伪了。

这种文过饰非的方式用于对付某种难缠的人似乎还情有可原，但如果在学习生活中把“酸葡萄”和“甜柠檬”吃多了，将“60 分万岁”的阿 Q 精神演绎过了的话，细细想来其实在不知不觉中将自己也欺瞒了，久而久之会妨碍大学生自身的发展。

2. 推诿机制

这是指大学生在遭遇挫折时，不从自身寻找原因，加以客观的分析，而是将责任推向别人，以摆脱焦虑和不安的行为。这种行为方式在大学生人际交往的冲突中尤为明显。

3. 逃避机制

它是指大学生在遭遇挫折时，不愿意面对可能发生的挫折情境而选择逃避到自认为比较安全的环境中去的一种行为方式。如有的大学生受到挫折以后，会选择卧床读小说或去电影院看电影。更多的是沉溺于网络不能自拔的大学生，面对辅导员和家长痛惜的目光，虽然每次理由相近，原因雷同，换来的也是自己一次比一次更后悔，但还是停不住走向失落的步伐，网吧理所当然地成了逃避现实的场所。

4. 压抑机制

它是指大学生在遭遇挫折时，将一些意识主流不承认的或引起罪恶感的想法以及无法忍受的痛苦等抑制到潜意识中，使自己不能意识到其存在。它是最基本的心理防御机制，是其他机制存在和运作的基础。例如，在校园碰到一个心仪的对象，但理智和修养使他或她不敢贸然表示爱意，只有亦步亦趋地跟随或在同一地方期待再次的相逢。就如同《东京爱情故事》里的莉香因为有着太多的顾虑和介意，矜持着爱情里的“自尊”而让爱情从指隙间溜走。无论是无意识的压抑或有意识的压制，心理学家建议压抑或克制的欲望和情绪要进行适度疏导，学习适当地排解和释放。殊不知压抑也许就是许多疾病的根源，时间久了对身心健康危害较大。

（三）积极性防御机制

积极性防御机制是指当大学生遭受挫折后，能够勇于面对挫折，正确分析挫折产生的主客观原因、总结经验的积极行为方式，如表同、补偿、幽默、升华等机制。

1. 表同机制

它是指大学生在现实挫折情境中，利用模仿将偶像的言行、信念、世界观、价值观或者思考方式加于自己身上，或者直接将自己与偶像视为一体，来提升自尊或自我价值感，减轻挫折感的一种心理防御机制。例如，有些大学生会在做笔记时模仿自己所尊敬老师的字迹；有的会仿效历史名人的演说；有的演绎自己喜欢的小品或电影片段；有的甚至成为追星一族或广告一族。基于认同基础上的效仿可以使榜样作用和名人效应发挥积极的作用，在一次次不着痕迹的渗透和感染之后，慢慢地积淀下来的是模仿者自己对事物的观点和选择标准，这对于鼓励大学生自我激励方面非常有益。

2. 补偿机制

大学生使用此机制使某一方面的缺陷通过其他方面的优势得到弥补，或者将暂时无法实现的目标用新的目标予以代替，以此来追求弥补真实或想象中的不如意。其方式可分为直接、间接和过度 3 个方面。直接补偿是指希望失败或不足的部分重新获得成功。就像俗语说的那样：在哪儿跌倒就在哪儿爬起来。如有些学生期中考试失利以后，期末考试会来一次大翻身。间接补偿是指希望借某个方面的成功，来补偿其他方面的失败。如同人们常说的：失之东隅，收之

桑榆。“盲人耳灵”说的也是这个道理。虽然生理上有缺陷，但完全可以用自己独特的才华和技能来获取别人的尊重，达到心理平衡。这一部分身残志坚的例子不胜枚举，书法家、运动员、作家、歌手等几乎每一个领域都有典型。也有一种所谓的“堤内损失堤外补”的说法，如有的大学生在家里和父母沟通不够，往往会向家庭以外的人寻求父母所不能给予满足的那份感情，在学校里结交同性或异性朋友。过度补偿是以牺牲平衡为代价，将无法实现的目标迁移到新的目标上，但新的目标并非积极、有益的。虽然这一形式的补偿可能使自己暂时获得心理上的满足，但不符合社会规范或有害于身心健康。如有的学生干部屡次竞选失败后，自暴自弃，反而不如普通学生。这就无助于自身的心理健康发展。

3. 幽默机制

它是指用幽默的方式来化解难以改变的困境，可以使危机得到解决，使紧张的气氛和失去理性的冲动在幽默中缓解。幽默首先是一种积极的人生态度，那种含着泪花的笑是经历挫折和苦难之后泰然处之的气度，是经过生活磨炼之后的豁达。钱钟书在其《说笑》中写道：一个真有幽默的人别有会心，欣然独笑，冷然微笑，替沉闷的人生透一口气。难怪美国三大电视台NBC、CBS、喜剧频道的王牌主持强尼·卡森的逝世引起了全美人们的怀念，其一针见血的调侃幽默而非真实性的“玩笑新闻”曾风靡一时，他 30 年幽默轻松的清谈使得每晚有 1000 万到 1500 万美国人因他的节目而使情绪得到调整。在中国，生活在幽默、风趣、欢乐、轻松气氛中的乐观者更长寿，这是已被实践证明了的养生格言。的确，幽默机制是一种以含蓄诙谐为特点的良性刺激，它可以驱散云雾，还生活以情趣和活力、以宽容和理解，它是挫折心理防御机制中最具知性和创造力的机制。

4. 升华机制

它是指将潜意识中无法被社会或超我接受的受压抑的欲望、冲动转换成社会所能容许的或有意义的行为方式。如我国儒家推崇的“和为贵”的思想在今天有了完全不同的意义。和谐不仅是美学的最佳境界，更是当今自然界和人类社会的最高尺度。在遭受了自然灾害、宗教冲突和战争洗礼的新世纪，对自然、平衡和有秩序的和谐社会的渴望成了今天现代人生活的新追求，这是一种对生活的感悟和自然规律的理性升华。所谓的“吃一堑，长一智”“失败乃成功之母”“化悲痛为力量”等都是升华的范例，它们都是在应对挫折情境中最有积极意义和建设性的心理防御机制。

除此之外，还有诸如转换机制、幻想机制、抵消机制、隔离机制等。对于上述机制，我们要根据自己的实际情况，对症下药，灵活运用，切不可生搬硬套。同时，也可以采取多种机制并用的方法，以达到最理想的应用效果。

（四）合理运用挫折防御机制

当突然面临挫折时，首要的一条是要正确认识挫折防御机制。挫折防御机制带有自我保护、逃避现实的性质，在潜意识中自发、本能地形成并发挥作用，在一定范围内它是减轻焦虑和不安情绪，维持心理平衡所必需的，但超出一定的界限会引起病态反应，引发心理疾病。传统意义上的挫折防御机制是一道心理防护墙和缓冲带，具有两面性。积极的挫折防御机制在应对心理挫折时，表现出善于抛开失落和忧愁，满怀希望的勇气，如同相信一次次的日落意味着更壮丽灿烂的明天到来一样，相信每一次的挫折之后会有一个更加自信而成熟的自己站起来，有助

于战胜挫折。而消极的挫折防御机制在应对心理挫折时，表现出退缩、冷漠、逃避甚至带有进攻性和破坏性的行为方式，虽然它可暂时缓解内心不安情绪，获得心理平衡，但是从长远看，会影响正确、合理地运用挫折心理防御机制，危害自身的心理健康发展。

挫折防御机制更重要的体现在它的灵活性上。巴尔扎克曾将挫折喻作石头，石头本身是中性的，无所谓好坏，但不同的对象赋予它的意义却有所不同。同样是高考失利，有的大学主通过自强不息的努力考上名牌大学的研究生，但也有因此患上考前综合焦虑症的。由此看来，挫折防御机制从辩证的角度看虽有积极和消极两性之分，但尤为重要的是两性间的相互转化，将消极性的挫折防御机制主动转化为对自己战胜挫折有利的积极性的挫折防御机制，无疑是一个明智的选择。同时还应该意识到，挫折防御机制可以单独表现，但也有可能叠加体现，要学会适时、适地、适度地对症下药，以有效摆脱焦虑、沮丧和烦恼情绪的旋涡，量体裁衣地调控自我情绪。比如，我们可以用“权重分析法”来解决由于动机冲突引起的心理挫折。首先请你将可能的选择全部列出，然后把每种选择中促使你产生趋动机和避动机的原因一一写出，接着给每一种动机赋予一定的权重（分数值），赋值大小的依据是该需要在你心目中的地位。地位越重要的赋值越大，反之越小，能够满足需要的趋动机赋正值，与需要相背离的避动机赋负值。将各种赋值相加，得分最高的备选项就应是你的最终抉择。复杂的多重趋避冲突可以用权重分析法解决，相对简单的双趋冲突、双避冲突和趋避冲突也可如法炮制。这种方法的优点在于将各种性质不同的冲突量化，从而便于分析比较，作出选择。

只有在因人而异地合理运用挫折防御机制的过程中，才蕴含战胜挫折、创造动力的最初源泉。因此，我们要积极构建心理品质，在冷静与热情之间学会选择，甄选适合自己的防御机制，不要让挫折阻挡我们前进的步伐。在“一切思维活动的终极目标就是平衡”的全新理念下，我们来共同期待并且主动创造出一个真正的和谐社会。

第三节　大学生挫折的应对策略与方式

拥有梦想中的生活是许多人的理想，但现实的人生总是要走山路、过陡桥、受羁绊的，有着许多不可逾越的限制。尤其是游走在理想与现实、拥有与失去之间的大学生经常会产生各种各样的挫败感。当人遇到挫折时，作为应对方式，会有意无意地寻求摆脱由挫折产生的心理压力，减轻精神痛苦，恢复正常情绪和心理平衡的自我调节和自我保护的方式，称为挫折防卫机制。挫折防卫方式是多种多样的，常见的有升华、补偿、认同、抵消、幽默、文饰（合理化）、压抑、投射、反向、幻想、否定、退化、移位等。不同的应对方式对人产生的效果有积极和消极之分。在本节中，我们将对这一问题进行讨论。

一、挫折的作用

挫折对大学生心理有很大影响。如上所述，挫折反应的性质、程度主要取决于个体对挫折情境的认知，所以个体对挫折情境的不同认知会产生不同的心理效果，包括有益的和有害的。

（一）挫折对大学生心理的有益作用

第一，挫折能增强大学生情绪反应的力量。挫折是一种内驱力，它能推动个体为实现目标

而做出更大的努力，花费更多的精力。社会生活中有许多身处逆境但通过努力实现自己夙愿的佼佼者，他们的成功就是挫折驱动的结果。

第二，挫折能增强大学生的容忍力。个体对挫折的容忍力的大小，与其过去生活中的挫折经验有关。如果一个人从小到大一帆风顺，畅通无阻，从未遇到失败与不幸（事实上这种人是没有的），或一遇挫折就逃避，则其容忍力极小，这类人极少会取得成就，是成不了大才的。个体经受挫折的锻炼多了，对挫折的容忍力就会增强。

第三，挫折能提高大学生的认识水平。当一个人面对挫折与失败时，往往会总结经验，吸取教训，改变策略，最终实现目标。所谓“吃一堑，长一智”就是这个意思。

（二）挫折对大学生心理的有害作用

一般来说，挫折对大学生心理影响的消极成分远远大于积极成分。其消极影响表现在以下几个方面。

第一，挫折影响大学生实现目标的积极性。由于挫折，人的情绪会处于不安、烦恼等消极状态之中，往往会过低估计自己的能力，过高估计各种困难，从而降低个体的抱负水平，影响积极性，难以达到预期的目标。一个经常遭受失败的人是不可能制订出很高目标的，其抱负水平是每况愈下，最后变得胸无大志，得过且过，无所作为。

第二，挫折降低大学生的创造性思维活动的水平。个体由于遭受挫折，引起情绪紧张、苦恼、失望等消极反应。如果是重大的挫折，则会引起情绪状态的剧变，就会直接使神经系统，特别是大脑功能处于紊乱、失调状态，当然无法进行创造性思维活动。这是因为只有当神经系统的功能正常和得到最佳发挥时，其创造性思维活动才能得以展开。现代生理心理学研究表明，在不良的情绪状态下，大脑会释放一种使人身心疲劳的有害物质，从而影响个体对问题的分析和解决；在不良的情绪状态下，大脑神经元联系的精确度会发生变化，引起主体心理状态的消极性的改变，从而影响思维的敏捷性。而良好的情绪状态是大学生创造性思维活动以及思维活动具有较高敏捷性的基本条件。挫折正是使情绪处于不良状态的重要原因，严重的挫折甚至会导致个体大脑神经细胞被破坏，变得呆若木鸡，毫无创造性可言。

第三，挫折有损于大学生身心健康。个体由于遭受挫折，不能实现目标，会引起紧张、焦虑、矛盾冲突等心理状态，当情况严重而得不到解决时，就发展为应激状态。生理心理学研究表明，挫折所导致的应激状态对个体有威胁性的影响。加拿大生理学家 C. 谢尔耶的研究发现（1974），应激状态的延续能击溃个体的生物化学保护机制，从而降低抵抗力，易为病菌侵袭。个体因挫折而产生的消极情绪发展到应激状态是激发精神病的发病机制。近年来，病理心理学家和精神病学家在采用“应激”学说探索精神病的发病机制时发现，导致精神病的应激源来自躯体和心理，其中由各种各样社会心理因素造成的精神刺激（心理刺激）是更为主要的原因。在社会生活中，大学生由于长期心境不良而患神经衰弱、神经官能症的情况时有发生。

第四，挫折减弱大学生的自我控制能力，容易发生行为偏差。个体由于挫折而处于应激状态时，感情易冲动，控制力差，往往不能约束自己的行动，不能正确评价自己行动的意义，不能估计到自己行动的后果，以致言语偏激，甚至产生攻击行为，违反社会规范，严重的则会触犯刑律，这样的例子在大学校园中并不少见。

二、正确面对挫折

（一）冷静面对、客观评估

遭遇到挫折以后，应当客观而冷静地分析评估。

首先是挫折原因的分析。是什么原因导致挫折的？是环境方面的因素，还是个人方面的因素？是基于某种客观的障碍，还是源于主观的态度或观念？了解了挫折的原因，就可以谋求补救措施，可以避免重蹈覆辙，也可降低情绪方面的反应。

其次是对挫折后果的分析。它究竟将对自己产生多少影响？会造成何种损失？多么大的损失？这一层分析颇为重要，因为有些挫折骤然看去似乎很严重，好像会引起重大的损失，而事实上却未必如此。如果能客观评估挫折的后果和影响，心理上的负担将大为减轻，从而降低消极的挫折反应及其对心理的不良影响。

美国心理学家韦纳对人们失败和挫折的归因方式进行了研究，认为一般情况下，挫折与失败感是由客观因素（包括任务难度和机遇）和主观因素（人的能力与努力）造成的。

人们的归因方式对挫折、失败感及以后的活动都有很大影响。把失败归因于主观因素，会使人感到内疚和无助，因而抱怨自己，过多地责备自己；把失败归因于客观因素，会产生气愤与敌意，而不努力去克服困难和改变失败的处境。这两种习惯性归因，不可能找出造成挫折的真实原因，无助于战胜挫折。

所以，大学生受挫折以后，应当冷静、客观地分析自己失败的原因，找出造成挫折的真实原因，对挫折做出客观、准确、符合实际的归因，从而有效战胜挫折。

（二）积极应对、寻求补偿的途径

挫折和失败固然是人们生活中不可避免的现象，但是遭受了挫折之后，要积极应对、谋求补救。

1. 修订自己的目标

在很多遭受到挫折的事件里，目标定得不恰当是颇为普遍的原因，而且常常是定得太高的缘故。目标定得高，可以激发大学生的潜能，为目标实现不断努力，但是也会因为达不到目标而产生挫折感。

2. 增进对于挫折情境的了解

对挫折情境的了解越清晰，所遭遇的困难将越少。再者，明确了解当时的情境，对所发生的事件将有更深入的体会，能有更合理的解释，这样可减少情绪性的反应，能心平气和地去处理它，使问题获得解决。

3. 制订有效的应对措施

在遭受到挫折之后，是否就应当放弃原来制定的目标呢？这是该慎重考虑的问题。如果在经过分析以后，觉得自己所制定的目标是合理的、必要的，自然不应放弃。但是我们要寻求一个有效的途径，来应付面临的困难。这里强调“有效”这两个字，就是要针对着所遇到的障碍，去研究克服的途径。像前面所提到的攻击反应和防卫性行为，都不是“有效”的措施，因为那样的行为都于事无补，不能真正解决问题。

4. 尝试其他可能成功的途径

“条条大路通罗马”，走向成功的路有很多条。“成功”对各人的意义是不完全一致的。当一

个人遭遇了挫折时，并不表示他全盘失败，或是所有的路都走不通，而常只是在方法、路径或目标上有了问题而已，所以不应立刻就放弃努力，宜在通盘检讨之后，寻求补偿的办法。所谓补偿，就是利用自己的长处，去补救或掩盖自己的短处。古语说："尺有所短，寸有所长。"每个人都不是各方面均衡发展的，而是有某些方面优越，另一些方面比较短拙，个人应设法发挥自己的优点和长处，而避免用本身弱的一面去与人争长短。

5. 选择积极的应对方式

生活的挫折是人人都会遇到的，但每个人对挫折的态度和应对方式都有很大的差别，有人在挫折面前一蹶不振、退缩、幻想奇迹发生、等待，结果被淘汰。要适应生活就得积极想办法，改变现状。

（三）建立"失败"的正确观念

"失败"大家都不喜欢，但是在我们日常生活中，这两个字用得太多了一点。没有成功或没有达到目的，就算失败了。这种将事情简单划分为"成功"和"失败"两种相对的状况，并不符合事实。很多工作，常需要多次努力，才能有机会获得成功。每一次失败都能促使我们吸取更多的知识和经验，经过调整及再次努力后，会更接近成功。过去有两种治疗梅毒的药，分别叫作"606"和"914"，用数目来命名，这两个数目都有其特殊意义，是代表它们在成功之前所经过的实验次数。从开始到完成的几百次实验中，你能说哪一次是失败吗？严格地说，都没有失败，一次"失败"激发一次尝试，每一次都有一点点成就，都对最终的成功有贡献，没有一次是浪费的。

世界上很少有十全十美的事情。任何事情，只要我们确实尽了最大的努力，就不必过分计较其成功或失败，因为还有许多因素，不是在自己的控制范围之内的。我们更应该看重过程，因为从这些过程中，我们可以学到很多有益的东西。人们不赞成"以成败论英雄"，就是这个缘故。挫折经验，人人有之，不必也不应当让自己永远背负着沉重的负担。我们要利用失败的经验去发现新的途径，而不应该被它打垮。

已经走出逆境或正积蓄勇气迎接不可预知的挫折的当代大学生们，挫折意味着考验，意味着锤炼，意味着生活在造就它的强者，愿你们遭遇挫折时，狭路相逢勇者胜。

（四）学会积极适应

心理学研究表明，健全的心理适应包括：①认识个人的社会角色，了解自己接受自己，有自知之明；②认识并面对现实环境，有乐于变迁的心态；③重视社会交往，建立良好的人际关系；④主动参与社会，使自己在社会生活中获得学习与表现的机会；⑤发展民主平等的性格，尊重他人，欣赏他人，取他人之长补自己之短；⑥增进个人的知识与能力，跟上时代的发展。

社会的不断发展对每一位大学生的心理素质提出了更高的要求，要求大学生应该具有与时代发展相一致的现代意识和良好的心理素质，如开拓进取的精神，勇于承担责任，敢冒风险，顽强的毅力，自信乐观，能够承受挫折和失败；然而现实生活中困难重重，情绪失态，行为失常的比例逐年增加，由此而形成了强烈反差。因此，对于大学生来说，如果不下大力气有意识地去提高其心理适应能力和挫折承受能力，必然会影响大学生今后的发展。

当代大学生要充分利用所学的心理卫生知识，发挥自己的能动性，学习良好的心理适应方式，才能保持正常的心态；不断发展、提高和健全自我的心理适应性，才能在社会变革中始终保持积极、乐观、向上的生活态度，获取更多、更大的社会发展空间，努力成为适应良好、心理健康的人。

某地区有一条河，两岸都有鹿群活动，但人们发现，北岸的鹿群强壮，并且奔跑及生殖能力都很强，而南岸的鹿群则远远比不上它们。同一个品种，差别为何如此大呢？后来，经过人们考察分析才得知，原来北岸有狼而南岸没有。正是环境中的危险因素激发了鹿群的斗志，适者生存，河北岸的鹿群正是在与狼的斗争中锻炼了体魄。

也许你正在抱怨环境如何不好，也许你正因面临危机而焦虑不安，看了这则故事是不是有所启发？心理应激理论认为，危机是一种催化剂，可以打破原有的定式或习惯，寻求新的解决问题的方法。只要你积极去适应，就会增强抗挫折的能力，提高适应环境的能力。适应也有多种方式，消极的适应是一种不健康的适应，它以牺牲发展为代价，逆来顺受，“打掉牙往肚里咽”，久而久之，会导致心理障碍或疾病。而积极的适应是一种健康的适应，它有两层含义：一是改变自己，顺应环境或顺应环境中的某些变革；二是不断地抗争和选择，以积极的态度提高自己各方面的能力，从一个目标走向另一个目标。没有人愿意自找倒霉，但危机一旦降临，躲是躲不过的，我们别无选择，只有去积极适应。

危机意识心理学家曾做过这样的实验：他们把一只活蹦乱跳的青蛙丢进沸水里，这只青蛙在千钧一发之际突然蹦出了水面，死里逃生。半小时以后，又把这只逃跑的青蛙放进盛冷水的锅里，然后慢慢加热，青蛙开始悠然自得地享受着温水，等到水温使它忍受不住时，它欲跳无力，终于葬身于热水之中。或许你正在可怜这只不幸的青蛙，但你有没有意识到，也许它就是我们生活中某些现象的再现。越是在“悠闲”的环境中，越要有危机意识。

要善于转换视角，因为我们对于自己最大的才能总不能轻易认识，只有经过生命中的大变故或大危难的磨炼，才能把它催唤出来。对于生活的磨炼，有人认为不幸，有人则把它看作发展的机会。曾有记者采访球王贝利，问他的儿子将来是否会跟他一样有名，他说：“不可能，因为我的父亲是一个穷人，而他的父亲不是。”

要善于主动出击，因为我们的一生都在与各种挫折做斗争，这不是你愿意不愿意的事情，你无路可退，只有勇往直前。不要让生活去挑战你，你要去挑战生活。会骑自行车吗？你肯定知道，骑得快，车子反而稳，骑慢了就会晃，停下来，车子就会倒。积极适应也是如此，以积极的态度提高自己各方面的能力，还有什么风浪过不来呢？

（五）提高心理适应能力

从适应的观点看，个人适应环境的基本形式主要有两种：一是个人改变自己以适应环境；二是坚持自己的主张去改变环境。也就是说改造环境与改变个人是帮助个人获得良好适应的途径。所谓改造环境就是指使社会的政治、经济、文化、教育等活动更有利于个人的适应和发展；所谓改变个人就是指个体面对新的生存环境，在心理上、行动上调整自己，学会适应。就个人而言，每个人是无法选择自己的生活条件和环境的，而只能依靠调整自己，支配、控制自己的行为来适应社会。

1. 提高对挫折的承受能力

现代社会是竞争激烈的社会、变化迅速的社会，生活中的挫折在所难免。对挫折的不良反应，常常是导致心理疾病的主要原因。有了对挫折的耐受能力，就可以应付各种挫折环境，及

时疏导消极情绪，减轻和排除精神压力，防止心理失调。挫折承受能力主要体现在对挫折有正确的认识和态度，能够选择理智的应对方式，掌握情绪的调节方法。

2. 建立协调的人际关系

人的心理适应主要是人际关系的适应。现代社会是人际交往频繁的社会，处处需要与他人建立关系。人际关系的冲突是现代人心理适应中最常见的问题。和谐的人际关系有心理保健的功能，给人以支持的力量，同时满足人的归属感、安全感、自尊、自信等多种心理需要。学习人际交往的技能，以诚待人，乐于助人，有助于形成强大的社会支持系统。

3. 塑造健全的人格品质

人格是一个人总体的精神面貌，是一个人素质的综合体现。人格健全的人，能够适应变革的社会环境，适应社会现代化的要求，乐于接受新事物，了解自己，悦纳自己，面对现实，直面人生，开放经验，目标适当，自信自强，敢于超越自我，努力完善自我，不断发展自我。人格的完善没有止境，认识自我是前提。在现有人格基础上不断优化，扬长避短，可以使人格更健康。

4. 保持积极的心态

当我们面对生活时要以积极的心态对待现实，就是指以“一分为二”的态度看待现实。现实生活总是善与恶同在，光明与黑暗并存，顺境与逆境交错。如果人们只能接受那些美好的、顺心的、看得惯的事物，而对那些丑恶的、不顺心的、不喜欢的人或事一概拒绝和排斥的话，那么，个人将很难同环境保持良好的适应关系，也很难使自己的心态保持平衡。有些同学上大学前把大学想象成实现个人美好理想的乐园，入学后面对现实，感到处处不尽如人意，幻想破灭，希望落空，接受不了眼前的现实，感到无比痛苦，有的人甚至因此而悲观失望，导致悲剧。所以，要适应现实，就要对现实进行分析并区别对待。就像有人说的，任何选择终究是后悔。这句话也可以换种说法，任何选择都是一种幸运。事物永远有着两面，所以，有那么多后悔的时间，不如用来享受选择同时带来的那份幸运吧！比如，对学校严格管理制度不适应的同学可以对自己说，正是学校的约束可以让我用更多的时间学习，至少这几年我会过得更有意义……

5. 正确地认识自我

“人贵有自知之明”。良好适应的一个重要特征就是能够充分地、正确地认识自我。一个人如果只看到自己比别人好的地方，认为别人都比不上自己，就会盲目乐观，妄自尊大；如果只看到自己不如人的地方，便会自卑，没有自信。能正确认识评价自我的人不因挫折失败而全盘否定自己，也不因取得成绩或成就而忘乎所以。能正视自己的不足，才能在胜利和成就面前保持清醒，“不以物喜，不以己悲”。相信自己，相信自己的能力，不因别人的褒贬而改变对自己的看法，正确评价自己，不夸大，亦不妄自菲薄，给自己制定符合现实的目标，充分发挥自己的长处，克服不足，使理想的自我与现实的自我保持一致。

（六）心理平衡要诀

当今社会，是适者生存的社会，是高效率、快节奏、充满竞争与挑战、瞬息万变的社会，在这样的形势下，如何使自己保持心理平衡，使自己的心理和社会适应都处于健康而良好的状态，就显得非常重要了。那么，该采取哪些措施呢？我们在面对困扰与失败时，可以通过主观的意识反应来进行自我控制并接受他人的忠告，从而达到适应的目的。美国心理卫生协会提出

11条心理平衡要诀，可以帮助我们在日常生活中更好地适应环境与生活。

1. 对自己不过分苛求

人应该有自己的抱负，但有些人的抱负不切实际，根本非能力所及，欲求不得，便会认为自己倒运而终日抑郁；有些人做事要求十全十美，对自己的要求近乎吹毛求疵，结果受害者还是自己。把抱负和目标定在自己力所能及的范围，要学会欣赏自己已取得的成果。

2. 不要强求别人

很多人把希望寄托在他人身上，尤其是对亲人和朋友的期望，假如对方达不到自己的要求，便会大感失望。其实每个人都有他的思想、优点与缺点，何必要求别人迎合自己的要求呢？

3. 疏导自己的愤怒情绪

当我们勃然大怒时，很多错事或失态的事都会做出来，与其事后后悔，不如事前加以自制。采取合理的分散转移，把愤怒发泄于另一方面，如打球、唱歌等，必要时不妨来点阿Q精神，抱着笑骂由人的态度，愤怒情绪自可抛诸九霄云外。

4. 偶尔也可屈服

一个做大事的人，处事要从大处看，只有一些无见识的人才会向小处钻。因此，只要大前提不受影响，在小处，有时也不必过分坚持，以减少自己的烦恼。

5. 暂时逃避

在生活受到挫折或打击时，应该暂时将烦恼放下，去做你喜欢做的事，如运动、旅游或看电视等，待心情平静时，再重新面对自己的难题。

6. 找人倾诉烦恼

把所有的不快埋藏在心里只会让自己郁郁寡欢，但把内心的烦恼告诉你的知己或好友，会顿感心情舒畅。

7. 为别人做些事

助人为乐为快乐之本，帮助别人不单使自己忘却烦恼，而且可以重新确定自己存在的价值，并获得珍贵的友谊，何乐而不为呢？

8. 在一段时间内只做一件事

要减少自己的精神负担，不应同时进行一件以上的事情，以免弄得身心交瘁。当你面临诸多难题时，先解决一个，而且从最容易解决的问题下手。有了成功就会有信心，成功越多、越大，信心就会越足、越强。

9. 不要处处与人竞争

人之相处应以和为贵，处处以他人作为竞争对象，会使得自己经常处于紧张状态。其实，只要你不把人家看成对手，人家也不会与你为敌。

10. 对人表示善意

我们经常被人排斥，是因为人家对我们有戒心。如果在适当的时候表现自己的善意，多交朋友，少树敌人，心境自然会变得平静。

11. 娱乐

适当的娱乐是消除心理压力的有效方法，它可以改善情绪，调节身心，增加生活乐趣。娱乐的方式并不太重要，最重要的是要令人心情舒畅。

（七）应对变化，增强社会适应能力

近年来，我国高校的大学生心理健康状况调查表明，大学生中一部分学生心理上存在一系列不良反应与适应障碍。心理障碍表现为焦虑、强迫、恐怖、抑郁、神经衰弱等，严重地影响了一部分学生的智能素质、心理健康及人格成长。大学生中，有些人因自我否定、自我拒绝而几乎失去从事一切行动的愿望和信心；有些人因考试失败或恋爱受挫而产生轻生念头或自虐行为；有些人因人际关系不协调而逃避群体自我封闭；有些人因现实不理想而玩世不恭或万念俱灰……凡此种种，都是由于对变化的环境适应不良而导致的。

美国未来学家托夫勒在《未来的震荡》一书中指出："社会变革和技术革新的加速发展，使社会上所有的个人和组织都越来越难于应付了，处理不当，将引起适应力的大崩溃。"现代化的社会是一个不断变化的社会，生活在其中的个人必须适应变化，才能成为现代人。美国社会学家英格尔斯曾对人的现代化问题作过深入的研究，并认为人的现代化主要反映在他对社会的心理适应程度上。心理适应是指个人与社会相互作用中的恰当的行为反应。社会现代化的进程是个社会变迁的过程，会带来剧烈的社会变革。变化迅速常常使现代人的心理适应面临严峻的挑战。适应社会变化的人应该对变化持有积极的、灵活的态度，视变化为正常、为机会，而不视其为问题，能够主动调整自身的身心，在现实生活环境中保持一种良好的、有效的生存状态。

此外，从中国传统文化来看，提倡适应能力和对挫折的承受力是中国传统文化的特色之一。用儒家的话概括就是"君子不器"（《为政》），意思是说君子不像器皿一样，只有固定的用途。言外之意就是一个有作为的人要有很强的适应能力、承受能力，不论在什么时候，处在什么环境，遇到什么情况，都能正常发挥出自己应有的潜能和智慧，应付和处理好各种意料之中和意料之外发生的事情，保证不使身心受到危害。"小不忍则乱大谋"（《卫灵公》），是指对一些不顺利、小挫折要善于忍让、忍耐，以顾全大局。适应能力和对待挫折的承受力主要分为对待生活环境、对待社会关系和对待自身 3 个方面。在对待生活环境方面，我们首先要能适应生活环境的变化。在对待社会关系方面，遇到冷遇、遭到挫折我们要能坦然接受而不要愤愤不平、耿耿于怀。孔子提倡对待怨恨要"以直报怨"（《宽问》），坚持用公平正直来回应。在对于自身的接受力方面，应容忍并认可自己的优点和不足，同时要积极进取。

挫折在许多人看来不是一个褒义词，对于有过挫折体验的人来说，在他们遭遇挫折的时候，总是羡慕那些处于一帆风顺状态的人们，似乎顺境才是他人取得成功或有所作为的理由。事实并非如此。居里夫人在少女时代因传统门第观念的干预，放弃恋爱进入大学攻读学位，最终成就事业。显然，在这个即将迈入小康水平的和谐社会里，让本已衣食无忧的学生始终面对"前程无忧"并不是一个好主意，结果可能使得他们变得心理脆弱且没有个性，失去良好的心理品质。针对前述大学生挫折的成因分析，我们可以从以下几个方面采取相应的措施。

塑造良好心理品质必须内部修炼和外部环境建设双管齐下，才会达到相辅相成的最佳效果。就内部修炼而言，大学时代就像位于东方地平线上的朝阳，是个朝气蓬勃、蒸蒸日上同时也是情绪容易波动、情感容易动摇的时期。对于这一时期的大学生来说，尽管在他们的生活里，家教、校规和习俗让人感觉似乎到处有约束的存在，但无法确保他们不走点歪路，受点挫折。周恩来总理曾告诫青年：青年人没有不栽几个筋斗的，没有不碰几个钉子的，碰了钉子后，不要气馁。因此，当代的大学生在面对挫折的时候要认真地对待它，深刻地分析它，勇敢地战胜它。

不要让自己躲在看不到前途和出路的浪漫空想中，这对于处在就业阶段的大学生来说更值得借鉴。记住，在成功的公式中，百折不挠的意志品质始终是无法代替的，这也是今天所需要的时代精神。

就外部环境而言，首先要着重构建有利于青年心理健康成长的社会环境。电影、广播电视、报纸、杂志等传播媒体无一不是大学生习得人际交往技巧，从而变得更加成熟的介质。另外，让大学生们投身到社会的大环境中去学以致用、参与实践，是磨炼大学生意志品质、增强耐挫折能力、提升价值感的有效途径之一。

学校作为大学生学习和生活的主要场所，要致力于正确地疏导。在挫折发生之前，及时建立学生的心理档案，做好分类分析、重点访谈、跟踪记录等预防性工作，并通过丰富多彩的校园文化加以引导。如建立心理社团，通过心理测试、心理剧等形式让学生在创设的具体挫折情境中学习自我调控的方法，享受成功的体验。如同今天的电影可以取代昔日的小说成为活动的恋爱教材一样，心理剧等其他形式的活动也可取代说教成为生动的化解危机、战胜挫折的心理教材。

三、大学生提高意志力和挫折承受力的途径与方法

大学生大多数刚刚从父母的庇护下走出家门，社会实践少，经受的挫折不多，意志品质的锻炼和培养普遍不足，主要表现为意志品质的发展不充分，处理动机冲突的能力不强，目标调整能力差，缺乏韧性、恒心与毅力，容易受外界影响等。所以，大学生要想获得发展，实现自己的远大理想和奋斗目标，就必须在实践中不断磨炼自己，努力提高自己的挫折承受力和意志力。

（一）树立正确的挫折观

提高挫折承受力，首先要对挫折有一个正确的认识。挫折是普遍存在的，随时随地都可能发生，挫折是人们生活的组成部分，是客观存在的。因此，大学生应做好面对挫折的充分的心理准备，一旦遇到挫折，就不会惊慌失措，痛苦绝望，而能够正视现实，敢于面对挫折的挑战。同时，也应该看到，挫折也并不总是发生的，整个生活中还有很多快乐、幸运和幸福的事情，所以，大学生在遇到挫折时，不应只看到挫折带来的损失和痛苦，还应看到自己的优点和已取得的成绩，不应始终停留在挫折产生的不良情绪之中，而应尽快从情感的痛苦中解脱出来，以理智面对挫折。

（二）积极投身实践活动，不断磨炼自己和积累经验

挫折具有两面性，既具有给人打击、使人痛苦的消极的一面，也具有使人奋进、成熟、从中得到锻炼的积极的一面。生活中的挫折和磨难并不都是坏事。平静、安逸、舒适的生活，往往使人安于现状和享受；挫折和磨难，却使人受到磨炼和考验，变得更加成熟和坚强。因此，大学生应积极投身实践活动，在实践中不断磨炼自己，提高自己的意志力，培养坚强的意志品质。在实践过程中，不要惧怕失败，要善于从失败中总结经验教训，化消极因素为积极因素，使挫折向积极方向转化，不断提高自己解决困难、战胜挫折的能力。在总结经验教训时，应着重考虑确定的奋斗目标是否恰当、实施的途径和方法是否正确、造成挫折的原因来自何处、转败为胜的办法在哪里。

（三）学习和掌握一些自我心理调适方法，主动寻求社会支持和心理咨询的帮助

学习和掌握一些自我心理调适方法可以有效地化解因挫折而产生的焦虑、紧张等不良情绪，从而提高挫折承受力。常用的自我心理调适方法有自我暗示法、放松调节法、想象脱敏法、想象调节法和呼吸调节法等。

提高挫折的承受力，还应建立和谐的人际关系，营造自己的情感社会支持系统。当人遇到挫折时，一般都伴有强烈的情绪反应，处于焦虑和痛苦之中，这时，如果有几个好朋友或者亲友能够给以安慰、关心、支持、鼓励和信任，将有效地缓解心理压力和降低情绪反应，从而增强对挫折的承受力。所以，大学生在遇到挫折时，不应将自己封闭起来，而应尽快找自己的好朋友和家人进行沟通，寻求他们的支持和帮助。

当一个人受到挫折，陷入不良情绪中不能自拔时，还可以寻求心理咨询师的疏导和帮助。通过心理咨询，受挫者在心理咨询师的引导下，校正主观认识，发挥内在潜力，消除心理障碍，明确前进方向，化解不良情绪和行为反应，最终获得心理上的成长，提高挫折承受力。

第七章　大学生创造能力与心理健康

随着知识经济时代的到来，创新成为一个国家发展的基础和根本。大学生创造能力的形成和发展是以其感知思维能力的发展为基础的，大学生应当不断克服其创造能力发展过程中的心理障碍，成为一个符合时代要求的、具有创新能力的社会主义建设人才。

第一节　大学生创造能力概述

一、创造能力概述

（一）创造能力的含义

美国创造学家泰勒说过：“那些最懂得如何在他的人民中认识、培养和鼓励创造潜力的国家会发现，在一般社会中他们自己正处于十分有利的地位。”当代著名物理学家李政道博士说得好：“培养人才最重要的是培养创造能力。”一些专家、学者也曾明确地指出，在竞争激烈的信息社会里，不创新就等于死亡。在当今社会中，各种知识的更新周期大大缩短，人的技能也正以前所未有的速度被淘汰，而且随着知识经济时代的不断发展，这种情况将会愈演愈烈。面对如此变化多端、难以预测的未来社会，迫切需要人们自我思考、自我判断，发现问题并迅速采取行动，即应具备较好地解决问题的素质。而这种素质在很大程度上取决于一个人的创新精神和创新能力，创新精神和创新能力已成为今后急剧变化的社会中的“生存能力”。综上所述，在科技迅速发展、综合国力竞争激烈的当今时代，培养大学生的创新精神和创新能力，具有十分重要的意义。

创造能力是一种根据已知信息重新组合新系统的统摄与联结的能力，通过这种组合能产生现有观念之间的新联系，能提供具有独特性、新颖性、有社会意义的产物。独特性是指在创造活动中使用不同于其他人的方法，创造未有的产物；新颖性是指创造的产物对社会和文化的发展具有新意，是一种前所未有的发明或发现。对个人来说，在科学探究过程中超出自己的经验而从已有的资料中获得新的理解，提出新的问题，也是新颖性。必须说明的是，独特性与新颖性是表示所创造的产物具有一定社会意义或社会价值、对于解决问题起促进作用的，而不是毫无意义的新奇古怪。个人产品的新颖性、独特性并不一定都具有创造性，独特性和新颖性必须对社会具有意义才能发挥作用。

创造能力中包含认识能力、个性、知识和技能等因素。创造能力是一种探索未知的创新能力，它是在丰富的知识经验的基础上，综合认识、情感、意志过程的各种特性和个性特征达到最高水平的表现，它与智力和个性品质有着密切的联系。目前对创造能力的研究主要是从创造能力的结构、过程和创造者本身三方面进行，近年来对创造能力发展中的心理因素的研究也取得了丰硕的成果。

（二）创造能力与创新能力的区别

一般意义上来说，创新是淘汰旧的东西，创造新的东西，它是一切事物向前发展的根本动力，是事物内部新的进步因素通过矛盾斗争战胜旧的落后因素并最终发展成为新事物的过程。人们在许多方面都提出了创新的概念，如技术创新、市场创新、营销创新、广告创新、组织创新、制度创新等。熊彼特的创新理论认为，创新就是指把一种从来没有过的关于生产要素的“新组合”引入生产体系。这种“新组合”包含以下五个方面：

（1）引入一种新的产品或采用某种产品的新特性；

（2）采用一种新的生产工艺或生产方法，这种方法并不一定要求必须建立在新的科学原理的基础之上；

（3）开辟一个新的市场，其中包括经过市场细分而发现的新市场；

（4）获得或控制原材料或半成品的一种新的供应来源；

（5）采用一种新的工业组织，如建立一种垄断地位或打破一种垄断地位（体制和管理创新）。

创新的含义是十分广泛的，它包含了一切可提高资源配置效率的创新活动。创新和创造既有紧密联系又有一定的区别，不能将两者简单地等同起来，也不能将两者完全分割开。创新在现代汉语词典里的解释为：①抛开旧的，创造新的；②指创造性，新意。可见，创新的基本含义就是创造、创造性。理解创新的含义离不开创造和创造性，离开创造和创造性谈创新就毫无意义了，三者紧密联系，不可分割。从人们现在的理解来看，创新是指对已有事物进行一定的改进或突破，使其成为新事物，并具有经济意义，因而可以称为“有中生新”。

创造这个概念比创新出现得早，从词典的解释来看，创造是指想出新方法、建立新理论、做出新成绩。创造学认为，创造是指各行各业中的创造活动，既包括思维上的创造活动，也包括行动上的创造活动，即凡是具有新颖性的活动都是创造。创造学中的创造，不仅仅指那些成功了的创造，更泛指那些不成功的、失误的和那些一时难以产生市场价值和经济效益的各类创造。

由此可见，创新和创造是紧密联系的，它们的本质是相同的，都与“新颖性”有关。创新的核心在于创造，创新的外延比创造的外延小，所有的创新都是创造，但创造不全是创新，这对于深入了解创新能力的本质，科学地开发人的创新能力是十分必要的。所谓创新能力是由创造主体的知识、经验、智能因素和非智能因素构成，在其创造实践中利用已有的知识和经验，创造性地解决问题，产生有价值的新设想、新方法和新成果的本领，是独特而新颖地解决问题的能力。创新能力是由知识经验、一般创新能力、特殊创新能力、非智力因素四大要素构成的，这四大要素相互作用、相互影响决定了创新能力的总体水平。就上述四个要素各自对创新能力的普遍指导意义而言，它们是处于不同层次的。一般创新能力在一切创造性活动领域中都有作用，是代表创造者心理能力水平的最普遍的创新能力。当然，知识经验对特殊创新能力和非智力因素的影响也不可低估。特殊创新能力的普遍性低于知识经验，例如，一位画家的形象记忆力、色彩鉴别力、视觉想象力等特殊才能，只有在绘画创造方面才有意义。而非智力因素的特殊性在于它与创造活动的个别活动有关，以动机为例，它在推动个体主动地启动创造活动方面的作用是巨大的；兴趣只在维持创新能力的热情和投入上有明显作用；意志常常作用于创造遇

到困难、曲折和坚持完成整个创造过程时。

二、大学生创造能力的发展过程

创造的过程就是创造性地解决问题的过程，在这个过程中建立起新的科学概念和科学理论，如牛顿的三大运动定律、达尔文的物种起源论、爱因斯坦的相对论、孟德尔的遗传理论等。一切科学发现都有一个深入地分析客观事物发展规律的过程，可将其划分为下面四个阶段。

（一）准备阶段

在科研活动中面对复杂的实验情境或实际现场，以及各种不同的文献资料、不同的现象。当问题出现时，由于每个人观察问题的方法、接受问题的思想态度和处理方法不同，对问题的提出也会形成不同的认识类型。认识类型有两种：一为熟思型，这种人在遇到问题时，会考虑各种解决问题的可能性，探寻不同的解决问题的途径与方法，思考时间长，错误少；二是冲动型，这种人在遇到问题时能迅速地做出反应，及时果断地提出解决问题的途径与方法，思考时间短，但相应地错误也较多。根据实验研究，这两种认识类型在解答发散性思维问题时并没什么差别。这说明在准备阶段包含着个人过去受的教育，认识、处理和解决问题的方法等。在这个阶段，研究者对研究的问题经过仔细分析与筛选，放弃无关的观念，重新评价解决问题的途径与方法，做好初始阶段的准备工作。

（二）酝酿阶段

对复杂问题的解决需要经过一个相当长时间的酝酿，反复地联想、思考和推测。首先，在酝酿阶段由于问题的性质不同，思维方法也有不同。吉尔福特主张将问题按性质分为三类：第一，依据问题的内容，可以分为图形的、符号的、语意的、行为的四种，而不是按学科内容分类；第二，依据思维的运算（或操作），可以分为认识、记忆、发散性思维、复合性思维和评论；第三，依据思维的产物，可以分为单元、类别、关系、系统、转换与应用。其次，解决问题需要反复思考，在创造过程中提出研究目的时，都会发生两种思维的相互作用，即复合型思维和发散性思维。复合型思维采取一种归纳推理的方式，从个别事实推出一般原理，研究能否从复杂的现象、资料中获得某种规律来概括说明问题；发散性思维采取演绎推理的方式，运用一般原理分析各种问题及其各个方面，并说明解决的方案是否正确。这种运用归纳与演绎推理去反复地观察、概括、推理、论证，是酝酿阶段的特点。

（三）明朗阶段

这个阶段是经过酝酿阶段后，对问题仍苦思不解时，放松紧张的逻辑思维，从偶然情境给予的启发中产生顿悟，使久未解决的问题突然明朗起来，给人以“茅塞顿开”“豁然开朗”之感。科学的发展，不断提出新的思想和新的理论这种新的思想和新的理论不是简单经验的积累，不是单纯的由原有知识推论而来的，也不是严格的逻辑思维的结果，它在科学活动中表现为思维运动中的连续性的中断或飞跃。法国物理学家德·布洛伊写道：“人类科学就其原理与方法而言，实质上都是合理的；它仅仅凭借智力的突然飞跃就能出现最出色的成果，这时表现出来的那种摆脱严格推理这副沉重桎梏的能力，就称之为想象、直觉、灵感。”这里所说的飞跃，是指思维运动本身中的飞跃，是由思维的经验水平向理论水平的飞跃。

直觉思维的特点是推理的压缩性，在直觉中所认识到的不是完整的推论过程，而是理解问

题的主要关系，抓住重要环节，在思维过程中越过许多中间环节，从总体上进行推测，使问题迎刃而解，似乎是突然间得出结论的。

灵感的特点和直觉一样具有突发性和飞跃性。它的产生常常是在紧张的思维之后，在闲谈、散步、垂钓、观赏和半睡眠时一刹那浮现出来的。如法国化学家凯库勒发现苯环结构就是坐在桌前写作他的化学教科书，进入半睡眠状态的刹那间突然领悟的。

（四）验证阶段

这个阶段是在问题明朗以后，需要运用严格的逻辑思维步骤、科学的程序，通过实践或实验验证解答方案的正确性，有的部分可能还要补充或修改，对错误的结论需作重新论证。并且，创造者还要把自己的创造性思维成果通过一种具体的形式表现出来。

三、创造能力的分类

创造能力是多序列、多层次、多类型的，要进行科学的分类难度相当大，至今尚未形成一个成熟、统一的研究结论。下面介绍几种常见的分类。

1. 按结构分类

按结构来分类，创造能力有思维与形象、抽象与具体、理论与技术之分。从单个因素来说，它们各自是独立存在的，发挥各自的功能。从创造能力整体结构来说，它们各为结构因素之一，相互联系。

思维创造能力是创造能力结构的核心，创造性思维能力是一种较高水平的思维能力。其中最主要的是想象能力和直觉能力。没有想象能力和直觉能力，就没有创造性活动。显然，思维创造能力对创造能力的大小和创造成果的多少起着决定性的作用。其他一切创造能力的产生和发展，都有赖于思维创造能力的核心作用。

形象创造能力是指依靠直观形象思维进行创造的能力，它是创造性思维的一种表现形式。人们借助直观形象进行思维时，已经舍弃了那些偶然的、次要的、表面的东西，在大脑里留下了反映事物本质的、深刻而理性的东西。所以说形象思维蕴含着极其丰富的创造能力。

抽象创造能力是指依靠科学的概念、判断和推理的形式进行抽象思维活动，掌握事物的本质和规律，表达认识结果的能力。抽象思维也是创造性思维的一种表现形式。随着人们认识自然、改造自然水平的提高，对客观事物本质的认识也必然更加深入，因此，在创造活动中，必须培养和发展抽象创新能力，使创造成果达到更深刻、更高级的水平。抽象创新能力的高低对科研成果的取得有着重要的作用。抽象创新能力高的人，在抽象思维过程中能比较敏捷地区别出事物的真相与假象，通过现象认识事物的本质，区别事物基础的东西和派生的东西，能抓住事物内部的联系和矛盾，把决定事物本质的东西找出来并进行研究，使对具体事物的认识理论化。

具体创造能力表现在感性具体和理性具体两个方面。感性具体是认识的起点，是通过感觉、知觉、表象进行综合的结果；理性具体是认识的结果，是在抽象基础上形成的包含着客观事物各种本质属性的统一体的再现。“人们的认识总是由感性具体阶段，经过抽象转化为各种抽象的规定，然后在头脑中再创造出包含着各种本质属性的理性具体。感性具体—抽象综合—理性具体，这就是认识的具体过程”。

理论创造能力是依据一定的系统知识、遵循特有的逻辑程序进行思维活动的能力。它以一系列抽象的概念、判断、推理等为创造的内容，在“超脱”于具体事物的抽象领域中进行类似抽象创新能力的又一种较为高级的创新能力。理论创新能力主要是在理论思维活动中显示出来的一种创新能力，它比经验思维有更重要的地位和作用，它体现在自然科学和社会科学的理论创造上。

技术创造能力是指运用基础的科学理论进行思维活动而创造新物质、新产品的一种能力。我们通常所说的技术创新、技术革新就是这种创造能力的反映，也可以用“发明”来表示。但创新和革新的发明水平是不同的，有层次之分。有的是全新的发明，有的是部分发明，有的是大发明，有的是小发明。但不论是何种发明，都是以发现为基础的。发现是科学研究的成果，成果转化为生产力，对社会的发展具有重大的意义。

2. 按作用方式分类

按作用方式来分，创造能力有个人创造能力和集体创造能力（即创造合力）两种。个人创造能力是个人智慧的升华，是不依靠他人直接参与的个人发现、发明和创造；集体创造能力是多人组合甚至是社会力量的共同创造，如一部词典、一项工程技术、一种科研成果或产品等，均可合作创造。特别是在个人难以完成的情况下更需要通过合作进行成功的创造。

3. 按活动领域分类

按活动领域来分，创造能力有科学创造能力、技术创造能力、文艺创造能力、政治创造能力、教育创造能力、军事创造能力、管理创造能力等。不论在哪个领域里，只要有创造性人才的创造性活动，就有相应领域里的创造能力。

4. 按层次分类

按层次来分，创造能力一般分为高层次创造能力和低层次创造能力。也有人按层次分为四种创造性，即“第一创造性”（重大发明创造）、“第二创造性”（根据基础理论发明新产品或革新产品）、“第三创造性”（对前两种发明创造进行论证和开发）、“第四创造性”（自我性的创造）。但创造“力度”不同，创造价值、目标和方法也不一样。

5. 按品质分类

按品质来分，创造能力有积极性的创造能力和破坏性的创造能力两种。这两种创造能力所产生的作用是完全相反的。前者可推动社会精神文明和物质文明建设，给人类带来幸福；后者会给人类带来痛苦（如制造细菌战等）。当然，也有的介于两者之间，例如，制造原子弹，既可能限制侵略者的狂暴罪行，也可能给无辜群众带来灾难。应鼓励、调动积极性创造能力的发挥，反对、阻止破坏性创造能力的滋生和蔓延。

6. 按创造成功的时间分类

按创造成功的时间来分，创造能力一般可分为早期创造能力、中期创造能力和晚期创造能力三种。早期创造能力是指早期成才者（即被人们称为“神童”的人才）所具有的创造能力，这种创造能力具有极不稳定性；中期创造能力是指中青年时期做出发明创造的人所具有的创造能力，这个时期创造成果最多，是创造的最佳时间；晚期创造能力是指那些大器晚成者的创造能力，他们在青年时期没有做出什么成就，但打下了良好的基础，到晚年才爆发出惊人的创造能力，获得成功。

这里需要说明的是，以上分类是相对的，不能绝对化、凝固化。随着人才的动态变化，社

会人才体系也不稳定，创造能力同样处于动态变化之中，往往不是“非此即彼”，而是“亦此亦彼”。对创造能力进行分类，可以帮助我们深入理解创造性人才的本质，进而有效地实施创造教育，使受教育者的创新能力得到极大的开发，把他们尽快培养成创新型人才。

四、优化的知识结构是培养创造能力的基础

（一）打好基础，扩大知识面

创新型人才需要构建合理的知识结构。知识是智力的基础，智力又是创造能力的基础，所以，知识也必是创造能力的基础。用哲学语言来表达，知识属于认识的范畴，指的是人们在社会实践中积累起来的经验。知识是人们对客观事物现象和过程的反映，是人们运用自己的智力和能力认识客观外界的结果，包括自然科学知识和社会科学知识。知识固然不等于能力，但知识却是能力的基础。古罗马哲学家西塞罗有句名言：“无知是智慧的黑夜，没有月亮、没有星星的黑夜。”人们没有某一方面的知识，也就很难具有这方面的能力。人们也总是把有知识和有能力、无知和无能联系在一起的。

知识为能力奠定基础。在科学研究工作中要想有取得创造性成果的能力，就一定要有扎实的基础知识。有学者认为，搞科研要有扎实的基础知识和深入的钻研精神，这是使创新思想得以实现的根本。如果基础不好，就不能顺利地开展工作，即使发现问题也想不出解决的办法。搞科学绝对不能有任何侥幸、凑巧的思想。做学问的灵气、悟性固然不可少，但更重要的是广博、坚实的学识根基，长期坚持在一个方向上钻研，积累起足够的思想，才有可能形成一种学术上的敏锐性，再深入下去才有自己的独创与特色。

（二）更新知识，优化知识结构

要成为创造型人才，就要不断学习，不断获取新的知识，优化知识结构。当今，科学技术的发展一日千里，知识更新周期不断缩短。面对信息爆炸和知识更新，我们的学习必将面临严峻的挑战，如无限的书籍、报刊对有限学习时间的挑战；呈几何级数膨胀的信息对人们原有接受力的挑战；大量新知识对人们理解能力的挑战等。如果我们还是按部就班地学习和运用时间，一成不变地固守传统的学习方式，肯定无法面对“知识流”“信息流”的冲击。因此，我们不仅需要努力学习丰富的知识，还应注意优化自己的知识结构。掌握哪些方面的知识与创造者所从事的创造活动性质、特点以及创造者自身的专长、素质有关，每个人都应根据自身的特点和专长，构建自己的知识结构和知识要素。个人的情况不同，知识要素构成也不同。

五、激活智力是培养创造能力的关键

在“知识爆炸”的今天，人们要有丰富的知识，就不能满足于现有的知识；不能只做知识的储藏仓库，而是要创造性地运用所学知识、智力和能力来不断地丰富发展这些知识，创造新的知识，这样才能适应科学技术迅猛发展的需要。所以，人们的智力就显得特别重要。

（一）智力的含义

智力有生物遗传的因素，但不是完全由遗传因素所决定的。从教育学的观点看，智力是在遗传因素的基础上，认识和改造世界实践活动中所具备的心理特征和各种能力的综合表现。智力是保证人们有效地进行认识活动的那些比较稳定的内在心理特征的有机结合，属于认识活动

范畴。智慧与知识不同，智慧是应用已有的知识正确地指导人们活动的才能。智慧也不同于技艺，技艺是人们处理现实中具体问题的才能，而智慧则在于帮助人们选择活动目标、活动手段和生活道路。人不是现实模铸的、被动的存在物，人具有智慧，能够通过自身在世界的地位来看待世界，能够按照自己的理想改造世界。人的全部生活可以说都是为了实现自己的理想，这种理想的确立和实现，全在于人的智慧。智慧的另一个别名就是聪明人的智力，一方面是人脑的功能，称为天赋；另一方面是更重要的、后天形成的，是积累的结果。

（二）智力与知识的关系

智力并不等于知识的积累。“知识爆炸”现象的发生，要求教育者在传授基本知识的同时，着重于对受教育者智力的开发和培养。过去，人们在教育实践中把主要注意力集中在知识技能的传授方面，忽视了智力的开发和培养。在“知识爆炸”的现代社会，这种传统教育方式已不能适应发展的需要。虽然从理论上讲，大脑这个知识信息库可以储存巨量的知识，但即使如此，人也没有那么多时间消化、吸收它们。一个学生即使是拼命地攻读，也读不完、记不住专业范围内的全部知识。如果仅仅强调知识技能的传授，不着重于培养学生获取知识、选择知识、应用知识的能力，使之形成举一反三、触类旁通的柔性智力系统，就不能适应人类知识量猛增的现状，就难以培养出有所发现、有所创造的人才。然而掌握知识与发展智力又是相辅相成的，知识的掌握是复杂的智力活动，智力发展水平是掌握知识的基础。

学习知识的第一步是理解，理解力强就有利于正确而迅速地掌握已有知识与新知识的关系，从而有利于理解新知识的含义。保持理解的结果需要善于记忆，智力发展得好，记忆的方法就会合理，因而有利于巩固所学的知识。应用知识同解决问题的能力密切相关，智力发展得好，才善于观察和思考，才能善于应用知识解决问题。注意力、理解力、记忆力、观察力、想象力和思维能力等都是智力活动的重要因素，没有发展到一定水平的智力，就很难准确、迅速、有效地掌握知识和创造性地运用知识。反过来看，智力的发展又是通过实践活动和掌握知识的过程实现的。智力虽然和天赋因素有关，但它不是自然成熟的结果，它是在实践中，在继承人类知识的过程中发展起来的。智力需要在掌握知识的过程中得到锻炼、培养、提高。智力概括了人们运用和发展知识的能力。

（三）智力与创造能力的关系

应当指出，在创造能力和智力之间不存在一一对应的线性逻辑关系。大量研究表明，智商和创造能力的内在联系十分复杂。低智商的人很少有高创造能力，但高智商的人则可能有低创造能力。大学生要提高自身的创造能力，除了必须培养自己的创造性思维外，还必须努力培养自己敏锐独特的观察力、高效持久的记忆力和丰富新颖的想象力。

目前，大学生中存在着许多智商很高、成绩很好而创造能力很差的人，即所谓高分低能。这就对我们的教育体制和教育方法提出了严峻的考验。现行的教育方法往往偏重于智力的开发与培养，因而高等院校的管理体制、考试方法、教学内容一般明显有利于选拔智力较高但其他方面较差的学生。学生在学习知识和开发智力时，常常以牺牲或降低创造能力为代价，可是对社会、国家和对个人发展前途而言，创造能力的贡献更为重要，所以无论是在学习还是工作中，我们都要注重创造能力的提高。

美国心理学家特尔曼在长期研究超常儿童的智力发展情况中发现，一个人早年的智力发展

情况并不能决定其成年或晚年的工作情况以及创造情况。由此可见，智力与创造能力不能简单画等号。实际上，智力基本上是指与所受教育有关的逻辑思维能力，而创造能力则常常体现在与运用知识有关的非逻辑思维能力上。但创造能力与智力又是有密切联系的，因为创造能力是对知识、智力以及能力的灵活运用，它必须以一定的智力条件为基础。从这个角度来看，创新能力和智力息息相关，因此大学生要注重智力的培养。

六、优良的个性品质是培养创造能力的有力保障

大学生的个性品质，是指他们在心理和行为上经常、稳定地表现出来的特性，主要包括气质、性格等。

（一）气质

气质是一个人天生的、固有的心理活动的动力特征，主要是指心理活动和状态的强度、速度、灵活性和稳定性，即在某一类人身上共同具有的典型特征的有机结合。

1. 大学生的气质类型

一项对309名高年级大学生气质的调查结果表明，这些大学生气质类型分布的百分比为胆汁质占13.5%，多血质占22.6%，黏液质占45.2%，抑郁质占17.7%，其他占1%。这项调查说明被调查大学生气质分布的特点是黏液质气质类型的人数超过其他类型。

2. 大学生气质的特点

根据我国学者对四川大学、南开大学、第四军医大学、复旦大学、安徽师范大学等五所院校的大二和大三年级学生的气质测定结果，属于复合型气质的人多于单一型，前者占65.93%，后者占34.07%。不同气质类型的大学生具有不同的气质特点。

（1）多血质的大学生活泼好动，不甘寂寞；易于适应新环境，有朝气、善于交际而且易于接受新事物，但注意力不稳定，兴趣容易转移；情绪易变，表情丰富、外露，但体验不深刻；思维、言语、动作敏捷灵活。

（2）黏液质的大学生安静稳重，沉默寡言，交际适度；善于克制自己，善于忍耐；注意力稳定不易转移；情绪发生慢而弱，不易外露；思维、言语、动作反应慢，不够灵活。

（3）抑郁质的大学生好静，喜欢独处，孤僻；在友爱的集体中，有可能是一个很容易相处的人；情绪高度敏感，但产生慢，体验丰富、深沉、持久而不外露；动作反应迟缓，但准确性高；较多地注意自己的内心世界。

（4）胆汁质的大学生精力充沛，能经受强烈刺激；善于主动与他人交往，乐于交际；直率而急躁，情绪容易被激起，表情明显、外露，难以控制；思维、言语、动作反应快，但不灵活，缺乏准确性。

应当认识到，气质类型本身并无好坏之分。每一种气质都有积极和消极两面。大学生应有意识地使自身的气质趋向完善。

3. 大学生气质的培养

（1）了解气质类型的特点，有利于分析个性品质。就气质类型的特点来看，气质类型本身没有好坏之分，每一种气质都有积极的方面和消极的方面。例如，胆汁质的人容易发生迅速有力的动作，容易养成勇敢、爽朗等品质特点，但也容易养成粗心、暴躁等消极品质特点；黏液

质的人容易形成稳重、坚毅、有耐心的积极品质，但也容易养成冷淡、固执、拖拉等消极品质；多血质的人容易形成活泼、机敏、爱交际、富于同情心等品质，但也容易形成轻浮、精力分散、注意力不稳定、忽冷忽热等消极品质，抑郁质的人容易形成细心、观察力敏锐、善于察觉别人不易察觉的细小事物、做事小心、情感细腻等积极品质，但也容易表现出耐受力差、胆小怕事、不爱交际、孤僻、怯懦、多疑等消极的品质。因此，教育工作者应根据各类学生的气质特点，帮助他们向积极方面发展，并采取措施防止与纠正消极品质的形成。

（2）根据不同的气质类型，因势利导，采取适当的教育方法或不同的对待方式。例如，胆汁质的学生容易激动，就要培养他们的自制力，与人争论时，说话要考虑；对多血质的学生要培养他们认真学习、扎实工作和专心的品质，做完一件事再做另一件事，防止兴趣多变和任意转移；对黏液质学生进行教育时要耐心，容许他们多思考，在思考问题与做出反应之间给予足够的时间；对于抑郁质学生要给予更多的关心、体贴，批评时避免过重的刺激，少公开训斥。在分配工作时，要求做出迅速灵活反应的工作，适合于胆汁质和多血质的人，而后两者就较难适应；要求持久、细致的工作，黏液质和抑郁质的人则较为适合，而前两者又较差。对前两类不守纪律等错误进行严厉的批评容易有效，对后两类就不一定有效。后两类学生在习惯的作息制度改变或重新编班、转学、升学时，很容易不适应新的环境，需要更多的关心和照顾。

（3）有些特殊专业在个体气质特性上有特定的要求。例如，飞机驾驶员、宇航员、大型动力系统调度员或运动员等，要求能经受身心的高度紧张、灵敏的反应、敢于冒险和有坚强的毅力等，测定人的高级神经活动的基本特性和类型是判断其能否从事这类工作的一种有效方法。

（二）性格

性格是指一个人对待现实的态度和行为方式上经常表现出来的比较稳定的心理特征。例如，热爱集体、认真学习、关怀同学、有崇高的理想、自信心强等，这些涉及社会意义的特征会经常地、一贯地从一个人对待现实的态度和行为方式上表现出来，而不是偶然地表现在一时或一事上，这称为性格特征。

1. 性格的意义与大学生性格特征分析

从整个行为的表现看，人的性格不仅表现在做什么、追求什么、拒绝什么的活动动机和目的上，而且也表现在怎样做，怎样实现自己所追求的目的、愿望或理想的活动方式上。不论处于顺境还是逆境，不论挫折与阻力有多大，这种对待现实的态度和行为方式都会表现出来。因此，当我们对一个人的性格有明确的了解时，我们就能够预测这个人在一定的情境中做什么和怎样做。另外，性格与其他个性品质不同，它是由性格中具有核心意义部分形成的反映个性本质属性的稳定的心理特征。这种具有核心意义的部分是受一个人的思想、信念、态度或道德品质的调控而形成的。至于一个人的动作速度、情绪强度或某种才能，都属于个性品质，不具有核心意义。性格是具有社会评价意义、反映社会生活本质属性的部分，也包含一些次要的、从属的品质，如严肃与诙谐、拘谨与大方、急躁与耐心等。这些品质在性格特征中与核心品质结合起来表现在人的行为和态度上。

2. 大学生的性格类型

根据“力比多”的倾向，可以将性格划分为外倾型和内倾型。

外倾型的人被心理力引向客观的外部环境的知觉、思维和情感之中。外倾者的情感外露、

注重实际、善于交际、活泼开朗、对周围的一切兴趣广泛；内倾型的人被心理力引向主观的内心世界而产生自我感知、思维和情感之中，他们谨慎小心、深思熟虑、顾虑重重、冷漠、寡言、不善于交际。这两种基本倾向具有四种心理机能，即思维、情感、感觉和直觉。思维是由彼此联结的观念组成，受伦理、法则的支配；情感是一种价值判断的功能，它是一种根据表象唤起的愉快或不愉快的体验；感觉是通过感官刺激（包括机体的内在刺激）而产生的经验；直觉是一种直接把握到的而不是作为思维和情感的结果产生的经验。

（1）外倾思维型和内倾思维型。前者重视理解自然现象和客观事物的规律，重思考而不重感情，喜欢分析问题，处理问题讲究逻辑顺序，有判断和鉴别能力。后者不关心外界现实，以自我为主，情感冷漠，与人疏远，倔强偏执，不体谅他人。

（2）外倾情感型和内倾情感型。前者容易感情用事，情绪反应强烈，热情奔放，爱浮华，喜怒无常。后者情感沉着，不向外表露，沉默寡言，对人冷淡，有抑郁情绪；有时表现为恬静、深沉，给人以自信自足之感。

（3）外倾感觉型和内倾感觉型。前者依据感觉估量生活价值，讲究实际，情感体验肤浅，对事物存在的意义不作更多的思考。后者不能深入事物的内部，重视个人内心的感觉，在事物与自我之间凭知觉观察一切，缺乏实际的思想和情感。

（4）外倾直觉型和内倾直觉型。前者凭直觉观察事物和解决问题，不安于稳定的情境，不能对工作目标保持长久的兴趣，对反复出现的日常事务容易厌倦，不断转移方向。后者不关心外部事物，以自己的意象为主，从一个意象跳跃到另一个意象，而又不能超出个人直觉的范围，内心充满幻想。

3. 大学生性格的培养

在教育过程中了解学生的性格，对学生性格作诊断和鉴定是一项复杂的工作。了解人的性格一般采用调查研究、自然实验、传记分析、个案追踪、总结经验等方法。例如，了解学生的家庭史、个人生活史，建立学生活动和性格记录，进行观察、实验、分析研究，做出诊断措施与教育方案。性格形成的途径有以下四个方面：

（1）性格是在个体与生活环境积极的相互作用中形成和发展的。性格的形成是一定生活环境的反映，但生活环境并不能直接决定性格特征，它是通过人的实践活动，在与生活环境相互作用的过程中形成的。对性格起重要作用的是家庭，家庭的经济状况、家长文化水平、早期环境与教育、家庭成员之间的关系、儿童在家庭中的地位都影响儿童性格的形成。学校、班集体的规章制度、纪律、舆论，校风、班风、教师的作风、社团生活都直接、间接地影响性格的形成。社会环境是通过校外活动、广播、电影、电视、图书、与其他人的交往和关系，影响学生的性格。

（2）引导学生在实际行动中锻炼性格。要求学生按照学生守则、道德标准、行为准则和纪律严格控制自己的行为，在学习过程、集体生活、公益活动中提出要求，锻炼性格和意志。

（3）通过榜样的作用形成性格。通过同学、教师的榜样作用，通过文艺创作中的人物形象，影响性格的形成。

（4）通过自我教育培养性格。自我教育在性格形成中是变被动为主动的过程。自我教育要明确地意识到社会和学校对自己提出的要求，产生严格锻炼自己的愿望，并确定榜样与理想作为自我教育的目标；要了解自己的优缺点，确定自我教育的途径与方法，如希望克服暴躁、不

耐心、不谦虚、意志薄弱、没恒心、不果断等缺点，并制订个人教育计划，规定做什么，怎样做。

第二节　大学生创造心理的特点

一、青年期是开始创造的最佳时期

（一）身心发展为青年期创造力的发展奠定了坚实的基础

心理的各个方面在青年期都得到了迅速的发展，表现出如下特点：个性基本形成、智力发展已近成熟、情感日益丰富、意志的目的性和坚持性获得重要发展。以这些身心发展为基础，青年的创造力得到了极大发展，在某些方面甚至达到了顶峰。

（二）智力发展为青年人的创造力发展准备了条件

青年人对自己的思考也常常会加以批判性的考察。他们不仅善于深入思考事物的现象和本质，而且能在思考中援引过去的知识经验，加上自己的独特想象，力求全面完整地认识事物，并对某些现象提出疑问。他们不会轻易接受别人的观点，而必须通过自己的独立思考。

（三）自我意识的发展激发了青年时期的创造积极性

在青年创造力的发展过程中，青年人的自我意识、自我评价、自我教育和自我控制等能力起到了重要作用。他们开始通过前所未有的丰富体验来观察自己，并以质疑和探索的态度面对自我，接纳自我，从而形成以个人信念、价值观和世界观为特征的人格核心，并以此决定自己今后的行为。青年人的这些品质集合在一起，更能产生创造的积极性。

（四）学习和实践活动使青年时期的创造力变为现实

他们富有创造精神，渴望独立思考并得出结论，常常提出一些新的设想和新的见解，并在这些活动中表现出很高的创造水平。很多研究表明，青年时期是人的一生中创造力发展最活跃的时期，也是创造力水平较高的时期，有人认为，人的创造力在青年时已达到了最高水平。

二、大学生创造心理和行为的特点

（一）大学生创造心理的特点

1. 想象力丰富，但有时脱离实际

大学生的创造想象是十分丰富的。他们能够借助想象来追溯历史，憧憬未来，渴望有所创造。但他们有时不顾生活实际，想入非非，试图不经过艰苦努力就在短时间内创造出新的理论和产品，结果使自己精神紧张、思想混乱，既耗费精力又虚度时光。

2. 思维敏捷，但有时不善于掌握方式

创造性思维可以有很多方式，如逆向思维、类比思维、发散思维等。大学生不善于有意识地掌握这些创造性思维的方式，而是采用单一的、直达的或垂直的思维方式。当具体到某一个问题时，他们的思维是很敏捷的，可以在短时间内产生大量的创造性思维。但他们的思维往往局限于这一领域或问题范围之内，不能灵活地、全面地、辩证地思维，显得有些固执己见，不

会变通。

3. 有灵感，但有时不善于捕捉

大学生思维敏捷、活跃，常常有灵感的迸发。但由于灵感是一种稍纵即逝的思想，大学生们往往忽视它的存在。灵感出现时，他们并不力求把握它，而让它白白溜走，以致以后再次陷入迷茫之中，重新开始艰苦的探索。

4. 想创造，但有时不善于利用条件

大学生周围往往存在着许多有利于激发他们创造性思维的良好条件，如设备精良的实验环境、激励创造的教育环境、有效利用已有知识的实践环境等。但大学生不懂得利用这些条件，只是自己冥思苦想，而不去向他人请教；只重视书本知识，而忽视通过实践获得资料等。

（二）大学生创造行为的特点

1. 创造行为的层次性

由于身心发展的水平以及实践经验等诸多因素的限制，大学生的创造活动在层次上一般停留在中级创造水平，即在原有知识经验的基础上，经过模仿、想象等方式达到某种程度的改革或发明，生产出有一定社会价值的创造性产品。并且，大学生的创造活动主要集中在生活、学习、集体活动和人际交往等某些特定的活动领域，其创造的深度和广度尚不及成人，其行为成果更多地体现为自我实现的创造性。

2. 创造行为的主动性和有意性

在大学生的创造活动中，其创造行为的目的性比较突出，创造的问题、任务和要求都比较明确，整个创造活动都是在创造主体的自我控制和意志努力下进行的。故就整体而言，大学生的创造行为具有高度的自觉性和针对性。

3. 创造行为的坚持性

由于体格和自我意识的发展，大学生更富于坚持精神，能够自觉地提出问题，客观而有根据地分析和解决问题，并能根据创造过程中的实际情况，自觉调节和控制创造行为过程。一旦确定行为目标，就不会随意改变，充分运用自己的创造力克服重重困难，寻求新的办法，直到解决问题。

4. 创造行为的现实性和指向性

与中学生相比，大学生的创造想象不再带有过多幻想的、超脱现实的色彩，其创造动机常常是由日常的学习、集体活动和人际交往等特定的现实情境中遇到的具体问题或困难激发的，因而创造行为更多地指向现实，指向特定的对象。

三、影响大学生创造力的不良因素

（一）认识上的片面性

由于对创造力片面乃至错误的认识，导致大学生不能正确对待自身所蕴藏的丰富的创造资源。大学生对创造力的错误认识主要表现在下面两个方面。

1. 认为自身没有创造力，从而不能产生创造的意识

一提到创造力，多数人认为这是伟人、科学家、发明家的事，我们普通人不会有创造力。其实，创造力本身就是人的大脑长期进化的产物，是人类大脑的自然属性。它是随着大脑的进

化而进化的，因而，每一个正常人都具有创造的潜能。大学生由于不能正确认识创造力，不相信自身蕴藏的创造资源，从而导致这种资源长期闲置。

2. 认为创造力是由人的智商决定的，后天不能开发

创造力与人的智商有关，但这仅仅是创造力的一个条件。美国心理学家吉尔福特在推孟等人研究的基础上进一步研究了创造性水平与智商之间的关系，他认为：

（1）智商与创造性成绩相关，但并不是线性相关；

（2）智商是创造性成绩的必要条件但不是充分条件；

（3）创造性成绩的取得还与个体的其他心理品质（非智力因素）有关。

（二）与创造有关的知识欠缺

知识是创造的基础，由于传统教育的影响，大学生所具有的知识多为僵死的现成结论或完美无缺的“永恒真理”，对人类发现真理获得这些结论的曲折而生动的过程，对真理与谬误矛盾运动的过程知之甚少。而这些发现、分析、归纳、猜想方面的知识，思考和探索问题的本领对创造力的开发起着重要作用。同时，大学生对相关的创造学方面的知识了解甚少。

（三）能力上的缺陷

能力是通过学习和训练而获得并且可以不断提高的一种个性心理特征。如果存在诸多能力方面的缺陷，就会制约创造能力的发展。这些缺陷具体表现在三个方面。

1. 观察能力差

创造发明中的很多方面都直接来源于深入细致的观察。一些大学生由于受传统权威观念的束缚，缺少怀疑、批判、探究的意识，对于生活中的一些反常现象很少留意和思考，从而失去了创造的机会。此外，没有掌握观察的方法也导致无法及时注意并抓住偶然发生的意外现象，特别是一般人都容易忽视的地方。

2. 发现能力弱

发现能力可以分为发现问题的能力、发现异同的能力、发现可能的能力和发现关系的能力四类。创造的实践表明，在这些地方往往隐藏着一些尚待深化认识的问题，只要认真挖掘，可能有重大的、关键性的或突破性的发现。如果过于迷信权威，轻信他人结论或存在思维定式等，就会封闭自己的思路，束缚自己创造才能的发挥。

3. 思维、想象能力差

创造活动离不开思维和想象，但创造需要多种思维形式的综合。现实中，我们的大学生喜欢集中思维，擅长理性思维。而发散思维能力、非逻辑思维能力（如直觉思维、联想、灵感等）较弱，这种思维结构会阻碍创造力的发挥。

（四）性格上的偏差

创造性首先强调的是人格，而不是其成就。因此，对人格来说，成就是第二位的，自我实现的创造性人格强调的是性格上的品质，如大胆、勇敢、自由、自主性、自我认可，即一切能够造成这种普遍化的自我实现的创造性的东西，或者说是强调创造性的态度、创造性的人。创造性人格为创造性的发挥提供心理状态和背景情境，通过引发、促进、调节、配合和监控创造力来发挥作用。

虽然，阻碍大学生创造的因素还有外部环境条件等，但创造是主体的创造，离开了主体，创造就不可能存在，更不可能发展。为此，要采取有针对性的措施和手段，努力创造有利于大学生有效开发创造资源的条件，促进大学生创造能力的充分发展。

第三节　大学生创造能力的培养

一、营造培养大学生创造能力的环境和氛围

培养大学生创造能力的成效与全社会营造出来的有利创造、鼓励创造的社会风气和文化支持系统密切相关。

（一）要大力营造尊重知识、崇尚科学的良好社会风尚

一方面，加大宣传力度，树立全民族的创造意识，使科教兴国战略更加深入人心，成为全国各个地区、各个行业乃至全民族的共识和自觉行动。另一方面，在政策和制度上要充分体现知识劳动的价值，重视知识分子，提供与其贡献相应的工作条件和生活待遇，提高他们的政治和经济地位，使科学研究工作成为受人尊敬、令人羡慕的职业。只有在这种有利于创造的社会风气中，才会促进大学生求知欲的发展，激发他们的创造兴趣和创造激情，鼓励新思路的开拓。

（二）要努力培育有利于创造能力形成的先进文化

大学生创造能力的培养，离不开具有创造精神的先进文化的支持。因为创造精神的淡薄和创造能力不强与其说是科学技术的落后，不如说是社会文化观念的陈旧与落后。中华民族创造的灿烂文明，博大精深，绵延5000年而永葆青春，说明她是极富创造精神的。但是，在传统文化中也有一些糟粕妨碍了创造精神的进一步发扬光大，如不思进取、耻于竞争等守旧观念对大学生创造能力的培养产生了不可忽视的负面影响。因此，建立和发展具有创造能力的先进文化，不仅是新时代社会全面发展的必然要求，而且更是培养和造就高素质的创造性人才所必需的。

二、转变教育观念，实施创新教育

培养和造就创造性人才的关键在于教育。一个学校的培养目标、学风、学术氛围及管理体制等都对学生创造精神的形成及创造能力的提高具有很重要的作用。

（一）转变教育观念

由注重共性教育向兼顾个性教育发展，创造有利于个性发展的空间；由注重知识传授向注重培养学生的创造能力转变。要培养大学生的创造力，就必须关注学生优良个性的发展。有个性才可能有创造，高等教育应关注学生在个性和个性潜能上的挖掘和培养，强调每个人都有独特的价值，从而使每位学生在其天赋允许的范围内都能得到比较充分的发展。在加强基本技能和基础知识教学的同时，大力培养学生的创造精神、创造观念和创造行为，具有十分重要的意义。

（二）培养教育者的创造精神

只有创造型的教师才能培养出创造型的学生。有研究结果显示，创造性较强的教师比创造性较差的教师能在更大程度上培养学生的创造精神。因为创造性较强的教师会主动探索和研究

创新方法，发现学生的创造潜能，捕捉学生思维的闪光点，多层次、多角度地培养学生的创造能力。另外，教师所具有的创造精神也会极大地鼓舞学生的创造热情。

（三）在教学内容和方法上创新

教学内容应强调其知识性，着力把最成熟、最正确的知识传授给学生，这是非常必要的，而科技方法和科学思维是最具生命力、最具创造性的因素，必须在传授科技知识的同时，让学生掌握先进的科技方法，提高科学思维能力。在教学方法创新上，要克服灌输式、学生被动式的教学方法，代之以启发式、探索式和研讨式的教学方法。

三、塑造健康人格，激发创造潜能

大学生创造力的培养，离不开对其健康人格的塑造。因为创造意识和创造能力绝非仅仅是一种智力特征，更是一种性格素质、一种精神状态、一种综合素质。

（一）激发大学生的成就动机

成就动机是指个体愿意去完成自己认为重要或有价值的工作，并力求达到完善的一种内在推动力。激发大学生成就动机的方法有三种。

1. 提高自信心

就心理学而言，自信心有两个基本成分：自尊和自我效能。自尊就是肯定自己有能力获得幸福和被他人尊重的意识，自我效能就是肯定自己有能力面对生活中各种挑战的意识。科学上的重大发现在初期往往难以被人理解，有自信心的人才能勇于创新、不怕风险，这样才能领风气之先。因此，大学生应确立自信意识，在任何不利环境下都不动摇对自我的信念。

2. 提供相应信息，激发创造需要

通过课堂和其他活动形式．向大学生提供人类急需的科学发明信息，有关科学家因发明创造使社会进步、个人发展更好的信息以及他们克服重重困难取得成就的信息等，使学生由感动到羡慕再萌生需要、推动学生向未知的领域进行不停的探索。

3. 组织竞争活动，培养团队精神

心理学研究表明，在竞争条件下，学生思维的灵活性、清晰性和流畅性等方面都优于竞争条件下，而且有统计学意义。在竞争中，引导学生善于看到自己和对手的优点和长处，在保持各自风格和特征的同时，相互学习、相互激励，就能不断获得新思想，培养团队精神。这对我国以独生子女为主体的大学生群体来说是极其重要的。

（二）培养大学生的想象力

想象是人心理活动中的创造性因素，是一种具有极大自由度的思维形式。在生活中，人们借助想象使自己的思维进程获得极大的自由，这种任意驰骋的思想，往往会使人们突破个人知识和经验的框框，从有限世界进入无限世界，继而把握事物的普遍性，发现和发展真理。

1. 鼓励学生大胆运用假设

对一个问题提出的合理假设越多，发现新关系的可能性就越大。

2. 鼓励学生敢于发问，敢于发表不同意见

发问是学生动脑的结果，是学生求知欲好奇心的流露，这种心理倾向将推动学生不断地带着疑问去思考、研究。还要鼓励学生不唯书、不唯上，敢于标新立异，敢于与众不同，敢于走

前人未走的路。

3. 保护学生中出现的“异想天开”和“无中生有”

让学生思维不受固定模式和条条框框的约束，从想象这一发明创造的源泉中不断汲取创造的动力。

（三）培养大学生良好的意志品质

意志是指人们自觉地确定目标，有意识地支配和调节自己的行动，克服种种困难以实现预定目标的心理过程。意志品质是指在意志行动中所表现出来的稳定、鲜明的心理特征，它包括自觉性、果断性、坚持性、自制性等品质。意志对创造性行为的作用有维持、调节和强化三种。其中，维持是指在实现目标的过程中，克服困难，维持行为朝既定目标前进；调节是指在遇到内外干扰时，控制自己的行为，不受诱惑而轻举妄动，做掌握自己命运的主人；强化是指在感到疲倦、松懈、枯燥和情绪低落时，克服不良状态，强化行动目标，激发潜能，坚持不懈地向目标努力。可见，意志对目标的实现是至关重要的。

四、学习创造技法，寻求最佳创造途径

人的创造力是可以通过训练得到培养和提高的。对大学生来说，掌握创造的规律、学习前人的经验是提高自身创造能力的最佳方式，然而创造是高级的精神活动，其最高境界应该是不拘一格。下面介绍几种常见的创造技法。

（一）检核表法

检核表法是美国创造学家奥斯本首先提出来的。此法是在解决实际问题的过程中，根据需要创造的对象或需要解决的问题，先列出有关的问题，然后逐项地加以讨论、研究，从而获得解决问题的方法和创造发明的设想。检核表法实际上是一种多路思维的方法，人们根据检核项目，可以一个方面一个方面地想问题，使思路更具条理性，也有利于较深入地发掘问题和有针对性地提出更多的可行设想。

（二）类比发明法

类比是指不同事物或现象在一定关系上的部分相同或相似。类比法是根据两个（或两类）对象之间某些方面的相同或相似而推出它们在其他方面也可能相同或相似的一种方法。它在科学研究、技术创新和各种创造活动中都是一种很有用的方法。人们在探索未知世界的过程中，可以借助类比的方法，把陌生的对象与熟悉的对象相对比，把未知的东西与已知的东西相对比，这样，由此物及彼物，由此类及彼类，可以起到启发思路、提供线索、举一反三、触类旁通的作用。

（三）特性列举法

特性列举法是由美国克罗福教授首先提出来的，它主要适用于具体事物的发明和改进，有时也被称为分析创造法。与特性列举法相关的还有缺点列举法和希望点列举法。缺点列举法首先列出产品所存在的缺点，而且列举的缺点越多越好，然后研究采取哪些措施来克服这些缺点；希望点列举法是根据提出来的种种希望，经过归纳，沿着所提出的希望去进行创造的方法。

（四）反向发明法

反向发明法是从常规的反面、从构成成分中的对立面，从结构联想形态的空间位置的反面，

从事物的相反功能考虑或联想到事物的反面等，来探索和寻找解决问题的办法。在创造发明过程中，有时会左思右想不得其解，在这个时候，如果能从反向进行探索，往往能使人思路大开，从而获得成功。因此，在创造性的思考中，不仅要打破思想上任何有形或者无形的框框，也需要从正反两个方面去全面思考问题。

（五）大胆设想发明法

大胆设想发明法是指彻底冲破现存事物和现有思想的束缚，对现在还没有但有可能产生的事物进行大胆设想的创新方法。使用这种方法要摆脱现有事物的约束，不迷信权威和经典；还要有大胆怀疑的精神，要大胆构思、探索、对比、实践。

五、设置创造力培养课程

（一）美国高校大学生创造力培养课程设置

他山之石，可以攻玉。与我国相比，国外高校大学生创造力培养的教育历史较长，尤其是美国、西欧等国家具有相对成熟的大学生创造力培养经验。因此有必要对发达国家的大学生创造力培养经验进行考察，并结合自身特点加以借鉴。

1. 大学生创造力培养课程设置概况

近年来，随着科学技术的迅猛发展，知识、技术及其创新在社会经济发展中的作用日趋重要，对创新性人才培养的要求也越来越高，美国社会开始普遍关注具有创新意识和创新能力的人才的培养。美国各级政府、研究所、社会团体纷纷提出培养大学生创造能力和创新精神的方案。如 1995 年，美国颁布的国家科学教育标准指出，大学人才培养“重点应是教育学生掌握人们每天使用的多种技能，比如创造性地解决问题，批判性地思维和在工作中具有合作精神”。在这种形势下，美国各大学开始纷纷修订人才培养目标，十分强调学生的个性全面发展的同时突出创新意识、创新能力的培养，培养学生的创造力。如 2002 年 10 月哈佛大学正式启动新的本科生课程改革，将本科生教育目标定位于“培养反思性的、经过良好训练的、有知识的、严谨的、有社会责任感的、独立的、创造性的思想家”。

就创造力培养的课程设置而言：其一，实行宽口径的通识教育。美国各高校着重培养学生的通识教育，把专业教育放在次要位置。一般而言，大学一年级的课程都是普通教育课程，而这些课程一般是都包括历史、文化与艺术、科学、语言等领域，囊括了科学与人文领域的基础性内容；大学二、三年级才开始分专业，此时主要学习专业课程，而在学习这些专业性课程内容的同时，学生还有大量可供选择的为其专业服务的基础课程及与其专业内容互补的普通课程内容。其二，开设培养创造力的相关课程。1948 年，美国麻省理工学院首先正式开设“创造力开发”课程，此后，哈佛大学、加利福尼亚大学等相继开设有关“创造学”的课程。目前美国已有几十个“创造学”的研究所，有 50 多所大学设立了“创造学”研究机构。创造学相关课程的设立有利于激发学生的创新欲望，树立创新意识。其三，开设创业课程，重视创业教育。美国大学在创业教育方面开展得比较早，也比较普遍。目前，创业管理作为美国大学商学院，特别是 MBA 教育中的一个重要组成部分，经过 50 多年的发展已经趋于成熟，其发展趋势是从开设单门创业课程到设立一个创业项目，进而在一些著名大学中成为一个创业专业。据统计，1994 年美国共有超过 12 万名在校学生参加了创业管理或小企业方面的课程；到 1995 年，开设

创业管理课程的美国大学已经超过 400 所，其中开设了 4 门以上创业管理课程的大学超过了 50 所。进入 21 世纪后，几乎所有参加美国大学排名的商学院均已开设了创业管理课程。其四，开设有利于探究性学习的课程。从一年级的“新生研讨课”到四年级的“顶峰体验课”的整个本科课程中，都有实验室课程、校内项目课程及企业实践或社区服务等实践性的内容。

20 世纪 60 年代，美国一些大学开始尝试把研究生教育的经验移植到本科生教育上，开设了更加注重探究能力培养的顶峰体验课程。根据 2001 年所作的调查，在 91 所研究型大学中，有 82 所开设了高峰体验课程。此外，注重文理学科的互相渗透，注重课程的综合化，大量开设跨学科课程，因为创新产生于多种知识、多种学科对立面的相互作用、相互启迪、相辅相成之中。如 MIT 考虑到当今科学技术已经不能脱离人文社会科学的影响，学校不仅发展了世界上最好的政治学、经济学和语言学，而且为理工学生开设这些人文社会课程，以保证文理学科以及学生们相互渗透和相互影响。

2. 大学生创造力培养课程设置特点

（1）课程设置基础化

美国高校为培养大学生的创造力，在课程设置上，首先重视课程设置的基础化。众所周知，基础科学在全部知识中是最稳定、最持久，最不易老化的部分。当代科学技术迅猛发展，一个大学生在短短的求学期间要掌握全部现代科学知识是不可能的，只有拥有雄厚的基础科学知识，才能提高在未来社会发展中的适应能力。因此，美国高等院校的课程设置，普遍强调基础理论教育，认为在科技飞跃发展的今天，必须对大学生加强基础理论训练，才能使其适应社会发展的需要，进而形成创造力所必需的基础知识、技能。为此，美国在课程设置时，基础课所占比例为 32.94％，这样一来，大大增加了大学生的基础知识技能储备。

（2）课程设置选修化

为了利于培养学生的创造个性品质与素养。美国大学较早采用学分制，每修完一门课程便得到若干学分，修完规定学分便可毕业。不同学校不同专业的学分可能都不同，但一般在 120 至 140 学分不等，其中有 35 至 45 学分为主修科目，普通教育课程亦至少需获得 35 至 45 学分。学生只要完成了规定的必修课程，就可以根据自己的兴趣、专长和自身学习情况任意选修其他感兴趣的课程。学生选修课程有很大的自由度，这样有利于培养学生不同的素质和个性。美国大学的修业期没有一定的限制，学生既可以在三四年完成学分而获得学位资格，也可以在十年内完成其大学课程。美国大学的专业课程体系比较灵活，除了一些基础课程和专业基础课程保持相对稳定不变外，老师可以根据新的科研成果或人才市场需求开设新的选修课程。同样是一门课程，不同教师采用不同的教材；同一个教师在不同学期讲同一门课程，内容也会有所不同。这样，使学生总能掌握最新的科研成果，或学到最紧缺的专门知识，有利于新的学科较快进入高校，也有利于学生适应市场需要。

（3）课程设置综合化

美国高校为培养大学生的创新素养，加强了通才教育，在课程设置上的表现就是综合化。高等院校课程设置的综合化主要包括两方面的内容：一方面，基础科学与技术、工程科学相结合以提高基本文化素养和改善理论思维方式，培养创造性学习能力；另一方面，人文科学、社会科学与自然科学相互渗透，突出课程的应用性。这是因为社会各方面对高等教育培养多种人才的要求日益加强，高等教育内部各方面相互联系日益密切，而现代社会要解决的一系列问题，

诸如环境、人口、能源等都不是单一学科所能解决的，它需要其他学科的专业知识作为补充，而在大学生创造力培养上更是如此。在现代的美国高等院校中文理结合、理工结合、多科综合的现象很多，交叉学科、综合性学科层出不穷。例如，以工科见长的美国麻省理工学院在课程设置中明确要求理工科学生在人文、艺术、社会科学三个领域内至少修完72学分的课程，占教学计划的20%；主修文科的学生必须学习占学位课程16.5%的自然科学课程。这大大增加了学生的知识底蕴，扩大了学生的知识面，进一步提高了学生的创造力水平。

（4）课程设置实践化

美国高校非常重视学生的综合实践训练，实践教学形式多样，注重发挥学生个性的潜能。在课程设置上对学生创造性的培养进行了充分考虑，注重学生参加实践活动。因此，一方面根据社会的发展需要设置相关课程，另一方面增加实践性强的课程以提高教学过程的实践性，培养出具有较强动手能力的人才，就显得越来越重要了。这是美国高校将第一课堂与第二课堂的有机结合，使学生将课堂所学运用于实践，在一定程度上培养了学生的创新精神与创新意识。比如，麻省理工学院机械系就有一项非常有趣的实验：老师要求学生独立设计并制作一辆玩具汽车，老师只提出功能要求，车身构架、车轮和传动机构完全由学生自己设计制作。这项活动一开始，学生便开动脑筋，自己动手，用木条、罐头盒、铁丝、橡皮筋等简单材料制作出从外形到内部传动原理各具特色的小车。车辆做好后，学校组织比赛。比赛的场面非常热闹，除了学校师生外，许多家长也专程前来观看。学生的这一简单设计包含了大量的使用理论计算和工程设计知识，他们的构思和设计各有独特之处，充分发挥了学生的想象能力、设计能力和创新能力。

此外，美国注重开展创新理论教育。早在1906年，美国人普林德尔向有关协会提交了《发明的艺术》论文，首倡对工程师实施相关培训。以后，专利工作者罗斯曼的《发明家心理学》一书出版，为当年美国科技创新注入了活力。1936年，美国通用电气公司首先开设了“创造工程”课程，用来训练和提高本企业职工的创造性，取得了明显的效果，并在美国各地引起强烈反响。1931年，美国北达拉斯大学有一位教授首倡“特性列举法”，并在该校首开创造学课程。美国著名创造学家A. 奥斯本于1938年提出“头脑风暴法”，后于1941年出版《思考的方法》一书，1953年又出版了《应用性想象》一书，这些均成为创造学的开山之作。1948年，美国麻省理工学院首设“创造性开发课程”。同年，奥斯本在布法罗大学开办创造学夜校。这表明创造学已经形成了自己的体系并开始进入教学领域。1950年，美国心理学会主席吉尔福特发表了《论创造力》的就职演说，开辟了创造心理学研究分支，使创造学的学术层次得到极大的提升。此后，哈佛大学在20世纪50年代把“创造学”列为学生的基础教学课程。美国各类大学不但普遍开设了“创造学”和“创造力开发”等课程，还应用创造思维的系统理论，对理、工、文、管理等学科的200余门专业课程内容进行了修改。同时，美国在军政机关和大众企业中也开设了创造性思维的培训科目，从而形成了较完善的创新教育体系。

（二）美国大学生创造力培养课程设置的启示

从国外吸取可资借鉴的经验，力图避免大学生创造力培养课程设置的随意性以及不科学性，以期更多地获得对培养大学生创造力有利的课程设置。由于各个国家的国情不同，各大学的“情境”有所不同，为取得最好的效果，各国、各高校应根据自己的实际在这一原则指导下，因

地、因时进行操作，对他国的经验我们只能在研究的基础上加以借鉴，不能完全照搬。根据上述美国高校大学生创造力培养的课程设置状况，结合我国高校在培养大学生创造力培养的课程设置的现状，我们可以得到如下启示：

1. 加大增设基础课程的力度

我们应清楚地看到，当代科学技术迅猛发展，一个大学生在短短的求学期间要掌握全部现代科学知识是不可能的，只有拥有雄厚的基础科学知识，才能提高在未来社会发展中的适应能力。为此，美国、日本、德国、法国等国高等院校的课程设置中大量增设了基础课程，虽然我国与其他国家的国情不同，但在培养 21 世纪具有创造能力、高素质的人才方面的目标是一致的。因此，我们也必须加大开设基础课程力度，因为，基础科学在全部知识中是最稳定、最持久、最不易老化的部分。

2. 大量开设选修课程，健全学分制

在我国大部分高校现行课程体系中，必修课程占有主导地位，一般可达到 70%～85%，平均约为 82.03%；而选修课程的比例仅有 10%～20%，平均约为 17.97%。专业必修课在我国高等院校所占比例过大，尽管近年来部分高校开设了一定的选修课，但比重依然过小，而且选修课的课程结构也不十分合理，影响了学生个性的培养。因此，为了适应社会发展的新形势，必须尽快改变必修课过多，选修课偏少的局面，积极地扩大选修课的开课规模，增加选修课程的总量和自由度。同时在选修课程的设置上，要注意学科结构的合理化问题。目前，我国高校所开设的选修课程中自然科学学科方面的课程所占比例太小，而大部分选修课程侧重人文科学学科和社会科学学科的课程。而美国哈佛大学开设了 2500 多门选修课程，其学科构成状况是：自然科学学科占 29%，社会科学学科占 31%，人文科学学科占 40%，可见其学科结构比较均衡。与此同时，应建立完全学分制下灵活的课程体系，有利于培养个性化的学生，以适应人才市场需求的变化。一个专业所设置的课程相互之间的分工和配合，构成了课程体系。实现专业的培养目标，不仅仅靠一门或几门课程，而是靠全部开设课程的协调和补充。课程体系是否合理，直接关系到所培养人才的质量。要在完全学分制基础上，建立灵活的课程体系，允许学生在一定范围内根据各自的基础、特长、兴趣选修一些课程，允许学生跨系、跨专业甚至跨校选修课程，有利于学生的知识结构趋于多样化，也有利于学科之间的渗透及边缘学科的发展。

3. 加强人文、理工课程的相互渗透，设置综合性课程

在科学技术迅猛发展的今天，高校要培养具有创新精神与创造能力的学生，就必须进行通才教育，加大人文与理工学科的交叉渗透，改变新中国成立以来长期以专才教育为目标的教育模式，改变过去文理严格分科、各自为营的现状，促使各门课程之间，尤其是人文与理工之间渗透，从而不断拓宽学生的知识面，提高其社会适应性和应变性，培养其创造力所必需的知识面与技能水平。首先，从宏观上必须整体把握文理工科课程的适当比例，做到既突出重点、体现专业自身特色，又兼顾各类课程比例的均衡。其次，在微观上要注意各类课程之间知识的相互支撑、衔接与连贯。最后，在开设综合课程的同时，要同步培养综合课程的师资队伍，从而实现课程的“整体化”结构。

4. 把握好第一课堂课程与第二课堂课程的适当比例

世界高等教育发展的历史告诫我们，第一课堂课程与第二课堂课程在整个课程体系中均占有极其重要的地位，偏废任何一方都会带来许多不良的影响。大学生的创造力培养不应仅定位

于开展第二课堂的创新实践活动，而应充分体现第一课堂课程教学和第二课堂创新实践活动的有机整合，方能全面提高大学生的创造力。过去法国高等教育比较偏重基础理论课程，忽略了实践课程的适当比例，结果培养出来的大学生实践能力低下，失业率高，受到社会各界的指责。为此，我国高等院校在培养大学生创造的课程设置时，应改善原有的课程结构，在调整与优化理论课程的同时逐步增加实践性课程，切实加强教学实践活动。既培养学生动脑，更要培养学生的动手能力，特别是要加强学生科研能力的培养。只有这样培养出来的人才能具有更好的创新精神与创造能力。

5. 设置创造学相关课程，开展创业教育

当今社会，世界各国为了适应现代信息社会科学技术高度综合，知识更新周期不断缩短的发展趋势，加紧培养创造能力强的人，在课程设置上，越来越注重对创造力相关课程的设置。因此，我国高等学校的课程改革中一定要贯彻高灵活性、强实用性的原则，课程设置中应开设创造学原理、创新原理以及创新设计等类似课程，培养学生的创造意识与创造精神。与此同时，开设创业课程，展开创业教育，培养学生的创新精神、创业热情、冒险意识、团队精神，培养和引导学生形成发现新的市场商机、筹集创业资金、寻找合作伙伴、创立企业的能力，从而提高毕业生的竞争能力，有效解决就业。

（三）我国高校大学生创造力培养课程设置建议

1. 根据社会需要，树立创造教育理念

从当今世界人才竞争的核心来看，培养和拥有大批创新型人才已成为世界各国的目标。因此我国高校必须适时转变教育观念，适时调整人才培养理念，树立创造教育理念，培养创新型人才，形成科学、完整、高效的创新型人才培养模式，培养德智体全面发展，知识、能力、素质协调统一，具有“宽基础、强能力、高素质”的创新型人才。观念的更新是一切改革的先导。转变教育观念，实现从传统的单一专业教育向创造教育模式的转变，是强化大学生创造意识和培养大学生创造能力的前提。为此，我国的高等教育必须转变以继承为主的专业教育思想，树立培养学生创造意识和探索精神的创造教育思想。教育思想转变的核心，是彻底改变学生在已有知识面前的消极、被动处境，使学生在学习知识的同时，主动探索，敢于思考和怀疑，把对知识的学习和对知识创造性的应用结合起来。因此，在课程设置上，要向学生传达学校重视对学生创造力教育的信号，加大开设与创造力相关课程的力度，完善课程设置体系。

2. 明确课程设置目标，培养学生创造力

人才培养目标必须通过一定的实践形式才能从教育中介走向教育实践，这个实践化形式就是人才培养方案。但在制订人才培养方案时，首先要明确人才培养目标。大学生创造力培养课程设置的目标就是根据社会发展需要和学生自身发展需要而设置的，其基本目标就是通过一系列的课程设置，培养德智体全面发展，知识、能力、素质协调统一，具有“宽基础、强能力、高素质”的创新型人才。根据创造力培养的目标，我们可以把大学生课程设置的总体目标确定为培养受教育者的创新能力和发展创造个性品质，使受教育者具有基本的创新意识、创造个性品质、创造思维能力，具备一定的创新知识和技能，离开学校能独立生活、工作以及独立完成操作创造过程，生产创新产品的能力。具体有以下四个目标：

（1）树立创新意识：主要包括创造需要、动机、兴趣、理想、信念、世界观的形成和培养。

不仅要培养学生的自我创新意识，更要培养学生的创新社会意识。

（2）培养创造主体的个性品质：主要包括主体价值判断能力、应变能力、组织管理能力、冲动力、想象力、进取心、求知欲、意志力、独立思考的精神等个性心理品质的形成和发展，针对学生的个性和特点，要重视想象力、主体价值判断力、应变力、独立思考的精神等个性心理品质的塑造。

（3）提高创造思维能力：主要包括抽象思维与形象思维、发散思维与聚合思维、横向思维与纵向思维、逆向思维与正向思维、潜意识思维与显意识思维的训练与提高，在课程教学与社会实践中，注重训练大学生的观察力、注意力、记忆力、操作力。

（4）形成创新知识结构与技能：主要包括专业基础知识、经营管理知识和综合性知识的传授和教学，在专业知识的传授中，重点是形成合理有序的知识结构，而非大量系统全面的知识；重点是学会发现问题和解决问题的思路和途径，而非死记硬背教条和课本；重点是帮助学生树立主动性学习和终生学习的观念，以及善于扩大知识视野和灵活运用各类知识解决实际问题的本领。

以上四个方面是相互联系、相互结合、相互渗透、交错进行的，只有切实保证教育内容的全面性和完整性，才能实现创造力培养课程的目标，培养和塑造学生的创造力。因此，在课程设置时，要妥善处理课程与创造力培养的关系。

3. 依据创造力的形成机制，完善课程设置

（1）构建合理的必修课与选修课比例，加强文理学科渗透，拓宽学生知识面

建立有利于学生创造力培养的课程体系，课程设置是人才培养的核心，也是创新型人才培养的重心所在。由于学生创造力的大小强弱很大程度上取决于创造主体的知识面宽窄及其对各类知识的整合水平，我国大学要建立有利于创新型人才培养的课程体系，首先要进一步拓宽专业口径，加强文化基础教育，构建合理的必修课与选修课比例，拓宽学生的知识面；其次要根据经济社会发展和科技进步的需要，增设反映科学技术新成果的新型课程，为学生提供符合时代需要的教学内容；最后要打破学科之间的壁垒，加大选修课的比重，促进学科之间的渗透，重视跨学科教育，广泛设置跨学科课程甚至跨学科辅修、跨学科专业，以培养个性化的创新型人才。大学课程设置要加强文理学科渗透，加大选修课比例，从原来的10%～25%的选修课比例提高到40%以上，鼓励学生根据自己的兴趣爱好选修课程。创造力形成机制表明，创造主体提出新问题，创造新理论新技术、新方法等，都需要一定的知识技能储备，这些知识储备首先表现在知识面的宽窄度上。因此，在课程设置时，要淡化专业，模糊学科，加强文理渗透，加大基础课程比例和选修课程比例，使专业教育和通识教育相结合。只有这样才能培养创造主体所需要的基本知识储备，改变我国传统的单一专业教育模式。同时，高校要建立严格而灵活的选课机制，学生可以按照自己的兴趣爱好选择课程。

（2）增设创造学课程，培养学生创新思维能力和创造意识

尽管自20世纪80年代创造学引入我国以来，不少学校如中国矿业大学、北京航空航天大学、武汉大学、上海交通大学、广西大学、清华大学、同济大学等48所大学相继开设了创造学相关课程，但是相对于我国2000多所高校来说，创造学课程开设过少，有些高校只是在部分专业上开设创造学，有部分高校把创造学仅作为公共选修课，选修的人数不足。创造学课程对于学生了解、体验和监测自己的思维过程，主动开发创造性思维是十分有益的，而且也是切实可

行的。同时，大学生可以学到各种创造技法，变创造力开发由自发为自觉。因此，应在全国范围内更广泛地开设创造学课程或讲座。

例如创造学的课程设置方案设计。大学生创造学课程设置，主要有必修课程和选修课程两类课程。大学生创造学必修课程设置：除各专业的基础课程外，创造力培养课程中的必修课程主要有创造工程学、地质创造学、医学创造学、工程创造学等课程，不同的专业，应选择相应的必修课。以医学创造学为例。医学创造学是根据创造学中的综合原理将创造学和医学相结合而形成的一门相互渗透的新兴交叉性学科，医学创造学主要研究人们在医学科学技术领域的创造活动，探索其过程、特点、规律和方法。医学创造学不研究具体的医学成果及其应用，而是研究这些成果是如何取得的，这些成果最初是怎样从医学家头脑中产生、发展，又怎样在实践中检验的，这些成果的产生有无可遵循的规律等。创造学选修课程设置，“选修”意味着大学生可以根据自己的兴趣、爱好、特长等有选择地修学，以满足各类大学生的发展需要。创造学选修课程主要包括创造学原理、创业学、创造思维训练、创造心理学等知识类课程。创造思维训练是学生创造力培养的典型课程之一，通过前边部分章节对大学生创造力的核心能力是创造性思维能力的讨论，得知创造性思维能力是多种能力综合而成的，由抽象思维与形象思维、发散思维与聚合思维、横向思维与纵向思维、逆向思维与正向思维、潜意识思维与显意识思维组合而成的有机整合体，同时又具有敏锐、独特的观察力，高度集中的注意力，高效持久的记忆力，灵活自如的操作力，掌握和运用创造原理、技巧和方法能力的特质。而创造思维训练就是以训练这些思维为目的，选择人类思维的生理特点和机制为突破口，通过集中、大量的思维训练，来加强学生左右脑的平衡整合效应，强化学生思维的新颖性、流畅性、变通性、突发性和独特性。让学生以多维度、多方位、多层次的方式进行思考，以期开发他们的创造潜质。

实际上，就大学教育领域而言，这些课程之间不仅有联系，而且有密切联系。创造技能、知识类的创造学课程均具有选修性质，可根据当地的社会、经济发展状况，灵活地设置各类最需要的科目，使创造学基础课和创造学专业课在大学生整个学科课程中的结构比例更合理、更科学。

(3) 增加实践教学内容，培养学生动手能力

学生的课外实践活动是课堂教学的延伸和补充，在培养学生的创新精神和实践能力方面有着不可忽视的作用。因此，我国高校应在课堂教学中尽可能多地开设有利于培养学生科学思维和创新能力的设计性、研究性和综合性实验，建设一批教学实验中心和校内外教学实习基地，以培养学生实践动手能力。在课外，建立大学生科技创新基地，举行学科竞赛，参加“国家大学生创新训练计划”“挑战杯”等创新创业竞赛等，活跃学习气氛，拓宽学生视野，使学生在活跃的竞赛活动中受到创新思想的启迪和熏陶，潜移默化地培养学生的思维能力、想象能力和创造能力。同时，依托项目引导学生进入科研前台，如华中科技大学在这方面做得非常成熟，形成了依托基地、借助项目吸引本科生从事科研工作的良好传统和氛围。仅该校设立的“大学生科技创新基金”，近 3 年来就已投入 240 万元，支持学生创新科技项目 54 项。在该校电信系刘玉教授 2002 年组建的“基于导师制的本科人才孵化站”—Dian 团队里，本科生挑起了科研大梁，在导师的指导下独立从事项目研究与开发。该团队以科研项目为牵引，以培养科技团队的领军人物为目标，每年吸引近 100 名学生参加活动，科研经费由 2002 年的 3 万元增长到 2006 年的 100 万元，团队每年都有数篇论文在核心期刊发表。此外，要鼓励学生建立“大学生创造发明协

会”“创造学研究会”等组织，积极开辟学生参加社会实践活动的渠道，为大学生提供创新的机会和舞台。最后，还可以开展创新型小组、班级或集体的建设，调动学生积极性，激发学生的创新热情，形成浓厚的创新氛围，使实践能力和创造能力得到提高。

（4）设置创新方法课程，掌握创新技法

“授之以鱼，不如授之以渔”。创造能力培养是高校教育的本质，而培养学生掌握创新技法则是关键。在当今信息社会，知识总量急剧膨胀，呈几何级数增长，科技知识更新与科技成果转化的周期越来越短，在一定程度上说，方法的掌握比知识的传承更为重要。西方发达国家对大学生的培养极为重视培养学生的研究技能方法。如美国哈佛大学教育研究生院开设了《定量研究方法课程》《定性研究方法课程》为研究方法、创新方法的训练作了必要的课程安排；美国宾夕法尼亚州立大学对基本研究技能有明确的要求，开设了“多变量统计学”“定性方法”“研究设计”等类的课程。在目前我国高校的课程设置中，绝大多数都只是本学科专业的方法论。应该更多地设置从辩证唯物论到历史唯物论、从系统论到信息论、从运筹学到逻辑学等课程，让学生依据自身知识构成基础、兴趣并针对自身思维能力的特点与薄弱之处选修。总而言之，开设有关创造理论、技法和应用以及创业教育的系列课程，对学生进行系统的创造理论基础教育、创造技能实践训练和创造综合能力训练，使学生掌握一些实用性的创新知识，启发诱导学生，使学生能够有意识地、主动地参与实践性创新活动，以利于学生创造意识、创造性思维能力的培育。

第八章　大学生情绪管理能力与心理健康

人们常用“五味杂陈”形容复杂的心情。的确，味有酸甜苦辣，情有喜怒哀乐，人的情绪就像味道一样，搭配适宜，就能有滋有味；调和不当，也会伤心伤身。个人的情绪和自身的心理健康有着密切的关系，大学生的情绪更容易受到外界情境和自身经验的影响，如何帮助大学生认识情绪，走出负面情绪的困扰是本章的重点。在本章中，学生应该了解情绪的定义、分类及健康情绪的标准，掌握自我调节情绪的方法。

第一节　情绪概述

谈到情绪，人们自然会联想到喜怒哀乐、悲欢离合。生活中，每个人都会随着心理的活动，表现出不同的心理状态。有时积极，有时消极；有时温和，有时暴躁；有时平静，有时起伏；有时焦虑，有时轻松；有时痛苦，有时幸福；有时烦恼，有时快乐……人在清醒时每时每刻都是处于一定的情绪状态之中，情绪时时刻刻伴随着我们生活、学习、人际交往中，并直接影响着我们的生活、学习和身心健康。

一、情绪的含义及表现

（一）情绪的含义

早期情绪的研究可以追溯到柏拉图和亚里士多德。他们认为理性在情绪调节中起主导作用，人可以通过理性克服不良情绪。到 17 世纪，笛卡尔对情绪进行了深入的分析，提出了控制人的行为反应的六种基本情绪，即羡慕、爱、恨、欲望、愉快和悲伤。笛卡尔认为，这六种情绪是其他情绪的基础，其他情绪都是这六种情绪的组合，并控制着人的各种行为反应。从达尔文以后，对情绪的实验研究逐渐兴起，人们开始通过对动物和人的实验来验证各种情绪理论。但直到现在，人们对情绪的理解还很不一致，理论之间的差距也很大。

心理学家通常认为，情绪是人们对客观事物能否满足自己需要的一种主观体验以及所产生的身心激动状态，即人们对外界刺激所引起的生理和心理变化的一种主观体验。它是由客观事物即外界刺激，通过人们对情境的认知评价，产生主观的情感体验，表现出不同的情绪反应（包括行为反应）的过程。

（二）情绪的表现

情绪既是一个复杂的心理现象，也是一个复杂的生理过程，情绪变化的同时会伴有生理变化和表情等外部行为的表现。

1. 情绪的主观体验

即人主观上感觉到的情绪状态。情绪有十分独特的主观体验色彩，如人在受到伤害时，会

感到痛苦；在有所收获时，会感到快乐；当面临危险时，会感到恐惧；当遭遇欺辱时，会感到愤怒；当失去亲友时，会感到悲伤。

2. 情绪的生理变化

由于情绪刺激的作用，可以引起呼吸系统、循环系统、消化系统和外部腺体（汗腺、泪腺）与内分泌腺活动等一系列的变化，也可以引起代谢和肌肉组织的改变。因此，在人发生情绪时，内脏器官和内分泌腺体等都有一系列的生理变化。例如，人在焦虑状态下，会感到呼吸急促、心跳加速；人在恐惧状态下，会出现身体战栗、眼睛瞳孔放大；在愤怒状态下，则会出现汗腺的分泌、面红耳赤等生理特征。这些变化都是受人的自主神经支配的，是不由人的意识控制的，即使个体内心不愿意这些生理反应出现，甚至去控制，情绪也会出现。

3. 情绪的外在表现

情绪不仅体现为主观体验和生理反应，而且会直接反映到人的外在行为表现中，主要反映在人的表情、语态和行为变化过程中。面部表情是情绪表现的主要形式，它能最直接地反映人的情绪状态，人们可以通过一个人的面部表情的变化，来了解一个人的情绪状态。瑞典心理学家伯德斯德尔说，人脸可做出 25000 种不同表情，这些表情主要通过眼、眉、嘴的变化呈现。例如，悲哀时眼、嘴下垂；哭泣时眼部肌肉收缩；愤怒时眼、嘴张大，毛发竖起；盛怒时横眉张目；困窘、羞愧时面红耳赤等。在面部表情中，以眼最为传神，眉开眼笑、目瞪口呆等都通过眼睛表现出来。体态表情是身体各部位姿态的变化，也是情绪的一种表现形式。美国学者戈登修易斯指出，人体大约可以做出 1000 种平稳的姿态。人体的各种不同姿态组合都会有不同的内容，如骄傲时挺胸阔步、趾高气扬，惧怕时手足无措，害羞时扭扭捏捏，欢乐时手舞足蹈，悔恨时顿足捶胸，失望时垂头丧气，烦闷时坐立不安等。每一种姿态都有内在的含义，都在表达情感。言语表情主要是情绪在语言的声调、音色、节奏、速度等方面的变化。有关研究表明，言语变化所传达的情绪信息比言语本身更多，如悲哀时语调低沉，言语缓慢，词语间断；喜悦时语调高昂、速度较快；愤怒时声音高、尖，常伴有颤抖。

各种情绪的外在表现在不同的个体身上存在着一定的差异，从而使情绪的外在表现形式带有明显的个性特点。

二、情绪的类型

人们的情绪是复杂的、各种各样的，其类型难以有一个统一的划分方法。目前心理学上对情绪类型的划分主要有以下几个层面。

（一）情绪的形式

就人类的情绪表现形式而言，在我国，古代人通常将情绪按其表现分为“喜、怒、哀、惧、爱、恶、欲”，即人们常说的七情。类似的分类法至今仍沿用。在西方，达尔文在观察不同文化、不同种族的人之后，认为喜、怒、哀、惧等基本情绪的面部表情，各种族间具有一致性。现代心理学一般认为快乐、愤怒、悲哀、恐惧四种情绪表现是人类情绪的基本形式。

快乐是指需要或期望得到满足，期待的紧张感同时解除而产生的情绪体验。根据追求目标的意义，追求行动过程的努力程度，以及实现目的的方式与状态，快乐又可分为满意、欣慰、愉快、欢乐、狂喜等几个等级。

愤怒是指由于种种原因，个人愿望受阻或受到威胁、攻击、羞辱等使个体的活动受到挫折，尊严受到伤害时产生的情绪体验。根据其程度，愤怒可细分为不满意、生气、愠怒、激愤、狂怒等几个等级。

悲哀是指由于喜爱的对象被损坏或失去，或者是期望破灭所诱发的情绪体验。根据对象与期望的重要性和价值大小不同，悲哀可分为失望、遗憾、难过、悲伤、悲痛等几个等级。

恐惧是指在主观感受到的危险情境下，个体产生的一种情绪反应。根据主观感受和危险情境的程度差异，恐惧可分为惊奇、害怕、恐慌、恐怖等几个等级。

（二）情绪的状态

按照情绪发生的强度、速度与持续时间的长短，可将情绪分为心境、激情、应激三类。

心境是一种比较微弱、缓和而持久的情绪状态。心境不是对某一特定对象的体验，而是一种非定向的弥散性体验，是能够影响个体整体心理活动的背景性情绪状态。“我最近心情不好”中的“心情”一词就是指心境。心境具有弥散性，当一个人处于某种心境中，往往以同样的情绪状态看待其他事物。心境持续时间较长，可以是几个小时，也可以是数周、数月。心境的体验平和，不具爆发性，生理反应和行为表现往往不明显，不易为外人发现，有时甚至当事人也不甚明了。引起心境的原因并无特殊之处，凡是诱发情绪的刺激，皆可诱发心境。类似的刺激可诱发类似的心境，如睹物思人。由于心境具有背景性特征，影响时间长，因此发现和调控消极、颓废、沮丧的心境，营造良好、积极、上进的心境是心理健康教育的重要任务之一。

激情是一种强烈的、爆发式的、短暂的情绪状态。例如，狂喜、暴怒、悲痛欲绝、惊慌失措等都属于激情表现。激情的情境性十分明显，往往由强烈的刺激所诱发，突然爆发，持续的时间往往不长。激情的爆发往往由对个体有重大意义的强烈刺激所诱发，或者内心出现强烈对立的冲突，过度的抑制或兴奋等亦可引发激情爆发。现实生活中，亲人突然亡故、信仰的突然幻灭、极度的喜悦都屡屡导演一幕幕激情剧。激情爆发时，其生理反应和行为表现十分明显，且不为当事人的理智所控制，如咬牙切齿、拍案掷物、捶胸顿足等，有时还会出现肌肉痉挛、意识狭窄，甚至出现短暂的意识丧失。

应激是出乎意料的紧张或威胁性情境出现时，个体急速产生的高度紧张的情绪状态。在应激情绪体验产生的同时，身体会自动出现一种类似于“国家战争总动员”的反应现象，以使个体进入应急状态以应对面临的困境。因此，应激状态有其积极的一面，使个体调动潜力、激化器官功能、增强反应能力，是一种特殊的自我防护机制，如所谓的“急中生智”。但应激也有消极的一面，使个体意识范围缩小、认知能力下降、行为慌乱。室内火灾时，人们拼命拥向房门逃生，结果该拉开的门由于拥挤而拉不开，酿成惨剧，就是典型的应激反应。应激往往由突发的、出乎意料的或者需要通过较大的努力才能实现目的情境所诱发。例如，运动员参加国际比赛、突发的自然灾害、大学入学考试、结婚、离婚、生育后代等都可引发应激反应；一系列小的刺激积累也可诱发应激反应。应激反应能力可以通过心理训练改善提高，如严格的军事训练可以提高军人在真实战斗中的应激能力。突发灾害的应激训练是国民心理素质训练的重要内容。

（三）情绪和情感

在描述人类的感情活动时，情绪和情感两词经常被使用，有时还互相替换。情绪和情感同属不同于认知和意志活动的感情性心理活动，是对同一过程、同一活动的两个不同层面的描述。

情绪是指感性活动的过程和感受体验本身，情感是对感情性过程的感受和体验。

一般来看，情感经常被用来描述社会性高级感情，具有稳定而深刻社会含义的感情反应叫作情感。个体对刺激所蕴含的社会意义的体验往往用情感一词描述，属于人类高层次的需要满足而出现的内心体验。情感的具体内容可分为道德感、美感、理智感等高级社会感情。

三、情绪的产生及作用

（一）情绪的产生

人类的活动每天都伴随着一定的情绪，有时轻松，有时焦虑，有时快乐，有时忧愁。是什么左右着个体的情绪？情绪又是如何产生的？

1. 情绪与情境

人的情绪不会无缘无故地产生，必然有其发生的情境。正如人们所说，人逢喜事精神爽，当人们学业成功、身处优美的环境，都可让人随之产生愉快的心情；相反，人际的冲突、学习的压力、生活中的挫折，甚至恶劣的气候，则会使人感到烦躁和抑郁。除了外在的环境和事件会直接引起情绪变化外，个体的自身生理的和心理的反应也同样会引起情绪的变化。例如，人在青春期阶段，由于身体上的急剧变化，引起内分泌的紊乱，并由此造成情绪上的躁动。

2. 情绪与需要

一名大学生，在漂亮的异性同学面前常会感到紧张和羞怯，有时还会面红耳赤，为此他感到自责和困扰。人的情绪为什么有时候难以自制？情绪产生与变化的背后，实际反映着我们的需要。例如，当得到他人称赞时，满足了自己的自尊和成就的需要，从而感到一种荣誉和喜悦感；相反，当自己受到他人的冷落时，就会产生失落和孤独感，因为自己的被接纳和亲情的需要没有得到满足。生活过程也是我们追求实现自身各种需要的过程。我们的需要是多样化的，如完成工作、培养能力、发展自我、追求爱情，以及娱乐、健康、实现兴趣的需要等。这些需要是多层次的，有些是眼前的需要，有些是长远的需要，需要之间还相互矛盾。实现和满足这些需要，会受到各种条件的局限与制约，必然会引起情绪上的波动。

3. 情绪与认知

情绪虽然与客观事物是否满足人的需要相联系，但是面对同样的事物，不同的人却会有截然不同的情绪感受。比如同一门考试中，成绩刚刚及格的学生对此却有着不同的感受，有的人庆幸，好歹及格了；有的人惋惜，怎么没考得更好一些；有的人会感到无地自容，因为他从小到大从没得过这么低的分。之所以会如此，这是因为认知的作用。心理学研究表明，人们只有通过认知对客观事物与需要的满足作出判断与评价，才会产生与之相关联的情绪反应。认知改变了，情绪也相应发生变化。

4. 情绪与行为

行为是人的情绪的重要表现形式，一个人的情绪状态会导致其产生或消除导致行为的动机，并直接影响到人的行为模式及过程和效果。例如，一个学生因取得优异的成绩而产生的成就感，使得他对学习更加努力；一个学生过度的焦虑情绪，会使他感到心烦意乱而无法专心学习；对考试的过度恐惧感，也会使人在考试中发挥失常。情绪对行为起着一定的调节作用，当人在做能满足自己需要的一些行为时，会感到一种欣慰和充满热情的情绪感受，它会使自己的行为得

到加强；当人的某一行为破坏或阻碍了自己的某一种需要时，则会产生厌烦、排斥的情绪感受，它同样会使自己的行为减少或停止。可见，情绪与行为的关系并非单一的决定与被决定的关系，而是相互影响的关系。

（二）精神状态

精神状态对人的情绪的影响表现在：当人的精神状态不佳时，如睡眠不好、过于疲劳或感觉压力很大时，通常表现为情绪低落，思维不清，身体疲惫，行为退缩，甚至认为生活没有意义；在良好的精神状态下则表现得情绪高涨，对工作和学习充满信心。因此，调节并保持良好的精神状态，可以使人处在积极的情绪状态下，提高工作和学习效率。

（三）意外刺激

意外刺激包括外来的刺激和内在的刺激。外来的刺激主要指环境因素，环境对人的情绪的影响是不可忽视的。这里的环境因素一方面指具体的自然环境状况，如在喧闹的市场和繁华的工业区，拥挤的人群常常使人们感到紧张、烦躁；灰蒙蒙的天空会使人感到压抑郁闷；荒山秃岭会使人感到一片凄凉，而青山绿水则使人感到轻松愉快。另一方面，环境因素还包括家庭因素、学校因素和社会因素。家庭中的家庭结构、家庭气氛、父母关系、教养方式等；学校中的教育方式、学习压力、人际关系、教师身心健康状况等；社会环境中的社会文化背景、社会变革、社会的经济政治文化条件等，都会对人的情绪健康发展产生影响。引起情绪的内在刺激，有生理性的，诸如腺体的分泌、器官功能失常（疾病）；还有心理性的，诸如记忆、联想等心理活动，如想到伤心事，不禁然泪下等。这些生理性和心理性的内在刺激均可使人产生不同的情绪。

第二节　大学生情绪的特点及影响

大学生进入大学之后，无论生活还是学习都有了较大的变化，许多事情必须自己独立面对，在处理各种事情时，由于经验不足，往往会遭受挫折，这通常是引起大学生情绪变化的主要原因。同时，大学生作为一个特殊的群体，他们的社会地位、知识素养、与社会生活的紧密联系以及特有的年龄阶段上的生理心理状况，使得大学生的情绪显现出一些明显的特点。

一、大学生的情绪特点

（一）两极性与矛盾性并存

霍尔在其两卷本名著《青年期》中，将青年的情绪描绘为一种两极化的波动：精力旺盛、兴奋、过度地进行活动之后便是冷淡、无精打采和厌倦；异常高兴、欢乐和欣喜很快被烦躁不安、悲伤郁闷所代替；良心和美德很纯粹但也容易受邪念的诱惑，出现追求正义与说谎犯罪等好坏行为的交替；当青年陷入迷恋和友谊之中时又向往着独处和孤单；一段时间表现出敏感和亲切，另一段时间表现出无情和残酷；冷漠和惰性伴随着热情、好奇与探索；向往偶像和权威但又具有反对任何权威的革命激进主义倾向等。霍尔认为，这些普罗米修斯式的热情与多愁善感之间的相反的冲动，便是处于“疾风怒涛”时期的青年最主要的特征。正如霍尔所述，大学生的情绪呈现出明显的两极性特点，容易从一个极端跳到另一个极端，摇摆不定，跌宕起伏。

大学生常常因为一点小事而动情，或是激动、振奋，显得十分热情；或是动怒、怄气，甚至争吵；或是感到泄气，变得消沉起来。大学生情绪的两极性特征正说明了其内心存在的矛盾，如现实自我与理想自我在实践中的矛盾，自我需要和社会需求之间的矛盾等，都会导致大学生矛盾情绪的产生。矛盾情绪如果得不到及时的调适，继续用自己“非此即彼”式的思维认识判断外界的事物，则会形成绝对的肯定或否定，从而导致情绪体验的两极性。

（二）稳定性与波动性并存

随着认知水平的提高、知识经验的积累及生活阅历的丰富，大学生对自己的情绪认识更加深刻，表达自己情绪的能力逐步提高，控制自己情绪的能力也得到了提升。因此，在通常情况下，大学生的情绪表现相对稳定。但同成熟的成年人相比，大学生的情绪仍带有明显的波动性，往往因为受一点刺激就会引起强烈的情绪波动，表现为情绪起伏较大，情绪变化较快，甚至情绪变化反复无常，如学习成绩优劣、身体健康状况好坏、入党入团问题、评奖评优以及人际关系优劣、恋爱的成败等都可以引起大学生情绪波动。当遇到顺利的事情时，就显得格外高兴，充满了希望和幻想，在生活、学习、工作中力量倍增；遇到不顺心的事，则对理想信念产生动摇，出现沮丧、灰心情绪。大学生情绪的波动性特点与他们的生理心理发展特点有密切联系，也与他们的经验不足有关。

（三）外显性与内隐性并存

大学生对外界刺激反应迅速、敏感，喜怒哀乐常形之于色，他们的情绪基本上能够通过言语、表情、行为作出判断，比起进入社会的成年人来，显得比较外露和直接，这就是外显性特点。但是，大学生的情绪外在表现和内心体验并不总是一致的。比如在某些场合和特定问题上，有些大学生会文饰、隐藏或抑制自己的真实情绪，不再表现得那么坦率，而表现出内隐、含蓄的特点。比如，大学生在对异性的态度上，往往不知道自己如何表达对对方的喜爱之情，有的会表达出相反的情绪，即明明乐意接近，却表现出无所谓的态度。这是大学生有意识控制和有意识防御的结果，与表里不一的虚伪是两回事。这种内隐性特点恰恰是大学生心理发展比较成熟的表现，表明了大学生适应能力的发展。

（四）层次性和交错性并存

大学生的情绪心理发展过程具有明显的层次性，同时又是复杂交错的。层次性体现在不同年级的大学生情绪表现有差异。通常，随着年龄增长、年级升高，认知能力提高，心理发展趋于完善，情绪的调控能力增强，因而情绪的稳定性增加，波动性和两极性减小。但这只是一种大体上的趋势，不同的个体在情感发展、情绪表现上呈现出一定的差异性，尤其是男女的情绪各有自己的特点，这就使得大学生的情绪在表现出一定层次性的同时，又具有复杂的交错现象，从而表现出多姿多彩的特色。

（五）冲动性与理智性并存

大学生面对外界的刺激时通常能做出理智的分析，并采取适当的行为，在行为实施过程中能够做到自我控制和自我调节，真正做到三思而后行，这是大学生情绪的理智性特征表现。但是，某些大学生在某种特定的场合下，却很容易与他人发生冲突，表现为感情用事，试图通过冲动的行为解决问题。此时，通常表现情绪失控、自我调节情绪能力差。2004 年发生的震惊全

国的“马加爵事件”中，马加爵的情绪充分表现出其冲动性的一面。

（六）积极性与消极性并存

大学生在日常的学习、生活中表现出各种各样的情绪，如喜怒哀乐等基本情绪，与事物有关的喜爱、惊讶、厌恶等情绪，与自我有关的嫉妒、愤怒、愉悦、恐惧等情绪。这些情绪，我们可以按照对大学生身心发展所产生的意义，分成积极的情绪和消极的情绪：喜爱、愉悦等情绪对个体的身心健康具有促进作用，体现了情绪的积极性；厌恶、愤怒等情绪对大学生的身心健康会产生消极的影响，体现了情绪的消极性。任何人情绪都不可能始终保持积极性或消极性，而每个人都是积极情绪与消极情绪的统一体。大学生更是如此，他们当中大部分人在大部分时间会体现出情绪的积极性，也会因为挫折等外界刺激体现出情绪的消极性。如果大学生长时间体现情绪的消极性，则需要学会调节，或咨询相关专业人士并获得他们的帮助。

科学把握大学生的情绪特征，有助于正确认识大学生的心理行为特点，从而有利于扬长避短，实现调节。需要特别指出的是，在分析大学生情绪时，应该把某一年龄阶段一般的情绪特征与某些人异常的情绪表现区别开来，也就是前者往往是心理发展过程中不可避免的，是群体共有的，是正常的；后者则是个体心理发展过程中表现出来的不正常现象，是异常的。

二、不良情绪及其表现

（一）不良情绪的含义

不良情绪是指不良的情绪反应或对自己及他人带来不良影响甚至伤害的消极情绪状态。有些人将不良情绪等同于负性情绪，这是不准确的。所谓负性情绪，通常是指那些不愉快甚至是引发人痛苦、愤怒的情绪体验。一般来讲，负性情绪并非一定都是不良的消极情绪，它在一定的情境中，也同样具有重要的作用和功能，它们具有使人能及时感受到自己的心理不适、促使人们去主动调整自己的积极的功能，所以说，负性情绪并不等同于消极的不良情绪。

（二）不良情绪的表现

不良情绪通常具有如下表现：

（1）负性情绪持续时间过长。例如，当一个人长期处于悲观、失落的情绪状态，而自己又无法调整时，就会形成一种抑郁的心境，导致身心的危害，严重的还可表现为抑郁症等严重心理疾病。

（2）负性情绪超过了自己所承受的强度，自己却不能控制，致使自己行为失常或感到被伤害。例如，考试中过度焦虑，使一些学生考试发挥失常；严重的应激状态，会导致人的昏厥；面临期末大考，却怎么也紧张不起来，神情恍惚，精力涣散，无法进入考前状态等。

（3）负性情绪出现了恶性循环不能自拔的状态。例如，某一大学生面对学习上的压力，感到焦虑不安，影响了自己的学习效率。对此自己不能接受，又无法解脱，于是引发了更加的焦虑，导致失眠、食欲下降，焦虑越来越强烈而不能自控。

（4）情绪状态已经构成了对自己及他人的影响或伤害。例如，对自己所爱慕的人与其他异性交往而产生的嫉妒情绪，一般来讲，它并非不良情绪，而只是一种爱情专一性和排他性的正常心态反应。但是当这种嫉妒情绪已经导致猜疑甚至限制对方的行为，使自身或对方感到被伤害时，就已经成为一种不良的情绪反应了。

（5）由于情绪适应不良导致严重的情感障碍、人格障碍等心理疾患，如表现出退缩、孤独、怀疑、抑郁等，都是情绪适应不良的表现行为。

（三）大学生不良情绪产生的原因

大学生的不良情绪或情绪障碍的产生与大学生情绪活动的特点有关。此外也受多种生活因素的影响，主要有对新环境的不适应、理想与现实的冲突、学习与恋爱的挫折、人际关系的紧张及生活事件的增多等。

进一步从思想意识上分析，部分大学生是由于过重的功利意识、过多的名利追求而引起不良情绪反应的；个人的进退得失常常成为影响他们情绪生活的主要原因；他们的精神境界不高，人生状态不佳，没有摆正人生追求的主次位置，常常把属于第三位、第四位的追求目标放到了第一位、第二位的位置上。

三、大学生常见的不良情绪

（一）焦虑

焦虑是个体主观上预料将会有某种不良后果产生或模糊的威胁出现而产生的一种不安情绪，常伴有烦恼、害怕、紧张等情绪体验。适度焦虑可以转化为内部动力，激发斗志，对工作、学习是有利的。这里所指的主要是不适当的高度焦虑。大学生焦虑的原因是怀疑自己的能力，夸大自己失败的可能性。被焦虑困扰的大学生常表现出烦躁不安、愁眉不展、思维受阻、行动呆板、注意力不集中、食欲不振、睡眠不好、两手常做无意识的小动作。严重的焦虑能使人失去一切情趣和希望，甚至导致心理疾病和生理疾病。据调查，大学生焦虑主要表现在考试和人际交往上。中国科学院心理研究所使用“考试焦虑调查表”对我国大学生进行考试焦虑因子分析表明，我国大学生的考试焦虑是由对考试的紧张感、自信心缺乏、对考试结果过于担忧、认知障碍等因素造成的，而且女生比男生焦虑度高。一般认为，大学生对人际交往的焦虑与缺乏自信、交往技能差、自尊心过强等密切相关。不适当的高度焦虑对身心健康极为不利。

（二）抑郁

抑郁是大学生中常见的不良情绪，是一种感到无力应付外界压力而产生的消极情绪，常常伴有厌恶、痛苦、羞愧、自责等情绪体验。抑郁就像其他情绪反应一样，人人都曾体验过。但对大多数人来说，抑郁只是偶尔出现、为时短暂，时过境迁，很快就会消失。但也有少数人长期处于抑郁状态，严重时导致抑郁症。

大学生情绪抑郁的表现是情绪低落、兴趣丧失、郁郁寡欢、闷闷不乐、注意力涣散、反应迟钝、干什么都无精神、社交退缩、性格孤僻、不爱谈吐与交往、对生活缺乏热情和信心，并伴有食欲减退和失眠等。有抑郁情绪的大学生看上去疲乏无力，表情冷漠，脸色灰暗，精神萎靡。大学生产生抑郁情绪的主要原因有二：其一是由于意外伤害或某种原因（如生病、家庭不幸等）使挫折感增强，形成抑郁反应；其二是长期努力而得不到补偿的失望，或几经挫折，屡遭磨难。长期的抑郁会使人的心身受到严重损害，使人学习、工作效率下降，生活质量降低。

（三）冷漠

冷漠是对人和事物不关心，过于冷淡的情绪体验。一般说来，大学生正处于青春时期，情

感丰富而强烈是其基本特征之一。但有的大学生却表现出对一切都不关心：对政治、文化、体育、学习、生活等各方面都存有厌倦情绪，听课昏昏欲睡，对成绩好坏毫不在乎，对集体漠不关心，对同学冷淡无情，对环境无动于衷。心理学家把这种对人对事过分冷淡甚至冷酷无情的表现称为“感情冷漠症”。日本心理学家把具有这种冷漠情绪的大学生称为“三无”学生，即无情感、无关心、无气力。

产生冷漠的主要原因是人的生理、心理与外界客观环境的矛盾冲突。冷漠是一种个体对挫折环境的自我逃避式的退缩心理反应，当人的生理、心理不足以应付外界客观环境的变化，或逆境持续出现的时候，人的心理就会出现冷漠的情绪反应。当然，政治、道德、经济、社会、文化等因素对冷漠情绪的产生也有一定的影响。大学生情感冷漠往往与个人经历（努力长期得不到承认、好心得不到理解、多次遭受挫折、父母不和乃至离异等）以及个性特点（思维方式片面、固执、心胸狭窄、耐受力差、过于内向等）有关。事实上，表面冷漠的人往往内心很痛苦、孤寂、具有强烈的压抑感。冷漠既不利于大学生的身心健康，也不利于大学生的全面发展。

（四）自卑

自卑是个体由于某种原因（生理的或心理的缺陷，或者其他原因）而产生的对自我认识的一种消极的情绪体验，表现为对自己能力或品质评价过低，怀疑自己，看不起自己，担心自己失去他人尊重的心理状态。具有自卑感的大学生认为自己什么都不行，外部表现为心情低沉、少有笑颜、不愿谈吐、很少交往、不愿或拒绝在公众场合露面。大学生的轻微的自卑可以超越，强烈的自卑则会导致做事缺乏信心，精力不集中，有的则发展成神经衰弱，严重的可导致自杀。

自卑情绪的产生有外在的和内在的两种原因。从内在的心理过程来看，自卑是人的自我意识发展不健康和自我评价不合理的结果。随着自我意识的发展，大学生日益关注自己的外貌、能力、自我价值、个性品质等各个方面，以及别人对自己的评价。自我意识的发展也促使大学生的自我概念中出现了理想的自我与现实的自我。由于理想与现实的差异较大，这两个自我的符合程度往往较低。也就是说，许多学生对现实自我的评价往往不能满足理想自我的标准，因此产生消极的自我评价和自卑的情绪体验。这表明大学生的许多负性的情绪，如自卑、抑郁、焦虑、嫉妒、气愤等都是自己对事物的某些不合理的观念（不正确的认知）造成的。要克服自卑感，首先要正确分析产生自卑的原因和内在的心理过程，然后通过建立合理的、积极的自我评价来消除自卑情结。

（五）易怒

大学生正处在热情高涨、激情澎湃的青年时期，对情绪的控制力还不完善，因此，容易发怒便是大学生常见的一种消极情绪。有的大学生因一句刺耳的话、一件不顺心的事，就激动得暴跳如雷，或出口伤人，或拳脚相加，造成不良后果。盛怒之后，却又后悔不迭。正如古希腊学者毕达哥拉斯所言：“愤怒以愚蠢开始，以后悔告终。”发怒是当客观事物与人的主观愿望相悖时产生的强烈情绪反应。国外心理学家指出，发怒是短时间的疯狂。发怒对一个人的心身健康有明显的不良影响。通常，当人发怒时，出现心跳加速，心律失常，严重时可导致心脏停搏甚至猝死。不少人常因发怒而导致心悸、失眠、高血压、胃溃疡以及心脏病等病症出现。此外，发怒会使人丧失理智，导致损物、殴人甚至犯罪等非理智行为。

易怒虽然与个体的生理特性有一定关系（体内去甲肾上腺素含量过高、血清素含量过低者

容易发怒)，但更与一个人的修养和控制力有关。易怒的大学生常有许多不正确的认识，如发怒可威慑他人，发怒可以抵挡责难，发怒可以挽回面子，发怒可以推卸责任，发怒可以扩大影响等。然而事实上，发怒者往往事与愿违，所得到的不是尊严、威信，而是他人的反感、厌恶以及更恶劣的后果和自己心绪的更加不安。

（六）嫉妒

嫉妒是大学生中有一定普遍性的不良情绪。它是个体感到不如别人而产生的一种痛苦、不满、自责和怨恨的情绪体验。黑格尔称嫉妒是“平等的情调对于卓越才能的反感”。其特征是把别人的优越视为对自己的威胁，由发生“酸葡萄效应”到幸灾乐祸的嫌忌，甚至看到别人的成功比自己失败还痛苦，妒火中烧，以致给别人前进的道路设置障碍或进行中伤。容易引起大学生嫉妒的因素主要有外表、成绩、能力、物质条件、恋人、运气等。通常那些自尊心过强、虚荣心过盛、自信心不足、心胸狭窄、以自我为中心的同学更容易产生嫉妒。

嫉妒心会影响大学生的人际关系，造成同学间隔阂甚至对立，同时使自己处于烦躁、痛苦的情绪折磨中，有时甚至会酿成极端事件。

（七）压抑

压抑是个体的内在需求得不到恰当满足时而产生的一种消极情绪体验。情绪的压抑是大学生中常见的情绪问题。相当多的大学生感到自己的情感不能得到尽情抒发。这种压抑感有时是由自己意识到的原因引起的，有时则是自己也不知道压抑究竟来自何方，隐隐约约觉得自己有一种胸臆难抒的苦闷感。

大学生产生情绪压抑的原因是多方面的，如人际关系的紧张、成绩下降的烦恼、失恋的痛苦、性冲突的苦闷、情感丰富而无所寄托造成的孤独寂寞、对社会现实难以理解产生的疑惑，特别是市场经济条件下学习和就业激烈竞争形成的巨大心理压力等。这些都会使大学生产生压力感，这种压力困扰无法宣泄，日积月累便形成压抑。此时的压抑往往已脱离了具体的内容而表现为一种特有的情绪体验形式。

具有强烈压抑感的大学生常常会表现出：精神萎靡不振、缺乏朝气活力、感觉活得太累；丧失广泛的兴趣、知觉迟钝、思维阻碍；与人交往缺少共鸣。长期的严重压抑会诱发胃溃疡、高血压等疾病，并导致心理异常，甚至厌世自杀。

四、情绪对大学生的影响

现代心理学、生理学和医学的研究表明，情绪对人有巨大影响，它影响到人的效能、身心健康和心理发展。

（一）情绪对大学生学习成绩的影响

人的情绪是在对事物认知的基础上产生的，又反过来影响人的认知。只有在良好的情绪伴随下，人才能进行有效的观察、记忆、想象和思维。对于大学生来说，忧愁、焦虑、恐惧等不良情绪会影响学习的积极性和学习效率，导致学习成绩下降；轻松、愉快、热情洋溢的良好情绪能激发人的潜能，提高学习效率，从而取得良好的成绩。

心理学家用实验方法研究情绪与学习成绩的关系时，发现焦虑程度与学习成绩关系极为密切。研究结果反映：

（1）大学生在学习过程中处于适中的焦虑程度，能发挥最佳的学习效率，从而取得较好的成绩。“适中的焦虑程度”是指个体心理承受能力不超过限点。在大学生心理承受能力域限值内，学习压力越大，紧迫感越强，学习效率越高；压力越小，紧迫感越弱，学习效果越差。这是因为在心理承受能力临界点以内，当外部压力转化为内在的心理压力时，个体的学习自觉性和积极性增加。压力越大，促进作用越大。人们常说，没有压力就没有动力。为实现某一目标要自我加压，道理就在于此。因此，适当地造成心理的紧张，是提高学习成绩的有效途径。

（2）焦虑程度过高或过低均难以取得优异成绩。一方面，焦虑过度不利于发挥效能，如有的学生在考试时过分紧张，结果能答出来的题反而答不上来，甚至有的还在考试中出现晕场现象。这是焦虑过高对学习所起的负效应。另一方面，有的同学焦虑过低，表现出没有一点压力，缺乏学习的动力，平时不学习，上课不专心，考试时搞突击，当然难以取得好成绩。

（二）情绪对大学生行为效果的影响

一个在学习工作中刻苦钻研、取得优异成绩的人必定是情绪稳定而积极、饱满的人。相反，沮丧、孤独、无控制的消极情绪，会成为有效行为的干扰因素。

有一项对数百名大学生的调查研究表明，大学生的情绪与行为效果的关系有以下三种情况：

（1）积极—积极型。这一类大学生体验到的是积极的情绪，如快乐、高兴等，这时他的行为效能也是积极的，如行为能力的主动性、对社会的兴趣、对周围人的尊重和理解、对行为价值的追求等，都呈现明显的积极心态。

（2）消极—消极型。这类大学生有消极的情绪体验，如痛苦、紧张、愤怒等，这些情绪使他们的行为效能向负向发展，处于消极状态，表现在行为能力的被动性、对社会的兴趣下降、人际关系趋于紧张、反社会行为增加等。

（3）消极—积极型。这种类型，初始阶段与第二种情况中的心理体验相同，即都是痛苦、愤怒、紧张的消极情绪，但对行为的影响结果相反，他们的行为效能呈正向发展，通常表现为化悲痛为力量、总结教训重新奋起、变失败为成功等。

上述研究表明，积极的情绪体验与积极的行为变化总是一致的，而消极的情绪体验对行为的影响是双向的，它既能使人们的行为朝正向发展，也可能使其朝负向发展。因此，大学生要尽可能地保持、促进和发展自己的积极情绪，弱化、平缓和调控自己的消极的、不良的情绪。在自己产生消极情绪时，要善于因势利导，变不利为有利，促进消极情绪向积极行为方向发展。

（三）情绪对大学生身心健康的影响

情绪的变化会对人的生理功能和心理变化产生直接的影响，从而影响到人的身心健康。情绪对大学生身心健康的影响是双向的。

首先，良好的情绪有利于促进大学生身体健康与心理健康。良好的情绪可以促进人的生理健康。当大学生的情绪处于良好状态时，如快乐、喜悦、乐观等，可以使人体内环境保持平衡。一方面，良好情绪作用于脑垂体，保持内分泌功能的适度平衡；另一方面，它又作用于神经系统，促进神经系统活动协调，从而使全身各系统、器官的功能更加协调、生理功能完善，起到祛病强身之效。临床实践表明，积极开朗的情绪对防治疾病大有好处。健康长寿者的共同特点之一是心情愉快、乐观豁达、心平气和、笑口常开。正如巴甫洛夫指出的那样：“忧愁、顾虑和悲观，可以使人得病；积极、愉快、坚强的意志和乐观的情绪，可以战胜疾病，更可以使人强壮和长寿。”良好的情绪不仅可以促进生理健康，而且可以促进人的心理健康。因为，良好的情绪取代了引起神经和精神紧张的坏情绪，减少和消除了心理压力，有助于保持心理平衡。其次，不良情绪容易导致心理障碍和生理疾病。在过度的尤其是过于强烈的情绪反应或持续的消极情绪的作用下，人的神经系统不可避免地受到影响。大量的实验研究表明，突然而强烈的紧张情绪的冲击会抑制大脑皮层的高级心智活动，破坏大脑皮层的兴奋与抑制的平衡，使意识范围狭窄，正常判断力减弱，失去理智和自制力，严重时有可能使人精神错乱、行为失常，许多反应性精神病就是这样引起的。持续性的消极情绪的影响则常常会使人的大脑功能发生失调，从而有可能引起各种神经症或精神病。据调查，大学生中常见的抑郁症、恐惧症、强迫症、神经衰弱等大多与持久的消极情绪密切相关。在大学生自杀原因中情绪往往是主导方面，许多人的自杀念头或行为产生于抑郁症状态之下，抑郁情绪的弥散和泛化使得当事人“一叶障目，不见泰山”，完全被绝望、痛苦所笼罩，最终导致了悲剧的发生。因此，美国心理学家斯托曼指出：“情绪在变态行为或精神障碍中起着核心作用。”

不良情绪通过影响身体内部各器官功能，引起消化系统、循环系统、内分泌系统和神经系统功能的紊乱并不能协同工作，从而使人的健康受到损害，引起各种疾病。国外曾有一个专门研究小组对一批人进行长期追踪调查，当30年后查看他们的健康状况时，发现多愁善感、情绪一直不佳、患得患失或过于拘谨的人，其患病率比活泼开朗、举止大方、情绪一直保持相对稳定的人高出三倍，所患的病症多为癌症、胃溃疡、高血压、心脏病。大学生中常见的一些疾病，如紧张性头痛、心律不齐、哮喘、神经性皮炎、十二指肠溃疡、月经不调等，多与情绪变化有关。

（四）情绪对大学生个性全面发展的影响

人的个性包括思想品德、自我意识、世界观、人生观、价值观等，应该全面发展。个人的情绪状态和个性的形成有密切关系，因为情绪能影响到人的心理发展、潜能开发、工作效率、生活态度等因素。例如，悲观者往往厌世，乐观者必然热爱生活。情绪波动会影响自我评价，高兴时肯定的多，沮丧时否定的多，平静时较为客观。现实生活中，良好的情绪往往使大学生乐于行动，对学习、工作充满兴趣，愿意与人交往，而且交往时态度和蔼，宽容豁达；良好的情绪有助于开阔思路，集中注意力，富有创造性。当大学生处在愉快、乐观的情绪状态时，对天地万物充满热爱，对生活充满信心。因此，调节情绪不只是为了减少不良情绪，防治心理、生理疾病，更是为了促进人的全面发展，养成良好的个性，提高人的生活质量。

五、大学生不良情绪的自我调控

情绪对人的发展影响极大，情绪的调控不仅与身心健康密切相关，而且与一个人能否适应社会、获得事业成功和更好地享受生活有紧密联系。但是对于情绪的调节和控制，并不等于简单的压抑。真正健康、高度发展和成熟的人能尽量避免不良情绪的出现，使自己经常处于良好的情绪状态。要做到自如地调控自己的情绪，必须了解情绪控制的可能性，并学习一些情绪自我调控的方法。

（一）不良情绪控制的可能性

情绪不易控制，但并不是不可控制的。我们可以从以下影响情绪变化的因素中来把握情绪

调控的可能性。

1. 从影响情绪的主观因素和客观因素来看

情绪是由客观刺激引起的主观体验，可见客观的事物与主观的信念同时影响着人们情绪的变化，因此，要改变一种情绪，可以从两个方面入手，要么改变客观事物的性质，要么改变内心主观认知的倾向。

客观事物的性质，有的是能被人们改变的，如将失败转变为成功，情绪就会由悲转喜；把危险解除，恐惧就会消失；将重要的任务圆满完成，紧张就会变为轻松；找到知心朋友，孤独就被温暖所代替。有的客观事物是不能被人们改变的，如“天有不测风云”，大气可能影响情绪，但天气是不会改变的等。

主观认知和理念则是可以改变的。例如，把失败看作为成功交学费，沮丧就会转为振奋；把沉重的任务、艰难的工作看作锻炼自己的机会，压抑就会变为兴奋；不用想象中的灾难和不幸吓唬自己，恐惧就会大大减轻；领悟了世间有些路必须一个人去走，就可能学会在一定程度上享受孤独。

2. 从影响情绪的先天因素和后天因素来看

每个人的确存在被先天因素所决定的比较稳定的情绪反应倾向，同时也有在后天环境中通过学习获得的、可以加以改造的情绪反应倾向。影响情绪的先天因素主要有两种：一种是人的气质类型，它决定着人们的情绪反应倾向，这是不易改变的。但人们可以通过了解自己的情绪倾向，接纳自己的现状，并设法扬长避短。另一种是与情绪有关的一些生理需要和感观刺激，如饮食、睡眠、性需要以及温度、光线、色彩、声音、气味、触摸、运动等刺激。当人们的基本生理需要得到适当满足时，就会产生愉快、轻松、平静等情绪；如果这些需要没有得到满足，就会产生痛苦、压抑、不安等情绪。这些生理需要和感观刺激可以通过满足某些生理需要使情绪得到改善。

影响情绪的后天因素则完全可以被人加以利用或改变。有很多情绪都是后天习得的，如乐观、沉稳、奋发、同情、勇敢、自豪、嫉妒、恐怖等。例如，父母恐吓小孩“天黑不要出去，外面有大灰狼”“不听话就带你去打针”，久而久之，小孩对天黑和打针这些对人们本来无所谓的事物产生了恐惧，心理学家称这是习得的恐惧。后天人们所处的环境、受到的教育、社会家庭的影响、个人的生活经历，都可能导致人们情绪倾向的明显改变。例如，一场致命的打击也许会使一个人自暴自弃，从此一蹶不振；一个一向紧张胆怯的人在实现了一次从未有过的成功的自我表现之后，也许会变得坦然镇定了很多。这些后天因素都是可以被创造、利用或改变的。

3. 从情绪发生时的身体内部变化和外在表现来看

内在的生理变化有一部分在一定程度上可以通过人为的手段加以改变，有的则无法改变。而外在的表情动作大部分是可以被人们所改变的。

心理学家通过实验手段研究证实，与情绪有关的生理变化主要有：循环系统的变化，包括心率、血压、血糖和血液含量的变化，如愉快时心跳平静，紧张时心率加快、血压升高等；呼吸系统的变化，包括呼吸频率的深浅、节奏的变化，如“紧张得喘不过气来”等；腺体的变化，包括身体内外分泌活动的变化，如“吓出了一身冷汗”等；肌肉的变化，包括骨骼肌和内脏肌肉的活动，如恐惧时瘫软，紧张时颤抖等；脑电波和皮肤电阻的变化，如平静清醒状态下，脑电波呈现出 α 波（8～14 次/秒），紧张焦虑时便出现频率较高的 β 波（14～30 次/秒）等。这些

身体的内在变化有的是无法改变的，有的则可以通过深呼吸、放松训练等加以改变。情绪发生时外在的表情动作包括面部表情，如哭、笑、皱眉、目瞪口呆等；身体姿态、手的动作，如昂头挺胸、垂头丧气、手舞足蹈、捶胸顿足、紧握拳头、手足无措等；语言、语速、语调的变化，如满意时啧啧称赞、嫉妒时怪腔怪调等，这些大部分是可以被人们所改变的。如平时多笑，“笑一笑，十年少”，笑口常开可以帮助人们保持愉快的情绪，抵御不良情绪的滋生。

综上所述，在情绪变化所依赖的主观因素与客观因素、先天因素与后天因素、内部变化与外在表现等各种因素中，有些是不易改变的，而相当部分是可以通过努力改变的，这就为我们自我调控情绪提供了可能性。对情绪的自我调控是需要学习、需要修炼的，除了要从根本上完善自己的个性，培养良好的意志品质外，还要学习一些调控情绪的方法。

（二）情绪自我调控的方法

常见的情绪调控方法有合理情绪疗法、宣泄法、放松训练、音乐疗法等。

1. 合理情绪疗法

合理情绪疗法是美国心理学家艾利斯在 20 世纪中期创立的。他认为每个人既有合理的思维，又有不合理的思维，人的情绪是伴随思维过程而产生的，由思维产生的认识和信念可以决定情绪的性质。人们大部分的情绪困扰都来自非理性的、不合逻辑的思维与信念。当人们长期坚持在内心对自己重复这些不合理信念时，就会导致越来越严重的不良情绪和不适应行为，最终导致心理障碍。

艾利斯将人类普遍表现出的不合理信念归纳成三类：一是绝对化的要求。指人们从自己的主观意愿出发，认为事物“必须”或“应该”怎样的信念。例如，“我必须表现优秀”“别人必须处事公正”“生活必须完美无缺”。一旦现实与个人绝对化的要求不相符合，人就会感到沮丧，从而陷入不良情绪当中。二是过分概括化的倾向。这是一种以偏概全的思维方式，只凭个别事实就来判定自己或他人的整体价值，每当出现不好的结果时，就倾向于把自己或别人评价得一无是处、毫无价值，从而使个人经常陷入不良情绪当中。三是糟糕至极的评价。即只要一件不好的事情发生了，就认为此时此刻便是最坏、最可怕、糟糕至极的时候，把自己逼到毫无回旋余地的绝境，从而陷入不良的情绪状态之中，难以自拔。

艾利斯提出了 ABC 理论来解释人的情绪困扰和不适应行为的产生。其中，A（Activating events）指诱发性事件；B（Beliefs）指个人在遇到诱发性事件后产生的相应的信念，也就是他对这件事的看法、解释与评价；C（Consequences）指在特定情境下，个人的情绪体验及行为结果。艾利斯指出，情绪（C）不是由某一个诱发事件本身（A）所引起的，而是由经历了这一事件的个人对这一事件的解释和评价（B）所引起的。因此 A 只是 C 产生的间接原因，B 才是 C 产生的直接原因，是 B 决定了 C 的性质。

在此基础上，艾利斯提出了通过改变信念从而改变情绪与行为的方法，即合理情绪疗法，也被称为 ABCDE 模式。其基本程序是：

（1）找出使自己产生异常紧张情绪的诱发事件（A）。例如，考试、工作压力、人际关系等。

（2）分析自己在遇到诱发事件时对它的解释、评价和看法，即由它引起的信念（B）。从理性的角度去审视这些信念，并且探讨这些信念与所产生的紧张情绪（C）之间的关系，从而认识到异常的紧张情绪之所以发生，是由于自己存在不合理的信念，自己应当为自己失之偏颇的思

维方式负责。

(3) 扩展自己的思维角度，与自己的不合理信念进行辩论 (Disputing)，动摇并最终放弃不合理信念，学会用合理的思维方式代替不合理的思维方式，还可以通过与他人讨论或实际验证的方法来辅助自己转变思维方式。

(4) 随着不合理信念的消除，异常的紧张情绪开始减少，并产生更为合理、积极的行为方式。行为所带来的积极效果，又促进着合理信念的巩固与情绪的轻松愉快。

(5) 个人通过情绪与行为的成功转变，从根本上树立起合理的思维方式，从此不再受异常的紧张情绪的困扰，即达到了治疗的效果 (Effects)。

概括起来就是：诱发事件 (A) —有关的信念 (B) —不良情绪和不适当的行为 (C) —与不合理信念对抗 (D) —在情绪和行为上产生积极的效果 (E)。

2. 宣泄法

心理学认为，当一个人受到挫折后，用意志力量压抑情绪，表现出通常的谈笑自若，这虽可以减轻焦虑，但只能缓解表面紧张，却不能从根本上解决问题，还会带来更大的身心伤害。比如愤怒，如强加抑制，就会像一颗定时炸弹，时刻有毁灭自己或他人的危险。专家发现，乳腺癌患者大都是有怒不宣的人，十二指肠溃疡常常发生在怒而不发的人身上，有关节病的人常常是愤怒得不到宣泄的人。适度的宣泄可以把不快的情绪释放出来，从而使紧张的情绪得到轻松、缓和。可以采用自我宣泄和他助宣泄的方法来疏导过量的激情和调节情绪。

自我宣泄的方法有眼泪缓解法、运动缓解法、转移注意力法和“合理化”等方法。

在悲痛欲绝时大哭一场，可使情绪平静。美国专家威费雷认为，眼泪能把有机体在应激反应过程中产生的某种毒素排出去。从这个角度来讲，遇到该哭的事情忍住不哭就意味着慢性中毒。很多人欣赏“男儿有泪不轻弹”，把眼泪当作软弱的表现，从心理健康角度来考虑，就会发现这种观念是不可取的。很多人都体会到该哭的时候能哭出来，哭过以后心情就好多了。

在盛怒愤慨时，猛干一阵活或进行剧烈的体育运动，有助于释放激动情绪带来的能量。许多大学生有过在运动场上拼命奔跑以缓解心中郁闷情绪的经验。研究人员发现，健身运动能使你的身体产生一系列的生理变化，其功效与那些能提神醒脑的药物类似。但比药物更胜一筹的是，健身运动对你有百利而无一害。不过，要做到效果明显，你最好是从事有氧运动——跑步、体操、骑车、游泳和其他有一定强度的运动，运动之后再洗个热水澡，则效果更佳。

情绪不佳时，转移自己的注意力，是一种控制情绪的好办法。人在情绪发作时，头脑中有一个强烈的兴奋灶。此时，如另外建立一个或几个兴奋灶，便可抵消或减弱原有的兴奋中心。所以，情绪不佳时，转移自己的注意力，转换一下兴奋点，做些自己感兴趣的事，如外出散步、看看电影、听听音乐、读读书、找朋友玩、换换环境等。

“合理化”是一种援引合理的理由和事实来解释所遭受的挫折，以减轻或消除心理困扰的方式。它的表现形式可概括为“找借口”“酸葡萄效应”“甜柠檬效应”等。情绪不佳时，适度地采取“合理化”的方法自我宣泄得以安慰，也是一种情绪自我调控的方法。

他助宣泄的方式包括倾诉和模拟宣泄等。

倾诉，既可以向师长、同事、同学、亲人诉说心中的烦恼和忧虑，也可用写日记、写信等方式倾诉不快，以宣泄自己的烦恼和不快，调节自己的情绪。当自己有了不良情绪或感情纠纷时，不要觉得寻求他人帮助就是脆弱的表现，应当主动向值得你信任的人寻求帮助，他们往往

能给你提出摆脱不良情绪的良好建议。必要时也可以求助于心理咨询人员或心理医生，他们会给你一些有价值的建议。

模拟宣泄是目前新兴的一种调节情绪的方法。一些日本公司的充气工头像就是用来让员工发泄对上司的不满的，员工通过打骂模拟敌人，发泄烦恼，宁心息怒。

宣泄的方式多种多样，若方式选择不当，不但不能促进心理健康，反而会带来新的情绪困扰。因此，要注意正确选择宣泄方式，应以不妨碍他人和社会利益为原则，同时，宣泄时也要注意不损害自己。

3. 放松训练

自我放松训练是用于克服紧张、焦虑的方法，目的是使身心放松，使生理与心理活动趋于平衡，使人从烦恼、愤恨、紧张、忧愁等不良情绪中解脱出来，达到内心的平静与安宁。

放松训练有呼吸放松法、肌肉放松法、意象放松法等。

（1）呼吸放松法。这种训练方法简单易行，不受场所、时间等条件的限制，行、站、坐、卧都可以进行。其目的是通过深度呼吸，使身体各组织器官与呼吸节律发生共振，从而达到身心放松的效果。呼吸放松法的训练方式如下：

①以一个舒服的身体姿势坐在椅子上，闭上双眼。

②让自己感觉到在呼吸，注意自己是在用嘴还是用鼻呼吸，以及自己呼吸的频率。

③注意观察身体各部分，要细心注意身体的肌肉群，看自己是否感觉紧张。这样保持一分钟。

④回到呼吸上来，用鼻子做深呼吸，然后用嘴吐气，连续做几次这样平静而深邃的呼吸。当你吐气时，观察肌肉在干什么，注意观察肌肉是如何开始工作的。继续这样呼吸几分钟。

⑤每次吸气，你的横膈膜扩大，腹部收紧；每次吐气，腹部肌肉放松（如果无困难，放一只手在腹上，这样你会感觉横膈膜的运动。吸气时便放开，再吐气时又放上。起初你可以强迫自己用横膈膜呼吸）。

⑥数四下吸气一次，然后再吐气。此后慢慢数八下吸气一次。缓慢、深沉而平静地呼吸。这样练习几分钟。

⑦如果一开始时用腹腔呼吸就有困难，可先练喘气呼吸。喘气呼吸是喉管呼吸的一种。用你的嘴做成“O”形状，用嘴快速吸气，短促喘气，快速呼吸。每次呼气，腹部鼓出，在腹部运动同时做喘气动作，呼吸……一，二，一，一，二，一，二……数“一”时吸气，数“二”时呼气。

（2）肌肉放松法

这种训练方法有手臂放松、头部放松、躯干部位放松、腿部放松、全身松弛、运动兴奋等。通过从头到脚的一步一步放松，并结合自我暗示，来达到消除紧张、调节精神状态的目的。

头部放松的顺序：皱起前额；皱眉；紧闭双眼直到做完练习；按顺时针方向转动眼球，转回到中心；按反时针方向转动眼球回转至中心；转眼球至最右角处；转眼球至最左角处；转眼球向上；转眼球向下；皱起鼻子、脸颊；紧闭双唇，绷紧双唇；收紧下腭部肌肉；压紧下巴贴近胸部；舌头贴紧上腭；开始吸一大口气，支持住，然后紧张喉咙；做唱歌发音时张口的假动作但不发出音来，紧张喉咙和喉部肌肉，然后哼低音调。

躯干部位松弛的方法：抬起肩头，触及双耳以紧张双肩肌肉；往后扩双肩，收紧背部肌肉；

弯下腰部以收紧下部肌肉；往前收双肩，以收紧胸部肌肉；吸气以紧张腹部肌肉；紧张臀部肌肉。

手臂放松的方法：握紧右手（握成拳头），紧张右前臂；握紧左手，紧张左前臂；双手收紧；弯曲右肘关节以紧张右二头肌（上手臂）；弯曲左肘关节以紧张左二头肌；伸直右手臂以紧张右三头肌（背部肌肉，上手臂）；伸直左手臂以紧张左三头肌。

腿部松弛的方法：紧张右上腿肌肉；紧张左上腿肌肉；紧张左右腿上部肌肉，同时弯曲双腿至膝部，然后再伸直；紧张右小腿部肌肉，外胫脚尖经腿方向上提；紧张左小腿，外胫脚尖经腿方向上提；紧张右脚和右脚趾；紧张左脚和左脚趾。

全身松弛的的方法：吸气时数四下，憋住气数四个，注意紧张起来，然后缓慢地吐气；深邃而平稳地吸气，检查所有肌肉群。通过运动重新进入兴奋状态的方法：活动手、手臂；活动腿部和脚；转动头部；睁开双眼，坐起。

情绪紧张往往伴随着肌肉紧张，积极的放松方法对那些感受到特殊肌肉组织群紧张的人来讲是十分理想的。一般肌肉紧张的反应多为眼睛疲劳，背和腰部疼痛，腿僵直，颈部僵直，嗓子嘶哑和胸部疼。所有这一切，均可通过上面介绍的积极的深部肌肉放松练习加以缓解。

（3）意象放松法

这种训练方法的基本原理就是通过想象轻松、愉快的情境（如大海、山水、瀑布、蓝天、白云等），达到身心放松、情绪舒畅的目的。意象训练的效果取决于想象的生动性和逼真性，意象越清晰生动，放松的效果就越明显。意象训练法不仅能消除疲劳、恢复精力，长时间坚持训练还可以达到开发智力的效果。下面我们通过语言引导来试做一次意象训练：现在请你全身放松，闭上眼睛，静静地、静静地观察你头脑中闪现的每一个念头，不要去理它，任它来去。你可以想象秋天的天空，你站在高山云巅，仰望湛蓝的天空，它显得那么高远、那么幽深。天空中，行云如流水，又仿佛是一片片棉絮从天际涌出，悠悠然从顶空飘过，又消逝在无尽的远处……你可以重复想象上面描述的情境，渐渐地，一闭上眼睛，你的头脑中便会显现出秋天的景色，一幅动态的、有序的画面。你也可以想象自己所喜欢的静态画面，或是蓝天白云，或是绿水青山等。如果你的想象力很好，你可以做进一步的训练，把想象从外界转向体内。想象自己站在或坐在一朵金色的莲花上，周身金光四射，就像刚刚初升的太阳，照耀万物。

这种训练方法你可以做几分钟至几十分钟，坚持不懈地进行训练，经过一段时间你会发现自己的身体素质、学习效率都发生了很大变化。

4. 音乐疗法

研究表明，音乐对人的情绪有着极大的调节作用，不同的曲调和不同的节奏都能使人产生不同的情绪体验。古希腊人认为，不同的曲调代表不同的情绪：A 调高扬，B 调哀怨，C 调和蔼，D 调热情奔放，E 调安静优雅，F 调淫荡，G 调浮躁。有人对近代音乐的乐调进行了研究，发现乐调与情绪有如下关系：

A 调中的 A 阳调：自信、希望、和悦，最能表现真挚的情感，充满对生活的憧憬；A 阴调：女子的柔情似水，恰似北欧民族的伤感和虔敬之心；A 降低阳调：好似梦境中体验到的情感。

B 调中的 B 阳调：嘹亮，表现出勇敢、豪爽和骄傲；B 阴调：悲哀，表现出静静的期待。

C 调中的 C 阴调：纯洁、果断、坚毅、沉稳，有宗教的情调。

D 调：热情。

E调：安定。

F调中的F阳调：和悦，略带忏悔、哀悼之情；F阴调：悲伤、忧愁，曲调哀婉；F提高阳调：嘹亮、柔和、感情丰富；F提高阴调：热情、神秘，曲调幽深、阴沉。

G调中的G阴调：有时忧愁，有时喜悦；G阳调：真挚的信仰，平静的爱情，有田园风趣，给人以自然、温馨的感觉。

不同的个体因不同的个性特点、心情、时间和场合而对乐曲有所选择。例如，节奏感强的乐曲适合忧郁、好静、少动的人；旋律优美的乐曲适合兴奋、多动、焦虑不安的人。因此，在国外，音乐调节已应用到了外科手术及精神病、抑郁症、焦虑症等病症的治疗。例如，忧郁烦恼时可以听《蓝色多瑙河》《卡门》《渔舟唱晚》等意境广阔、充满活力、轻松愉快的音乐；失眠时可以听莫扎特的优雅宁静的《摇篮曲》、门德尔松的《仲夏夜之梦》等乐曲；情绪浮躁时可以听《小夜曲》等适合的音乐来调节自己的情绪状况。

第三节　大学生健康情绪的培养

情绪是衡量一个人积极性的特征指标，是认识和洞察人们内心世界的有效手段，是个性成熟程度的指示器，对一个人的心理成长和发展有着极大的影响。情绪能反映出一个人的胸怀和度量。胸怀豁达的人一般情绪稳定，能容忍和克制，从而反映一个人的控制心理发展的水平。对于在校大学生来讲，管理情绪、调节情绪、驾驭情绪、做情绪的主人，不仅是维护身心健康的需要，而且也是自我发展和人格成熟的条件。因此，培养良好的情绪，有利于大学生心理的健康发展。

一、健康的情绪及其表现

（一）健康情绪的含义

健康的情绪，即良好的情绪状态。良好的心理状态，首先是情绪上的成熟，是指一个人的情绪的发展、反应水平和自我控制的能力与其年龄和社会对此的要求相适应，并为社会所接受。美国心理学家马斯洛在阐述关于“自我实现者”的情绪特点时，曾经提出了健康情绪的六个特征：平和、稳定、愉悦和接纳自己；有清醒的理智；适度的欲望；对人类有深刻、诚挚的感情；富于哲理、善意的幽默感；丰富、深刻的自我情感体验。

（二）大学生健康情绪的表现

1. 大学生健康情绪状态的一般表现

大学生健康情绪状态一般来说主要表现在有稳定、愉快的心境，与理智和意志相联系的激情和适度的应激。

稳定、愉快的心境能使人振奋快乐、朝气蓬勃。具有这种心境的人即使遇到巨大困难也会认为是可以克服的。失去这种心境，人们则会颓废、悲观，同样的工作也会感到枯燥乏味，不利于学习和工作。

与理智和意志相联系的激情能激励人们克服艰险、攻克难关、攀登高峰，成为正确行动的巨大动力。消极的激情则对有机体活动具有抑制的作用，这时人的自制力也将显著降低。

应激有积极作用，也有消极作用。一般应激能使有机体具有特殊防御、排险机能，能够使精力旺盛，激化活动，使思维特别清晰、精确，动作机敏、准确，推动人化险为夷、转危为安，及时摆脱困境。但强烈而长期的应激，会产生全身兴奋，使注意、知觉范围缩小，言语不规则、不连贯，行为动作紊乱等。

2. 大学生健康情绪状态的主要表现

具体来说，大学生健康的情绪主要表现在具有真实的自信、热情乐观，并保持适度焦虑。

自信是一种积极的心理暗示，指一个人对自己有正确的认识和评价，并在此基础上自知、自信、自尊、自爱，能悦纳自己，自己心中有一个良好的自我形象。这种自我形象一旦建立，便比较牢固地留在自己的潜意识中。它可以较长时间悄悄地左右人们的行动，使人充满信心和力量，时刻充实和完善着自我和人生。具有真实自信的大学生，表现出活泼、开朗、幽默、果断等特点，一般能保持一种稳定而愉快的心境，潇洒自如地直面人生。可以说，自信是良好情绪状态的内在关键要素。

热情、乐观是良好情绪状态最直观的外在表现。我们热情、乐观的时候，可以想得更好，干得更好，感觉得更好，身体也更健康。俄国心理学家K·柯克契耶夫试验过人在乐观与悲观的思维中的生理状态。人在乐观的思维中，视觉、味觉、嗅觉和听觉都更灵敏，触觉也更细微。精神医学也证明，在乐观的时候，我们的胃、肝、心脏和所有的内脏会发挥更有效的作用。可见，在热情、乐观的情绪状态下，一个人的潜能可以充分地发挥出来。适度焦虑也是一种良好的情绪状态。研究表明，保持适度的焦虑可以提高人的活动效率。一方面，适度的紧张和焦虑使个体进入紧张激动状态，由于交感神经作用，生理上会有一连串的变化，如血压增高、呼吸加速、血液循环加快。这些变化使身体产生较多的能量来应付当前的问题和情景。这种能量有时是巨大的，它可使人做出超出自身极限的成就。另一方面，适度的紧张和焦虑，不仅是维持学习效率的有利因素，而且是健康生活的必备条件。有些人愿意从事冒险活动，有些人喜欢在学习完一天功课后，还要玩桥牌、围棋之类伤脑筋的消遣活动，就是这个原因。个体在适度焦虑状态下，思考力、反应速度、动作的敏捷性都得到锻炼，使身心更趋于健康全面发展。能够保持适度焦虑的大学生往往能够较好地适应大学生活，发展自己，作出正确抉择，并取得较好的学习成绩。

二、大学生情绪健康的标准

大学生的情绪是否健康，情绪发展是否成熟，是建立在确定的情绪健康的标准之上的。不同的学者专家对情绪健康都提出了自己的标准。

（一）赫洛克的情绪成熟标准

美国心理学家赫洛克在《青年心理发展》中对青年情绪成熟提出了四条判断标准：

（1）能够保持健康，自己能控制因身体疲劳、睡眠不足、头痛、消化不良、疾病等引起的情绪不稳定；

（2）能够控制环境，不是想干就干，而是先预料后果，再采取行动；

（3）能使情绪的紧张消解到无害的方面，不是压抑情绪，而是将情绪转变、升华到社会性的高度；

（4）能够洞察、理解社会。

（二）关中文的情绪成熟标志

日本青年心理学家关中文在《青年心理学》中提出青年情绪成熟的两个标志：

（1）在客观评价自己的基础上能控制一时的情绪和欲求，忍耐不满情绪；

（2）能够设计现实的生活。

他还提出了达到情绪成熟的办法：现实生活中注意自己的情绪，深入了解自我、调整情绪、珍惜现在时光，重视现在自己内心深处的东西，面对现实生活而不逃避等。

（三）孙飞的情绪成熟标准

南开大学孙飞主编的《大学生心理导论》中提出大学生的情绪成熟应具有四个方面的标准：

1. 关于情绪反应方式的标准

在情绪反应的方式上，大学生要具备差异性情绪能力。就是指个体遇事并不立刻做出“是与否”及“怎么办”的情绪反应，而是首先保持冷静的情绪进行全面分析、判断、综合，诸如分析事情的起因和过程、判断对方的动机和目的、综合考虑怎样才能促使问题得到解决等，然后再采取相应的对策及行动。

2. 关于情绪选择的标准

一个成熟的大学生不仅要有控制自己情绪的能力，而且要具备选择自己情绪的能力，做情绪的主人。一方面，要经常努力使自己选择那些有利于身心健康、事业成功的情绪，预防因身体疲劳、失眠、疾病、生理周期等引起自己情绪的不稳定；另一方面，对于无法控制其出现的消极情绪，也能镇定地选择积极的行为方式，使自己的消极情绪向积极的情绪、积极的行为转化和发展。

3. 关于行为设计与控制能力的标准

年轻气盛，有较强的个性是大学生的一般特征。在大学生活中接触到的主要是同类群体，他们之间难免出现一些矛盾，而突出的是人际关系的矛盾，这是检验大学生情绪是否成熟的重要标准之一。从这一视角来看，大学生情绪成熟的标准应该是根据周围环境的允许限度，能够有意识地调控自己的情绪，不轻易受别人的暗示和影响，并选择设计和控制自己的行为。

4. 关于人生态度和社会洞察力的标准

判断一个大学生的情绪成熟与否，还要看他的其他与之相关的心理品质的成熟情况，诸如宽广的胸怀、较强的适应能力和自我控制能力、良好的性格特点、顽强的意志等，但最为重要的还是看他是否树立了正确的人生观和具有较强的社会洞察力。正确的人生观使大学生对客观现实抱有一种实事求是的态度，对自己的人生目标和处世方法也有一个正确理解和与之相适应的系统化的行为准则。这样，就能使自己不轻易为一些琐事干扰个人的情绪，妨碍人生理想的实现和良好情绪的发展。社会洞察力的提高，表现在能科学地分析和概括各种社会思潮和预测事件的发展趋势，并使自己的身心做好相应的准备，避免事到临头仓促应付，结果顾头不顾尾或者临场判断失误，导致产生挫折感和失败感。

（四）大学生情绪健康的标准

综合国内外学者的有关观点，我们认为大学生情绪健康的总的标准是：情绪的目的性恰当、反应适度、正性作用强。具体标准如下：

1. 情绪的基调是积极的

在人的情绪中消极情绪总是不可避免地发生，但从总体上讲，一个人应当能在较长时间内维持具有积极情感色彩的情绪，如热情、乐观、愉快、开朗、振奋，对生活充满希望。

2. 情绪反应适度、协调、和谐

大学生的情绪是丰富多样的，这种丰富多样性主要通过两极性表现出来。健康的情绪反应是适度、协调而又和谐统一。例如，在情绪反应程度方面保持适当的强度。既不反应过度，也不是冷漠麻木的毫无反应，即欢乐时不发狂，愤怒时不失态，悲哀时不呆滞，勇猛时不鲁莽等。在情绪波动性方面要适中。无波动的一成不变的情绪反应是不正常的，要有情绪的波动起伏，但不能变化无常，如活泼而不轻浮、快乐而不庸俗、安静而不冷漠等。在情绪的表现形式上，应保持含与露的协调。既有该含蓄时的含蓄，又有该外露时的外露。外露时不幼稚、轻狂，含蓄时也不过分，如含蓄而不虚伪，文饰而不压抑，内隐而不孤独。

3. 对不良情绪具有调节、控制能力

不无休止地不分情况地维持某种消极情绪，善于调整情绪，既能克制约束，又能适度宣泄，不过分压抑。

4. 能正确地认识自己、认识社会、认识自己与社会的关系

以正确地对待社会、正确地对待自己、正确地对待自己与社会的关系为基础来把握自己的情绪，即以对主客观认识的统一为基础来确立自己情绪的目的性，正确对待自己的情绪和他人的情绪，使自己的情绪表达既符合社会的要求，也符合自身的需要。

5. 高级社会性情感良好发展

高级的社会性情感（如理智感、道德感、美感等）得到良好发展，即在情感内容的构成方面应占主导地位并能对低级情绪起到调节作用。

三、大学生培养健康情绪的方法

（一）提升自信

正确地认识自己是保持自信的重要条件，而足够的自信心又是保持心情愉悦的重要基础。因此，大学生要学会全面地、正确地认识自己，既要看到自己的长处，也要看到自己的不足，在此基础上学会全面地悦纳自己。

首先，大学生应了解自己目前自信心的状况。心理学专家们设计了不少测试自信心的量表，可以借助量表进行测试，也可以通过自我评价去认识。自信心过强，即过了度，会自以为是、盲目乐观，看不到自己的缺点，这是自我评价过高引起的，应纠正这种偏差，正确地认识自己，培养十分强而不是过于强的自信心，因“真理若再向前迈进一步也会成为谬误”。自信心十分强时应注意保护并保持谨慎、注意方法。自信心一般的时候，应设法予以加强。若自信心较弱或很弱，必须努力加以改变。

其次，大学生应定出符合自己实际情况的“抱负水平”。抱负水平定得过高，多方努力均不能达到，容易挫伤自信心。抱负水平可以由低到高地定，每实现一个小目标，就有一份成功的喜悦，就增强一份自信，切不要幻想一步登天。

再次，大学生还可通过适当的补偿来培养自信心。即通过努力奋斗，以某方面的成就来补偿自身的缺陷，变自己的劣势为优势，使自信心逐步培养起来。常用的方法有“以勤补拙”“笨鸟先飞”“扬长避短”等。

最后，大学生应刻苦学习，努力实践，不断充实自己，提高自身素质。这是培养自信心最根本的方法。

（二）学会乐观

大学生要学会对任何事物都不要用肯定一切或否定一切的观点去看待，应抱以积极、乐观的态度去对待一切。大多数失败者并非智商低下，而多因看问题绝对化，遇到困难消极悲观，使得“未做事先自乱阵脚”，因此，大学生要学会调整自己的认知视角，挖掘事物的积极因素，帮助自己保持良好的心态。正如林肯所说：“只要心里想快乐，绝大部分人都能如愿以偿。”也就是说，只要你相信自己一定会成功，你个人的活动就能够发展和实现这些想法。一个人一生中不可能百分之百的顺利，总要碰到艰难险阻，在逆境中如果不能坚信未来属于自己，就会像萧伯纳所讽刺的那样，“如果我们觉得不幸，可能会永远不幸”。如果我们能坚信未来属于自己，我们就能热情、乐观地面对一切了。

（三）学会宽容

宽容就是豁达大度、心胸开阔、宽以待人，就如俗话所说“宰相肚里好撑船”，能忍人所不能忍，容人所不能容，处人所不能处。人的心态会因为宽容而热情乐观，也会因不能宽容而不满、不平、不敬、不快。能够宽容他人和宽容自己是心理健康的表现，同时也有利于保持心情愉快。宽容别人的人不会对人苛责，不会与人斤斤计较，他们对人、对事都怀着欣赏的心态，不仅让他人觉得高兴，而且可以保持自己心情舒畅。宽容别人的人是富有爱心的表现，宽容自己是悦纳自己的表现。不愿意宽容他人的人也不轻易宽容自己，对他人抱有怨恨，对自己自责。当然，宽容并不是无原则地妥协，而是用豁达的胸襟去理解他人，同时能够坦诚地接受自己的过错和不足。要学会宽容，就必须加强自身修养，使自己能胸怀广阔，永保乐观、愉快。

（四）学会幽默

幽默是一种智慧，生活中幽默的人总会给自己和身边的人带来生活的乐趣。幽默是生活的调味剂，它能让我们每时每刻都能发现生命的美好。相反，刻板、封闭的人往往发现不到开心快乐其实就在身旁。当产生不良情绪时，一句适当得体的幽默话语，可以消除忧虑、稳定情绪，还可以帮助我们摆脱尴尬和困境、增强自信心。因此在大学生活中，可以有意识地增加自己幽默的成分。例如多读一些笑话和同学分享，面临一些特殊情境时，能机智地利用幽默增加气氛或者化解尴尬。真诚的微笑可以拉近人与人之间的距离，传达出一种友好和信任，这样可以增进彼此的交流，从交流中体验丰富多彩的世界。

（五）学会克制

人生一世，喜怒哀乐在所难免，但部分大学生在激情状态，如狂喜、痛苦、绝望、恐惧、暴怒时，往往会失去理智的控制，不考虑后果，做出一些在正常情况下不会做的事情，即所谓“感情用事”，其结果不仅可能造成不良的社会后果，而且会损害个人的身心健康。虽然激情爆发和一个人的性格特征、神经类型有一定关系，但激情多数表现在意志力薄弱、缺乏文化修养的人身上。只有意志坚强、有文化思想修养、对自己行为表现具有社会责任感的人，才能用理

智的力量去抑制感情的冲动，不做情绪的奴隶，而做情绪的主人。克制其实就是素质，克制就是修养，克制就是气度，克制也是人格魅力。

（六）学会接受

有一位哲人这样说过，世界上的每个人都是被上帝咬过一口的苹果，都是有缺陷的。有的人缺陷比较大，那是因为上帝特别喜爱他的芬芳，是上帝的特殊钟爱。乐观的人会把这些都看作上帝的另一种恩赐，怀着感恩的心情去享受现实。如果在心理上排斥或抵触不幸，那就只会感到苦不堪言，越来越觉得难以忍受。如果你把它看作命运的恩赐积极地品尝，就会觉得痛苦减了三分，甚至可以从苦中品出一丝甘甜来。学会接受，就能以一种行云流水般的淡泊胸怀来尽量享受自己已有的东西，就会觉得这样的生活才是真实的、富有质感的。

（七）学会放弃

部分大学生在日常的学习和生活中，常常不自觉地和他人比较，带着争强好胜的心理环顾四周，总有让自己不满足、不快乐的诱因。生活快乐的条件不在于拥有多少，而是还想要多少，两者的关系正好成反比。个体的心理压力往往来自膨胀的欲望与野心，有些大学生常抱怨生活紧张、学习压力太大，其实，他们很少想到，压力更多的是来源于自身，许多的不愉快是自找的，当个体想拥有的东西越多，不想拥有的东西——烦恼也就越多。俗语说：祸莫大于不知足。欲望永无止境，任何满足都是相对的，常常让人来不及体验和享受就消失了。面对充满诱惑的世界，大学生要努力培养心理上的抗御能力，清理自己的人生，丢掉沉重的负荷，轻装上阵，自己就能活得快乐、自在、轻松。

（八）学会感恩

西方有个重要的节日——感恩节，在这一天，每个人要做的一件事就是对帮助过自己的人表示感谢。当别人为你做点事情时，也许对于他来讲只是举手之劳，可是对你来讲意义却非同小可。当我们感谢他的举手之劳时，他会非常开心，能够帮助他体会到人生的价值，同时能激发他做更多的有益于他人之事，这样他自己也会不断地获得好心情。其实，在他获得好心情的时候，他也会感谢你给予他机会来帮助你，从而你也会获得好心情，常此相互感谢，你会发现你们之间的感情越来越深，相处越来越融洽。同样，你与周围的人的关系也越来越和谐，最终，使你拥有一个让你永远保持心情愉快的和谐的人际氛围。

美国心理学之父威廉·詹姆斯说过：播下一种心态，收获一种思想；播下一种思想，收获一种行为；播下一种行为，收获一种习惯；播下一种习惯，收获一种性格；播下一种性格，收获一种命运。可见，心态的改变，就是命运的改变。当代大学生不能盲目地跟着感觉走，应适当地调节和控制自己的情绪，不要让自己的心绪枯萎，以一种“笑看花开花落，胜似闲庭信步”的良好心态来面对生活的种种波折，克服“情绪短路”和“心理斜坡”，建立积极、健康的情绪状态。

第九章　性的发展与心理健康

性作为一种生理、心理、社会现象，始终伴随着每一个人，深刻地影响着一个人的健康、幸福和人格完善。它能给人以欢乐，也能给人以痛苦；它可以引导人走向崇高的境界，也可以诱惑人误入歧途。不要抑制和歪曲对性的感情和表现，重要的是有智慧地加以引导，使其有利于人类的幸福与发展。每一个人都需要建立一个对性的价值观。性的问题将发展成为人生问题、人的生活方式问题。

性，人人都有。我们每个人都是性塑造的生命，我们每个人都伴随着性的发育成熟而长大，性是我们生命的一个重要组成部分。然而，长期以来，由于传统观念的影响，我国的性教育滞后于青少年的身心发展。了解和掌握科学的性知识，维护自己的性健康是当代大学生人生发展的重要课题。

第一节　性心理发展

性是什么？一谈到性，一些大学生会表现得十分敏感或羞怯。在敏感和羞怯的背后，隐藏着一种狭隘的认识，即性是一种单纯的性生理，是男女之间生理上的性关系。这种认识是十分片面的。实际上，性既是一种生理现象、一种社会现象，同时也是一种心理现象。性包含着丰富的科学内涵。

一、性的本质

（一）性是人的自然属性与社会属性的统一

作为自然属性的性，是指男女在生理构造上的差异和与生俱来的性欲和本能，它是人类生存和繁衍后代的必要基础条件。从生物的形态学和生理学上来理解，性是伴随着性生殖出现的。人的基因与性器官的差异形成了雄性和雌性，性征便是两性特点的表达。

古人云："食色，性也。"马克思也说，人有两大基本欲望，一是生存欲望，二是性欲。无论是祖先的悠悠古训，还是革命导师的精辟论述，都向我们揭示：人的性欲并不神秘，它来源于人体性激素的作用，是如同人的饥饿与口渴一样的生理现象。然而，只把性看作人的生物属性，而不能从人的社会属性上去认识和把握性，就会把性降低到动物的生存意义上去。人是社会性的动物，人的性行为受到社会的制约和规范。只有把性行为控制在社会允许的范围之内，人类自身才能够获得健康生存与发展，社会才能够获得安定与文明。

作为社会属性的性，是性的本质体现。正像马克思所说的：人的本质是一切社会关系的总和，归根结底它是由社会关系决定的。人的性也同样由社会关系所决定。人的性需要，不仅包括生理性需要，更重要的是也包括社会性需要。例如，择偶的要求不仅是寻找一位异性，而且还要满足个人审美的需要、爱的需要、个人生活幸福与自我发展的需要，需要考虑对方的兴趣、爱好、学历、职业、家庭等社会因素。人的性行为必须通过婚姻、经济、法律、道德关系的规范才能够实现。恩格斯在研究了人类婚姻、家庭演变的历史后指出，人类婚姻、家庭从群婚到一夫一妻，到现代性爱发展的过程，完全是由生产力的发展状况和生产关系所有制的性质所决定的。因此，人们对于爱情、婚姻的态度归根结底还是由其所在的社会关系所决定的。

性是人的自然属性和社会属性的统一体，这说明性既要受到人发展的生物规律的支配，又要受到人类社会文化发展条件和各种社会需要的制约。两者是有机联系、密不可分的。性的社会属性是人类文明进步发展的本质，人不仅仅是一个自然人，更是一个社会人。

（二）性的多重含义

我们在谈到性时，常用到"性""性别""性别角色"这样一些词。虽然在日常使用时，我们会把这几个词互换使用，但实际上，他们分别从性的几个构成方面反映了性的特质，它们的区分涉及了生物学、心理学和社会学的知识。

性，是生物学上的词汇，常指男女两性在生物学上的差异。它包括男女两性染色体不同，性腺不同，性激素不同，生殖道与外生殖器不同和第二性征不同。

性别，是心理学上的词汇，它是指男女两性在生理差别基础上的心理差异。主要表现在性格、气质、感觉、情感、智能等方面。性别角色，是社会学上的词汇，它是指社会按照人们的性别赋予人们不同的社会行为模式。性别角色是男女两性在生理差异的基础上，由于社会期望不同所形成的。男女先天生理解剖上的差异，为性别分化提供了可能。但是，男女在家庭和社会生活中扮演什么角色，则主要是由社会的伦理、道德、风俗、传统等社会文化所决定的。封建社会中男尊女卑的观念使得社会对两性产生了不同的期望：男子要刚强、独立、自主；女子要柔顺、依赖、顺从。然而，伴随着社会生产力的提高和女性在社会生活中地位的提高，原先在两性角色中泾渭分明的界限日渐模糊了，出现了"双性化"的特征，即现代人应具有传统男性角色和传统女性角色中所有的一切优良品质。两性角色互化的出现也是社会进步的一大表现。

二、性心理发展的理论

性心理有其发展的科学规律，大学生应当学习性心理发展的理论，掌握性的科学知识。

（一）弗洛伊德的性心理发展理论

弗洛伊德的性心理发展理论主要有以下几点：

1. 性动力

弗洛伊德认为在人的性背后有一种潜力，常常驱使人去寻求快感的满足，这就是"力比多"，即性本能、性欲望或性冲动，他称之为性动力。这种性动力是人天生就具有的。他认为，性本能冲动和欲望不仅需要在与性活动直接相关的生殖行为或接吻、触摸行为中得到满足，而且它是人的心理动力。弗洛伊德认为，性是人类的一种基本动机，也是推动人们心理活动的一种基本动力。弗洛伊德认为，性冲动和性欲望需要得到满足，这是人的正常性心理，不能过分压抑。但同时本能的实现又具有替代性和延缓性，可以通过其他本能得以满足的方式来实现，且可以升华，性动力是促使人进行创造性活动的内驱力。

2. 自我可以恰当地调控性冲动

弗洛伊德把人格结构分为本我、自我和超我三个部分。

本我包括了个体的一切原始的冲动和本能欲望，其中最主要的是人的性欲望。本我是一切心理能量之源，是人格结构的基础。本我遵循“快乐原则”，寻求即时满足，回避痛苦，它并不顾及道德和外在行为规范。

自我既能感知外部世界的存在，反映外部世界的特点和要求，又能感受心灵内部的刺激，即反映本我与超我的需要。自我好像是一位仆人，它同时要侍奉三位主人，一方面它要反映本我的欲望，实现本我的满足；另一方面，它要反映现实，在现实中寻找本我欲望满足的对象、途径和方式，同时，它又要受到超我的严格限制，使本能欲望满足受到超我的严格监督。自我周旋于三个主人之间，调解着它们的关系。自我遵循现实原则。

自我是人格结构的核心。如果自我的力量太弱小，不能有效地进行调控，那么就会出现两种情况：一种是本我的性欲望不能受到超我的监控，一味追求即时快乐满足，造成性放纵；一种是超我过度地压抑本我，使本我的性欲望不能合理得到满足，导致紧张、焦虑及其他心理障碍的产生。一个心理健康的人，拥有强大的自我，能把本我、超我和现实调整到一个和谐的状态，使人能够在现实中按照社会规范合理地满足自己的性欲望。

超我代表着道德，它包括自我理想和良心。它是社会性的自我，以社会道德和自律来约束自我，追求个人的完善。超我遵循理想原则。

3. 性心理发展的阶段

弗洛伊德性心理的发展从婴儿期开始，认为幼年的性经历对人的性心理和人格发展具有重要影响。他把性心理发展分为 5 个阶段：

（1）婴（幼）儿期，包括口唇和肛门两个阶段。口唇期（1 岁左右），幼儿以吸吮奶头或手指获得口唇性欲满足；肛门期（1～2 岁），幼儿以排粪便获得肛门性欲满足。

（2）儿童期，包括恋母期及生殖器期，年龄在 3～6 岁。儿童通过生殖器部位的刺激和幻想、恋母或恋父达到性欲满足。

（3）潜伏期，年龄在 6～12 岁，性的倾向转向外部，以对性知识好奇为性欲满足。

（4）青春期，又称生殖期，性欲对象逐渐转向异性。

（5）成年期，性欲在婚姻中得到满足。

弗洛伊德认为，如果人在以上各个阶段性心理发展的内容和表现形式都顺利完成，就可以一步一步实现成熟；如果在性的发展中遇到阻力，性心理就发生不协调甚至变态。性欲发展诸阶段的特点，都可以单独地畸形发展，形成不同类型的性变态或神经症。

（二）我国学者关于性意识发展三阶段论

1. 异性疏远期

这一时期大多是 12～13 岁。第二性征的出现，使少男少女们出现了羞涩感。他们把异性的差异和彼此之间的关系看得很神秘，担心别人看到自己在性征上的变化，认为男女接触是很羞耻的事，也害怕与异性接近而遭到别人的耻笑。因此，他们封闭自己，疏远异性，就连与自己平时最熟悉的异性交往也变得不自然起来。他们这种对异性的疏远，主要是由于在心理上向往异性的朦胧感与羞涩感之间的矛盾造成的。

2. 异性接近期

进入青年期之后，随着性生理的发育成熟和个人阅历的增加，青年们向往异性的朦胧感进

一步增强，羞涩感减少，他们渴望了解异性，渴望接近异性。但这一时期他们想接近的往往不是特定的某个异性，而是对异性存在的泛化的爱恋和憧憬，且注意的对象容易转移。由于女性进入青春期的年龄要比男性早一些，因此女性对异性的好感要早于男性。这一时期女性常常爱慕男性强健的体魄、性格的豁达和他们的智慧；男性则爱慕女性容貌的美丽、性格的文雅和举止的飘逸。此时男女之间的爱慕还只是异性间的吸引与好感，不能称为恋爱。

3. 恋爱期

随着青年男女性生理与性心理的成熟，他们已不再满足于对异性的泛化接近与好感，而是把爱慕的对象集中到某一特定的异性身上，更多地喜欢与自己爱恋的对象约会，而远离集体活动。他们通过频繁约会和交谈，了解对方内在的性格、价值观及家庭情况，不断增强感情，寻求双方内外的和谐统一，他们经由恋爱逐渐走向婚姻。

第二节 大学生常见的性问题

大学生在性成熟的过程中，常常会有许多不适和困惑，特别是面对现代社会变迁中的种种性价值观和性观念，如时下盛行的用身体写作的美女作家，网上讨论同性恋、一夜情等文章频繁出现，性解放等词语成了某些同学张扬个性的工具，和以往父母、老师教导的不要早恋、严禁婚前性行为等态度截然不同，这些信息大大冲击着大学生的价值体系。需要将性视为洪水猛兽而拒之千里，还是应该接纳科学而自然的性？究竟怎样的性才算是合适的呢？这些问题困扰着众多大学生，特别是进入青春期后，在面对自身突如其来的变化时，大学生们往往感到手足无措。大学生常见的性困惑主要有以下三个方面。

一、性生理问题

（一）性体象的烦恼

进入青春期后，男生和女生的体象发生了很大变化。男生希望自己身材高大，体魄强壮，音调浑厚，拥有男性磁力，以吸引女生；女生则希望自己容貌美丽，身材苗条，乳房丰满，音调柔美，以此显示女性魅力，以吸引男性。然而，当他们的体征不如己意时，就常出现烦恼和焦虑。在心理咨询中常常见到一些男生因自己个子矮小而烦恼，一些女生因体态偏胖而自卑；也有人因为对自己的阴茎或乳房等生理发育不满意而感到焦虑。

有一名男生在初中的时候和同学踢足球，他当守门员，在飞身扑球的时候不幸被球击中下体，导致一颗睾丸破裂。这次事故使得他的阴茎发育不良，比别的男生的阴茎小很多。他感到非常自卑，不愿意和男生一起上厕所，每次同学拿初中时候的事情开玩笑时他都觉得很难过，觉得同学都瞧不起自己。直到大学毕业，他也没有交女朋友，总觉得阴茎小就不配做男子汉，是个废人，不配和别的男生竞争女生的爱。

（二）遗精恐惧与月经焦虑

大学生对于性生理的困惑表现在男性对遗精的恐惧和女性对于月经的困扰上。遗精是指男性在无性交状态下的射精现象，是青春期男子常见的正常生理现象，是性成熟的标志。过去传统观念往往把遗精看得很严重，认为这种行为会伤元气。青少年常因此而焦虑不安，惊慌失措。

实际上精液由精子和黏液组成，一次排放的数毫升精液中99%是水分，其余是蛋白质、糖等，其营养物质对人体微乎其微。认为遗精就是“泄阳”的想法是不科学的，这种想法会引起紧张、焦虑的情绪，对身心健康产生不利影响。

女性的月经期及来月经的前几天是女性生理曲线的低潮期，身体的耐受性、灵活性下降，易疲劳。这些都是正常的生理反应，但确实会给女性带来一些不适的感受，这的确是一个需要加倍体贴的“特殊时期”。月经一来，就可能会痛经，没法参加剧烈的体育活动，在饮食上也需要注意，不能吃生冷辛辣的食物，还得时刻担心经血染到裤子上被别人看见。因此，很多女生抱怨地称来月经叫“倒霉”，也有女生为此感到不公平，认为做女孩子麻烦事多。有些女生过于担心经期的不舒服，这些消极暗示会加重自身情绪的低落和身体的不适感，甚至造成恶性循环。

二、性心理问题

大学生的性心理往往带着某种校园文化的色彩，其主要表现为如下几个方面：

（一）性别认同的困扰

对自己性别的认同是一个人性心理的重要表现。刘达临教授在对全国大学生的调查中发现，有一定比例的学生不喜欢自己的性别。其中，男大学生不喜欢自己性别的占2.6%，女大学生不喜欢自己性别的占15.6%，正好是男生的6倍。另一项关于大学生性心理的调查显示，90%以上的男生对于自己的性别满意度较高，而有超过1/4的女生表示在可能的情况下愿意改变自己的性别。这一结果显然是由“重男轻女”的封建传统观念所致。事实上，无论是对男生还是对女生而言，这种性别自贱的心理都是不正常的，如果这种心理发展到严重的程度，就会对大学生的成才发展带来不利的影响。

（二）异性交往的紧张

与异性交往的心理从刚进入青春期时就开始萌发，对异性的兴趣—与异性交往的渴求—恋爱—结婚，这是一个人人必然经历的生理、心理和社会行为的发展变化过程。“少男钟情，少女怀春”，这是青春期性心理的正常表现。大学生们渴望与异性交往的愿望非常强烈，从全国大学生的调查情况来看，拥有和异性交往强烈愿望的人占70.1%。但是由于传统的“男女授受不亲”性观念的影响，由于缺乏与异性交往的方法，许多人羞于与异性交往，常常拒异性于千里之外，在异性面前表现得非常紧张。在某高校组织的多次大学生的人际交往团体辅导活动中，当老师让彼此陌生的同学自由相识时，每一次都会发现有一些同学只与同性同学相识，不敢或不好意思与异性同学主动交往。人类社会就是异性社会，如果男女生之间“闭关自守”“老死不相往来”，就只能造成心灵的扭曲和心理的畸形，至少会使人际关系冷漠和疏远，也会影响个人的长远发展。

（三）白日梦与性梦的疑惑

当青年大学生对与异性交往强烈的渴求不能径直实现时，性的白日梦就有可能发生。性的白日梦又叫性幻想。性幻想是在某种特定因素诱导下，自编、自导、自演和性交往内容有关的心理活动过程。它可以幻想出在日常生活中不能满足的与异性一起约会、接吻、拥抱、性交等性活动。这种白日梦可以导致生理上的性兴奋，偶尔也会出现性高潮。这在一定程度上可以缓解人的性需求。白日梦是一种普遍的心理现象。据统计，大学生中经常有性幻想的有5.7%，偶

尔有性幻想的有 64.1%。但是，性幻想不能过头，如果成天沉溺其中，甚至把幻想当成现实，那就会成为病态，就会有碍于人的健康成长。

性的白日梦是人为的幻想，而性梦则是真正的梦。性梦是指在睡梦中发生性行为。人们通过梦的方式部分达到自己白天被社会规范限制的性冲动的满足，从而缓解性紧张。性梦也是青少年性心理较为普遍的一种表现。一些大学生由于缺乏对性梦知识的了解，常为自己有过性梦经历而焦虑和自责。有位女学生因为性梦而认为自己很可耻，她认为自己白天是人，夜里是“鬼”。白天里，自己道德高尚，可在梦中自己却与男性有着各种姿态的性行为。她不明白梦中的自我怎么会变得如此淫荡，她无法接纳梦中的自我，因此陷入了痛苦的自我冲突之中，甚至产生了轻生的念头。

（四）手淫焦虑

手淫是指用手或工具刺激生殖器而获得性快感的一种自我刺激，它是一种青少年获得性补偿和性宣泄的行为。据上海中医学院的老师和香港学者在 1991～1992 年对上海 2190 名大学生的调查，男大学生的手淫发生率为 52.4%，女大学生的手淫发生率为 23.5%。对于手淫，传统的性观念认为手淫是邪恶的，是有罪的，是不道德的。在这种传统的手淫有害论的影响下，一些青少年常常为自己有过手淫行为而自责，甚至产生心理障碍。1991 年 6 月，在第 10 届国际性科学大会上，专家们批判了“手淫恐怖论”，提出了“手淫无害论”，认为手淫是一种自然的、正常的性行为，手淫是对性冲动的缓解。但是，过分沉溺于手淫，只靠频繁的手淫来缓解性紧张是不健康的表现。大学生应当通过丰富多彩的精神生活和恰当的异性交往来平衡自己的性心理。

（五）性骚扰的恐惧

常见的性骚扰有故意擦撞异性身体的某个部位，故意贴近异性，故意谈性的问题，用色情语言进行挑逗，用暧昧的目光打量别人，或强行要求发生性行为等。女大学生有时会遇到个别男教师以学习指导或谈工作为名对其进行性骚扰。在一些公共场合，如乘公交车，也会遇到性骚扰。如有一名女生搭乘公交车回家时，正好是下班的乘车高峰期，车厢里非常拥挤，有个男人乘机往女生身边靠，不时乘刹车和转弯的机会碰女生的乳房。女生觉得非常羞愧，事后还一直在反省自己的穿着不够正统，一个劲儿地自责。男学生有时也会遇到性骚扰。由于缺乏自卫心理，一些同学面对性骚扰时常常惊慌失措，恐惧万分，甚至长时间地自责，认为自己不“干净”，心理困扰长时间不能解脱。

三、性行为的偏差

（一）身体过分亲昵

男女大学生交往久了，彼此有一定感情，有时抑制不住内心的激情或冲动，发生拥抱、接吻或身体接触的动作，是可以理解的。但是，以身体的亲密代替心理的亲密，甚至以此代替爱情是不恰当的。过多的身体亲昵会加剧性冲动，有时会使自己的行为失去控制。大学生对恋爱中亲昵程度的认识情况是：超过半数的人认为可以拥抱和接吻；男生中仅有 26%左右的人、女生中仅有 7%的人认为恋爱中可抚摸对方身体最敏感和最隐蔽的部位，甚至可以性交。这说明大学生中的主流对于恋爱中发生亲昵行为的态度还是严肃的。

（二）婚前性行为

对于婚前性行为，一些大学生认为只要双方愿意就可以发生，有的甚至相识不久就发生性关系，有的在校外租房同居。他们常常不能对自己的性冲动进行理性的控制，不能对自我和他人负起性行为后果的责任。在一项有关大学生性交行为的全国性调查中，有10.6%的男生和5.6%的女生承认发生过性交。在24～26岁年龄段，性交发生率达到19.5%和17.6%，27岁以上者为56.6%和42.9%。与此相关的是，40.2%的男生和39.4%的女生在产生性冲动时采取了克制或压抑的方式。

在对大学生婚前性行为的态度调查项中，半数以上的学生认为婚前性行为是可以接受的。年轻的大学生们没有真正意识到自己还在读书，在没有工作、不能担负起独立的经济责任和社会责任的情况下，性行为对于自己的现在和将来究竟意味着什么。有的女生因婚前性行为多次做人工流产，给身心带来无可挽救的创伤；有的人手术后引起炎症，导致输卵管堵塞；有的人多次人流手术，将来会导致终身不育；过早的性生活和流产还会导致宫颈癌发病率大大提高。

四、性心理障碍

由于个人的经历及家庭社会的影响，大学生中有少数人存在着较严重的性心理障碍。最为常见的性行为障碍有性指向障碍、性偏好障碍和性身份障碍。性指向障碍指的是其性欲对象与常人相异，如同性恋（对同性产生性爱或性行为者）；性偏好障碍指的是性心理和性行为都带有儿童性活动的特点，即以幼年的方式求得性满足，如易装癖（以穿着异性服装和戴异性饰物来激起性兴奋，获得性满足），露阴癖（在不适当的场合裸露自己的生殖器），窥阴癖（窥视异性的裸体和他人的性活动）；性身份障碍指的是从心理上否认自己的生理性别和服饰，强烈希望转换成异性，即异性癖。出现了上述任何一种症状，都将会严重影响到大学生的生活和学习，影响今后的发展，所以应当及时向有关人员进行咨询，予以治疗。

正常的性需要和性欲望是心理健康的物质基础，科学的性认识是性心理健康的自我调节机制，正当的性行为是符合校纪、道德、法律规则的行为。作为大学生，应该对“性”有一个科学的认识，接纳和欣赏自己的性别角色，发展出适应时代要求的优秀个性特点。每一个成熟的大学生都应当了解个人性行为对他人、自我和社会带来的后果，要尊重他人，尊重自我，对自我的行为负起责任来。

第三节　维护性心理健康的途径

一、大学生性心理发展的特点

大学生是人群中独特的一个群体，从生理上说他们已经发育完全，然而，他们还未走向社会，在心理上并未成熟。他们在性心理发展上具有以下几个特点：

（一）关注性生理发展

青少年进入青春期之后，在生理上会发生一系列的变化，这些变化将男性和女性区分开来，它们不仅仅只是区分不同性别的标志，同时还是显示生殖系统开始运转的信号和两性相互吸引的重要根源。因此，青少年到了这个阶段就会格外关注发生在自己身上的各种变化。例如，性生理功能的变化和性生理体征的变化。在性生理功能性的变化上，最主要的是男性对于遗精的关注和女性对于月经的关注。

对于性生理体征性的变化，青少年往往关注自己在第二性征上与异性的不同。在青少年进入大学以后，性生理功能和性体征的发展基本完成，许多人都会不同程度地出现自我欣赏，常常在镜中端详自己的外貌，甚至会悄悄与他人进行比较，每个人都希望自己能对异性产生极大的吸引力，可是如果自己的性生理发展并不如己意，就出现各种各样的烦恼与焦虑。对青少年来说，年龄越大，越是接近恋爱、结婚和过性生活的年龄，这方面的烦恼和焦虑可能就越为严重。对有些大学生来说，这就成为他们在性生理发育问题上一个十分重要的心理负担。

（二）渴求性知识

一项关于大学生性现状的全国调查显示，大学生对性知识了解肤浅，同时，性需求强烈。在“当前我国男女大学生对性知识需要的情况”调查中，面对 34 个性知识的问题，85.2%的男生和 88.2%的女生首选“异性交往心态与礼仪”的内容，对于爱情与婚姻知识的需求则排在其次。“性美的标准”“性审美文化”“性交际调控”“性道德的基本原则”“人类性反应周期”以及“避孕原理及方法”等也都是大学生盼望了解的知识。

在第二性征发育之后，首次遗精与初潮现象的出现使个体对自身性角色的认识发生了质的变化。个体的性角色基本定位，并产生两性分化。伴随着性生理的变化，青少年普遍产生了对性知识的强烈渴求，他们非常关心自己和周围同伴的生理变化，对性知识既好奇又敏感，他们心目中有很多疑惑等待找到答案，他们想知道发生在自己身上的变化是否正常。所以，他们常常会有意识地通过一些途径来寻求性知识，如翻阅医学书刊，收听专栏节目，暗中与他人比较等。他们想获取更多的性知识。这时候，如果性教育没有跟上，那么就会使他们产生一些关于性的片面、扭曲甚至是错误的认识，对性观念的形成产生消极的影响。

（三）异性思慕

在进入青春期后，青少年就开始欣赏、爱慕异性，希望获得异性的注意。他们对于异性的评论也明显增多。不过因受到传统文化的影响，他们往往还不敢公开、明显地用行动来表现这种心态，以免受到他人的评论。进入大学以后，他们逐渐进入了性爱恋期，此时，他们已经不再满足于那种朦胧的好感，会明显地流露出想和异性相处的意愿，在行为上也会表现出一些主动接近异性的举动，在共同活动中相互结识、相互接近、建立好感，最后形成单独接触。这种心理和行为都是很正常的，这是以后建立美满婚姻生活的基础。古人在《诗经》中就曾有过这样的记载：“窈窕淑女，君子好逑。”的确，宇宙万物中阴阳相对，共生互补，组成了一个完整、平衡的世界，如果没有两性间的交往，那么世界将不会存在。

（四）性发育的冲突

在青春期，由于性生理的成熟，常伴有强弱不同的性冲动，受到性需求的驱使。正像英国性学专家霭理士所指出的那样，“人即其性”，即一个人的性素质是他最内在、最深层和最根本的部分。然而，由于我国有着几千年的封建社会历史，谈性色变的保守观念依然影响着当代青年，他们中的很多人认为谈论性是下流、肮脏、难以启齿的事情。于是，有些青少年强迫自己否认、回避性需求，长期处于紧张、焦虑状态，形成严重的性压抑。这种性压抑会对青少年的

生长发育带来诸多不利影响，一方面，性压抑表现为对身体的正常性反应感到困惑和厌恶，内心不安、焦虑，矛盾冲突剧烈；另一方面，性压抑还会表现为性恐惧和性敏感。应当说，适当的抑制是符合社会需要的，是成熟的反映。但严重的性压抑则会有害健康，导致性欲畸变，性能量退化，执着或隐伏，引发性扭曲。所以，作为当代大学生，我们要以科学的态度认识性、接纳性，积极而妥当地释放它或升华它。

二、大学生性健康的标准

大学生们已经到了身体发育成熟的年龄，性的需要是非常自然的事；然而，生理上的成熟并不代表心理上的成熟。那么，什么才是真正的性健康呢？

达拉斯·罗杰斯认为，一个在性方面有教养的人，应当符合这样几点标准：具有良好的性知识，对于性没有由于恐惧和无知所造成的不当态度，性行为符合人道，在性方面能做到“自我实现”，能负责地作出有关性方面的决定，能较好地获得有关性方面的信息交流。此外，还包括社会道德和法律的制约。

当然，达拉斯·罗杰斯的标准适用于广义的成年人。对于大学生而言，其标准应当有以下几条：有正常的性需要和性欲望，有科学的性知识，有良好的性道德，有正当的性行为。只有在以上几方面做到协调、通顺，才具备健康的性心理。

三、大学生增强性健康的途径

（一）掌握科学的性知识

性是一门综合性的科学。它包括性生理学、性心理学、性社会学、性伦理学、性美学等。性生理学从生理解剖学和遗传学上揭示了两性在生理构造上的区别，性器官的功能及性本能的产生，揭示了性的产生、发展和成熟的规律，学习性生理学可以使人们去掉性禁忌，减少性神秘感，降低性压抑。性心理学包括性欲和性爱心理、性别角色心理、恋爱婚姻心理及性变态心理等，能够帮助人们了解自己性心理的发展，以理智克服冲动。性社会学揭示了性行为的社会属性，强调人要对自己生物的性进行控制，使其符合社会规范的需要，以促进个人身心健康发展和社会的安定繁荣。性美学可以使大学生们了解如何使个人的性行为符合审美需要。因此，大学生们应当努力学习和掌握性科学知识，避免性无知，消除把性仅仅看作生物本能的片面认识。

（二）培养健康的人格

性是人格的完成。性不仅仅决定于生物本能，而且一个人对待性的态度也反映了其人格的成熟与否。人自身的尊严感和对他人是否尊重，都会在两性关系中充分体现出来。性其实是人格的一面镜子。

1. 性别自我认同

性别角色意识是一个人社会化成熟与否的重要体现，是心理健康的重要标志。世界是两性的和谐统一。男性和女性在生理和心理上各有自己的特点，各有自己的性别魅力。现代社会的大学生应当在生物生理、社会心理和文化、经济、社会参与以及政治等方面，进行合乎科学、合乎道德、合乎时代要求的全面角色认同。尽管现在社会上对同性恋存在着各种不同的看法，

但人们对同性恋所引起的社会适应困难的看法是相当一致的。因此，大学生应当接纳和欣赏自己的性别角色，发展出适应时代要求的优秀个性特点。例如，坚毅与刚强，温柔与关爱等。这些特点是现代人必备的个性品质，它们已经不再专属于传统的男性特点或女性特点。性别角色的认同和胜任是现代人成功适应及发展的重要心理基础。

无论男生或女生，都应当接纳自己的外貌和生理特征的现状，世界上没有完全相同的两个人，每个人都有自己独特的外表美，你不必时时与别人比较，而且一个人的外貌及身体的生理特征是先天遗传的，个人无法改变，人最重要的是增强自己的内在美，即增强自己的人格美、气质美、才华美。人常常不是因为美才可爱，而是因为可爱才美丽。当你拥有了自信、乐观的心理，拥有了高尚的品格和高雅的气质时，你就拥有了令人喜爱的魅力。

2. 性行为要对他人负责

如果性行为只停留在手淫、性梦等方式的自我宣泄上，它不会影响他人。但是如果性行为涉及另一个人，那么便涉及许多社会责任。性行为可以给另一方造成心理和肉体上的伤害，可以产生第三个生命，这意味着你的性行为将影响另一个人的生活，也将影响你自己的生活。在大学生中，因发生性关系后自卑内疚者有之，堕胎流产者有之，受到学校处分和法律制裁者也有之。一些青年人常说："不管天长地久，只管曾经拥有。"也许在一时冲动下，拥有了短时间的兴奋和满足，然而，个人能否承担起这"一时拥有"之后的沉重责任？有学者对大学生初次性行为的心理状态进行过调查，结果发现，78%的女生和62.9%的男生感到紧张；77%的女生和65.8%的男生怕怀孕；69.8%的女生和64.8%的男生怕被人发现；28.5%的女生和5%的男生反感；感到欢愉的女生占48.2%，男生占76.5%。可见，大学生发生婚前性行为时，当事人有负面情绪和矛盾心态的占大多数，这对今后的生活会产生不良影响。每一个成熟的大学生都应当了解个人性行为给他人、自我和社会带来的后果，因此，要尊重他人，尊重自我，对自我的行为负起责任来。大学生要增强自己的性道德和性法律意识，用道德和法律规范自己的性行为。

3. 坚强的意志品质

大学生自我控制性心理能力的大小，在一定意义上是由个人意志品质的强弱决定的。意志作为达到既定目的而自觉、努力行动的一种心理状态，具有发动和抑制行为的作用。尽管有的青年人有很强的性冲动，尽管在外界性刺激的情况下，人一般会急于寻求性的满足，但是，人不同于动物，人有意志力，人可以抑制和调整自我的冲动，那些放纵自己的人往往缺乏坚强的意志品质。鲁迅先生曾经说过："不能只为了爱——盲目的爱，而将别的人生的意义全盘忽略了。"为了自己长远的幸福和个人成功地发展，应当努力培养自己良好的意志品质。

（三）积极自我调节

每一个大学生都应该懂得：任何一个人都应该尊重他人的存在价值；每个人都应该以希望他人如何对待自己的方式去对待他人；每个人发展自尊与自重都应该建立在良好的人格标准基础之上，即责任心、诚实、善良，并对自己的道德能力有信心。性欲是正常的和健康的，而且性欲是可以控制的。

1. 有效缓解性冲动

对于性冲动，除了给予适度控制外，还可以采取一些积极的、富于建设性的、符合社会规

范的方式，以此来取代或转移性欲。通过投入学习、工作和参加各种文体活动，以及男女正常交往等多种合理途径，陶冶个人情操。大学生们要尽量避免影视、报刊、网络上过强的性信息刺激，抵制黄色书刊的不健康影响。

2. 调控遗精恐惧和月经焦虑

对于遗精和月经，不必太紧张。男生要正确对待遗精，经常清洗床单、内裤和性器官，保持个人卫生。女生要了解月经期规律，减少经期中的不良精神刺激，努力调控自己的情绪，愉快地度过经期。

3. 调解手淫、白日梦和性梦的困扰

要通过性知识的学习，克服手淫引起的心理困扰。1991 年 6 月在第 10 届国际性科学大会上，专家们批判了“手淫恐怖论”，提出了“手淫无害论”，认为手淫是一种自然的、正常的性行为，手淫是对性冲动的缓解。因此，大学生们不必因为手淫而自责。但是，过分沉溺于手淫，只靠频繁的手淫来缓解性紧张是不健康的表现，应当通过丰富多彩的精神生活和恰当的异性交往来平衡自己的性心理。白日梦和性梦是青年期较为普遍的心理现象。因此，对于白日梦和性梦不必担心。青年人应当通过追求高层次的需要来缓解自己的性心理，减少白日梦和性梦。

4. 解除性游戏的烦恼

性游戏是儿童对性好奇而玩的游戏。儿童在性游戏时往往还不具备道德意识，因此，不必给童年性游戏的经历加上道德判断，对自己过分谴责。但是，大学生已经有了道德认识和判断能力，不能把性游戏的行为延续到成年后的生活之中。

（四）正确把握异性交往

文明适度地进行异性交往，可以满足青年期性心理的需求，缓解性压抑。异性交往有益于扩大信息、完善自我，对个人的恋爱、婚姻及个人的成才、发展具有重要的作用。但大学生们在与异性交往时要把握分寸，注意场合，规范行为，处理好“友情”与“恋爱”的关系。

（五）勇敢面对性骚扰

首先，大学生应当维护自己自尊、自重、自爱的自我形象，做到举止大方、行为得体、作风正派、衣着打扮不轻浮。其次，大学生应当学会自我保护。女生尽量晚上不要单独外出，更不要单独在男性家中或住所长时间停留。面对异性的非分要求，不要畏惧，要勇敢地说“不”。要以严厉的态度制止和反抗性骚扰，必要时可向别人呼救，或向公安部门寻求帮助。没有人能强迫我们做自己不愿意做的事情，两性关系也不例外。对于性骚扰事件的经历，不要过分恐惧和自责，因为你是无辜者，谁也无法避免遇到突如其来的意外骚扰事件。为了更快地排除自己的心理困扰，可以同父母、老师、知心朋友宣泄自己的情绪，也可以寻求心理咨询师的帮助。

（六）主动寻求心理帮助

当上述做法都无法排遣心中的困惑时，心理咨询无疑成了最为有效的一种途径。在心理咨询室中，性不再是一个难以启齿的问题，同学们可以尽情地宣泄心中的郁闷。事实上，现在越来越多的大学都建立了心理咨询中心。据不完全统计，在大学生们前来咨询的问题中，与异性的交往问题占了一半以上的比例，其中大部分会或多或少地涉及有关性的困惑。当满腹疑虑的你来到心理咨询室的门前时，你可知道，你打开的并不仅仅是一扇普通的门，它是一扇通往心灵的门！

四、大学生性病、艾滋病的预防

（一）什么是性病和艾滋病

1975年世界卫生组织（WHO）决定用性传播疾病这一概念来取代过去的性病一词，把凡是通过性行为，包括生殖器的性行为和类似的行为接触而发生的传染疾病称为性传播疾病。我们习惯将之称为性病。它包括淋病、软下疳、尖锐湿疣、生殖器疱疹、梅毒、非淋菌性尿道炎和滴虫病等。

艾滋病全称为获得性免疫缺陷综合征（AIDS）。这种病是由一种名为“人类免疫缺陷病毒”（又称为艾滋病毒的致病微生物）所导致的性传播疾病。这种病主要损害人体免疫系统，破坏人体的抵抗力，使患者容易患上一些普通人不容易发生的严重传染病和恶性肿瘤，最后导致死亡。由于这种病是当代对人类威胁最严重的性传播疾病，因此被西方称为“20世纪的新瘟疫”——“超级癌症”。

（二）性病、艾滋病的危害

性病、艾滋病严重摧残着人们的身体，吞噬着人们的生命，给人类的发展带来巨大的灾难。性病、艾滋病的危害主要有以下几点。

1. 损害健康

性传播疾病能够导致病人的皮肤溃烂，生殖器发炎，还会造成骨骼疾病、眼科疾病、心脏病、心血管病和神经系统等疾病，还可并发肝炎、肾病等。性传播疾病会造成女性不育，导致女性生育能力丧失。

2. 威胁生命

性传播疾病会直接导致癌症的发生，直接威胁人们的生命，性传播疾病造成的性器官损伤是艾滋病病毒感染的直接途径。

艾滋病的治愈率很低。医学专家认为，艾滋病患者50%将在确诊后18个月内死亡；80%将在36个月内死亡。据联合国世界卫生组织（WHO）艾滋病规划署（UNAIDS）统计，从1981年世界上报告首例艾滋病人以来，到1999年为止，全球死于艾滋病的人数已达1880万人，仅1999年的死亡人数就达280万人。非洲死于艾滋病的人数要比死于战乱、饥荒和自然灾害的人数多出10倍。我国1999年统计，艾滋病死亡人数已达240例。艾滋病是吞噬人类生命的恶魔。

3. 毒害后代

性传播疾病和艾滋病不仅使患者本人遭受疾病的折磨，而且还会通过妇女怀孕，把罪恶的病毒传给无辜的婴儿。同时，母乳喂养，也会使受艾滋病病毒感染的母亲把病毒通过乳汁传给婴儿。医学专家统计，受艾滋病病毒感染的婴儿存活时间一般不超过3年。据统计，全世界有300万婴儿在出生时就感染了艾滋病病毒，许多儿童很快发展为艾滋病，几年之内就丧失了生命。

4. 摧毁经济

艾滋病对于世界经济的摧毁丝毫不亚于世界大战。据统计，全世界仅1991年用于防治艾滋病的经费总额就高达85亿美元，其中用于艾滋病研究的经费高达20亿美元。亚洲开发银行副总裁苏利有面对艾滋病对亚洲国家的威胁说：“艾滋病是亚洲繁荣的大敌。”“艾滋病威胁到过去20

年来取得的许多经济成果。有些国家最近才开始改革经济，并已有了经济增长，但这些经济成果也可以被艾滋病摧毁，亚洲的经济成果可能毁于一旦。”

（三）性病、艾滋病的预防

艾滋病正在全球疯狂地肆虐。据统计，艾滋病的感染力正在以每年出现16000个新感染者的速度增长。据我国卫生部报告，我国2001年年底累计报告艾滋病感染者已达85万人，仅2001年1年，全国报告艾滋病感染者已达8219人，较2000年增加了58%，这一速度远远超出了国家遏制艾滋病计划的控制水平。在艾滋病感染者当中，青少年男性占大多数。为了我们的身心健康，为了中华民族的繁荣、昌盛，为了我国现代化事业的不断发展，大学生应当积极参加性病、艾滋病的预防工作。

1. 人格健康

一位美国学者在回顾了美国同性病、艾滋病作斗争的20年的痛苦经历后深深地感到，人类最后遏制性病、艾滋病流行的途径既不可能是特效药和疫苗，更不可能是避孕套，而是人格教育和建立健康的家庭。大学生们应当不断完善自己的人格，学会自尊、自爱和自信，拥有积极进取的人生态度和健康的生活方式，同时也能尊重他人的人格，遵守性道德，有效地控制自己的性行为，对自己、他人和社会负责任。

2. 洁身自爱

最近，国内首次由中学生自己设计、自己实施的在同伴中进行的关于艾滋病的相关问题调查结果让人们大吃一惊，其结果表明：在北京市东城区的739名被调查学生中，竟然有386名学生赞成婚前性行为，占接受调查人数的48.8%。这个结果再一次提醒人们，性纯洁教育在当前大、中学学生中的必要性。不纯洁的性行为不仅会加大性病、艾滋病的传播，而且还会给人们特别是青少年带来严重的身心损害。因此，应当在大学生中大力倡导性纯洁教育，减少婚前性行为的发生，这不仅可以有效地预防性病、艾滋病的传播，而且也能使人们享受到真正的性爱。同时，大学生应当拒绝各种媒体中的性污染，减少不良的性刺激。

3. 预防宣传

为了提高全世界各国人民对艾滋病的警觉与重视，动员各种力量对抗艾滋病的挑战，世界卫生组织于1988年首先倡导在全世界开展“世界艾滋病日”活动，并将每年的12月1日定为“世界艾滋病日”。在这几年中，“青少年”一直都是艾滋病的主题，这一方面体现了世界对青少年关注的程度，另一方面也反映出艾滋病对青少年威胁的严重程度。性健康是一个民族兴衰的大事，普及宣传性病、艾滋病预防知识，使青少年了解性病、艾滋病的传播是预防性传播疾病的重要工作。同时，宣传教育的目的也是建立一种正确对待性传播疾病的态度。要防止对艾滋病人产生恐惧和歧视心理，大学生们应当积极参与预防性病、艾滋病的宣传教育活动。我们相信，在全世界的努力下，艾滋病这个恶魔终将会被人类所征服！

第十章　大学生日常学习与心理健康指导

在大学阶段，学习仍是大学生的主要任务。与中学阶段不同，大学学习有着很强的目的性、自主性与选择性。大学阶段由于学习任务的难度加大和学习知识数量的激增，以及就业竞争压力等外因和大学生自身学习动机、学习策略和方法、学习兴趣和学习情绪等方面的内因，使得他们出现了一些学习心理问题和心理障碍，不仅不同程度地影响了学习效率和学习效果，而且还不同程度地影响到他们的学习心理健康。本章将围绕大学生学习的一般问题、大学生学习与心理健康的关系等方面展开，并进一步对大学生学习心理问题的教育对策提出建议。

第一节　大学生学习的一般问题

一、学习与大学生的学习

（一）学习的概念

学习一词，我国古代文献中早已有之。孔子说："学而时习之，不亦说乎?"又说："学而不思则罔，思而不学则殆。"孔子的这一观点，在一定程度上揭示了学习与练习、学习与情感、学习与思维的关系。但长期以来，人们对学习仍没有一个统一的概念。

许多心理学家、教育学家和哲学家从不同的观点、角度提出了学习的定义。桑代克（Thorndike，1931）认为，人类的学习就是人类本性和行为的改变，本性的改变只有在行为的变化上表现出来；加涅（Gagne，1977）认为，学习是人类倾向或才能的一种变化，这种变化要持续一段时间，而且不能把这种变化简单地归为成长过程；希尔加德（Hilgard，1987）认为，学习是指一个主体在某个现实情境中的重复经验引起的对那个情境的行为或行为潜能变化，不过，这种行为的变化不能根据主体的先天反应倾向、成熟或暂时状态（如疲劳、醉酒、内趋力）来解释。国际教科文组织在1987年所作的《学习，财富蕴藏其中》报告中指出：学习是指个体终身发展、终身教育的理念。

学习的概念有广义与狭义之分。从广义上讲，学习是人和动物在生活过程中通过实践训练而获得的由经验引起的相对持久的适应性的心理变化，即有机体以经验方式引起的对环境相对持久的适应性的心理变化。这个定义中体现了四个论点：①学习是动物和人共有的心理现象，虽然人的学习是相当复杂的，与动物的学习有本质区别，但不能否认动物也是有学习的；②学习不是本能活动，而是后天习得的；③任何水平的学习都将引起适应性的行为变化，不仅是外显行为的变化（有时并不显著），也有内隐行为或内部过程的变化，即个体内部经验的改组和重建，这种变化不是短暂的而是长久的；④不能把个体的一切变化都归为学习，只有通过学习活动产生的变化才是学习（如由于疲劳、生长、机体损伤以及其他生理变化所产生的变化都不是学习）。

人需要学习，只有通过学习才能达到自我完善与自我发展的目标。《三字经》上说："玉不琢，不成器，人不学，不知义"，就从一个侧面说明了学习对人的重要性。

（二）大学生学习的特殊性

大学生学习是学习的一种特殊形式。学习是大学生的主要任务，大学生正处于智力发展的高峰期，记忆力、观察力、思考力、逻辑思维能力与创造性都有很大的发展。大学生学习既不同于儿童的学习，也不同于成人的学习。大学生学习既有一定的专业性、目的性和探索性，又有深刻的社会意义，表现出广泛的兴趣和各种各样的学习方法。大学生学习有其特殊性：其一，大学生的学习是一种特殊的认识活动，是掌握前人积累的文化、科学知识，即间接的知识，在学习中会有发现与创造，但其主要内容还是学习前人积累的知识与经验；其二，学生的学习是在教师的指导下，有目的、有计划、有组织地进行的，是以掌握系统的科学知识为前提的；其三，学生的学习是在较短时间内接受前人的知识与经验，重要的是间接经验的学习与掌握，学生的实践活动是服从于学习目的的；其四，学生的学习不但要掌握知识经验与技能，还要发展智能，培养品德及促进健康个性的发展，形成科学的世界观。

二、大学生学习的特点

（一）学习的专业性

所谓专业，是指通过专门的训练和工作实践所获得的、从事社会分工的某种职业所必需的知识、经验、技能和技巧的结合体。大学生的知识结构系统、智能结构系统、心理品质结构系统和文化素质系统等，无不打上专业的烙印。大学的教学过程是围绕具体的专业而开展的教学活动，而大学生则是围绕着既定的专业进行学习的。

大学生学习与中学生学习明显不同的一点是，中学是基础教育阶段，中学生是不区分专业的，学生主要是按年级划分的，各年级开设的主要课程基本相同；而大学则是专业教育阶段，学生首先是按专业划分的，大学生在入校前或入校后一段时间内必须根据自己的兴趣、爱好及特点等选择一定的专业。专业一经确定，也就基本明确了今后的职业定向。各专业之间的课程设计、教学内容以及培养目标上存在较大差异。各专业的课程设置将影响大学生的知识结构和智力结构，影响他们将投入实际工作的适应性。

还要指出的是，在我国现行教育管理制度的规定下，大学生入学后一般无重新选择专业的灵活性。教育体制改革促进了大学生在学习上的选择意向，学有余力的大学生可以选择其他专业的课程，直至获得第二学士学位，也可修满学分而提前毕业。有的大学生把专业学习作为工具，并以它为基础，在大学毕业之后涉足其他科学领域。形成大学生在学习上这种选择意向的心理因素的原因大致有以下四点：

（1）在某一方面有特殊的兴趣、爱好，希望在相关方面获得突出成绩；

（2）认识到当代科学高度分化且高度综合的情况，以适应将来就业的需要；

（3）与未来的理想相联系，如报考研究生等；

（4）受教师讲授艺术所感染，随着教师的引导进入一个陌生的新领域。

（二）学习的自主性

中学的学习是一种应试的学习方式，这使多数学生在中学养成了被动的学习习惯，对于学

习内容和方法从不需要自己去选择，一切都由教师和家长设计好了。大学的学习环境、学习目的、教学方式、教学内容与中学有很大的差别。大学的学习信息量大，教学速度快，许多内容点到为止，然后列出参考书供学生阅读，但没有人去强迫你，学不学是你的自由。面对相对自由的时间和空间，变被动学习为自觉主动学习就显得非常必要。多数大学生有自己的课外学习计划、学习时间和学习方法，也表现出自觉性和自控性。这说明大学生已经改变了中学时代对教师的依从地位，正在从被动学习向主动学习转化。但是，这种自主性学习与一般自学还是有区别的，仍然不能离开教师的主导作用。大学生的学习以自学为主、课堂教学为辅。首先，有更多的自由支配时间。一般大学生除上课外，约有40%的时间可用于自由支配。在自由支配时间内，大学生要阅读各种参考书和文献，扩大并补充在课堂上所学的知识，或听自己喜欢的选修课等。其次，学习内容有较大的选择性。除了公共必修课和基础课之外，大学生对于学校所开设的选修课，拥有可以根据自己的需要、兴趣、特长等取舍选择的自主权。

（三）学习范围的广泛性

大学学习的课程众多、内容多元、范围广泛。从课程设置上讲，中学阶段一般只学习十门左右的课程，而且主要讲授一般性的基础知识；而大学里所开设的课程分为公共课、基础课、专业基础课、专业课四个层次，每一个层次又由许多门课程综合而成。一般说来，大学四年需要学习的课程在40门以上，每一个学期学习的课程都不相同，内容量大，因而学习任务远比中学重得多。大学一、二年级主要学习公共课程和基础课程，大学三年级主要学习专业基础课和部分专业课，大学四年级重点学习专业课和进行毕业设计、做毕业论文。为了全面提高学生素质，学校还开设了人文类选修课程，学生只有按规定选修人文课程、取得相应学分后才能毕业。大学的课程有必修课、选修课之分。必修课是指学生完成本专业学习任务，取得本专业学位证、毕业证所必须学习的课程。必修课包含公共课，如大学英语、数学、思想品德修养、邓小平理论、毛泽东思想概论、法律基础等，不论是哪一个专业的学生，都必须学习；必修课还包含专业基础课和专业课，是根据不同专业的人才培养计划而确定的。选修课包括专业选修课、公共选修课，前者是针对本专业学生，后者则是面向全校学生。

（四）学习的研究和探索性

大学是研究高深学问、培养高级专业人才的专业教育机构，是一个人系统地学习专业知识的开始，具有明显的职业方向性。大学生的学习是为将来从事专业工作作准备。从本专业的基础课程开始，逐步深入，在脑中逐渐建构起本专业的知识框架，并不断丰满成熟，逐步走在本专业知识的前沿。

现代科学发展的特点是学科划分得越来越细，同时不同学科间的相互关联和相互渗透又越来越明显，这一特点使当代人不仅要懂得自己的专业，同时也要了解相关学科的知识。控制论的创始人、美国科学家维纳认为：科学工作者应当成为这样的人，“他们每人都是自己领域中的专家，但是每人对他的邻近的领域都有十分正确和熟练的知识”。大学生既要专又要博，做到专而不窄，博而不滥，只有这样才能相互促进，有利于成才。

大学生的学习具有研究和探索的性质，不仅表现在他们完成毕业论文（设计），参加学术报告会、讨论会和学会活动上，还表现在所学课程上。大学生已逐步养成良好的科研习惯，有的还参与了教师的科研项目或独自进行了一些科研，取得了一定的科研成果。

三、学习心理机制

人类学习的心理机制有两个信号系统，这就是第一信号系统和第二信号系统。它们都是条件反射。巴甫洛夫说过，“显然我们的一切培养，学习和可能的习惯都是很长系列的条件反射”，而且它们都是以无条件反射为基础，通过反复的外界刺激和大脑的神经作用获得的。因此，第一信号系统和第二信号系统同源，但它们有本质的不同。第一信号系统是条件刺激与无条件刺激的反复配合形成条件反射。例如，小孩怕穿白大褂的人，因为经验告诉他，在医院是穿白大褂的人给他打针的，打针会产生痛觉，因而引起恐惧。这是本能的无条件反射。穿白大褂的人和打针同时多次出现就会形成条件反射。只要看到穿白大褂的人，就会引起儿童的惧怕，甚至会产生痛觉。第一信号系统是人和动物共有的，它是具体的形象的感性反应，能达到感觉、感知、表象的学习水平或称之为反射学习水平。这种反应的突出特点是在外界直接的、具体的、反复多次的刺激基础上产生的，因而它是被动的。

第二信号系统是第一信号系统的进化，是以语言为条件刺激信号，通过大脑神经作用产生的。如果说第一信号系统的信号是具体的、直接的刺激物，“语词”应该是信号的信号，它脱离了具体的事物，反映的是许多同类事物的信号，应当说它具有间接性和概括性。列宁说过：“任何词（语言）都已经在概括。”所以第二信号系统产生的反应是抽象概括的理性反应。以语词为信号的第二信号系统可以揭示事物的内在联系和事物的本质特征。第一信号系统与第二信号系统有本质的不同，这是人脱离动物界、从猿脑进化到人脑的结果，是自然界中最伟大的变化。

第一信号系统和第二信号系统都是在后天的活动中获得的，这说明学习能力可以培养。但两个信号系统的学习水平却有天壤之别，特别是表现在两个信号系统对生物的个体和环境的相互作用关系上。第一信号系统可以说是刺激—反应型的学习。这种学习对外界具体刺激有绝对的依赖性，同时需要不断的具体的刺激来强化。这种学习对客观事物的反映仅仅是外部的表面现象，属于感性认识，对个体生物的作用最多只能达到适应环境的需要，因而可以把这种学习看作动物水平的学习。巴甫洛夫对第一信号系统的学习反映是非常重视的。他在实验室进行了大量的实验，前后用了30多年的时间，深入研究了第一信号系统的形成、强化、消退等，对学习心理学的理论和实践作出了巨大贡献。遗憾的是，实验的对象大都是动物，当这些理论被迁移到心理学和教育学中时，就暴露了它的不科学性：忽视了人和动物的区别，忽视了人的意识的能动作用，忽视了人的第二信号系统学习的特征，过分强调了外界刺激和多次反复的强化作用，陷入了机械唯物论的泥沼。不仅如此，它还成了教育史上夸大教师作用的传统观点的理论依据。时至今日，在教学中教师包办代替、“一言堂”、“满堂灌”的形式仍不在少数，单一的、大量的、重复的机械练习已经成为当前教学上的严重弊端，它阻碍着学生智力的提高、个性的发展和人才的培养。

第二信号系统是认识型的学习。这种学习已经不是简单的刺激反应，而是有人的意识作用参与的。这种学习以抽象的语词为刺激信号，以生命需要和社会需要为动机，并且经过大脑的加工改造，这是人所特有的学习反映。其特点有三：

（1）主要以概念、判断、推理等思维形式把握其事物的本质，是理性反应的过程。

（2）由于这种学习反映有概括性和间接性的特点，缺少情景和形象的魅力，又需要抽象思维，因而学习内驱力（动机）起决定作用。

(3) 由于学习的内力作用，学习不会静止在一个水平上。因此，不仅能科学地反映事物的本身，还能运用事物规律进行再造想象和创造想象。

以上特点集中说明了第二信号系统是自觉的、能动的意识活动。而意识的主体是学习者，这是第一信号系统无法实现的。基于这种理论建立的教育学、心理学，既承认第一信号系统的作用，注意感性认识对于形象的具体的外界刺激条件的依赖，又注意第二信号系统的作用，承认人是意识的主体，通过意识的能动作用把感性认识加工改造为理性认识，注意学习的间接性、概括性的特点而强调理论思维。

通过两种学习信号系统心理机制的分析，可知师生在教学过程中的作用：学校教学（指课堂教学）是以书本知识为主要对象，以前人的间接知识为主要内容，以抽象的口头语言和书面语言为交流工具；学生在课堂中的学习主要是通过第二信号系统，从而在这种抽象的理性学习过程中，学习主体的人及其能动性起决定作用，而教师在学习过程中在清扫学习障碍、提供科学的方法和培养学生意志品质等方面起着重要的指导作用。

四、大学生学习心理的发展变化

由于大学生处于一个特定的年龄区和人生阶段，他们的人生观、价值观和个性心理特点随着时代的变化发生着强烈的变化，因此大学生的学习心理特点也在发生着相应的变化。

（一）大学生学习动机和学习兴趣的变化

有研究认为，当前大学生的学习心理特点表现在四个方面：①个人事业心强，社会责任感弱。随着改革开放的步伐不断迈进，西方的个人主义也走进了国人的内心，一时间追求自我价值的观念得到推崇。大学生本来就是接受和传播新鲜事物最快的群体，因此，表现出来的就是追求个人的成功，而忽略了很重要的社会责任。②学习兴趣广泛，专业兴趣淡化。社会上层出不穷的事物以及这些事物所带来的潜在的商机与职位吸引着大学生的眼球，大学生拥有灵活的头脑，表现在学习上就是虽然兴趣广泛却淡化了对本专业的兴趣。③求知欲望强烈，厌学情绪普遍。④重视考试分数，不满考试现状。大学的教学模式与考核制度让学生不得不重视考试的结果，但是大部分学生认为考试的形式、内容有待改进（张运生、王国英，1995）。

还有研究发现认为，社会转型期大学生的学习心理特点大致可分为三种类型：①愿望型，是这个时期最普遍的学习心理，学生都知道学习的重要性，都抱有多学知识、学好知识的愿望，可是大多数学生缺乏动力，所以他们的学习心理停留在愿望层面上。②应试型，不少学生仍是应试教育的产物，全部学习实际上仍是考试、及格、分数几个字，应试教育的核心是死记硬背，应试型的学习心理就是死记硬背型的学习心理。③经验型，也叫习惯型或传统型，根据过去的经验来判断和处理后来的学习活动（陈兰等，2005）。

（二）学习态度和自主性的发展

有人分析了跨世纪大学生的学习特点，发现当今大学生的学习态度和自主性总体上有了更好的发展，具体表现在四个方面：①大学生有自己安排时间的习惯。一是因为大学里的课程安排表现出课程少、同科目连上等特点，学生有比较多的课余时间；二是随着年龄的增长，大学生开始计划自己的人生。所以，学生对自己的时间进行整理安排也是一个比较突出的特点。②在选课方面，希望自己有更多的自主权。大学生越来越希望高等教育能实现“民主”，即学生参

与公共课和专业课的选择确定的过程。③论坛讲座吸引学子。论坛讲座一般是精华的浓缩，学生总是会紧紧跟随主讲人绘声绘色的演讲，讲坛里学生也可以自由发表意见，这正好满足了学生的那种“平等”愿望。因此，这个时期的论坛讲座总是会吸引学生参加。④课外科技活动逐渐引起重视（汪一鸣、王静，1998）。

（三）学习心理特点随年龄和年级变化而变化

大学生的学习心理特点存在着一定的年龄差异。赵毅和曹克广（2001）研究发现，一年级大学生的学习心理特点为：①学习愿望强烈但学习动机不足。刚进入大学的学生一般都怀揣着“鸿鹄之志”，但是面对陌生的环境和几乎全新的教学模式，再加上还没有清晰的“未来计划”，学习动力不足是大学新生另一个比较突出的学习心理特点。②学习的生理条件具备但心理条件不足。也就是说他们的智力没有问题，但是心理准备不足。③学习的自觉性较好但情绪波动大。大学新生保留了高中时养成的学习习惯，有较好的自觉性；在新的环境中，学习、生活、恋爱、娱乐等各种问题围绕在新生的身边，随之而来的便是复杂的情绪体验。

二年级大学生的学习心理特点为：①目标和学习态度出现了差异。②学习兴趣与学习热情处于全盛时期。他们已经适应了大学里学习、生活等各方面的环境，并且摸索出了自己的一套学习方法，大学二年级是学生学习兴趣最浓厚、学习热情高涨的一个时期。③独立学习能力日益增强，学以致用的意识不断发展。

三年级大学生的学习心理特点为：①学习目标、学习态度、学习兴趣定型化。因此，有些学校或院系都是从大学三年级才开始分专业。②普遍存在失落感、缺憾感和紧迫感。有些学生后悔自己没有把握大学前面两年的时间，现在什么技术也没有学到；有些学生已经开始计算毕业的日子，总希望能有更多的时间来准备就业。③专业是否符合个性特征的认识明朗化。经过两年多的磨合，有些同学意识到自己并不适合自己的专业，也有些学生对自己的专业产生了更加浓厚的兴趣，明确了考研的方向。

第二节　大学生学习与心理健康的关系

一、学习对大学生心理健康的影响

学习不仅是学生的天职，更是人之所以为人的重要标志之一，曾有人将学习的需要和生存的需要相提并论。所以，关于学习心理学的研究非常广泛，几乎每个心理学派都会对学习提出自己的见解，对“学习”的定义自然也就非常丰富了。既有广义的定义，认为学习是生活中非常普遍的现象，是个体在与外界环境的互动过程中产生的行为表现或心理的持久变化，从咿呀学语到掌握各种深奥的科学知识，从蹒跚学步到掌握各种复杂的运动技能，涉及生活的各个领域；也有相对狭义的定义，认为学习过程是指学生在教学情境中通过与教师、同学以及教学信息的交互作用，获得知识、技能、态度的过程。本节中我们将学习放在学校这个背景下，采用的是相对狭义的定义，以方便深入地探讨大学学习对大学生心理健康的影响。

（一）学习对大学生人格的影响

人格是指一个人才智、情绪、愿望、价值观和习惯的行为方式的有机整合，它赋予个人适

应环境的独特模式，包含着一个受到过去影响并对现在和将来产生影响的建构。它是各种稳定特征的综合体，这种独特的模式既是个体社会化的产物，又影响着个体和环境的交互作用。学习对于大学生人格的影响可以从下列几方面加以阐述。

1. 对气质性格的影响

人的气质主要受先天的影响，但是性格却是在后天与社会的互动中慢慢建立形成起来的。性格是指个人对现实的稳定的态度和习惯化了的行为方式。对一件事情的态度在很大程度上受到认知广度与深度的影响，大学阶段恰恰是对很多专业和领域的学习过程，这种认知上的改变自然会对大学生对待事物的态度产生影响。例如，以前不喜欢数学的同学通过对高等数学的学习发现了其中的魅力，进而对数学的态度产生了一百八十度的大转弯；曾经很讨厌历史的同学，因为深刻地了解了历史学的系统知识，发现自己突然爱上了这一门给人智慧的学问……这与鲁迅先生弃医从文、班固投笔从戎是一个道理。由此可见，学习不仅影响了大学生的态度进而还影响其行为方式。

2. 对自我过程的影响

自我过程包括自我认知、自我体验和自我控制。大学学习的选择性给了学生自由决定是否选择某些科目的权力，很大程度上，学什么、怎么学都是由大学生自己做主的，这对自我认知产生了深远的影响。通过选择科目不断尝试新的领域，通过对专业的学习更加系统地认识某个领域，通过实践亲身体会某个领域是否适合自己……这都会影响到学生对自己的认识：我是一个什么样的人，我喜欢什么，不喜欢什么，适合什么，不适合什么，慢慢就都有了一个答案，对自我的认知随着认知结构的丰富也愈加完整了。同时这种自由还对自我控制提出了更高的要求。如何做到主动学习、经受住各种娱乐休闲的诱惑，将是大学学习过程中的一个难题，也正是通过不断拒绝诱惑、合理安排时间，自我控制感才不断得到加强，自我控制能力才会相应提升。

3. 对认知风格的影响

认知风格（也称认知方式）是指个体在认知过程中所表现出来的习惯化的形式。认知风格多种多样，如场独立和场依存、思索型和冲动型、整体型和分析型。不同的专业甚至一个专业的不同领域都会对学习主体的认知风格产生影响。例如，学习建筑或者工程力学的同学会倾向于分析型认知风格，学习文学的同学可能更倾向于整体型认知风格；对急诊感兴趣的同学可能是冲动型认知风格，而擅长内科的同学可能更倾向于思索型认知风格……专业的影响是深远的，这在很多“职业病”的笑话中也可见一斑，但是需要强调的是，认知风格并没有好坏之分，不同的专业、领域、职业可能需要的认知风格也完全不同。

（二）学习对大学生情绪意志的影响

学习是大学生生活中最重要的任务之一，因此它的过程和结果都会影响到学生的情绪。同时，大学学习要求更强的自主性、选择性，这对学习主体的意志力也会产生影响。具体来看，情绪的产生是与需要和动机紧密相连的。大学生在学习过程中所接触到的更加专业、兼顾广度和深度的系统知识会对其认知内容产生较大的改变，正是这种对周围事物更为深刻和广泛的认识引起学习主体需求的改变：通过专业课和通选课可以较为深刻也较为广泛地了解一些专业的内容，从而对自己喜欢哪个专业或者专业的方向有了更为理智的判断，也就自然地对不同的领

域有了不同的需要。所以说，大学学习的广度和深度会影响主体的需求结构。可能正是通过学习园艺知识，某生发现了自己的爱好，从而决定献身园艺事业，这时对园艺知识的学习就成为该生重要的社会需求或高级需求。

大学学习的自主性和选择性既给学习主体提供了检验自己意志力、自我控制水平的机会，也对主体提出了提高自控力和意志水平的要求。正是由于时间和自由度的增加，外界监督的减少，大学生必须通过自己的努力和自控力来完成大部分的学习任务，此时学习成绩和结果的好坏与主体自控能力和努力的相关程度增加，成绩可以较大程度地反映自控能力的高低。一个每天按时上课、保质保量完成作业、主动涉猎相关知识的同学所获得的成绩和一个经常逃课、作业抄袭、从不将课余时间花在学习上的同学可能取得的学习结果肯定是完全相反的！正是这种高度相关，使得大学学习对意志力提出了更高要求，为大学生培养更高的意志水平提供了可能。以意志力当中的自信举例，能够在学习活动中获得好成绩可以带来自信心的提高，自信心的提高又可以反过来促进学习的进步。这说明学习和意志情绪其实是一种相互影响的关系。

（三）学习对大学生社会适应性的影响

从社会的角度来看待学习对大学生心理健康的影响，不难发现其中也存在着密切的联系。首先，大学是学生跨入社会的最后一道关口，其教学的主要目的就是为社会培养高素质的专业性人才。其学习的内容主要是为大学生进入社会担任一定的社会分工工作而设计的，特别是如果学生在专业学习和综合实践部分可以顺利地完成学习任务并主动积极地“化知识为生产力”，将对其尽快地融入社会起到非常重要的作用。其次，大学教学的一大特色是“团队合作”。这种强调团队集体作战的教学方式使得学生不仅仅在课题进行中实践了所学知识、锻炼了创新能力，更重要的是在一个以专业学习为主要任务的团队中与成员互动，很大程度上影响着一个人的人际交往能力。在课题过程中可能会碰到以后进入社会工作后可能遇到的一系列问题，可以说是以后工作的一次预演，如何分工协作、如何处理摩擦、如何妥协与坚持对大学生人际交往能力都将是一大考验或者说锻炼的机会。可以说，无论从大学的学习目的还是大学学习的方式，都强调社会适应性的培养，这可以说是大学学习不同于其他阶段学习的最大特色之一。

二、大学生学习心理问题及原因分析

学生从中学升入大学，由于环境、生活方式以及人际关系的变化所引起的不适应，都会不同程度地反映到学习上，使大学新生产生较强烈的不适应感，导致学习心理问题甚至学习心理障碍，普遍表现为学习积极性下降，呈疲劳状态，这种疲劳状态不是因身体能量消耗引起的，而是失去学习兴趣或学习单调等诸多因素所致。还有一些学生进入大学后，学习目的不够明确，学习态度不够端正，他们认为，在中学阶段辛苦了许多年，进入大学可谓“苦尽甘来”，应该“歇一歇”“喘口气”了，特别是把上大学看成个人奋斗目标的学生，感到“目标”实现了，就该享乐一下了，于是整天泡网吧聊天、打游戏、谈恋爱，而在学习上敷衍塞责、浅尝辄止，满足于一知半解；甚至还有部分学生对学习成绩只求60分万岁，得过且过，平时学习不努力，要考试了才临时抱佛脚，有时虽然勉强考试过关，但是学的知识很不牢固；更有甚者，企图采取作弊的手段来蒙混过关，混张文凭。因而，大学生如果不能处理好大学学习过程中的心理问题，将会严重影响其学习及心理健康。

（一）学习动力缺乏问题

大学生的学习动力缺乏，是指学习没有内在的驱动力量，没有明确的学习方向，无知识需求，更无学习兴趣，厌倦学习，尽力逃避学习。这也是某些学生常说的“学习没劲头”。这种学习动力缺乏主要表现在：①无明确的学习目标。学习只为应付考试或尽快完成学业，因此在学习上不求甚解，只是死记硬背，不会把所学知识融会贯通，更不会对学科作深入研究。既无长远目标，也无近期目标，极少调整学习方法，对自己在大学期间及每个学期究竟要达到什么要求心中无数。②学习无计划。每天的时间怎么安排、学习什么、学习多少内容、如何在多门课程中合理分配时间和精力，对这些问题不作打算。过一天是一天，做一天和尚撞一天钟。没有适合自身的职业生涯规划方案，也没有系统的学习体系。③学习动机弱。无成就感，无抱负和理想，无求知欲和上进心，没有压力和紧迫感。既不羡慕那些学习成绩好的同学，也不为自己虚度年华而惭愧。不积极摸索和改进学习方法，难以适应紧张、繁忙的学习情境，对学习成绩不佳不以为然。④学习无兴趣。不明确专业学习的意义，未能将自己的学习与国家、民族的振兴相联系，对专业学习缺乏兴趣。对学习活动提不起劲，上课纪律松散，不愿意听讲，对教师布置的作业和相关任务拖拉，漠然置之。甚至产生厌学、弃学的消极情绪，使学习不能坚持下去。

（二）学习动机强度问题

学习动机对学习活动起着发动、维护和推进作用，但并不意味着学习动机强度越大学习效果就越好。心理学研究认为，学习动机过强，不论是内部的抱负和期望过高，还是外部的奖惩诱因过强，都会使学生专注于自己的抱负和外部奖惩，而不是专注于学习，因而在实际上阻碍了学习。学习动机过强的主要表现有三个方面。①成就动机过强。有的大学生成就动机过强，急于取得成就并超过他人，所树立的抱负和期望远远超过自己的实际能力和潜力。只盼成功，担心失败，给心理上造成很大压力，以致欲速则不达。②奖惩动机过强。对奖惩考虑过多，一心只想获得奖励，避免受到惩罚。奖惩动机过强的大学生大多是被动学习，以考试为中心，紧紧围着老师转，上课小心翼翼记笔记，下课认认真真对笔记，考前辛辛苦苦背笔记。这类大学生考试得分往往较高，但学得呆板，不能举一反三，灵活应变能力不强，知识面不够宽广。③学习强度过大。有些大学生不会合理安排学习时间，每天用于学习的时间过长，不善于休息，常常处于过度疲劳状态。同样地，缺乏动机或动机强度过弱，大学生不能专注于学习，注意力不能集中，学习行为不易发生和维持。

（三）学习策略问题

大学生学习心理的另一突出问题是学习方式不当。36.9％的学生反映学习的最大困惑是不能适应教与学。大学的教学着重培养学生的自学能力，要求学生具有独立思考的自觉性和研究学习的自觉性。加之大学里课程门类多、课时多，教师讲课又不拘泥于一本教材。这样一来，依旧沿着中学的思维模式和学习方法进行学习的学生便产生了学习适应困难，如听课困难、做作业困难等。有人调查分析了新形势下大学生学习心理问题，发现9.2％的学生学习“有计划，有时执行”，20.3％的学生“有计划，难以执行”，16.3％的学生“没有计划”；52％的学生课余投入最多精力的是与学习无关的事情；55.1％的学生“有时预习”，17.9％的学生“极少预习”，5.6％的学生“从不预习”；51.0％的学生“有时做课堂笔记”，5.8％的学生“等复习一齐抄”，

4.1%的学生“从不做”；在创新学习水平自我评价上，认为“一般”者占52.2%，认为“差”者占10.2%（许佩卿、叶瑞祥，2008）。

英国一位哲人说过：“在中学阶段，学生伏案学习，在大学里，他应该站起来……”大学的学习特点与中学有很大的不同，大学学习具有自主性、专业性、广泛性和探索性等特点，课程的数量和难度都加大了，记忆性的知识减少，理解性的知识增多，这就需要大学生具有较强的独立思考问题、解决问题的能力。而部分大学生还使用中学期间养成的学习方法，难以适应需要自觉的学习意识和创新精神的大学学习生活。

学习策略失当的学生尚未探索出科学的学习策略体系，有明显的不适应学习的倾向。主要表现为：①学习时间安排不科学。学习没有计划，或有计划但不能执行。视兴致而学习，兴致一来连续多时，兴致消减荒废多日。②各学习环节学习方式不当。不重视预习，不带着问题听讲，不做课堂笔记或被动接受式做笔记。不积极参与讨论，不及时解决疑问。平时不温习，考试前搞大突击。一味死记硬背，不注意融会贯通、理解记忆。课外阅读不注意精读和泛读结合，或广泛涉猎但囫囵吞枣，或学得精细但视野褊狭。

（四）学习焦虑问题

学习焦虑是指大学生由于不能达到预期目标或不能克服障碍的威胁，致使自尊心、自信心受挫，或失败感、内疚感增强而形成的一种紧张不安、带有恐惧的情绪状态。心理学研究表明，学生在学习过程中，保持适当的焦虑是必要的，它可以激发斗志，增强学习效果。但过度的学习焦虑却是有害的，会对学习产生非常不利的影响。

刚刚进入校园的大学生，以往都是“佼佼者”，现在还想保持“尖子生”的地位，使他们长期处于冲突与痛苦中，精神过于紧张，学习上焦虑不安。还有一些学生因为背负着家长的较高期望或一定的经济压力，面对着巨大的学习压力而整天“一筹莫展”。大学生严重的学习焦虑表现为学习压力大、精神长期高度紧张、思维迟钝、记忆力减退、注意力涣散、情绪烦躁、郁郁寡欢、精神恍惚、学习效率下降。

（五）学习疲劳问题

学习疲劳也叫学习倦怠，是指连续学习之后，在生理、心理方面产生劳累，致使学习效率下降，甚至出现因健康方面的问题不能继续学习的一种异常状态。面对日趋严峻的就业形势，近年来大学生“考级”“考证”“考研”成为热潮，学习心理疲劳问题也随之日益突出。调查中，37.5%的学生对学习消极体验强烈，其中18.6%的学生感觉“沉重”，13.1%的学生觉得“枯燥乏味”，5.8%的学生感到“痛苦”。有的学生过多自我加压，长期超负荷学习，过度用脑，不注意劳逸结合，导致身心异常疲乏，注意力下降，记忆力变差，对学习感到厌烦郁闷；有的学生不讲究学习方法，长时间对着单调乏味的学习内容死记硬背，对学习逐渐失去兴趣；有的学生平时学习不抓紧，临考前通宵达旦，废寝忘食，造成生物周期紊乱，学习效率下降。

学习疲劳分为生理和心理两种。心理疲劳的症状是精神涣散、感知迟钝、注意力不集中、情绪不安、忧郁、厌烦、学习效率下降。生理疲劳表现为肌肉痉挛、功能失调、动作不和谐、眼球发疼发胀、腰酸背痛、麻木、打瞌睡等。其中，心理疲劳是学习疲劳的主要表现形式。学习疲劳是一种保护性抑制，通常情况下，经过适当的休息即可恢复，但是经常过度的学习疲劳，会使大学生对学习产生厌恶和烦躁情绪，学习效率大大降低。造成学习疲劳的原因主要是：对

学习活动缺乏兴趣；学习时间过长，不注意劳逸结合；学习内容难度较大；睡眠时间长期不足等。很多大学生在学习压力下没有找到更有效的学习方法，只有通过学习时间的无限延长来达到预期目的，久而久之，“事倍功半”，反而更加重了学习心理压力。

（六）考试焦虑问题

考试焦虑是指由于担心考试失败或渴望获得更好的分数而产生的一种忧虑、紧张的心理状态。多数大学生在面临重要考试时都会产生一定程度的考试焦虑，这是正常的，但过度的考试焦虑对大学生的学习和身心健康危害很大。

考试焦虑是一种负面的情绪状态，给人带来痛苦的反应，它既可能是一种暂时性情绪状态，又可以持续发展成为焦虑性神经症，因此，考试焦虑对学生的心理健康影响是很大的，尤其对大一的新生而言更是如此。究其原因：一是心理负担过重，很多大一新生在中学时学习成绩优异，一直处在领先的地位，在大学里总期望保持这个优势，害怕失败和落后，结果造成焦虑；二是考试准备不足，平时没有认真掌握知识。另外，家长对子女的期望值过高等也是学生产生焦虑的诱因。

过度考试焦虑者，表现为在考试前后精神紧张，心烦意乱，无精打采，肠胃不适，可能出现原因不明的腹泻、多汗、尿频、头痛、失眠、记忆力减退、注意力不集中、学习效率下降等。学生在考试过程中表现为心跳加快、呼吸急促、满脸通红、出汗、头昏、烦躁、恶心、软弱无力、记忆受阻、思维迟钝等，有时全身发抖、两眼发黑甚至晕倒。

（七）学习自卑问题

进入大学后，学生的自我意识增强，自尊感特别突出，如不能正确地进行自我评价则会导致自我意识失调。著名哲学家斯宾诺莎认为“由于痛苦而把自己看得太低就是自卑”。有的大学生虽经一再努力，但成绩总是提不高，丧失了进取心；有的由于学习成绩太差，主观上又不努力，在学习上一再受挫，像泄了气的皮球，再也鼓不起学习的勇气；有的觉得考本、考研无望，竞争无资本，因而自甘落后，自我轻视，自我消沉。自卑心理产生的原因有的与家庭教育方法不当、社会影响不良有关；有的是由于学校教育失误造成的；有的是因个人智力和非智力因素影响所致。

自我轻视的心理在学习中的表现就是学习自卑，其对学习的不利影响是显而易见的。不成功的态度体验、不良的学习环境、不准确的自我认知均可能是学习自卑的原因。自卑是一种自我轻视的心理，是自尊心受挫的结果，是羞于落伍的自尊心与学习成绩低下的客观事实长期矛盾又得不到解决而造成的心理创伤所致。表现为：总认为自己智力和能力不如别人，处处低人一等；上课时，总喜欢坐在后排或角落里，眼睛不敢正视前方，尤其是不敢和教师对视；教师提问时，自己明明知道答案，却没有勇气举手回答；课堂讨论不敢发言，不愿参加各种学习竞赛活动；平时总喜欢低着头，不愿与人交往，喜欢独处，在公共场所，沉默寡言，表情不自然；遇到困难，容易丧失信心；每当考试时，总在心里暗示自己不行、通不过；十分在意别人对自己的评价，往往别人的一句玩笑话也会长时间影响情绪；自尊心强，感情脆弱。

第三节 大学生学习心理健康教育对策

大学生在学习中表现出来的各种心理问题，不仅会严重地影响学习效果，而且也不利于大学生身心的健康发展，因而必须有针对性地进行调节和疏导，培养大学生健康的学习心理。

一、打开知识的窗户——注意力

在我们的学习过程中，注意力是打开我们心灵的门户，而且是唯一的门户。门开得越大，我们学到的东西就越多。一旦注意力涣散，心灵的门户就关闭了，一切有用的知识信息都无法进入。正因为如此，法国生物学家乔治·居维叶说："天才，首先是注意力。"

（一）注意力分散的原因

所谓注意力分散是指在需要注意力稳定的情况下，由于受到干扰，使注意力离开了需要注意的对象。在日常学习中，很多同学可能都有这样的困惑：注意力不集中时，听不进课，上不成自习，非常烦恼，"注意力不集中"对他们的学习、生活造成很大影响。

心理学研究发现，人的注意力是很难长时间集中的，"走神"其实是正常的心理现象。人的注意力会受外界环境的干扰而走神，会因为内心的情绪波动而被干扰，这都是普通人的心理。教学上通常每节课只安排40或45分钟，就是这个道理。

当然有的人学习时注意力可以在一定时间内高度集中，甚至可以在闹市学习，但这样的人之所以注意力集中，一是因为他们对学习的内容非常感兴趣，二是因为他们有宁静的心灵。也就是说，这样的人的内心是自我和谐的，并没有那么多心理冲突。无数事实也表明，学习成绩好的学生与学习成绩差的学生之间明显的差别之一就是注意力的集中程度。那些自述注意力不集中的同学，原因多种多样，大致可分成下面五种情况。

1. 外界环境的干扰

诸如学习环境不安静，外面不时有汽车的喇叭声，建筑工地的机器声，窗外行人谈笑声、脚步声、音响声……一切与当前活动无关的外界事物都可以成为集中注意力的干扰因素。如果你是由于这些客观因素造成分心的，那么你的对策就是要培养自己的抗干扰能力。

2. 对所学的东西和所做的事不感兴趣

兴趣是推动人们去集中注意力的重要因素。你自己也可能有这种体会，你对自己感兴趣的事物是否就比较容易集中注意力呢？比如，对感兴趣的电视节目和感兴趣的小说，是不是就能全神贯注呢？相反，若是对某种事物没有兴趣，当然就很难集中注意力。如果是这个原因，要想集中注意力还得从培养自己的兴趣着手。

3. 自控能力差

自我控制能力是意志力的一种表现。需要我们注意的东西不一定是我们都感兴趣的，对于不感兴趣的事，我们必须经过意志的努力才能对它集中注意。所谓"与分心作斗争"实际上就是靠意志力，靠自我控制的能力。自控能力差，常常是注意力难以集中的主要原因。因此，要集中注意力，还得加强意志的锻炼。

4. 疲劳

过于疲劳也是注意力不能集中的原因之一。因此，在感到疲劳时，与其硬撑，倒不如休息

一下。休息后，往往由于精力充沛、注意力集中，工作和学习都可以事半功倍。

5. 情绪波动

情绪波动也时常会导致注意力不能集中，如受到批评会使人不高兴或满腹牢骚，相反，有时太高兴也是一样。在情绪波动状态下，要想集中注意力去做些即使平时很感兴趣的事也是困难的。

（二）注意力分散的调适

保持良好的注意力，是大脑进行感知、记忆、思维等认识活动的基本条件。在正常情况下，注意力使我们的心理活动朝向某一事物，有选择地接收某些信息，而抑制其他活动和其他信息，集中全部的心理能量用于所指向的事物。因而，良好的注意力会提高我们工作与学习的效率。注意力障碍主要表现为无法将心理活动指向某一具体事物，或无法将全部精力集中到这一事物上来，同时无法抑制对无关事物的注意。造成这种情况的原因比较复杂，许多较严重的心理障碍都可以引起注意力障碍。而对于大学生来说，主要是由于学习负担重，心理压力过大而造成高度的紧张和焦虑，从而导致了注意力无法集中的障碍。另外，睡眠不足，大脑得不到充分休息，也可能出现注意力涣散的情况。因此，当你因注意力无法集中而影响学习、倍感苦恼时，不妨采用下面这些方法来调适。

1. 养成良好的睡眠习惯

一些同学因学习负担重，到晚上还熬夜学习；或是有的同学不按时睡觉，在宿舍和同学闲聊等。结果早晨不能按时起床，即便勉强起来，头脑也是昏昏沉沉的，一整天都打不起精神来，有的甚至在课堂上伏桌睡觉。所以，如果你是“夜猫子”型的，奉劝你学学“百灵鸟”，按时睡觉按时起床，养足精神，提高白天的学习效率。

2. 培养良好的意志力

注意力其实就是一个人意志力的表现。意志力强的人无论遇到什么困难都会坚持到底，注意力持久；而意志力弱的人，失败的体验多于成功，是因为没有一个持之以恒的探索过程。因此，培养自己的意志力，特别是培养自己面对挫折的意志力，是提高注意力的有效途径。

3. 做些放松训练

舒适地坐在椅子上或躺在床上，然后向身体的各部位传递休息的信息。先从左脚开始，使脚部肌肉绷紧然后松弛，同时暗示它休息，随后命令脚脖子、小腿、膝盖、大腿一直到躯干都休息；之后，再从右脚到躯干，从左右手到躯干。这时，再从躯干开始到颈部、头部、脸部全部放松。这种放松训练技术需要反复练习才能较好地掌握，而一旦掌握了这种技术，会使你在短短的几分钟内达到轻松、平静的状态。

4. 做些集中注意力的训练

注意力的集中作为一种特殊的素质和能力，需要通过训练来获得。那么，训练自己的注意力、提高自己专心致志素质的方法有哪些呢？

（1）运用积极目标的力量

首先，要给自己定一个目标，这个目标让你从现在开始比过去善于集中注意力。不论做任何事情，一旦进入便能迅速地不受干扰，这是非常重要的。例如，你今天对自己有这样的要求，我要高度集中注意力，将这一节课讲的内容基本上一次性都记忆下来。当你有了这样一个训练目标时，你的注意力就会慢慢集中，就会排除干扰。

学会在需要的任何时候将自己的注意力集中起来，这是一个成功者的品质。培养这种品质的第一个方法是要有这样的目标。

(2) 培养好奇心

有了好奇心，才会保持对事物的兴趣，才会关注它。因此，只有保持对所学知识不倦的好奇心，才能使自己不断地提出新的问题；只有保持对事物的新鲜感，才能达到专注的状态。

(3) 要有对专心素质的自信

千万不要受自己和他人的不良暗示。有的同学自己可能经常这样认为：我老是注意力不集中，做不好任何事情。不要这样沮丧，因为这种状态是可以改变的。

对于绝大多数同学，只要你有自信心，相信自己可以具备迅速提高注意力的能力，能够掌握让自己专心致志的方法，你就能具备这种素质。我们都是正常人、健康人，只要我们下定决心，不受干扰，排除干扰，我们肯定可以做到高度地集中注意力。

(4) 善于排除外界干扰

要训练排除干扰的能力。毛泽东年轻的时候曾经到城门洞里、车水马龙之处读书。为了什么？就是为了训练自己的抗干扰能力。我们都知道，一些优秀的军事家在炮火连天的情况下依然能够非常沉静地、注意力高度集中地在指挥中心判断战略战术的选择和取向。生死的危险就悬在头上，可是还要能够排除这种威胁的干扰来判断军事上如何部署，这种抗拒环境干扰的能力需要训练。

不少人都曾有意做过这种训练，就是不管环境多么嘈杂，当我进入我要阅读和学习的科目时，对周围的一切因素置若罔闻，这种训练是可以成功的。

(5) 善于排除内心的干扰

我们不单要排除环境的干扰，还要排除内心的干扰。在课堂上，周围的同学都坐得很好，但是，自己内心可能有一种骚动，有一种干扰自己的情绪活动，有一种与这个学习不相关的兴奋，而通常内心的干扰比环境的干扰更严重。对各种各样的情绪活动，要善于将它们放下来予以排除。这时候，要学会将自己的身体坐端正，将身体放松下来，将整个面部表情放松下来，也就是将内心各种情绪的干扰随同这个身体的放松都放到一边。

在课堂上，为什么有的同学能够始终注意力集中呢？为什么有的同学注意力就偏偏不能集中呢？除了有没有学习的目标、兴趣和自信之外，还有一个就是是否善于排除自己内心的干扰。有的时候并不是周围的同学在骚扰你，而是你自己心头有各种各样浮光掠影的东西。要去除它们，这个能力是需要训练的。要训练自己具备善于在各种环境中不但能够排除环境的干扰，同时能够排除自己内心干扰的能力。

(6) 节奏分明地处理学习与休息的关系

估计不少同学都遇到过这样的情况：我这一天的任务就是复习功课，然后，从早晨开始就好像在复习功课，书一直在手边，但是效率很低，一会儿干干这个，一会儿干干那个。十二个小时就这样过去了，休息也没有休息好，玩也没玩好，学习也没有什么成效。或者你一大早到公园念外语，坐了一个小时或两个小时，散散漫漫，说念也念了，说不念也跟没念差不多，没有记住多少东西。这就叫学习和休息、劳和逸的节奏不分明。那么，怎样摆脱这种状况呢？从现在开始，集中一小时的精力，背诵 80 个英语单词，看能不能背诵下来。高度地集中注意力，尝试着一定把这些单词记下来。学习完了，再休息，再玩耍。当需要再次进入学习状态的时候，

又能高度集中注意力，这就叫张弛有道。

（7）空间清静

这个方法非常简单，当你在家中复习功课或学习时，要将书桌上与你此时的学习内容无关的其他书籍、物品全部清走。在你的视野中，只有你现在要学习的科目。这种空间上的处理，是训练自己注意力集中的最初阶段的一个必要手段。同学们常常会发现这样生动的场面，你坐在桌子前，想学数学了，这儿有一张报纸，本来是垫在书底下的，上面有些新闻，你止不住就看开了，看了半天，才知道自己是来学数学的；或者本来你是要学习的，桌子一角的小电视还开着呢，看着看着，注意力从书本转移到了电视剧上了；甚至可能是一个小纸片，上面写着什么字，看着看着又想起了发生过的某件事情……

所以，作为训练自己注意力的最初阶段，做一件事情之前，首先要清除书桌上所有无关的东西。然后，使自己迅速进入主题。

（8）清理大脑

收拾书桌是为了集中自己的注意力，同样，我们也可以清理自己的大脑。经常收拾书桌，慢慢就会有一个形象的类比，觉得自己的大脑也像一个书桌一样。

大脑是一个屏幕，那里面也堆放着很多东西，我们要学会将自己心头此时此刻与学习无关的各种情绪、思绪和信息收掉，在大脑中就留下现在要进行的科目，就像收拾自己的桌子一样。

这样的训练从今天开始就要做，它并不困难。当你将思想中的所有杂念都去除的时候，一瞬间你就进入了专一的主题，你的大脑就充分调动起来，你才有观察的能力、记忆的能力、逻辑推理的能力和想象的能力。

（9）对感官的全面训练

我们讲了清理自己的书桌，其实从广义上说，我们可以进行视觉、听觉、感觉等方方面面的类似训练。我们可以训练自己在一个时间段内盯视一个目标，不被其他目标所转移。

我们可以训练在一段时间内虽然有万千种声音，但是集中聆听一种。我们也可以在整个世界中只感觉太阳的存在或者只感觉月亮的存在，或者只感觉周围空气的温度。这种感觉上的专心训练是进行注意力训练的有用的技术手段。

（10）不在难点上停留

大家都会意识到，我们理解的事物、感兴趣的事物，当我们去探究它、观察它时，就比较容易集中注意力。在这种情况下，我们就有了正反两个方面的对策。正面的对策是，我们要利用自己的理解力、自己的兴趣集中自己的注意力。而对那些自己还缺乏理解、缺乏兴趣的事物，当我们必须研究它、学习它时，这就是一个特别艰难的训练了。反面的对策是，当你在听老师讲课的过程中，出现任何不理解的环节，你不要在这个环节上停留。这一点不懂，没关系，接着听老师往下讲课。当你在研究一个事物的时候，这个问题你不太理解，不要紧，接着往下研究。当你读一本书的时候，这个点不太理解，你做了努力还不太理解，没关系，放下来，接着往下阅读。千万不要被前几页的难点挡住，对整本书望而却步。实际上，在你往下阅读的过程中可能会发现，后边大部分内容你都能理解。前边这几页所谓不理解的东西，你慢慢也会理解了。

二、提升记忆力的方法

记忆，就是过去的经验在人脑中的反映。它包括识记、保持、再现、回忆四个基本过程。记忆对学习起着非常重要的作用。优秀的人才往往具有较高的智能，这与他们有着很强的记忆力是分不开的。提高记忆力，实质就是尽量避免和克服遗忘。在学习活动中只要进行有意识的锻炼，掌握记忆规律和方法，就能改善和提高记忆力。

1. 要树立自信心

生理学研究表明，如果没有自信，脑细胞的活动便会受到抑制，记忆力就会减退。只有树立了自信，才能进入“良性循环”，这是记忆力增强的基点。因此，在记忆过程中要充分相信自己，不断积极暗示自己：“我的记忆力不错”，“只要努力，方法正确，我可以记得很好”……

2. 要有浓厚的兴趣

“兴趣是最好的老师”。同学们对自己感兴趣和关心的事情总是记得很牢。著名精神分析学家弗洛伊德曾说过：“对自己造成威胁的事，由于受到无意识的压抑，很难上升到意识阶段来。”因此，只要把知识纳于兴趣之中，不管多难记忆的东西都可以顺利地掌握。由此可见，兴趣是记忆的源泉。

3. 明确记忆的目的

首先，对需要记忆的材料有无明确的目的，对记忆的效果有直接影响，目的越是具体明确，记忆的效果就越好。大家一定也有这样的体会，老师提问过的内容比一般学习内容记得深；考试前的记忆力要比平时强。因此，明确记忆目的和任务是记忆的动力。其次，明确了记忆的目的，就能对记忆的内容、方法和步骤加以选择和确定，从而大大提高记忆的效率。例如，如果目的是要背诵课文、定义、公式，那就要运用复习；如果目的是要求复述教材，那就要建立意义联系，理解定义、公式。最后，一个明确的记忆目标就是个体给自己提的学习要求，在记忆过程中，个体根据事先的要求时时检查，这样不仅有利于个体排除外界各种不良干扰，而且能够加深对材料的印象。因此，在记忆之前，一定要明确记忆的具体目标，进行主动的有意识的记忆。

4. 要及时复习巩固

艾宾浩斯遗忘曲线表明，遗忘并不是随着时间的推移以同样的比例进行的。在学习内容刚刚记住的时候，隔 20 分钟回忆，遗忘率为 42%；经过 1 小时后再检查，遗忘率为 56%；经过 1 天后再检查，遗忘率为 67%；六天后，保持率为 25%；一个月后，保持率为 21.9%，自此以后基本上就不再遗忘了，可见遗忘是客观存在的，它的规律是先快后慢，先多后少。根据这一规律，刚刚学习过的知识应当及时复习巩固，开始复习时的次数要多，间隔的时间要短，以后再减少复习次数，扩大时间间隔。可以说，把握记忆规律并及时巩固是记忆的有力保障。

5. 要在理解的基础上加以记忆

需要记忆的内容不是孤立存在的，它同各种事物都有联系，只有掌握和理解了记忆对象的本质，才能更好地记忆，心理学家对历史专业学生做的实验结果表明：那些在课堂上把握了历史事实意义的学生比起死记硬背、不求甚解的学生来，记忆效果要好得多。可见，深刻理解是提高记忆力的催化剂。

理解是记忆的基础。17 世纪捷克著名教育学家夸美纽斯强调说：“除了很好地理解了的东西

以外，绝不能强迫去熟记任何东西。”科学心理学指出，记忆有意义的材料要比记忆无意义的材料容易。无论是记忆的全面性、速度还是记忆的精确性和牢固性，有意义的材料都比无意义的材料优越得多。因此，对记忆的材料要进行深入研究，充分了解它的内部联系、规律、特点，通过理解来加深记忆。例如，记忆某些定理、公式、法则时，要反复研究，找出哪些是关键词句，哪些是成立的条件，还要掌握推导过程，以及如何运用这些定理、公式和法则去解决实际问题。学习新知识的时候，要进行积极的思维，在新旧知识之间架设桥梁，串联成一个知识的网络，记忆的效果会更好。总之，在理解的基础上进行意义识记，不仅识记的效果更好，更重要的是，这样储存的知识更加系统、持久，用处更大。

6. 科学运用机械记忆

虽然意义记忆的效果远远大于机械记忆，但是在学习生活中，我们常常会不可避免地碰到许多无意义和暂时不理解的材料。这时候无法把它们与已有的知识联系起来，就只好运用机械记忆的方法。为了提高机械记忆的效果，最重要的一点是集中注意力。俗话说：“世上无难事，只怕有心人。”学习经验证明，集中注意阅读课文两遍，比不注意去阅读课文十次的记忆效果好得多。

7. 感官之间的相互协调

实践证明，利用多种感觉器官来参与记忆活动，能提高记忆的效果。因此，在记忆时，我们应该充分发挥眼、耳、口、鼻、手等各种感觉器官的作用，通过看、听、说、闻、写、触等牢固地记住所要记的材料。例如，复习时不仅要用眼来看，而且要发出声音，要用手来写等。通过多种感觉器官的介入，尽可能地将更多的信息“注入”脑中，在大脑皮层留下更多、更深刻的痕迹，从而大大加强记忆并延长记忆内容保持的时间。

有人曾做过这样一个试验：用同一种方法让三组被试者记忆 10 张画，只告诉第一组被试者画了些什么，给第二组被试者看了这些画，给第三组被试者看了这些画并告诉他们画中画了些什么。经过一定的时间后，测试被试者的记忆结果，保留记忆的效果程度依次是第三组、第二组、第一组。这个试验说明多种感觉器官参与记忆活动可大大提高记忆效率。

8. 加强记忆力的锻炼

人的记忆力确实存在着强弱的差别。不过，一个人记忆力的强弱与后天的锻炼有密切的关系。记忆是大脑的一种功能，而大脑的发育和身体的其他器官一样，遵循着“用进废退”的原则。因此，大脑参加学习和记忆的实践活动越多，大脑发展得就越好，记忆力就越强。

英国科学家 W. G. 斯莱特在 21 世纪初作过一个很著名的实验：他把一些 12 岁的孩子分成四组，让第一组每天用半小时背诵诗歌，第二组每天用半小时背诵散文，第三组每天用同样多的时间背诵历史和地理，第四组作为对照组什么任务也不布置。半年后他进行了测验，结果发现第一组对有节奏的诗歌记忆力较强，第二组复述散文的能力较强，第三组对历史年代和地名记忆力较强，而第四组这三方面的能力都明显地不如前三组。这个实验证明，记忆力是完全可以锻炼的。

9. 扩大记忆组块的容量

记忆信息的单位是组块，一个组块可以是几个数字和字母，也可以是几个单词、一个句子等。组块容量的大小随着个人的知识经验而有所不同。一般来说，对某门知识的内容越熟悉，理解越深刻，记忆的组块容量就越大。因此，不管学习什么知识，只要认真钻研，深刻理解，

弄懂弄通，就会自然扩大记忆组块的容量，从而增加记忆的容量，使自己的头脑能够长期牢固地储存更多的信息。

有这样一个实验，以国际象棋大师与普通人作为被试者，探查象棋大师是否有过人的记忆天赋。一盘残局，20 余个棋子，象棋大师只需看上一眼，便能够凭借记忆把这盘残局重新摆好，顶多差一两个棋子。普通人也同样看两秒钟，过后则只能摆出五六个棋子。能否得出这样的结论：象棋大师具有超人的记忆，一个人要想成为象棋大师，必须具备非凡的记忆潜能？为此，心理学家也做了一个实验。同样摆出一盘象棋子，但不是一盘残局，而是一盘“乱棋”。虽说数量上还是 20 余个棋子，可摆放无序，完全违背了象棋规则：小卒身居帅位，士、象冲过界河，老帅屈为马……结果，象棋大师看上一眼，同普通人一样，也只能摆出五六个棋子。于是，心理学家认为，象棋大师并非具有超人的记忆。但是，象棋大师为何对残局能过目不忘呢？这是因为象棋大师对残局有着比一般人更大的记忆组块。

10. 找到适合自己的记忆方法

记忆的类型有很多种，如视觉型、听觉型、运动型、混合型等，不同的记忆类型适用于不同的记忆方式。例如，有的人在早晨把昨天学过的内容复习一遍，就能很好地记住；有的人喜欢边听边写，就很容易记住；有的人与其在一个非常安静的地方读书，倒不如边听音乐边读书，反而能很好地记住……因此，根据记忆的特点采用相适应的记忆方法显得非常重要。在学习的过程中，努力尝试、灵活运用、具体实践，最终找到适合自己的记忆方式并加以完善。

美国第 16 届总统林肯只念过 4 个月的小学，他的记忆力非常好，所学到的知识都是通过自学掌握的。林肯有一个习惯，每当他坐在椅子上读书时，都要采用这样一种姿势：把脚放到桌上或窗台上，使身体向后仰着，这样有助于记忆。他在自学时所掌握的知识，帮助他踏上了辩护律师和政治家的道路。

11. 阅读与重现交替进行

学习的时候，阅读与重现要交替进行。因为及时的重现能够使学习者看到学习的效果，增强信心，并且发现问题和错误时能够及时纠正。

有 16 个无意义音节，让被试者识记 9 分钟后立刻回忆，全部时间只读不背的能回忆 35%；1/5 时间用于尝试背诵的能回忆 50%；4/5 时间用于尝试背诵的能回忆 74%。由此可见，用于尝试背诵的时间相对增多到 80%，记忆效果也会更好。

12. 防止大脑过度疲劳

学习中的记忆活动由大脑皮层相应的区域主管，在记忆材料时，大脑皮层相应的区域就有相应的兴奋点。如果兴奋点长时间在“某一区域”出现，即长时间识记同一类型的内容，就会使该区域的神经细胞活动减弱，个体的主观感受是头昏脑涨、注意力分散、思维迟钝、记忆效率下降。因此，学习时要劳逸结合，注意适当休息，消除疲劳。心理学家的实验证明：在记忆新事物时，每记忆 30 分钟后休息 5 分钟，其效果远远超过长时间的连续记忆。

一个人在一天中的不同时间学习和工作，效率是不同的。一般说来，一天中有四个最佳记忆时间：早上 6～7 点，这时没有前摄抑制，干扰较少；上午 8～10 点，这时全身各方面都已被激活，处于兴奋状态；下午 5～6 点，这时基本上是结束一天工作和学习的时候，心情变得轻松、平静；晚上临睡前 1～2 小时，这时学完即进入睡眠状态，不存在倒摄抑制。

如有的同学就根据这一规律将自己的 1 天分为 5 个时段：早上 6～7 点和下午 5～6 点用于巩

固已学知识；早上8～9点和晚上9～10点用于预习即将讲授的新知识；晚上7～9点用于扩大知识面，如完成当天作业，翻阅有关参考书等。

13. 运用各种有效的记忆术

运用各种有效的记忆术如联想法、口诀法、谐音法、形象法等，都是提高记忆力的有效方法。

联想法是一种由此及彼，由一种事物想到另一种事物的发散性思维。例如，要记忆鲁迅先生的几篇作品，可以编成这样一个故事：鲁迅写完《狂人日记》后，就去找《孔乙己》帮他做了《一件小事》，然后回到《故乡》看了一场《社戏》。

口诀法是将记忆的材料编成有节奏和韵律的口诀来记，如要记住中国历史上的朝代就有一首歌便于记忆：

唐尧虞舜夏商周，春秋战国乱悠悠。

秦汉三国晋统一，南朝北朝是对头。

隋唐五代又十国，宋元明清帝王休。

形象法是对抽象的材料赋予一定的形象而进行记忆的方法。日本记忆心理学家高木重朗认为：一切记忆都始于形象。记忆方法的基本点就是通过形象记忆事物。如何通过形象记忆事物呢？首先，在记忆具体事物或者表示具体事物的语词时，要将该事物的鲜明形象浮现在脑子里，停留几秒钟，在大脑皮层留下栩栩如生的表象，记忆会更加牢固。其次，在记忆抽象概念时，通过联想，把它们与具体形象联系起来。例如，“和平”常常与鸽子相联系，记忆“和平”一词时与鸽子的形象联系起来，印象就很深刻。

三、激发学习动机要适度

学习动机是指直接推动个体进行学习的内部动力，它是引起和维持一个人的学习活动，并指引学习活动朝向某一学习目标的心理倾向。学生的学习动机是在不同的生活条件、教育环境影响下形成的，不同的学生有不同的学习动机。

（一）学习动机不当的表现

根据动机的目标指向可将动机分为三类：以求知为目标的认知性动机；以实现某种愿望（如取得好名次、升学等）为目标的自我提高性动机；以获得家长、老师或同学的赞许或认可为目标的附属性动机。

根据动机的来源可将动机分为两类：外部动机和内部动机。例如，某位同学的父母许诺，如果期末考试年级排名50名以内，暑假就去旅游，于是学生学习很认真。这种由外部客观条件激发产生的学习动机，称为外部学习动机。外部动机时间短暂、影响较小，一旦去掉相关刺激或情境学习动机就会减弱甚至消失。如果一个学生学习好胜心比较强，那么他无论何时何地都会学得很投入。这种由内部心理因素如好奇心、责任感、荣誉感、自尊心等转化而来的动机称为内部学习动机。内部动机持续时间长久、影响大。学习动机不当包括学习动机缺乏和学习动机过强，这二者都会影响大学生的学业效能感。

1. 学习动机缺乏

（1）懒惰行为。表现为不愿上课、不愿动脑筋、不完成作业、贪玩；学习上拖拉、散漫、怕苦怕累，并经常为自己的懒惰行为找借口。

(2) 容易分心。动机缺乏的学生注意力差，不能专心听讲，不能集中思考，兴趣容易转移。学习满足于一知半解，行动忽冷忽热，情绪忽高忽低。

(3) 厌倦情绪。动机缺乏的学生对学习冷漠、畏惧，常感厌倦，对学校与班级生活感到无聊。学习中无精打采，很少享受学习成功带来的快乐。

(4) 缺乏方法。动机缺乏的学生把学习看成奉命的、被迫的苦差事，因此不愿意积极寻求一些适合自己的学习方法，满足于死记硬背，应付考试。由于缺乏正确的灵活的学习策略和方法，所以往往不能适应新的学习情景。

(5) 独立性差。动机缺乏的学生，在学习上没有明确的学习目标，学习行为往往表现出从众与依附性，随大流，极少有独立性和创造性。

2. 学习动机过强

(1) 过于勤奋。动机过强的学生将所有精力都用于学习上，并坚信自己只要努力就有回报。在学习中，往往认为学习是至高无上的，把时间花在别的地方是一种浪费，因而在他们的生活中不知道娱乐、休息和运动为何物。

(2) 争强好胜。动机过强的学生无论在学习上还是在日常生活中都反映出争强好胜的心理。他们非常看重自己的分数、名次，经常想考全年级第一，经常想得到他人的表扬和肯定，害怕失败，一旦失败就会对自己产生怀疑。

(3) 情绪紧张。动机过强的学生往往伴随着学习焦虑和考试焦虑，经常体验到紧张不安。由于长期处于巨大的压力和超负荷的学习之中，情绪上、精神上难以松弛，久而久之导致精力不集中，记忆力减退，思维迟钝等，学习效率随之降低。

(4) 容易自责。动机过强的学生经常给自己定过高的目标，为了实现目标，总是不满足自己的现状，总认为自己应该做得更好，因此常常责备自己。

(二) 培养适度学习动机的方法

“我是一位来自山区，家庭经济困难的大学生，学业成绩一直非常优异。上大学后，忽然感到心中茫然，学习没有动力，生活没有目标，有时候想到辍学在家的妹妹和年迈的父母我也恨自己不争气，可我的确找不到奋斗的目标与学习的动力，学习上得过且过，上课打不起精神，生活上马马虎虎，漫无目的，我不是因为喜欢上网而荒废了学业，而是因为实在没劲才去上网聊天、打游戏，我如何才能摆脱这种状态?”

“我今年已经大三了，一直优秀的我一向对自己要求很高，当然这也与家庭的期望有关，父母都是具有高级职称的知识分子，在他们的言传身教下，我从小就知道努力与奋斗。在大学里，我进行了认真细致的生涯设计，一步一个脚印向前走，大一成绩要拔尖，大二要通过国家英语六级和托福考试，为将来出国留学做好准备；大三入党，使自己的政治生命有所皈依；与此同时锻炼自己各方面的能力。于是，在大学里我像一只陀螺飞速运转着，珍惜大学的分分秒秒，因为我相信付出总有回报。但我却发现离自己的目标越来越远，我忽然怀疑起自己的学习能力，我感到自己在学习上的优势在失落，甚至多年积累的自信也受到挑战，对未来，我忽然担心起来，我该如何办?”

从上面两位学生的自述可以看出：他们两人都因为学习动机不当产生心理上的困惑，不同

的是前者是因为学习动机不足，后来是由于成就动机过强造成的。我们应该如何调适自己不当的学习动机呢？

1. 分析和了解自己的学习动机

目前，你的学习动机主要来自内部还是外部，是长远动机还是短暂动机，是认知动机、自我提高的动机还是附属性动机占主导地位？对自身学习动机的深入了解是增强动机的前提和基础。例如，是因为服从家长的决定、实现家庭的期望才努力学习的，是对学习知识或学科内容感兴趣而勤奋读书的，还是因为想将来报效祖国报效社会才努力学习的。

2. 明确学习的意义

作为一名大学生，必须明确学习的社会意义和个人意义。大学阶段的学习不仅使人获得新的知识经验，而且还发展了智力、培养了能力、完善了个性，为个体的健康成长和走入社会奠定了坚实的基础。但是，如果学习的动机仅停留在这个水平上，就可能不会产生较大的压力，也不会真正尝到成功的喜悦，所以大学生有必要确立更高水平的学习动机。有关调查表明，优等生明确“学习是为了国家民族的未来”的占56.71%，而后进生中只有23.41%。只有把当前的学习和祖国四化建设的实际及国家、集体的荣誉联系起来，才能激发强烈的学习责任感、荣誉感和使命感，产生顽强的学习意志。当一个人明确了学习的重要意义，懂得了自己的义务、责任，把当前的学习与未来理想和实际应用联系起来时，就能激发起强烈的学习热情，即使是对自己缺乏兴趣的学习任务，也能努力去完成。

3. 品尝成功的喜悦

成功的学习和体验可以激发学习的动机和求知欲望。什么是成功的体验？在一般人眼里，成功是指考试成绩名列第一、考取某名牌大学。但是，这里的成功更主要的是指自己点滴的进步，如解决了一道难题、记住了十个单词、弄懂了一个知识点等。记住，不要时刻和别人比较，关键是和过去的自己相比，你在不断进步。不断肯定自己、表扬自己，保持自己独有的成功体验，有助于激发学习的强烈欲望。

4. 不断进行反馈

不断进行学习检查和学习评价，知道自己学习的效果。对好的学习方式、态度和习惯给予肯定，对不足的地方进行改进。反馈是学习过程中非常重要的一个环节，积极的结果反馈能进一步强化学习动机，而缺点的反馈让个体明白存在的差距，产生进一步完善的愿望，起到鞭策的作用，同样可以强化个体的学习动机。

外国学者布克与诺维尔的实验证明了反馈的重要作用。他们让两组受试者以最快的速度与正确性来做同样的练习（减法、乘法、写字母、找出课文中的外国字），连续试验75次，每次30秒钟。在前50次练习中，对甲组增加三项诱因：知道每次试验的分数；试验期间不断予以鼓励，督促他们努力去做；把所犯错误加以分析。对乙组则无这些指示。练习50次以后，两组指示对换，对乙组增加上述三项诱因的指示，甲组则取消这些诱因。结果表明，在前50次练习中，甲组成绩比乙组好；在后25次练习中，甲组的成绩变坏了，乙组成绩明显上升。

5. 树立恰当而明确的学习目标

学习目标过高时，个体怎么努力也无法达到，自信心遭受打击，不断地体验失败、沮丧、气馁的心理，逐渐对学习失去信心和兴趣，害怕甚至厌恶学习；学习目标过低时，个体不费吹灰之力就可以达到，丝毫没有挑战性和成就感，同样不利于激发学习动机。所以，在学习过程

中，树立恰当的学习目标显得尤为重要。这里的恰当是因人而异、因时而异的。要根据自己每门学科的实际水平和现有的主客观条件确立学习的远期目标、中期目标和近期目标，不能太难也不能太容易，要让自己“跳一跳才能摘到桃子”。

另外，动机指向目的，目的诱发动机。确立明确的学习目标对于激发个体的学习动机无疑是必需的。为了实现目标，个体能始终处于一种主动求发展的竞技状态，能充分发挥主观能动作用，能精神饱满地投入学习，并且为了达到目标而舍弃学习之外的一些东西。各种实践证明，奋斗目标越鲜明、越具体，激发的学习动机就越强烈、越持久，获得成功的可能性就越大。

我国东汉时期的思想家、哲学家王充，少年丧父，家里很穷，但他立志要学有所成。首先，他通过优异的成绩获得乡里保送，进入了当时全国最高的学府——太学，利用太学里的藏书来丰富自己的头脑。其次，当太学里的书不能满足他而自己又无钱购买时，便把书铺当书房，整天在里面读书，通过帮人家干零活儿来换取免费读书的资格。就这样，他几乎读遍了洛阳城里的所有书铺。由于他积累了丰富的知识，终于成为我国历史上著名的学者并写出了至今仍有重要价值的《论衡》。

6. 培养良好的个性品质

在学习中不要过多依赖父母、老师和学校的各种奖励，尤其是物质性奖励。要培养独立自主的意识，对自己的行为负责。对于学生来说，最好的奖励是自己对自己的认可，是自己获得的学业上的成功。进取心强、成就动机水平高的人往往是积极的学习者，他们牢牢掌握学习的主动权，遇到困难和挫折能勇往直前，往往能取得较好的学习效果，而良好的学习效果又进一步强化了学习动机。因此，自尊、独立、进取、富有理想等良好的个性品质都有助于正确动机的形成。

7. 调整学习动机的水平

人们往往认为动机越强学习的效率越高，动机越弱学习的效率就越低。但事实并非完全如此。心理学的研究表明，动机水平与学习或工作的效率之间的关系并不是线性关系，而是倒“U”形曲线关系即中等强度的动机最有利于学习的顺利进行。为什么有的同学平时刻苦学习，特别想考好，但真正到了考场大脑里却一片空白呢？因为他的学习动机过于强烈，以致一入考场，便因情绪紧张而产生“怯场”现象，降低了记忆和思维效率，连平时较为熟悉的题目都答不上来。相反，如果对考试抱无所谓的态度、缺乏获胜的动机，同样也是考不好的。由此可见，在学习活动中学习动机过强或过弱，对学习效率都是不利的，只有当学习动机的强度处于最佳水平时，才会使学习活动产生最佳效果。

学习动机强度的最佳水平不是固定不变的，它往往会因课题性质不同而不同。这里有三种情况：一是在学习比较容易的课题时，学习效率会随着学习动机强度的增强而提高；二是学习比较困难的课题时，学习效率反而由于学习动机强度的增强而下降；三是在一定范围内，学习动机强度的增强有利于学习效率的提高，特别是在学习力所能及的课题时，效率的提高更为明显。

8. 外部学习动机与内部学习动机相结合

外部学习动机和内部学习动机是互相增强、互相促进、互相转化的。例如，本来对学习英语很头疼，但是为了过四级，拼命学习英语，练听力、背单词、做练习，这主要是外部动机在起作用；渐渐地，英语成绩有了提高，也找到了一定的学习方法，于是对英语产生了兴趣，自

信心增强，学习英语时便更加认真、轻松。这时，一部分外部学习动机就转化为内部学习动机。同样，有的同学本来就有很强的求知欲、自尊心和好胜心（内部动机），再加上学习刻苦，当他取得好成绩受到老师表扬或学校奖励时，这种外部诱因又进一步增强了他学习的劲头。外部动机与内部动机的有机结合不仅增强了学习的乐趣和成就感，而且使学习行为更具有目的性和坚持性。

（三）外界因素培养大学生学习动机

1. 教师培养大学生学习动机的途径

教师在校园扮演着传道、授业、解惑的重要角色，为教育事业作出突出的贡献，他们对于学生学习动机的养成具有很大的影响作用，可以从以下几个方面来培养和激发学生的学习动机。

（1）把握时机，做好学生思想引导

学生学习主动性差，和思想认识以及学习态度有很大的关系，学习成绩不好，一方面是学习能力存在问题，另一方面是学习态度不端正，对于大学生而言，学习能力一般不存在多大的困难，因此，要提高学生学习积极性，激发学生学习兴趣，首先要引导学生端正态度。这就需要教育者加强思想引导，特别是思政工作者，要充分利用自己的政治优势，准确把握时机，激发学生学习动机，如以历史事件纪念日为契机，组织开展主题教育活动，注重典型的示范作用，把握学生集中、主题班会等时机，加强教育引导。

（2）建立良好的师生关系，做学生的良师益友

师生关系的好坏，直接影响着学生学习的兴趣。在高校教育教学管理中，思政工作者是大学生在校园中最容易接触到也是接触最多的人，因此思政工作者要利用职业优势深入学生，学生不学习有千万种原因，要从正面和侧面了解学生对于学习的态度，有针对性地开展工作。不能简单地看到学生不爱学习就一味批评，单方面指责学生，而应重视学生的个体差异，做学生的知心朋友，同时要重视发挥学生的主体作用，帮助学生树立主人翁意识，引导学生的自我教育、自主管理。

在教学过程中，我们都清楚地知道，教师的个人魅力和他对待学生的态度方式很大程度上影响着学生学习的积极性。学生喜欢或者敬重哪位教师，对他所承担的课程会更加努力学习。作为教师，想要与学生建立良好的关系，要得到学生的认可并喜欢，首先要塑造良好的形象，而渊博的学识、准确的表达、高尚的品格是教师吸引学生的重要法宝。因此，教师要加强学习，努力提升自身修养，用自己的个人魅力去影响学生，激发学生学习的主动性。同时要充分尊重和信任学生，多与学生互动和交流，碰到学生询问专业知识或者与所学知识无关的问题，都应当有耐心地予以解答，与学生建立起互相尊重互相信任的良好关系，做学生的良师益友。

（3）认真准备、精心组织课堂教学

调查发现，有一部分学生不去上课，是因为觉得教师课讲得不好，不如自己看书，大学生已经是成年人，他们会判断一个教师是否认真备课，是否认真对待教学，他们很有自己的想法，认为老师不认真、课讲不好，那么他们就不去上课，长期下去对学习就失去兴趣，这种情况一旦发生，靠点名都不一定能够留得住学生。如果教师能够认真备课，有丰富的教学内容，旁征博引，并善于调动学生参与到课堂教学中，学生自然而然就有了学习的欲望和动机。

(4) 大胆创新，改变传统的教学模式

传统的教学模式即单一的传授式，也就是教师在讲台上讲，学生在底下听，时间一到就下课，循环往复直至考试结束。当代大学生大部分都是很有想法的人，他们不喜欢太传统的教学方式，而更倾向于启发式、讨论式的教学方法。这两种教学方法都应该在教师的精心组织下才能取得良好的效果，要尽量营造轻松愉快的氛围，充分挖掘学生的思想和想象力，培养学生独立思考、乐于思索的能力，要让学生意识到每个人的观点都可以毫无顾忌地表达出来，不会因为和教师的观点不一致而受到打击或者批评。针对学生不同的观点，教师要善于归纳总结，着重引导学生利用课余时间去寻找理论和实证支撑。

(5) 合理布置任务，让学生获得成就感

布置作业几乎是每一个教师在任课过程中都会做的事情，如小论文、调查报告、设计方案等，对于这些学习任务，有的学生认真对待，有的应付了事，态度差别极大。针对这种现象，首先，教师在布置任务之前应当充分考虑到学生的实际情况，任务是否科学合理、难度是否适中，太过简单的，学生会觉得做了没意思，体现不出水平，太难了学生会望而却步，在失去信心的同时也会失去对学习的兴趣；其次，对学生提交的作业要认真审查，千万不要让学生以为交作业只是教学管理上的要求，是为了应付检查，阅读之后要将信息反馈给学生，让学生明白好的地方和不足之处，以便改进。对于做得好的学生给予表扬，时间允许的话还可以让学生与同学做交流，让学生获得成就感，从而达到激发大学生学习动机的目的。对于那些明显抄袭、应付了事的学生要批评与鼓励兼施，引导他们正确对待学习。合理而有效的表扬也是一门艺术，首先要确定学生的表现和行为是否真正值得表扬，表扬要发自内心，不让学生认为表扬只是随口说说，尺度一定要把握好，避免学生骄傲自满。

2. 高校培养大学生学习动机的主要做法

高校是大学生学习的主要场所，环境的塑造，学习氛围的营造都在潜移默化中影响着学生学习的学习活动和学习行为。

(1) 抓好学风教风建设，营造良好的学习环境

学风建设应该说是每个学校每个学年常抓不懈的重要工作之一，也是难题之一，但学风的治理不单单是制止学生迟到、旷课、早退那么简单，学生在课堂上是否认真听讲、对知识的掌握程度如何，课堂之余大部分学生是否会主动学习才是关键。

调查发现，有部分学生认为学习风气不好直接影响到自身的学习，因此，给学生以正确的引导和创造良好的学习环境，是学风建设的重要任务。

拥有良好的学风还不够，教风同样重要，教师唯有高度的责任感和强烈的事业心，把教书当成一项事业才能教好书，如果只是为了自己的物质利益，不关心学生、不在意教学效果的好坏、不注重教学方法的改进，就会严重影响到学风建设，影响学生学习的动机。

(2) 推广学习目标管理制度

目标管理是由美国现代管理大师彼得·德鲁克于1954年在其著作《管理实践》中提出来的，即以目标为导向，以成果为衡量标准，旨在帮助个体实现自我激励、取得良好成绩。这种做法在美国流传甚广，被企业广泛应用，被公认为是一种加强计划管理的先进科学的现代管理方法。大学生学习的主动性差，自我管理意识不强，实行学习目标管理可以增强学生的自我教育和控制，从而达到自我提升的目的。具体的做法为每学年初，由学生根据自己的实际情况设

定当学年的具体目标，拟定达成目标的详细措施，学年中期进行中期检查，分析目标管理的发展情况，于第二学年初进行学年总结。

（3）加强专业认知指导

调查发现，有相当一部分学生认为影响他们学习积极性的是不懂得如何安排学习活动，可见，很多学生对于专业前景感到迷茫，找不到努力的方向，没有方向自然就失去了学习的信心。我们一直在提倡大学生要提高自我管理、自我约束、自主学习的能力，但这种能力的培养离不开教师和学校的引导，唯有得到有效的指导，大学生对于专业前沿才能有较深入细致的了解，鉴于此，高校应该加强对学生的专业认知指导，专业指导不是一次就够了，很多高校还只是把它放在新生入学教育当中去做，其实际效果并不好，大一新生对专业毫无概念，接触的专业知识也非常少，不能从根本上激起学习的兴趣。专业认知在大二的时候可加强，这个时候学生已经初步掌握了部分专业知识，对专业有一个模糊的概念，抓住这个机会，从专业发展、就业前景、学习方法对学生进行指导，能够有效地帮助学生确定奋斗的目标、努力的方向。

（4）加强大学生职业规划教育

大学生职业规划课程是近几年高校新增加的一门课程，其目的在于引导学生对自己进行客观全面的分析，看到自己的优势，认真自身不足，根据当前的时代特点、形势发展，结合自身兴趣、性格特征、能力等诸多因素，确定职业目标，制定达成目标的详细路线。通过这种教育可以帮助学生认识自我、了解时局环境，确定学习目标，只要学生有了较明确的目标，就会有学习的动力。

（5）开展学习竞赛活动

实践比理论更能吸引人。工作经验告诉我们，很多学生不乐于理论学习，但对学习竞赛活动却很感兴趣。根据学生群体特点，适当地开展诸如演讲、英语竞赛、数学建模大赛、证券模拟操盘、法律知识竞赛等活动，在一定程度上可以激发学生主动学习的热情，培养学生学习的动机。但学习竞赛活动也会带来消极作用，主要是一些学习不好的学生，他们害怕竞赛，不敢参与到竞赛活动中，另外有一部分学生在参加竞赛失败后，自信心反倒会受到较大的打击。因此，举办竞赛活动要注意标准和规则的制定，以鼓励、团结协作为主要精神和竞赛目的，注意保护学生的积极性。

（6）加强感恩教育和就业指导

调查发现，父母期望和谋求就业是大学生主要的学习动机，各高校应当把握这个趋势，一方面在大学生中广泛而深入地开展感恩教育，让大学生进一步明白父母亲的辛劳，意识到学习机会的来之不易，可以在一定程度上强化学生的动机水平；另一方面要多开展大学生就业指导。不少高校的就业指导都放在大四开办，若安排在大三第二个学期，可以让学生更早地意识到就业能力的培养和专业知识的摄取，也能为就业作好充足的准备。

3. 家庭培养大学生学习动机的主要途径

家庭是人的社会化的第一场所。家庭教育对子女的影响至关重大，父母亲的一言一行都有可能对孩子的行为产生影响，因此，要培养大学生的学习动机，离不开家庭的力量。

（1）构建和谐的家庭关系

在工作中，我们清楚地知道，总体而言如果一个学生他所成长的家庭关系和美、互敬互爱，他的价值观念、人格和品质就比较健全，反过来看，不少不爱学习、视学习为一件没有意义的

事、思想偏激、行为怪异、脾气古怪的学生，其背后往往是一个不怎么和睦的家庭。家庭和谐，学生就不会有太大的心理负担，就比较积极向上、乐于学习，反之则会影响学生学习的积极性。

（2）重视家庭教育

作为父母，都希望孩子学习成绩好，但不可能每个人的成绩都很好，当孩子的学习不如他们所期望的，不同的父母会有不同的教育方式。有的家长会给予鼓励，让学生好好分析原因，争取以后考好，鼓励他们好好学习、掌握扎实的知识；有的家长则会拼命数落孩子，其直接后果就是导致学生害怕考试、厌学；有的家长会表示出无所谓，给孩子灌输好成绩不一定有好未来，家庭背景比较重要，等毕业后会安排好工作，这只会让孩子失去对学习的热情、产生读书无用论的想法；有的家长则会到处托关系，帮助孩子弄虚作假，这种现象在大学校园中更是屡见不鲜，往往是学生考不及格了，家长就找教师、找辅导员、找领导通融，这种做法只会害了学生，一方面助长学生不需要刻苦学习的念头，另一方面，学生会错误地认为只要有关系，什么事情都可以做。

（3）言传身教，注重引导学生主动学习

家庭是一个人社会化的第一场所，个人的思维方式、价值观念都会受到家庭深刻的影响。学生对待学习的态度，不单单受家长思想教育的影响，家长的言行也对孩子的学习动机产生着潜移默化的影响。大学中有不少这样的学生：不喜欢上课，经常在宿舍玩游戏、打牌或者睡觉，在对学生的教育中得知，他们的父母对他们的学习要求很低，只要不会太差就可以，有的跟学生明确说明毕业以后就随父母打造家族产业，有的则明确告知子女毕业后可以帮忙安排好工作等，对于这些学生，笔者认为学校、教师、思政工作者做再多的教育工作都未必能激发起的学生的学习动机，因此，家长们务必注意自己的言行，充分认识到一言一行对子女的影响，扮演好自己的角色，不要让学生产生什么都不用学就可以有好前途的错误想法。

四、掌握良好的学习策略

学习者一旦掌握并生成自己的学习策略，学习过程就会变成一个积极、主动的求知过程。

（一）树立终身学习理念

学习是人类进步的阶梯，终身学习则是信息时代人类个体的基本行为和基本的生活方式。终身学习是指社会每个成员为适应社会发展和实现个体发展的需要，贯穿其整个人生的持续学习过程，即“活到老学到老”。

终身学习的内涵是整体的，而不仅是知识的学习。知识是终身学习最明显的一部分，但它不是全部。用最简易的话说，终身学习的内涵可以包罗万象。终身学习、终身运动、终身反省应该是“人生三宝”。将终身学习的习惯用于终身运动，可以延年益寿；将终身学习的习惯用于终身反省，可以减少个人烦恼，也可以减少社会乱象，促进祥和。我们都应该运用这“人生三宝”，发挥自己的潜能，增强自己生命的活力。

养成终身学习的习惯，要让学习动机与学习成就循环作用，相互回馈。终身学习的习惯首先源自一种理念，以后在每一个阶段学习有成，更会加强这种理念，促成更多的学习成就。

（二）学会创造性地学习

创造性学习是指学习过程中的独立思考，探索为基本方法，对学习中遇到的问题勇于提出

自己的见解，寻求新的理论，不轻易放弃自己的看法，不人云亦云。创造性学习不仅强调学习的结果，更注重学习的过程。启发引导学生在知识的海洋里遨游，潜移默化地增长创造的才能。

学习贵在创新。有人认为，学习只是接受前人的知识，学习书本上的知识，不是什么创造发明，根本谈不上什么创新。实则不然，学习固然不同于科学家的研究，但也要求学生敢于除旧，敢于布新，敢于用多种思维方式探讨所学的东西。

首先，学生是教育目的的体现者。教育（培养）目标尤其是创造性教育目标是否实现，要在学生自己的认知和发展的学习活动中体现出来。如果学生没有学到知识、没有掌握教育内容、没有用所学的知识促进自己身心的发展和变革，那么教育的目的也就成了一句空话，创造性学习更是无从谈起。在创造性学习的学习目标上，学生不仅能获得书本或教师传授的知识，而且还对教师和书本上的知识进行分析，提出质疑，更自主而有选择地吸收。

其次，学生是学习活动的主人。学生的学习积极性是成功学习的基础，只有学生主动学习、主动认知、主动获取教育内容、主动吸收人类积累的精神财富，他们才能认识世界，促进自己的发展。从一定意义上说，主动学习是创造性学习的基础。教师对学生的教是外因，外因必须通过内因才能起作用，教师的教只有通过学生的学才能生效。在学习过程中，师生的交互活动旨在实现学生的社会化、个性化和创造化。所以，学生是学习活动，尤其是创造性学习的主人，创造性学习只有在学生主动学习的过程中才能实现。

再次，学生在学习活动中是积极的探索者。在创造性学习活动中，学生不仅要接受教师所教的知识，而且要消化这些知识，分析新旧知识的内在联系，敢于除旧布新，敢于自我发现。从这个意义上说，学生在学习过程中，尤其是创造性学习过程中是探索者和追求者。对学生主体来说，学习不止是知识的简单增加，而是个体的每一部分都可能与某些学习经验、知识、文化相互贯穿，并导致其态度、个性（人格）及对未来的选择方向发生变化。因此，学生只有发挥主体性，才能使其学习更有创造性的成分，从而更主动地获得发展。

最后，学生是学习活动的反思者。任何学习都有一个反思的过程，这就是认知心理学强调的元认知。在创造性学习中，尽管也有直接理解或直接领悟的直觉思维，即所谓的“知其然，不知其所以然”，但更重要的是有批判思维的成分，即“知其然，知其所以然”。换句话说，在创造性学习中，要有严密的、全面的、有自我反省（或反思）的思维，要有思维活动监控的成分。有了这种思维，在学习中才能考虑到一切可以利用的条件，才能不断验证所拟定的解决问题的假设，才能获得新颖、独特的解决方案，使学习活动更好地获得定向、监控和调节的功能。因此，反思或监控是创造性学习的一个重要组成部分。

要做到创造性的学习，我们先要学会以下步骤。

（1）善于发现问题。发现问题的意识是催人进行创造性学习的力量源泉，如“为什么是这样的结论？”“我到底哪个环节出现了麻烦？”

（2）清楚且准确地陈述问题。一旦你清楚地考虑过真正的问题是什么，问题的解决就容易多了。

（3）研究问题。引出你知道的有关这个问题的所有东西，然后去理解它们。还有其他你必须知道或发掘的问题吗？不能解答困难是因为我们没有充分地了解问题本身。

（4）发散思考。抓住解决问题的灵感，引出尽可能多的解决问题的方法，要有独创性、想象力，还要有胆量想象、坚持想象、开发几个可供选择的方案。

(5) 挑选最好的方案。选出两三个最好的解决方案，然后挨个斟酌，决定你将使用哪个方案，并想象一旦使用了这个解决方案将会发生什么。

(6) 将解决方案付诸行动。逐步概括出你每步要做什么，使你所选择的方案发挥作用。

(三) 确立适当的抱负水平

抱负水平又称抱负水准，是指人的行为要达到什么程度的心理愿望。许多人在工作和生活中对自己要达到的标准有较高的需求，这种需求就是抱负水平。抱负水平并不是越高越好，适度的抱负水平是避免挫折和失败、获得自信与成功、使个体得以顺利发展的重要因素。所以，如何根据个人的实际情况确定适宜的抱负水平就显得非常重要了。

大二学生小晖最欣赏的一句话是“不想做将军的士兵不是好士兵”，因此他觉得不想考第一的学生不是好学生。所以，他学习十分刻苦，甚至把别人娱乐和休息的时间都用在学习上。每次考试前他都憋足一股劲儿，心想：这次一定要考第一。可结果总是让他失望。想考第一、暗暗发誓、默默努力，但总是考得不理想。这种在学习上对自己要求很高，即给自己规定很高的目标或标准，但往往达不到要求或实现不了目标的大学生为数不少。也可以说这些学生抱负水平过高，不符合实际。

通常，当这些抱负水平高的学生无法实现自己预期的目标时，他们的心中便会产生一种消极的情绪状态即挫折感。其中有些学生表现为痛苦、抑郁，如打不起精神、不合群、自卑；有些学生表现为怀疑、自责，如嫉妒比自己成绩好的同学，不相信自己的分数，埋怨自己运气不佳；有些学生则表现为焦虑、紧张，如以后每到考试就心慌、害怕甚至怯场等。当每次都无法满足自己的愿望、实现自己的目标时，就应该根据自身的实际情况，采取适当的措施与方法尝试改变自己。

1. 正确评估自己，适当降低抱负水平

不管父母、老师期望如何，自己一定要保持清醒的头脑，看到自己的短处与不足，预见到实现学习目标过程中的各种困难。例如，自己在数学学习方面还存在困难，与小王有一定差距，英语很好但小李比我更出色等。之后，适当降低你自己的抱负水平，合理调整自己的学习目标，如“力求第一，确保第三”“保持优势，弥补劣势”等。

2. 改变策略，再作努力

当你发现自己的学习目标无法实现即“考不到第一”时，应该分析原因，找出问题出在哪里：上课是否认真听讲，作业是否独立思考，预习是否坚持，复习是否充分，考前是否太紧张，碰到困难是否意志坚强，等等。然后究其原因，寻找对策再做努力，如上课专心听讲、认真记笔记、预习自觉、复习充分、考前适当放松、坚持不懂就问等。相信功夫终不负有心人，只要更加注意学习方法，定会早日实现学习目标。

(四) 保持良好的学习心境

学习心境是学生在学习活动中所具有的一种平静而持续时间较长的、扩散弥漫式情绪状态，能使学生感觉到周围的一切都染上了一种情绪色彩。尽管是微弱的，但影响着学生在学习活动中的行为表现和学习效率。

有调查研究表明：85%以上学习成绩不够理想的学生，不是因为智力问题，而是因为学习心境问题。由此可见，学习心境的好坏，直接影响着学习的兴趣、行为等。因此，成功的学习

离不开我们的付出与良好的学习心境。

1. 学习需要勤奋刻苦的心境

学习是一项十分艰苦的脑力劳动，它需要付出艰辛的劳动和坚强的毅力。“头悬梁，锥刺骨”是古人刻苦学习的真实写照，“勤奋刻苦”应该是我们的学习心境。有一分汗水才会有一分收获，要想取得好成绩，就要耐得住寂寞，能下得苦功。

2. 学习需要积极主动的心境

俗话说：“师傅领进门，修行靠个人。”学习也是一样，要想取得好的成绩，需要积极主动的探索而不是消极被动的接受；需要紧张专注的学习而不是拖拉松懈的应付；需要持之以恒的顽强钻研而不是半途而废的尝试。所谓“积极”就是“天生我才必有用”的自信心理。如果你能想到，你就能做到。始终把自己的情绪调整在积极向上、愉快的心境中。北京大学心理实验室的研究表明：处在快乐、轻松、平静的情绪状态之下，比处在痛苦、恐惧、愤怒的情绪下更能又快又好地完成“任务”。而“主动”就是发自内心的自愿学习的心理需求，利用好每一分，每一秒。

3. 学习需要虚心好问的心境

所谓“虚心”，就是指读书学习要有“虚怀若谷”的接纳心理。像大海能纳百川，山谷能容万物一样，永不满足。孔子是一位博古通今的圣人，但他仍然认为“三人行，必有我师焉”。虚心能让你接触到更多的新东西，能开阔你的视野，能让你遇到更多的问题。所谓“好问”就是指学习要“不耻下问”“知之为知之，不知为不知”。不要不懂装懂，不要满足于一知半解，而要虚心地向老师、书本、同学学习，向一切可以帮助我们进步的人学习。古人也曾谈过“君子之学必好问”。所以，我们在学习的过程中要多想多问。“多问”是对知识的好奇，是对知识的追求，是学习的捷径；“多问”能丰富思想。“多问”不仅是增进友谊、沟通情感的途径，还是一种精神、一种品德。因此，要想提高自己的学习效率，提高自己的工作与业务水平，就要有“虚心好问”的学习心态。尤其是刚毕业的大学生，不应好高骛远，眼高手低，而应该真真切切沉下去，踏踏实实做下去，丢掉高才生、大学生的光环，向老同事学、老前辈学，保持一种虚心、好学、好问的学习心态，在学习中积累经验、增长才干。

4. 学习需要永不放弃的心境

在学习中肯定会遇到一些意想不到的困难，会遭受挫折与失败，还可能受到嫉妒与讽刺，每每到了这样的时候，我们千万不能放弃，一个人的成功，不是看他失败了多少次，而是看他最后一次摔倒了，有没有办法再站起来。在学习中遇到困难，不能灰心丧气，不能畏缩不前，而要鼓足勇气知难而上。因为，很多时候，最后的阶段也就是最艰难的阶段，只要你不放弃，成功就一定属于你。凡古今中外成就大业者，都具有顽强的毅力，都有一种永不放弃的心境。

五、走出考试焦虑的阴影

考试焦虑是一种严重影响考试成绩发挥的情绪反应。每年的大考（高考、中考和考研）都有这样的现象：一些学生平时在学习上不相上下，最后考试成绩却相差悬殊；许多平时成绩较好的学生，因临场发挥不好以致名落孙山；而有一些平时学习成绩平平的学生，在考试中却能超常发挥，取得好的成绩。以至于很多人感到纳闷，不知道是什么原因引起如此反常的情况。大量的调查和研究表明，考生的考试心理是影响考试成绩的一个重要因素。一般说来，考试是考查学生对知识的掌握程度和运用知识的能力，但考生面对考试，往往会因考虑到考试成绩好坏对自己的利害关系而产生一定的心理负担。心理学研究表明，考试成绩的好坏与情绪是密切相关的，考前焦虑对考试的临场发挥有着巨大的影响。

(一) 考试焦虑的原因及表现

1. 考试焦虑的原因

考试只是检验学习结果的一种手段而非目的，不能全面反映学生的学习能力。有些大学生更看重考试的外在价值，如获得奖学金，保送研究生等，对其内在价值（掌握知识）重视不够。造成考试焦虑既有客观因素，也有主观因素。

（1）客观因素。造成大学生考试焦虑的客观因素主要有四方面：一是考试本身。例如，考试的重要性、难易程度、竞争程度等。越是重要的考试，越容易产生考试焦虑；题目越难，越容易产生考试焦虑；竞争程度越激烈，越容易引发考试焦虑。二是学生的学业期望。一般而言，学业期望越高的学生，对学习投入的精力越多，越看重学业成绩，因而对考试失败的恐惧越高，越容易产生考试焦虑；而那些学业期望较低、满足于60分的学生，一般不会产生考试焦虑；而当学业期望较低的学生面临学业失败时，也可能会激发其考试焦虑。三是知识掌握程度。我们经常说“难者不会，会者不难”，考试的难易是相对的，现在有一部分学生上课不认真听讲，下课不复习，推崇考前一周效应，平时学习不努力，临阵磨枪，匆忙上阵，面对考题，感到任务太难，便产生考试焦虑。四是考试压力的传递。学生间的相互影响也会造成考试焦虑。比如，一些学生将考研定为重要的人生目标，考前以发誓言、写战书等方式激励自己的斗志，人为制造紧张气氛，使部分学生感到考研失败可耻，整天笼罩在对失败的恐惧之中。

（2）主观因素。造成考试焦虑的主观因素主要有五方面：一是个性气质特点。那些敏感、易焦虑、过于内向、缺乏安全感和自信心、做事追求完美的学生在考试中容易出现考试焦虑。二是考试经验。大学生多数在中学时代都有考试成功的经验，而进入大学后，偶然的考试失败会加剧这部分学生的考试焦虑，将过去考试成功归于题目容易、运气好，而将大学的考试失败归结为自己不聪明、能力差，会对自己失去信心，于是面临考试就会紧张焦虑。三是知识掌握与复习准备。如果复习准备不足，对考试没把握，自然会产生考试焦虑。四是对考试外在价值的过分重视。大学生学业荣誉如奖学金，政治前途如入党，学业前途如研究生保送等与考试成绩密切相关。因而，大学生会很看重考试成绩，特别是学业成绩优异的大学生，恐惧考试失败的心理压力更大，更容易出现考试焦虑的症状。

2. 考试焦虑的表现

（1）担忧烦躁不安。有这样两个学生：一个是在同一个时间段里考托福、考GRE、考研的某大学生，天天都在复习，极为疲劳、紧张。考托福前，他几乎通宵失眠，整夜听着心跳，考听力时有几个地方因为紧张还听懵了，自我感觉心跳有如地震。但等考试全部结束以后怎么听也听不到心跳了，连睡17小时才醒来，可见这位考生考前有多紧张。另一位是准备考研的学生，面临巨大的考试压力，天天晚上失眠，还大把大把地掉头发，心情极度郁闷，不仅担心考研结果，还担心自己考完以后会不会成为秃头。

（2）认知方面。主要表现为注意力不集中，记忆力下降，看书效率低，思维僵化。由于考试焦虑，有不少学生在教室学习的时候总能听见身边其他人呼吸的声音或翻书的声音、汽车的

声音等，无法集中精力复习或集中心思考试。

(3) 躯体方面。表现为头痛、食欲下降、恶心、心慌、睡眠不好等。具有严重考试焦虑的学生在考前出现明显的生理、心理反应，如过分担忧、恐惧、失眠健忘、食欲减退、腹泻等；个别学生在考场上出现视觉障碍，看不清题目、看错题目、漏题、动作僵硬、手不听使唤、出现笔误等。

(4) 行为方面。表现为坐立不安、手足无措、抽烟酗酒、不停诉说、暴饮暴食，甚至出现强迫症状（强迫性检查）等。有一大三女生因考研压力很大，临近考试很想复习但又根本无法静心复习，压力迫使她只好以不断吃零食的方式排解，每晚可以吃一斤多饼干和甜食，直到吃到呕吐为止，以致 20 多天体重增加了 15 斤。具有严重考试焦虑的学生在临考时会出现心慌气短、呼吸急促、手足出汗、发抖、频频上厕所、思维肤浅、判断力下降、大脑一片空白等现象。

（二）应对考试焦虑的策略

1. 改变消极想法

情绪和行为是受认知（对人、事物、情境的看法和评价）影响和制约的，考试焦虑也不例外。同样的考试，相似的学习能力，为什么有的同学轻松自如，有的同学却惶惶不可终日呢？对与考试有关的事情看法不同，导致了情绪和行为的不同。过度焦虑的同学，往往有一些消极的想法，如“我预感这次考试将一败涂地”“其他人都比我聪明”“如果考不好会很丢人，没面子”。首先，把自己头脑中担忧、害怕的念头逐一地记下来；接着，对这些消极的想法进行质疑，并且用积极的想法代替它们，如“只要我正常发挥，我一定能考好”“考试是我自己的事情，不要在乎别人的看法，尽力就行”等。通过与这些想法的斗争，扭转原本消极的自我意识，树立应试的信心和自制力，以崭新的精神面貌应对考试。

2. 积极的自我暗示

通过积极的语言和想象，增强考试的信心，使自己的焦虑心理得到缓解。例如，在临考阶段，自己感到精神压力很大时，可以进行这样的自我暗示：“该复习的东西我都认真复习了，还怕什么？考题无非也是这些复习过的东西。”“我基础扎实，过去的成绩不错，我考不好，别人也好不到哪里去。”等。进行自我暗示时，必须牢记“五大原则”，即默念的句子要简单有力；要正面积极（如果你说“我不要失败”，虽未言失败，但这种消极的语言会将“失败”的观念印在你的潜意识中。因此，你必须正面说“我要成功!”）；要有“可行性”，避免在心里产生矛盾与抗拒；默诵或朗诵自己暗示的语句时，在脑海里清晰地注视相应的形象或情境；要贯注积极的感情。

3. 转移注意力

临近考试时，进行自己喜欢或擅长的活动，转移自己的注意力，达到缓解焦虑心理的目的。例如，喜爱运动的同学可以先慢跑两三分钟，然后做一两次百米跑，最后做放松运动和深呼吸；喜爱音乐的同学可以在考试开始前欣赏二三十分钟自己最喜欢的音乐。这个方法的要领是，从事这些活动时要全神贯注，全力以赴，不想其他任何事情，从而有效地转移过强的焦虑兴奋中心，使心情得到放松。

4. 放松训练

人的肌肉放松状态与焦虑状态是一种对抗过程，一种状态的出现必然会对另一种状态起到抑制作用。在考试前的一段时期内，考生可自己进行放松训练。

（1）呼吸放松法。身体自然坐正，靠在椅背上闭上眼睛；做一次舒畅的深呼吸，徐缓、平静地呼气；呼气时对自己说“放松”，想象着“紧张”随着呼气排出了体外；做深呼吸时放松，把手臂悬于体侧，感到血流的温热进入双手；想象着“紧张”也随之从指尖流了出去；反复数次屈伸并放松手指肌肉以促进血液循环；稍微变换一下身体的位置，以便使更充足的血液依次流到全身各部；舒展你的双臂、双腿和腰背；再做一次深沉而徐缓的深呼吸，并在呼气时默念“放松”，然后开始做考题。以上整个过程应在30秒内或更少的时间内做完。通过这样的放松，可以解除考试中的怯场现象。

（2）肌肉放松法。采取舒适的姿势坐下，松开身上的所有紧身衣物；握紧拳头，松开，反复几次，体会放松与紧张；依次练习以下几组肌肉群：手、前臂、上臂；头、脸、喉、肩，包括额、颊、鼻、眼、唇、舌、颈；胸、胃、背；大腿、臀、小腿、脚；每次训练20～30分钟，每日或隔日一次，要求达到在日常生活情境中可以随意放松。

5. 系统脱敏疗法

系统脱敏疗法的基本原理是，一个可能引起微弱焦虑的刺激，出现在处于全身松弛状态下的患者面前，便失去了引起焦虑的作用。运用系统脱敏疗法缓解考试焦虑的步骤如下：

（1）列出引起考试焦虑反应的具体刺激情境，按照各种焦虑反应的程度由弱到强列出“焦虑等级”。

（2）按照放松训练的方法，开始想象“焦虑等级”的第一种情境，抹去想象，进行肌肉放松，如此反复，直到你的想象结束后，同时感觉所有的肌肉完全放松为止。按同样的办法依次对各级焦虑情境进行想象脱敏。一般每天进行一次脱敏，每次脱敏所包括的“焦虑等级”不应超过三种。

6. 考前做好准备

考试焦虑一般是由于准备不充分引起的，因此在考试前要做好心理上、知识上、物品上的充分准备。首先，按照各科教学大纲与考试大纲的要求进行全面系统的复习，做到胸有成竹，不能凭侥幸心理靠押题取胜。其次，在重大考试前，找到前几年的试卷，按考试要求模拟作答，以检查自己掌握知识的实际水平，并熟悉试卷的题型和内容。再次，考试前一天到考场里转一转，熟悉一下考场周围的环境和监考老师，可以避免因为陌生感导致的紧张心理。

7. 劳逸结合，保证充分的休息

大多数考试焦虑的学生在处理学习与休息的关系上都存在问题，他们在学习上投入的时间太多而对生活安排得很单调，不注意休息和文体活动，即使在娱乐时也想着学习，使自己的大脑总是处于紧张状态，导致神经系统的兴奋与抑制调节机能紊乱。因此，复习期间要制定合适的作息时刻表，注意劳逸结合，每天安排适当的休息和娱乐活动，及时恢复脑力和体力，以旺盛的精力投入下一轮学习。在考试前和考试期间，切忌临时抱佛脚，拼命开夜车，这样不仅收效甚微，而且打破了原有的生物钟，容易导致失眠，进一步加剧考试焦虑。

8. 降低对考试成绩的期望值

考试焦虑的原因之一是考试动机过于强烈，对考试结果期望值过高，给自己造成了严重的心理压力。如果目标定得太高，超过了自身的实际能力，就很容易因为害怕失败或者因为实际的失败而失去自信。所以，应该把考试看成一个检验自己才能与知识的机会，当作一次普通的

测验，而不要把某次考试当作个人前途的唯一筹码。只要有计划地复习，考试时保持适当的期望值，以一颗平常心对待，就能更好地发挥自己的实际水平，有意想不到的收获。即使偶尔没有考好，也不代表一个人的学习成绩不好。这次没考好，下次再来，可以后来者居上。

9. 学会倾诉

当你为考试坐卧不安、担心焦虑时，不妨将你的感受说出来，让他人与你共同分担，父母及友人的心理支持能帮助你减轻因紧张带来的压抑感。此外，你还可以把你的感受写成信，然后扔到一边或者烧掉，想象那些担心也随之而去。总之，不能让焦虑紧张情绪积压在心里，长此以往，忧虑成疾。

10. 加强体育锻炼

英国教育家斯宾塞认为“健康的人格寓于健康的身体”，只有保持身体健康才能保证心理健康。科学研究证明，一些呼吸性的锻炼，如散步、慢跑、游泳等，可使人信心倍增、精力充沛。当你觉得精神紧张、压抑时，不妨进行半个小时自己喜爱的体育锻炼，出一身汗，感到肌体得到彻底放松，精神也就轻松多了。因此，无论学习多么繁忙，一定要抽出足够的时间进行体育锻炼，根据自己的身体状况和客观条件制订出一个体育锻炼的计划，为拥有一个健康强壮的身体来缓解紧张情绪打下基础。

11. 开怀大笑

根据科学研究，当人大笑的时候，心肺、脊背和身躯都得到了快速锻炼，胳膊和腿部肌肉都受到了刺激。大笑之后，血压、心率和肌肉张力都会降低，使人放松。大笑的过程中，大脑皮层会形成一个特殊的兴奋灶，使其他区域被抑制，从而使大脑得到休息。大笑不仅可以消除人的戒心，而且还能在关键时刻稳定情绪、消除焦虑和恐惧。因此，当你深受考试焦虑困扰时，不妨练一练开怀大笑，你会发现这个方法非常简单、有效。一般来说，“练笑”的材料要根据自己的喜好而定，如小品、相声、笑话等，在笑的过程中笑得越痛快、开怀和投入，效果越好。

12. 调整作息时间

临近重大的考试，除了常规的自我复习和调整以外，可以按照考试的时间调整生物钟，使作息时间与考试安排相配合。例如，上午 9：00～11：30 考物理，就可以在这个时间复习物理；下午 2：00～4：30 考政治，就在这个时间段复习政治，让生物钟和考试同步，让考试的感觉成为你生活中的常态，可以相对缓解考试时的紧张压力。尤其是“猫头鹰”型的同学，应该在考试前半个月到一个月开始调整作息时间，早日进入考试模拟状态，使头脑在关键时刻能保持清晰，注意力高度集中，顺利完成任务。

第十一章　大学生家庭生活与心理健康指导

家庭作为个体的主要社会网络，是个体心理健康的重要影响因素。家庭结构、家庭环境、家庭成员之间的相互作用，家长的教育观念、教育态度、教育方式，以及家长的人格特征等都可能影响个体心理的健康发展。在我们成长的过程中，有时会感觉到自己的某些问题与父母的影响和教育有关。于是一些大学生便产生了对父母的抱怨和不满，甚至与父母的关系疏离或对立。我们现在的性格确实与家庭有着密切的关系，但也不是完全的因果关系。作为具有主观能动性的人，作为一名大学生，应该厘清家庭对我们的影响，理解父母，接纳父母的不完美；并能有所担当，迅速成长，成为独立自主的人，将父母的爱继续传承下去。

第一节　家庭与心理健康

一、家庭概述

家庭是人类社会生活中最基本、最主要的初级组织，是人社会化的摇篮，良好的家庭关系与生活环境是每个家庭成员人格形成与完善的重要条件。每个人都与自己的家庭有着密切的联系。我们的许多优秀品质源于我们的父母，而我们的一些心理困扰也可能根源于家庭。

（一）家庭的定义与功能

家庭是指在婚姻关系、血缘关系或收养关系基础上产生的，亲属之间所构成的社会生活单位。家庭是社会的细胞，是个人过群体生活一种最普遍、最固定和最持久的社会生活的基本单位。家庭和婚姻关系有着密切的关系，婚姻双方构成了最初的家庭关系，在此基础上又产生出父母子女等其他家庭成员之间的关系。家庭有广义和狭义之分，狭义是指一夫一妻制构成的社会单元；广义的则泛指人类进化的不同阶段上的各种家庭利益集团，即家族。

从社会设置来说，家庭是最基本的社会设置之一，是人类最基本、最重要的一种制度和群体形式。从功能来说，家庭是儿童社会化、供养老人、性满足、经济合作的人类亲密关系的基本单位。从关系来说，家庭是由具有婚姻、血缘和收养关系的人们长期居住的共同群体组成。

家庭在社会中起着极为重要的作用，担负着多种社会功能。现代家庭的功能主要包括以下几个方面：

（1）家庭要能够满足其成员的物质生活需要，提供对外界危害事物的保护力量；

（2）家庭要具有人与人之间的亲情和塑造亲近和谐的人际关系能力；

（3）家庭要能通过与家庭的认同作用而培养子女综合性的人格和社会生活的适应能力；

（4）家庭要能提供性知识和性教育，以培养子女的性身份和性角色的实现能力；

（5）家庭要能塑造其成员的社会统合行为、社会角色扮演和培养其社会责任感；

（6）家庭要培养其成员的学习动机、求进步的欲望和创造的能力；

（7）家庭要能传承文化，并培养下一代有创新文化的能力。

总的来说，现代家庭不仅为每一个家庭成员提供主要的生活场所，同时也具有影响、培养和教育所有家庭成员成为合格社会成员的功能，显然家庭对家庭成员人格的形成、幸福成长与发展有着不可替代的重要作用。

（二）家庭塑造了你的精神世界

1. 家庭与人格形成

家庭是孩子最早接触的环境。家庭担负着传授生活生产知识技能、指导生活目标、行为规范和道德作风的社会化任务。家庭对人的影响首先表现在指引社会化方向、选择社会化内容上；其次家庭教养方式会影响成员人格的完善程度和心理健康程度。此外，家长的价值观、为人处世的态度都会对子女人格产生潜移默化的影响，还有父母的文化素养、家风家德、家庭职业、经济收入、宗教信仰等都会对子女的人格发展产生积极或消极的影响。

家庭对家庭成员人格发展的影响，从发生的时间看，开始最早、持续最长；从作用空间看，范围最大、内容最广。所以家庭是影响人格的环境因素中最基础、最重要的组成部分。作为家庭的成员，无论是婴幼儿、儿童和青少年，还是成年和老年，他们的心理发展和特点都必然受到家庭中各种相关因素的影响。研究证明，民主和谐的家庭气氛、父母对幼儿的赏识、良好的家庭心理情绪气氛、稳定的家庭结构等对幼儿良好人格的形成有重要影响：家庭成员之间的关系应当是和睦的、平等的、互相关心和互相爱护的。孩子在良好的情感环境中生活、成长，他们会感到自由、舒畅、温暖、幸福，从而形成健全的人格。

美国前总统罗斯福十分注重培养孩子的独立人格。他有句名言："在儿子面前，我不是总统，只是父亲。"他反对孩子依靠父母过寄生生活。他让孩子们凭自己的本事自食其力。大儿子詹姆斯 20 岁去欧洲旅行，临回家前买了一匹好马，然后打电报向父亲求援。父亲回答："你和你的马游泳回来吧！"儿子只好卖掉了马，作为回家路费。如果父母给孩子过多的关注和过度的保护就是溺爱，溺爱剥夺了孩子的独立性，会引起其强烈的自卑感，导致成年后产生人格问题。有些家长对孩子十分不放心，事先为他考虑得面面俱到，总担心自己微小的疏忽会让孩子受委屈或造成损伤。虽然这类父母一切都为孩子着想，但是孩子却不见得领情，因为他们会感到压抑、受拘束、没有自由的空间。

2. 父母的评价影响自我价值感

自我价值又叫自我概念，是一个人对自己的感觉和想法，它是人生命能量的源泉，是内在精神世界的能量中心。高自我价值的人相信自己，喜欢自己，欣赏自己，善待自己：他们主动与别人沟通，在沟通时尊重自己，也尊重别人。低自我价值的人不容易相信自己，不喜欢自己，自卑，总觉得自己被伤害，容易惩罚自己和别人，认为别人应该对自己的行为负责，他们常用"爱别人"的方式来取代"爱自己"。其实，一个不爱自己而去爱别人的人，他的"爱"中会带有控制的意味。

一个人自我价值感的形成，与其父母在成长过程中对他的态度直接相关。如果父母经常接纳、欣赏、喜欢、尊重孩子，孩子就会将父母的评价内化为对自我的认识，认为我是值得被爱、被尊重的，就有较高的自我价值感；相反，经常被父母批评、指责、嘲笑、漠视的孩子，他们也会将父母的评价内化为对自我的认识，认为我是不好的，是不值得被爱的，则会有较低的自我价值感。

3. 父母传递爱的语言

我们因为父母的相爱而来到这个世界，我们还将把爱传承给后代。爱是情感的表达，作为孩子，我们从父母的什么行为上能感受到来自他们的爱呢？我们又是怎样把我们心中的爱传递给所爱的人呢？

心理学研究表明，爱有以下五种语言。

一是肌肤的亲近。爱一个人就希望亲近他的肌肤，这是与他人肌肤相亲的渴望，比如拥抱、抚摸、牵手、相依。父母爱孩子，就会愿意亲近孩子的肌肤、拥抱和抚摸孩子。当孩子得到足够的来自父母肌肤的亲近时，在未来的岁月里，孩子也会愿意亲近那个自己爱的人。

二是赞美。爱一个人就愿意欣赏他、称赞他，表达喜爱的情感。孩子可以从父母的语言和非语言的信息中获得欣赏的线索。比如，他们夸赞孩子任何一个优秀品质，或者他们看孩子的眼神充满柔情和欢喜。如果孩子被这样爱着，孩子以后也会对所爱的人不由自主地表达赞美和喜欢。

三是陪伴。爱一个人就愿意跟他一起共度时光，愿意跟他一起共同经历一些人或事，有共同感受，共同情怀。在曾经的岁月，父母肯放下他们手上重要的事情而愿意陪伴孩子度过生命中重要的时光吗？比如，陪你去期待已久的郊游，去渴望的动物园过“六一”儿童节，病了及时就医，陪伴你度过你生命中其他重要的时刻？这样的陪伴让你觉得你是重要的，你是值得他们关注的。如果你曾经被父母陪伴，你就学会了将来这样去陪伴你所爱的人。

四是礼物。爱一个人就愿意为他买礼物表达爱意。当父母常常用这种方式表达对别人的爱时，你也会学会这种爱的语言。

五是服务。爱一个人就愿意为他做事而不求回报。当父母之间的爱，父母对你的爱是这样做的，就会让你学习到更多爱的语言。

通过这五种爱的语言，父母将他们的爱传递给我们；父母怎样爱你，将来你便会学会怎样爱别人。

二、家庭的分类

现实中，如果你没有上哈佛大学、普林斯顿大学或者斯坦福大学，那么无论你上了什么学校，都不是一件光荣的事。这位母亲在乎的不是她女儿是不是去学医了，而是她上的学校在中国人中间口碑如何。那么说到中国大学生，又是怎样的情况呢？中国大学生往往觉得考高分不是为了自己，而是为父母和亲戚。上什么学校，成绩怎么样，毕业后找什么工作，这些都会让他们的家人脸上有光彩或者没光彩。所以他们的“负罪感”往往不是因为自己觉得自己的行为不好，而是因为别人觉得自己不好。家庭和文化环境深深影响成年以后的身体健康和人际关系。不同的家庭对青少年的影响各不相同，根据国际家庭伦理研究中心的戴维·艾克曼博士的理论，家庭可以分为三种类型：健康的家庭、注重表现的家庭以及运作不良的家庭。

（一）健康的家庭环境

健康的家庭有个清晰和积极的人生自我看法，彼此有深厚情感，具备快乐人际关系的技巧。父母双方对他们的家庭背景带来的问题已经获得一个健康的解决之道。从这样的家庭走出来的人容易信任别人，并常常假定每个人的家庭背景都大致如此。

来自健康家庭的人特点很鲜明。第一，有积极的自我认识。在健康家庭长大的人比其他人更容易信任人，因为他们自己的家庭生活安全可靠、彼此表达出情谊，他们的生活可以预期，所以他们进入成年人的世界时能够信赖别人。第二，能够积极主动地调节与管理情绪。因为从家庭中他们发现并学会与别人谈话来消除情绪上的苦恼，让负面的情绪随着时间消散而去，学会在难过的时候不是耐心忍受，而是要想办法消解。他们常常会通过与关系密切的朋友谈话来疏解情绪。第三，懂得如何关心别人以及接受别人的关心。当身边有人情绪低落时，他们会拉起对方的手或拍拍对方的肩膀，或把手臂搭在人的肩上。在别人安慰他们时，他们不会感到不自在或不知如何回应。

出自健康家庭的人有什么优势呢？首先，家人间关于自己家庭的看法、印象与情感彼此一致。例如，说到“父亲”一词时，他们会感到一种良好的体验。父亲不仅是挣钱养家的人，更是与自己的孩子关系亲密的人。他爱自己的孩子，保护自己的孩子，并且对他们的感受非常重视。他会安慰他们，鼓励他们。他为孩子们提供建议。即使需要和孩子说出他的不同意见时，他也带着爱与温暖。

其次，健康家庭里的人对“爱”这个字也充满了积极的体验。在健康的家庭中，爱并不是对陌生人盲目地忠诚，而是喜欢自己的家人。爱给人自由，因为被爱的人会知道，“我是谁”比“我做了什么”更重要。因此，对于健康家庭里的人来说，爱、父亲、母亲、信任、温暖，这些都带给他们积极的人生体验。这在心理上是极大的优势。因此，他们会很容易信任别人，他们的情绪也会比较稳定。他们会乐于接受别人的称赞，但他们的好心情并不依赖于人的称赞。

当然，从这样的家庭走出来的人也有其缺点。例如，第一，当他们有足够的安全感与信任感的时候，他们会太过信任别人，甚至吃亏上当。第二，他们有时面对生活不够有深度，因为他们很难理解很多人经历的磨难。他们有很积极的心理，但是他们常常难以真正去同情那些受到伤害和苦难的人，因为那些对他们来说过于陌生。他们不太容易发展出由衷的同情心。他们有时候对那些不接受安慰的人会感到不耐烦，当他们看别人情绪迟迟不能得到疏解时就会放弃，因为其不理解他们为何会与自己的经验感觉不同。

（二）注重表现的（困惑的）家庭环境

困惑的或只注重表现的家庭，简言之，就是一个家庭的情感中心不是爱与温暖，而是其他外在的表现。注重表现的家庭显然有爱的表达，也有一定的快乐人际关系技巧，但是自我认识并不清晰。父母双方还没有对家庭背景带来的问题获得健康的解决之道。在此种家庭长大的人习惯于报喜不报忧，对建立亲密关系会有所迟疑。

注重表现的家庭有以下一些共同的特点。

一是容易偏爱个别孩子。如果家中有几个孩子，那么表现最好的孩子会让父母（至少是父亲）特别喜欢，这就产生了偏爱。不被偏爱的孩子有可能会对学习自暴自弃，或者满心愤怒和怨恨。被偏爱的孩子也会出现各种问题，比如这个孩子会对家庭有不真实的认识。而在健康的家庭中，每个孩子都被当作珍贵的个体看待，父母也会避免兄弟姐妹之间的竞争，会尽可能平等地喜爱每一个孩子。目前中国大部分家庭都是独生子女，那么就可能会产生家长拿自己的孩子与其他孩子作比较，这种不断的比较会让孩子感受到父母更看重外在的表现而非他本人。

二是不诚实。当“表现”比孩子本人还重要时，孩子就无可避免地得到一个信息：为了得

到父母的关爱和肯定，表现比诚实还重要。在某种意义上说，过分注重表现的父母等于是鼓励孩子如此对待他们，甚至干脆等于让孩子撒谎。孩子会认为：我本人和实际状况并不重要，重要的是遵守一切规章，好好表现。孩子如果发现，父母的爱与温暖完全取决于自己的表现好坏，就会本能地报喜不报忧。

三是容易产生三角关系。如果孩子觉得与父母的一方（如父亲）直接沟通很不舒服，他们会让另外一方传话，这就是三角关系。孩子和父母的一方无法直接交流，必须绕一个弯子，这是不健康的，会造成亲子关系疏离与沟通不良。三角关系是一种操控行为，利用一方父母和另一方父母进行接触。在一个只注重表现的家庭里，操控行为非常普遍。由于孩子表现怎么样是最重要的，因此操控也就很重要。孩子必须尽一切可能不让父母失望，为此他们必须借助操控行为。许多大学生表示，他们都有偷偷改成绩单的经历，目的是让他们的爸妈看着高兴。表现好，取悦父母，成为最重要的事情。

四是情感不被表达。表现不好的、不被喜欢的孩子也不能表达自己的不满。父母和孩子很疏远，并且无法沟通，到成年之后亦是如此，甚至形同路人。假如家庭的中心不是爱与友谊，那么人生最重要的东西即“爱与温暖”就被忽视了，家庭成员充满怨恨，缺乏感情，又不能表达，因为表现好比爱与亲情更为重要。

成长在注重表现的家庭的人主要有以下两个特点。

第一，对自我没有清晰的认识与准确的评价。成长在注重表现的家庭中的人面临好几种人生的难题。他们通常不清楚自己到底是怎样的人。父母希望子女成功，为的是自己脸上有光，因此孩子的价值和地位要取决于他们的表现。而他们表现的好坏要看父母的期望，而不是看孩子的固有能力是否发挥。在这种环境里，孩子变得只知道别人对自己的期望，而很可能对自己的愿望和自己的真实自我从未考虑。成长在注重表现的家庭或注重表现的文化里的人，常常感到自己好像只是为别人而存在，没有一个属于自我的意识。

第二，学习与工作十分勤奋，却难以获得成就感。从注重表现的家庭出来的人会不自觉地相信，知识学得越多越好，工作越卖力越好，知识和努力比发现自己能够轻易做好某类工作的快乐更重要。教人找到自己本能的优点长处对这些人来说是极不自然的，因为有知识和努力工作，比发现自己可以轻而易举做成某事的快乐更被人看重。常常有学生问，那么我应该怎么做、应该学会什么呢？可是一般来说，重要的不是什么事情应该发生，而是要了解关于生活实际的一些原则，了解正面的人生价值是什么。

（三）运作不良的家庭环境

运作不良的家庭不幸福，长期受到酗酒或其他瘾癖所困扰，在家里常常有身体虐待、情感虐待或忽视。家庭长期处于压力之下，因为家里的痛苦状况，常常会伴随嗜瘾的行为。

有的人成长在压力很大并且很不幸福的家庭，他们的人生经历与成长在健康家庭和注重表现家庭的人不同。这些家庭的父母不停地吵架，沉溺瘾癖，常常陷入愤怒或抑郁之中。这样的家庭经历会给孩子带来非常负面的影响。

第一，负面的自我认识。成长在心理运作不良家庭的人自我认识很负面或是根本不知道该怎样看待自己。负面的自我看法会在成年生活里造成很多问题，因为这样的看法所产生的期望都是按照自己环境里最坏的可能性。每当压力到来时，这些负面的人生观总是叫人回到童年时

代的思想意识里，变得高度警觉。不幸的是，如果没有及时认识并解决这些问题，可能会将负面的自我评价与看法传递给下一代。

第二，消极的防卫机制。家庭处于痛苦和压力中时，人就会使用防卫心理来保护自己不受伤害。如果家里的压力是持续不断的，孩子就会不自觉地把这些防卫方法带入成年生活，每当遇到压力时，这些防卫就再度出现。防卫机制是为了提供乐趣和逃避痛苦。最常见的一种防卫机制是人际关系的疏离。成长在不健康家庭的人常常会有内在和外在的各种长期压力感与痛苦感。首先，他们经常会感到孤独与孤僻。如果父母喜欢批评孩子、辱骂孩子，甚至虐待孩子，那么孩子会自然地躲着父母。家庭成员很自然地用躲着彼此的方式来缓解压力。孩子会在家庭中成为“隐形人”。成长在不健康家庭的人会本能地躲避关系的痛苦。疏离的人际关系可以帮助减缓或忘记痛苦，但也难以与人建立稳定、亲密的关系，感受最基本的爱与温暖。例如，一个来自健康家庭的人若是与一个有着不良家庭的人结婚，他会感到困惑，因为故作友善的人初看上去很有魅力，可是结婚后健康的一方寻求亲密关系时却惊讶地发现，他越试图亲密，对方的反应就越紧张，试图退缩。

第三，不会沟通。对运作不良家庭的成员而言，语言不是用来沟通的，而是用来控制别人的。正常的沟通是为了帮助人与人一起合作面对生活的。在不健康的家庭中，语言是用来伤害、逃避、遮掩、欺骗的。因此，他们会本能地相信沟通是没有任何用处的。沟通只有伴随信任以及感情才是健康的，否则就只有伤害。

第四，成瘾的行为。在充满伤害的家庭中，家庭成员会沉迷于某件事情中，以逃避家庭的痛苦。逃避有两种方式：一种是面对精神上的压力和痛苦时，孩子会将注意力转移到学习或者课外活动上。这会给孩子带来很好的成绩，但并不会给他带来健康的心理。事实上，这是让孩子对伤害视而不见，对其成长是有害的。另一种是做出自毁性行为，如吸毒、沉迷游戏，或是其他不良上瘾行为。讽刺的是，那种学习狂人和这种问题少年其实都是面对家庭的痛苦所产生的结果。

除了这些外在的问题之外，成长在不健康家庭中的人也容易有内在的种种症状。

第一种症状是创造出一个假自我。假自我来源于一个人接受了错误的关于“我是谁”的看法、感觉和意见。不健康家庭会同时发生两种情况：孩子被指责，孩子指责自己。渐渐地，孩子会觉得，自己是没有价值的，自己就应该被很不好地对待。如果一个人常常说“我觉得我有问题，但我说不清是什么问题”，那么就可以判断出他是来自不健康家庭。来自不健康家庭的很多人都会立即说，他们自己就是这么想的。他们不清楚自己是什么问题，但他们就是觉得自己有问题。甚至很多非常聪明的学生都觉得自己很笨、很无能。

第二个症状是容易自责。成长在不健康家庭的孩子下意识地认为自己是有问题的，所以他们才会被不好地对待。孩子是需要温暖的，但是孩子也需要给周围发生的事情一个解释。如果他们总是在身体上或是语言上被虐待，之后爸妈又说“我这样做都是因为爱你”或者“这是为你好”，那么孩子没法做出别的判断，只能相信父母的这种说法。等到这个孩子长大之后，遇到各种压力时，就会回到儿童的状态中，重新用那种方式看待自己。假如这些下意识的看法没有改变，这个人会相信家庭带给他们的自我认识。他会自责，童年的体验也会再现。自责是对家庭的精神压力的自然反应。

第三个症状是自责伴随而来的羞耻感。羞耻感并不是因为我们做了什么，羞耻感是对自己

感到痛苦。羞耻感不同于内疚感。内疚感是觉得一件事做错了（比如撒谎或偷东西）；羞耻感是说，我们觉得自己本身就是一个错误。一个受到虐待的孩子不知道自己做了什么让自己的生活如此悲惨，也不知道为什么自己会被虐待，所以就会认为，一定是因为自己的问题。羞耻感的意思就是，我觉得我是有问题的；如果别人了解了真实的我是怎么样的，别人一定不会接纳我的。这种心理力量非常强大，让人无法敞开内心，也难以成长。

成长在非常不健康的家庭中的人必须学会两件事：一是让肾上腺素快速分泌以应对突发危险；二是关上情感开关，让自己的感受不表现出来，以保护自己。这就好比一边踩油门一边踩刹车，很快发动机就会烧掉。如果一个人如此对待自己，会让情感过度压抑，精神濒临崩溃。如果不想让自己一直感到痛苦和创伤，那就只能把整个情感世界关闭。

成长在不健康家庭中的孩子难以理解为什么他们的世界会发生这些事情。当他们长大之后，他们会努力表现得友好，但是内心深处却很难和人有联结，甚至很难有任何感受。此外，他们会觉得这都是正常的，没有发觉自己有什么不一样的地方。更为悲剧的是，没有人告诉他们，这些背后的真实原因是什么。孩子如果在成长中一次次地被父母和亲人背叛，他们长大之后不会相信人是好的。不健康家庭的人学到的是，信任亲近的人会让自己失望，让自己痛苦。有这样背景的人结婚之后也会不信任自己的伴侣，不信任其他人。

成长在不同家庭的人非常不同，如果邀请前面所述的三种不同家庭背景的人进入一个有许多陌生人的房间时，他们的期待是不同的。健康家庭的人认为大家会喜欢他；而注重表现家庭的人相信自己若是努力的话，大家就会喜欢他。从运作不良家庭出来的人则不关心别人会不会喜欢自己的问题，比如，他们走进一个房间时就会不自觉地警惕起来，觉得他们随时会有威胁及不寻常的东西要面对。每一种家庭背景都会在人身上产生一些可预期的特征，并在成人生活里反映出来。

三、家庭结构对子女心理健康的影响

随着社会的不断发展，家庭结构也在不断发生变化，尤其是自20世纪以来，这使得连续几代儿童都是在与他们父母的儿童时期极不相同的环境中成长的。家庭背景、家庭组成的规模和家庭类型的变化等方面都会对儿童心理健康产生深远的影响。

（一）家庭背景

家庭背景首先表现在地理位置上，在我国最重要的是城市和农村的差别。城市和农村的家庭在结构特点、文化观念、经济状况等方面都有很大不同。儿童出生在什么家庭里，不仅受到来自家庭的直接影响，同时也受到与家庭相关的一些社会资源的影响。这使得农村和城市家庭的孩子由于拥有不同的社会资源而有不同的发展道路，甚至经历不同的命运。家庭背景的影响还通过家庭的流动表现出来。随着社会流动性的加剧，父母因为工作的调动或者其他原因而搬家是常有的事情。伴随这样的迁移，产生了对社会适应技能的需要。对儿童来说，经常迁移的困难包括结交新朋友的问题、对新学校的适应等。这些都将影响他们的心理健康水平。对年龄较大的青少年来说，迁移可能意味着破坏已建立的友谊，其中有些可能包括很强的情感联系。经常迁移也影响家庭与他们居住的社区形成稳定的联系。这些就可能使儿童，特别是青少年觉得被疏远，并可能增加犯罪和其他青少年时期的心理与行为问题。

（二）家庭组成

家庭组成的变化主要表现在家庭成员的多少或家庭规模的大小上，还表现在家庭类型上，如完整家庭和单亲家庭的区分。目前，家庭已经变得越来越小了，这是两种主要影响的结果。第一，中国变成了核心家庭（包括父母及其子女）的国家，而不是大家庭（与其他亲戚一起居住的家庭）的国家。第二，核心家庭的规模在缩小，因为父母生育的孩子越来越少。传统的“养儿防老，多子多福”的观念正在淡化，致使家庭的规模不断变小。今天的大学生已经不能再像过去那样，与大家庭的成员，比如（外）祖父母、叔伯、舅母、舅舅以及（表）兄弟姐妹有较强的联系，一般只与父母保持有意义的家庭联系。因此，大多数大学生失去了拥有各种成年期角色的隔代榜样的好处。米德认为这种情况产生了隔代之间理解的缺乏，因为隔代之间的联系减少了。在大家庭中，大学生从小有可以学习的成人社会行为、日常礼貌和角色的榜样，有成人隔代之间交往（比如父母和祖父母的交往）的榜样。这些榜样可能会促进社会技能的学习，促进隔代间的理解。在今天的多数家庭中，这些好处都已失去。

（三）家庭类型

目前，核心家庭依然占据主流地位，但是新的非主流家庭在不断增加，这将对儿童社会化带来越来越大的影响。传统的一夫一妻制的婚姻家庭模式，是在人类长期发展中“自然选择”的结果，是人类文明的基础，它顺应了自然的法则。传统家庭为男女的性生活提供了最健康、安全和自由的空间，为儿童的社会化提供了环境，至今仍是最主流的家庭状态。但是，新型的非主流家庭模式不断增加。

（1）单身家庭。这是社会保障制度发展的结果，因为福利和保障使人们不再担心生活的经济来源问题和养老等问题，家庭的经济功能、“扶老携幼”的传承功能减弱。

（2）单亲家庭。由于离异和单身成年人收养孩子而产生了大量的单亲家庭。

（3）丁克家庭，指那些“双收入且无子女”的家庭。很多夫妻双方文化程度都很高，但是不愿意生养孩子，愿意过两人世界。

由于有一些大学生生活在单亲家庭中，还有一些大学生同继父或继母一起生活，这必然与完整家庭对大学生社会化的影响有所不同。例如，父母对子女关心的减少或不正常，父母离异带来的阴影，继父母的嫌弃与责罚等，都会导致社会性发展不良问题，从而给子女带来各种各样的心理健康问题。

四、家庭环境对子女心理健康的影响

（一）家庭物质环境

家庭物质环境主要是由父母的经济社会地位决定的。家庭物质环境对大学生社会性和心理健康的影响，就是通过父母在这种物质环境和社会地位中，对大学生的期望和教养方式的不同而形成的。几乎在每一种文化中，不同社会地位的父母都会形成对大学生不同的期望和反应。社会地位是由父母的社会经济状况、受教育程度、财富的积累和职业决定的。一般来说，物质条件优越、社会地位更高的父母会伴随有以下两种情况：

（1）父母会鼓励子女，并且花更多时间帮助子女的学业活动，对其抱有更高的学业期望；

（2）子女的阅读和数学成绩更好，成就动机更强，自尊更高。

（二）家庭心理环境

大学生在家庭中获得的最初的经验将决定其是否有安全感、关爱感等。研究表明，家庭心理环境对大学生的心理健康至关重要。在气氛紧张、父母关系不和谐的家庭里，父亲和母亲都处于极大程度的情绪紧张状态，他们常常烦恼不安、性情暴躁、言语粗鲁，对长辈缺少孝敬甚至虐待。在这样的环境中，没有独立生活能力、完全依赖父母的儿童容易情绪紧张，为父母关系失调而慌乱、憎恨，为忠实父亲还是母亲而烦恼和疑惑。紧张的家庭人际关系破坏了应有的温馨的家庭气氛，使孩子长期处于负性情绪中，又缺少温暖和关爱，容易使孩子形成孤僻、自私、玩世不恭等不良品质，对儿童的心理健康产生负面影响。

欢乐、和谐、健康的家庭生活有利于形成最佳的亲子关系，促进大学生的心理健康。在健康的家庭里，父母双方彼此相爱，爱孩子，关心孩子的兴趣、能力和志趣，愿意设法帮助孩子。家庭成员之间能互相尊重爱护，家庭气氛安定和睦、融洽温暖、民主平等、愉快欢乐。为了促进儿童的心理健康，父母还要形成最佳的亲子关系：父母要和孩子一起游戏，一起学习，发展共同的兴趣，和孩子共享经验和成果，增进父母和孩子之间的感情和相互间的了解。父母要把孩子作为平等的人，尊重孩子的爱好，给他一定的自主权。

（三）父母的教养方式

良好的家庭心理环境应该为大学生从小营造爱的氛围，其核心是对大学生人格的尊重。然而，对孩子的尊重不等于放纵，关爱更不等于溺爱，这取决于父母的教养方式。研究表明，学习不好或行为不良的儿童与父母的教养方式有着千丝万缕的联系。

（1）溺爱型。现在很多家庭是“四二一”结构，即祖父母、外祖父母四个人，父母两个人，再加一个孩子。孩子是全家的中心和焦点，大人对孩子无微不至地呵护、无节制地满足、无原则地让步。溺爱型家庭的主要特点是：对孩子的爱缺乏理智和分寸，过度包容孩子的行为和要求。这种教育方式最终致使孩子容易形成任性、幼稚、反抗、神经质等心理特征，缺乏坚强意志，凡事以自我为中心，社会适应能力很差。在学习上，总认为自己应该比别人强，如果竞争不过别人就嫉妒他们。

（2）专制型。在溺爱型家庭里，孩子是中心，一切都围着孩子转，家长对孩子百依百顺。而在专制型家庭里却相反，家长要求孩子必须一切听从家长，用权力和强制性的训练使孩子听命。长期生活在父母的高压政策下的孩子易形成幼稚、依赖、神经质的心理，他们的独立性和自主性较差，有些孩子可能变得更加依赖或毫无主见，有些孩子则可能变得更爱反抗或性格暴烈，更有些孩子在家里很听话，一到学校就欺负其他同学，违反学校纪律。

（3）放任型。无论是溺爱型家庭还是专制型家庭，都还是“爱”孩子的，但是爱的方式和教育的方式走向了极端。还有一种畸形的家庭教育方式是对孩子漠不关心，放任自流，称为放任型家庭。在放任型家庭中，父母往往认为“树大自然直”，孩子还小，就不用教育他。还有些家长只顾自己忙工作或贪图个人享乐，而放弃了对孩子的教育。对孩子放任自流的结果是复杂的。对于有良好自我管理能力的孩子，“放任”就意味着自由宽松的环境，孩子反而能健康成长。但大多数情况下，放任的孩子表现出冷酷、攻击性强、情绪不稳定等心理与行为问题。

（4）民主型。上述三种家庭不利于孩子的发展。民主型家庭是积极向上的，家长尊重孩子，与孩子能相互交流各自的看法，对孩子不成熟的行为进行限制，并坚持正确的观点，使平等尊

重与适当限制相结合，有利于儿童独立性、自信心与能动性的养成，孩子大多具有直爽、亲切、爱社交、能与人合作、讲友谊、爱探索等特点。心理学专家王极盛教授曾对北京大学和清华大学的60名高考状元进行调查，结果发现，几乎所有高考状元的家庭都属于充满温暖与理解的民主型家庭。民主宽松的家庭环境给孩子心理和人格发展提供了广阔的空间，孩子可以按照自己的爱好和兴趣发展。当然，民主的家长也对孩子的发展提出建议，理性地指导孩子健康成长。从总体上看，我国民主型家庭所占比例较高，但是各种类型的家庭有较大的交叉。例如，在民主型家庭中，也可能存在着溺爱、过分保护、粗暴专制等成分，各种不良教育方式仍在很大程度上影响着家庭教育效果。

（四）父母的期望

家长的期望有强烈的暗示和感染作用。从心理学来说，期望是一种心理定式，家长对子女的态度激励着儿童不断向前发展。美国著名心理学家罗森塔尔的研究表明，教育者的期望对受教育者有重要影响。因此，父母对子女的美好期望是家庭教育中必不可少的，家长的期望越高，对孩子的激励越大，就越能强化他们接受教育的主动性和自觉性，有利于孩子意志品质的锻炼，形成远大的抱负。需要说明的是，这种期望是有一定限度的，必须符合子女身心发展的特点，适合他们个人的兴趣和爱好。如果家长盲目攀比，过分拔高对子女的期望，不但起不到积极促进作用，反而会使孩子屡遭挫折，丧失信心，形成消极心理。

科学合理的期望应该是长远目标与阶段目标相结合，还要联系孩子的兴趣爱好，注重孩子的全面发展。父母所要求孩子做到的应该是孩子经过一定努力可以达到的，并在孩子遭遇挫折时不断给予鼓励，增强孩子的勇气和自信，这样再逐渐提高要求，并且将父母的关心和爱护渗透其中，就会使孩子从父母长期的美好愿望中吸取力量，不断进取，从而促进和维护子女的心理健康。

五、家庭功能对子女心理健康的影响

家庭的基本功能是为家庭成员生理、心理、社会能力等方面的健康发展提供一定的环境条件。比如，要满足家庭成员在衣、食、住、行等方面的物质需要，适应并促进家庭成员的发育和发展，应付和处理各种家庭突发事件等。麦克麦斯特（McMaster）提出了家庭功能模式理论，认为健康的家庭要实现其基本功能，须具备下面五个方面的能力。

（一）良好的问题解决能力

每个家庭都需要有解决所面临的各种物质和情感问题的能力。能否意识到家庭面临的主要问题，是否按照合适的方式努力解决这些问题，都体现了家庭的问题解决能力。心理健康水平高的大学生家庭能较准确地意识到问题的实质，全家一起讨论，设想各种解决问题的方案，在尝试解决的过程中调整努力的方向；心理健康水平低的大学生家庭却很少遵循上述步骤去努力，缺乏问题解决的能力。

（二）良好的互动沟通能力

家庭要解决面临的问题，必须以家庭成员良好的沟通为基础。比如，在解决孩子迟到的问题时，有的家庭缺乏必要的沟通，家长一上来就痛斥孩子，孩子不敢和家长说明问题的真相，就不可能解决问题。可见，在家庭沟通中，孩子能否和父母平等对话，孩子的发言权和想法是

否得到尊重是非常关键的。研究也表明，家庭成员之间能清晰地表达自己的观点，切入话题有较好的技巧性，能够促进孩子的人际沟通能力。父母不愿听取孩子发表意见，对孩子缺少了解，甚至不知道孩子的爱好和交友情况，父母也很少将自己的想法和感受告诉孩子，致使亲子之间缺少交流，也缺乏沟通的技巧，妨碍了大学生社交技能和社会经验的获得，导致其产生较低的心理健康水平。

（三）合理的家庭角色分工

这是指家庭是否建立了完成一系列家庭功能的行为角色模式，如提供生活来源、支持个人发展、管理家庭等。衡量角色分工的质量，要看任务分工是否明确和公平，家庭成员是否认真地完成了任务。传统家庭的角色分工方式是：父亲主外，挣钱；母亲主内，做家务，教子；孩子只管学习。现在的双职工家庭，大多数是父母都在外挣钱养家，家务“谁赶上谁做”。无论如何，合理的家庭角色分工应该能保证家庭的基本物质生活，保证夫妻间和谐的精神生活，保证孩子健康自由的成长环境。但是，有些家庭父母工作均很忙或在外地工作，孩子由老人代管，“隔代抚养”造成了一些问题，如溺爱孩子、无法辅导孩子功课等。另外，单亲家庭在实现家庭功能上有更大的压力。在许多家庭里，孩子从来不做家务或参加劳动，这不利于其健康成长。

（四）温馨的情感依恋关系

这主要是指能否对特定刺激做出合适的情感反应，体现了家庭成员的情感反应能力。情感反应既体现在对他人的反应敏感性上，也体现在反应方式的恰当性上。比如当家庭成员发现别人不高兴时，或“不理睬”，或“大惊小怪”，而很少同情和安慰。许多孩子在学校里受到挫折，如考试不好、上课听不懂，回到家里不仅得不到理解、鼓励和支持，反而遭受痛斥，使其自尊心和自信心受到严重打击。此外，家庭成员相互之间对对方的活动、爱好和其他事情的关心和重视程度也反映了家庭成员的投入程度，反映了家庭成员之间的情感亲密程度。家庭成员要有亲密的情感关系，但是也要保持一定的距离，每个人必须有自己的活动空间，这样才有利于个性、兴趣、爱好的发展。

（五）适当的行为控制程度

家庭对孩子的行为方式过分地控制，或者放任自流，都不利于孩子的健康成长。例如，有个母亲因为孩子把买雪糕的钱挪用买了彩笔而对孩子大加斥责，并体罚孩子，要求孩子绝对服从父母。就因为这么一件小事，孩子就遭到如此粗暴的精神和肉体上的惩罚，后来这个孩子每遭受惩罚就尿裤子。这一悲剧的原因就在于家长对孩子过分的控制欲望和粗暴的教育方式。当然，对孩子放任自流，不给予必要的指导，孩子也容易走上歧途。

总之，较好的家庭物质环境、有利于大学生发展的家庭生活内容、欢乐和谐的家庭氛围、良好的亲子关系、民主权威型的教养方式、合理的期望以及良好的家庭功能都有利于大学生心理的健康成长。

第二节　大学生常见家庭心理问题

大学生一般已经年满 18 周岁，他们开始离开父母在外独自求学、独立生活。但家庭对其的影响依然存在，既有父母的关爱与鼓励，也有种种心理困扰。

一、家人期待带来的心理压力

中国家庭与印度家庭有相似之处，孩子从小都承载了家长的许多期待，如好好学习、考个好大学、找份好工作等。事实上，现在的大学生仍然被很多人期望着。他们想成为父母的好孩子，在期望中长大，常常忘记了自己原本想要什么，想做什么；在期望中生活，慢慢就不会自己做决定了，一切听从于他人尤其是父母的意愿。当这种情况持续到大学这一自我意识凸显的阶段时，他们就会倍感压力，经常在心灵深处问自己：我是谁，我对未来的期待是什么？是按照父母的安排走下去还是根据自己的意愿进行选择？

（一）父母对孩子学业的期待

中国的父母对孩子的学业历来非常重视。对于很多中国父母来说，孩子的学业处于第一要位，他们不惜一切代价，为孩子的学业创造最好的学习条件。殊不知，这过分地关注有时候却起到了适得其反的效果。有研究认为：中国父母对孩子的近期期待涉及面较窄，主要集中在孩子的学业方面，而且这个近期期待，紧紧围绕着学历水平和职业选择的远期期待。中国父母对孩子的期待并非结合孩子的实际情况，多数超过孩子客观能力的限制，成为孩子无法达到的目标，表现为一种过高的期待。这种过高的期待会带给孩子很大的压力，产生的负面影响会涉及孩子的情绪、自我评价、学习、人际交往、亲子关系、行为偏差等各方面。从小学到中学、大学，孩子背负着父母的期待长大。当孩子上了大学，读到硕士、博士研究生阶段，父母好像放下了期待，但长久以来，来自父母的这种外在的期待变成了学生自己的内在期待。当达不到父母及自己对学业的期待时，则压力重重、自我挫败、内疚自责、自卑、抑郁，甚至放弃自己的生命。

国外有研究发现，父母影响青少年学业表现的一种方式是他们对成绩的期待。那些父母期待他们能够做好的青少年倾向于达到的那些期待，就如他们中学成绩反映的那样；那些父母对其学校表现持较低期待的青少年就会表现得没有那么好。持有较高期待的父母也会更多参与到青少年的教育当中，帮助选择课程，参加学校计划，记录他们孩子的表现。这种参与有助于青少年的学业成功。

（二）父母对孩子专业的渴望

专业选择对于大学生的学习是非常重要的。爱因斯坦曾说过：“兴趣是最好的老师。”学自己喜欢的专业，学适合自己的专业，能够激发学习动力，开发自身的潜能，取得好的学习效果。但是，一些父母却非常武断地压制孩子所喜欢的专业，而取而代之以所谓的热门专业、能赚钱的专业，全然漠视孩子自己的兴趣爱好。这使得一些学生学习失去动力和创造力，甚至产生种种学习心理问题。例如，一个大学生本来对文学感兴趣，但父母却认为学法律有前途，高考时替他报了法律专业。入学后，他根本就学不进法律课程，每天心情抑郁，到期末三门课程考试不及格，最后患上了抑郁症。

（三）父母未曾完成的心愿

每个人都有未完成的心愿，在心理学上称为“未完成情结”，泛指自己因没有完成某件事情，而总是在有意识与无意识中追求其补偿的意向。更重要的是，当事人由于对此有一种难舍难分的感觉，所以总是在寻求其加倍的满足。最后这个“未完成情结”就会像个陷阱一样让人陷进去，难以自拔。

一些父母由于某些原因，自己失去了上大学，读硕士、博士研究生的机会，或者是职业生涯发展未实现自己的“成功”梦想，于是，他们望子成龙、望女成凤，有意识或无意识地把自己未曾完成的心愿强加在孩子的身上。我们都有一种“未完成情结”，当初因为各种原因半途而废的事，我们会对它充满遗憾和内疚，总想制造机会把它完成。当父母以“我都是为你好”为出发点，不了解孩子自己的想法时，他们常常不顾及孩子的真实感受，一味地让孩子服从他们的要求，按他们的意愿去做。很多家长不顾孩子的兴趣与能力，从小给孩子报各种特长班，孩子苦不堪言。原本的兴趣在考级过程中消耗殆尽，学习的兴趣也随之减弱。这种寻求加倍补偿的心理超过了一定的度，就可能会阻碍孩子的成长。

二、父母关系造成的心理困扰

家庭，是我们一生的起点和最安全的港湾。父母婚姻关系对孩子成长有重要影响。当家庭中有良好的婚姻关系作为核心与基础时，孩子才能获得健康成长的保障。从北京市一项关于父母关系与大学生心理健康关系的调查中可以看到，认为父母关系很好或较好的学生，总体上对自己心理素质的评价较高；而认为父母关系不太好或很不好的学生认为自己的心理素质差的比率分别为19.5%和17.1%，对自己在人际关系和环境适应上抱有负性评价的比例也要高于那些父母关系良好的学生。由此可见，父母关系较好的学生自身认同感更强，对自己的心理状态也更易表现出自信，而那些父母关系较差的学生容易对自身缺乏认同感。父母关系不良是导致学生心理健康状况不佳的原因之一。

（一）离异父母给孩子带来的心理困扰

离异家庭是指父母离异后的单亲家庭，或者父母离异后再婚的重组家庭。这类家庭的特殊性体现在家庭结构的不完整或者非血源性上。一项综合了129项研究、涉及大约9.5万名受访者的元分析比较了父母离异的年轻人和父母继续维持婚姻的年轻人。无一例外，经历过父母离异的成年人与父母继续维持婚姻的成年人相比，幸福感水平较低。父母离异的孩子更可能进入单亲家庭，出现心理适应不良，如更沮丧和焦虑，对生活的满意度较低，表现出更多的问题行为，如酗酒、吸毒、犯罪、自杀、少女怀孕或少年婚姻，而且离异家庭儿童的受教育水平较低。

一方面，在父母离异的大学生中，有将近一半（48%）的人觉得他们的童年比一般人更艰难，而来自完整家庭的大学生中有同样感受的只占14%。另一方面，追踪研究表明，在父母离婚后孩子的状况会随着时间的推移而有所改善。

从婚姻冲突到准备离婚，到孩子跟随单亲生活，孩子的心灵都会受到严重的伤害，对其人格、情绪的影响是灾难性的。孩子是父母离婚事件的最大受害者，父母离异的孩子常常会有内疚、自责甚至自卑的倾向。美国心理学家索克说过：“父母离婚带来的创伤仅次于死亡。”

父母离婚的大学生比父母没有离婚的大学生在陷入各种消极后果方面面临更高的风险，这些消极后果包括行为问题、心理不适、学业困难及对自己婚姻的期待，他们更容易表现出抑郁和孤僻。父母离婚对大学生的最大影响是使他们处于父母的冲突之中，经常感受到父母之间的敌意和指责。这种体验对他们来说十分痛苦、有压力并且具有破坏性。离异的父母还会给大学生带来人际交往困惑。因为一个在父母之间缺乏理解和信任，经常吵闹、打架的冲突家庭氛围

中长大的孩子，往往胆小忧郁、缺乏信任、敏感多疑，潜意识中不敢与他人建立亲密关系，更害怕建立亲密关系后的分离。

大量研究结果都表明，离异家庭子女在学习成绩、行为、心理调节、自我概念、社会适应、亲子关系等方面都比完整家庭儿童表现差。有研究者对家庭结构与子女受教育水平、职业地位和心理幸福感之间的关系进行了追踪考察，结果发现，离异家庭子女完成高中课程、读大学的可能性显著低于完整家庭儿童，他们的职业地位很低而且心理健康水平比较低，或者说很少有主观幸福感。

一般来说，离婚可能导致孩子的各种心理和行为问题。此外，离异家庭对孩子还有一种特殊的影响值得注意。青少年在成长的过程中，要学习特定性别角色应该具有的行为方式和人格特点，也就是说，男孩应该有男孩的气质，女孩应该有女孩的气质。而这种学习的主要对象之一就是自己的同性别父母，男孩以自己的爸爸为学习榜样，而女孩努力模仿妈妈的行为。离异家庭子女可能会缺少这种模仿的对象，从而表现出与性别不一致的行为方式与人格特点，容易遭到同伴的嘲笑，从而自尊心受到伤害。

（二）纠结的父母关系给孩子带来的心理困扰

孩子经常被卷入家长纠缠的关系当中。事实上，亲密关系是世界上最难处理的关系之一。北京市民政局公布的《2013 年社会服务统计季报表（三季度）》显示，北京市 2013 年有 417800 对新人喜结连理，同时有 131800 对夫妻劳燕分飞；2013 年前三个季度离婚登记数量为 39075 对，而 2012 年全年的离婚登记数量为 38197 对，2013 年前 9 个月的离婚数已超过了 2012 年 12 个月的总量。与 2012 年同期 27630 对的离婚数字相比，2013 年前三季度离婚数量增长了 41%。离异的父母也好，冷战中的父母也罢，他们都是建立亲密关系这一功课没有通过的人。尽管他们的关系给孩子成长带来更多的困难和更多的挑战，但是作为年轻的大学生仍然可以从他们的过往经历中有所学习，有所成长，从而修复个人创伤，并把这份经验用在自己的亲密关系里，建立起超越父辈的亲密关系，领悟到爱的真谛，践行爱的艺术。

三、亲子关系引发的心理冲突

家庭关系是个体心理得以顺利成长的基石。家庭关系中无论是父母间的关系，还是亲子间的关系，都极大地影响着学生的心理发展。由于亲子之间人生经验的不同、认知上的差距、看待事物的视角有所差别，加上亲子之间彼此期望上的距离，常常会在思想、观念、态度、价值和行为等方面出现冲突。这些冲突会成为亲子关系维系和发展的障碍，致使亲子之间的冲突和矛盾出现的概率不断增加，还可能引发一系列的社会问题。

（一）依恋与成长

依恋形成于儿童早期，是儿童健康成长的保障。当孩子年幼时，需要父母的关爱照顾，这样他才能获得健康成长。到了青春期和青年期，这种依恋行为会因为独立性的增强而逐渐减弱。孩子的内心既有依赖父母的一面，又有希望与父母分离追求独立的一面。孩子会渴望独立的空间，同时也渴望去伸展自己的手脚，证明自己的能力。这是一个生命成长的必然规律。

进入青年期的大学生，心理发展的核心任务就是要增加自己的责任感和独立性，超越依恋，获得成长。大学是大学生从家庭步入社会、从依恋走向独立的重要中转站和训练基地。在大学校园里我们会看到，有些学生，特别是一些独生子女，由于父母对他们娇惯、纵容，满足他们的一切愿望和要求，导致他们离开父母在外求学时，生活无法自理，需要父母在学校附近伴读。他们对挫折的容忍能力很弱，稍有磨难便痛苦不堪，甚至想退学，或心理失衡走向极端。产生这一现象的原因是，孩子对父母的过度依恋，无法与父母分离。

其实，人在成长的每个阶段都会面临分离，分离使我们独立成长。无论分离有多痛，我们都得这样做，因为拒绝分离就等于拒绝成长。当孩子太过沉溺父母的溺爱或过度保护时，就要提醒自己需要注意，作为大学生，孩子已经是成人了，成人就需要自己的发展空间，就需要自我负责。父母多年养育孩子，他们已经习惯了把孩子当成孩子，却看不到他们的孩子已经成人，成了能为自己负责、敢于为自己负责、有担当的年轻人。当孩子进入大学，开始独立生活时，就为他们与原生家庭分离提供了极好的机会。

当孩子与母亲建立了依恋关系后，就能够尝试去探索周围世界，学习与同龄人建立信任关系，有小伙伴，有好朋友，并逐渐走出父母的视野，成为一个成年人。但是，有的学生对母亲的过度依恋使其不能融入同龄人的生活中。

（二）认同与独立

进入青少年时期，每个人都将迎来认同危机，即个人在面对内在冲突的觉醒和外在压力之下，对“我是谁”的回答和体验。这个时期，我们不再只凭别人的评价来定位自己，开始积极思考“我是谁”这个问题。如果顺利度过，我们就能够开始倾听自己内心深处最真实的声音，兼顾他人的评价，全面、客观地了解最真实的自己，学会单独地赋予自己生命的意义，自行决定所要过的生活，获得独立。“我的青春我做主”应该是最令这个时期的年轻人热血沸腾的口号之一了。反之，不能顺利渡过认同危机的大学生，会依然认同权威的力量，忽略自我。面对挑战时，他们往往采取妥协的态度，总喜欢等待别人来主宰自己的未来，或总是盲目地跟从别人的意见。这样的大学生无论如何也难以把握人生的机会，自我实现的可能性也微乎其微。

第三节　协调处理家庭关系

在我们成长的过程中，有时会感觉到自己的某些问题与父母的影响和教育有关。于是一些大学生便产生了对父母的抱怨和不满，甚至与父母的关系疏离或对立。我们现在的性格确实与家庭有着密切的关系，但也不是完全的因果关系。作为具有主观能动性的人，作为一名大学生，应该厘清家庭对我们的影响，理解父母，接纳父母的不完美，并能有所担当，迅速成长，成为独立自主的人，将父母的爱继续传承下去。

一、理解父母，接纳家庭

（一）家是生命之源

家是一个人生命诞生的摇篮，父母的爱孕育并养育了你。从嗷嗷待哺，到蹒跚学步；从供你衣食到送你上学；从你生病时为你焦灼与担心，到你离家时送别的依依不舍；从电话中那一句轻声的问候，到看到你一步步成长的喜悦……家不仅是你身体成长的环境，也是你精神成长的家园。家是由血缘关系把成员按照角色强有力地联系在一起的持久而互惠的情感群体。无论

这中间成员之间的情感发生了多么大的变化，它依然维系着成员的生命全程。家永远是你孤独时依偎的怀抱，永远是你苦闷时诉说衷肠的安全岛……无论你的家庭是贫穷还是富有，是平静还是有波澜，家的使命永远不会改变。家是生命之源，是灵魂之巢。

（二）母爱如水，父爱如山

父亲和母亲在陪伴孩子的成长中扮演着不同的社会角色。他们的社会角色由各自所拥有的生理的、心理的性别角色而决定，也由他们的文化程度、职业和社会地位所决定。在促进孩子成长和发展的过程中，父亲和母亲对孩子个性的形成、智力的发展、社会化的成熟都发生着不同相互替代的独立作用。对孩子来说，在家庭社会化中，母亲是社会的第一个代表，她首先促进了儿童语言能力的发展。母亲为婴幼儿提供最多的语音刺激，交流表达的机会最多也最丰富，她的指导促进了婴幼儿的语音发展。没有母亲，即使父亲健在，也常常使孩子语言发展受损。由于女性具有温柔、细腻、感性、慈爱的特点，因此，母爱如水，点点滴滴，滋润心田。母亲的爱促进了孩子感性思维的发展，也促进了孩子情感世界的发展。

由于父亲理性、刚毅、果敢的性格特点，特别是父亲与少年儿童交往的开放性，父爱成为孩子理性思维发展的催化剂。父亲较多参与与孩子的交往，能提高孩子的认知技能、成就动机和对自己能力、操作的自信心。常与父亲相处的孩子可以从父亲那里获得更多的知识、自信心、想象力和创造意识。由于父亲常常引导孩子在社会活动中更广泛地接触客观世界，这对培养和激发青少年的求知欲、好奇心、自信心及兴趣爱好具有积极的作用。父爱如山，浑厚深沉，铿锵有力，父亲多是用严厉的方式来传达他们的爱。

（三）接纳父母的不完美

人无完人，父母也是平常人。

第一，他们也来自自己有着各种问题的原生家庭，他们可能在成长过程中也经历过许多负性事件，体验过不少消极情绪。这些经历与情绪对于他们自身的人格有着重要的影响。父母不可避免地携带着其家族代际传递下来的性格特征。你可以回顾你的爷爷奶奶、姥爷姥姥的为人处世如何，性格脾气怎样，然后想一下：父母小时候会是什么样的？他们是在怎样的家庭中成长起来的？

第二，现在很多家庭都只有一个孩子，大部分父母都是初为人父或是初为人母。当你来到这个世界上的时候，父母比现在的你大不了几岁，甚至是和你同龄的年轻人。谁教过他们如何做父母？谁教过他们如何成为完美的父母？他们没有做父母的经验，他们做父母的经验从何而来？萨提亚说：“家长也是普通人，并不是说从孩子出生的那天起，他们就自动成为领导者。他们应该明白，一位优秀的领导者是很会把握时机的，他们寻找机会，等到确定孩子会认真倾听时再对他们进行教育。当孩子犯错误时，父母会走到近前做他们的支柱。他们的帮助能使受惊的孩子战胜恐惧感和罪恶感，同时又达到了最佳的教育效果。”在国外，夫妻心理辅导与亲职教育都是进入婚姻的必修功课。所谓亲职教育，是指通过培训、支持和教育的方法来改变或增强父母教育的能力的干预手段，其主要目的是让这些父母的孩子幸福。但在中国以及许多发展中国家，亲职教育并不完善，也不普及。所以，每个人的成长过程是和父母一起探索的过程。世界上不可能有完美的妈妈，也不可能有完美的爸爸。人要学会接纳每个人的不完美，包括自己的还有父母的不完美。

二、自主独立，自我负责

（一）青春期的意义——自我确认

青春期不是简单的生理现象，而是一种文化建构。人在青春发育期会发生一系列的生理改变。然而，青春期的意义远不止于发育的过程和结果。青春期是人生旅程的一个阶段，从青春发育开始，一直到接近成年，人们要做好准备去承担所处的社会文化赋予成人的角色和责任。

大学生要经历的三个成长阶段，分别是青春期早期（10～14 岁）、青春期后期（15～18 岁）、青年期（19～25 岁）。随着全球工业化时代的到来，受教育的年限一再延长，人们承担成人的责任延迟到至少 25 岁甚至到 30 岁。大学生一般处在青年期。

青春期的意义是独立的开始，开始思考“我是谁”“我来自哪里”“我要做什么”“我要去哪里”等人生议题。大学阶段处于青春期后期，是自我选择、自我做决定的阶段，是人生承上启下的转折点，蕴含着打破原生家庭影响的力量和机会。

（二）成年的责任——自我照顾

承担责任是成长的开始，是为自己负责，是自我分化到一定程度的结果。承担责任就是不依赖、不埋怨、敢担当。

现在很多大学生，生理上早已成熟，但心理依然稚嫩。他们的口头语是：“我妈说……”“我爸告诉我要……”或者“就因为你们（父母），我才是这个样子”等，他们心理上像个孩子。有的人上了大学后，非常不适应大学生活，这是因为他不会洗衣服，不会搭配衣服，甚至懒得出去吃饭，一日三餐都叫外卖。为什么会这样呢？因为以前父母替他们选择得太多，承担得太多，父母爱得太多羁绊住了他们成长的脚步。他们不会选择，或是没有了能力去选择。要去哪所学校上学，要读什么专业，要选择什么样的恋爱对象……这些问题都需要自己认真而慎重地思考，否则就承担起你应负的责任。其实，没有责任是无法成长的，就像没有压力就没有动力一样。

当你不满父母有这样那样的问题时，当你抱怨父母没有满足自己的期望时，当你指责父母教育的失误时，当你怨恨父母对自己做得太少时，那意味着你还没有长大。你还要父母为你的成长负责。其实，如果你真的成长了，即使父母做得不够好，你也能积极正向地看待，也能从另一个方面看到家庭带给你的成长。父母关系不和谐，让你更加敏感，学会了独立思考、独立做事；父母对你的期望过高、压力过大，激发你不断奋斗，才有了今天的结果；父母与你沟通不好，促使你更好地学习如何与别人沟通与交往……

成长，从为自己负责开始；成长，从学会照顾自己开始。美国的孩子，18 岁时父母就让其自立，大学生假期大多都实习打工不回家，他们要靠自己的能力供自己读书和生活，即使父母经济上很富裕。照顾自己的生活，承担自己做选择的风险，你才能体会成长的艰难，也才能真正挣脱父母的羽翼，做一个为自己负责的成年人。

三、关爱父母，承担责任

（一）感恩父母

感恩父母，是认可父母对你的养育之恩，准备承担自我负责和照顾父母的责任。

感恩你的父母给了你生命，把你带到这个世界上来，感恩父母给你衣食，把你养大；感恩父母守护你的生命，为你的成长时时操心；感恩父母为你付出的全部情感，给予你他们全部的爱。感恩，会让你更加尊敬父母；感恩，让你更珍爱自己的生命；感恩，让你学会了爱；感恩，让你成熟长大；感恩，让你学会将来怎样做父母。不知感恩父母的人是心理不健康的人，不知感恩父母的人是不成熟的人。

（二）爱心不需等待

某校的精品活动“心理健康快车”最受大一新生欢迎的主题之一是“亲情？友情？爱情？”。当高年级的朋辈辅导者带领新生回顾成长历程，感受父母的不容易时，一位男生在课堂上的分享感动了全班同学。他说：“当我看到我父母结婚的照片时，我感慨万分！他们当时那么年轻。妈妈是那么漂亮，爸爸是那么英俊！可如今，他们的额头上布满了皱纹，一头乌发开始变得花白，挺直的腰背已经开始弯曲，手上也长满了老茧……我意识到，他们开始变老了！那皱纹、白发、弯背、老茧中，包含着多少为我长大曾经流下的汗水和泪水！我意识到我已经长大了，我应当从现在起开始承担关爱他们的责任。”

正如这位同学所说，匆匆岁月，在无声无息中流逝。在不知不觉中，我们逐渐长大，父母正在老去。趁父母还在，趁着我们还年轻，应该多关爱、多照顾他们一些。曾经的世界首富比尔·盖茨接受记者采访时说：“世界上最不能等待的就是孝敬父母。”在网上曾有一篇转载率很高的“亲情计算贴”：一位与父母分隔两地的网友说，假如父母再活 30 年，自己平均每年回家 1 次，那么只剩 30 来次了。每次 5 天，刨去和朋友聚会、应酬、吃饭睡觉等时间，一年中真正能陪父母的时间大概只有 24 小时，30 年总共也就 720 小时，差不多一个月。这个结果如此残酷，令人唏嘘、沮丧和心酸。这道“亲情计算题”或许有些夸张，但却说明了我们做儿女的看望父母、陪伴父母的重要。

2014 年春节联欢晚会上有个节目搬来了网络名人大萌子（原名赵萌萌）的“30 年父女合影”，30 张照片凝聚 30 年父女情，引人深思。

树欲静而风不止，子欲养而亲不待。让我们从现在开始孝敬父母，从身边的小事做起，从你我做起。就像《常回家看看》那首歌里唱的那样，也许，他们不需要我们给他们多少钱，多少回报，他们要的也许是我们多些时光陪伴他们，或者跟他们聊聊天，发个短信，打个电话。或者回家时带个小礼物，或者见面时的拥抱及相依相偎。毕业后，无论离开家乡多远，无论走多长时间，请大家别忘了家中的父母，常回家看看，多关爱父母。

第十二章　大学生情感生活与心理健康指导

恋爱婚姻是大多数人一生必然要经历的过程与追求的人生目标。恋爱婚姻的背后是人类正常的情感需要。恋爱是从友谊、约会、恋爱到婚姻的过程，是建立亲密关系能力的体现和人格健康发展过程，最能体现爱的能力。认识爱情、恋爱、婚姻是大学生自身成长发展的重要课题，了解大学生恋爱心理特点以及爱情、恋爱的心理规律，学会正确处理友谊与爱情、恋爱与学业、恋爱与个人发展的关系，主动培养爱的能力也就成为大学阶段的必修课。学习恋爱，就是强健自我，学习坦然面对恋爱婚姻，合理转换情绪，学会驾驭自己，是可以一生享用的健康心理。

第一节　爱情概述

一、爱情的含义

爱情是人类最美好和最深沉的感情，是人类最富魅力的社会现象。从古至今，爱情被人们涂上了一层层神秘的色彩，多少文人墨客乃至专家学者都试图揭开其神秘的面纱，探究其内在的本质。爱情也一直是哲学、宗教、心理学、美学和社会学等许多领域中引起激烈争论的课题。

历代的文学家与思想家用最动人的语言来讴歌它，拿世界上最美好的事物来比喻它。泰戈尔认为，“爱情是理解和体贴的别名”。别林斯基认为，“爱情是两个亲密的灵魂，在一般生活方面，在忠实、善良、美丽事物方面的和谐的默契”。恩格斯把爱情概括为“人们彼此间以相互倾慕为基础的关系”。综上所述，爱情就是一对男女在一定的社会关系和共同的生活理想的基础上，各自内心所形成对对方的最真挚的情意并渴望对方成为自己终身伴侣的最强烈的情感。

古希腊哲学家苏格拉底认为：爱情是爱一切的善，是一种动人的欲望。英国哲学家休谟认为：爱情是人的自然本性，是“美貌”“肉欲”“好感”三种情趣的结合。

瓦西列夫在《情爱论》中说：“爱情是在作为男女关系上的一种特殊的审美感而发展起来的，爱情创造了美，使人对美的领悟能力敏锐起来，促进对世界的艺术化认识。”

苏霍姆林斯基说：“真正的爱情，意味着不仅是欣赏美，而且要培植美，创造美。”“在生活中还有别的事情的时候，爱情才会是美好的，如果没有崇高的社会目标将人们联结在一起，爱情就会变成地狱。”

别林斯基说：“爱情是生活中的诗歌和太阳，但是在我们这个时代，如果想把幸福大厦仅仅建立在爱情之上，并在内心指望自己的一切意愿都得到充分满足，他将是不幸的。”

柏拉图认为：“心灵像一驾马车，它由三部分组成：驾驭者与两匹马，驭者是理智，一匹是不驯的劣马，一匹是听话的好马，好马是抑制冲动，劣马是情欲，好马‘能自制，知廉耻’是正确见解的朋友，而劣马‘靠鞭打才能勉强驯服’。这匹马朝着肉欲的宴席疾驰，沉湎于享乐之中。”

人本主义心理学家卡尔·罗杰斯说："爱是深深的理解和接受。"

马斯洛认为："爱的需要涉及给予和接受爱，我们必须懂得爱，必须能教会爱、创造爱、预测爱。"

弗洛姆认为："爱是我们对所爱者生命与成长的主动关切，没有这种关切就没有爱。"

心理学家海德说："爱是深度的喜爱。"

人类学家林菲尔德说："爱是一种可以观察到的、两个异性之间的、偶尔是同性之间的关系，这种关系反映了一种有模式的、重复的、标准的行为，特别是态度及情感状态，这实际上包括潜在的性行为。"

以上这些都是颇有价值的见解。但是，19世纪马克思主义的创立才真正科学地从本质上揭示了爱情的真谛。

马克思说："真正的爱情是表现恋人对他的偶像采取含蓄、谦恭甚至羞涩的态度，而绝不是表现在随意流露热情的过早的亲昵。如果你以人就是人以及人同世界的关系是一种充满人性的关系为先决条件，那你只能以爱去换取爱，以信任换取信任；如果你想欣赏艺术，你必须是一个有艺术修养的人；如果你想对他人施加影响，你必须是一个能促进和鼓舞他人的人。你同人及自然的每一种关系必须是你真正的个人生活的一种特定的、符合你的意志现象的体现。如果你在爱别人但却没唤起他人的爱，也就是你的爱作为一种爱情并不能使对方产生爱情，如果作为一个正在爱的人，你不能把自己变成一个被人爱的人，那么你的爱情是软弱无力的，是一种不幸。"

马克思主义认为，爱情的本质是自然属性和社会属性的统一，即性爱和情爱的统一。

首先，作为自然属性的性爱是爱情的基础。恩格斯指出：人来源于动物界这一事实使人永远不能完全摆脱兽性，关键是摆脱得多与少的问题，在于兽性与人性在程度上的差别。性的需要是人所具有的较强烈的自然需要之一，男女之间的爱情正是在这种原始动力的驱动下产生的。没有肉体结合的爱情是对人性的压抑，一般情况下，在实际生活中是难以存在和维系的。

其次，作为社会属性的情爱是爱情本质的反映。性爱虽然是爱情的基础和原始动力，但爱情不等于性欲。人是一切社会关系的总和，脱离男女双方在思想、情操、兴趣等方面的共鸣、倾慕，仅凭单纯的性爱不能称为爱情。社会属性体现出人与动物的区别，是爱情本质的反映。恩格斯不仅揭示了爱情的社会属性，而且又论证了现代社会爱情的基本特征，即男女互爱、男女双方平等、强烈性和持久性、专一性和排他性。

可见，爱情是性爱基础上高度升华而成的人类崇高的社会性情感，是两性的一种特殊的社会关系，是建立在生理、心理和社会综合需要基础之上的稳定而持久的情感。

二、爱情理论

（一）斯腾伯格的爱情三角理论

斯腾伯格的爱情三角理论认为：爱情包括亲密、激情、承诺3种成分。亲密是指与伴侣间心灵相近，互相契合，互相归属的感觉，属于爱情的情感成分；激情是指强烈地渴望与伴侣结合，促使关系产生浪漫和外在吸引力的动机，也就是与性相关的动机驱力，属于爱情的动机成分；而承诺则包括短期和长期两个部分，短期的部分是指个体决定去爱一个人，长期的部分是

指对两人之间亲密关系所作的持久性承诺，属于爱情的认知成分（见表 12-1）。仅仅有情感的爱是一种迷恋，仅有承诺的爱是一种“空洞的爱”，只有接近性的爱才是喜欢，情感与承诺结合是迷恋的爱，情感与接近性结合是罗曼蒂克的爱，承诺与接近性结合是伴侣的爱，3 个维度结合在一起才是圆满完美的爱。随着认识时间增加及相处方式的改变，上述 3 种成分将有所变化，爱情的三角形因其组成元素的增减，其形状与大小也会跟着改变。三角形的面积代表爱情的质与量，面积越大，三角形越大，爱情就越丰富。

斯腾伯格进一步提出：在 3 种成分下有 8 种不同的爱情关系组合，其分别为：

（1）非爱，3 种成分俱无；

（2）喜欢，只包括亲密部分；

（3）迷恋的爱，只存在激情成分；

（4）空爱，只有承诺的成分；

（5）浪漫之爱，结合了亲密与激情；

（6）友爱，包括亲密和承诺；

（7）愚爱，激情加上承诺；

（8）美满的爱，3 种成分同时包含在关系当中。

表 12-1　斯腾伯格爱情三角形理论：爱的组合

爱的种类	亲密	激情	决定或承诺
非爱	−	−	−
喜欢	+	−	−
迷恋的爱	−	+	−
空爱	−	−	+
浪漫之爱	+	+	−
友爱	+	−	+
愚爱	−	+	+
美满的爱	+	+	+

注：“+”表示存在；“−”表示不存在。

（二）约翰李的爱情彩虹图

加拿大社会学家约翰·李将男女之间的爱情分成 6 种形态：情欲之爱、游戏之爱、友谊之爱、依附之爱、现实之爱及利他之爱。

1. 情欲之爱

它建立在理想化的外在美的基础上，是罗曼蒂克激情的爱情。其特点是一见钟情式，以貌取人、缺少心灵沟通、热烈而专一，靠激情维持。

2. 游戏之爱

视爱情为一场让异性青睐的游戏，并不会将真实的情感投入，常更换对象，且重视的是过程而非结果，不承担爱的责任，寻求刺激与新鲜感。

3. 友谊之爱

它是指青梅竹马般的感情，是一种细水长流型、稳定的爱。这种爱情以友谊为基础，在长

久了解的基础上滋长着，能够协调一致解决分歧，是宁静、融洽、温馨和共同成长的爱情。

4. 依附之爱

对于情感的需求非常大，依附、占有、妒忌、猜疑、狂热，在恋爱中情绪不稳定。这种爱控制对方情感的欲望强烈，将两人牢牢地捆在爱情这条绳索上。

5. 现实之爱

会考虑对方的现实条件，以期让自己的酬赏增加且减少付出的成本的爱情。这类爱情理性高于情感，受市场调节的现实主义态度的影响。

6. 利他之爱

带着一种牺牲、奉献的态度，追求爱情且不求对方回报。自我牺牲型的爱情是无怨无悔、纯洁高尚的。

（三）爱情依恋理论

依恋理论将爱情与童年依恋联系起来进行研究。婴儿时期与人建立的依恋关系，会使个体形成一个持久且稳定的人格特质，这项特质在个体与异性建立亲密关系时会自然流露出来。Hazan 和 Shaver 将成人的爱情关系视为一种依恋的过程，分以下 3 种类型。

1. 安全依恋

与伴侣的关系良好、稳定，能彼此信任、互相支持。绝大多数人的爱情属于安全依恋。

2. 逃避依恋

害怕且逃避与伴侣的亲密。

3. 焦虑/矛盾依恋

常出现情绪不稳、极端反应的现象，容易嫉妒且希望跟伴侣的关系是互惠的。

在 Hazan 和 Shaver 的研究中发现，3 种不同的爱情依恋风格在成人中所占比例分别为：安全依恋约占 56%，逃避依恋约占 25%，而焦虑矛盾依恋约占 19%，与婴儿依恋类型的调查比例相当接近。

Bartholomew 和 Horowitz 以上述爱情依恋风格理论的概念为基础，发展出一种 4 类型的爱情依恋风格理论，他们从正向或负向的自我意象和正向或负向的他人意象两个不同的向度来分析，得到 4 种类型的爱情依恋风格。

安全依恋：由正向自我意象和正向的他人意象组成。

焦虑依恋：由负向自我意象和正向的他人意象组成。

排除依恋：由正向自我意象和负向的他人意象组成。

逃避依恋：由负向自我意象和负向的他人意象组成。

（四）爱情阶段理论

Murstein 主要探讨亲密关系如何发展，注重爱情的阶段性。Murstein 提出的 SVR 理论认为亲密关系的发展，依双方接触的次数多寡分为刺激、价值和角色 3 阶段。

1. 刺激阶段

通常双方第一次的接触即属于刺激阶段。在这个阶段，双方彼此间互相吸引，主要建立在外在条件上，如被对方的外貌或身材所吸引。

2. 价值阶段

一般而言，双方大约第二次至第七次的接触便属于价值阶段。在这个阶段，彼此情感上的依附，主要是建立在彼此价值观和信念上的相似。

3. 角色阶段

通常双方大约第八次以后的接触便开始属于角色阶段。在这个阶段，彼此对对方的承诺主要建立在个体是否能成功地扮演好在此关系中对方对自己所要求的角色。

虽然 Murstein 认为亲密关系包含刺激、价值和角色 3 个阶段，但在亲密关系的每个阶段这 3 种因素对关系都有影响，只是在每个阶段都有一个因素是最主要的影响因素。之后随着接触次数的增加而逐渐上升，但是所增加的幅度很小，最后会趋于一个平稳的水准；价值因素虽然一开始占的比重较低，但关系发展至价值阶段的时候，此因素的比重会迅速提高，不过在角色阶段时，其比重也会趋于平稳，且最后平稳的水准所占的比重比稳定后刺激因素所占的比重高；同样的，角色因素一开始最低，到角色阶段则会超越其他两个因素，且随着关系的继续发展，其比重也会不断提升。

（五）投资模式理论

Rusbult 的投资模式以社会交换论的观点来看待亲密关系的发展，认为亲密关系中的双方，在此关系中互相有所得失，并以一种理性且公平的评估方式，衡量自己在此关系中的付出与收获，再以此评估为基准，决定其对关系的应对方式。

Rusbult 认为男女亲密关系中的承诺，由满意度、替代性及投资量等因素共同决定。根据投资模式的预测，当亲密关系中的个体，对关系有较高的满意度、知觉到较差的替代性品质以及投资了较多或较重要的资源时，便会对此亲密关系做出较强的承诺，也就是不易离开此关系。简单来看，可用一个方程式加以说明：满意度－替代性＋投资量＝承诺。

1. 满意度

亲密关系中的个体对于他在此关系中所得到的报酬及所付出的成本，会评估相互抵消后的实际结果。随着关系的长期发展，彼此的相互依赖性也会提高，而开始将伴侣的结果和整个关系的结果也并入实际结果的计算，如和伴侣一起分享他的成功或共同分担他的痛苦。此外，个体也会依据过去曾有的亲密关系及有关的经验（如与家人和朋友所讨论、比较的结果），形成一个自己对目前关系所应得结果的预期。最后个体会将在关系中获得的实际结果与此预期相比较，产生对此亲密关系的满意度评估：实际结果越好，预期水准越低，则满意度越高。

2. 替代性

替代性指的是对放弃此亲密关系的可能结果的好坏判断，可能结果包括发展另一段亲密关系、周旋在不同的约会对象间，或是选择保持没有任何亲密关系的单身状态等。个体考虑替代关系的因素既包括特定的喜欢对象，也包括不特定的对象，以及个体对自己能否离开此关系的能力的主观知觉与客观评估。

此外，个体的内在倾向与价值观也会影响替代性的主观知觉。例如，当个体觉得有自信、有价值、有高自尊及有强烈的自主性时，通常会知觉自己有较佳的替代性品质，而较容易离开此亲密关系。

3. 投资量

投资是指个体在亲密关系中所投入或形成的资源。投资与报酬或成本最大的不同有两点：第一是投资通常不能独立地从关系中抽取出来，而报酬与成本可以；第二是当关系结束时，投

资无法回收，且会随着关系的结束一并消失。因此，投资分为两类：一类是直接投入的资源，如时间的投入、情绪能量的释放、个人隐私与幻想的揭露及为对方所作的牺牲等；另一类是间接投入的资源，如双方彼此的朋友中所形成两人一体的认同感，长期相处下来所建立的默契与思想上的相似，以及彼此互补的一些记忆与信息等，也会随着关系结束而立即失去投资。个体所投入的资源层面越广、重要性越高、数量越多，则表示其投资量越大；当个体在联系的投资量越大时，对此关系的承诺也越强。

4. 承诺

此模式中所指的承诺，是指会使个体设法维持这份关系及感觉依附在此关系中的倾向。因此，承诺的定义包含两个部分：行为的意向与情感的依附。当个体对一份亲密关系做出承诺后，他想维持并依附关系的倾向会促使个体做出种种有助于维持此关系的行为。例如，与他人作一些适应性的社会比较，并选择性地加以解释；对于个体具有吸引力而易破坏现有关系的替代对象，尽量拒绝与其接触或相处的机会；采取有效的方式，处理有关嫉妒与第三者介入的问题；为此关系作一些付出与牺牲；当对方做了某些糟糕或不合自己心意的事时，采取顺应而非报复的方式解决。

迄今为止，心理学家、行为科学家都没有能够客观地解释人类的爱情。人们常常将亲密的情感分为两种：伴侣的爱和罗曼蒂克的爱。伴侣的爱由相互关照并从共同经过的时光中产生感情。罗曼蒂克的爱有以下特点：一是存在于文化概念中，二是存在生理唤醒，三是存在与文化相适应的爱的对象。

三、爱情及其鉴别

(一) 爱情与喜欢

爱情与喜欢表面上有许多共同点，实际上它是性质不同的两种现象，其区别表现为以下几个方面。

1. 爱情是一种强烈的依恋状态

相爱的人一日不见，如隔三秋。有的人因而坐卧不安，茶饭不香，甚至郁郁寡欢。喜欢却仅仅是一种平和的吸引状态。

2. 爱情关系中有更多的关怀

恋人的一举一动，或笑或愁，事无巨细，都会令自己牵肠挂肚。

3. 爱情往往不求回报

和喜欢不同，恋爱中的人们一般不计较得失，可以说，对方的需要就是自己的义务。

4. 爱情有更多的宽容

恋爱中，即使对方有些小毛病或行为不合适，也会得到宽容的对待。而这在喜欢状态下，就可能产生矛盾。

5. 爱情比喜欢有更多的自我暴露

所谓自我暴露，就是向对方袒露自己的真实面貌，包括思想、感情、学识、能力等方面。自我暴露是爱情关系深度的指标。随着恋爱的深入，男女双方自然暴露的深度和广度都会不断增加。

6. 爱情比喜欢更自私

爱情具有很强的排他性，容不得对方移情别处。而喜欢却能与一人或多人分享，彼此和睦

相处。

爱情与喜欢也是相互联系的，男女之间常常是先互相有好感，进而是喜欢，最后才发展到爱情。喜欢和爱情在一定条件下可以相互转化。

（二）爱情与友情

友情是爱情的基础和前提，爱情是友情的发展和质变。二者有联系，也有质和量的区别，一般应从以下几个方面来判断。

(1) 朋友可以有多个，但恋爱配偶只能有一个，这是爱情的“排他性”。如果男女之间的关系可以和其他类似关系并存，这就是友情。

(2) 爱情总是和性联系在一起的。它具有“冲动性”，有时甚至可以达到不顾一切的程度，而友情则往往不同。

(3) 如果一时分不清友情还是爱情，可以将对方对他人的态度和对自己的态度进行比较。如果都差不多（对方对异性朋友都很热情），那么就不必想入非非；如果有所不同，对自己比较特殊，那么就可以进一步考虑了。

（三）爱情与同情

在青年男女的交往中，由一方对另一方的深切同情，而发展成为爱情的现象，但这并不意味着同情就是爱情。尽管有时同情能够发展成为爱情，那也得具备一定的条件，即彼此产生了真挚的爱情，双方真诚地相爱。同情心仅仅是俩人相识、接近的“红娘”，而彼此倾心、钟情、爱慕，才是他们建造雄伟爱情大厦的坚固基石。如果青年男女之间没有感情，两颗心也没有贴在一起，单靠怜悯的泪水是无法浇开爱情之花的。即使有的人在同情心的驱使下，一时感情冲动，向对方献上玫瑰花，也会很快凋谢、枯萎，而留给他们的则往往是令人难咽的苦果。

（四）爱情与虚荣

虚荣心理是一些人试图通过追求名誉、荣耀等表面的光彩，来满足自尊需要的心理。虚荣心之所以存在，是因为人们在某些时候对自尊的需求无法满足，只能用一些外在的荣誉去代替，所以说虚荣心是每个人都有的心理现象，只不过每个人所表现的方面与程度不同。在某种程度上，虚荣心起到保护自己自尊的功能，但是虚荣心太重一定是有害无益的。在现实生活中，有的人通过穿着华丽来满足虚荣心，有的人用“一掷千金”来满足自己的虚荣心，也有的人用彬彬有礼、努力构造出来的“风度翩翩”满足自己的虚荣心，还有的人是通过找一个漂亮的或有钱、有地位的爱人来满足自己的虚荣心。在大学生选择恋人的过程中，都会不同程度地带有虚荣心。随着思想和心理的成熟，大部分同学都会放弃虚假的、表面的一些条件，从现实的角度去选择恋人。建立在虚荣心之上的爱情是不牢固和虚伪的。

第二节　大学生恋爱心理与性心理

一、大学生恋爱心理概述

（一）大学生对恋爱的认识

以下是来自心理健康教育课堂中的大学生理解的爱情。

“爱情，根本就没有搞懂她的可能，如果仅凭我们的那些智慧的话。面对她时，表现出来的疑虑、期盼和恐慌，无法掩饰地写在年轻人的脸上，只因无论是怎样坚强的心灵，都会有脆弱的一面，在于灵魂之中，无法逃避的是你自己。罗马城堡的高墙是多么坚不可破，摧毁它的却正是来自这个伟大国家的内部纷争。分崩离析，祸起于萧墙之内，内力胜于外力，无论是破坏或是建设，无论是爱情还是其他。有些人敬畏爱情，因为爱情能创造奇迹，也能酿出悲剧。”这是对生活怀有理性态度的大学生心中的爱情。

“爱情是什么？对于罗密欧和朱丽叶而言，爱情是致命的毒药；对于奥瑟罗来说，爱情是嫉妒的匕首。而对于我，爱情又是什么呢？这是一个没有穷尽答案的问题。在人生的某些片段，我们会不自觉地去思考她。”这是正在思考爱情的大学生。

“爱情可以去理解、可以去解释、可以去研究、可以去……但爱情的美只能在感动中得以体会，那是一个充满了想象与超脱现实的生命经验。你永远无法理解为什么一个人可以那样地去爱另一个人，除非你也曾深深体会。”这是正在恋爱的大学生理解的爱情。

“人人都在期待爱情，爱情却不会为每个人停留。谁都期盼一份真挚不变的爱情，可是我终究还是没搞懂爱情是什么东西。爱情依旧是那样神秘，一如几千年来的一贯作风，而我依然深信不疑，一如在我之前所有寻找答案的人一般。”

1. 误把友谊、好感当爱情

这是对爱情经验的判断失误。有的同学分不清楚好感和爱情的区别，看到某异性同学和他（她）交往多了一点，对他（她）赞扬几句，或者帮他（她）的忙，就认为对方已经爱上他（她）了。还有一些同学看到自己的恋爱对象和另一位异性交往比较多，没有认真分析就断定对方在搞三角恋爱。

2. 把恋爱当作“实习”

有的同学并不是想真正的恋爱，只是把学校期间的恋爱作为一种“实习”，想通过“实习”学习技术，积累经验，以后真正想谈恋爱时就可以找到满意的伴侣。这种游戏是借恋爱玩弄对方的感情，是一种极不道德的行为。

3. 为了赶时髦谈恋爱

有的同学并没有准备谈恋爱，但看到同班或同宿舍其他同学在谈恋爱，觉得心里有压力，怕人家说自己没有魅力，或者为证明自己不是弱者，于是不管中意不中意，赶紧找一个来谈。在一个宿舍里有超过一半的人谈恋爱的话，那么剩下的人很快就能在短期内找到自己的心上人。这种情况实际上是虚荣心在作怪，借恋人以抬高身价。这种缺乏自主性的从众恋爱成功率很小。

4. 为了恋爱而恋爱

恋爱是婚姻的前奏，恋爱的归宿是结婚建立家庭，这是恋爱心理成熟的特征之一。有些异

性产生了相互仰慕之情，但并不打算结为终身伴侣，在一起时双方是否都感到快乐是他们很在意的，他们把恋爱看成积累经验的过程，“只求曾经拥有，不求天长地久”。

5. 追求感官满足谈恋爱

少数学生没有正确的爱情观，对恋爱极不严肃，缺乏道德和责任感，以追求感官刺激和性欲满足为乐，采用物质诱惑甚至强迫的方法追逐漂亮的异性，以恋爱为名玩弄他人感情，朝三暮四，寻花问柳，以占有对方为荣。这种卑劣的行为为广大学生所不齿。

（二）大学生爱情产生的原因

促使爱情产生的因素主要有3个方面：生理因素、心理因素和环境因素，它们从不同层面对大学生爱情的产生起着巨大的推动作用。

1. 生理因素

大学生正处于青年时期，个体在此期间由于内分泌腺分泌的有关性激素，促使男女个体第二性征的出现，完成性成熟，并具备了生殖能力。

生理发育的完善，带来了大学生心理上的变化，开始产生性意识，萌发出探求异性的强烈意识，向往爱情，并试图尽快实践爱情理想。

2. 心理因素

（1）心理空虚。在中学时代，为考大学而努力学习，一考入大学，就没有了中学时学习的压力与动力，如果再没有及时树立新的奋斗目标，心中就会产生失落感，在这种状态下，大学生常常感到空虚。而这个时期又大都是大学生第一次远离父母，身居异乡他土，进入人生的“第二次断乳期”，在生活上、学习上、人际交往上出现了诸多不适应，他们害怕孤独，渴望温暖。在这种情况下，男女大学生就很容易结成暂时的“依赖”关系。

（2）从众心理。在大学，同学们年龄相当，在一块学习、生活、娱乐的机会增多，交际面扩大，心灵碰撞的机会也就增多。有的同学看见别人恋爱，时常有恋人相约，自己也就心理不平衡，羡慕不已。在与他人的接触之中，碰见理想中人更好，如若不是理想中人，能过得去也就凑合着谈，实在不行就谈着玩儿，以满足自己的心理需要。

（3）互助心理。一部分学生把爱情看成前进的动力，遇到谈得来的异性同学就发展成恋人，双方互相促进，互相激励，共同进步。

3. 环境因素

大学生进入大学后，与中学相比，环境条件发生了巨大的变化，父母不再严厉地禁锢他们的思想与行为，大学也不像中学那样对学生情感进行禁止，采取不提倡、但也未禁止的态度。加上社会文明的不断进步，某些传统的伦理道德观念已受到了强烈的冲击，青年学生处在新思想新观念的前沿，把爱情看作他们正当的权利和要求。因而，对爱情大胆地追求。此外，电影、电视等传播媒介中有关爱情的内容也对大学生的情感变化起了推波助澜的作用。

（三）大学生恋爱的特点

1. 年龄普遍偏低

目前，大学生谈恋爱呈现出低龄化的趋势。一方面由于大学生学业压力较小，又是身处新的学习环境，另一方面受高年级同学的影响，一些刚进入大学校门的大学生很快就开始进入恋爱阶段。

2. 浪漫气息重

大学生正值花样年华，青春萌动，情感洋溢。在校期间谈恋爱，他们追求的多是丰富多彩的精神生活，而很少考虑爱情之果——婚姻家庭的琐碎。因此，大学生谈恋爱富有浓厚的浪漫色彩。

3. 情感外露

如今，大学生谈恋爱一改传统的以含蓄、朦胧、深沉为美的形式，而是喜欢透明化、公开化。他们常常在公众场合下，手拉手，肩并肩，成双成对出入图书馆、教室、食堂，在校园幽静之处，常常可以看见他们拥抱、接吻的身影。

二、大学生恋爱心理分析

人生是一个不断前进的过程，这个过程要经过幼年、少年、青年、中年和老年5个时期。在这个过程中，发展变化最快的还是青年时期。这个时期生理发育基本成熟，在生理成熟的基础上，心理发展也迅速走向成熟。由于生理与心理的成熟，这个时期的外在表现就是情绪强烈，情感丰富，渴望友谊，向往爱情，对生活充满了美好的憧憬，富有理想，充满青春的朝气。正处在这个时期的大学生由于心理发展尚未达到完全成熟的程度，虽感情丰富，但自控能力差，容易在情感上出现心理问题。如何正确对待这个问题，是摆在大学生面前的重要课题。

1. 消愁解闷心理

结束中学时代的生活，进入大学，第一次离开了父母的呵护，生活在一个陌生的环境，顿感孤独无助。加之学校学习压力又大大减轻，一下子放松了自己，空闲时间多起来，心里不免惆怅万分。随着与异性接触机会的增多，不由自主地希望寻求异性朋友来抚慰惆怅的心灵，消愁解闷，寻求寄托。

2. 争面子心理

大学里很多学生都谈恋爱，自己身边的认识的、不认识的谈恋爱的比比皆是，有的甚至一谈好几个，尚未涉足“爱河”者则深感一种莫名的心理压力，觉得没谈恋爱，没有朋友约会，周围的同学肯定会认为自己“没有魅力”，感觉自己没面子。为了证明自己的魅力，便匆匆去“赶车”，大有与人一争高低之气势。伴随而来的责任减少，轻率增加，不断更换恋爱对象，“每周一情哥”，“半月一靓妹”，有的“脚踏两条船”，甚至多角恋。

3. “过把瘾”心理

当今大学生谈恋爱，恋爱的观念已发生了很大变化，往往不注重恋爱的结果，只注重恋爱的过程。“只要拥有过美丽，何必在乎结果。”大有“过把瘾”就可以死去的“豪迈”，这种“体验过程”的观念如今已在大学生中广泛流行。以这种心态进行的恋爱，其结果定是“有情人”虽多，但“终成眷属”者少，可想而知这张情感“契约”是多么“廉价”。它让恋爱者失去了以“相随相伴”为目标的爱情的结果，而让人体验到了“过程”的空虚。

4. 情令智昏心理

大学生情感丰富、血气方刚，有的大学生一发现自己心仪之人，就会盲目坠入情网。不能自拔，失去自我，愿为其死，甚至不惜牺牲他人利益，投恋人所好，以维系自己的爱情，这是肤浅的爱情。还有的大学生心理比较敏感脆弱，爱情之藤经不住风吹草动，稍有波折，感情世界就掀起狂风巨浪，自残心灵，有的甚至转成病态。

三、大学生恋爱心理调适

在青春时期能使一个大学生在人格、生活态度和人生观上发生变化的原因有很多，然而最大的因素莫过于爱情，它可以使大学生变得坚强而成熟，也可以使大学生心灵发生扭曲。

大学生情感世界里有如此多的心理问题，那么大学生应如何面对和解决这些问题呢？具体地说，可以从以下几个方面入手进行心理调适。

（一）正确对待爱情

爱情是人类高尚的精神体验，是个体独特的心灵历程，是男女双方心灵的互动。爱情是上苍给予人类神圣的礼物，不可以滥用。它不是存在银行里的钱，想取就取。虽然爱情在人生路上占有重要地位，但它既不是最重要的，也不是生活的全部内容。正确地对待爱情，要求人们把事业放在首位，爱情放在从属地位；事业高于爱情，爱情服从事业。流传至今的裴多菲的诗句："生命诚可贵，爱情价更高，若为自由故，二者皆可抛。"正说明了这一观点。对于正在就读的大学生来说，更应把学业放在首要地位，珍惜大学短暂的学习时光，刻苦学习，早日成才，而不要过早地把时间和精力消磨在爱情生活之中，影响学习，荒废学业。

正值花样年华的大学生，爱情悄悄地生长，大学生如夏日里的太阳雨，美丽却又有些伤感。爱的琼浆需要理性与智慧，需要等待与心智，由恋爱的双方共同酿造。因而，确立健康的爱情观，是大学生未来幸福生活的金钥匙。

1. 以诚相待

以诚相待是指恋爱双方要相互信任，彼此坦诚相见。恋爱双方只有把自己的优点、缺点、思想状况、兴趣爱好、身体及家庭状况等如实告诉对方，才能建立相互理解和信任。在恋爱中，双方往往把自己的优点和长处尽量充分地展现出来，对缺点和不足则下意识地淡化和掩饰，有的人甚至故意隐瞒自己的严重缺陷，不向对方"交底"，企图抱着侥幸心理，骗取对方的爱情，这是不道德的。

2. 忠贞专一

忠贞专一是指一个人在同一时间内只能有一个恋爱对象，不允许恋爱中的任何一方爱上第三者，或接受第三者的爱情。它要求在恋爱时，能始终如一地把爱情专注于一个人的身上，因为"爱情按其本性来说是排他的"，真正的爱情是全心全意、严肃认真地爱着对方，在生活中同甘共苦，在事业上互相鼓励，携手共同实现人生的远大目标。

3. 尊重信任

尊重是爱情的前提条件，是人格平等的具体表现。尊重表现为任何一方都不能强迫和诱骗另一方接受自己的爱，即使你的爱是真诚的，也无权强迫别人违心地接受。同时，任何一方都不能屈服于某种压力，勉强去爱一个自己不爱的人。人们常说："爱情是相互理解的别名""信任是爱情的天使"。恋爱中的任何无端猜疑都会伤害对方的感情，离开了彼此的信任，爱情之树就会干枯。已经建立起恋爱关系的大学生，在生活上应该互相信赖，尊重对方的理想、兴趣、工作、社交等权利，切忌把对方当作自己的私有物，限制对方的自由。

4. 举止文明

举止文明是指在恋爱过程中，双方在感情的表达上要举止文明，行为庄重。马克思说："从

两性关系可以看出一个人整个的文明教养程度。”爱情绝不仅仅是个人的私人感情，不仅仅是个人的私事，它必然要牵涉到他人，牵涉到社会。有的同学在教室里谈恋爱，打情骂俏，窃窃私语，丝毫不顾及别人；有的旁若无人地在主干道上拥抱、接吻，引人注目。这些行为损害了我们这个社会的公序良俗，必然会受到人们的谴责。

（二）培养爱的能力

爱是美丽的，它近似于火焰、浪涛的美，近似于鸟语花香、风和日丽的美。但是这种美却需要理性来调控，失去理性的调控，美将失去它的光辉。因此，爱需要能力，大学生应培养爱的能力，让爱散发出它应有的光辉。

一个人心中有了爱，理智分析后应敢于、善于向被爱的人表白，这是施爱的能力。当被别人所爱时，应能对爱做出判断，接受或是谢绝，这也是一种爱的能力。爱情来不得半点勉强和将就，对不希望来到的爱情，要运用一种充满关切、尊重和机智的方式来谢绝，这是对他人的爱护，也是对自己的爱护。在爱的旅途中，要发展爱的能力，培养无私的品格和奉献的精神，爱就是给予。发展爱的能力，培养爱的责任，为所爱的人负责，为社会负责，塑造自身良好的品格，你的爱情美酒定能永远纯美，爱情之花永远盛开。

爱的能力指和他人建立亲密关系的能力，它对人的一生发展有着重要的意义。恋爱过程也是培养爱的能力的过程，特别是追求者一方，还有遇到过挫折磨难的爱情经历，会使人长大。爱的能力有多个层面，具体如下。

1. 识别爱的能力

在爱情当中人们常常以为是爱才和对方走在一起，其实可能掺杂了许多其他心理因素与物质因素。也许是为了虚荣，或为了满足征服的欲望；也许有现实的利益，或仅仅因为性。

识别自己的内心世界的情感，其实也需要勇气。有识别爱的能力的人，是自信且尊重别人的人，有识别爱的能力的人，会自然地与别人交往，主动扩展交往的范围，珍惜友谊，会尽量多地体验他人的感受。

2. 表达爱的能力

首先表达爱需要勇气，需要信心；其次，表达爱需要选用恰当的方式和语言；再次，表达爱是在表明爱一个人也是幸福，即使可能得不到回报；最后，表达爱也就意味着要承担责任。

3. 接受爱的能力

当别人抛出爱的绣球时，并不是所有的人都有勇气接受。有的同学对自己做出过低的评价，觉得自己不配；有的同学是因为怕受伤害而不敢去拥有。说到此我们发现：能否有勇气接受爱情，很重要的一点是自己是否有自信。

4. 拒绝爱的能力

首先表现为对他人的尊重，要感谢对方对自己的感情；其次要态度明朗，表达清楚，即讲清和对方只能是什么样的关系，同学还是一般朋友，或什么都不是；最后是行动与语言要一致，否则，如果怕对方受伤害，虽然语言上拒绝了对方，但行动上还是与对方有较亲密的接触，则容易使对方误解，认为还有机会，还纠缠在与自己的情感中。

5. 解决爱的冲突的能力

相爱的人之间发生冲突是很自然的事情，冲突一方面可能来自日常生活中的不一致，或不

协调；另一方面可能来自性格的差异。爱需要包容、理解、体谅，会用建议性的方式去解决。沟通是非常有效的方式，恋人间需要有效的沟通，表达清楚自己的思想、感受。伤害性的争吵或者冷战都不利于问题的解决。

6. 保持爱情长久的能力

保持爱情长久，需要把对方的快乐当成自己的快乐。要保持爱情的常新，需要智慧、耐力、持之以恒及付出心血，同时又要保持自己的个性，有自己的追求与发展。学习新的东西，善于交流，欣赏对方，是爱的重要源泉。

（三）正确面对爱情挫折

1. 失恋的自我调适

人的情感波动同外界刺激成正比。失恋是爱情的悲剧，它所引起的情感波动因原因不同其程度也不一样。一对时时争吵的恋人彼此分手留下的心理痛苦，显然远不如一对卿卿我我的恋人严重，因而越是缺乏思想准备的失恋，消除感情波动所需做的努力就越大，但总有办法帮助失恋者从情感的羁绊中解脱出来。

（1）敢于面对失恋的现实。所有的失恋者都有一种难以摆脱的情结，即我的终生幸福没有了。怀有这种情结的失恋者不敢面对失恋的现实与未来，结果陷入越痛苦越思念、越思念越痛苦的怪圈中，不能自拔，从而导致心理疾病的产生。对此，作为一个理智的大学生应勇敢地面对失恋的事实，坚强地承受失恋所带来的伤害，认识到爱情既然有成功、甜蜜的，那么就有失败、苦涩的，那么为什么一定要渴求成功而不能正视失败呢？在这一点上，特别要指出的是对于那些持“爱情至上”观点的大学生，更要认识到爱情并非生命的全部，人生还有事业、亲情和友情；对于那些认为失恋就是失面子，认为失恋是自我价值贬损的大学生，不敢面对这个严酷的现实是不可取的。只有勇敢地面对事实与未来，才是顺利走出心理阴影的第一步。

（2）多为对方着想。要设身处地为对方着想，这样将有助于理解对方提出结束恋爱的原因，有助于平静地接受失恋这一事实。大学生情绪波动较强，感情上易冲动，还不够稳定，这种换位思考对之有较大的益处。既然对方觉得这样更幸福，就让他（她）离开你吧。不然，有一个人觉得不幸福，两个人的生活也是不幸福、不安定的。

（3）加强自我调控，减轻心理压力。失恋后产生痛苦、失落等心理问题，是因为恋爱的大学生所追求的目标与结果产生了冲突而诱发的。对此大学生应加强心理品质的修养，积极减轻心理压力。例如，有意识地控制自己波动不安的情绪；积极参加体育锻炼，增加生理上的受挫力；克制因对方提出分手而产生的愤怒，反思对方结束恋情的原因，分析自身的优劣势，将眼光放远些；尤其要消除“我得不到别人也别想得到”的危险想法，以免酿成悲剧；努力保持心理的平衡，以自信、坚强的精神面貌积极投入学业中，这有助于大学生及时走出心理的低谷期。

（4）合理树立自信心。失恋后，认为昔日恋人一切都好，自己一切都很糟，所以他（她）才抛弃自己，失去恋人都是自己的错，或者把失恋看作一件可怕至极、糟糕透顶的事，认为自己今生再也不能找到如此美好的爱情了，这都源于非理性的信念。因此，针对失恋，个人应在头脑中有意识地强化理性信念，认真分析一下自己失恋的原因，多想想旧日恋人的缺点，多罗列自己的优点，这样也有利于正确地评价自己，避免产生因被恋人抛弃就以为自己一无是处的错误想法，分析自身的优劣势，为自己的下一步生活树立自信心。有道是“塞翁失马，焉知非

福”，不妨想一想居里夫人的恋爱故事，试想年轻的玛丽如果真的和她任教家庭的长子初恋成功，她还可能成为后来世人敬仰的居里夫人吗？

（5）积极转移情感与情境。对于失恋所带来的痛苦与伤害，失恋者应积极面对，转移情境与情感，及时减轻或消除其影响。这里面一般包括两种转移：其一是进行环境的转移，失恋后即刻换个环境，暂时与能触动恋爱痛苦回忆的景、物、人隔离，主动置身于欢乐、开阔的环境，或者有意识地潜心于自己感兴趣的事情中，用新的乐趣来冲淡、抵消旧的郁闷。这不失为聪明之举。其二是进行情感转移，失恋了就尽快转移自己的感情，寻找新的爱，以此来淡化失恋的痛苦，弥合心灵的创伤，走向新的生活。情感转移的方法有三种：一是重新寻找一位新的恋人；二是投身大自然的怀抱；三是积极参加集体活动、社会实践，付出自己的情和爱，使自己能尽快摆脱失恋后的空虚和痛苦。

（6）适当地进行情感宣泄。失恋后不要独自把痛苦长期埋在心底，更不要时常独自品味，可以找亲人或知心好友倾诉你心中的烦恼、怨恨与不欢，将痛苦与忧愁宣泄出来，以减轻心灵的负荷；如无合适的倾诉对象，也可奋笔疾书，让多余的情感在你的笔端发泄；甚至可以关门痛哭一场。这样有助于消除失恋带来的心理压力，及时恢复心理平衡。当然，宣泄要有“度”，无休止地唠叨，反而容易使自己沉溺于消极的情绪中。

（7）努力使情感得以升华。失恋后，大学生可以把自己的精力投入新的工作中，把一些负性情绪引至比较高尚的方向，使之有利于社会，也有助于个人的发展。

总之，失恋并不意味着失去一切，大学生应及时地从中挣脱出来，重新去爱人与被爱，重新去规划自己的未来生活、实现自己的人生目标。

2. 单恋的自我调适

单恋是许多大学生面临的一种感情痛苦，是一种不可能得到回报的情感体验，它常使人自作多情、想入非非，做出一些荒唐可笑的事情来，严重影响了大学生身心健康发展，那么对于这种“剪不断，理还乱”的单恋，如何来解决呢？

（1）客观、理智地对待恋爱问题。恋爱是男女之间相互爱慕的行为表现，互爱是爱情产生和发展的必要前提，相爱的双方都能给予对方爱的机会和回报。那么当你对某人产生炽热感情时，可先冷静想想：这是你生理发育成熟的一种需求，还是你的一种暂时的迷恋？是仅仅爱上一个虚幻的爱情偶像，还是他（她）正符合你心目中恋人的形象？有些大学生一旦陷入这种情形后，就容易把爱情视为“得不到的是最好的”，因而越是得不到的爱，越发珍贵，越想得到，独自在爱中煎熬。其实这种情况并不存在爱情，一切只不过是一场自编自导的独角戏。

（2）学会用理智战胜情感。通过加强修养、陶冶性格，培养健康的人格和良好的心理素质；学会用意志的力量驾驭自己的思维和情感，从认识的误区中解脱出来，克服爱情错觉心理。因为单恋往往是单恋者对对方的一往情深，一味地只看到对方的优点，并且常常把对方的言行举止用自己的观点来解释，容易造成一种认知偏差。对此应客观评价、认识对方的言行，成功地转移自己的感情；同时借助理性，努力从感情上加以调整，时常提醒自己：“对方不爱我，我不应这样做”“我们彼此毫无瓜葛”等，让理智战胜情感，消除爱情固着心理，摆脱这种无意义的情感羁绊。

（3）勇于自我表露。单恋困扰的另一方面是当事人不敢表露自己的爱，如一个人过于内向，或者一贯做事都是犹豫不决的，在面临爱情时也这样，顾虑重重、躲躲闪闪的，结果同样给当事人带来很大的困扰。这时应挑选一个合适的场合与时间，用直截了当的方式向对方表达自己心中的爱意，大胆地说："我爱你。"

总之，面临恋爱这样重大的问题时，就要果断决策，并见诸行动。否则，就有可能陷入单恋之渊，不仅丝毫无助于自己爱情的成功，还可能危及心理健康。

3. 恋爱纠葛的自我调适

在恋爱纠葛中，三角恋、多角恋是其中最为突出的问题，因为陷入这样的恋情中，不仅他（她）们自己痛苦，而且别人也痛苦，伤及双方甚至多方的身心健康，那么如何解决这种恋爱纠葛呢？

（1）认识爱情的选择性与排他性之间的区别。大学生健康的恋爱心理要求彼此尊重各自的选择自由与权利，但爱情的本质又告诉大学生恋爱是专一、排他的，不能进行选择。如果同时与几个对象有了恋爱关系后再进行选择，那就混淆了选择与排他之间的界限。大学生在这种情形下发生多角恋，应当分清二者，重新权衡自己的感情，决定放弃谁、不放弃谁，然后慢慢地、有条有理地淡化自己与他（她）的感情联系和行为接触。

（2）重新评价自己与恋爱对象的关系。在这样的恋情中，自己的恋人对他人产生了恋情，作为失利的一方，心情是极其痛苦的，这时最需要的是冷静的思考，面对这样的情形，清晰地分析一下出现这种情况的原因，重审自己与恋人的关系，看看是否因为对方认为第三者比自己强，或者自己某些方面做错了什么，比如自己的言行不得体，对他（她）关照不够、不够热情，或者是这段感情经不起考验等原因。进行一番思考后，再与对方坦诚相谈，看能否改变这种局面。假如事情已经到了不可挽回的地步，内心也能较为平静地接受。

（3）明智理性地退避。感情既然已经陷入这种说不清、道不明的境地中，究竟还有多大持续的价值呢？如果再在上面耗费精力和时间，不仅不会给自己带来幸福和进步，还可能对自己的感情造成更大的伤害。此时一个看似消极实则积极的策略就是退避，而且是理智、勇敢地回避这种关系。因为这种决定的最大心理障碍是"退让即是失败"的错觉，其实这种想法的实质才是不敢正视现实和自己真正的立场，才真正是消极的、失败的。

四、性心理的发展阶段

人的性心理发展大体分为 4 个时期。

第一时期，1～11、12 岁，为"萌芽期"。从幼儿的知觉能力尚未发展开始，孩子的环境便有了明显的性别差异。家长们都按照男性的习性来养育儿子，按照女性的习性来养育女儿，比如所取的名字、玩具，特别是衣着打扮，让孩子按照自己的性别健康正常的成长。

第二时期，12～14 岁，为"疏远期"。少男少女的青春期开始了，他（她）们发现自己的生理发生变化，比如身高体重陡增，骨骼增长比肌肉增长快，四肢增长比躯干增长快，人称"豆芽"；而神经系统的调节则明显滞后，特别是第二性征出现，性成熟开始，由此便产生明显的性不安、羞涩甚至对自身的反感。他（她）们对两性间的接触持敌视态度，认为男女间的接近、亲近、恋爱是耻辱，因而讥笑、辱骂亲近的双方，以示自己的清白。

第三时期，15～17 岁，为"亲近期"。随着年龄的增长和意识的发展，少男少女们逐渐将恋爱对象移到异性身上，他们进入了对异性的接近和爱慕阶段。

第四时期，18 岁以后，为"恋爱期"。情窦初开的青年的性显示、性吸引或性试探、性进

攻，此时开始集中到一个人身上。这个时期的青年男女的生理发育已基本完成，思想也趋于成熟，性爱心理逐渐发展到了高峰期，恋爱、婚姻问题开始摆上议事日程。

以上四个时期只是粗略划分，还应因人而异。但一般而言，青少年的心理大致总要走完这四步。

五、大学生性心理表现

（一）被异性吸引

青春期的男女对异性总是有一种被吸引的强烈欲望。例如，某高校一位大二男生，22 岁，曾经多次谈恋爱，但是都没有成功，在他的头脑中有一种无法排除的心理现象，即不管去干什么，比如与同学出去吃饭或者学校搞活动等类似的场合，只要碰到女生就会想：这个人是否适合自己，可不可以与她交往？如果对方热情一点，他就认为对方对自己有意思。这是在青春期正常的心理需要得不到满足而导致的感情压抑的一种表现。

（二）常想到性问题

有些青春期的少男少女，在看到有吸引力的异性时，常常想到对方或与自身有关的性意念、裸体、性感部位及体验到自己的性冲动，或者在看与性有关的书刊时，想到与自己有关的异性或体验自身的性生理反应。这种心理现象在男女大学生中并不少见。

（三）性幻想

性幻想是指自编自导自演的带有性色彩的“连续故事”。包括男女大学生在内的处于青春期的某些青少年，对异性爱慕渴望很强烈，但又不能与异性发生性行为。这样，便把自己在电影中看到的、平时听到的有关两性性爱的镜头通过大脑的重新组合后编成自己的性过程。当事者既是编导又是主角，其内容不受任何限制。他们可以虚构出自己与任何爱慕的异性在一起约会、接吻、拥抱、性交。这种幻想可以随心所欲地编，编得不满意重新再编，毫无顾忌地演，演得不理想重新再演。在进入角色以后，常伴有相应的情绪反应，可能激动万分，也可能伤心流泪。有的还把幻想中的情景用文字描写出来告诉别人，以满足自己对性的心理欲求。

某高校曾有一位大二女生，她暗恋本班班长，但是班长并不知道，她也没有向班长表白，对班长的魂牵梦萦使这位女同学痛苦不堪。有一次她在日记中将她与班长进行性爱的过程描写得非常浪漫和淋漓尽致，她妈妈在无意中发现了这篇日记，非常恐慌，连忙跑到学校了解情况，老师也很紧张，调查结果并无此事，完全是她对班长过分思念的结果。

这种性幻想在入睡前及睡醒后卧床的那一段时间，以及在闲暇时（如乘车、乘船）较多出现。部分人可导致性兴奋，女性性器官充血，男性遗精，有时还伴有自慰现象。青春期的性幻想是少男少女性成熟过程中的正常现象。但是，如果过分沉溺于其中，可能会成为一种性变态，即做“白日梦”。

（四）性梦

性梦是指在睡梦中与异性发生性行为，绝大多数可达到性高潮。国外一些资料报道性梦多见于男性，男性多发生于青春期，女性多发生于青春后期。一些特殊人群（如长期受到性压抑者）也会发生性梦。

男性的性梦常常伴有遗精，梦中的情人常为不认识或仅仅见过面的女性，而且醒后一般回忆不起每一个细节。女性的性梦与男性的性梦的最大不同点在于女性醒后能回忆起梦的内容，并可影响自己的情绪和行为。这在具有癔症性格特点的女性更为显著。历史上就曾出现过女性因此而提出被人强奸的控告。

17 世纪初期，伦敦的厄休林修道院的修女们控告当地长得十分英俊的神父厄布丁·格兰德，说他施行巫术，每晚对她们施行非礼。起初是修道院长（她是一个非常聪明而又有歇斯底里性格的女人）第一个感觉到厄布丁·格兰德夜间来到她的寝室做性的诱惑。不久，整个修道院的修女们都做这种性梦，甚至附近的许多少女都觉得受到格兰德巫术的影响而有性的梦幻。大家都起来证明格兰德的“罪行”。结果，无辜的格兰德被活活地烧死。这种心理现象在心理学上称为“投射”，修女们因爱慕年轻漂亮的神父而出现性梦，在癔症性格的基础上，信以为真，反而诬告神父非礼。癔症的集体发病又叫流行性癔症，多发生在经常住在一起的人群中。性梦的出现本来是青春期成熟的正常心理现象，但有时也会带来出乎意料的恶果。例如，某高校一位男生梦见自己与同班的一位女同学发生性关系，后来告诉了别人，结果导致这个女同学无地自容而自杀。

据 1986 年重庆市对 418 名大学生心身健康调查显示，约有 70%的人经常或有时有性梦活动。由此可见，性梦并非少见。因此，正确认识和接纳自己的性意识活动，对其心理的健康发展是很重要的。

（五）自慰

自慰是指通过自我抚弄或刺激性器官而产生性兴奋或性高潮的一种行为，在青春期的少男少女中并不少见。由于他们性机能的成熟和性意识的觉醒，开始产生对性的需求。他们不仅对性问题格外注意，而且往往情不自禁地玩弄生殖器，偶尔出现的性满足使他们开始了自慰。这实际上是一种自然而然的事，没有什么大惊小怪的。但自慰问题却是许多青年人（包括男女大学生）关心和备受困扰的问题。

自慰是一种比较普遍的现象，适度的、有节制的自慰是无害的。因为就自慰本身而言，可以算是一种自然行为，它的节制是一种自然的生理节制。就像吃饭一样，正常的一日三餐是人必需的，如果暴饮暴食就会带来身体不适，自慰过度则会伤害身体。

六、当代大学生性心理特征

大学生处于性生理发育成熟、性心理逐渐趋向成熟的时期，性意识已十分活跃，性冲动和性需求较为强烈。于是，性生理成熟与性心理尚未完全成熟之间的矛盾性，直接影响着大学生的心理健康和发展。具体来说，大学生性心理的特征主要表现为以下几点。

（一）对两性交往的渴求和文饰

男女大学生两性交往的情感体验是由于性觉醒的内部冲突起主导作用而引起的，以接近异性、吸引异性为愿望。正是在此基础上，在朦胧纷乱的心理变化中，性意识逐渐强烈和成熟起来。在日常生活中，十分重视自己在异性心目中的印象和对方的评价，喜欢在异性面前表现自己，以引起异性的注意，但在与异性接触时，感情的交流是隐晦而含蓄的，常以试探方式进行，表现得拘谨、羞涩、冷漠；或者表面上对异性表现得无动于衷、不屑一顾或做出回避的样子，

实际上双方都敏锐地注意着异性的心身变化和反应，渴望男女之间的亲昵。

（二）性心理反应和自身观念发生冲突

在性刺激作用下产生性心理反应，如性兴奋、性幻想、性梦等，对于大学生而言是一种客观现实。一方面这是性成熟的男女大学生的一种自然现象，是正常的；另一方面，这是生理因素、心理因素和社会文化背景因素交互作用的结果，产生这种心理现象本身并无不道德和不纯洁之处，也无须有可耻心和罪恶感。

（三）性压抑和放纵并存

青年期是一生中性能量最旺盛的时期，而大学生健全的性心理结构尚未确立，对各种性现象、性行为的认知评价体系还不完善，再加上性的社会性要求的约束，使得大学生性心理的发展处于多种矛盾的相互作用之中。一部分大学生无法处理好这些矛盾，受外界不良的影响而动荡不安，对性持无所谓或放纵的态度，给自己的性心理发展和未来生活造成不良影响；还有一些人对性冲动过多否定和抑制，致使性能量得不到合理的疏导、升华；甚至少数人还可能以扭曲的方式表现出来，如“厕所文学”、“课桌文学”、偷窥、恋物等。

（四）男女性心理的差异

大学生的性心理因性别不同而有所差异。比如，在对异性感情的流露上，男生表现得较为外显和热烈，女生往往表现得含蓄和深沉；在内心体验上，男生更多的是新奇、喜悦和神秘，而女生则常常羞涩、敏感和内心矛盾；在表达方式上，一般是男生较为主动，女生更喜欢采取暗示的方式。此外，男生的性冲动易被视觉刺激唤起，而女生则易在听觉、触觉刺激下引起兴奋。

七、大学生常见性问题

（一）性认识偏差

有些学生对“性”本身持有不正确的认识，视性为下流、肮脏、见不得人的、难以启齿的等；有些学生对性问题存有矛盾心理，感到敏感、神秘、无所适从、害怕、厌恶等；有些人（尤其是女大学生）表现出与年龄不相吻合的性“纯洁”，把性欲与爱情完全割裂开来；也有少数大学生信奉“性自由”“性解放”，从而在性行为上随便、放纵，甚至不择手段地去获得性的满足。

（二）性冲动

性冲动是大学生的一种正常生理、心理反应，但由于不能正确地认识和恰当地缓解性冲动，许多人对之感到难以接受。这样，一方面是性的自然冲动，另一方面是对性冲动的否定、批判态度，于是形成了深刻的矛盾。一方面他们对异性抱有美好的情感，追求纯洁的爱情；另一方面，又常有赤裸裸的性欲望、充满肉欲的性幻想，这尤其表现在一些男生中。

（三）边缘性行为

边缘性行为一般是指男女之间的拥抱、接吻、相互抚摸、游戏性接触等性交以外的性行为。引起大学生心理困扰的原因在于：

（1）在缺乏心理准备的情况下发生此类行为，容易产生自责与罪恶感；

(2) 在双方感情缺乏深入发展的情况下发生此类行为，感到勉强、不真实，容易产生耻辱感和不洁感；

(3) 觉得发生在恋爱阶段的这类行为不够高尚，进而对恋爱成功和相互关系产生怀疑。

(四) 异常性行为

通过不正常性交实现性欲满足，以其他方式替代生殖器性活动，寻求性满足的对象或满足性欲的方式与常人不同，而且违反当时的社会习俗，这种性满足的行为就是性行为异常。如露阴癖、窥阴癖、性施虐狂、性受虐狂等，这些异常性行为会给未来的婚姻生活带来严重后果，造成精神创伤和心理上的痛苦，有些性行为异常还会导致违法犯罪。

八、大学生性心理的自我调适

健康的性心理，应该具有系统的性生理、性心理和性社会知识；能以开放的心态面对自己的性生理和心理变化，消除个体在性发育过程中的恐惧和担心；在男女两性间的关系上有正确的态度和责任感；能抑制性反应和损害性关系的恐惧、羞耻、罪恶感等消极心理因素。

(一) 关于性压抑

处于青春期的大学生，体内性激素刺激所引起的生理和心理上的感觉是十分明显的。然而由于社会道德、法律和理智的约束，性冲动和性心理往往被限制和压抑着，形成了性本能欲望和社会性要求的矛盾与冲突。

大学生中存在性压抑，由于男同学的性冲动更普遍和强烈，因此其性压抑较女同学更严重。性压抑对两类人的身心健康影响最大。一类是性冲动强烈而心理素质比较薄弱，且难以找到宣泄、转移、代偿等途径的人。他们焦虑不安、苦闷烦恼，形成压抑情绪，导致心理异常或进而发展为心理变态。另一类是对性抱有反感、厌恶、冷漠态度的人。他们背离正常人性心理发展规律，可能引起一系列心理健康问题。前者是显性的压抑，容易鉴别；后者则属于隐性压抑，容易为人们所忽视。

性压抑是相当普遍的一种性心理现象，既是合理、必要的，又是有害、应该解除的。说它是合理、必要的，是因为适当地压制性冲动是符合社会安定和发展需要的，是人类和社会进步的前提，不论对社会还是对本人健康都是有益的。说它是有害的、应当消除的原因有三：第一，许多临床资料表明，性压抑可引起躯体性症状，如失眠、噩梦、头痛、头晕、腹泻、腹痛、胃肠不适等，一般认为这是性冲动能量躯体化转换的结果；第二，在心理上压抑性冲动多伴有痛苦体验，其程度与性冲动强度一致，即强烈的性冲动的压抑会引起更明显的感情痛苦；第三，弗洛伊德认为性压抑会阻碍人格的成长、创造力的开发、大无畏精神的发扬和对人生的积极进取，过分的性压抑还会导致性冷淡，是神经症的根源。

(二) 关于性压力

对于身心发育而引起的性冲动和性意识，大学生无须持否定、批判和排斥的态度，应理性地看待这种现象，坦然面对自身与异性的关系，合理地缓解这种压力——而一味压抑可能适得其反。如果把大学生在性成熟中的性欲冲动看作一种能量来看待，把伴随性成熟出现的性意识看作一种自然现象，那么在社会规范允许的前提下，正确认识性冲动和各种性意识，用适当的自我调节方式来疏导、宣泄则是必要的。

1. 提高自身性素质

从生理学和心理学研究的视角看，性兴奋完全是一种正常的生理和心理反应；而在社会日常生活中，引起性兴奋的东西是永远不可能全部扫除和回避的。因此，大学生缓解性压力最根本的办法是提高自身性素质。首先，要对作为一种自然现象的性成熟及其带来的种种生理心理变化有科学的认识，这是性心理健康的首要条件。通过学习性生理、性心理的有关知识，树立科学与健康的性意识观念，有利于消除对性冲动的罪恶感、自卑感和种种自我否定的评价，增强自信心，确立自尊、自爱的独立意识。其次，还要了解自己所处的社会文化环境对性的特定规范的含义。只有理解已形成的社会规范，才可能以社会认可的方式来调节性冲动，适应性的成熟。最后，培养和提高自己的性适应力，建立自觉基础上的性抑制力。为此，大学生应该努力培养正确的道德观念，形成必要的道德情感，加强法制观念，防止自己在两性吸引和性欲冲动中以及偶然诱因影响下的冲动或越轨行为。

2. 性转移

所谓性转移是指通过学习、工作、文体活动、男女交往等多种合理的途径，使性生理能量能得到正当的释放和有效的转移。这是大学生最常用的一种应对性压力的方法。大学生一般利用学习、体育活动、音乐艺术、文学创作、娱乐等自己感兴趣的活动来转移性能量，分散自己对性的注意，或者通过男女交往等使性情感得以平衡。转移之所以有利于解除性压抑，主要有两个方面的原因。其一，性心理学的研究表明，一般日常生活压力与性驱力呈负相关，即在生活中其他方面消耗的能量越多，性压力就越小。其二，两性交往也是满足性欲的一种方式，交往双方都可以从中减缓性紧张。相反，与异性关系处理不好，往往有可能导致性挫折而引起性压抑和性适应不良。

3. 性升华

性升华是指用一种积极的、富有建设性的、能为社会所接受的欲望或方式来取代性欲或转移性欲，即将生理上的性欲冲动转化为较高级的精神活动的进取动力，转化为工作热情和创造力的源泉。一个心理健康、人格健全的人往往能适时、适度地升华性欲，而不是被性冲动所奴役。升华是性欲得以满足的间接方式，但也是最有社会价值的调节方式，它可以把满足个人的性心理需求和社会公众利益最大限度地统一起来，因而不失为解除性压抑的一种有益的方法。

4. 性代偿

性代偿是指通过性幻想、性梦、性自慰等途径释放性冲动带来的压力。对于大学生而言，这些形式是可行而正当的。因此，正确看待这些方式，合理采用这些方式来排解性冲动，对大学生保持身心平衡具有重要作用。需要指出的是，虽然适度的性幻想、性梦、性自慰行为对身心无害且不伤害他人，但这并不意味着它们是必需的，因为大学生完全可以通过更积极的性转移或性升华来释放性压力。

（三）关于性纯洁

性纯洁可以在狭义和广义的意义上加以讨论。这里讨论的是狭义的性纯洁，是指保持童贞，只与准备共度一生的人在婚姻关系下发生性关系。就信念而言，性纯洁是自尊、自重和对他人最深敬意的表现；就深度而言，性纯洁包含着付出真诚努力并避开使人动情的情境；就时间而

言，性纯洁是一种一直坚持到结婚的决心。

对于大学生自身来说，性纯洁可使大学生摆脱不必要的负担和纠缠，保持情感的纯真与身体的纯洁，享受应有的自由和奔放，发展健全的人格，自由从事有价值的活动，全身心地实现自己的理想目标。从人际关系来讲，性纯洁有助于大学生发展全面的社交技巧，有时间结交更多的朋友，并且能学习自由地表达情感，而不涉及情欲。

由于性关系是体现婚姻家庭本质的独特关系，因此性纯洁对未来的婚姻和家庭具有深远的积极影响。首先，性纯洁所造就的人格特征与生活习惯，如忠于理想、自律性、坚忍性、原则性等，为整个婚姻家庭生活奠定了良好的基础。更明确地说，在漫长的婚姻生活中，夫妇两人不可避免地要面对忠诚的考验，而婚前保持性纯洁期间原本就养成的人格特征，对于婚后的考验大有帮助。一系列研究报告指出：性纯洁的婚姻更稳定，性纯洁给婚姻带来更多的和谐。其次，性纯洁是献给未来配偶最诚挚的礼物和建立彼此信任的最坚实的基础。对于丈夫或妻子，性纯洁是非常宝贵的精神财富，并且性纯洁能使夫妻双方在婚后建立最大程度的信任，在夫妻双方都纯洁的情况下，夫妻生活中不会留存有别人的阴影，也不会沾染一些有碍于夫妻关系的坏习惯。最后，性纯洁对子女也大有好处。夫妻性忠诚是向子女提供父母之爱的最稳固基础，子女最大的愿望也是父母彼此相爱，而性纯洁强化了夫妻间的相爱和奉献精神，由此产生的精神能量与财富是对子女最好的滋养。对于年长的子女而言，父母的性纯洁会使他们感到骄傲，而且父母的榜样作用也有益于把子女的人格和性力量引向正确的方向，为他们婚姻的成功作最佳准备。

九、爱情与婚姻

恋爱和婚姻是大多数人一生必然要经历的过程与追求的人生目标。恋爱和婚姻是人类正常的情感需要，是从友谊、约会、恋爱到婚姻的过程，是建立亲密关系能力的体现和人格健康发展的过程，最能体现爱的能力。认识爱情、婚姻是大学生自身成长发展的重要课题，了解大学生恋爱心理特点以及爱情、恋爱的心理规律，学会正确地处理友谊与爱情、恋爱与学业、恋爱与个人发展的关系，主动培养爱的能力也就成为大学阶段的必修课。学习恋爱，就要强健自我，学习坦然面对恋爱婚姻，合理转换情绪。

爱情是人类永恒的主题，古今中外，有数不清的文人墨客对爱情进行各种各样的描写和歌颂。“这就是爱，说也说不清楚；这就是爱，糊里又糊涂……”歌曲中对爱情的描述道出了很多同学的心声。不过，心理学关于爱情的研究发现，爱情是有规律可循的。爱情就像一条小船，驾驭技能好的人可以享受顺流而下的快感，而且可以让这条船把自己载向想去的地方；但对于不会划船的人，就可能船毁人亡。对于正在享受爱情的大学生，如果恋爱观念和能力欠佳，也会出现因谈恋爱而荒废学业的事情。当然，也有大学生在爱情的激励下不断进步，双双获取理想的深造机会或工作岗位的。

第三节　大学生爱情心理及性心理健康教育

一、加强大学生恋爱心理健康教育

如今恋爱已成为大学校园里的普遍现象，但目前高等院校对此问题大多持“只要不出大问题就不闻不问”的态度，而学生在恋爱问题上是求学无门，摸着石头过河，处于一种开放、无序的状态，从而引发了各种问题，甚至酿成悲剧，给学生造成严重的心理冲击，带来无尽的悔恨，影响其身心健康发展。因此，培养大学生健康的恋爱心理，指导他们处理恋爱过程中的各种问题，应该成为大学生心理健康教育的重要内容。

（一）确立正确的恋爱价值观

这是培养大学生健康恋爱心理的首要问题。爱情作为男女之间一种相互爱慕的专一持久的情感，深刻影响着人的精神生活及其他方面。一对大学生从正常的交往、友谊的建立、爱情的萌芽到恋爱关系的确立，这段时常伴随风雨的心理历程中总有一种相对稳定的意识活动左右和支配着个体的恋爱与性爱行为，这就是恋爱价值观，不同的恋爱价值观会产生各异的恋爱行为选择与行为方式。对于大学生而言，应树立正确的恋爱价值观，摆正恋爱的位置，理解什么是真正的爱情，把握爱的真谛。首先，帮助学生认识到高尚的恋爱价值观既是社会与时代的要求，也是大学生自身健康成长并获得真正爱情幸福的需要；反之，不良的恋爱价值观将使恋爱中的大学生因恋爱而影响学业，产生浪费、奢侈的行为乃至报复行为，给恋爱双方造成不可避免的身心伤害。正确的恋爱价值观是妥善处理好恋爱与婚姻、恋爱与同学、爱情与友情、爱情与道德、感情与理智、爱情与金钱及地位等关系的根本保证。其次，大学期间是学习的黄金时代，圆满地完成学业是大学生的第一任务，因此帮助大学生处理好恋爱与学业、人生的关系成为至关重要的问题，对于大学生来说，学业应为第一，掌握过硬的本领，培养各方面的能力，以优异成绩完成学业，既是个人未来事业的基石，也是个人未来生活、家庭幸福的基础，大学生的恋爱应是以事业为基础的爱情。

（二）提高道德修养，增强恋爱的责任感

高尚的道德情操和精神境界，是构成良好个性心理品质的基本要素，修身养性、陶冶情操，不仅可以使人善良、宽容和豁达，而且会使爱情的内涵不断得到深化和升华。帮助青年大学生不断提高自我道德修养水平，是培养大学生健康恋爱心理的有效途径。对大学生的恋爱问题，不能把它看成只是个别人的私事，它自始至终都是一种有意识的社会行为，无可避免地具有道德性，应受到恋爱道德的约束。然而，大学生在恋爱现实中，却常忽略这个问题，做出了很多违反社会公德和恋爱道德的事来，造成不少坏影响。爱情不仅是性欲，还意味着责任，同时它不光要求相互信任、忠诚，还要求互相帮助、负责，否则两性关系、家庭生活就没有安全感。不负责的游戏爱情，不但会导致当事人情感的堕落，还可能会毁灭其一生。因此，对大学生进行的恋爱道德教育，应着重让他们明白在对待恋人的关系上，要互尊互爱、纯洁专一和含蓄文明，若彼此恋爱关系确定，就要恪守信义；要培养大学生对爱情、家庭的忠诚品质，增强大学生对未来家庭的道德责任感。此外，帮助大学生正确对待失恋也是进行恋爱道德教育，培养大

学生健康恋爱心理的主要方面。不少后果严重的恋爱问题的产生，往往都与失恋有关。

对此，教育者要通过教育，引导学生失恋不失志、失恋不失德，要培养乐观豁达的健康心理，帮助他们自觉充当自己感情的主人，努力使自己在恋爱中成为一个高尚的、有道德的、有责任心的人。

（三）提供机会，适当地进行性教育

掌握科学的性知识是培养健康恋爱心理的必要条件。性的禁锢和封闭造成大学生的性无知和性神秘，加上他们从大众媒体中所获得的是既不科学又零碎的性知识，往往造成他们用错误理论去指导错误实践，严重阻碍了其性心理的健康发展。针对此现象，对大学生进行性教育自然很有必要，这样既可以避免大学生耗费时间盲目地进行探索，又可增加他们的性科学、性道德和性法制知识，从而使大学生树立正确、健康、科学的性观念，避免对性问题的好奇、恐惧、焦虑等不良心理的出现，有利于增强大学生对婚恋问题上旧的传统观念的分辨和批判能力，有利于健康恋爱心理的形成。此外还应该突出对西方“性解放”“杯水主义”思潮的批判，因为青年特别是大学生极易受其影响。

（四）积极参加社会实践，形成良好的人际交往能力

创造各种机会让学生积极参加各种社会实践，有助于锻炼大学生的社会适应能力，使大学生了解社会、不断丰富自己的社会阅历，提高大学生的自我认识水平和自我控制能力，使大学生具备健康心理素质，以利于健康恋爱心理的形成。爱情体现着人与人之间的一种特殊的社会人际关系，因而帮助大学生形成良好的人际交往能力是健康恋爱心理形成的必要条件。

首先，使大学生懂得怎样与人相处，包括与异性之间的正常友好交往、学会尊重他人和自我尊重。其次，创造条件拓宽大学生异性之间正常交往的渠道，开展一些诸如文娱体育及郊游等健康有益的集体活动，增进学生间的相互了解、融洽关系、建立友情，形成健康人格，以利于健康恋爱心理的形成。

此外，建立美好的校园生活环境，创造良好的社会风尚，对大学生健康恋爱心理的养成也有重要作用。

二、加强大学生性心理健康教育

（一）以健全人格的培养为根本途径

对于大学生而言，性心理问题的核心就是自尊、自制和责任心的问题。因此，性心理成熟的过程也是自我完善的过程。培养健全人格正是解决各种性问题的根本途径。人格健全的人才知道自己该干什么，能通过合理的方式表达自己的情感，也能严格控制自己的欲望，使自己的行为符合外界环境和社会文化背景的要求。在面对性问题时，人格健全的人会自觉抵制各种不良刺激的影响、克制自己的欲望、尊重自己、尊重他人，能够以负责的态度来面对“性”这件事。把性心理健康教育上升到健全人格培养的高度就是要结合大学生性心理发展的规律，对其进行社会价值观、个人意志品质、心理调节能力和社会适应能力等多方面素质的综合培养教育，以协调性心理发展与人格发展之间的关系，缩小性成熟与人格成熟之间的差距。

（二）提倡爱情教育

结合爱情教育进行性教育，就是要通过培养大学生成熟的爱情观、责任感、恋爱动机和男

女平等意识，理顺性心理与恋爱心理之间的关系，进而带动个体性心理的健康发展。大学生已进入正常的恋爱季节，许多人已开始恋爱。因此，大学生的性心理活动常常与恋爱心理联系在一起。爱情不都是柏拉图式的精神恋情，但需要这样一个精神交往过程。爱情对欲望有一种自然抑制力，当一个人仅仅因为害怕得性病而不敢偷越雷池时，可能还会心存侥幸而放纵自己的欲望；但当一个人意识到爱情的神圣和责任时，他就会以审慎的态度去对待自己的欲望，用理性去护卫纯洁的感情。对大学生而言，纯洁的感情是真爱与淫乱的分水岭。如果缺乏真正的爱情，恋爱心理就容易被性欲冲动所主宰，从而影响双方感情的正常发展。

（三）加强道德伦理教育

人类社会的进步不仅是与自然协调共处的过程，更是与自身本能协调共处的过程。我们不能无视性革命给西方社会带来的巨大危害以及对我国造成的冲击，片面地认为性只是个人私事。性的社会属性也决定了性从来就不是一种个人私事，特别是发生在校园中的性行为。因此，大学生必须按照社会的规则来适当约束自己的性行为。用道德控制人的性欲望和性行为，也是人与动物相区别的标志。第一，在性问题上，应当旗帜鲜明地给学生指出什么是正确的，什么是不提倡的，唯有旗帜鲜明地反对不正确的价值观，性教育才能产生有效的力量。把社会中存在的共同的、基本的、普遍适用的性价值观灌输给大学生，有助于引导他们进行正确的自主选择。第二，强化两性关系中的尊严和名誉心理。维护自己尊严和名誉的心理，是性心理中具有积极能动性的激励机制，它以强烈的情感和情绪激励人们树立正确的善恶观和荣辱观，促使人们形成自尊、自爱、自珍的道德心理，激励人们在任何环境和条件下都能抵御诱惑、坚守节操。维护尊严和名誉的性心理是性道德得以产生和发展的坚实的情感和心理基础，在性道德教育中应特别注意强化这方面的教育，使人们获得性道德发生的深刻强烈的内在动因。第三，注意性道德教育方法的灵活多样性。克服过去“一张嘴”“一本书”的单一的方法，注意双向沟通，用感化的方法，尽量做到以理服人、以情感人。在教育的方法手段上，除运用广播、电视、报刊、网络等载体传播教育信息外，还要利用广告、宣传画、印刷品等媒介，把抽象的道理通过直观的形象表现出来，以增强性道德教育的生动性和趣味性。

（四）加强性知识的传授

一方面，通过性知识传授，使得大学生懂得必要的性知识，正确对待青春期出现的一些性生理、性心理现象，对性欲冲动保持理智的态度，使他们学会保护自己、调节自己、爱护自己、发展和完善自己，更好地防止在成长发育期间产生性生理疾病和性心理障碍，同时也为今后的婚姻生活提供必要的知识储备。另一方面，让大学生通过公开、健康、科学的方式和途径获取有关性的知识，以满足他们对性知识渴求的心理，避免被黄色书刊、盗版光盘、网络上的淫秽性信号刺激、误导和毒害。在性知识传授中，性社会知识的传授应放在突出的位置。性学数十年来的研究发现，一个人有没有可能从事某种性活动，要看他知道不知道该活动到底是怎么回事；而是否真的去从事这种行为，却取决于他是否“认同”该活动，以及有没有认同时的安全感。

国际性教育学界从20世纪80年代开始，把“性的社会知识”作为性知识的重要内容来宣传教育，主要内容有：①在历史上和现实中，人类各式各样的性活动究竟各占多大比例；②各种性活动有哪些生物的、社会的和文化的制约或促进因素；③人们为什么会对某种性活动产生特

定的看法；④社会是如何管理人们的性活动的。如果不传授这样的性社会知识，性教育就无法最大限度地发挥它应有的引导作用，性道德教育也就会失去坚实的科学基础。

（五）培养大学生多方面的兴趣

对大学生进行性心理健康教育，不能无视青年期个体经常涌现的性冲动。这种标志着个体性成熟的性欲冲动，无论是来自体内，还是由外界因素引起，都必须有合理的途径加以疏导，一味压抑或放纵都可能导致性心理与行为的异常。对于人格成熟的人来说，适当的意志调节和合理的升华作用都是有效的处理方法。然而对于人格尚未完全成熟的大学生来说，则必须通过健康有益的文体活动来转移兴奋点，实现性能量的合理宣泄。事实上，任何健康有益的兴趣活动都是转移、宣泄性冲动的有效方法。因此，把性教育与培养大学生多方面的兴趣、爱好结合起来，也是增进大学生性心理健康的有效途径。

第十三章　大学生网络生活与心理健康指导

互联网的出现深刻地改变着人们的工作、交往、学习和生活方式。互联网在大学生中普及率很高，它不仅是学习和信息检索的有效工具，而且还具有娱乐、消遣和人际沟通等功能，给大学生的学习和生活带来了很大的便利。然而，互联网这一新生事物的出现也带来许多前所未有的问题，影响着大学生的身心健康。本章主要从大学生网络心理的一般问题入手，探讨网络与大学生心理健康的关系，并就大学生网络心理提出调适建议。

第一节　大学生网络心理的常见问题

互联网就像一把“双刃剑”，有的大学生善于利用它，为自己创造一个又一个神话；而有的大学生却沉迷其中，不能自拔，无法正常完成学业，给人生留下了许多的遗憾和悔恨。

一、互联网的基本特征

互联网（Internet）又称因特网，它是将两台或两台以上的计算机终端、客户端、服务端通过计算机信息技术的手段互相联系起来的结果。通过互联网，人们可以与远在千里之外的朋友相互发送邮件、共同完成工作、共同娱乐。自从1969年互联网的雏形ARPA网诞生以来，距今不过40年的时间，互联网已发展成为一个全球几乎家喻户晓的交流工具。世界各地数以亿计的人们可以利用互联网进行信息交流和资源共享。

（一）网络本身的开放性

互联网的开放性，是互联网强大生命力和活力的源泉。网络的本质是计算机之间的互联互通，以便能够做到信息共享。而且，计算机之间互通的程度越充分，共享信息越多，开放性越高，网络所起的作用就越大。在这里，不分国家、种族、贫富、性别、职位高低、年龄大小，只要具备上网的条件，就可以上网；而网上的信息来自不同的提供者，没有哪一个国家或组织能够独揽互联网的信息服务。网络正是通过对服务者开放，为用户提供一个开放的接入环境，从而使互联网上的每一个节点，都可以自愿地、轻而易举地为互联网提供信息服务。

（二）网络环境的虚拟性

网络世界是人类通过数字化方式，链接各计算机节点，综合计算机三维技术、模拟技术、传感技术、人机界面技术等一系列技术生成的一个逼真世界，其基本的环境是一种不同于现实的电子网络空间。进入网络世界的人，通过网络交往的主体隔着“面纱”，以某种虚拟的形象和身份沟通、交流着，交往活动也不再像一般社会行动那样依附于特定的时间和空间。这些都使得发生在人与人之间的网络交往易变、混沌，网络世界中的人际关系也因此充满了不确定性。在网络技术的帮助下，每个人都可以成为“隐形怪杰”，其身份、行为方式、行为目标等都可能

得到充分隐匿或篡改。但需要指出的是，网际关系的虚拟性与虚假性不同，尽管由于人的恶意操作它会堕落变质为虚假。

（三）网络信息的迅捷性和多元性

互联网每时每刻都在更新和传递着海量的信息，由此互联网也被称为“第四媒体”。如今，第四媒体的发展正在逐渐占领主流媒体的地位。相比报刊、广播和电视三种传统媒体，网络以其传播迅速、观点多角度等优势，深得人们喜爱。不仅如此，相对于传统的单向媒体来说，网络面向公众，信息是互动传播的，每个人都有可能在网上发表自己的言论，如此更丰富了网上的信息量。

（四）网络关系的互动性

互动性可以说是网络上信息发布的低门槛和信息传播方式灵活性而带来的直接结果。

事实上，互动性不仅仅体现在传受双方交流的增强，还体现在整个信息形成过程的改变。在一个真正的互动环境中，信息不再是依赖于某一方发出，而是在双方的交流过程中形成的。可以这样说，网络上不再有信息传播控制者，而只存在信息传播参与者。另一个需要指出的是，把网络的互动性简单理解为网站与网民的关系是不够的。事实上，网民之间的互动关系是互动中的一个重要部分，甚至可以说，没有网民之间的互动关系，网站与网民的互动无论从强度、频度还是效果上看都是有限的。

二、从心理学角度认识互联网

互联网的使用对人的心理行为的发展与变化作用日益明显。众多心理学家采取量的研究方法（如心理测量法、现场实验）和质的研究方法（如访谈法、个案研究、文献综述），从不同的角度对互联网进行了深入而广泛的研究，而相关研究被统称为网络心理学。网络心理的相关研究是计算机和网络技术的发展与心理学领域相互结合而诞生的新课题，体现了当前各学科相互融合、相互借鉴的发展趋势。一方面网络技术和传统心理学研究方法的结合促进了心理学研究的网络化趋势，另一方面心理学已经将网络中的心理行为和现象作为自身的研究内容。一些心理学家试图从更为系统化的角度来向人们展示网络心理学的研究成果。美国马里兰大学的帕特里夏·华莱士教授1999年出版的《互联网心理学》，旁征博引了心理学家对网络所做的研究，对网络中的印象管理、团体动力、攻击行为、人际吸引、色情心理、性别问题以及上网时间等内容一一作了论述。在国内一些著名的心理学网站，如“心理学进取之路”“中国人民大学社会心理学研究所”等，都设立了网络心理学专题。《网络心理行为公开报告》《网络受众心理行为研究》等专著也从心理学的角度对网络中心理行为的表现、模式及研究方法进行了探讨（覃征，2007）。但从研究现状来看，目前网络心理学研究尚处于初步发展阶段。

（一）网络与认知

网络文化不仅给人们带来一种全新的生活和学习方式，同时也在深刻地影响并潜移默化地改变着人们对自身和对社会的认知。网络空间是一个典型的人机结合的复杂系统，它能形成逼真的、三维的、具有一定视听等感知能力的超现实社会。对于很多沉迷于网络的人来说，它更像一个有特殊意义的家。网络摆脱了传统社会的控制，让人用新的视角去接触社会。人们可以不受年龄、性别、相貌、身份差异的限制，克服各种不同文化的障碍，更直接、坦诚地表达自

己的主张和感受。正是网络的这种隐蔽性让人们塑造和认识着不同的自我。而且在网络中，通过信息的“克隆”，许多信息可以快速高效地呈现在人们眼前，使人很容易在大量的信息中迷失自己，因而不得不对这些信息进行筛选，也不得不在速度和空间面前重新审视和认识自己。另外，网络时代人们的价值观念也发生了深刻的变革，传统的伦理道德不断受到挑战。

网络可以掩饰人的真实身份，现实世界的伦理法则不再能有效地实施监控。由此带来的异化，使不同的人产生不同的认知，导致现实和虚拟的混淆。有的人沉溺其中，被网上眼花缭乱的信息所吸引，很难回到现实生活中，很难看清真正的自我，渐至丧失理性。

近年来，网络与认知的相关研究主要有：网络中对自我形象的认知，对社会的认知，以及对互联网事件的认知等。比如，在一项大学生对互联网事件看法的调查中得出，大学生对诸多网络事物尤其是较复杂的对象的看法都有多样化特征，对争议事物的主流态度更日益宽容（郑智斌、熊文珍，2008）。

（二）网络与情感

与传统表达方式相比，由于网络的即时性、便利性、匿名性等特点，使得网络成为人们自由阐述观点、抒发情绪、传递情感的一个平台。博客、BBS论坛、网上调查、聊天室的热门无不体现着网络反映人们心声的优势。比如，一个人通过上网，可以把原来想说但受社会称许效应影响而不能说出来的情感表达出来，他可以找到很多和自己在行为和想法上相似的同伴，从而产生一种对群体的归属感。由此可见，网络会为广大用户带来积极的情绪体验。

同样，网络也会给人带来消极的情绪体验。例如，特克尔（Turkle，1996）发现一些被试因为上网交友而导致社会孤立和社会焦虑；克劳特（CLaude，1998）等人发现过多使用网络会导致孤独和抑郁的增加。具体地说，他们的研究发现，网络的过多使用，即使使用的目的是交流，也会导致社会卷入的减少与心理幸福感的降低（李宏利，2001）。

（三）网络与行为

互联网的出现和发展同样影响着人们的行为方式。由于网络的即时性和跨地域性等特征，为人们的生活带来很多便利，如网上学习、网上购物、网上问诊、网上聊天、网上游戏等，让人即使足不出户也能满足一些基本的生活需求。对大多数人来说，他们会受益于互联网的使用，但对一部分人来说，当使用变成滥用的时候，他们就可能会出现病理性的行为问题，如网络成瘾。大量研究指出，网络成瘾者的实际社交行为会比正常人少。

（四）网络与人际关系

网络人际互动有很多与现实不同的特点，比如网络语言、用户身份的虚拟性等。网络语言中的各种汉字拼音或英文缩写、数字谐音，网络特定的词汇，以及网络表情等，都构成了网络文化的一道独特的风景线。网络的人际与现实的人际相比，有很多不同的地方，比如交往的超时空性、交往对象的广泛性和偶然性、交往主体的平等性、交往角色的虚拟化、交往过程的电子文本化，以及交往的弱规范性等。网络人际的优点是可以“天涯若比邻”，但是也容易造成现实生活中的“比邻若天涯”，带来负面影响。

与之相关的研究层出不穷。例如，乔因森（Joinson，1998）认为高自我暴露水平是网络空间人际互动的主要特征。又如，莱维特（Leavitt，1999）所做的一项跟踪研究考察了人们上网1～2年前后对社会交往与心理健康的影响，结果表明，大量使用网络造成了社会参与活动的下降、与家人交流的减少以及当地社交圈的缩小，也增加了个体的孤独感，而且社会支持也与网络的大量使用呈负相关（陈朝阳，2006）。

三、大学生网络心理的特点

据2008年7月中国互联网络信息中心公布的数据，截至2008年6月底，我国网民数量达2.53亿，居世界第一位。中国网民的主体是30岁及以下的年轻群体，占到中国网民的68.6%。学生所占的比例最大，占总网民数的30%。而在中国1700万在校大学生中，95%以上都是网民。由此可见，大学生是互联网的忠实追随者。2007年的一项跟踪调查显示，从大学一年级升为大学二年级后，学生上网的时间会由5.58小时增加到10.33小时，时间增加量差异显著（祁引霞、张志勇，2007）。可见上网已成为大学生生活的重要组成部分。有研究表明，大学生使用网络的需要及满足方式与网络使用的健康方式有密切关系。那么大学生使用网络时的心态有什么特点呢？

（一）认知方面

1. 尝试心理

网络的互动和开放激励了大学生的尝试心理。与被动接受的传统媒介相比，网络有着明显的区别。不管大学生身处何处，只要进入互联网，就可以在统一的平台上以相互平等的方式从事对信息的制造、交流和利用，各种情绪都可得到尽情地表达和宣泄。对于崇尚自由、民主和平等的大学生来说，网络无疑是一个能崭露头角的好地方。大学生能充分体会到助人的自豪感，不受时空的约束和规矩的限制。

2. 猎奇心理

大学生对新鲜事物充满了好奇，而网络丰富的资源更促发了这种猎奇的心理。互联网把无数局域网连接起来，成为全球最大的信息库，内容涉及社会生活的各方面。这大大拓展了大学生的视野，为大学生带来全新的生活体验，满足了他们的好奇心理。

3. 信息搜集

互联网把人们的生活带入了一个信息爆炸的时代。形形色色的资讯在这里汇集，要查找什么信息都触手可及。数字图书馆、在线课程等的出现大大拓宽了大学生搜集资料和接受知识的途径，满足了大学生不断增长的认知需求。

（二）情感方面

1. 减压心理

如今社会对人才质量的要求愈加严格。许多大学生在就业、升学或自身状况上体会到的压力也较以往大学生有所增加。而网络的隐匿性、开放性等特征给大学生适时转移、倾诉和宣泄自己的负面情绪提供了机会和场所。

2. 娱乐心理

在网上参加游戏、聊天、听音乐、看电影、阅读等已是大学生娱乐的重要方式。大学生具有好奇、追求浪漫、喜欢惊险刺激，对新事物、新信息反应迅速等心理行为特征，而网络的功能正好能与这些特征相匹配，因此在网上冲浪成为大学生休闲和娱乐的主要途径之一。

3. 价值体现心理

人需要在社会关系中获得自我价值。而处于青年初期的大学生思想比较活跃，渴望友谊、

理解与尊重。随着年龄的增长，生活空间的扩展和阅历的不断增加，大学生对自我价值感的追求表现得尤为明显，而网络为大学生的价值体现提供了便利条件。不论天涯海角，互联网都可以使人们彼此认识交往，并在这种人际互动中获得自信、自尊和自我认同等价值。另外，通过网络这一平台来成就自己的学业、事业也是大学生实现自我价值的重要手段。

4. 情感表达心理

通过上网寻求人与人之间的相互关心、理解和尊重是潜藏在大学生内心中的上网动机之一。他们在网络中结识朋友，获得在现实生活中无法得到的情感交流和满足。在网络里，他们表达情感的主要方式有聊天、建立个人网页、写博客、网恋和在 BBS 上发表自己的观点和见解等。

（三）人际方面

1. 沟通心理

人际交往是大学生身心发展的需要。网上沟通这种新的人际交往渠道为大学生展现自我和接触社会等提供了一个新的平台。通过聊天软件、论坛留言或博客交流等方式，大学生可以海阔天空地畅谈自己的看法，获取别人的观点。

2. 交友心理

随着自我意识的增强，大学生逐步摆脱了对父母、老师的依赖，但同时对同龄人的依赖有所增长，需要在新的环境中获得同伴的友谊。如今，网络作为一种交友工具在高校学生中已经相当普及。

3. 恋爱心理

随着身心发育的日渐成熟，大学生对爱情的渴望和追求自然萌发。而网络为大学生恋爱的自我表露、情感需求带来了新的体验模式。开放的网络为大学生寻找恋爱对象增加了概率，隐匿性则让人能更直接地表达出内心的情感。

第二节　网络与大学生心理健康的关系

一、网络对大学生心理健康的影响

（一）对大学生自我同一性的影响

美国心理学家埃里克森的理论提出，青年期人格发展的核心问题是获得自我同一性，避免同一性的危机与混乱。所谓自我同一性，是一种有关“我是谁”“将要成为什么样”“在社会中处于何处”等问题整合和统一的自我感觉和认识；而同一性危机指的是一种无法正确认识自己，包括自己的职责、自己承担的角色等人格发展的现象。同一性的确立标志着个体的内部状态与外部环境的协调一致。大学阶段正是确立自我同一件的重要阶段。

互联网在帮助大学生获得信息、娱乐和知识资源的同时，也让他们开始重新审视其赖以成长的这个世界，重新进行自我定位。毋庸置疑，网络为大学生展现自我提供了一个广阔的平台。透过它，大学生能够以自主的方式，创立自己的价值体系，开拓自己的生存空间，也能以平等的方式与成人世界展开对话，改变自身的处境，这给大学生带来了极大的满足感。而且与传统媒介相比，那种普通民众缺少话语权的情况得到了极大的改变。具有“边缘性”“抵抗性”“风

格化”的青少年亚文化更是在现代网络传媒中找到了充分展示自我的舞台。随着大量亚文化涌入市场，亚文化风格正成为时尚的主题，网络媒体的话语权正发生着革命性的变化，这样的剧变对青少年自我同一性形成的深刻影响是不言而喻的（王晓萍，2008）。

但网络环境的虚拟性、网络信息的多变性等，也可能给当代大学生自我同一性的探索带来混乱（毛春梅，2007）。主要表现在以下三个方面。

（1）容易产生角色混乱。进入网络人际传播过程中的青少年，自我隐匿的心态会促使他把自己分成若干个角色，尝试各个角色带来的新体验，致使他人对自己产生多种认识，这些认识经反馈会使个体对自己的认识更加模糊，而自我暴露的心态又使得青少年在各种角色扮演中自觉或不自觉地流露出真实的部分自我。这种分裂的心态常常使青少年迷失在自我的扮相与真实之间。另外，这些角色与其在现实生活中的角色之间的冲突可能更加严重。这样，关于自我的认识也就很难正常建立起来，个体在形成一个完整、统一、具有连续性自我的过程中遇到了困难，从而导致角色混乱。

（2）容易导致现实自我与理想自我距离过大。网络社会中的理想的“我”是不能够与现实社会直接接轨的，这就使它无法或很难在现实社会中实现并与现实中的“我”达成一致。结果使青少年的自我同一性长期处于一种扩散状态，理想和目标过于远大，而个体无法企及的失望和沮丧又使他们一再产生挫折感和失败感，从而放弃对理想的追求，更加沉迷于虚幻世界中。这使得青少年对本来就很困惑的“我是谁”的问题更加困惑，从而给青少年自我同一性的确立带来了更大困难。

（3）主观“我”和客观“我”之间矛盾加大。在网络社会，所有信息都是以数字形式存在，在这种交往中，人们不断地以这种电子书写的方式建构自己的身份，创造了多个“自我”。网络社会中青少年的“现实自我”与他的“镜中自我”是有距离的，理想的“我”与现实的“我”这二者始终处于一种不一致的矛盾状态中，这种不一致加剧了主观“我”与客观“我”之间的矛盾，即青少年对自己的认识和评价与客观、真实的自我之间的矛盾，致使网络社会中青少年的自我意识难以达到统一。

（二）对大学生情绪健康的影响

网络交往的虚拟性、安全性和广泛性恰恰迎合了大学生渴望交往而内心闭锁、渴望获得真情而又怀疑真情的矛盾心理。在社会转型期的大学生渴望安宁又普遍缺乏安全感，而中学教育更注重文化知识的传播、积累，往往忽略了学生社交技能的培养，使其社会发展能力滞后，这与他们渴望交往、害怕孤独的心理特征相冲突。虚拟的网上交往给大学生提供了全新的渠道，使他们敞开心扉。由于网上交往仅是文字的流动，个人能保留自我想象的空间，可以不在乎对方的反应，大学生通过聊天倾诉，尽情宣泄内心压抑的不良情绪，缓解心理压力。所以，网络给大学生创造了发泄心中不满情绪的场所和空间。

大学生的情感体验极为丰富、强烈、敏感，也极为动荡、复杂。他们关注社会的发展，也关注自己的切身利益。但由于生活阅历的贫乏，他们对人生充满理想，又脱离现实。情绪起伏较大，很不稳定，容易产生不满足感和焦虑、紧张、抑郁等不良的情绪体验。大学生情感的成熟必须通过社会生活的实践体验得以实现，而长时间的上网阻断了大学生亲身的社会情绪体验。他们沉迷于虚拟世界中，受到网上传播的价值思想的感染。他们往往会花大量的时间和精力去

浏览虚假重复信息，难免会产生心理焦虑和不满，出现精神疲惫，更有甚者会产生心理问题，造成其情绪冷漠，严重影响其身心健康成长。

（三）对大学生社会适应性的影响

大学生正处在社会性发展的关键期，同时他们又具有使用网络的便利条件。一方面，网络技术的飞速发展和信息传递的快捷，以及人机对话的平等的新型人际关系，有助于启发和引导大学生培养和形成学习、效率、平等、开放等现代观念；网络缩短了人与人之间的空间距离，有助于他们扩大交往的范围；网上新型人际交往方式和社会关系的建立为大学生在现实社会中进行社会交往提供了一种缓冲的空间；网络还为大学生的社会化提供了角色的练兵场。另一方面，网络又是一个虚拟的世界，在网络环境下，人的交往的对象、身份都不确定，这就减弱了青少年的社会角色的获得能力。人们网上交际主要依靠文字或抽象的数字、符号。如果大学生终日沉迷于这种人机对话的模式，会对社会适应行为和能力产生影响，更有甚者，还会患上“网络社交障碍”。正如时下在网络中悄然盛行的术语“御宅族”所表现的那样，他们极少出门，终日穿行于网络世界，逃避与外界社会的接触，个人生活一团糟。由此可见，网络交往的虚拟性、自由性很容易导致青少年行为的普遍失范，不利于他们的社会化。

（四）对大学生时间管理能力的影响

互联网的便捷性的确给我们的生活带来了很多方便。举个简单的例子，在网上查询航班信息和购买机票，会比传统的方法要节省很多时间。但不容忽视的是，互联网也在吞噬着很多人的时间。

作为推动社会进步与发展的重要后备力量，大学生群体的综合素质一直得到社会各阶层的广泛关注，具备“时间管理”的观念与能力也成为大学生综合素质培养的一项重要内容。黄希庭等人（2001）对青少年的时间管理倾向进行了研究，研究表明管理倾向主要包括三个方面的内容：一是时间价值感，即个体对时间的功能和价值的稳定的态度和观念；二是时间监控感，即个体利用和运筹时间的能力和观念；三是时间效能感，即个体对自己驾驭时间的信念和预期，反映了个体对时间管理的信心，以及对时间管理行为能力的估计。

缺乏时间管理的能力是沉迷于网络中的人的通病。研究显示，时间管理倾向与网络成瘾呈显著的负相关。即个体对时间的重视程度越高，对时间管理行为能力的信心越强，一系列的时间监控活动做得越好，就越不容易沉溺于网络（徐锋，2005）。克劳特和他的同事对一些实验对象在开始使用网络及之后一两年的情况进行了评估，用专门的软件跟踪他们上网的次数。结果发现：人们花在网上的时间越来越多，与家人的沟通越来越少，现实中的朋友也逐渐减少（Wallace，1999）。

二、由网络引发的大学生常见心理问题

大学生由于阅历浅，社会经验不足，意志薄弱，承受挫折、辨别、适应以及自我控制的能力都不强，对自己又缺乏正确而全面的认识，所以容易受到社会上各种思潮的冲击。大学生正处于青春发育后期，心理发育还未完全成熟，在遇到心理冲突和困惑时，网络便成为他们的主要交流工具之一。但在这种环境中的关系多是虚幻的，在网络中得到的安慰也只是暂时的，当离开这种环境后，被安慰、被关心的感觉瞬间消失，导致大学生心理冲突和困惑加重，长期发

展必然产生心理问题甚至疾病。

(一) 网络成瘾综合征

网络成瘾，临床上是指由于患者对互联网过度依赖而导致的一种心理异常症状以及伴随的一种生理性不适。患者表现为过度上网，每天耗在网上的时间为六个小时以上。如果没有上网，则表现得萎靡不振或精神颓废。格里菲思（Griffiths，1999）认为网络成瘾与物质成瘾一样，具有突显性、心境调节、耐受性、戒断症状、冲突性和反复性等核心特点。扬（Yong，1999）发现网络成瘾和非成瘾人群之间一个显著的区别是：成瘾者通过网络进行新的社会交往，非成瘾者则是通过网络维持已有的人际关系。2008 年 11 月 9 日，我国首部《网络成瘾临床诊断标准》通过专家论证。这一标准的通过结束了我国医学界长期以来无科学规范网络成瘾诊断标准的历史，为今后临床医学在网络成瘾的预防、诊断、治疗及进一步研究上提供了依据。

1. 网络成瘾的表现特征

网络成瘾者对互联网的依赖程度严重。最主要表现为无法自我控制上网时间，多沉溺于网聊或网游，几乎不理会现实生活的存在。刚开始时，成瘾者会出现精神依赖现象，到后来发展成躯体上的依赖，出现一系列生理症状，如头昏眼花、疲乏无力、食欲不振等，更为严重的还会产生其他并发症，如心血管疾病、胃肠神经症、紧张性头痛、性情变异等。

2. 网络成瘾的类型

根据 2008 年新出台的《网络成瘾临床诊断标准》，网络成瘾分为以下五类。

（1）网络游戏成瘾，是占网络成瘾比例最高的类型。《中国青年报》2008 年的一项调查显示，62.0％的人认为玩网络游戏会上瘾，90.6％的人认为网络游戏影响学业，88.5％的人认为网络游戏影响身体健康。学生是网吧的主要顾客，而在大学周围的网吧里，部分学生无节制地花费大量时间和精力沉迷于网络游戏，严重影响了正常的学业和生活。

（2）网络色情成瘾，指沉迷于网络上的色情内容，包括图片、文字、动画、电影和色情聊天等。从大学生的年龄特征来看，他们正处于性生理成熟后的性满足延迟期，易受到网络色情内容的诱惑而导致成瘾。

（3）网络关系成瘾，指过分沉迷于网络上的人际交往所建立起来的关系，并用这种关系取代现实生活中的人际关系。在网络的“虚拟社会”中，人际关系必然有虚拟化的特性。而大学生是一个特别渴望与人交流的群体，由于网络的独特魅力，在大学生中也就形成了网络关系成瘾的电子隐士族，迷恋网络关系，甚至逃避现实关系，产生“人机热、人际冷”的现象。

（4）网络信息成瘾，指不能自制地在网上搜索过多的对现实生活无太多意义的信息。大学生有强烈的求知欲，对网络提供的信息趋之若鹜。然而过度迷恋网络提供的信息也会影响正常的生活。

（5）网络交易成瘾，指过分沉迷于网上购物、拍卖等活动。网络作为一个交易平台，操作便捷，内容丰富，刺激了很多人的购物欲望。但同时也导致了不少人迷恋其中，占去了大量的时间和精力。

3. 网络成瘾的成因

总的来说，网络成瘾形成的原因是很复杂且多方面的。有行为、生理生物学、情绪、认知、社会和发展、年龄特征等原因。有关大学生网络成瘾的成因，我们主要归纳出以下四个方面。

（1）网络本身的诱惑。网络有其许多吸引人的特点，如新鲜感、可操作性、虚拟性等。其中最吸引人的特点是它的虚拟性。在网络的虚拟环境中，人的内心准则和社会规范的制约性大大削弱或不复存在，人们的网上行为表现出一种解除抑制的特点，可以随心所欲地发表自己的言论，做出许多平常想做而不敢做的事情。可操作性主要表现在网络游戏上，在网络游戏中可充分发挥人们的主观能动性，使心理得到满足等。

（2）大学生自身原因。第一，如今的大学生多为独生子女，长期生活在一个相对封闭的温室，很多大学生生活能力、学习能力、自我控制能力、沟通和社交能力较低，心理脆弱，容易被网络俘获。第二，大学生正处在人生过渡期，还没有形成比较稳定的世界观、人生观和价值观，对新鲜事物的好奇与探究的欲望十分强烈，很容易受到外界的影响而深陷其中。第三，由于大学生活单调，当进入大学后的新鲜感逐渐消失时，会在以学习为主的生活中感到单调乏味，进而通过网络来追求刺激，满足自己的好奇心。第四，大学生渴望友谊和交流，但有的学生性格内向、不善交际、孤独感强，因人际适应不良，对现实生活感到无助，故而到网上寻求支持和帮助。国内外调查表明，性格内向敏感、交际困难的人容易上网成瘾。第五，也有的学生因学习成绩下降，在学习上无满足感而沉迷网络。进入大学后，由于学习方法、学习内容与高中时大相径庭，从而使部分大学生产生不适应感而导致学习成绩急剧下降，价值感和成就感逐渐消失，进而转入网络，在网络中寻找理想自我，用虚拟的理想自我代替现实自我。

（3）家庭环境的影响。家庭的经济状况和家庭的教养方式不当也是大学生网络成瘾的重要影响因素。第一，经济基础。不少大学生由于家庭经济困难、学习压力和就业压力大等原因，心理负担重，于是他们便开始寻求解脱方式，逃避现实的压力。而网络成为他们逃避现实压力的最好选择。因为网络游戏所营造的是一个虚拟的世界，可以使大学生逃避现实中的许多不愉快。他们在这个自己能控制的虚拟世界中能得到愉快的体验。一旦迷上网络游戏，成瘾心理的形成就很难避免。第二，家庭教养方式不当。有些父母因忙于工作和生计，仅关注读书和考试，而忽略了与子女的情感沟通，导致父母与子女间出现沟通障碍。许多家长对孩子缺乏教育和关心，对子女的一些不良行为视而不见，一味在物质上满足孩子的要求，而忽视了他们的心理问题，使不少青少年将网络当作发泄情绪的场所。而有的大学生在脱离父母的监管后上网时间更是无所顾忌。

（4）压力和社会支持。2003年惠昂在对网上13588名调查对象的研究中发现，当被调查对象因为人际关系或工作感到压抑时，诊断为网络成瘾的对象选择上网排解压力的，是非网络成瘾者的2～4倍；非网络成瘾者倾向于选择其他方式（如找人倾诉）来排解压力。由此可见，人际交往、社会支持等各种需要是导致使用者网络成瘾的原因之一。例如，网络游戏中的“高手”可能会受到万人景仰，而这点可能在实际生活中是体验不到的。网络成瘾者在下网后有可能体会到一种失落，对社会支持的要求会促使其重新投入网络社会中。而且，由于上网时间过长，占用了很多社会活动的时间，引起社会退缩行为，如此造成恶性循环，使患者更沉迷于网络而排斥现实的社会活动。大学生作为一个承载社会与家庭高期望值的群体，尤其又身处社会转型时期，自然有不少来自各方面的压力，因此也是网络成瘾问题的高发群体。

（二）其他网络心理问题

除了网络成瘾外，网络带来的其他心理问题还有网络孤独症、网络人格障碍、网络犯罪倾

向等。

网络孤独症指过分关注人机对话，迷恋在网上建立的友谊、爱情，淡化了个人与社会及他人的交往，远离周围伙伴，变得越来越孤僻。美国的一项调查表明，每周上网一小时，会有40%的人孤独程度增加20%。我国的相关调查也显示，在上网的青少年学生中，有20%的人有情绪低落和孤独感，12%的人与家人、朋友疏远（温栈洪，2004）。长时间沉迷网上交往，忽略外面丰富多彩的现实生活，会导致人的合作能力和交往能力下降，回到现实生活中就会感到无所适从，出现人际关系冷漠、人际情感萎缩、人际距离疏远，从而感受到强烈的孤独，出现网络孤独症。患有网络孤独症的学生一般表现为独来独往，缺少团队协作精神，情感过度个人化，社会适应性下降，神情恍惚，远离同学、朋友和亲人，依赖网络来宣泄情绪和表达情感。

网络人格障碍是以人格结构失衡为特征的网络心理问题。长时间处于网上的虚拟人格与真实人格之间的冲突中，可能使大学生对自己的角色认同发生混乱，弄不清到底什么时候是真实的自我，什么时候是虚拟的自我，造成双重或多重人格。另外，网络世界是一个崇尚主体性和个性张扬的社会，网络为人们提供了畅所欲言的空间，同时也为谎言、欺诈提供了便利。

网络的匿名性使谎言充斥于网络的每个角落，面对虚拟世界的信息污染、信息过剩、谎言欺骗、色情引诱等，大学生若不能自制，就会沉迷其中。在人机的交流中，有些大学生在被谎言欺骗的同时，也成为谎言的制造者，长期沉浸在谎言和欺骗中，会导致学生心口不一、言行不一，进而出现人格异化。而且，网上过度的兴奋、紧张和疲劳，还会造成学生对现实生活的反应异常，如缄默、孤僻、冷漠、紧张、暴力、缺乏责任感等，进而导致机械化人格障碍。

另外还有网络犯罪倾向。虚拟状态既为网上行为提供了安全的屏障，也给不正当、不道德的行为披上了外衣，从而造成网络社会虚假信息的泛滥及非道德行为的发生。由于某些大学生自我约束能力差，道德自律行为和意识淡薄，在网上容易出现为所欲为的冲动，进而做出一些不道德的行为，诸如恶意侮辱、人身攻击、网上“多角恋爱”“黑客”攻击等。同时，上网需要一定的花费，如果沉湎于网络生活，又没有足够的钱，也可能诱发学生通过一些不正当的渠道获得金钱，导致犯罪。

第三节　大学生网络心理调适

一、大学生网络心理的自我调适

网络世界新奇刺激，扑朔迷离。作为大学生如何增强自控能力，提高免疫力，既能很好地利用网络为自己服务，又避免网络带来的可能的消极影响呢？

（一）理性看待网络

互联网的出现宣告人类信息时代的到来。它消除了人类跨地域沟通在时间上的滞后性，拓展了人类的交往空间，深刻地改变着人与人、人与社会的关系。然而，网络在充满自由、平等和开放的同时，又充满着诱惑与陷阱。我们既不能将其视作洪水猛兽，又要清楚地看到沉迷于它会“玩物丧志”。

对大学生而言，应该看到网络只是一种工具，而使用它的人是灵活的。对不良网络行为负

责的应该是人，而非网络本身；网络资源是我们不可缺少的财富，对网络的破坏和滥用是对社会秩序的极大干扰，会危及我们每一个人；网络社会并非真实社会，虚拟世界的情感宣泄和满足并不见得使人真正快乐，还应学会现实生活中的处事方法。无论是夸大网络的积极的还是消极的效果，都不是解决一切问题的灵丹妙药，都只能是走极端。大学生只有树立正确的认知，才能全面地看待网络，合理利用网络资源为自己服务，处理好现实与网络世界的关系，避免产生各种网络心理问题。

（二）讲究网络礼仪

上网作为一种新型人际交往行为，需要我们遵守一种特殊的礼仪。只有当使用互联网的人们懂得并遵守这些规则，互联网的效率才能得到更充分、更有效的发挥。

良好的网络礼仪包括：

第一，尊重他人观点、身份和尊严。网上用语文明规范，真诚交流。未经他人许可不得将对方隐私在网上公布。

第二，网上网下行为一致。在现实生活中大多数人都是遵纪守法的，在网上也应如此。网上的道德和法律与现实生活中是相同的，不要以为与网络打交道就可以降低道德标准。

第三，资源共享。数字化教学和生活在校园信息化建设中已逐渐普及。将资料相互传阅、彼此共享，才能让大家都能获得知识，实现共同发展。

第四，平心静气地讨论。网上交流应心平气和、以理服人，不要人身攻击。

（三）遵守网络道德

第一，传播文明，不发布虚假、污秽信息。网络平等开放，任何人都可以涉猎自己所需。若肆意散布虚假、污秽信息，对大众的身心健康都有危害。即使是在网络世界，也要为自己的言行负责，而虚假污秽信息不仅对网友无益，对自己也是一种污染和侵蚀。

第二，不盗用别人的网上资源。网络财产虽然虚拟，也是网民投入大量时间、精力和金钱后换得的，属于特殊的私有财产，我国也将其列入了法律保护行列。盗用他人网上资源不仅为道德所不容，也易使自己产生网络依赖，久而久之，不劳而获的思想就会自由泛滥。

第三，不用网络赌博。没有道德约束的网络像一株罂粟，让人深陷其中以致丧失自我。赌博于人于己都有害无益，而在虚拟世界通过赌博来谋取利益同样会遭受法律的制裁。

第四，不破坏网络系统。随着黑客技术的不断发展，对网络安全的威胁也在加剧。而当今社会对网络的依赖性也在升高。我们更需从自身做起，不能蓄意破坏网络，而是更好地维护，使其为大家服务。

（四）选择网络环境

在网络世界，信息含量巨大，各种文化与价值观交织，各种论断莫衷一是，各种诱惑比比皆是。大学生应学会自我主宰、自我约束和自我控制，自觉避免黄、赌、暴力等不良信息，为自己选择健康的网络环境。

（五）设定上网目标

每次上网前，明确自己的上网目标，并将内容按重要性和紧迫性给予排序。最好列出任务清单，粗略估计出自己上网所需时间，有效控制任务进度。尤其是针对有网瘾的同学，更需要用这种方法约束自己。比如，此次上网大概需要一小时，那半小时后就用不同的方法提醒自己。

（1）设置时间警示框。上网30分钟后，电脑上自动弹出“您已上网半个小时，距离结束时间还有半个小时，请及时调整您的网上任务进度”等样式的对话框来提醒自己。

（2）设置手机闹铃。时间过一半时用闹铃警示自己，看任务进展到哪了，如果完成进度不到一半，就得加快步伐，相应调整网上操作进度。

（3）电脑设置上网限时。自己预先限定的时间一到，电脑就自动关机。避免养成在网上随意浏览的行为习惯，提高网上的操作效率。

（六）培养多样兴趣与爱好

沉迷于网络的人常常喜欢将自己游离于现实社会之外，久而久之，形成了对现实社会的疏离感。而人是社会性的动物，我们最终还是在和社会打交道，所以将自己从隐居网络的状态重新投入现实社会中来才是理智的选择。而参与社会活动，不仅能体现自己的真实能力，还能锻炼自己，又能帮助戒除网瘾，一举三得，何乐而不为？

兴趣是最好的老师，它带有明显的倾向性。大学生应积极寻找有意义、有兴趣的现实体验来取代网络虚拟刺激，挖掘自我优势，找准自身亮点，用现实的成功感驱除网络的诱惑感。比如，参加户外运动，闲暇时光和亲朋好友一起外出郊游、爬山等，离开网络，开阔视野，磨炼意志，同时也能联络感情；又如，找自己感兴趣的读物或专业书籍等阅读，增加自己的知识，也能转移对网络的依赖；再如，还可以进行体育锻炼，既强身健体，又能改善心情、淡化网瘾。

（七）寻求社会支持

1. 寻求亲友帮助

患上网瘾的人一般自控力都不是很强。这个时候更需要外界的帮助和支持来配合自己戒除网瘾。大学生可主动和家人、老师或同学沟通，告知网瘾带来的苦恼，并请求他们的帮助，让亲友对自己的上网行为进行监督，必要时严厉制止自己在网上的耗时行为。另外，向已经成功摆脱网瘾的人寻求经验也是一种有效的帮助。

2. 寻求专业支持

如果靠自身和亲朋好友的力量还是无法摆脱网瘾，这时就需要专业人员的帮助。专业支持通常有个体心理咨询和团体心理辅导两种方式。

个体心理咨询是指通过一对一的心理咨询方式，让心理咨询师或心理医生针对患者的实际情况提供应对方案。在个体心理咨询方式中，主要是通过对学生进行行为介入、干预的方式加以帮助和引导。专业人员通过与学生进行访谈等方式，发现生活中有对网络过分依赖倾向的学生，然后针对每个有网瘾学生的具体情况分析帮助，加强心理辅导，帮助其改正不良的网络习惯。

针对网络心理问题，目前更常见的专业辅导是团体性心理辅导。即把求助者放入辅导与治疗团体中，建构一个群体环境。通过团体中的互动，患者发现自己的心理问题并不是独一无二的，从而降低心理上的焦虑程度。由于“同病相怜”，他们的心理认同感很强，群体归属感也增强，能感受到来自社会的心理上的支持，服从群体的从众行为增加。在团体中，网络心理障碍者在讨论、交流等相互辅导活动中意识到，不论是在交流解决问题、探索个人价值、人格形成，还是在发现共同的情绪体验上，同一团体中的人都可以提供更多的观点，分享共同的资源。

二、加强大学生网络心理健康教育

除了学生的自我调适之外，高校对维护学生的网络心理健康有着义不容辞的责任。教育不能仅停留在思辨和理论阶段，而应建立科学的网络心理健康教育理论，并采取有效的教育模式和具体方法。

（一）提高学生对网络的客观认识

教育者不要把学生上网看成洪水猛兽，这样当学生遇到冲突时，网络反而会成为一种消极暗示。学校应视其轻重加以正确引导，比如加强学生对网络工具性和资料性的认识，培养学生树立正确的网络观，从而既不依赖网络，也不谈“网”色变，培养大学生健康、良好的网络使用习惯。

（二）加强时间管理教育

学校要培养学生养成良好的时间管理习惯，也就是自我管理习惯。心理健康教育从根本上说是个体自我教育、自我管理、自我完善的过程。事实上，任何教育只有转变为受教育者自身的能动活动，教育目的才可能得以实现。指导学生制订计划，利用时间表规划上网学习和娱乐的时间，并按轻重缓急将上网所需完成的任务列出，在完成学习任务后方可进行一定时间的娱乐活动，从而更加有效地使用网络。

（三）对学生加强选择性教育

大学生接触网络的基本状况与其他群体明显不同，反映在：地点以校内为主，上网时间因学习的需要而显得没有规律，掌握网络知识的媒介以自学为主，在上网内容和动机上表现出较强的主动性和好奇心。针对这些情况，学校应该对学生开展“选择性教育”，即价值选择和网络选择。通过价值引导，教会学生对网络所负载内容的价值性进行合理的判断和选择。一方面，学校应教会学生做网络的主人，充分利用网络提供的信息；另一方面，要让学生认识到网络并不是我们生活的全部，不要在网络中迷失自我。

（四）根据性别差异有针对地进行教育

众所周知，男性在操作电脑的熟练性、实用性和自发性上都远远高于女性。男大学生对网络游戏的参与程度远远高于女生，也更加关注新闻。而女大学生则较之男生更加痴迷于网络聊天。针对大学生网络使用的性别差异，学校应有针对性地采取不同的教育措施加以引导。例如，组织和开展各种有意义的活动来丰富校园文化生活，让学生参与其中，从而转移他们对网络的注意力并减轻其对网络的迷恋程度；鼓励学生参加各项社会实践活动，建立良好的人际关系，学会正确运用网络促进个人发展。

（五）加强网络心理咨询体系的建设

1. 网络心理咨询的概念

网络心理咨询一般是指专业人员通过互联网这个平台，运用一定的心理咨询理论和技术手段对来访者进行心理问题剖析并予以解决的一种咨询模式。“广义的心理咨询则包括求助者通过专业的心理咨询网站学习各种心理健康知识，掌握相关心理技能；咨询专业人员通过相关的网络资源向求助者介绍各种心理健康知识，提供心理援助与在线治疗等活动。”

2. 大学生网络心理咨询方式

互联网作为一门新兴技术为人们提供了较为便利的沟通与交流方式，同时也使得很多新兴学科得以发展与应用，以网络为媒介进行各种心理咨询活动也变得越来越普及与广受欢迎，其中较为常见的网络咨询方式有在线咨询与离线咨询、电子邮件咨询、语音咨询、视频咨询、网络团体咨询、网络个体咨询和网络支持性团体等。

（1）在线与离线咨询方式

在线咨询主要是指咨询师与来访者双方同时出现在网络上，并借助网络这个平台进行有效的交流与互动，这种心理咨询方式较为常见。来访者可通过各种在线交流工具如 QQ、MSN 等同心理咨询师进行实时的交流，了解自身存在的心理障碍与症结所在，便于对症下药与寻找解决方案，从而真正地获得心理疏导与帮助。而离线咨询主要是指心理咨询师或者来访者有一方不在线，其中的一方通过在线留言的方式发送信息，待另一方上线时便会自动接收到对方离线前所发来的内容，从而实现双方之间不同步的心理咨询过程。

（2）电子邮件、语音、视频咨询电子邮件咨询是网络心理咨询领域中最常见的咨询方式，尤其受到很多大学生的青睐。例如，台湾的“张老师热线”栏目，栏目组曾对 2001 年的网络咨询求助者进行了分析与调查，发现 19～30 岁这个年龄阶段的人群使用电子邮件这个方式进行网络心理咨询与求助的比例占所有来访者人数的一半以上，不难看出年轻人对通过这种方式获取心理咨询与帮助的接受程度要高于其他人群，同时也表现了这个群体的特殊需求与爱好。台北市生命线协会的调查结果则更具说服力，据调查，在通过电子邮件方式寻求咨询帮助的来访者中，20～29 岁这个年龄层次的人数分布最高，占所有人数的 1/2 以上；职业分布中，大学生是最大群体，大约占了 43.11%；教育程度方面，大学程度也位居榜首，约占 38.13%。国内也有相关学者调查发现电子邮件心理咨询占了网络心理咨询所提供的各种服务方式的 30%左右。电子邮件心理咨询主要是指咨询师通过电子邮件的方式，运用所学心理知识与理论对来访者进行心理疏导和援助，并最终以恰当的方式解决其心理问题的过程。它是目前网络心理咨询中最为常见与便捷的一种心理服务方式。虽然电子邮件心理咨询是一种纯文本的心理服务方式，不能加载一定的语言与信息，但是作为一种自我表达与人际交往的强有力的表现形式，它的作用功不可没；跟传统的信件咨询相比，它的文字表达与反馈更加及时有效，而且成本也不会太高。

语音与视频咨询则不同于电子邮件的表达方式，它们会更加直接与快速，咨询师与来访者之间是同步地、及时地、迅速有效地交流，它不仅可以传递文本信息，还可以通过语音和视频交流工具能够更好地观察到多方的举止、表情、动作等肢体语言，使得信息容纳量更加丰富，同时也是电子文本所无法比拟的。但是它也受到一定的限制，如网速传输受限导致的图像不清晰、声音延迟等，这种影响可能会挫伤来访者的咨询积极性。

（3）网络团体咨询、网络个体咨询以及网络支持性团体

互联网使网络团体咨询变成了可能，因为网络把不同地域不同身份的人群聚集在了一起。所谓的网络团体咨询主要是指通过网络这个虚拟的空间把具有相同心理困惑或障碍的人群聚集在一起，由心理咨询师进行引导，成员之间就某一个话题展开讨论或者彼此分享各自的经历以及在面对同类事情的时候自己的经验教训，成员之间还可以成立一个专门的聊天室如 QQ 群等，也可以进行个体与个体的在线视频交流。网络团体咨询优势非常明显，因为它可以跨越空间，把不同的个体聚集在一起进行交流与分享经验。但是由于网络本身的匿名性与随意性等特征，

又使得团体中的一些个体容易被误导或产生负面影响。除此之外，网络宽带的限制也在一定层面上容易迫使视频会议突然中断等，这就可能挫伤个体对网络团体咨询的积极性。因此，网络团体心理辅导需要有较为专业的心理健康教育工作者才能够顺利完成与积极引导。

网络团体心理咨询对大学生而言是一个非常有效的心理咨询方式，因为大学生们的心理困惑与冲突具有极大的相似性。首先是背景相似性，他们来自同一个大环境，生活在同一所高等院校，所以他们产生的心理矛盾极可能类似。例如，工科院校的学习压力可能导致一部分学生会产生相同的学习困惑与焦虑。其次是所遇问题的相似性，大学生正处在人生发展的重要时期，在这个时期他们每个人都可能会面对相同的问题，如环境适应问题、人际关系问题、情感纠葛问题、就业问题、学习压力问题等。当然，除了这些共性以外，同学们还存在着不同的个体差异，而这些主要来自他们的认知方式、价值取向以及人生经历等。而通过网络心理咨询他们可以就某一话题互相交流、取长补短、分享经验等。这样做的好处很多，首先，通过这样的心理辅导他们会较容易发现他们自身所存在的一些问题并不具有唯一性，甚至是普遍性的，这样会在某种程度上降低他们的心理负担与压力。以问题为中心的心理疗法认为，很多人的焦虑来自他们对心理困惑的认识具有唯一性，即我所遇到的问题别人无法理解，也无法提供帮助，所以在心理上产生了无助感与困惑感，也就不利于问题的解决。其次，团体中每个个体身份的相似性，即都是在校大学生，他们在对待同一个问题时所持看法与角度不同，因此互相交流有利于开阔他们的视野，但是有些个体在对待问题时持偏激的态度与观点，这就需要团体心理辅导的主导者要有较高的专业素养，知识储备以及足够的工作经验，能够用非常专业的心理辅导技术，使整个辅导流程往他们预定的方向与期望的目标前进。

网络个体心理咨询与网络团体心理咨询相比较会稍微容易操作一些。很多大学生也喜欢这种隐匿在网络下的心理咨询方式，因为这种方式不仅使他们获得有益的帮助，同时也会使他们有一定的安全感。但是我们也要看到就目前对一些人员配置不足的高校心理健康教育工作者来说，这种方式无疑是一种挑战，因为他们不仅每天要面对很多亲自来面询的来访者，还要应付来自网络的大量的来访学生，而一旦网络求助回复不及时就容易挫伤他们的积极性。

一些大学生喜欢利用电子邮件与心理咨询工作人员进行交流，这对于咨访双方都是巨大的考验。对来访者而言，有效地理解咨询工作人员的反馈信心非常重要。而对于网络心理咨询工作者而言，他们对来访者的心理问题缺乏直接支持的信息（如来访者的非言语线索和相关的社会性线索等），而这些信息也很难从电子文本信息中挖掘，因此咨询工作人员对来访者潜在的问题缺乏充分把握。在那些不完整的信息下极可能还隐藏着非常严重的心理问题（如人格障碍、精神分裂症等），存在这些问题的患者是不适合采用网络心理咨询的。因此，网络求助者可以登录在线心理健康国际社会网站（ISMHO），了解有关求助者网络心理咨询治疗适合度的评估。这样能让求助者本人更好地了解网络心理咨询的疗效性以及它的局限性与风险性。

网络支持性团体对大学生的心理健康教育有着显著的效果。首先，网络团体中的每个个体都来自不同阶段的大学生，网络恰好为他们提供了一个较为自由与宽阔的交流平台，在这里他们可以互相分享和交流经验，做到具体事务具体对待，比现实中的老乡会等团体做得更加细腻与到位。其次，网络支持性团体具有较好的匿名性与安全性，团体中的每个成员在这里可以毫无顾忌地打开心扉，畅所欲言。最后，网络支持性团体一般都有较专业的心理咨询师，他们可以提供技术支持和心理策略指导，有益于问题的有效反馈与快速解决。尽管网络支持性团体在

操作上还存在一些不足，但是它仍是一个极具潜力的网络心理健康教育模式，高校心理健康教育工作者可以充分利用网络优势，拓宽本校心理健康教育的渠道。

3. 大学生网络心理咨询的焦点所在

通过以上内容的相关叙述，我们对网络心理咨询有了一个大概的了解，为了加深大家对网络心理咨询内容的理解，从广义的角度出发，网络心理咨询主要集中在以下几个方面。

（1）网络心理测试

网络心理测试通常是利用网络版的心理测试表，对人的人格、心理健康等心理特性与行为进行一种量化的评定。它主要包括以下几个方面：

①对每个个体的智力、能力倾向、创造力、人格、心理健康等方面进行全方位的综合测试，并且对个体的心理特性和行为进行剖析；

②确定个体之间的差异，并能预测个体在将来活动中可能会存在的差别，或者推测其在某个领域将来成功的可能性；

③尊重个体在学习或生活中的能力区别以及优势与短处，评价个体心理发展所达到的水平与阶段等。

人们一般会下意识地认为心理咨询的场景就是在一个辅导室里面，心理咨询师与来访者之间面对面地对话、交谈的过程，但真正的心理咨询并非简单的言语互动，而是采用专业化与标准化的心理测评软件对来访者进行心理健康状况评定，这样做的目的是使我们对来访者的心理问题做出正确的判断，防止贻误患者病情或者避免夸大来访者病情的严重性，真正做到有理有据，客观公正。

据调查，我国大部分高校已经配备了相应的心理测试电子版本，可以使很多来访者较为便捷地利用电子版本对自己进行心理健康状况测评。同时，很多高校也配置了大学生心理测评系统网络版，使大学生只要在网上就能很容易地对自己进行心理测评。

然而虽然大学生心理测评系统已经实现了网络化，但是我们也清晰地认识到，只有专业的心理咨询师才有资格实施这项技术，并对测评结果予以解释，绝不可滥用。

（2）网络心理健康知识普及

从广义的网络心理咨询来讲，网络不仅为大学生提供了丰富多彩的心理健康知识，同时也是网络心理咨询的一个重要支撑。其实网络上有很多心理咨询网站分别扮演着传播心理健康知识的角色，而高校的心理健康教育网站更是异彩纷呈，为大学生们提供了各式各样的心理健康信息资源。

现在的大学生主要以 90 后为主，他们从小接触的环境相对比较封闭，造成了他们缺乏生活经验和处理问题的能力，一旦受到挫折很容易陷入低谷、意志消沉、无法自拔，从而做出错误的判断。刚刚步入大学校园的他们脱离了父母和熟悉的家乡，很多事情对于他们来讲都是第一次，正是由于这些第一次的问题处理不够恰当，导致很多学生出现了各种各样的心理疾病。而通过高校心理健康教育网站为同学们提供了相应的心理健康知识、处理问题的技巧与方法以及预防类似事件再次发生的引导机制等，这为大学生们提供了很好的借鉴与模仿的资源，无疑也是一种巨大的帮助。往往大学生们进入大学第一次碰到的问题基本包括适应环境、学习与考试压力、情感纠葛、人际关系处理、职业规划等，当他们遇到这些问题的时候，很多情况下是束手无策的，一旦处理不好就会影响正常的生活规律，严重的甚至会产生心理疾病。高校心理健

康教育网站正是充当了这种引导与教育学生的角色，为大学生的心理健康发展指明方向。

4. 网络心理咨询的发展规划与建设

高校的网络心理咨询建设依然还有很长的路要走，如何把握大学生网络心理咨询的发展方向值得我们思索与探讨。下面就大学生网络心理咨询的发展规划提出以下几点建议。

（1）网络心理咨询应把适应性咨询与发展性咨询有机结合，真正做到“授人以渔”

高校传统的心理咨询应该充分借助网络的优势，在不断提高网络个体咨询与治疗质量的同时，提高对大学生网络发展性心理咨询的力度。由于发展中的问题对于大学生来说具有普遍性，而且其中一些心理问题能够通过积极的自我救助得到很好的解决。因此，网络心理咨询完全可以凭借它渗透性、便利性、保密性、大容量的优势为大学生们提供丰富的心理健康资源，达到助人自助的目的。如果说发展性咨询是从面上扩大网络心理咨询的服务范畴，那么适应性咨询则是在点上提高大学生的个体心理咨询的质量，我们完全可以凭借网络的强大优势，做到网络心理服务的点面结合，这样就避免了传统心理咨询中的头痛医头、脚痛医脚的被动模式，使大学生在这种心理服务模式下能够终身受益，真正做到以人为本。

（2）网络心理咨询应与传统心理咨询紧密结合，为大学生心理健康教育工作服务

网络心理咨询与传统心理咨询可谓各有千秋，相辅相成。网络心理咨询的发展永远无法替代传统心理咨询，而是作为它的一个重要的补充。传统心理咨询的缺点是无法跨越时间与空间的限制，在操作上不够灵活与便利，而且在服务对象上无法做到大容量的操作。网络心理咨询则可以弥补传统心理咨询的遗憾，因为它本身的匿名性、放松性、大容量性以及跨越时空性等特点在很大程度上可以满足学生需求，因此，我们必须要认识到这两种咨询模式的利弊，做到扬长避短，使网络心理咨询与传统心理咨询真正做到相互补充与融合。

（3）网络心理咨询规范化建设有待更进一步

互联网使大学生网络心理咨询有了较快的发展，主要表现为两个方面：一是大学生利用网络进行心理咨询的人数在逐步上升，二是网上的心理健康信息过于膨胀。这就产生了网络信息量过剩，可利用率降低的问题，主要体现在很多网络信息资源鱼龙混杂、良莠不齐，使很多真正需要网络心理咨询的大学生无法快速有效地搜寻到相关信息。另外，一些网络心理健康知识受宽带技术限制等原因没有得到及时的更新与扩展，造成信息过旧，不仅挫伤了大学生进行网络心理咨询的积极性，并且使得大学生网络心理咨询的互动与咨询效果大打折扣。因此，在网络迅速发展的今天，进一步加强网络心理健康信息的规范化、科学化管理，提高网络心理服务的质量，应是网络心理咨询未来的发展方向。

第十四章　大学生人际交往与心理健康指导

从健康心理学的角度讲，大学生积极开展人际交往，处理好人际关系，有着十分重要的现实意义。和谐的人际关系，适当的交往能力以及观察能力、表达能力是人的心理素质的展示。在社会转型时期，在紧张激烈的社会竞争中，与他人的合作能力、协调能力都提到前所未有的高度。开放的社会，要以开放的心态面对人际关系。为此，学习人际交往、提高交往中的心理素质，已成为大学生的人生必修课。

第一节　人际关系概述

一、人际交往与人际关系

美国心理学家戴尔·卡耐基曾说："一个人事业的成功，只有15%是由于他的专业技术，另外85%要靠人际关系和处世的技巧。"

（一）交往的含义

交往指人们运用语言或非语言符号交换意见、传达思想、表达感情和需要等交流过程，包括物质交往和精神交往，它是人类的特定社会现象，对于社会的发展和个性的成长有着十分重要的作用。交流是群体的黏合剂，能使群体内部个体之间和群体之间在认知、情感和行为上彼此协调、相互统一。交往是人类特有的需求，人只有在不断地与他人交往中才能促进个性发展。从信息交流角度看，交往是发信者将信息编码后输入信息通道，受信者将信息译码后接收，并将反应反馈给发信息者的过程。信息沟通的过程与要素如下（见图14-1）：

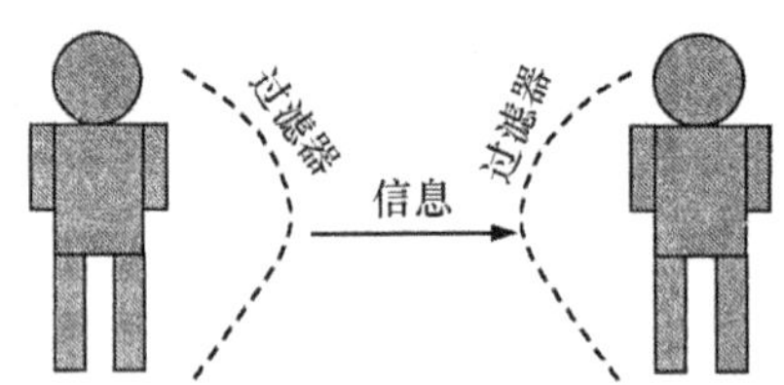

说者有责任
使他发出的信息清晰化
而且尽可能让对方听得完整

听者有责任
去核对收到的信息
是否与发出的信息相符

图14-1　信息沟通模式

（二）人际交往和人际关系

人际交往和人际关系是两个既有联系又有区别的概念。人际交往是人际关系实现的根本前提和基础，也是人际关系形成的途径；而人际关系则是人际交往的表现和结果。两者的区别是

人际交往侧重于人与人之间的联系与接触的过程，以及行为方式的程度等；人际关系侧重于在交往基础上所形成的心理状态和结果。从时间上看，人际交往在前，人际关系在后，人际交往是一个动态的过程，而人际关系则具有相对的稳定性。

（三）人际交往的意义

交往是人们健康成长的基本条件。马斯洛认为，人人都具有这样一种基本需要：需要归属于一定的社会团体，需要得到他人的爱与尊重，这些社会需要是与吃饭、穿衣等生理需要同等重要的不可或缺的需要，否则，将使人丧失安全感，进而影响心理健康。社会学与人类学的研究更是肯定群体合作具有生物保存与适应的功能。如果没有群体的合作，不仅是人类，许多生物都会灭绝。马克思曾指出，人的本质是各种社会关系的总和。没有了社会关系，人的本质也无从规定。

1. 人际交往有助于增进交流，协调关系，促进健康，完善个性

人际交往对人的发展还有更深的意义。著名心理学家罗杰斯提出的人际关系哲学十分强调人际交往对个体成长的意义。罗杰斯是基于自己的成长经验得出这一结论的。罗杰斯出生于一个虔诚的宗教家庭，因为周围的邻居都是异教徒，从小罗杰斯就被父母关在家里，不能与邻居的孩子一起游戏，他感到非常孤独。离群索居的童年生活使罗杰斯非常渴望友谊，在别人看来十分普通的人际交往，在他看来都非常珍贵。后来他创立了自己的人际关系理论，将人际关系上升为一种哲学。他认为，人与人的交往是可能的，人们不仅可以交流思想，而且可以分享许多隐秘的情感：对未来的梦想、内心的感受、隐秘的冲动……人际交往不仅是可能的，而且是有益的。通过沟通、相互启迪，丰富彼此的人生；在友谊关系中，人们相互接纳及彼此探索，可以促进个人的成长，满足其自我实现的需求。

人生是在交往中度过的，人生的每一个阶段必然与一定的人际关系相联系。从这个意义上讲，良好的人际关系是集体和个人生存与发展的有利环境，它可以产生合力，使人团结协作，充分发挥群体的效能；形成互补和激励，使人们互相学习、取长补短，产生激励向上的积极情绪；促进信息交流，使人们增长知识和能力，不断完善和发展自身，从而促进社会安定，推动精神文明建设。不良的人际关系则阻碍人自身的发展。

2. 人际关系不仅是健康成长的基本条件，也是治疗心理障碍的重要资源

对于各种严重的精神障碍及心理危机的干预，虽然方法不同，技术各异，但有一个共同点，都需要配合以支持性心理治疗。所谓支持性治疗，最重要的是来自周围亲人与朋友的关心与理解。当一个人感到悲观失望、抑郁不快时，有亲人、朋友的安慰与关怀，会得到精神的慰藉与支持，从而获得战胜困难的勇气。因此，亲情、友情和爱情都是大学生生命中重要的社会支持系统，要倍加珍惜，也要设法开拓。

二、人际关系的结构

（一）人际关系构成

人际关系包含着认知、情感和行为三个相互联系又相互制约的成分，其中以感情相悦和价值观相似为核心。见图 14-2。

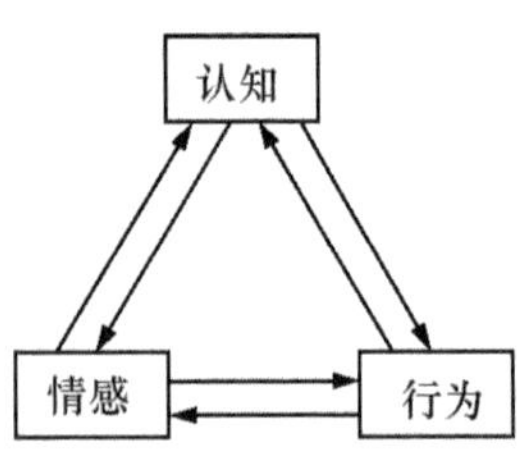

图 14-2　人际关系构成图

1. 两情相悦

这就是说你喜欢别人的同时也必须是别人也喜欢你。两情相悦，互相接纳，可以避免或减少人际间的摩擦与冲突，使交往得以良性循环。反之，你喜欢别人而别人不喜欢你，或者说别人喜欢你而你不喜欢别人，甚至格格不入，就交往不起来，即使勉强交往，最终也还是要分道扬镳的。

2. 价值观相似

这就是说能吸引自己的人，必然是在价值观念、态度、信念等方面与自己有某些相似之处的人。越相似，意见越一致，就越喜欢。因为在交往中，彼此价值观相似，不仅容易获得相互支持与共鸣，而且容易预测彼此的反应倾向，相互适应就比较容易。价值观相似的发现，会促进交往频率的增加，循环往复，彼此关系便趋向稳定和密切。

两情相悦和价值观相似，是人际吸引的两大心理机制，其功能的差异是前者作用于交往的前期，后者则常作用于交往的后期。理想的人际关系是两大心理机制同时发生作用，既两情相悦又价值观相似。异性交往中的相互了解、两情相悦和价值观相似，常常会在年轻的大学生中碰撞出爱情的火花。异性交往有助于异性大学生相互了解和信任，进而获得异性的信赖和友谊，促进情感的健康发展。个别同学间的交往是这样，集体中的交往也是如此。

（二）集体中的人际关系

集体是什么？集体不是简单的个体相加，集体是群体发展的高级形式。

1. 集体的社会心理特点

第一，具有与社会目标一致的、成为集体成员行动指南的目标，并由此而产生正确的、统一的舆论；

第二，集体是通过具有社会价值的个人意义的协同活动为中介把人们联系在一起，因此，集体成员的人际关系是团结的、民主平等的，是一种从集体利益出发的责任依从关系；

第三，集体具有较完善的管理与自我管理机构，因此，它具有较高水平的整合功能；

第四，个人的才能和个性在集体中得到充分的发展。

2. 集体中的人际关系结构

集体中的人际关系是一个多层次的复杂结构，它包括表层、深层和核心层三个层次：

表层：个人间的关系是建立在直接接触、感情联系基础上的比较表面的关系，如好感和反感、群体的相容、接触的难易、趣味是否相投等。

深层：个人间的关系是以群体共同活动的内容、价值观为中介的，人与人的关系表现为把他人看成群体活动的参加者、学业上的同学、工作中的同道。

核心层：在这一层次，所有成员都接受群体共同活动的统一目的，并在此基础上发挥群体

内部关系的能量，这是群体内人际关系发展的最高水平。至此，群体才变成集体。

社会越是现代化，人与人之间的合作越来越多，社会将成为一个关系的社会、网络的社会。人际关系几乎就是一种取之不尽、用之不竭的资源。

（三）人际关系的核心——需求关系

有的大学生看到人与人之间有相互支持、相互帮助的一面，就片面地认为人际关系是一种相互利用的关系。认为人会相互利用，就是搞好人际关系。他们把庸俗的关系学与健康的人际关系学简单地画上了等号。在日常生活、学习和工作中，每一个人都需要和别人建立一定的人际关系，这就是人际关系的需求，需求关系是人际关系的核心。人际需求关系可以分为以下三类。

1. 包容关系

包容关系的基本行为特征是求助，一方有所求，一方有所予，如果彼此双方无所予、求，就无法建立包容关系。出于这种动机产生的待人行为特征是沟通、融合、协调、参与、随同等。与此动机相反的人际反应特征是排斥、对立、疏远、退缩等。

2. 控制关系

控制关系的基本行为特征是支配与依赖。每一个人都有支配他人的欲望，同样，每一个人都有一种依赖于他人的心理，只不过由于环境和能力的差异造成支配和依赖心理的强弱不同而已。在交往过程中，只有一方力图支配对方，而对方恰好企图依赖另一方时，才能建立起较为稳定的控制关系；否则，就会发生冲突或者疏远。而支配过强，令人不舒服，产生压迫感，就构成操纵性，进而产生疏离感。

3. 感情关系

感情关系的基本行为特征是同情、喜爱、亲密、热心、照顾等。人都有与他人建立和维持良好关系的欲望。与这种动机相反产生的人际反应特征是冷淡、厌恶、疏离、憎恨等。感情关系建立的基本条件是交往的双方都是爱的主体，同时又都是爱的客体；双方都给予对方以爱，同时又都接受对方的爱。

三、影响人际关系的因素

（一）空间距离

人与人之间在空间位置上越接近越容易形成彼此之间的密切关系，如上下床铺同学，因为空间距离的接近，使双方相互交往、相互接触的机会更多，彼此之间容易熟悉，或成为好朋友，或因为彼此价值观不同而只是熟人。虽然地理位置不是人际关系好坏的唯一的决定性因素，但是，远亲不如近邻，空间位置接近的优势，无疑是影响人际交往的一个有利的条件。

（二）交往频率

交往是人际关系的基础，人们只有在交往中才能彼此了解，相互熟悉，进而相互帮助，建立友谊。交往的频率越高，越容易形成共同的语言、共同的态度、共同的兴趣和共同的经验等。否则，交往频率过少，可能会产生冷落之感，以致感情疏远；不过，交往频率过繁，也可能破坏对方的工作和生活秩序，引起对方反感。

（三）态度相似

人与人之间若对具体事物有相同或相似的态度，有共同的语言，共同的理想、信念和价值观，就容易产生共鸣、同情、理解、支持、信任、合作，从而形成密切的关系。

（四）需要互补

相互满足是形成人际关系的前提条件，如果没有需要和满足需要的期望，空间距离虽小，也可能是“鸡犬之声相闻，老死不相往来”；一旦有了需要和满足需要的期望，空间距离再大，也可能是“天涯若比邻”。良好人际关系的形成取决于交往双方彼此满足需要的方式和程度，如果交往双方的基本需要都能从交往过程中得到满足，其人际关系就会密切、融洽；如果双方的需要都不能从交往过程中得到满足，彼此之间就缺乏吸引力；如果双方的需要在交往过程中受到损害，彼此之间就会产生排斥与对抗。

（五）人格吸引

人格也称个性。我们喜欢他人，原因不仅来自对方，有时是我们自身的人格因素决定对他人的好感。个性影响着交往的态度、频率和方式，从而影响着人际关系。以气质而论，具有多血质和黏液质的人，其人际关系一般来说要好于胆汁质与抑郁质的人。以能力而论，能力强的人往往使人产生钦佩感与信任感，具有吸引力。不过，能力强弱和特长的差别太大或太小，相互之间的吸引力也会减小，只有当双方的能力既有差别而又差别不太大的时候，相互之间的吸引力才会增大。以性格而论，诚实、正直、开朗、自信、勤奋、幽默、热情的人较之虚伪、孤僻、懒惰、固执、狂妄的人具有较强的人际吸引力。因此，人格特点在建立良好的人际关系中是非常重要的内在因素。

（六）个性品质

影响人际交往的个性品质主要有：①为人虚伪。与之交往，容易使人失去安全感。②自私自利。只关注自己的需要，不关心别人的需要，甚至损人利己。③不尊重别人。常常挫伤别人的自尊心。④报复心强。⑤妒忌心强。⑥猜疑心重，过于敏感。⑦过于自卑。⑧孤独、固执。⑨苛求别人，控制别人。⑩自负、自傲。

反之，良好的个性品质会赢得好人缘。

四、人际交往的心理效应

社会心理学研究表明，在人际交往中有一些非常有趣的心理现象。科学地用好人际交往中的心理效应对大学生很有意义。

（一）首因效应

有谁不愿意给别人留下美好的印象呢？首因，即最初的印象，或称第一印象。在人际交往中，人们往往注意开始接触到的细节，如对方的表情、身材、容貌等，而对后来接触到的细节不太注意。这种由先前的信息而形成的最初的印象及其对后来信息的影响，就是首因效应，即我们常说的“先入为主”。第一印象赖以产生的信息是有限的，第一印象不一定是真实可靠的。由于认知具有综合性，随着时间的变化、认识的深入，人完全可以把这些不完全的信息贯穿起来，用思维填补空缺，形成一定程度的整体印象。

（二）近因效应

近因，即最后的印象。近因效应指的是最后的印象对人们认知具有的影响。最后留下的印象往往是最深刻的印象，这也就是心理学上所阐释的后摄作用。

首因效应与近因效应不是对立的，而是一个问题的两个方面。在大学生的人际交往中，第一印象固然重要，但最后的印象也是不可忽视的。在对陌生人的认知中，首因效应比较明显，而对熟悉的人的认知中，近因效应比较明显。这就告诉我们，在与他人交往时，既要注意平时给对方留下的印象，也要注意给对方留下的第一印象和最后印象。

（三）光环效应

光环效应又称晕轮效应，指的是在人际交往中，人们常因对方所具有的某个特性而泛化到其他有关的一系列特性上，从局部信息形成一个完整的印象，即根据最少量的情况对别人做出全面的结论。所谓"情人眼里出西施"，说的就是这种光环效应。光环效应实际上是个人主观推断泛化的结果。在光环效应状态下，一个人的优点或缺点一旦变为光环被扩大，其优点或缺点也就隐退到光环的背后被别人视而不见了。在人际交往中，你有过这种情形吗？对外表吸引人的同学赋予较多理想的人格特征，或为那些长相比较好的同学设计美好的未来，如"你气质好，将来求职就业一定没有问题""那个人第一次见面就对我关心备至，令我难忘"等。

（四）投射效应

投射效应是指在人际交往中，形成对别人的印象时总是假设他人与自己有相同的倾向，即把自己的特性投射到其他人身上。所谓"以小人之心，度君子之腹"，反映的就是投射效应的一个侧面。投射可分为两种类型：一种是指个人没有意识到自己具有某些特性，而把这些特性加到了他人身上。例如，一个对他人有敌意的同学，总感觉到对方对自己怀有仇恨，似乎对方的一举一动都有挑衅的色彩。另一种是指个人意识到自己某些不称心的特性，而把这些特性加到他人身上。例如，在考场上，想作弊的同学总感觉到别的同学也在作弊，倘若自己不作弊就吃亏了。其目的是通过这种投射重新估价自己不称心的特性，以求得心理上的暂时平衡。

（五）刻板印象

刻板印象是社会上对于某一类事物或人物的一种比较固定、概括而笼统的看法。主要表现为：在人际交往过程中，主观、机械地将交往对象归于某一类人，不管他是否呈现出该类人的特征，都认为他是该类人的代表，进而把对该类人的评价强加于他。刻板印象作为一种固定化的认识，虽然有利于对某一群体做出概括性的评价，但也容易产生偏差，造成"先入为主"的成见，阻碍人与人之间深入、细致的认知。例如，男生认为女生心细、胆小、娇气，女生则认为男生心粗、胆大、傲气，农村来的同学认为城市来的同学见多识广但狡猾、小气，城市来的同学则认为农村来的同学孤陋寡闻但忠厚、老实等。

五、人际交往的意义

（一）人际交往是人身心健康的需要

我国著名的心理学家丁瓒教授曾指出："人类的心理适应，最主要的就是对人际关系的适应，所以人类的心理病态大多是由于人际关系失调所致。"心理学家从全国 29 个省、市、自治

区回收的1433份有效问卷的统计结果显示，人们的人际关系与身体健康和心理健康是密切关联、相互影响的，人际关系高度影响身体健康和心理健康，而其对于心理健康的影响作用比之对身体健康的影响更大。心理学研究表明，如果一个人长期缺乏与别人的积极交往，缺乏稳定而良好的人际关系，这个人往往就有明显的性格缺陷。人际交往促进个体心理健康主要是通过满足个体的需要使人情绪愉悦实现的。社会心理学研究表明，当个体的需要得到基本满足时人就会感到心情舒畅，而且他的行为动机就容易得到激发。相反，如果个体的需要得不到满足，人的心理就容易失衡，情绪易于沮丧，行为动机也就会受到抑制。因此，能否与人建立起长期稳定、良好的人际关系是一个人心理健康与否的重要衡量标准。大学生人际交往欲望强烈，希望被人接纳和认可的心理尤为迫切。良好的人际关系能促进大学生之间相互的理解和关怀。通过交往可以缓解大学生内心的冲突和紧张，减少内心的空虚、孤独，激发其对生活的热爱，最大限度地避免不良情绪的产生。

在大学生心理咨询中发现，绝大多数大学生的心理危机都与缺乏正常的人际交往和良好的人际关系相联系。同时心理学家也从各个不同角度做过大量的研究发现，健康的个性总是与健康的人际交往相伴随的。心理健康水平越高，与别人交往越积极，越符合社会的期望，与别人的关系也就越深刻。心理学家专门研究了身体、智力和心理健康水平都很优秀的宇航员、研究生和大中学生，得出了一个共同的结论，即心理健康水平高的人同别人的交往以及人际关系都很好。他们有着一系列有利于积极交往和建立良好人际关系的个性特点，如友好、可靠、替别人着想、温厚、诚挚、信任别人等。这些研究还发现那些心理健康水平高者，往往来自人际关系状况良好的幸福家庭，这从一个侧面提供了人际关系状况影响个性发展和健康的佐证。与人发生冲突会使人的心灵蒙上阴影，导致精神紧张、抑郁，不但会导致心理障碍，而且还会刺激下丘脑，使内分泌功能紊乱，进一步引起一系列复杂的生理变化。许多疾病，如冠心病、消化性溃疡、甲状腺功能亢进、偏头痛、月经失调和癌症，都与长期不良情绪和心理遭受强烈的刺激有关。

（二）人际交往是人获得安全感的需要

社会心理学家所做的大量研究表明，与人交往是获得安全感的最有效途径。当人们面临危险的情境而感到恐惧时，与别人在一起可以直接而有效地减少人们的恐惧感，使人们感到安宁与舒适。有人研究过战场上与部队失散的士兵的心理，发现最令士兵恐惧的不是战场的炮火硝烟，而是失去同战友联系的孤独。一旦一个失散的士兵遇到自己的战友，哪怕其完全失去了战斗力，也会感到莫大的安慰，其独自一人时的高度恐惧感也会大大减轻甚至消失。人不光有生物性的安全感需要，而且还有社会性的安全感需要。当人置身于自己不能把握或控制的社会情境时，也同样会缺乏安全感，如大一新生来到学校，脱离了原来的人际关系支持，新的人际关系尚未建立，因而在自我稳定感和社会安全感方面就可能出现危机，在新的人际关系建立起来之前，会一直处于高度的自我防卫状态。心理学的研究发现，同生物安全感的建立相似，获得社会安全感的最有效途径同样是与人交往，并由此建立稳定的人际关系。不过与生物安全感不同，一个人要获得充分的社会安全感，仅有别人的陪伴或表面交往还很不够，社会安全感的本质是人与人之间的情感联系。只有通过交往，同别人建立了可靠的人际关系之后，人们的社会安全感才能得到确立。

（三）人际交往有助于自我认知的发展

人的自我意识的确立是通过社会比较过程来实现的。一个人只有将自身置于社会背景之中，通过将自己与别人进行比较才能确立自己的价值。所以，人需要了解别人，也需要通过别人来了解自己。因此，需要同别人进行交往，需要同别人建立并保持一定的人际关系。一个人必须不断地通过社会比较获得充分信息，使自己相信自己是有价值的，才能保持其稳定的自我价值评判。如果社会比较的机会被长期剥夺，则会使人因缺乏自我状况的社会反馈信息而导致个人价值感的危机，并使人产生高度的自我不稳定感。人是不能忍受自己的价值得不到肯定的。因此，自我不稳定感会引起人的高度焦虑，并促使人去同他人进行交流，有意无意地进行社会比较，以便获得有关自我状况的社会反馈，了解自我，使自己的行为具有明确的方向，并使自我价值感重新得到确立。

能正确地认识自我、认识他人是大学生自身全面发展的重要体现，要做到此必须发挥人际关系的重要作用。因为在社会生活中，人只有通过各种交往活动才能体会自我的交往方式、自我的同伴偏好，并根据自我的行为与态度对他人的影响以及他人对自我的评价逐步认识自我。良好的人际关系不仅能令大学生看到自己的优势，而且能让他们意识到自己的劣势，并能够得到较多的社会支持来改善、发展自我；而不良的人际关系，很容易误导大学生的自我认识，或盲目自卑，或盲目自大。另外，良好的人际关系是大学生知识体系不断完善的保证，是促进大学生有效学习与智力发展的必要条件。大学生可以通过与他人交流来获取信息，获得知识，丰富经验，提高认识，实现自我认知的发展。

（四）人际交往是人生幸福的需要

在日常生活中，有些人认为，人的幸福是建立在金钱、成功、名誉和地位的基础之上的。实际上，对于人生的幸福来说，所有这些方面远不如健康的交往和良好的人际关系重要。交往和人际关系在人们生活中的地位无法为金钱、成功、名誉和地位所取代。心理学家通过研究发现了一个奇特的现象：自20世纪30年代以来，人们的金钱收入一直呈上升趋势，但是对生活感到幸福的人的比例并没有增加，而是稳定在原来的水平。这说明金钱并不能简单地决定人的幸福。心理学家克林格做了一个广泛的调查，结果发现良好的人际关系对于生活的幸福具有首要意义。当人们被问到“什么使你的生活富有意义”的时候，几乎所有人都回答“亲密的人际关系是首要的”。自己的生活是否幸福取决于自己同生活中其他人的关系是否良好。如果同配偶、恋人、孩子、父母亲、朋友及同事关系良好，有深刻的情感联系，那就会感到生活幸福且富有意义；反之，则会感到生活缺乏目标、没有动力和不幸。在这些被调查者的回答中，人际关系的重要性远远超过成功、名誉和地位，甚至超过了西方人最为尊重的宗教信仰。有一项调查表明，在我国，压抑、人际关系和谐度与人际关系压力是导致青年人自杀的三大因素。法国社会学家指出，社会关系的丧失是自杀的主要原因之一。

六、大学生人际关系

（一）大学生人际关系的内涵与类型

人总是处于一定的社会关系之中的，人际关系反映了个人或团体寻求满足其社会需要的心理状态。大学生作为一个特殊的群体，由于其特有的身心发展特点，在人际关系发展上有其独有的特征。

1. 大学生人际关系的内涵

大学生人际关系是大学生在大学就读期间，在学习、工作、生活过程中与他人发生的各种交往关系。它包括横向人际关系和纵向人际关系，横向人际关系指大学生在同龄的同学与朋友间建立的人际关系；纵向人际关系是指大学生与父母、师长等不同年龄的人之间建立的关系。

2. 大学生人际关系的类型

根据大学生交往对象的不同，主要分为以下六类。

（1）师生关系

师生关系即大学教师与在校大学生之间的关系，这种关系又可具体分为任课教师与学生的关系和辅导员与学生的关系两种。其中，任课教师主要担任公共课或专业课的知识传授，这种师生关系范围比较窄，内容较为简单。由于辅导员是开展大学生思想政治教育的骨干力量，是高校学生日常思想政治教育和管理工作的组织者、实施者和指导者，辅导员的工作直接涉及学生思想、学习、生活的方方面面，因此，辅导员与学生的关系相对于任课教师来讲范围要宽得多，内容也比较复杂。

（2）室友关系

室友关系即大学生与同宿舍其他成员之间的关系。目前，高校大学生宿舍格局以 4 人或 6 人为多。大学生除了学习之外，与同宿舍其他成员之间的关系成了大学生课余生活的主要关系，这种关系处理不好将直接影响学生的学习和生活，甚至出现由于矛盾激化而引发恶性事件的发生。因此，这种关系的处理也是大学生人际交往问题中的关键一环。

（3）同学关系

同学关系即大学生与其学习伙伴之间的人际交往关系，这种关系主要包括同性同学之间的关系、异性同学之间的关系以及学生干部与普通同学之间的关系三种类型。其中，异性同学之间如何得体交往成为困扰许多学生的问题。除此之外，学生干部与普通同学之间的关系处理问题也是大学生在人际交往方面比较容易出现的问题。

（4）同乡关系

同乡关系指大学生与来自同一生源地或相近生源地的学生之间的关系。由于大学生的个人人际交往需求，这种关系的发生在大一新生之间、大一新生与高年级学生之间以及应届毕业生群体之中更为普遍和频繁。

（5）亲友关系

亲友关系即除了上述四种人际关系之外，大学生的父母，与大学生关系密切、对其个人成长发展具有举足轻重影响的长辈和同辈，这一群体与大学生之间的关系即为亲友关系。相对于发生在大学校园里的人际交往关系来讲，这种关系在空间上距离较远，其发生也不那么频繁。

（6）虚拟关系

随着网络的普及，上网成了大学生课余生活的重要组成部分，通过网络游戏、聊天、交友、互助等多种渠道，形成了大学生与其他网络虚拟领域使用者之间的交往关系。这种关系也是当代大学生人际交往的一个主要方面，在大学生的课余生活中也占据了一席之地。

（二）大学生人际关系的特点

1. 交往注重平等性

大学生有较强的民主平等意识和积极参与意识，更加注重自己主观能动性的发挥，注重在人际关系中要求交往双方的地位平等和彼此间的相互尊重，要求在一个民主、平等的基础上建立和处理自己周围的人际关系，使他们在交往中能充分体会到人格独立和个性自由。

2. 交往形式、内容更广泛

大学生人际交往不仅仅是只为了交流学习，寻找友谊；交往的对象也不仅仅限于本班、本系和本校的学生。同时，大学生的交流方式多种多样，他们不仅仅局限于面对面的沟通和交流，手机、网络已经成为目前大学生彼此交流的重要工具，上网交友已经成为当前大学生人际交往的热点。

3. 交往具有不平衡性

大学生对人际交往的需求比较迫切，但由于每个人的社交能力及个性的差异，导致他们的人际关系和谐情况有很大的差异。有调查分析，46.1％的学生不满意自己当前的人际关系状况并且想要改善自己当前的人际关系现状；约35.4％的学生觉得自己目前的人际关系还可以，对自己目前的人际关系现状表示满意或基本满意；19.5％的学生认为无所谓，到时候再说。

4. 交往具有一定的功利性

在市场经济条件下，经济利益已经成为社会价值的中心，人们传统的价值观受到了极大的冲击。由于市场经济的负面影响，导致了大学生在人际交往过程中的功利主义思想超越了情感交流的最主要的动机。有调查表明，由于各种外部因素的影响，具有利己动机的大学生已经占据了总数的34.1％。

（三）构建大学生和谐人际关系的重要意义

对任何人而言，正常的人际交往和良好的人际关系都是其心理正常发展、个性保持健康和生活具有幸福感的必要前提。大学阶段是人生的黄金时期，良好的人际关系是大学生身心健康和发展的重要内容和基础条件，人际关系的质量对其在校期间的学习、生活和终生的幸福都有重要影响。

1. 促进自我认知及自我完善

自我认知及自我完善的过程，并非简单的个人私事，而是在一定的社会关系和文化环境中，通过个人与他人相互交往、相互认知的过程，是一个社会化的过程。对自我的正确认识，是通过交往逐步实现的。正确的自我观对自我完善、健康成长意义重大。

个体对自己真正的了解，必须依赖于与他人的交往。通过人际交往，个体透过他人对自己的看法和评价，有助于形成正确的人际知觉，对自身的言行有重要的调节作用。正确认识自己与周围的环境，才能形成好的自我形象，并塑造完美的人格。相反，若无自知之明，就会常常感到不适，甚至会遭受不应有的挫折。

2. 促进个性发展与身心保健

交往是个性发展的必经之路。个体只有通过与其他个体发生联系，才能有效地学习社会知识、经验、技能与文化，完成社会化过程，从而取得社会生活的资格。离开社会的交往环境以及与他人的合作，个体是无法成为一个合格的社会人的。“狼孩”由于失去了与他人交往的最佳

时期，失去了其作为“人”的成长的环境，因而即使后来被发现，也已经很难成为一个正常的“人”了。

人与人之间的交流与情感的融合，有益于身心健康。每个人都希望得到快乐，摆脱忧愁。有了喜事对朋友讲一讲，大家共同喜悦。有了难事，找朋友说一说，可以分担你的压力，减轻精神上的痛苦。这种倾诉，对个人健康有着很大的好处，倾诉的过程是释放压力的过程，是解除精神紧张的过程。具有强烈归属感和交往愿望的同学需要更多的理解和支持。通过相互交流、吐露心声，增进彼此间的感情共鸣，从而在心理上产生安全感和慰藉感。如果不与同学交往，把自己封闭起来，独来独往，性格孤僻，一旦受挫将会掉进痛苦的深渊。因此，人际交往是成长的桥梁。良好的人际交往可以带来好心情，好心情可以激发人去奋进，并永葆青春。

3. 有利于信息交流与学会合作

人与人之间的接触与交往，不仅仅是相互间的关系，而且更重要的是信息的交流。个人对客观世界的认识、兴趣、经验和体会，往往在交往中自觉或不自觉地流露和表达出来，并传递给周围的人，因而交往是人们了解信息、学习经验的极好渠道。中国有句古话叫“听君一席话，胜读十年书”，实际上就是强调交往、交流的重要性。事实上，很多重要的发明发现，往往发端于人们相互交流而碰撞出的思想火花。在当今的信息时代，特别是大学生在交往过程中所获得的信息，对其学习、生活都会起到非常重要的影响。

事业的成功离不开合作，而合作始于人际交往。当今时代是竞争与合作并存的时代，一方面竞争无处不在，另一方面当代社会化大生产要求绝大部分的工作必须通过若干人的合作才能完成。未来社会对人的交往能力的要求更高，要想成就一番事业，必须善于凝聚人心，凝聚人力，善于团结协调各种力量。竞争是在合作基础上的竞争，合作是在竞争基础上的合作。大学生一方面要敢于竞争，更重要的是善于合作。交往中形成良好的心理共振，可以产生激励作用，使同学间彼此团结，培养合作精神。

4. 满足安全和实现价值的需要

心理学研究表明，当个体与群体脱离时，安全感下降。所以当自然灾害将一些人置于与世隔绝的困境时，人们常常因安全感的突然丧失而产生心理恐慌，导致生理紊乱，结果在获得救援之前便结束了生命。而人处于群体中时，安全感增加。故人们常讲，人多胆壮。所以乐于交往、人际关系和谐的人，往往具有稳定的安全感。

虽然大学生都有较强的成人意识，觉得自己的能力正在变强，但单独行动的时候，由于处世经验少，又往往容易感到自己的力量很单薄，不足以应付很多事，所以此时有效的办法是找几个较好的朋友给自己壮胆，这样能够从团体中获得一些力量，增加安全感。

交往还有助于满足人们实现自身价值的需要。心理学家发现，当人处于团体中的时候，会感到团体的力量是自身力量的延伸，而且由于和朋友在一起时容易受到其他人的欣赏，有成就感，能充分体现自身价值。

第二节　大学生人际交往及其影响因素

一、大学生人际交往现状

当代大学生大多出生于20世纪90年代，他们当中独生子女多，人称“中国的小皇帝”。社会的进步、经济的快速发展、全球经济和文化交流的增进，给他们提供了优越的物质生活条件，同时他们也接受着各种思潮和生活方式的冲击。他们视野开阔、知识丰富，掌握先进的信息交流技术；他们思维活跃、张扬个性、思想解放；他们渴望平等、向往自由。这个时代的特征在他们身上打上了深深的烙印，渗透到他们的思想、学习、生活、交友等各个方面。

大学阶段，是青年学生身心迅速发展、为步入社会做充分准备的时期。在人生这一重要转折时期，为了解社会、适应社会、探索人生、实现价值，大学生社会交往比较活跃，并表现出了与其社会知识经验相对应的特点。

（一）交往愿望强烈，范围广泛、频率提高、手段增多、内容丰富

大学生渴望了解他人、了解社会、了解人生，渴望认识自我、表现自我、完善自我，更渴望与别人进行思想和情感上的交流，以期得到别人的关怀、支持、鼓励、帮助、理解和同情。他们的交往范围日益扩大，跨年级、跨系别、跨院校的交往已不鲜见，而且随着社会实践活动的增多，开始把交往的触角伸向社会各个角落。

大学生活中，由于课业负担减轻，大学生会自发组织各种社团和参加各种聚会、野游等活动，这样使大学生结交朋友的机会增多，与朋友相处的时间也就增多，使交往的频率越来越高。同时，随着电子时代的到来，大学生通过手机、上网交往已成为相当普遍的现象，由网络营造的虚拟空间，让更多人有更多的机会进行各种形式的交流。

而且，当代大学生由于更关注社会问题，所以交往的内容也变得非常丰富，对各种自然的、社会的现象都会产生兴趣，希望自己见多识广。

（二）观念自主，但情感性强

由于大学生正处于心理上的“断乳”期，使得他们更加渴望与别人进行情感上的沟通与交流，以求得感情上的依靠和寄托。大学生世界观尚未定型，认识能力还不够强，对交往的科学性认识还不够深刻，社会经验特别是社交经验还比较缺乏，思想未臻成熟，因此，大学生往往以情感体验作为决定交往对象、交往方式、交往内容、交往深度和交往长短的依据。情感性是大学生交往的一个突出特征。随着年龄的增长，这种特征会逐渐淡化，而理智性则越来越突出。

（三）注重横向交往，交往对象侧重于同龄人，交往场所以校园和网络为主

大学生大部分都远离家乡，这样一来，与父母、亲友的关系就相对疏远，但与同学之间交往日益频繁。交往对象的筛选性是大学生社会交往的又一显著特征，其交往对象多侧重于同龄人。他们更注重同辈之间的心理沟通和人格上的独立，而且多来自同一阶层或相似的环境，他们更多地相信自己的眼光或自己朋友的认识或评判。

他们虽然主动追求开放式的人际交往，但由于时间、经历、经济条件等方面的限制，交往的主要场所仍然在校园内，中心是寝室和网络。

（四）互动效应明显，易受暗示、感染

在人际交往中，大学生出于一种完善自我、赢得他人赏悦、避免失误和遭他人轻视嘲笑的动机，往往需要某种行为做参照，易受他人影响、暗示、感染，互动效应十分明显，常常模仿他人特别是他们所崇拜的人的一些生活方式和行为习惯，表现出观念的自主性与行为的趋同性的矛盾结合。

（五）社交能力迅速发展，但还不够完善

随着社交经验的不断积累、认识能力的不断提高和世界观的逐步形成，大学生的社会交往能力也随之迅速增强。但由于社会经验和认识能力的局限，他们的社交能力还不够成熟。在交往中，他们有时过于注重交往的形式；有时对交往对象的认识和态度易受“晕轮效应”“首因效应”“定势效应”等因素的干扰；有时为交往而交往，十分盲目；有时易受“哥们义气”影响，只讲友情而不讲原则，缺乏正确的交往态度。

（六）交往成本上涨，存在交际分层现象

由于种种原因，目前，大学校园学生家庭经济条件贫富悬殊的现象还比较突出，富裕的学生一个月的消费几千元不在话下，而一些特困生最低生活费标准还不足一百五十元。经济上的悬殊，决定大学生在兴趣爱好、思想情趣等方面的差距，这种差距其实早在上大学前就已存在。进入大学进一步演变为能力和心理上的对比，并对大学生活的人际交往产生一定的影响。

随着大学生的交际需求增强，交际面的扩大，大学生交际费用呈上涨之势。又由于一些大学生沾染社会不良习气，交往、应酬中吃喝之风、攀比之风也十分盛行。出入交际场合的衣着打扮，一些社交场合、活动场所价格不菲的门票，老乡会餐、朋友聚会、生日 Party、相互之间请客吃饭，交际成本不断上涨。对于学费和生活费还成问题的贫困生来说，他们是无力支付过多交际成本的，这决定了他们参与各种活动和出入交际场合的机会减少。久而久之，学生群体间出现分层，一道无形的鸿沟隔断了他们之间的联系，互相之间缺少交往的机会或很难深入交往，交往中形成一种“贫者近贫，富者近富”的分层现象。

二、影响大学生人际交往的主要因素

（一）心理因素直接影响着大学生的人际交往

影响大学生交往的心理因素主要包括认知因素、情感因素和人格因素。交往过程中的认知因素包括对自己的认知、对他人的认知、对交往本身的认知。对自己不恰当的认知与评价会引起自大或自卑，从而导致交往中的盛气凌人或畏惧心态及社交恐惧症。自我评价又会直接影响对他人的评价。自我为中心的人常常对他人评价过低，而自卑心过重的人又会错误地过高评价他人，造成难以平等交往的局面。对交往本身的认识也会影响交往行为。如果认为交往只是为了满足自己的需要，从而忽视他人的需要，则会引起交往中断。

交往过程中的情感因素包括对交往的情绪反应、人与人之间的情感关系及心理距离的远近。情感成分是人际交往中的主要特征，对人的好恶决定着交往者彼此间的行为。大学生情感丰富，心境易变，有时对人、对事过于敏感，容易凭一时的好恶改变对一个人的看法，使得人际交往缺乏稳定性，产生各种障碍。此外，交往过程中的情绪反应是否适度适当，也影响着交往的发

展方向：情绪反应过分强烈会给人以轻浮不实之感，情绪反应过于冷漠则被视为麻木无情。这些不良的情绪反应都会影响交往。

交往过程中的人格因素导致交往障碍是常见的人际交往障碍。因此，人格因素在交往中有至关重要的作用。所谓人格，简单地说是指人在各种心理过程中经常地、稳定地表现出来的心理特征，包括气质、性格等。人格因素既影响人际吸引力的大小，又影响到人际交往的方向、数量和质量。由于人格差异会带来交往中的误解、矛盾和冲突。当与性格相投的人相处时，感到难舍难分；与性格不合的人相处，则处处觉得别扭。人格不健全的人，如偏执型人格、表演型人格、强迫性人格等障碍也是造成人际冲突的常见原因。人格不健全的人常常缺乏自知之明、过分苛求他人、放纵自己、情绪无常、行为怪异，使人难以与之相处。

（二）时代特征对大学生人际交往的影响

当代大学生成长时正处在我国对外开放和经济体制转轨期，受到各种外来文化和思潮冲击。张扬个性、崇尚自由、贪图享乐、渴望平等等各种思想良莠不齐，互相激荡与碰撞，使大学生的世界观、人生观、价值观呈多元化趋势，大学生对自己的行为选择呈多样化取向。我国经济体制的改革和全球经济一体化的推进，拉开了国内、国际全方位竞争的序幕，正如生物世界物竞天择、适者生存，人类社会竞争的结果同样是弱肉强食。当代大学生所处的时代使他们从小接受竞争意识的培养。然而，竞争意识的过度膨胀，必然助长他们以自我为中心的意识，导致在竞争中易用不正当竞争手段，投机取巧。同时学校教育唯成绩论的评价体制导致他们在从小到大重视学习的同时也失去了许多珍贵的东西，潜意识里人与人之间的关系演化为纯粹的竞争对手，合作意识逐渐淡化，人情味的交往隐藏功利性的交易。

互联网的迅猛发展打破了人际交往的狭窄范围，人际交往的范围扩大，使人际交往更加开放，同时也给欺骗、虚伪的交往行为创造了条件。当代大学生正处于这样一个复杂多变、发展迅速的社会，各种正面、负面影响相互交织，使他们的行为打上了时代的烙印。

（三）高校校园文化的渗透和感染

从中学进入大学，大学生开始了第二次心理“断乳期”，大学管理模式的根本变化和独特的管理理念、大学生自主管理的加强、大学校园的相对开放，使大学校园俨然是一个“小社会”。大学生远离亲朋好友，来到这种特殊的生活环境，怀念昔日亲情、友情，渴望新的友谊，对人际交往产生了强烈的欲望。在校园文化的渗透和感染下，大学生的交际行为会自觉地和着节拍与这种文化氛围融合在一起。

当走进某一所大学校园，学生的精神面貌、行为等方面都散发着一种特定校园文化的底蕴，身临其境就能使我们对一所学校有较独特的认识。大学生在校园的人际交往现状能折射校园文化拓展的广度和深度，是学校独特风格的缩影。高校校园丰富多彩的活动为当代大学生营造了良好的交际氛围，为他们的人际交往创造了条件。其次，教职员工在人际交往中的言行、观念，整个校园弥漫的一种人际气息（表现在人与人之间的关系中即师生之间、同学之间、同事之间、朋友之间、上下级之间），融洽、协调、真诚、关爱或者自私、勾心斗角、虚情假意、不合作等，往往会在不同的场合以不同的方式潜移默化地影响着大学生，并使他们适时调整自己的行为。大学校园文化正以其特有的观念、风格引领着大学生的人际交往。

（四）家庭环境的潜移默化影响

家庭是人出生后的第一所学校，是个人成长的摇篮。家庭教育的基础性、特殊性等特点对一个人的影响是潜移默化的。在当代大学生中独生子女多，这一代人生而寂寞，没有兄弟姐妹，从小集万千宠爱于一身。家庭教育的共性，使这一代人习惯于以自我为中心，使他们从小培养起极强的自信心和自尊心，容易张扬个性，富有创新意识，没有任何思想的束缚。这种经历也导致他们先天不足，缺少容让、谦和、合作的品质，在集体内与人相处会暴露种种弱点：无礼、自私、任性……交际困难。有调查研究表明，对大学生人际交往影响最大的人是自己的父母。父母是孩子的第一任老师。大学生的人际交往与家庭适应性、家庭亲密度关系密切。家庭适应性和亲密度越低，社交状况越差。也就是说，大学生的家人关系越亲密，其社交状况越好；家人关系越疏远，其社交状况越差。同时，对不同情况的适应性越强，社交状况越好。因此，在这方面家长要以身作则，给孩子树立榜样。

（五）大学生自身条件和自身素质的制约

大学生自身条件的制约主要有外表与特长。外表包括一个人的长相、穿着、仪态、风度。这些因素会明显地影响交往双方彼此间的吸引。通常情况下，外表美丽、英俊、衣着整洁、仪表大方的人，常因外表的魅力而给人留下好印象，相对评价也高，往往更容易讨人喜欢。尽管人们都懂得人不可貌相，但在交往初期，外表因素会有形或无形地左右人们的交往。特长是指人的特殊能力和专长。一般来讲，有某些特长的人会增加人与人之间的吸引。因为人们欣赏他的才华而产生钦佩感，愿意与之接近。大学生自身素质的制约主要指性格特征和道德品质的影响。现实生活中，有人开朗、热情，喜欢交际；有人敏感、多疑，不爱与人打交道，这就是不同的性格特征在现实生活中的反映。随和、开朗、热情、自信的大学生，人际交往能力远远胜过那些怯弱、拘谨、敏感的学生。另外，与性格特征密切相关的个人道德品质同样制约着人际交往。虽然个人的道德修养品质是在后天的不断学习中通过道德自律和他律逐步形成的，可一旦形成就对一个人的行为起着主导作用。自私、狡诈、虚伪、贪小便宜的人和无私、诚实、善良的人，交往中其表现截然不同。因此，个人道德品质的优劣是影响当代大学生人际交往的重要因素，大学生要不断加强自身道德品质的修养，培养良好的人际交往能力。

第三节　大学生人际交往的原则及技巧

一、大学生人际交往的原则

人际交往是一门艺术，有很多方法和技巧。为了使自己的交往行为能够引起对方良好的反应，从而引发积极的交往行为，在交往的过程中应该遵循一定的原则。

（一）尊重原则

俄国大作家屠格涅夫有一天走在街上，一个年迈体弱的乞丐向他伸出发抖的双手，大作家找遍全身所有的口袋，分文没有，他感到惶恐不安，只好上前握住乞丐的那双脏手，深情地说道：“对不起，兄弟，我什么也没有，兄弟！”哪知大作家这一声声“兄弟”却超过了金钱的作用，使老乞丐为之动容，他泪眼盈盈地说：“哪儿的话，这已经很感恩了，这也是恩惠啊！”这个故事说明，无论什么人，无论地位高低，渴求得到尊重的心情是一样的。

古人云："敬人者，人恒敬之。"尊重包括自尊和尊重他人两个方面。自尊就是在各种场合自重、自爱，维护自己的人格；尊重他人就是重视他人的人格、习惯与价值。尽管由于主、客观因素影响，人与人在气质、性格、能力、知识等方面存在差异，但在人格上大家是平等的。只有尊重他人才能得到他人的尊重。大学生来自四面八方，年龄、学识、经历相近，虽然家庭环境、经济条件、个人能力有差异，但绝对没有高低贵贱之分，彼此之间应该相互尊重、相互帮助，尊重他人、理解他人，建立良好的人际关系。

（二）真诚原则

真诚待人是人际交往中最有价值、最重要的原则。以诚待人是人际交往得以延续和深化的保证。美国一位心理学家曾列出 555 个描写人品的形容词，让大学生说出最喜欢哪些、最不喜欢哪些，结果学生评价最高的品质是：真诚。在 8 个评价最高的形容词中，有 6 个和真诚有关，即真诚、诚实、忠诚、真实、信赖和可靠。而评价最低的品质中，虚伪居首位。古人说："以诚感人者，人亦诚而应。"在人际交往中，只有彼此抱着心诚意善的动机和态度，才能相互理解、接纳、信任，在感情上引起共鸣，使交往关系巩固和发展，那种"逢人只说三分话，未可全抛一片心"的交往信条，只会侵蚀着健康的交往关系。因此，在人际交往中，首先要做到与人相处有诚心，襟怀坦荡，表里如一，这样才能使对方放心，赢得他人对自己的信任，在感情上产生共鸣，使彼此间相互理解，并为进一步交往奠定基础。

（三）宽容原则

宽容要求相处时为人要豁达开朗，做事不斤斤计较，善于接受他人的意见和批评。宽容有助于扩大交往空间，消除彼此间的紧张和矛盾。在人际交往的过程中，难免会由于认识不一致而产生矛盾和冲突的现象，遇到这种情况，要求同存异、虚怀若谷，要学会忍耐和控制，要理解个性之间存在的差异，允许不同的思想和行为方式的存在，要用宽容心去对待别人的缺点与不足。宽容表现为对非原则性问题不斤斤计较，能够以德报怨。在人际交往中，难免会遇到一些不愉快的人和事，要学会宽容，学会克制和忍耐。苏轼说得好："匹夫见辱，拔剑而起，挺身而出，此不足为大勇也。天下有大勇者，猝然临之而不惊，无故加之而不怒，此其所挟持者甚大，而其志甚远也。"大学生在人际交往中心胸要宽，姿态要高，气量要大，遇事要权衡利弊，切不可事事斤斤计较、苛求他人、固执己见，要尽量团结那些与自己有分歧意见的人，营造宽松的交际环境。学会原谅别人是美德，学会宽容别人是高尚。有了这样的心境，就会有良好的人际关系，就会使每一天都快乐。

（四）互助互利原则

互助表现在交往的过程中，交往的双方相互关心、相互帮助、相互支持。互利是指交往双方在满足对方需要的同时，又得到对方的报答，双方的交往关系因此能继续发展。通过互助互利，既满足了双方各自的需要，又促进了相互间的联系，深化了感情。互利性越高，交往双方关系就稳定、密切；互利性越低，交往的双方关系就疏远。如果一方只索取，不给予，交往就会中断。总之，大学生在交往的过程中，要学会尽义务，相互付出，多献爱心，解人之困，救人之危，建立良好的人际关系。

（五）谦逊的原则

谦逊是一种美德。谦虚好学者，人们总是乐于与之交往；反之，狂妄自负、目无他人者，人们往往避而远之。在人际交往中，如果有豁达的胸怀，谦虚谨慎，戒骄戒躁，虚心学习他人之长，常常就会有亲和力；而狂妄自大，傲视他人，不懂装懂，知错不改，是为人所厌恶的。

（六）适度原则

适度原则是指人际交往中要注意行为得体、合乎分寸、恰到好处。适度原则影响着其他的原则，有很强的普遍性。适度原则体现在许多方面，常见的有自尊适度、热情适度、豪爽适度、言谈适度、信任适度等。大学生在交往的过程中尤其要注意自尊适度、热情适度和信任适度等。自尊适度一方面是防止自尊心太弱，从而产生自卑；另一方面是要防止自尊心过强，产生自傲、自负。热情适度也是一样的，一方面不能热情过度，另一方面也不能热情不足，两者都会令人产生不快的感觉。

（七）体谅原则

“金玉易得，知己难寻”。所谓知己，即是能够理解和关心自己的人。相互理解是人际沟通、促进交往的条件。理解不等于知道和了解。就人际交往而言，你不仅要细心了解他人的处境、心情、特性、好恶、需求等，还要根据彼此的情况，主动调整或约束自己的行为，尽量给他人以关心、帮助和方便，多为他人着想，处处体谅别人，自己不爱听的话别送给人，自己反感的行为别强加于人。古人说：“己欲立而立人，己欲达而达人，己所不欲，勿施于人。”当你在交往中善解人意，处处理解和关心他人时，相信他人也不会亏待你。

（八）诚信原则

人际交往要讲究一个“信”字。信用有两层含义：一是言必信，即说真话，不说假话。如果一个人满嘴胡言，尽说假话骗人，到头来连真话都不能使人相信了。二是行必果，即说到做到，遵守诺言，实践诺言。如果一个人到处许愿而不去做，必然会引起人们的反感和唾弃。无信不立，“言而无信非君子”。要取信于人，第一要守信，即言行一致，说到做到。第二要信任，不仅要信任别人，而且要争取赢得别人的信任。第三不要轻易许诺，即不说大话，不做毫无把握的许诺。第四要诚实，实事求是，自己能办到的事一定要答应别人去办，办不到的事要讲清楚，以赢得对方的理解。第五要自信，即要有一种自信心，相信自己能行，给人以信赖感和安全感。

二、大学生人际交往的技巧

大学生处于一个渴望交往、渴求理解的心理发展时期，良好的人际交往，是大学生心理健康发展和具有安全感、归属感和幸福感的必然要求，但只有良好的愿望还不够。不少大学生不知道如何与人交往，有的事与愿违，这是因为没有掌握交往的技巧。

（一）注意仪表、举止、言谈、风度、气质和行为规范，给对方良好的第一印象

第一印象在人际交往中的作用非常大，具有认识效应、即时效应和长久效应，往往是根据对方的仪表、举止、言谈、风度、气质等形成的。因此，加强自身修养，以良好的精神风貌出现在交往对象面前是十分重要的。

（二）真诚地肯定对方，尊重对方

人类普遍存在着自尊的需要，只有在自尊心高度满足的情况下，才会产生最大程度的愉悦，才会对人际交往中对方的态度、观点易于接受。特别是处于青春期的大学生，自尊心极强，因而在交往中首先就必须肯定对方、尊重对方，这是成功交往的重要条件。

（三）讲究语言的艺术性

语言是人际交往的工具和手段，人际交往离不开语言的交流和沟通。在交流中善用语言、乐于交谈，有利于人们交往的顺利发展。运用语言的技巧，首先，说话要看对象，不能千人一律；其次，表达要准确，用简洁明了、幽默生动的语言表达自己的思想和观点，切忌词不达意、喋喋不休；再次，要随时注意对方的反应，不能自说自话、不顾及对方的感受；复次，说话要注意时间、地点、场合；最后，交谈要选择双方都感兴趣、能够交流、沟通的话题。

（四）耐心地聆听对方

在交谈中要学会倾听。首先，态度一定要诚恳、认真；其次，姿势要恰当；最后，就是要配合对方讲述的内容，不时进行正确的反应。在聆听时，最好的方式是站在对方的立场上，设身处地地为对方着想，集中精力去了解对方谈话的内容，真诚地投入情感，切忌在聆听中频频打岔或发表评论甚至不耐烦。

（五）展现友善的微笑

在交往过程中，真诚、友善的微笑会给人留下美好而深刻的印象。自然、得体、大方的微笑，能照亮所有看得到它的人，尤其是在对方遭受不幸和不快、承受着压力时，一个笑容能够使对方感受到生活充满希望。笑不仅能够使自己心情舒畅、精神愉快、驱除疲劳，而且能将快乐传递给对方，使对方也从中感受到快乐。

（六）保持适当距离

人的生理特点和心理特点决定人与人之间是有一种无形的距离的，而且此距离有它适当的限度，距离过近或过远，都会造成人际关系的不和谐，所以，古人指出：久往令人贱，频来亲也疏。正所谓“距离产生美”。这是因为每个人既需要交往，又要有独处的空间，如果你三天两头去打扰别人，一聊就是半天，会使人产生受“骚扰”的感觉。

第四节 大学生人际关系处理

大学生作为一个特殊群体，正处在一个探索人生、认知社会、掌握专业知识的阶段，其人际交往质量及是否具有良好的人际关系，直接影响他们在校的学习、生活和心理健康。但是在现实生活中，大学生虽然有强烈的交往动机，也认识到了交往在社会生活中的重要作用，可实际上不少人因个性特征、对他人认知等方面存在的问题以及缺乏人际交往策略而使人际关系处于紧张状态，并引发了种种心理问题。因此，分析大学生人际交往中常见的心理问题，寻找对策，有针对性地给予相应辅导帮助，对增强大学生人际交往能力、改善人际关系以顺利适应未来社会生活等都具有重要的意义。

一、大学生人际关系障碍

（一）人格缺陷

有些大学生交际不良，人际关系紧张的根本原因在于自身人格存在缺陷，主要表现为以下几个方面。

1. 孤僻与羞怯

孤僻的学生平时表现沉默寡言，很少与同学交流，不喜欢参加集体活动，从而导致没有人愿意与其交往。

有些学生生性胆小或性格内向，与人交往时诚惶诚恐或退缩回避，在社交场合过分拘谨，言谈举止别扭、生硬，从而影响正常交往的效果。这种羞怯必然导致闭锁心理，既不愿抛头露面，又不与人交往，把自己孤立、封闭起来，久而久之，只能造成孤独无友的局面，不利于身心的健康发展。

2. 自卑和自傲

自卑是一种过低评价自己而造成的消极心理体验。自卑的原因来自多方面，如家庭、容貌、经济条件、学习等。自卑的学生在交往中缺乏自信，自惭形秽，行为退缩，害怕别人看不起自己，因此心情郁闷、压抑。也有个别学生的自卑以过分自傲来掩盖，喜欢与人争论，具有较强的攻击性，造成人际关系紧张。

也有的大学生自视甚高，自我感觉良好，因此而产生自傲心理。他们常常感觉自己高人一等，自命不凡，在交往中极易在对方面前摆出“居高临下”“目中无人”的架势，或对别人吹毛求疵，从而引起对方的厌倦和反感，使交往难以正常进行。

3. 嫉妒和报复

社交中的嫉妒心理是指人们在交往中，因发现或估计自己在才能、名望、地位、实力等方面不及他人而产生憎恨、愤怒等消极情感和企图贬低甚至伤害他人的心理倾向。嫉妒被称为“心理的肿瘤”。心理学研究表明，嫉妒心强的学生心胸狭窄、鼠目寸光，与同学交往缺乏真诚，甚至挑衅、指责、敌对、打击报复、中伤他人等，造成人际关系破裂。

在大学生人际交往中，易与嫉妒心相伴而生的还有报复心理。报复心理是指在交往中，一方自认为受了委屈甚至情感、人格被伤害时所产生的伺机反击的心理。这样，容易使交往双方可以化解的矛盾或冲突加剧，甚至因“小题大做”而“小事变大”，造成人际关系的紧张和恶化。

4. 自私自利

部分大学生人际交往中的自私自利心理表现为交往的目的不是增进彼此间的友谊或达到心理上的沟通，而是获得个人私欲的满足或对功利的追求。大学生群体中，也有一些人在交往时过分地强调以自我为中心，不为他人的利益和处境着想，或利用他人，甚至踩在别人的肩膀上，以图达到个人目的，而事成后又“过河拆桥”甚至“毁桥”。个别大学生为在评奖评优中获胜，想尽办法在同学中拉关系、套近乎，而一旦成功，便把与同学原有的交情抛之脑后。这种自私自利的心理，势必影响良好人际关系的建立。

5. 猜疑和防御

部分大学生交往中对别人不信任，往往在自己与他人之间设置一堵无形的墙，戴着面具

与人交往，以防范他人。有的大学生与人交往时，喜欢主观猜测，怀疑对方，自己没有被选为干部就怀疑有人背后捣鬼，挨了批评就怀疑是有同学打了“小报告”。他们以怀疑的、不信任的眼光看人看事，在交往中心存戒备，处处设防，不能坦诚相待，不能开诚布公，或捕风捉影，或搬弄是非。过重的主观随意的猜疑，往往会拉大人与人之间的心理距离，造成心理隔膜和感情上的疏离，致使交往停留于表浅状态，从而给人际交往带来负面影响，是人际交往的一大障碍。

（二）认知偏差

人际认知就是个体对他人的心理状态、个性品质、行为动机以及彼此的人际关系做出推测和判断的过程。人际认知和人际交往是密不可分的，任何人际交往都包含有认知的因素，只有在对交往对象了解的基础上，才能顺利地开展人际交往。大学生社会交往经验不足，社会认知尚处在发展阶段，还不成熟，容易产生人际认知偏差。

（三）情绪因素

交往过程中的情绪因素包括对交往的情绪反应、人与人之间的情感关系及心理距离的远近。大学生感情丰富但又不成熟，心境易变，对人对事有时过于敏感，容易凭一时的好恶改变对一个人的看法，使得人际交往缺乏稳定性和理智性，产生各种问题。此外，交往过程中的情绪反应是否适度适当，也影响着交往的发展方向和深度。情绪反应过分强烈会给人以轻浮不实之感，不敢深交；情绪反应过于冷漠则易被人视为麻木无情，容易失去机会。

（四）观念错误

观念是人们在认识世界和改造世界的实践活动中形成的某些态度、看法、思想、意识，是思维活动的结果。观念在人际交往中相当重要，观念的差异、冲突有时会影响到人与人之间的交往，大学生在交往中应学会相互尊重、求同存异，使交往顺利进行。但是，由于受到社会上各种不良风气的影响，在某些大学生的人际交往中，形成了一些错误的交往观念，如缺乏真诚、世俗、“见人只说三分话，未可全抛一片心”、逢场作戏、不懂得珍惜友谊等。

（五）社交恐惧症

处于青春期的大学生，对于自己的形象极为敏感，他们希望自己以满意的形象投入交往，特别是希望在异性的心目中留下一个好形象。因此，这种对交往的过高的期望值，使他们在交往中时常显得手足无措，前言不搭后语，重者还会出现一些症状，如心跳加快、呼吸短促、身体抖动等，这在心理学上被称为“社交恐惧症”。

患有社交恐惧症的大学生常常陷入焦虑、痛苦、自卑之中，严重影响他们的身心健康和日常交往。

二、大学生人际关系障碍的调适

每个人在交往中都会或多或少地出现这样或那样的心理问题，改善人际关系，加强人际交往，对大学生的学习、生活和心理健康都有重大意义。

（一）正确认识自己

正确认识自己，才能以良好的心态同别人交往。一个人自卑、缺乏自信以及自傲甚至孤芳

自赏往往与不能正确地认识自己有紧密的关系。毫无疑问，在社会生活中，我们要经常把自己与他人进行比较，检查自己的言行是否妥当。但在与他人比较时，应注意标准，客观地比较，既不能以己之长去比他人之短，也不能以己之短去比他人之长。另外也不能以偏概全，自己某些方面不如人就认为自己什么都不行，自己某方面突出就认为自己什么都行。

如果对自己的认识与评价不符合实际，夸大了自己的缺点短处，看不到自己的优点和长处，则只会使自己在别人面前丧失信心，增强自卑感。相反，夸大了自己的优点长处，看不到自己的缺点和短处，也会使自己觉得高人一等，产生目中无人的感觉。“金无足赤，人无完人”，大学生在交往中，要善于发现自己的优点和长处，肯定自己的成绩，懂得欣赏自己；“尺有所短，寸有所长”，大学生在交往中同样也要善于看到自己的短处和不足，明确自己的差距，学会解剖自己。只有学会客观公正地认识自己、评价自己，才能既增强自己的信心，克服自卑感，又避免狂妄自大，以正确的心态与别人交往。

（二）主动大胆地与人交往

大学生人际交往是交往双方积极互动的过程，一方主动而另一方被动势必造成交往难以正常进行或不能持久，主动大胆地与人交往有利于消除自卑、性格内向所带来的心理问题。因为主动大胆地与人进行交往，能够锻炼自己的胆量。客观地说，一个人的胆量是在后天的实践活动中形成和发展起来的，要大胆地、主动地与人交往，锻炼自己的胆量。

俗话说“一回生，二回熟”。第一次主动地与人交往后，要大胆地进行第二次、第三次交往，并进行总结，积累经验，找出不足，在以后的交往中发挥优点、克服不足，使自己在交往中做得越来越好，给自己信心和胆量。只有大胆地尝试，主动地参与社交活动，慢慢地才不会害怕见陌生人，社交恐惧症和孤独感也会随之慢慢消除。

（三）培养良好的交往品质

1. 真诚

虚情假意是交往的大敌，以诚待人、宽以待人则是交往成功的基础。“人之相知，贵在知心。”只有真诚才能打动人，也只有真诚才会让人以真诚相报。真诚的心能使交往双方心心相印，彼此肝胆相照，真诚的人能和所交往者的友谊地久天长。

2. 信任

信任是与人交往的前提，而猜疑则是交往的拦路虎。美国诗人爱默生说过，“你信任人，人才对你重视。”以伟大的风度待人，人才表现出伟大的风度。信任本身就是一个巨大的磁场，能把人吸引到你的身边。在人际交往中，信任就是要相信他人，从积极的角度去理解他人的动机和言行，而不是胡乱猜疑、相互设防。信任他人必须真心实意，而不是口是心非。

3. 克制

与人相处，难免发生摩擦、冲突，克制往往会起到“化干戈为玉帛”的效果。克制是以团结为本，以大局为重，即使是在自己的自尊与利益受到损害时也是如此。但克制并不是无条件的，应有理、有利、有节，如果是为一时苟安，忍气吞声地任凭他人无端攻击、指责，则是怯懦的表现，而不是正确的交往态度。

4. 自信

俗话说，自爱才有他爱，自尊而后有他尊。自信也是如此，在人际交往中，自信是获得他

人信任和尊敬的前提。自信的人总是不卑不亢、落落大方、谈吐从容，容易取得别人信任与尊重，从而有利于实现正常交往。但自信决非孤芳自赏、盲目清高。自信的人对自己的不足有所认识，并善于听从别人的劝告与帮助，勇于改正自己的错误。培养自信要善于"解剖自己"，发扬优点，改正缺点，在社会实践中磨炼自己，使自己尽快成熟起来。

5. 热情

热情是交往的促进剂，可以立刻缩短人与人之间的距离。在人际交往中，热情能给人以温暖，能促进人的相互理解，能融化冷漠的心灵。因此，待人热情是沟通人的情感、促进人际交往的重要心理品质。

6. 容忍

容忍是能够谅解和宽恕别人缺点或错误的一种品质。人非圣贤，难免有缺点和错误，"人无完人，金无足赤"讲的就是这个道理。与人交往，不能要求别人尽善尽美，当别人有缺点或错误时，要给予理解和宽容。有容乃大，大海正是有包容一切的胸怀才积蓄起万顷波涛。如果一个人不善容忍，就很难有众多朋友。

(四) 努力提高人际交往的基本技能

1. 积极的心理暗示

生活中不难发现，有的人身上仿佛有一种魔力，周围人都乐于聚在其身边，这类人往往能在短时间内结识许多人。心理学研究表明，这类人大都具有良性的自我表象和自我认识："我是一个受人欢迎的人，我喜欢与人交往。"这样的心态会使人以开放的方式走向人群，他们心地坦然，很少有先入为主的防御心理，因而言谈举止轻松自在，挥洒自如。在这种人面前，很少有人会感到紧张或不自在，即使一些防御心理较强的人也会受其感染而变得轻松、开放起来。

同学之间的交往，许多时候都是在紧张的学习之余求得一种轻松感，所以能满足这一愿望的人自然会有一种吸引力。但许多同学，包括一些才华和品质都很优秀的人，可能存在一些消极的自我意象。在与人交往时，常常会产生"他（她）会喜欢我吗？会尊重我吗？"的疑问，由此带来的结果是防卫心理。由于对自己的某种东西缺乏信心便想掩饰，掩饰心理所带来的行为表现或是夸张或是封闭，带有表演给人看的味道。再者，由于时时注意别人如何评论自己，心情难以轻松下来，所以其言行、表情总会显出某些不自然，交往气氛也会因此受到一定程度的损害。

之所以有以上差异，是由于习惯性暗示在起作用。运用积极暗示能够减少或消除不良的自我意象。比如，经常在心里默默对自己说："我是受欢迎的人！"每天早晨醒来，都要充满信心地默诵这句话。除言语暗示外，还可运用形象暗示。在头脑中把自己想象成一个良好的交际者，直到这种形象在头脑中能够栩栩如生地浮现出来并根深蒂固。这就是西方心理学中知名的想象方法。

2. 主动而热情地待人

心理学家发现，"热情"是最能打动人、对人最具吸引力的特质之一。一个充满热情的人很容易把自己的良性情绪传染给别人。一个面带微笑的人很容易被他人接纳。每个人在生活中都会遇到许多烦恼的事，但我们不应被它们所左右。学会愉快地面对生活可以从行动入手，让自己高兴地去做事，以微笑去待人。

要热情待人还须从心里对他人感兴趣，真心关爱他人、喜欢他人。对别人不感兴趣的人，缺少对人关爱之心的人，他的一生中困难最多，对别人的伤害也最大。实践证明，人们更容易喜欢那些对自己感兴趣并关爱自己的人。

3. 把每个人都看成重要人物

自我尊严得以维护，自我价值得到承认，这是许多人最强烈的心理欲求。我们只有在交往中注意到这一点，才能应对自如。的确，每个人都是重要的，当我们把自己看得非常重要时，也应将心比心把别人也看成重要的。

因此，在交往中我们应注意以下几点。

（1）让他人保住面子。如果一个人习惯于通过挑别人的毛病和漏洞来显示自己的聪明，那将是最愚蠢的，必将为此付出高昂的代价。人人都有毛病和缺点，所以找起来并不难。但被人暴露自己的“瑕疵”，这是许多人所反感的，因为这威胁到了他的自尊。

（2）要发现和赞赏别人的优点。每个人都有其不足，每个人也都有其所长。我们何不去多多赞赏别人身上那些闪光的东西呢？但人们却常常容易忘记和忽略赞赏。在生活中，最为人渴望而不用花钱费力就能给予的“赞赏”却常常难得一见。在大学里，有一些同学由于家境、容貌、见识等原因而深藏一种自卑感，他们多么需要得到认同和鼓励！一句由衷的赞赏很可能会使他们的生活洒满阳光，甚至改变他们的命运。

4. 换位思考

这对建立良好的人际关系很重要。要经常设想，如果我在他的位置上，我会怎样处理？经常站在对方的角度去理解和处理问题，一切就会变得简单多了。一般而言，善于交往的人，往往善于发现他人的价值，懂得尊重他人，愿意信任他人，对人宽容，能容忍他人有不同的观点和行为，不斤斤计较他人的过失，在可能的范围内帮助他人而不是指责他人。他懂得“你要别人怎样对待你，你就得怎样对待别人”；懂得“己所不欲，勿施于人”；懂得“得到朋友的最好办法是使自己成为别人的朋友”；懂得别人是别人而不是自己，因而不能强求，与朋友相处时应求大同、存小异。

5. 帮助别人

雪中送炭也好，锦上添花也罢，这对人际交往都很重要。心理学研究表明，以帮助与相互帮助开端的人际关系，不仅良好的第一印象容易确立，而且人与人之间的心理距离可以迅速缩短，使良好的人际关系迅速建立起来。日常生活中的患难之交正说明了这一点。

（五）加强自身修养，提高自身素质

人的素质是多方面的，除了身体素质和生理素质具有一定的遗传因素外，其他大部分素质都是可以在后天的努力中加以改变和塑造的，理智的人总是设法在实践中不断提高修养，丰富知识，提高自身的综合素质。这是增强自身人格魅力、实现成功交往的基础。因此，人不能老是为那些自己不能改变的因素而忧虑、悲伤，而应去努力改变那些自己可以改变的，创造那些自己可以创造的东西。事实证明，在人际交往中，后天培养的内在素质的魅力比天赋美貌的魅力作用更具持久性和感染力。

第十五章　大学生职业生涯规划与心理健康指导

生涯规划是每个人一生都要面对的重大课题。当年老退休离开工作岗位时，回首人生，每个人都会问自己：我一生中做了些什么工作？我是否在工作中发挥了自己的才能？我是否实现了自己的价值？有的人会对自己很满意，他们感到自己的人生很充实，很有成就感；有的人则对自己充满了遗憾，他们常常感到虚度光阴，一事无成。一个人怎样经营好自己的职业生涯，使人生更成功、更有价值，这就需要规划自己的职业生涯。学习职业生涯发展规划的基本理论和方法，将有助于大学生科学地规划自己，更好地准备自己，使在大学的学习目标更明确，在今后的职业生涯发展上更成功。

第一节　大学生职业生涯规划概述

在高中阶段，每位学生的学习目标和人生目标都是比较明确的，就是考上理想的大学。而进入大学之后，目标一下子不再明确，这使得很多学生不知道该往哪方面努力，该怎样充实地度过自己的大学生活，该如何锻炼自己以面对走出校门之后的社会挑战。所以，我们在教学的过程中应该让学生首先意识到大学生职业生涯规划的重要性，然后指导学生如何根据自身的特点和社会的需求进行合理的、科学的职业生涯规划。

一、与职业生涯规划相关的概念

（一）职业相关概念

1. 职业的内涵

从汉语“职业”一词的结构来看，它由“职”和“业”二字组合而成，“职”字含有“责任”“任务”之意，“业”含有“行业”“事业”之意。《现代汉语词典》将“职业”定义为“个人在社会中所从事的作为主要生活来源的工作”。简言之，职业就是指人在社会活动中，以获得生活来源、实现自我价值为目的，而从事的较为稳定、具有专门分工的社会工作。这一界定有两层含义：第一是职业的个人价值。职业为人提供了一定的物质收入，满足了人的生存需求。也就是说，通过职业劳动、社会工作换取生活必需品成为职业给予人的最基本保障，因而“有无物质收入”便成为职业这一社会活动区别于其他人类活动的一项重要标志。第二是职业的社会价值。职业是代表了社会分工不断发展与细化的产物，在社会的发展进程中，对劳动力的大量需求使得人力资源开始逐渐投入社会生产之中。此时需要明确的社会分工给予人劳动内容的合理安排，由此促进了职业的发展，即社会分工的发展决定和制约着职业的发展。

2. 职业的特点

职业的特点根植于职业的形成发展的历史进程中，反映在职业活动之上，决定于社会分工的形式及水平，体现着一定国家、族群的历史传统和文化特质。具体而言，职业的特点表现为

以下三个方面。

第一，社会性与经济性的统一。职业的社会性即指社会从业者在特定的社会生产、生活条件下所从事的一种（或多种）能够与其他社会成员建立相互联系、彼此提供相互服务的社会生产活动。职业的经济性是指在职业劳动过程中获得的合法、合理的物质报酬。社会性与经济性相互联系、相互影响。一方面，从职业产生的来源来看，职业与社会生产、产业分工有着直接的联系。社会生产可以分为三类，第一产业和第二产业（即农业和工业）都是物质生产部门，第三产业为服务业。在不同的社会时期，当其中一种产业占主体地位时，它所保有的职业数量和从业人口就会明显增加，正如马克思所言，“每一种职业都是社会分工中的一定部门”。另一方面，从职业的功能来看，职业是人社会化过程的重要载体。人具有双重属性，其本质属性是社会属性，即人是社会的人。从这方面来看，每个人要根据社会的需求来确定自己的职业选择，承担社会组织分配的生产任务，通过完成生产任务来实现社会价值。“人正是通过这个过程来实现向‘社会人’的转化”。以上两方面反映出，无论是从社会分工的决定还是从社会属性的转化而言，劳动者在职业工作中的辛勤劳动，都是为社会创造物质与精神财富、促进社会进步的重要实践活动；同时，劳动者获得满足其物质生活需要的劳动报酬，也是人在社会中生存的基本物质基础。因此，社会性与经济性的统一反映了职业最根本的特点。

第二，连续性与稳定性的统一。职业的连续性是指个人在职业生命周期中持续不断地从事职业活动。职业的稳定性是指从业者长期的、较为稳定地投入某一职业活动。职业的连续性为稳定性提供了重要规范与支持，职业的稳定性也为连续性提供了一定的保障。在社会分工中，不是任何工作都是职业，只有在较长时间内持续从事某种活动，并通过这项活动较稳定地获得一定的经济收入或报酬，这项活动才能被视为职业活动。所以，判断一项工作是否为职业的一条重要标准是其是否具有连续性与稳定性。职业是社会分工的角色，在任何一个历史时期的社会分工与社会生产中，只有劳动者长期、连续地从事稳定的职业活动，才能够促进社会生产的平稳发展。例如，我国封建社会时常爆发农民战争的根源在于社会矛盾的激化，但具体来说，其主要原因之一是由于封建地主阶级大量兼并土地，使得广大农民阶级长期脱离农业生产，其固有职业的连续性与稳定性被打破，因而造成了社会矛盾的激化、社会秩序的混乱和统治政权的动荡。所以，连续性与稳定性的统一是职业的重要特征。

第三，空间性与时间性的统一。职业的空间性指的是由于职业性质的不同而导致的活动内容的差异性，主要体现在职业种类及其活动的空间分布上。究其原因，一是自然原因，即自然环境决定着人类从事职业活动的类别，进而决定职业的分布范围。例如，平原地区，农业类职业集中；山地地区，林业类职业较多。二是社会原因，即社会经济发展条件的不同而产生的职业分布差异，如在经济发达的大城市，科研、经济和服务类的职业较多。职业的时间性是指，职业的性质、功能、内容会随着时间推移而产生变化。不同时期的社会分工、文化、观念等因素，对社会职业种类和个体职业选择都会产生重大的影响，例如，新的历史时期总会有某些职业被特别关注或新职业悄然诞生，从以前的“工人热”到“IT热”再到现在的“公务员热”，都反映了职业的时间性。职业的空间性反映了某一历史时期特有社会分工形态下的职业特点，而时间性则反映了各个历史时期不同社会分工形态下的不同职业特点。只有将空间性与时间性统一起来，才能从整体上认识职业的本质。

3. 职业的要素

职业是一个复杂的有机整体，其构成要素形成了相互联系、相互制约的网络结构。我们在借鉴了国内外学界有关职业构成要素的研究观点基础上，认为职业构成要素至少应包括四个方面：一是职业名称。它是指一个人所从事的职业的称谓，是职业要素的直接与外在表征。职业名称往往反映了一个职业最直接的功能或属性，如教师、医生、公务员等。在日常生活中，人们往往习惯于根据某人的职业名称来判断此人职业活动的领域、性质、内容等。因而，通过了解个人的职业名称，可以对其职业进行特定的感性定位，这也是职业的外在表征要素。二是职业内容。它包括职业的对象、程序、能力、方法等。职业内容包含了职业活动的主要项目以及职业活动的运行机理，同时，它也要符合国家法律和社会道德规范。职业内容是职业构成的核心要素，也是职业构成的主体要素。三是职业收入。职业的目的体现为职业活动以获得现金或实物等为报酬。个人通过职业活动创造社会物质财富和精神财富的同时也应获得相应的劳动报酬，以此满足个人在社会生活中的基本生存需要，因此，职业收入是职业实现人的目的与需求的基本要素。四是职业关系。它主要是指社会从业者在某一生产工作中所形成的与其他社会成员或社会部门建立起的相互关联、相互服务的关系，因此，可以说职业关系作为社会关系的有机组成部分，是调节与保障职业活动顺利进行的介质要素。

4. 职业的功能

职业功能是指职业及其活动对于促进人类社会生活，使人类从中获取各种利益的作用和效能。就其内容而言，职业功能从不同视角可以择取出不同的内容构成，如从职业领域来看，职业功能可分为政治功能、经济功能、文化功能等；从职业时效来看，职业功能可分为近期功能、中期功能、长期功能；从职业对象来看，职业的功能可分为个人功能、社会功能。目前学界普遍在职业对人和社会的作用与影响方面展开讨论，具体如下：

个人功能是职业对于促进个人发展、满足个人生活的作用和效能。主要体现在三个方面：一是提升个人能力。个人能力是在一定的社会环境里，通过社会实践而形成和发展起来的。长期连续地从事某种职业，就会使人在某方面的能力得到较大的提升。二是完善个人性格。性格是人对现实的态度及相应的行为方式之中较为稳定的、具有核心意义的个性心理特征，由处事原则、处事态度和活动方式三个方面构成。社会活动对人的性格的培养和发展起着重要作用，每种职业都要求掌握有关的知识和技术，遵守一定的规则、章程和职业道德，这些要求影响和完善了职业角色承担者的行动方式、处事原则和态度，即影响个人的性格。三是改进个人生活方式。这里所说的生活方式，主要是指人的劳动方式或工作方式。不同职业、不同生产领域中的从业者需掌握不同的职业技术与职业知识，同时还需遵守不同的职业规范，由此就决定了不同职业具有不同的劳动或工作方式。人长期从事某种职业，便会形成一种特定的个性心理和行为模式，并长时间影响人以后的生活方式。

社会功能是职业对于保持社会发展、维持社会稳定、保证社会有序运行的作用与效能。每种积极的职业都会对人类社会的发展起到一定的促进作用。在当今社会，每项重要的工作、劳动以及社会活动，都有与之相应的职业。这些职业不仅带动了社会经济的发展，而且促进了社会稳定和有序的社会组织运行。一方面，职业是社会控制的重要手段。职业为人提供了必要的生活来源，控制着人们最基本的生存需要。职业的连续性与稳定性决定了职业是社会控制、维持社会运转的重要手段。另一方面，职业是社会发展的重要动力。综上所述，职业在社会生产

中的分类与结构状况与社会经济制度和经济结构紧密相关。职业的发展与进步，不仅是社会经济发展水平提升的直接反映，而且是社会进步的重要标志。

（二）职业生涯相关概念

1. 职业生涯的内涵

“生涯”的英文为“career”，从词源学看，来自拉丁文“carrus”，指古代的战车或戎马生涯。从汉语词组结构看，“生涯”可以分解成“生”与“涯”二字。“生”，即“活着”；“涯”，即“边界”。“生涯”指从事某种活动或职业的生活。从广义上理解，舒伯认为“生涯”即指人在一生中所扮演的角色的综合及结果，这些角色包括子女、学生、休闲者、公民、工作者、持家者等。从狭义上理解，“生涯”是指人在成年阶段所从事某种活动或职业的生活。

“职业生涯”翻译自英文“career”一词，原意指“道路”，后来逐渐引申为人们的职业生涯发展道路或途径。职业生涯的概念起始于20世纪60年代的美国，90年代初传入中国。职业生涯的含义随着时间的推移发生过很多变化。法语中对职业生涯一词的界定是“表现为连续性的分阶段、分等级的职业经历”，罗斯威尔和思莱德将职业生涯界定为人的一生中与工作相关的活动、行为、态度、价值观、愿望的有机整体。可以看出，职业生涯的概念应包括工作、家庭、自我、爱情、休闲、健康等多个层面，可视为个人整体谋生活动和生活形态的综合体，即人生发展的整体历程。但目前，无论在常识上或学术上，尚无对职业生涯的权威定义。

20世纪70年代，职业生涯的概念涵盖与个人生活和工作相关的各个方面。此后，职业生涯的概念一直在不断泛化，其内涵甚至包含了个人生活的方方面面。早期一些经济学家认为职业生涯就是社会个体在其人生中所经历的一系列职位与角色，与个人的职业发展过程紧密相关，因而是个人在接受职业培训与个人独立发展中所形成的知识与经验。70年代以后，职业生涯概念的外延被不断扩大，大多数的西方学者普遍认为职业生涯就是个人一生中职业发展与人际关系的总称，也被称为“个人终生发展历程”。而在中国，职业生涯的概念产生较晚，著名职业生涯研究专家程社明教授将职业生涯明确定义为：“以心理开发、生理开发、智力开发、技能开发、伦理开发等人的潜能开发为基础，以工作内容的确定和变化、工作业绩的评价、工资待遇、职称、职务的变动为标准，以满足需求为目标的工作经历和内心体验的经历。”

综上所述，我们认为职业生涯就是个体在整个生命过程中的工作经历，具体是指社会个体与职业相关的一切行为活动、情感态度，以及价值判断等连续性经历的过程，同时还包括职位或行业的变迁，以及信念或理想的实现过程。这一界定主要包括两层含义：一是职业生涯具有社会属性，是一种个人与社会的长期动态互动过程，它不仅表征着职业工作时间的长短，同时也包含各种职业变更和生涯发展的经验与经历、社会个体职业发展的阶段、职业的属性、职位与职业的转换等具体内容。二是职业生涯具有个体属性，是一种个体的行为经历。每个人都有自己的职业条件，有着自己的职业愿望，有为实现自己的职业愿望所做的种种不同努力，从而有着与别人相区别的、独特的生涯历程。

2. 职业生涯的特点

职业生涯具有发展性特征。职业生涯是连续不断的发展过程，既是职业本身的不断变化，也是个体多方面能力水平的发展。主要表现在两个方面：一是职业与职位的变动。个人对职业的选择、转换，在职业中的职务晋升、下降，职业发展不同阶段的成功与失败等都会引起职业

内容、性质的变更以及职位变化的动态过程。二是个体自身的进步与提升。个人在职业发展过程中，能够通过学习和努力，提高自身的工作能力、技术水平和个人素养，从而实现自身的全面发展。总之，在职业生涯发展的过程中，个体通过个人价值来实现社会价值，为社会创造精神财富和物质财富，这个过程既促进了职业本身的发展，同时也促进了个体各种能力、素质的不断提高。

职业生涯具有阶段性特征。职业生涯的发展具有阶段性，由于每个阶段的时间长短不一，工作手段与方式不同，目标与内容也不一样，因而其表现出的特点也不同。同时，各个发展阶段并非简单并列，而是组成了一个有着紧密联系的整体。比如，人们前一阶段职业生涯的良好发展往往为后一阶段职业生涯的继续发展与进步打下基础，而后一阶段的发展与进步也往往会通过总结前一阶段的经验教训来实现。所以，必须做好职业生涯每个阶段的工作，才能促进职业生涯有序、持续地发展。

职业生涯具有层次性和差异性特征。每个人的职业生涯由于受知识水平、社会环境、家庭教育以及个人性格、价值取向等因素的影响，因而具有较大的层次性和差异性。比如，受过高等教育的个体，在职业生涯中设定的目标通常较高，对职业生涯规划更为科学，职业生涯过程也会更加丰富和充实，因而其整个职业生涯往往在较高层面上发展。另外，如果人长期从事单一专门职业的工作，往往会受到同种固定思想、价值观的影响，使人的心理、习惯特别是行为模式逐步趋于固定，并限定职业生涯的方向。随着时间的推移，社会个体在这些因素影响下，就会产生职业生涯的差异性。

职业生涯具有规划性特征。职业生涯是一个发展的动态过程，在这个过程中个人需要制订具有不同层次的目标、完成不同难度的工作或学业任务。如何避免因盲目而导致的个体发展障碍，便成了职业生涯规划性特征的具体功能。因此，每个人只有对自己的职业生涯做好规划并实行规划，才能逐步实现目标与理想。规划性的另一种表现即预测性，是指职业生涯对个体活动过程结果的预测，其本身并不包含成功与失败的含义。因此，职业生涯的规划性是我们进行职业生涯规划研究的前提性特征。

二、生涯规划

生涯规划指的是一个人对其一生中所承担职务相继历程的预期和计划。个人着眼于生涯发展，在对自己的兴趣、爱好、能力、特点和客观环境进行综合分析与权衡的基础上，面对各种抉择情境学会界定问题，通过恰当的规划为自己确立职业方向和目标，确定教育和发展计划，制定行动策略，实现个体的全面最优发展。

生涯设计的目的绝不仅是帮助个人按照自己的资历条件找到一份合适的工作，实现个人的目标，更重要的是帮助个人真正了解自己，为自己定下事业大计，筹划未来，拟定一生的发展方向。每个人都应当审时度势地为自己筹划未来，有了事业上的目标，生活才有方向；有了事业上的追求，生活才有动力。对自己职业生涯的设计规划就是将自己的理想化为现实的人生，把对未来事业发展的预期转变为明确的行动步骤。大学生正处在对个体职业生涯的探索阶段，这一阶段对大学生今后职业生涯的发展有着十分重要的意义。

三、大学生生涯规划的意义

大学生要充分认识生涯规划的重要意义。职业生涯活动将伴随人生最宝贵的时间，拥有成功的职业生涯才能实现完美人生，因此，职业生涯规划对于大学生的人生发展具有特别重要的意义。在职业生涯规划中有这样一句话发人深省："你今天站在哪里并不重要，但是你下一步迈向哪里却很重要。"成功的人生需要正确的规划。在现代社会，规划决定命运。有什么样的规划，就有什么样的人生。人生是有限的，越早规划你的人生，你就能越早成功。

（一）协助个人认识自我开发潜能

学习职业生涯规划，可以协助大学生正确认识自身的个性特质、兴趣和能力倾向，使其对自身的优势与劣势进行理性的分析；了解自己的职业价值观，树立明确的职业发展目标与职业理想；将职业目标与实际相结合，做出恰当的职业定位；学会运用科学的方法，采取可行的步骤与措施，不断增强自己的职业能力，实现职业目标与理想。

（二）协助个人规划自我实现理想

职业发展规划犹如一张生命蓝图，它引导你一步步实现自己的职业理想。人无论做什么都需要制定一个适合于自己的目标，然后制定为达到这一目标而实施的具体计划。明确的职业生涯规划，可以使你把理想与现实的努力结合起来，脚踏实地地去努力。例如，你的学习计划，你的知识、能力准备，你对各种职业信息的收集，你的社会实践的锻炼等，都应与你的职业理想结合起来。当今的时代是一个挑战和机遇并存的时代，机遇总是垂青那些有准备的人。一个善于规划自我的人，总能把握自己的命运。

（三）协助毕业生进行理性的就业选择

大学生对职业生涯规划的明确程度，直接影响到他们的毕业选择。有关部门对职业生涯规划的明确程度与毕业选择满意度的相关性分析说明：职业生涯规划的明确程度与毕业选择满意度之间有显著的联系，职业生涯规划越明确，毕业选择的满意度就越高；职业生涯规划明确程度越低，则毕业选择的满意度就越低。由于一些大学生没有真正理解职业生涯规划的确切含义，对职业生涯规划的重要意义认识不足，不了解职业生涯规划的程序，缺乏进行规划的具体技巧，因此在毕业选择时不是盲目追赶社会潮流，就是随意效仿别人，常常表现出被动和不知所措。

（四）协助个人做出有效的决定

通过职业生涯规划，大学生可以对自我和职业环境进行深入、具体的分析，并对各种信息进行综合与评估，在此基础上做出选择决定，并且掌握实施决定的各种具体技巧，如具体的求职过程，如何写简历、进行面试，再评估和调整自己的选择等。有了这些具体、充分的准备，就会使你做出一个有效的决定，勇敢地迈出职业生涯发展的第一步，为以后的职业成功奠定坚实的基础；同时，也大大提升了你应对竞争的能力，因为这其中的每一个细节都包含着成功与失败。如今是一个充满着激烈竞争的时代，无论是毕业时的职业残酷，还是以后的职业发展，竞争都非常残酷，如何使自己在激烈的竞争中脱颖而出并立于不败之地，必须设计好自己的职业生涯规划。

第二节 大学生职业生涯规划理论

“职业生涯发展”在国外已有100多年的历史，从20世纪初美国的帕森斯在波士顿开设职业局所推动职业辅导运动开始，已经建立起了一系列的职业发展理论模型，为协助个人做出有关职业和生活的正确决定提供支持。为了使大学生们科学地做好个人职业生涯规划，下面介绍几种主要的职业生涯规划理论。

一、霍兰德的类型论

霍兰德根据多年实践与研究，提出了他的研究假设。其基本理论观点是：

（一）六种人格类型

职业选择是人格的一种表现，工作兴趣类型即人格类型。大多数人的人格特质可以归纳为六种类型，即实用型、研究型、艺术型、社会型、企业型、事务型（图15-1）。

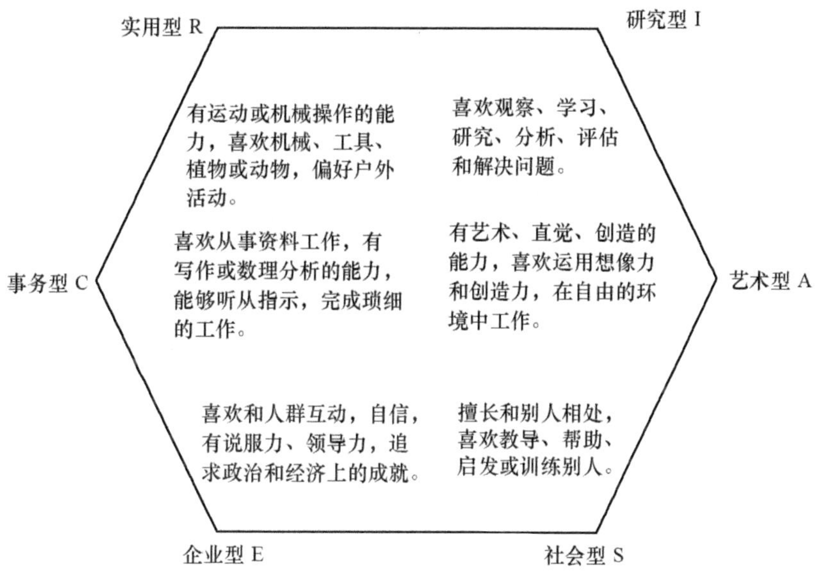

图15-1 六种人格类型

1. 实用型

喜欢有规则的具体劳动和需要基本技能的工作，但缺乏社交能力。

2. 研究型

喜欢智力的、抽象的、分析的、推理的和独立的定向任务，但缺乏领导能力。

3. 艺术型人员

喜欢通过艺术作品来达到自我表现的目的。他们感情丰富，善于想象，对艺术创作充满兴趣，但缺乏办事能力。

4. 社会型

对社会交往感兴趣，愿意出入社交场所，关心社会问题，愿为社会服务，但缺乏机械能力。

5. 企业型

性格外向，对冒险活动、领导角色感兴趣，具有支配、劝说和使用语言的技能，喜欢管理和控制别人。这类人缺乏的是科学研究能力。

6. 事务型

对系统的有条理的工作感兴趣，讲究实际，喜欢有秩序的生活，习惯按照固定的规程、计划办事。

（二）六种工作环境类型

由于同一职业吸引有相似人格特质的人，他们对情境和问题会有类似的反应，因此，与人格类型分类一致，工作环境也可以分为六种类型（图 15-2）：

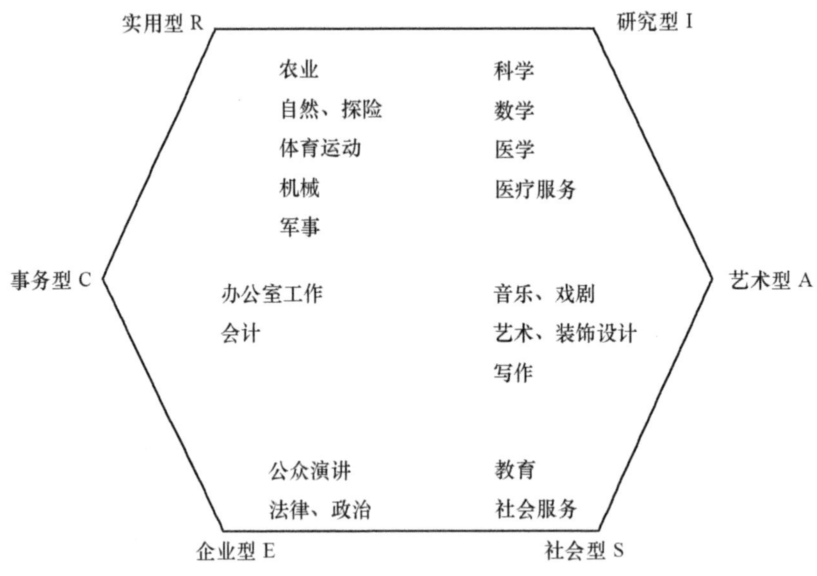

图 15-2　六种工作环境类型

1. 实用型

主要是熟练的手工工作和技术工作，如制图员、司机、电工、机械工、运输工、产业工人以及木工、瓦工、铁匠、修理工等。

2. 研究型

主要是科学研究和实验工作，包括各类科学研究人员，如气象学者、天文学者、地质学者以及物理学、生物学、化学、数学等学科的科学工作者。

3. 艺术型

室内装饰人员、图书管理员、诗人、作家、演员、记者，以及从事音乐、书画、雕塑、舞蹈、摄影等各类的文学艺术工作者。

4. 社会型

主要是与人打交道和为人办事的工作，即教育人、医治人、帮助人、服务于人的工作，如教师、医生、护士、律师、服务员、公关人员以及社团工作者和社会活动家等。

5. 企业型

主要是管理、决策方面的工作，如国家机关及机构负责人、党团干部、经理、厂长、推销员以及从事宣传、推广等工作的人员。

6. 事务型

办公室办事员、图书管理员、会计、税务员、统计员、出纳员、秘书以及从事打字、校对等工作的人员。

（三）职业环境及人格特质的适配性

一个人如果知道自己的人格类型和职业类型，就可以预测自己的职业选择、工作变换、职业成就和教育及社会行为。个人的工作满意度、职业稳定性和职业成就感取决于个人人格类型和职业环境之间的适配度。

二、舒伯的生涯发展理论

舒伯把职业生涯的发展看成一个持续渐进的过程，一直伴随个人的一生。其主要理论观点是：

（一）自我概念

“自我概念”是舒伯理论中的核心。“自我概念”，就是指个人对自己的兴趣、能力、价值观及人格特征等方面的认识。一个人的“自我概念”在青春期以前开始形成，至青春期较为明朗，并在成人期由自我概念转化为职业生涯概念。工作与生活满意与否，就在于个人能否在工作和生活中找到展现自我的机会，用舒伯的话说：“职业生涯就是对自我的实践。”

（二）生涯发展阶段

舒伯认为人的职业生涯发展分为五个阶段：

第一个阶段：成长阶段（14～15岁）

儿童开始辨认他们周围的事物，并逐渐开始意识到自己的兴趣所在以及和职业相关的一些最基本技能。他们这个阶段发展的任务是：发展自我形象和对工作世界的正确态度，并了解工作的意义。

第二个阶段：探索阶段（15～24岁）

青少年开始通过个人尝试一些自己感兴趣的职业活动，对自我能力及角色、职业进行探索。职业倾向趋于某些特定的领域。

第三个阶段：建立阶段（25～44岁）

个人开始尝试选择适合自己的职业领域。这个阶段发展的任务是：个人致力于工作上的稳定，大部分人处于最具创造力的时期。

第四个阶段：维持阶段（45～64岁）

个人通过不断努力来获得职业生涯的发展和成就，并逐渐能在自己的领域中占有一席之地。这一阶段发展的任务是：维持既有成就与地位。

第五阶段：衰退阶段（65岁以上）

由于生理及心理机能的日益衰退，个人职业角色的分量逐渐减少，开始考虑退休并享受自己的晚年生活。

（三）职业循环发展理论

舒伯在后期提出在一个人一生的职业发展过程中，职业发展的五个阶段是一个循环再循环的过程。职业发展的五个阶段并不完全和年龄相关，而且各阶段之间并不存在严格的界限，可能有交叉，在人生中的不同时期，都可以经历由这五个阶段构成的一个“小循环”。例如，一个大学生在大学期间对大学生活的适应要经历一个“成长”“探索”“建立”“维持”“衰退”的过程，而对大学生活的“衰退”，又是社会职业活动的开始，又要经历一个新的五个阶段的过程。人生的每一个发展历程的结束都是下一个历程的开始，而且为下一个循环做了准备。职业生涯发展是一个循环往复的过程。

（四）生命彩虹图

舒伯认为，一个人的职业生涯发展与个人在发展历程的各个阶段中所扮演的各种角色，如儿童、学生、休闲者、公民、工作者、夫妻、家长、父母和退休者密切相关。人在某一阶段对某角色投入得多，就会导致这一角色的成功，同时也可能导致另一角色的失败。他称发展的各个阶段为生活广度，称个人扮演的角色为生活空间，生活广度和生活空间交汇成为生涯彩虹图。它描绘出了生涯发展阶段与角色彼此间交互影响、多重角色生涯发展的状况。因此，一个人要获得职业生涯的成功发展，需要协调各个阶段所扮演的角色和个人目标间的关系，以增进个人对自己发展历程的认识，引导其积极参与到解决问题及设计未来发展的计划中。见图 15-3。

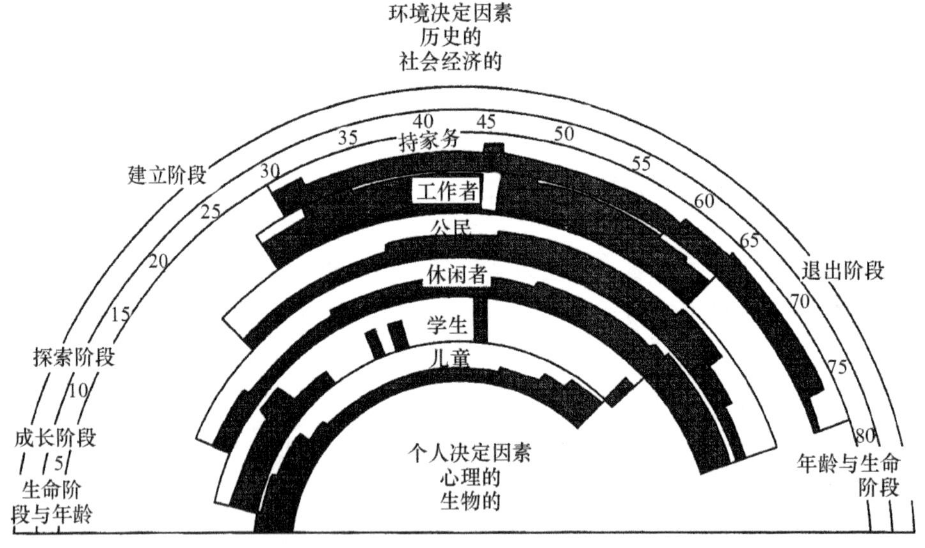

图 15-3　舒伯的生涯彩虹图

三、克朗伯兹的社会学习理论

克朗伯兹把班杜拉的社会学习理论引入生涯辅导领域，他提出：个人的社会成熟度在很大程度上依赖于对他人行为的学习和模仿，并由此而决定自己的职业导向。其主要理论观点如下：

（一）影响职业决策的因素

影响职业决策的四种因素是：遗传因素和特殊的能力，如智力、职业技能、身体协调性以

及种族、性别、外在的仪表特征等；环境因素和事件，如家庭、社会条件、科技发展水平、信息资源的获得和机遇等；学习经验，每个人独特的学习经验；任务取向的技能，如问题解决技能、习惯、情绪、认知等。克朗伯兹认为这四种因素对于个人的职业生涯抉择和发展具有重要的影响。

（二）生涯信念

克朗伯兹认为，在个人发展的历程中，上述四种因素相互作用，从而形成了个人对自我与世界的信念。他提出：一般所谓的个人兴趣、价值观等，实际上都属于个人职业生涯信念的一部分。生涯信念就是一组对自己以及自己未来在工作世界中发展的假设，这种假设会影响到个人在生涯历程中的期望与行动。个人可能会由于学习经验的不足和不当，形成错误的推论和单一的比较标准或夸大式的灾难情绪等种种问题，从而有碍于职业生涯的正常发展，因此克朗伯兹特别强调学习的重要性。大学生应当重视自己对理论和实践的学习，扩展个人经验，改变不合理的职业信念，使自己拥有职业选择和职业发展的成功。

四、施恩的职业锚理论

职业锚（又称职业定位理论）最初产生于美国麻省理工学院斯隆研究院的专门小组，是从斯隆研究院毕业生的纵向研究中演绎而成的。

斯隆学院 1961 年、1962 年、1963 年的 44 名毕业生自愿形成了一个专门小组，愿意配合和接受著名的职业指导专家埃德加·施恩所进行的关于个人职业发展和组织职业管理的研究与调查。通过长达 12 年就他们演变中的职业与生活情况进行研究，包括面谈、跟踪调查、公司调查、人才测评、问卷等多种方式，最终分析总结出了职业锚理论。职业锚理论包含以下五种类型：

1. 技术或功能型职业锚

属于这一类型的人在进行职业选择时，主要注意力是工作的实际技术或职能内容。他们总是围绕着技术能力或业务能力的特定领域安排自己的职业，根据能够最大限度地在其特定的领域保持挑战机会的标准进行工作流动。这些特定领域包括工程技术、财务分析、营销策划、系统分析等。

他们虽然在其技术能力领域内也会接受管理职责，但他们对管理职业并不感兴趣。例如，一个技术或功能型职业锚的财务分析员，他希望在发挥自己财务会计专长的领域中谋求发展，其最高目标是公司的财务副总裁，而不在任何其他职能领域中涉足，也许对全面管理抱有强烈的抵触。在组织的许多工作岗位上都会有倾向技术或功能型职业锚的人，如咨询公司的项目经理、工厂的技术副厂长、企业中的研究开发人员、统计人员、会计人员等。

2. 管理型职业锚

管理型职业锚的人把管理本身作为职业目标，而具体的技术工作或职能工作仅仅被看作通向更高的管理层道路上的必经阶段。他们认识到在一个或多个职能领域展现能力的必要性，但却没有一个职能领域能让他们久留。职业经验给以他们开任高层领导所需的知识和技能，并能够同下面几种最基本的能力加以科学组合：

（1）分析能力，这种能力要求对环境敏感，具有判断信息的有效性和解决问题的技巧。

（2）人际沟通能力，是指能够影响、监督、率领、指挥和控制组织的各级人员，更有效地实现组织目标的能力。

（3）情感能力，是指能够正确处理感情危机和人际危机，而不是被拖垮或压倒。管理型职业锚的主要职业领域是政府机构、企事业组织的主要负责人，如市长、局长、校长、厂长、总经理等。

3. 创造型职业锚

创造型职业锚的人追求建立或创造完全属于自己的成就。他们要求拥有自主权、管理能力和施展自己才华的特殊能力，创造是他们自我发展的核心。他们敢于冒险，具有形形色色的价值观和动机，他们个人的强烈需求是能够感受到所发生的一切都是与自己的创造成果联系在一起的。比如，成功的企业家就属于创造性职业锚，他们在创建新公司时表现出非凡的创造性才干，而一旦建成，他们就会厌倦或不适应正规的工作而退出领导层，自愿或不自愿地让位于总经理，而自己继续开始创造性的追求。创造型职业锚的主要职业领域是发明家、冒险性投资者、产品开发人员、企业家等。

4. 自主与独立型职业锚

属于自主与独立性职业锚的人追求一种能最大限度地摆脱组织约束，施展自己职业能力的工作情景。他们认为，组织生活是受限制的、非理性的、侵犯个人自由的，因此，他们喜欢更有独立性和自主性的职业。这种类型的人其自主需要比其他需要更强烈，他们很少体验到错过提升机会的冲突，很少会感到失败或缺少更大抱负的愧疚，仿佛摆脱组织控制是最大的快乐。他们的主要需要是随心所欲地制定自己的步调、时间表、生活方式和工作习惯。自主与独立型职业锚的主要职业领域是学者、科研人员、职业作家、个体咨询人员、手工业者和个体工商户等。

5. 安全型职业锚

安全型职业锚的人倾向于根据组织对他们提出的要求行事，力图寻求一种稳定的职业、稳定可观的收入和稳定的事业前途。因此，他们比较容易接受组织对他们的工作安排，相信组织会根据他们的实际情况秉公办事。不论他们个人有什么样的理想和抱负，当个人目标和组织目标发生矛盾时，他们都会选择服从组织目标的要求。如果追求安全型职业锚的人具有很强的技术才能，他们也可能晋升到一个高级参谋的层次。但是，由于要求高度的感情安全，从而限制了他们沿着等级制度向更高层次的晋升。在现实生活中存在两种类型的安全取向：一种人的稳定源和安全源主要是来自给定组织中稳定的成员资格，如在政府部门或大公司工作；另一种人的安全源是以地区为基础，包括一种定局，使家庭稳定和自己融入社团的感情，如有的人在职业早期流动了几次，最后还是选择了在自己家乡的某公司就职；还有的人总是在同一地区选择职业，即使其他地区的就业机会再好，也不会离开本地区。

第三节　大学生职业生涯规划的现状及问题

随着社会的发展和我国大学生就业制度的改革，大学生就业压力的增大，近年来我国高校重视和加强了对大学生的职业生涯规划教育，大学生自身也开始关注自我的职业生涯发展，因此从总体上来看，大学生的职业生涯规划意识较前些年有了很大的提高，对自我的认识也有了

增强，但是目前还存在着许多问题。

一、大学生职业生涯规划的现状

一家专业公司对当前大学生的职业生涯规划及就业选择等方面的现状进行了一项调查分析。从他们的调查情况来看，超过三分之二的大学生都认为它非常重要，他们对个人的职业发展表现出较强的自信，对于自己的兴趣、个性、能力特长及喜欢从事的职业亦有较明确的了解。例如，有63.5%的大学生自我认为能够了解自己的兴趣，70.7%的大学生自我认为能够了解自己的个性，45.5%的大学生自我认为能够了解自己的能力特长。但是，此项调查也反映出了当前大学生的职业生涯规划方面存在的许多问题。对于职业生涯规划，虽然超过三分之二的大学生都认为它非常重要，但是对于如何进行规划以及寻求专业机构的帮助却表现出犹豫；许多大学生缺少对自我的全面认识和了解，如85.6%的大学生自我认为不太了解自己的能力特长，83.2%的大学生自我认为不能确定自己喜欢什么样的职业，74.8%的大学生自我认为不能清楚自己未来三到五年的发展计划。对于求职，许多大学生认为自己缺乏工作经验及求职技巧，他们迫切希望得到求职技巧特别是具体岗位的模拟面试，希望增加对企业选择人才的标准、招聘程序等方面的了解。

二、大学生职业生涯规划存在的主要问题

（一）职业生涯规划的自觉意识不强

一项“大学生择业影响因素调查”概括出了职业选择过程中遭遇的六类苦恼，其中选择“对自己的职业生涯尚未作长期规划”的380人，占42.4%，列为择业苦恼的第三位原因。目前有相当一部分大学生职业生涯规划的自觉意识不强。主要体现在以下几个方面。

1. 目标模糊

一位大学生曾经问过老师这样一个问题：老师，你说人生奋斗是为了什么？上中学是为了考大学，上大学是为了能找个好工作，找个好工作是为了有好的生活，有了好的生活，还为什么？其实，有这种疑问的学生非常普遍，有许多学生不清楚自己的人生奋斗目标是什么。工作和职业是人生的一个重要方面，对于受过高等教育的大学生来说，它不仅仅是一个谋生的手段，更是在为社会作出贡献的同时实现自我价值，获得成就感的重要途径。缺乏理想，没有一个明确的职业生涯发展目标，是影响大学生职业生涯规划的一个重要原因。

2. 依赖心理

一些大学生在心理上不成熟，表现在职业生涯规划上最突出的是依赖心理。从来不为自己做规划，也不为职业发展做努力。他们抱的信念是“车到山前必有路”，总会有一份工作在等着自己。有的依赖父母，认为自己的父母有门路，用不着自己着急；有的依赖学校，认为学校应该对毕业生负责，把自己交给学校最省心。大学生职业生涯规划上的依赖心理与其成长过程中所受到的家庭影响和学校教育有关。现实的大学生多数是独生子女，一些父母视子女为“掌上明珠”，在生活上给予百般呵护，从日常生活的料理到为人处事，一切由家长包办，用一位女大学生家长自己的话来说：“她与别人发生了矛盾，都是我们替她摆平。”这些父母代替了孩子的成长。在这样的父母身边长大的大学生不用为自己思考，也不会规划自我，缺少自我负责的意

识和能力。另一方面，我国学校教育长期存在的应试教育倾向，使学生们只知道为考试而读书，不注重对职业生涯规划的教育，也使大学生缺少自我规划的意识。

3. 缺少职业规划知识

由于我国的职业生涯规划开展时间不长，许多学校把职业生涯规划教育当作就业指导教育，平时缺少系统的安排，只是在大学生毕业前应急式地进行一些择业的简单指导，甚至有些院校连这种应急式的指导都没有，因此学生们无处获得职业生涯规划的理论知识，更缺少相关技能的指导。由于缺少职业规划知识，一些大学生不会规划自我，也缺乏对自我和职业信息的了解，在求职时盲目递简历，屡次受挫，损伤了自己的自信心。也有的由于缺少求职技能，错过了适合自己的发展机会。

（二）不能正确认识自我

正确认识自我是职业生涯规划中最重要的因素。一些大学生由于不能正确认识自我，影响了自己的职业选择和职业发展。不能正确认识自我的表现是：

1. 盲目自卑

有些大学生由于缺乏对自我的正确认识，总看自己的短处，看不到自己的长处，因此存在着自卑心理。他们不敢为自己设定目标，觉得自己没有资格或能力从事一份更好的职业和职位，也不敢自己去尝试努力。尤其面对就业的压力时，他们恐惧竞争，害怕求职失败。有的同学看到许多人竞争某一职位，就认为我肯定不行，连投递求职申请书的勇气都没有了，更不用说去面试和笔试了。有的同学在应聘中，由于有自卑心理，不敢在用人单位面前展示自己的优势；有的同学在接到单位初试通知的时候，因为害怕遭遇失败而临阵脱逃；有的同学逃避应聘，用打牌、聊天、睡懒觉的方式拖延找工作；还有的同学因为体验到巨大的竞争压力，害怕找不到工作，在对就业单位和相关职位缺乏了解、不太满意的情况下，草草签约，理由是“想早点把自己卖出去”。他们有的人说：“我已经没有力气，也没有勇气再等下去了，万一再也没有单位肯接受我怎么办?”有的同学甚至把自己的命运交给几张纸牌。用算命的方式决定自己的职业生涯。以上种种表现都是大学生缺少自信、盲目自卑的表现。

2. 盲目攀比

有些大学生由于不能正确认识自我，在进行职业规划时，不顾自己的实际情况，盲目和别人攀比。例如，看到别人考研究生，明明知道自己的学习基础不行，但担心自己不考研会被别人看不起，于是盲目追随别人，到处参加考研辅导班，埋头于考研复习之中。结果考研未成功，也错过了为自己寻找适合的职业发展的机会。有的同学羡慕别人出国留学，不考虑自己是否适合，也千方百计地往国外跑，结果出国后，由于适应不了国外的生活和学习，只能中途退学回国，不但自我感觉挫败，而且回到国内一切又要从头开始，相比其他同学，延误了职业发展的进程。有的同学看到别人去一些知名大公司应聘，自己也盲目追随，可是由于自己的条件不适合对方的需要，多次遭到拒聘；有的人即使去了这样的公司，但很快发现那里的工作并不适合自己，只得跳槽再重新选择。盲目和别人攀比是对自己缺乏全面客观认识的表现。

3. 盲目自信

一些大学生存在盲目自信心理，他们不能客观分析自我的现状，不能恰当评估自我与职业要求的差距，盲目自满。有的同学找工作时，不是名牌公司免谈。有的求职应聘时提出过高的

要求或过多的条件，结果给对方留下了自傲的印象，导致应聘失败。有的自我评价过高，进了工作单位后，总觉得不受重任，不甘于做基础性的工作，常常有怀才不遇之感，结果大事做不成，小事又做不来。在这一单位觉得屈才跳到另一个单位，过一段时间仍然觉得不受重视，于是又跳槽。这样跳来跳去，总也找不到自己的位置。有的急于求成，缺少扎扎实实的努力，结果欲速则不达。

（三）不能正确认识社会

大学生只有能够正确认识社会，才能把自己和社会有机结合，找到自己恰当的职业定位。但是一些大学生对社会缺乏全面正确的认识。

1. 不能全面了解社会的职业信息

知己知彼方能百战百胜。规划个人的职业生涯，必须全面了解社会的职业信息。然而一些大学生非常封闭，不关注、也不主动了解社会的职业信息和职业需求，毕业择业时“临时抱佛脚”，盲目地到处乱投简历。由于事先无准备，常常是自己想去的地方人家不需要，而人家需要的地方，自己又不知道信息。有的由于事先对某单位的信息了解不全面，进入这个单位后又不满意，影响了个人的职业发展。

2. 不能适应社会的变化

有的大学生处理问题常常以自我为中心，希望外界环境都服从和适应于他个人，不能根据社会的变化来调整自己的职业目标和个人计划。例如，当初报考大学的某一热门专业，但随着社会的改革发展，这一专业人才不再短缺，这就需要个人了解这一变化，扩展自己的专业面，使自己有更大的适应性。但有的人并不关心社会的这些变化，因此在就业就则陷入了困境。也有的人以为找到了一份工作就可以立业终身，殊不知几年之后此行业可能就会调整，不及早充电，就有可能被淘汰。

3. 不能正确认识社会形势

当前社会竞争激烈，谁要想获得职业的成功发展，必须对社会竞争激烈的形势保持一个清醒的认识。然而一些大学生对此认识不足，有的人看不到就业竞争的压力，丝毫没有一种紧迫感，每天在学校中混日子，最终因为自己缺乏竞争的实力，不能找到理想的职业；有的人又过分畏惧竞争，看不到挑战中的机会，丧失了发展的机遇。

（四）不会选择，不会做决定

在职业生涯发展中，无论是最初的就业，还是职业发展中的每一个变动，都需要个人拥有很强的选择和决定的能力。然而许多大学生在这方面很欠缺，主要表现在：

1. 综合分析评估信息的能力不强

有些大学生面对各种职业信息缺乏一种综合分析评估的能力，常常在复杂的信息面前表现得混乱不堪，理不出头绪，分不清主次，难以做出选择和决定。

2. 担心决策失败

有些人对自己苛求完美，希望自己事事成功，不能承受失败的挫折，因此他们在职业选择和职业发展的转折关头不敢选择，怕做决定，因此总是犹犹豫豫，往往把握不住良好的发展机遇。

3. 从众行为

从众在大学生中是最常见的一种行为。择业时随大流，发展时跟潮流，因为这样自己可以逃避选择的痛苦，可以不用承担个人选择失败的责任。然而，这些同学却忘记了你不是他人，对别人适合的未必一定适合于你，职业生涯发展最终要靠自己去选择，去规划。

第四节　大学生职业生涯规划的途径与方法

一个人的职业生涯发展贯穿一生，是一个漫长的过程。如何进行职业生涯的设计？这是决定人生成败的大事。根据前面所介绍的职业生涯发展的理论，规划自己的职业生涯需要做好以下几个步骤。

一、正确认识自我

许多职业咨询机构和心理学专家进行职业咨询和职业规划时常常采用的一种方法就是有关5个“W”的思考模式。从问自己是谁开始，然后顺着问下去，共有5个问题：

Who are you?（你是谁?）

What do you want?（你想要什么?）

What can you do?（你能干什么?）

What can support you?（环境支持或允许你干什么?）

What you can be in the end?（最终你能成为什么?）

回答了这5个问题，找到它们的最高共同点，你就有了自己的职业生涯规划。

第一个问题是对自己进行一次深刻地反思，有一个比较清醒的认识，优点和缺点都应该一一列出来。

第二个问题是对自己职业发展的一个心理趋向的检查，每个人在不同阶段的兴趣和目标并不完全一致，有时甚至是完全对立的，但随着年龄和经历的增长而逐渐固定，并最终锁定自己的终身理想。

第三个问题则是对自己能力与潜力的全面总结，一个人职业的定位最根本的还要归结于他的能力，而职业发展空间的大小则取决于自己的潜力。对于一个人潜力的了解应该从几个方面着手去认识，如对事的兴趣、做事的韧力、临事的判断力以及知识结构是否全面、是否及时更新等。

第四个问题在客观方面包括本地的各种状态，如经济发展、人事政策、企业政策、职业空间等；在主观方面包括同事关系、领导态度、亲戚关系等。

明晰了前面4个问题，就会从各个问题中找到对实现有关职业目标有利和不利的条件，列出不利条件最少的、自己想做而且又能够做的职业目标，那么第五个问题有关最终职业目标，就有了一个清楚明了的框架。

当你能比较确切地回答这些问题，那么你便迈出了成功规划自己职业生涯的第一步，因为认识自我是职业生涯规划的首要问题。一个有效的职业生涯设计必须是在充分并且正确认识自身条件与相关环境的基础上进行的。认识自己，客观、全面地做好自我评价，包括自己的兴趣、性格、价值观、能力等。

（一）认识你的长处与不足

每个人都是一个独特的自我，每个人都有自己的长处和短处。人生的成功有一个诀窍，就

是善于经营自己的长处。一个人如果不了解自我，用他的短处而不是长处去规划自我，那是非常不幸的，他可能会在永久的卑微和失意中沉沦。你的长处是什么？你有哪些不足？能够认识和欣赏自己的长处，就会拥有自信，不会盲目和别人攀比；懂得接纳自己的不足，就会有意识地完善自我，既不会盲目自信，也不会盲目自卑。全面、客观地认识自我，就能在职业发展中做到扬长避短，有利于职业的成功。一个本科学心理学专业的大学生在报考研究生时，她认识到自己在心理学的一些专业基础理论方面不够强势，如果报考心理学系的研究生可能不会成功。但是她了解自己在音乐方面有一定基础，于是她放弃了考心理学专业研究生的想法，为自己规划报考音乐心理治疗方面的研究生。这就避开了自己的不足，综合发挥了自己的长处。经过努力，她如愿以偿，成为一名很优秀的研究生。如今她已在这个新兴领域中得到了很好的发展。

（二）认识你的性格特点

关于人的气质和性格，心理学上有过许多研究。气质类型说认为人有胆汁质、多血质、黏液质和抑郁质四种类型。荣格把人的心态分为内倾型与外倾型两种。霍兰德认为人的性格大致可以划分为六种类型：现实型、研究型、艺术型、社会型、企业型和常规型。心理学研究表明，不同气质、不同性格的人适合从事不同性质的工作。气质类型对职业生活的影响是重大的。荣格认为，一个内倾型的人想要成为一名汽车推销员，或者一个外倾型的人想要成为一名会计，都是很难办到的。气质是人的个性中最稳定的因素，在选择职业时，一定要注意自己的气质类型。特别是在一些特殊职业中，如政府机要人员、公关人员、飞行员等，气质类型也是录用员工的重要标准之一。尽管气质没有好坏之分，但气质却能影响一个人的活动效率。特别是在一些需要经受高度身心紧张的职业中，气质不仅关系到工作的效率，还关系到事业的成败。每个人的气质类型和性格特点不一样，在规划个人职业生涯时，要了解自己的气质类型和性格特点。

（三）了解自己的兴趣

职业兴趣是指人们对某类专业或工作所抱的态度。对某种职业感兴趣的人在学习工作中就能全神贯注、积极热情，富有创造性地努力完成任务；对自己的工作毫无兴趣的人，即使再聪明能干，也不可能在本专业或本行业中有所建树。兴趣是个人职业生涯选择的重要依据，兴趣可以增强个人对职业生涯的适应性。兴趣影响人的工作满意感和稳定性。兴趣可以通过工作动机促进能力的发挥，兴趣和能力的合理结合会大大提高工作效率。有研究表明：如果一个人从事自己感兴趣的职业，那么就能发挥自己全部才能的80%～90%，而且会长时间保持高效率而不感到疲劳；如果对所从事的工作没有兴趣，那么只能发挥自己全部才能的20%～30%。

对于兴趣类型的特点和相对应的职业的关系，《加拿大职业分类词典》中做了具体介绍。大学生要了解自己的兴趣，以便在职业发展中发挥自己的创造力，获得事业上的成功。

1. 愿与事物打交道

这类人喜欢同事物打交道（比如工具、器具或数字），而不喜欢从事与人和动物打交道的职业。相应的职业有：制图员、修理工、裁缝、木匠、建筑工、出纳员、记账员、会计等。

2. 愿与人接触

这类人喜欢与他人接触，他们喜欢销售、采访、传递信息一类的活动。相应的职业有：记者、营业员、服务员、推销员等。

3. 愿干有规律的工作

这类人喜欢进行常规的、有规律的活动，在预先安排的条件下做细致工作。相应的职业有：

图书馆管理员、办公室职员、档案整理员、打字员、统计员等。

4. 愿从事社会福利和助人的工作

这类人乐意帮助别人，试图改善他人的状况，喜欢独自与人接触。相应的职业有：医生、律师、护士、咨询人员等。

5. 愿做领导和组织工作

这类人喜欢管理工作，爱好掌管一些事情，他们在企业、事业单位中起着重要的作用。相应的职业有：辅导员、行政人员、管理人员等。

6. 愿研究人的行为

这类人喜欢谈论涉及人的主题，他们爱研究人的行为举止和心理状态。相应的专业有：心理学、政治学、人类学等。

7. 愿从事科学技术工作

这类人喜欢分析的、推理的、测试的活动，擅长理论分析，喜欢独立解决问题，也喜欢通过实验获得新发现。相应的专业有：生物学、化学、工程学、物理学等。

8. 愿从事抽象性和创造性的工作

这类人喜爱需要有想象力和创造力的工作。相应的职业有：演员、创作人员、设计人员、画家等。

9. 愿做操纵机器的技术工作

这些人喜欢运用一定的技术，操纵各种机械，制造产品或完成其他任务。相应的职业有：机床工、驾驶员、飞行员等。

10. 愿从事具体的工作

这类人喜欢制作看得见、摸得着的产品，希望很快看到自己的劳动成果，他们从完成的产品中得到自我满足。相应的职业有：厨师、园林工、理发师、美容师、室内装饰工等。

（四）了解自己的价值观

价值观是一种内心尺度，是我们认识和处理事务的一套价值体系，也就是我们在生活和工作中所看重的原则或标准。它支配着人的行为、态度、观察、信念、理解等，支配着人认识世界、明白事物对自己的意义和自我了解、自我定向、自我设计等。价值观在人们的职业生涯发展中起着极其重要的并且是决定方向性的作用，甚至超过了兴趣和个性对自己的影响。由于个人的身心条件、年龄、阅历、教育状况、家庭影响、兴趣爱好等方面的不同，人们在职业选择中目标和要求也是不相同的。一般说来，工作的价值观主要有：工作与家庭生活的和谐，物质保障，工作稳定，创造力，时间自由，有秩序，工作中的人际关系，成就感，成功，名誉，地位，被认可，能帮助他人，能发挥自己的才能，有意义，知识，自主独立，好的领导，有发展成长的机会，晋升机会，权力，领导他人，影响他人，多样性和变化性，良好的工作环境，薪酬和福利，富于挑战性，富于冒险性，竞争，生活方式，符合自己的道德观，地点等。每个人不可能同时获得这些价值满足，大学生在职业选择时，常常面临着价值观的冲突。例如，在高薪待遇、事业发展、人际和谐、环境舒适、工作安稳等有矛盾时，你究竟最看重什么，左右你选择的往往就是自己内心的职业价值观，它影响着个人的决策。而有些同学有时对自己的价值观并不是很清楚，那么需要深入了解自己的职业价值观倾向，从而为自己选择理想的职业导向。

（五）了解自己的能力倾向

每个人都有自己的能力倾向。能力倾向是对自己能力与潜力的全面总结，一个人的职业发展最根本的还要归结于他的能力，而他职业发展空间的大小则取决于自己的潜力。一般来说，人的能力有语言能力、社会交往能力、察觉细节能力、书写能力、组织管理能力、数理能力、动手能力、运动协调能力、空间判断能力等。根据美国“全国大学与雇主协会”在2002年的调查，美国雇主们最为重视的技能和个人品质按顺序排列如下：

（1）沟通能力；

（2）积极主动性；

（3）团队合作精神；

（4）领导能力；

（5）学习能力；

（6）人际交往能力；

（7）灵活性/适应能力；

（8）专业技术；

（9）诚实正直；

（10）工作道德；

（11）分析和解决问题的能力。

不同职业对人的能力倾向的要求是不同的，找到适合自己能力倾向的工作，有利于在职业生涯中取得更大的成功。了解自己的职业能力倾向，可使职业规划更符合自己的能力特点，有助于个人潜能的发挥和职业成功。

对于一个人潜力的了解，可以从这个人对事的兴趣、做事的韧劲、遇事的判断力以及知识结构是否全面、是否及时更新等几个方面去认识，也可以通过专业的心理测量来协助了解。人的能力不是天生的。大学生应当通过参与各种社会工作，参加校内外的社会实践活动，来锻炼和提高自己的能力，以便在职业发展中增强自己的优势。

二、正确认识环境

对自我有了一个全面客观的分析后，就初步知道了“我是谁”“我想做什么”和“我能做什么”的问题，但是环境能否满足你的要求，能否为你的职业发展提供支持，这是职业规划要考虑的另外一个重要问题。那么，你还应回答“环境能够允许我做什么”的问题，因此你还需要了解相关的环境，评估环境因素对自己职业生涯发展的影响，分析环境条件的特点、发展变化的情况，了解本专业、本行业的地位、形势以及发展趋势，把握环境因素的优势与限制。

（一）了解社会的宏观环境

全球的经济竞争，国家的宏观经济发展、人事政策、企业制度改革等，科学技术的发展，国家的政治改革，社会的稳定状况，这些宏观环境都对社会的劳动力市场产生着重要的影响，从而影响着个人的职业发展。例如，经济改革中的行业调整，使得某一行业萎缩，从而影响与这一行业相关的一些专业的发展，影响大学生的就业和择业。又例如，国家公务员制度及其工资制度的改革，使前些年不被大学生看好的国家机关工作一下子又热了起来。以前许多国家公

务员想往外跳，现在年年的国家公务员考试都异常火爆。过去外企对大学生最具吸引力，现在外企不再是大学生择业的首选。大学生们在规划自己的职业生涯时，一定要关注社会的宏观环境的变化，从分析宏观形势中预测自己的职业发展。

（二）了解具体的职业信息

具体的职业信息包括各种职业的现状及未来发展趋势，同一产业中不同职业之间的联系以及它们之间的变通性。

要了解就业市场的形势，如市场的大小、供求关系、在各地区各领域的分布；要了解求职单位的工作环境、薪酬、福利待遇、人际关系状况、学习培训机会、升职机会、有无休闲时间以及单位对学历、专业、能力、性别的要求等。对具体的职业信息了解得越详细、越准确，决策时就越有把握。

具体的职业信息的获得，可以通过学校的就业指导机构，可以通过报纸杂志、电视广播、网络，可以通过人才市场，可以通过实习、社会实践，也可以通过父母、家人或朋友。

三、确立目标和职业定位

（一）确立目标

确立目标是制定职业生涯规划的关键，一个人事业的成败，在很大程度上取决于有无正确、适当的目标。职业目标的设定，是在充分做好自我分析和内外环境分析的基础上进行的。通常目标分为短期、中期、长期和人生目标。短期目标一般为1～2年，可以具体化为日目标、周目标、月目标、年目标。中期目标一般为3～5年。长期目标一般为5～10年。确立长期目标时要立足现实、慎重选择、全面考虑，使之既有现实性又有前瞻性。短期目标更具体，对人的影响也更直接，它是达到长期目标的基础。例如，你的长期目标是自己开办一家律师事务所，你的中期目标是成为一名律师，那么你的短期目标就要围绕如何为成为一名优秀律师作准备而设定。有了长远的目标追求，再有每一个具体目标的导引，你的职业理想就能实现。

（二）职业定位

职业定位就是要为职业目标与自己的潜能以及主客观条件谋求最佳匹配。良好的职业定位是以自己的最佳才能、最优性格、最大兴趣、最有利的环境等信息为依据的。在职业定位过程中，要考虑性格与职业的匹配、兴趣与职业的匹配、特长与职业的匹配、专业与职业的匹配等问题。关于职业定位，美国麻省理工学院的人才教授提出，职业定位可以分为五类：技术型——这类人愿意在专业技术领域发展，不愿意从事管理工作。管理型——这类人愿意从事管理工作，有能力担当重要职责的管理岗位。创造型——这类人需要建立完全属于自己的东西的工作，工作能发挥自己的创造性。自由独立型——这些人更喜欢独来独往，愿意做自己可以支配的工作。安全型——这些人愿意从事具有长期稳定性和安全性的职业，不喜欢变化。每个人可以依据自己的职业定位类型进行职业定位。

大学生在职业定位时要注意以下几个问题：

（1）务实。不要好高骛远，要从自我和环境的客观现实出发，全面权衡和处理个人发展与社会需要的关系，个人和求职单位的关系，兼顾主观与客观，以及长远与眼前利益。

（2）恰当评估。对职业信息，如职业的条件、要求、性质与自身条件的匹配情况进行评估

和比较，分析利弊，选择条件更适合、自己更感兴趣、经过努力能很快胜任、有发展前途的职业。

(3) 不苛求完美。每一项职业对一个人来说都有利弊，不存在十全十美的职业，因此，不能过分挑剔，不要过分追求完美，只要主要方面适合自己就可以了。

(4) 保持弹性。要随时根据自身或客观环境的变化调整自己的目标。考虑问题要留有余地，让自己进退自如。

四、制订行动计划和策略

千里之行，始于足下。在确定了职业生涯目标、进行职业定位后，最重要的是要有行动计划和策略。没有扎实的行动和行之有效的策略，再好的目标也难以实现。所以要有以下 4 方面的准备。

(一) 知识准备

为了达到自己的目标，必须明白需要准备哪些知识，参加哪些相关的培训，具备什么学历水平。例如，你的职业定位是成为一个企业管理者，那么就需要学习与企业管理相关的教育学、管理学、心理学、社会学方面的知识，有计划地参加管理方面的培训。

(二) 能力准备

要根据职业目标的要求，提高自己的职业能力。例如，根据管理者的能力需要，你需要有意识地训练和培养自己的人际沟通能力、分析问题和解决问题的能力、组织管理能力、决策能力等。

(三) 经验准备

从事任何职业都需要实际的工作经验。大学生要在日常的学习、工作、生活中注意积累各种经验，如做学生干部，承担社会工作就是积累经验的过程。无论是正确的还是错误的经验，都会有利于个人的成熟发展，将来都会成为你职业发展中的宝贵资源。

(四) 行动准备

为了你的择业成功，还需做好求职择业的实际准备，如求职书的正确拟写、面试的各种准备、求职的实际演练等。细节决定成败，如果这些具体的细节工作没做好，那么就会导致你的求职失败。

五、求职过程中的权益保护

在大学生求职过程中，虽然大多数用人单位都是抱着真实的目的来选择应届毕业生，但也确实有少数不法企业，打着招聘的幌子，以收取培训费、装置费等名义骗取大学生的钱财。因此，尽管就业形势严峻，大学生在求职时思想上也不能放松警惕。大学生在求职过程中，为保护自身的合法权益，可以从以下方面提醒自己。

(一) 不要因为急于找工作而成为不法分子骗取财物的对象

我国法律法规明确规定，用人单位不得以任何借口向求职者收取费用，如押金、保证金、报名费、培训费等。因此，当大学生求职过程中遇到用人单位要求交纳各种费用时应引起警觉，

在自己没有能力辨别真假的情况下，可以通过学校进行核实与了解。

（二）对明显的就业歧视，通过合法途径予以解决

在就业中，确实存在性别歧视、户口歧视、地域歧视等。这对于求职者来说非常不公平。但需要强调的是，就业歧视判断起来其实很困难。一是用人单位未必把自己见不得人的标准拿到台面上来；二是有些条件看起来是歧视，但实际情况未必如此。例如，某单位的某岗位不招聘女生，可能也是正常的。因为从公司的工作和人员结构来说，过去女性员工比例过高，往往就需要调整，在新人中增加男性员工的比例。类似情况，不能绝对判定为就业歧视。当然，像"不招河南人"这样的条款，就属于典型的地域歧视，显示出用人单位不仅在用人方面存在严重问题，而且也明显缺乏法律意识——这种单位其实也不值得去。

在就业歧视中，有一种出现频率较高、但处理起来比较困难的情况，就是不少用人单位将乙肝病毒携带者拒之门外。这是一种明显的就业歧视，也是一种违法行为。但遗憾的是，在这种问题上寻求法律援助非常困难。即使用人单位被迫录用了提出异议的乙肝病毒携带者，这样的求职者进入公司后，往往也会面临较差的工作氛围。当大学生在求职时发现了就业歧视的情况，比较好的方式也是通过学校来解决，而不是自己到用人单位去理论。

（三）警惕以考试的名义无偿占用大学生的智力成果

第一，个别不法企业，以考试为名义，让大学生提供某些特定的产品设计、方案策划等，当收到求职的大学生花费了很多心血所完成的设计或方案之后，又以各种理由不再录用求职者。第二，这类企业的招聘需求往往比较模糊，因为他们的目的本身不在招聘，所以不会认真去分析职位的需求并公之于众。第三，他们所安排的考试内容往往单一，就是做一个策划案或者设计一个产品。至于语言能力、逻辑思维能力等，他们根本不会费心去安排考试。当大学生在应聘过程中遇到具有上述特点的公司时，要提醒自己，是否遇到了一家心怀鬼胎的公司。

（四）以高薪为诱饵，采取欺骗的手段聘用大学生，在进入企业后，招聘时的口头承诺和现实相差甚远，基本的权益无法得到保障

对这类公司，其实识别起来也不困难。在当前的就业形势下，刚刚走出校门的大学毕业生，由于缺乏工作经验，无法直接或马上给企业带来价值，身价是不会太高的。作为企业，不会白白地浪费自己的投入，因此，不符合市场行情的高薪的背后，可能隐藏的就是企业不怀好意的目的。对这类公司，一是要通过各种渠道了解其相应的背景和口碑；二是要在与其沟通的过程中了解其薪酬结构，并尽量把结构和水平在合同中明确出来。总之，不管就业压力有多大，大学生在求职过程中，防止上当受骗这根弦不能松。当看到自己的利益有可能受到侵犯时，一定要学会借助于学校的力量，保护自己的合法权益不受侵害。

第十六章　大学生常见的行为问题

大学生进入大学之后，环境的改变让他们在很多方面不适应，这些不适应通过大学生的行为逐一表现了出来。通过对本章的学习，学生应了解大学生经常出现的行为问题有哪些，哪些是极端行为，并掌握对极端行为的心理调适方法。

第一节　大学生常见行为问题概述

21 世纪是经济的竞争，更是人才的竞争，大学生作为高等知识分子，其作用不言而喻：江泽民同志指出："青年兴则国家兴，青年强则国家强，青年有希望，则国家有希望。"大学生作为青年中最有朝气、最为活跃的群体，他们将走向建设祖国的主战场，为中华民族的伟大复兴肩负起时代的重任，对他们的教育、培养的意义至关重要。但是近年来，在市场经济体制改革不断深入、科学技术不断进步的今天，人们在享受物质文明的同时，所承受的精神痛苦却日益增加，这种畸变也对大学校园造成了严重的冲击。大学生面对生活中的各种矛盾，如学业优势弱化、感情纠葛丛生、同学关系淡薄、自我角色迷失、前途渺茫等，时时受到抑郁、焦虑、自卑等情绪的困扰。以至于大学生的心理健康出现了问题，而有关大学生由于心理问题而引发的杀人案件、自杀事件等极端行为层出不穷；也有的大学生两耳不闻窗外事，沉迷于网络中，不顾学业，不顾家人的关心与牵挂。所以大学生的行为问题值得我们关注。

大学生常见的行为问题主要有不健康减肥行为、考试作弊行为、违反校规行为等，而较为突出且对大学身心发展危害较大的有极端行为、网络成瘾和同居行为。

2009 年 11 月 14 日 3 时许，吉林农业大学 17 号学生公寓发生一起杀人案，学生郭力维将赵研刺死，郭力维被警方刑拘，两名学生均为信息技术学院大四学生。据传起因是郭力维睡觉打呼噜声大，被赵研用手机摄录下来并传到网上，遭到同学嘲笑。不管郭力维怎么说，赵研都不肯删掉视频，两学生因此争执并动手，郭力维将赵研刺死。2010 年 3 月 26 日，长春市中级人民法院依法对吉林农业大学在校大学生郭力维杀人案公开宣判，被告人郭力维被判处死刑，缓期两年执行，剥夺政治权利终身，并加以经济赔偿。

本案与几年前的"马加爵杀人案"有着惊人的相似之处，杀人者家庭贫困，读大学还是依靠助学贷款，经常遭同学奚落，平时也常被人欺负，形成了比较内向孤僻的性格，不爱与人交往，没有什么朋友。大学校园中，具有这些特征的个体很多，如果给予相应的教育、引导与干预，他们都可能成为人格完善、社会适应良好的人。

一、大学生极端行为

（一）大学生极端行为的定义

目前我国学术领域尚未对大学生极端行为有一个统一的严格意义上的概念界定，但研究相同和相关主体与行为的概念有“过激行为”“越轨行为”“危险行为”等。关于极端行为的定义，洛阳工业高等专科院校的李文霞副教授认为：“大学生极端行为主要以自杀、离家出走、杀人（伤害）几种居多。”武汉理工大学李明忠认为，大学生常见的极端行为包括有“厌恶学习、逃避生活、放弃生命”。还有学者认为，极端行为是对社会、对他人、对自己做出的伤人害己的行为。吕途等人（2009）认为所谓极端行为，是行为主体由于内外各种原因而产生的紧张心理状态和情绪反应时所做出的以事情发展极限作为行动结果的行为。大学生极端行为主要表现在两个方面，一是对自己所实施的如自杀、自残、自毁等恶性行为；二是对他人所实施的如暴力攻击、故意杀人等恶性行为。

（二）大学生极端行为的内涵

人类的一切有目的、有意识的行为都是由行为人的相关心理活动和心理特征所支配的。自杀与杀人，作为人类社会的一种特殊行为，其发生发展乃至实施过程中具体的外在表现，无一例外地是由极端行为人相应的极端心理所支配和决定的。因此，极端心理是极端行为产生的前提，也是行为人实施极端行为的主观依据；极端行为是极端心理的外化形式。

“极端心理”有狭义和广义之分：狭义的极端心理指支配行为人实施极端行为时的心理活动和有关心理因素，即极端行为主体实施极端行为时，其认识、感情和意志的活动规律，以及其性格、气质、能力、需要、动机、价值观等有关心理因素相互作用的规律。狭义的极端心理着眼于极端行为实施过程中的心理活动和心理状态。

广义的极端心理是指与极端行为发生、发展和完成有关的各种心理活动和心理因素的总称。它不仅包括狭义的极端心理，还包括极端行为人在实施极端行为，预谋或准备实施极端行为过程中的心理活动，以及极端行为主体在自杀未遂后或杀人后逃避侦查、起诉、审判等刑事追究，以及刑罚执行过程中的心理活动。

（三）当前大学生极端行为的发展趋势

当代大学生大都是20世纪90年代后出生的，大多数是独生子女，被称为“抱大”的一代。由于市场经济负面效应的冲击、家庭的影响和中小学重智育轻德育的应试教育缺陷，他们中有些人出现了品德畸形发展，高分低能现象较为突出；到了大学，远离父母，学生所接触的社会面骤然增大，都市化的生活使一大批学生思想发生急剧变化，有的会继续奋发向上，有的则开始追求金钱、名利和地位。由于有些学生不能正确认识他们面前客观存在的这些问题，于是便产生了心理失衡，对他人和社会产生一定的不满情绪。这种心理失衡达到一定程度，便很容易走向极端道路。

来自国内各高校的相关资料显示，大学生因学习压力、经济困难、情感危机、就业紧张、不适应集体生活、理想与现实落差大、身患疾病等问题而导致的身心疾病已经成为大学生休学、退学乃至轻生的主要原因，甚至因小小的挫折就将自身或他人作为迁怒对象，走上轻生或杀人的道路。另外，随着我国高等教育的进一步发展，招生规模的进一步扩大，高等教育大众化进

程的加快，在校大学生的绝对数量不断增加，也在客观上增大了大学生极端事件发生的基数。

总之，由于当代大学生自身的因素和高校在校学生数量的增多，我国当代大学生极端事件将会继续呈上升趋势。但是，只要全社会充分认识到该问题的严重性，社会、学校和家庭采取果断的、积极有效的措施，同心协力，齐抓共防，就能减少此类事件的发生，甚至杜绝。

二、网络成瘾

（一）网络成瘾定义

成瘾（addiction），传统上指的是药物依赖。随着社会的发展变化，人们关注的成瘾行为大大扩展，如吸毒、抽烟、酗酒、赌博等。到了20世纪90年代，由于互联网技术及其应用的全球普及，网络成瘾问题成了现代社会新的心理疾病。这种不由自主的冲动性行为障碍被称为“互联网成瘾综合征”。

“互联网成瘾综合征”是一个非常宽泛的概念，是指由于过度地使用网络（通常是与工作、学业无关的）而导致的明显的社会、心理、生理损害的一种上网行为。简单地说，就是对以网络为载体的内容及形式发生过度迷恋而超出一般尺度，进而影响到正常的学习、工作和生活状态。

（二）网络成瘾的分类

综合目前的一些研究成果，大学生网络成瘾主要有以下常见类型。

1. 网络游戏成瘾

近年来，网络的游戏功能得到了超前发展，网络游戏成为大学生的“宠物”。尤其是大型多人在线，不仅仅是单纯玩游戏的一个平台，更是很多玩家一起交流、沟通、相互讨论的一个综合舞台。玩家在这里除了游戏本身带给他们的愉快体验外，还享受着人际交流、团队协作带给他们的乐趣，这种作用是以往的单机游戏所不具备的。玩家们可以在游戏里聊天、交友、PK、讨论等，还可以组建一个团队来共同完成任务。网络游戏的这种特征使得它更能吸引不同类型的玩家。交互性是网络游戏的一个非常重要的特性。网络游戏虽然是虚拟的，但是其内容都是以现实社会为背景的，是现实生活的一种折射和反映，玩家在这个虚拟的世界里扮演着一种角色，他们通过不断地学习、升级、攻关来提升自我，完成任务。所以部分大学生对网络游戏散发出来的诱惑力丧失了自我控制能力，在学习和游戏之间丧失了自我平衡能力。他们从尝试—品味—弥补—快慰—迷恋直到死不回头，这种成瘾行为的链式反应（“魔鬼链”）一旦建立，就很难从中解脱出来，使学校、家长束手无策。

2. 网络交际成瘾

指过分迷恋通过网络上的人际交往建立友谊或爱情，并用这些关系取代现实生活中的人际关系。大学生群体是一个特别渴望与人交往的群体，由于网络的独特魅力，在大学生中也就形成了网络关系成瘾的茧居族（cocoons）、电子隐士族等，痴迷于网络人际关系，甚至逃避现实中正常的人际交往，从而产生了“人机热，人际冷”的现象。

3. 网络色情成瘾

指沉溺于网络上的色情内容，包括色情文字、音乐、图片、动画、电影、色情聊天等。互联网上性信息量相当巨大，其中色情信息占绝对优势。许多学者调查发现，“sex”这个词是互联

网搜索引擎中查询频率最高的词汇，网络不但成为色情媒介，提供色情资料，交换性经验，甚至有可能进行性交易，诱发性犯罪。据调查，中国大学生中网络成瘾的发生率约为 8.0%～13.0%。这就是说，在高校中存在 260 多万网瘾大学生。大学生中经常或偶尔点击情色网站的占 40.7%，且大多数学生点击色情网站时伴有自慰行为。青年学生正处于性的生理成熟之后性满足的延迟期，极易因为网络色情内容的诱惑而导致网络色情成瘾。

4. 搜索信息成瘾

指不能自制地在网上浏览搜索对现实生活没多大意义的资料或者数据。大学生的求知欲望和好胜心、好奇心特别强烈，对网络所提供的信息往往趋之若鹜，过度迷恋网络信息会导致信息超载成瘾。

5. IT 技术成瘾

指上网者对新鲜的软件有强烈的兴趣，迷恋网络技术包括黑客技术，热衷于自荐和发布个人网页或网站，不断地更新网页的内容，对计算机知识特别感兴趣，沉迷于电脑程序设计。这些学生经常在网上搜索最新软件。下载各种使用工具，不断探索各种软件的使用方法和强大功能，以发现和拥有这些技术而倍感兴奋，喜欢独处，对其他事物不感兴趣。

（三）如何判断网络成瘾

网络成瘾问题在大学生中越来越突出，不仅影响生活质量，降低工作效率，损害身体健康，并在生活中出现心理障碍、人格障碍。典型的症状是：上网时容光焕发、精力充沛，在网上能连续待上十几个小时不休息，沉溺于网络，甚至通宵达旦；下网后精神疲惫、情绪低落、思维迟钝、眼光呆滞、表情木讷、无愉快感、兴趣丧失、生物钟紊乱、食欲下降、体重减轻、精力不足、精神运动型迟缓、自我评价降低和能力下降，对现实生活失去兴趣，有的学生甚至不惜荒废学业，放弃就学机会。据统计，全国每年因学习情况不佳受到学籍处理的学生中有 70%以上是因为网上耗费太多的时间导致学习成绩滑坡而造成的。

美国 Kimberly S. Young 提出诊断网络成瘾的十条标准：①下网后总念念不忘网事；②总嫌上网时间太少而不满足；③无法控制上网的冲动；④一旦减少上网时间就会焦躁不安；⑤一旦上网就能消散种种不愉快；⑥上网比上学做功课更重要；⑦为上网宁愿失去重要的人际交往和工作、事业；⑧不惜支付巨额上网费；⑨对亲友掩盖频频上网的行为；⑩下网后有疏离、失落感。

通常认为只要有 5 种以上就可以判断为网络成瘾。时间是判断网络成瘾的自然标准，判断大学生是否网络成瘾，主要看其成瘾行为是否影响了个体正常的学习、工作和生活等方面，是否导致人际关系恶化、学习能力减弱、工作效率低下和生活质量下降。

三、大学生同居行为

（一）大学生同居定义

一位研究传统婚姻的学者曾认为同居的含义有 3 种：①为了一定时期的快乐的行为；②试婚；③不履行法律形式的事实婚姻。

也有学者认为同居的实质是非婚姻的两性关系，具体包含以下几点：①同居的行为主体是在校大学生；②同居双方确实发生了性关系；③同居双方没有取得法律认可形式的婚姻；④同

居双方共同居住一定的时间，偶然的一次性行为并不构成同居；⑤同居双方在主观态度上都是自愿的而非被迫的。

对于大学生同居行为并没有一个准确的定义，但从社会中可以找到共识，即男女双方在没有办理结婚手续的情况下，共同生活在一起并发生性关系的行为。这是大众的普遍认同观点。

（二）大学生同居的种类

1. 经常同居

这种同居的主体双方都是在校大学生，且一般属于同一所学校，要么是同班同学，要么是上下届同学。他们所在的学校存在管理上的漏洞或学校的住宿条件有限，使得学生同居有可乘之机。他们像合法夫妻一样在校园周边租房子居住在一起，一同生活，一同学习，不太在乎别人的议论。

2. 偶尔同居

这种同居的主体双方也都是在校大学生，一般不属于同一所学校（也有相当多的同学属于同一所学校），但可能双方处于同一城市或不同的省市，要么是中学同学关系，要么是老乡关系。他们在节假日利用同学外出的时间而同居。

3. 暗中同居

这种同居的主体一方是在校大学生，另一方是有一定经济基础或权力地位的社会人士。主体一方的女生或男生，一方面受到同学的艳羡，另一方面又害怕同学嘲笑自己被“包二奶”或被“养小白脸”，因此只能跟对方暗中往来。这些大学生在学校有床位，在外面也租房。

第二节　大学生的极端行为

大学生是社会中高文化素质的一个特殊群体，人们及整个社会对他们抱有很高的期望，他们的言行举止为社会广泛关注。目前我国高等教育已从过去的精英教育步入了现在的大众化教育，在校大学生的人数经过连续几年的扩招已急剧增长，大学生的问题也日益凸显，大学生的自杀以及他杀率逐年增加。这种现象的发生，不仅是个人和家庭的悲剧，也是社会的极大损失。

大学生的自杀以及他杀就是我们所研究的极端行为，在新闻报道中，我们经常听到这样的消息“某校学生跳楼”“某校发现学生上吊自杀”等，而自从 2004 年发生了“马加爵”事件后，近几年人们对大学生杀人、伤人事件也给予了关注。大学生极端行为的产生是多种因素相互作用下形成的，我们探究大学生极端行为的原因以及如何预防并实施干预就显得尤为重要。

一、自杀行为

（一）自杀的理论

1. 自杀概念

全世界每年约有 100 万人完成自杀，完成自杀者是自杀未遂者的 1/10。中国每年有 28.7 万人完成自杀，250 万至 500 万人因自杀未遂而接受治疗。近年来，大学自杀身亡的人数也在不断增加。

哲学、社会学、心理学、精神病学、生物学、流行病学等多学科的学者从多种视角对自杀现象进行了研究和解释，但目前尚未见统一、公认的关于自杀的定义。Hoeksema 认为，自杀是蓄意结束自己的生命，自杀的想法和自杀的行为处在一个连续体上，从产生自杀的想法开始，到结束生命终止。从社会学的视角提出自杀定义，认为自杀就是任何由死者自己完成并知道会产生这种结果的某种积极或消极的行动直接或间接引起的死亡。

2. 自杀的心理过程

一般来说，自杀的心理过程分为以下 3 个阶段。

第一阶段，自杀动机的形成。主要表现在遇到挫折或打击时，为逃避现实，将自杀作为寻求解脱的手段。有时，自杀者借自杀作为对自己因做错了事而产生的悔恨、惩罚，作为自罪自责心理的补偿。有些自杀意念是闪念之间，而有些自杀意念是一经生成，便相当顽固。

第二阶段，心理矛盾冲突。自杀动机产生后，求生的本能可能使自杀者陷入一种生与死的矛盾冲突之中，难以最终做出自杀决定。此时，自杀者会经常谈论与自杀有关的话题，预言、暗示自杀，或以自杀来威胁别人，从而表现出直接或间接的自杀意图。实际上，我们可以看作自杀者发出的寻求帮助或引起别人注意的信号。在这个阶段，如果自杀者能及时得到他人的关注，或在他人的帮助下找到解决问题的办法，自杀者很可能会减轻或打消自杀的企图。这也是自杀行为可以预防和救助的心理基础，但周围的人往往认为常喊着要自杀的人其实不会自杀，因而不太关注欲自杀者发出的信号，以致痛失救助良机。

第三阶段，自杀者平静阶段。自杀者似乎已从困扰中解脱出来，不再谈论或暗示自杀，情绪好转，抑郁减轻，显得平静。这样周围的人就会以为他的心理状态好转了，从而放松警惕。但这往往是自杀态度已经坚定不移的一种表现（当然也不完全排除是自杀者心理状态好转的表现），因为发展到这个阶段，自杀者认为自己已找到了解决问题的办法，不再为生与死的选择而苦恼。因此，他们不再谈论或暗示自杀，甚至在各方面表现平静，目的可能是摆脱旁人对其自杀行为的阻碍和干预。

（二）大学生自杀的类型及原因

1. 大学生自杀的类型

自杀是极具个体性的行为，自杀动机错综复杂，而且个体差异大，但总体说来，大学生自杀呈现以下特点。

（1）寻求解脱。当大学生面临自我难以解决的人生问题时，感到极度的自卑、悲观、羞愧、悔恨、内疚、恐惧、孤独、空虚等，觉得自己走投无路了，只能选择自杀的方式以避免痛苦。比如，有一名大三男生因所读的大学很一般，家里对他的要求很高，希望其考研继续升学，而他自己又不愿意再待在学校里面，遂与家人产生矛盾，最终选择跳楼来结束自己的生命。他在遗书中写道："没办法达成父母的心愿，我自己也活得很空虚，生与死对我来说没有差别，死亡是最好的解脱。"

（2）自我防御。当面临挫折情境，特别是当事人认为结果是由自己的原因造成时，他也没有找到很好的解决方式，这时自杀行为可以成为改变挫折情境、减少自责或逃避处罚的手段之一，但其无疑也是最消极的自我防御形式。选择这种方式来自我解脱，只能将痛苦与创伤留给自己的亲人，而白白浪费掉自己的生命，如一大学生被人误解为盗窃了同学的银行卡和现金，在无数次解释仍无法证明自己清白的情况下，他极度绝望，触电身亡，以死亡来表明自己的清

白。在他死后一年，真正的小偷才被抓获，令冤枉他的同学悔恨终身。

用死亡来捍卫尊严，一直被我们的文化所认同。不时出现在媒体上的关于某人不堪凌辱以死抗争，少女被迫害跳楼自杀等的新闻报道，无形中对这种自我防御似的自杀给予褒扬，客观上强化了这类自杀者的社会支持，使自杀率攀升。

（3）报复性自杀。报复性自杀是当个体因某种原因产生内心的愤怒与敌对情绪时，为迫使对方承受法律责任或道义与良心上的谴责，以死向对方示威以达到报复的目的。这种自杀是通过自杀来操纵他人或社会，如两名大学生谈恋爱，女大学生后来移情别恋，和另一位男生走在了一起，前男友总是纠缠，但也没有让这位女生回心转意，最后男生选择为这位女生殉情，以死让她铭记他，让她自责和后悔。报复性自杀的危害是比较大的，在有些情况下，他们会选择先杀死要报复的对象，之后再自杀，最后的结果可想而知。

（4）威胁性自杀。威胁性自杀是当大学生面临一些人生危机，不知该如何选择时采取的一种行为。这类自杀者并非真的希望结束生命，而只是把自杀作为一种要挟对方，向对方讨价还价、迫使对方就范的手段。这类自杀往往表现出自杀姿势，虚张声势以引起他人关注，以恋爱受挫、人际冲突最为常见。例如，某高校女生佘某对其男友要求苛刻，要求除上课外的时间都要陪着她。两人时常为小事争吵，她认为男友不在乎她，曾多次以自杀威胁。其男友提出分手后，她在痛苦与绝望之中再次希望以割腕自杀来挽回，由于情绪激动无法控制，最终从宿舍楼坠下。

2. 大学生自杀的原因

促使大学生选择自杀这种方式来结束自己生命的原因各不相同，每个个体心理的复杂性、家庭教养与外部环境的差异性，都是可能的原因。童静菊博士研究了湖北省 2005～2007 年，20 所高校的 20 起大学生自杀的原因，其中有以下几种应激源（见表 16-1）。

表 16-1　湖北省大学生自杀的应激源分类及死亡人数

<table>
<tr><th>应激源</th><th>死亡人数</th></tr>
<tr><td>恋爱受挫</td><td>5</td></tr>
<tr><td>学习压力</td><td rowspan="4">10</td></tr>
<tr><td>人际关系紧张</td></tr>
<tr><td>家庭贫困</td></tr>
<tr><td>就业绝望</td></tr>
<tr><td>抑郁等精神障碍</td><td>4</td></tr>
<tr><td>身体障碍</td><td>1</td></tr>
</table>

（1）导致大学生自杀的表象原因有以下 4 个。

第一，学习成绩不好，学业压力大。大学生的学习压力一方面来自对所学专业非所爱。他们追求自我完美，对自我成长怀有美好的愿望，会在心中形成一个“理想我”，但当“理想我”与“现实我”发生矛盾时，便会对自己进行一些否定性的评价，继而产生失望、郁闷、自卑、气馁等消极情绪，很容易患上抑郁症。另一方面是来自应试的压力。在各种“考研热”“考证热”“出国热”的浪潮冲击下，加上本专业的课程负担重，极易导致一些心理脆弱的学生精神焦

虑甚至崩溃，从而采取极端手段来逃避现实。

第二，人际关系和情感挫折。人际关系失败是造成大学生自杀的一个不可忽略的因素。考上大学以后，学生的学习方式、学校的管理方式发生了很大变化，大学生大部分是独生子女，个性都比较强，不容易和别人相处，当这些矛盾聚集到一定程度到无法及时解决的时候，就很容易导致学生消极、悲观情绪的产生，有的甚至会走向极端。

大学生单恋、热恋和失恋已经成为一种越来越普遍的现象。家长的责怪、老师的警告以及毕业后未来职业的不确定性，使得他们很容易陷入迷茫。他们脆弱的感情一旦受到一点挫折，就会立刻表现为焦虑不安，甚至一些很优秀的大学生在遭遇一次感情挫折后就一蹶不振，甚至为情献身也屡见不鲜。由表 16-1 也可看出很多大学生都是为情所困以致轻生。

第三，就业形势严峻。由于大学的扩招，一些学生在上学时就对毕业后的就业问题产生焦虑，“毕业即失业”的悲观论在大学生中流行。许多大学生的自我预期值开始下降，他们不再拥有昔日大学生身为少量“社会精英”的自豪而是对前途充满渺茫，这就使他们极易产生消极颓废心理。再加上对大学生活和未来生活的不确定，对就业市场存在的一些不公平竞争的无能为力，使得学子们惶惶不可终日，以致任意一种微小的挫折都足以崩断他们那根原本就很脆弱的神经。

第四，躯体和心理疾病。躯体疾病，特别是慢性或无法治愈的躯体疾病仍然是自杀的重要危险因素。由于疼痛、毁形、功能丧失、癌症患者的自杀率高于一般人群。其中有些人顶着别人异样的眼光，跨过高考的羁绊进入了大学，但随着年龄的增加，自我意识越来越强，这种压力会逐渐增大，可能就会越来越自卑，觉得命运不公平，继而产生轻生的念头，最终酿出悲剧。

由于社会的急剧变迁、成长环境等因素，再加上在学校得不到及时的帮助，使大学生产生各种不适应状况而引发了心理问题。甚至一些学生中学时就有精神疾病，家长为了孩子顺利进入大学而隐匿不报。

(2) 大学生自杀行为的个体深层次原因有以下 3 个。

第一，心理障碍。它是导致大学生自杀最重要的原因，心理障碍主要表现为抑郁、悲观、孤僻、内向和自卑。在对一些高校进行学生心理健康调查时发现，有超过 50%的学生存在不同程度的抑郁和郁闷，达到一定程度时，往往容易悲观厌世，形成自杀倾向，有的甚至走向自杀。

第二，家庭因素。家庭是大学生生长、生活的第一空间，是他们最早接触的“小社会”。个人的社会化过程，不论在哪一阶段，家庭的作用都是很重要的，特别是儿童期的社会化是人一生中社会化的关键时期，而这一时期的社会化责任是由家庭完成的。对自杀大学生的父母进行的调查表明，家庭出身与自杀没有直接关系，但是不少父母对孩子的爱超出了正常的尺度。因此，大学生走什么样的道路，如何成长，同家庭的影响关系极大。家庭因素有以下 5 个。

①溺爱。当代大学生多数是独生子女，一对夫妇，两个老人共同关注他们的成长，他们把所有的希望寄托在孩子身上，在物质上有求必应，言行上处处迁就，却忽视了帮助他们认识生活的本质和确立正确的人生方向以及对家庭、社会的责任感，没有培养他们面对挫折的生存能力和处世的对立意识。心理承受能力极度脆弱，且自私、反叛、依赖感极强。当遇到矛盾时，家长要么一味无原则地顺从，要么机械地强压，有些学生可能因得不到理解或出走或轻生。

②要求过严。有些父母对孩子期望过高，自己的理想未实现，或理想与现实的差距太大，存在感情空缺时，他们往往把精力放在孩子身上，期望孩子成为自己理想实现的替代品，从而

对孩子要求过严，甚至近于苛刻。虽然子女尽了最大努力，但仍难达到家长的要求，这时孩子就易产生极大的心理压力。长期处于这种失衡状态下容易形成个性缺陷，如抑郁、紧张、焦虑、自卑、敏感多疑等症状，当这些压力超过了他们的承受能力时，他们就可能会离家出走，以致误入歧途。

③特殊家庭教育。特殊家庭指家庭结构残缺不全，如家庭出现夫妻双亡或一方亡故、分居、离婚、再婚、在押等情况，家庭结构破裂趋于小型化，传统家庭的帮助、保护和监督功能大大弱化。残缺家庭对孩子造成重大的不良影响，他们往往无法享受正常家庭的温暖和关心，过早地失去了父母的关爱，有的甚至失去了经济上的依靠，这一切严重阻碍了孩子的健康成长。国外研究表明约有 50%的青少年自杀与家庭破裂、家庭功能缺陷有关。精神分析理论认为，在幼年时期所受的家庭教育、家庭环境的影响直接关系到孩子们的心理状态，尤其是他们早期的心理创伤，如父母离异或早亡、父母关系紧张等都容易给孩子心理造成创伤。心理学家则认为，残缺家庭的孩子往往因缺少父爱或母爱而导致心理失衡。这种心态得不到及时矫正，久而久之，孩子就会性格扭曲、心理变态，严重影响其情感、意志和品德的发展。

④夫妻感情失衡。某些父母由于各自个性上的问题，常常为生活琐事粗暴争吵，甚至大打出手。在感情失衡的家庭中，由于家长自身个性可能被扭曲，他们之间不和、意见分歧，孩子在这样的家庭三角关系中受到这种扭曲个性拉力的影响，心理上长期处于矛盾状态，很难形成评价事物好坏的统一标准，最终形成冲突的价值观。他们还可能形成各种有缺陷的个性，如抑郁、紧张、怨恨、自卑、自责、自私、敏感多疑、对人不信任、社会关系恶化等，而这样的不良个性是当代大学生自杀行为发生的重要原因之一。

⑤家庭经济困难。随着我国高等教育改革的深化和高校的扩招，越来越多的学生接受了高等教育，但高校收费居高不下，却使不少的家庭不堪重负。从贫苦家庭考出来的大学生，家庭经济的困难无法为他们提供大学生活的基本物质需要，这让他们时常感到经济压力和地位上的低人一等。经济上的窘迫也妨碍了他们正常的人际交往（不能经常参加集体活动，不能时常进行精神放松，如看电影、聚餐等）。这些贫苦大学生表面显得自强、自负，但事实上内心脆弱而自卑。成都理工大学的许若兰教授调查发现，贫困大学生的心理健康状况明显差于非贫困生，表现为高焦虑、抑郁等情绪障碍，与周围人相处不融洽，学习上困难较多等。在调查统计中部某省 2002～2006 年大学生非正常死亡的人数和原因时发现，家庭经济困难是导致大学生自杀的第二大原因。贫困大学生是一个亟须心理健康教育和建设性指导的群体，如不进行及时干预，这些学生可能在性格的发展中走向狭隘与自卑，产生严重的心理问题，甚至走上极端道路，马加爵就是一个典型。由此可见，家庭贫困也是当代大学生极端行为产生的一个重要诱因。

第三，思维方式异化。自杀学生一般认知范围比较狭窄，倾向于采取非此即彼或者以偏概全的思维方式，以黑白、对错、好坏的简单二分方式来分析遇到的问题，看不到解决问题的多种途径，在挫折和困难面前不能对自己和周围环境做出客观的评价，所以容易走向极端。

3. 大学生自杀行为的预防

大学生自杀预防工作主要是在以下几方面开展：学校的预防、家庭的预防及个人的预防。

（1）学校对大学生自杀行为的预防有以下 3 种方法。

第一，重视校园文化建设，大力开展心理健康教育。校园文化是对大学生进行心理健康教育的一个重要载体。良好的校园文化氛围会潜移默化地优化学生的心理品质。高校应充分利用广播、学报、校刊、网站等传媒，广泛宣传和开展心理素质教育活动，宣传普及心理健康知识，帮助学生优化个性心理品质，提高心理健康水平。大力开展各类校园文化活动，培育大学生奋发向上的精神。通过组织大学生参加健康的文体活动，使之开阔视野，培养兴趣，提高个性品质。通过开展社会实践，帮助他们坚定社会主义信念，树立正确的世界观、人生观、价值观，提高分析问题和解决问题的能力，特别是辨别是非的综合判断能力和承受挫折的环境适应能力。

第二，在学生中开展亲情教育。开展亲情教育是完善大学生人格的需要。学校要将亲情教育纳入大学生思想政治教育课程体系。在学生中组织开展以亲情为内容的专题活动，可在每年的母亲节和父亲节给父母写一封家信。也可通过图片资料展示、观看反映亲情的录像电影、讲座、讲亲情故事等形式来让大学生们认识父母的伟大、家庭的温暖，懂得感恩，懂得爱，从而珍惜亲情，为了含辛茹苦的父母而打消自杀的念头。

第三，建立网上咨询平台。心理咨询有诸多形式，如门诊咨询、电话咨询、书信咨询等。随着信息化程度的提高，各高校已经基本建立了校园网络，网络技术的发展，为心理咨询提供了新的途径——网络咨询。由于网络咨询具有保密性、自主性、平等性等特点，为网上心理咨询构筑了独特的魅力。

利用大学生对互联网的兴趣，构筑网上心理咨询平台，将心理健康教育和学生思想教育工作紧密结合起来。在网站上建立心理咨询栏目，可以开设心理学知识、心理测试、心理治疗、心理咨询案例分析、心理自助、网络心理等专题。使学生通过心理学知识的网上学习，对心理学产生浓厚的兴趣，积极参与网上心理咨询。设置心理咨询专用电子信箱和网上心理咨询呼叫热线，为学生设立又一道心理防线，保证心理健康教育工作更广泛、深入地开展。

（2）家庭对大学生自杀行为的预防。除了学校开展“生命教育”外，家庭也应发挥其主力军作用。父母应保持与子女的交流，及时掌握子女的想法，时常关心子女是否开心快乐。其实大多数子女的要求并不高，只是希望能得到多一点的爱，而这爱的给予或许只有从与父母的交流中才能得到。父母应真正站在孩子的立场上，为其身心健康发展着想，不要拿世俗的眼光给孩子贴标签，如差生、坏孩子等，避免对他们的心灵造成伤害。加强社会主义精神文明建设，探索建立一种全民共同认可的社会规范，增强社会凝聚力，从而削减自杀产生的社会根源。

（3）学生个体的预防方法有以下 3 种。

第一，积极应对压力。在前面已经讲述到大学生面临多种压力，那么如何应对压力就极其重要了。当压力让你透不过气，萌生自杀意念时，要主动求助，以积极的方式对待自己的问题，并及时解决。特别是遇到重大的负性事件时，要关注这个事件对自己的影响时间和严重程度，当自己无法应对或心理调节不奏效时，就要求助心理咨询中心。

第二，合理调节情绪。合理调节情绪的目的就是让我们保持和创造快乐的情绪。首先我们要学会知足常乐。知足常乐的秘诀在于把理想和需要定得切合实际，增加获得成功体验的机会。其次要增强自信心。只有自信的人，才是快乐的。增强自信心是获得愉快情绪的基本条件。最后是多交朋友。培根说：“如果把快乐告诉一个朋友，你将得到两倍快乐；如果把忧愁向一个朋友倾诉，你也将被分掉一半忧愁。”多交朋友具有减缓痛苦，增加快乐的功能。

第三，培养乐观态度。大学生应培养乐观的人生态度，以积极的心态面对挫折与失败。现代大学生应有开阔的胸怀、远大的抱负和正确的学习、生活目标，当遇到困难挫折、失败与逆境时，要正确看待并积极应对。

4. 大学生自杀行为的干预

构建大学生自杀行为的干预模式，阻止大学生自杀行为的发生。

（1）建立大学生自杀危机干预网络。虽然自杀带有突发性，一旦发生，周围的人常常感到意外，但只要我们仔细观察就不难发现，大部分自杀者都曾经有过明显的求助信息，他们在决定自杀前会因为内心的痛苦和犹豫而发出种种信号。因此，要预防大学生自杀行为的发生，首先要建立个人—宿舍—班级—院系—学校—社会的 6 级危机干预网络。尤其是同寝室的舍友，更应该关注宿舍里的每一位成员的心理状况，一旦发现异常，一定要向辅导员老师报告。

（2）结合大学生个体特点，给予及时的帮助和开导。大学生自杀有一定的规律性，只要教育者能认真分析大学生个体的特点和自杀的规律性，并采取行之有效的危机干预措施，就可以预防和减少自杀行为的发生。要关注“弱势群体学生”，在其周围形成互助、关爱的氛围，让其在教师与同学的关心中获得温暖，获得生命的感动，帮助他们及早从心理阴影中走出来，树立健康、积极的人生观和生命观。

（3）注意做好自杀防范工作，对自杀多发地点实行监控。学校物业管理部门要注意对自杀多发地点实行监控，堵塞漏洞。例如，各栋大楼的顶楼实行专人管理，不对学生开放；校内的河湖要设置栏杆，写上警示牌。学校公共的自杀多发地点，如大楼、湖边等，要实行录像监控，发现可疑现象及时制止。学校周边不要有农药销售点等，从源头上阻止大学生自杀。

（4）对正在实施自杀行为的大学生和自杀未遂的大学生进行干预。大学生自杀主要采取跳楼、割腕、服毒、投湖、自缢等方式，一旦发现有学生实施自杀行为，发现者应保持冷静，第一时间报警，通知所在学院或系的老师和学校心理咨询中心的专业人员，并力所能及地实施抢救。对于还没有实施跳楼的自杀学生来说，要尽量拖延其时间，通过亲情呼唤、承诺解决焦点问题、倾听其发泄情绪等，暂时打消其自杀的念头，再实施后期的干预。对自杀未遂的学生，学校要及时与学生家长取得联系，争取家长的支持。对于精神病患者，要立即送医救治。对于非精神病患者，学校要指派一名自杀未遂者最亲近的学生或老师 24 小时陪伴、倾听、接受其所有的抱怨和情感，并做他们的辩护者，让他们感受同情、真诚和无私的关怀，并通过沟通和交流帮助他们寻求解决问题的办法，使他们重新燃起生活的希望，从而预防其再次自杀。

二、杀人伤人行为

大学生杀人犯罪呈直线上升趋势，这已经成为一个值得关注的社会问题。虽然违法犯罪的大学生占大学生群体的比例很小，但我们的高等教育的目标在于培养全面发展的新型人才，而大学生沦为罪犯，更是对国家人力、财力的巨大浪费。因此，了解大学生杀人行为的特点、成因以及如何预防此类行为的发生至关重要。

（一）大学生杀人伤人行为的特点

1. 作案手段残暴后果严重

从杀人过程来看，持刀乱捅致人死亡居多。例如，一起案件是北京外国语大学 23 岁的女大学生罗某因为一些生活中的小事与同学产生矛盾，用水果刀猛刺同学李某 17 刀致其死亡；另一起是北京科技经营管理学院国贸系 22 岁的大学生徐某，因与同学争执谁所在的系好而发生口角，后用菜刀将同学砍死。从结果看，大学生杀人犯罪的手段残暴，后果严重，表明了大学生

犯罪有严重化态势。

2. 大学生杀人者道德缺陷较多

大学生杀人案件中被害人多数为同学、恋人等熟悉亲密关系。由此可反映出杀人大学生道德品质缺陷，人性泯灭。

3. 心理素质差，挫折压力下激情杀人较为多见

浙江大学应届毕业生周某参加公务员招考，成绩优秀，而体检时因“小三阳”肝功能不全未被录取，质问原因未果，激愤之下杀死杀伤各 1 名人事干部。“小三阳”不能录取为公务员的制度规定歧视乙肝病毒携带者，缺乏公正性，但可以用理性的态度对待（如安徽芜湖一应届大学生就因此而起诉人事局），更何况就业途径千万条，何苦“在一棵树上吊死”，其因此而激愤之下杀人，显然承受挫折的心理不够成熟。大多数大学生杀人案件与大学生心理因素问题有关，极端表现是广西南宁的一女大学生因精神病在校园内杀人；北京某大学生因同性恋且性格内向只交男性朋友，以网恋形式诱奸网友不成而杀害网友；江苏某大学生因琐事争吵一气之下杀害同学案。这几起杀人事件中都显现出杀人大学生有心理健康问题，只是程度上的差异而已。心理健康问题是大学生杀人、伤人犯罪的重要诱因。

4. 感情不顺，情杀较为突出

大学生情杀形形色色，有面临不能正常毕业及就业的巨大心理压力，发泄到父母或恋人身上，乱刀捅死人；有乱情杀人，既有恋人又有其他性伙伴；有病态情感同性恋遭拒绝而杀人。大学生情杀多样性反映出大学生情感问题的多样性、复杂性，因情感问题失去人性，害人害己。

（二）大学生杀人伤人的成因

云南大学生马加爵在学校宿舍内连续杀害 4 名同学的案件被新闻媒体曝光之后，举国震惊。为什么马加爵会凶残地杀害与之同窗三载且无冤无仇的同学呢？为什么近年来大学生犯罪率呈直线上升趋势呢？其原因既有大学生自身因素，也有学校、社会环境因素。社会环境及学校因素是次要的和非决定性的因素，大学生自身因素是诱发其犯罪的主要的和决定性的要素。

1. 中国社会贫富差距拉大，是大学生犯罪深层次的社会原因

如马加爵案，媒体评论多归因于教育、归因于学校与社会的心理救治系统不健全，这些其实还多是表象。最根本的原因，恐怕还在于横亘在“城里人”与“农村人”之间日渐扩大的鸿沟。犯罪心理学也认为，人的犯罪来源于客观世界的消极因素。马加爵等杀人犯罪的大学生生活的社会环境中的消极因素，为他们的犯罪行为提供土壤。当今社会从客观上来讲，社会在进步，人民生活水平在提高，国力在强盛，但是不可否认目前社会中仍然存在许多严峻的社会问题，如“严重的贫富差距”现象，“人的生存和发展的不平等”现象。这些客观的社会环境中的消极因素，尽管不可能直接对马加爵个人产生巨大影响，但是它会通过大学生们生活息息相关的微观环境折射出来。像马加爵这些生活在农村的贫困大学生自然成为大学校园里的“弱势群体”。这些贫困的大学生，特别是来自农村的贫困大学生，经济上的窘迫妨碍了他们正常的人际交往，同时，在同学关系中“恃强凌弱”“人性淡漠”的现象有所存在。正如一位贫困大学生所说，生活上再苦我都可以忍受，但是精神上的孤独与被他人侮辱却是无法接受的。现实中许多大学生杀人案例也说明了这个道理，如马加爵因为家庭贫困而性格孤僻，自卑感强，也不愿与人深交，没有知心朋友，仅被冤枉打牌“作弊”便起杀心。2003 年 12 月宁波市北仑公安机关抓获的抢劫杀人犯陈某，因家境贫寒，又好攀比，进而铤而走险去抢劫，遭反抗便杀人灭口。

在大学生自杀行为成因中已谈到家境贫困这一因素也是大学生自杀的一个原因，由此看出家庭贫困既可能导致大学生的自杀也可能导致杀人行为。近年来随着高等教育规模的扩大和高校扩招，贫困大学生的人数也在不断增加。贫困大学生这一特殊群体的经济困难已引起广泛关注，社会各界和高校通过社会资助、大学生助学贷款制度以及为贫困大学生提供勤工助学岗位等多种方式在经济上帮助贫困大学生，不少贫困生自己也通过做家教、课外打工、兼职等方法赚取学费和生活费，缓解家庭的经济压力。贫困大学生不仅在经济和物质上需要资助，他们在精神和心理上也需要鼓励和帮助，而这一点往往容易为人们所忽略。贫困大学生在心理上有自己的特点。例如，不少贫困大学生不仅感到经济压力大，心理压力也很大，有的人面对同学中的贫富差距容易产生自卑心理，自尊和自卑的矛盾冲突异常激烈；有的贫困大学生情感过度压抑，一些不良情绪长期难以宣泄，长期累积的不良情绪容易引发各种心理问题；有的贫困大学生在适应城市生活和人际交往等方面问题比较突出。这说明关注贫困大学生的心理问题是高校心理健康教育工作中一个不容忽视的特殊问题。

2. 当今我国高等教育中存在的问题是大学生犯罪的客观原因

(1) 教育内容缺失。文、理科学生知识结构单调不互容，法律专业以外的学生不接受或很少系统地全面地接受法律知识教育，以至于司法实践中出现一些犯罪大学生认为偷窃钱物、打架斗殴不是违法犯罪，只需赔偿损失就行了。大学教育中忽视思想品德以及心理生理教育，一些青少年没有进入大学前已经存在的思想品德、心理及生理问题，上大学以后仍然处于自发状态，很容易脱轨。甚至出现了广西南宁某高校一女生精神异常一年多，校方却一无所知，酿成因为病理性精神病发作在校园内持刀杀人，造成一死七伤的惨剧。

(2) 教育管理上的缺位。比如，大学生在校外租房居住以及大学生平时劣迹情况，相当一些高校放任不管或底细不清。校外租房大学生的人身财产安全无法得到保障，对其生活圈、交友圈等情况更无法及时了解掌握，思想品德教育失控。高校教育管理上的失位加剧了大学生心理、生理及道德问题的发生，也可以说是助长了大学生违规违纪向犯罪的转化。宁波市北仑市公安局抓获的大学生杀人犯陈某，据其交代在校期间劣迹斑斑，大二放假期间因经济拮据曾在回家路上持刀抢劫，并且向其他同学吹嘘过，但校方却一无所知，更谈不上对该学生采取教育和帮助。

(3) 高校教育环境的污染。近年来，较严峻的社会治安形势也波及高等学校，部分学校校园及周边有游戏厅、网吧、酒吧、发廊、歌舞厅等娱乐消费场所，经营业主们注重经济效益，忽视社会效益，使这些场所在经营过程中也或多或少地向大学生传播一些不健康的人生观和价值观，冲击青年学生传统的道德防线，影响他们的身心健康，甚至诱发大学生违法犯罪。

3. 大学生自身心理缺陷以及生理特点是大学生犯罪的主要原因

(1) 自身素质欠缺。大学生是同龄中的佼佼者，其科学文化素质可以说是高层次、高水平的，然而少数人综合素质却令人担忧。大学生杀人犯罪是大学生多方面的素质缺陷与外部条件综合作用所致，某一个方面的素质缺陷不一定使大学生犯罪，更难以让大学生杀人，多种素质缺陷并存，在经济拮据、恋人反目、朋友误解等外部条件促使下，就容易演变成包括杀人在内的大学生犯罪。

(2) 社会认知上的自我中心观。所谓社会认知上的自我中心观是指在个体与他人或社会的

关系上往往只从自我的立场出发，而不能从他人或社会位置去思考问题或处理问题的认知方式。社会认知上的自我中心观正是阻挡个体客观认知他人与正确把握社会规范的一个心理问题。刘海洋伤熊和马晓明杀亲事件的一个共同原因正是他们在社会认知上的自我中心观。刘海洋伤熊行为的发生缘于对熊的嗅觉进行验证，马晓明杀亲则是一例典型的以自我为中心观来思考问题和处理问题的案件。

马晓明因退学事件，在害怕告知父母真相使父母失望与不得不告诉父母学校对其退学态度的矛盾冲突中，先想到自杀，继而因担心自己的自杀会引发家人的伤心，干脆采取将亲人全部杀害这种一了百了的极端方式以求得解脱。在整个事件中，从表面上看，马晓明自始至终都想到了自己的家人，一直在替他人着想。但他仅仅是按自己的主观愿望来分析和处理问题，而不能真正站在他人的位置与社会角度来分析问题和处理困难。他的行为所反映出来的社会认知方式同样是自我中心观。因为对他人与社会规范的真正理解，不仅意味着能替他人着想，更重要的是能站在他人的角度替他人着想。因此，在自我中心观的制约下，他无法换位思考，而只能凭自己的想当然去做，最终无法找到正确解决问题的方法，也不懂得如何求助于他人。

（3）不健康的人格因素。人格是在先天的遗传物质、生物特征的基础上，通过后天的社会活动和社会交往而逐渐社会化的。人格形成后，对人的心理行为具有重要的作用与影响。作为人格的核心成分“性格”，用通常的话来说，性格就是反映一个人常做什么与怎样做的心理特征。性格缺陷常见的表现有自负、嫉妒、敌意、易怒、虚荣心等。这些性格缺陷往往是直接引发反社会行为的心理动因。

（4）满足报复的需要。在大学生的犯罪类型中，打架斗殴、杀人伤害、强奸等这类人身伤害的犯罪是仅次于盗窃犯罪的第二大类案件。这类案件中约有30%是由于大学生极强的报复心理所引起的。有的大学生恋爱不成，因爱生恨报复对方。有的仅仅因为一句玩笑话或一点小事，认为被对方侮辱便杀害或打伤对方。云南大学马加爵惨杀同学就是因为其片面地、固执地认为自己窘迫的生活处境是由于社会的不公平，疯狂地以剥夺同学的生命权来报复社会。

（5）生理原因。多数大学生年龄在18～24岁，正处于犯罪率高发的年龄段，他们的身体心理均处于生长发育旺盛期，体力强壮，精力旺盛，但无生活阅历，自制力低，判断力差，容易冲动。大学生没有升学考试压力，一些专业的学习负担不是很重，有些学生也不重视学业成就和知识积累，空闲时间多，一旦学校疏于管理，他们就可能把剩余精力发泄到不健康乃至犯罪的歧途上去。因此，大学生自身生理特点会对犯罪行为产生间接影响。

（三）大学生杀人伤人行为的预防

1. 关注贫困大学生的学习生活和心理健康教育

自从我国高校收费全面并轨、免费成为历史后，大学生中“贫困大学生”群体就产生了。马加爵就来自这样一个群体，全社会应该关注贫困大学生的学习生活，进一步完善助学贷款等社会助学制度，切实解决贫困大学生学习生活的后顾之忧。关注大学生的心理健康教育，尤其是要关注贫困大学生的心理健康。事实上，贫困大学生是一个急需心理健康教育的群体。如果不及时进行教育，这些贫困大学生就很可能在性格发展中走向狭隘与自卑，产生严重的心理问题甚至导致违法犯罪行为的发生，马加爵就是一个典型。因此，学校应该帮助他们形成正确的自我意识、良好的性格、坚强的意志以及较高的耐挫能力；同时还应该努力营造一种平等、和

谐的学习生活环境，在大家的友善真诚帮助下让这些贫困大学生走出心灵的困境，实现健全人格。

2. 探索并建立科学的高校教育管理方法，增加大学生与高校及老师间的沟通

目前较普遍的问题是高校在预防包括杀人在内的大学生犯罪问题上的滞后与无为，一些本已有迹象预兆的大学生杀人等犯罪被忽视，未及时采取预防措施。例如，大学生恋人间的矛盾，同学间或外租房房东可能早已察觉，但老师及学校却不知道。为此首先要畅通高校、老师、大学生间沟通、交流的渠道。目前除了辅导员、班主任老师外，其他授课老师与学生交流甚少的现象应当纠正，辅导员、班主任老师不是很多，精力也有限，仅靠他们全面了解掌握每一个大学生生活、学习情况是很不够的。高校应建立一个大学生信息采集网络，发挥每一个老师及员工的积极性、主动性。其次是创造更多的师生交流、沟通机会，如多举办师生共同参与的文体活动，高校老师同学生家长座谈会等；还可以建立并完善大学生信息反馈及处理机制，将大学生学习、生活、心理等信息、资料集中汇总，以利于制定出大学生问题帮教办法，并针对已暴露出的大学生心理、生理、道德等问题落实专人专题帮教措施。此外还应经常与大学生家长沟通，发挥家长在这方面的特殊作用。对大学生问题了解得越全面、越深入，帮教措施就越有针对性，预防减少大学生犯罪成效就会越好些。建立大学生严重事件责任追究制，以增强高校及老师预防大学生犯罪的责任感。

3. 加强法制教育，增强大学生法制意识

大学生正处在自然人向社会人过渡的特殊阶段，加强大学生法制教育，不仅可提高其法律素质，增强其判断能力，自觉地抵御外界不良因素的影响，预防违法犯罪，还有利于他们踏上社会后知法、守法、用法。现阶段高校加强大学生法制教育，除了要使大学生学习、掌握法律知识外，还应着重培养大学生维护法律尊严的思想感情和遵守法纪的良好习惯。一方面，要注意及时纠正一些同学的违法违纪思想苗头和行为习惯，使之增强法制观念，养成良好的守法习惯，做到立场坚定，爱憎分明，行为规范；另一方面，要大力宣传能够挺身而出维护法律尊严的行为，加强对高校在校生的法制教育，增强他们的法律意识，以抑制其违法犯罪；此外，要加强对高校在校生的德育教育，使得学生具有正确的人生观、价值观和远大的理想。目前高校虽然开设了法制课和德育课，但课时少，素材不能紧扣学生现实，教学效果差。因此，应尽快改变那种陈旧单调的授课方式，重视理论与实践相结合，如组织学生旁听公判大会或观看有违法违纪案例的录像；还可以学习一些高校的先进经验，组织模拟法庭，让学生亲自担任法官、律师、原告和被告，增强其对法律知识的兴趣与理解，使得学生切实有效地受到法制、道德、纪律教育，让学生真正做到知法、懂法、守法。

高校大学生自杀、他杀及伤人事件频发，给高校教育工作者提出了十分严峻的挑战。只有了解了大学生极端行为的成因，明白如何预防及如何实施干预，才能够更好地提高高校大学生的公共卫生意识和心理健康水平，保障和维护广大学生的生命安全，保证青少年的健康发展。

第三节　大学生网络成瘾

21 世纪是网络信息的时代，在时代的趋势下，思维敏锐活跃的大学生便成为主流群体，以极大的热情毫不保留地喜欢上了它。目前全国在校大学生约有 2000 万人，上网的比例超过

90%，是绝对的网络文化的主要参与者和创造者。网络在大学中的普遍使用为大学生的学习和生活带来了便利，但同时也造成了大量的网络成瘾现象。

一、大学生网络成瘾的危害

（一）影响大学生的身体健康

很多大学生喜欢打网络游戏。网游的画面是跳跃性的，变化是十分迅速的，玩网游的人长时间盯着屏幕，就会用眼过度，网络成瘾的大学生极易患眼科疾病，轻者引起近视，重者导致视网膜脱落；网络成瘾的学生有时为了通关或是升级会不吃不喝，一直坐在电脑前一动不动，易患颈椎、腰椎类疾病；还有些学生由于白天有课，不得不选择晚上上网，以致打扰同宿舍同学的正常休息，造成人际冲突，而且一个人长时间作息紊乱，可能会患上神经衰弱。可见，网络成瘾对大学生的健康极为不利。

（二）学风浮躁，成绩下滑

网络成瘾者大都会产生厌学情绪。由于长期沉溺于网络，不仅浪费了大量的时间和精力，而且受网络中不良信息的影响，导致他们丧失学习目标，学习兴趣下降，频繁迟到、早退、逃课，因此学习成绩下降，多门课程不及格，毕业时拿不到学位证，甚至无法毕业的学生比比皆是。据统计，在考试科目数门不及格的大学生中，因沉迷于网络而导致成绩急速下降的几乎占80%，网络成瘾已经成为摧残大学生的罪魁祸首。还有些学生过分依赖网络，无论什么问题都依靠网络寻求答案，忽视了对基础知识和基本技能的系统学习和全面掌握。面对大量丰富的信息，只习惯于被动接收和不停收集，而疏于认真思考，严重影响学习的实际效果，这样的求知方式不利于问题意识的培养和学习能力的提高。

（三）网络成瘾造成大学生现实的人际交往缺失，容易产生双重人格

首先，网络成瘾者整天面对的是冰冷的、无情的机器，其进行的不是面对面的、真实的人际交往，而是一种虚拟的、不真实的人际交往。网络交往虽然缩小了人际间的时空距离，却拉大了人际间的情感距离。人们在面对面交流中所运用的表情、体态、语言、声音、气味、触觉等信息，在虚拟空间的交流中受到很大的限制。因此，大学生网络成瘾者容易形成孤僻的性格，导致情感淡漠，甚至形成自闭症，社会适应能力越来越差。

其次，网络成瘾者花大量的时间在网上交友，觉得网友之间可以自由亲密地交流，比复杂的现实生活更加轻松、随意，其结果是网络上的“真人”难得认识，而现实中的同学、朋友却纷纷跟他拉开距离。

再次，上网者大多数隐匿自己的真实身份，从而使人失去自我感和现实感，混淆虚拟世界和现实世界，进而导致自我分解为虚拟的自我和现实的自我。而在现实生活中，网络成瘾者往往会觉得现实太残酷、太无情，自我太弱小、太无奈、太无助，常常幻想虚拟中的自我，迷恋虚拟的自我，陶醉于虚拟自我的那种自由、畅快、逍遥与洒脱。

最后，他们往往会不断地放大虚拟的自我，而回避现实的自我，形成双重自我经常错位的人格。当现实的自我遭遇挫折，而虚拟的自我又无法实现的时候，网络成瘾者就容易产生心理焦虑和浮躁，情况严重者还容易引发各种心理疾病，如焦虑症、抑郁症、狂想症等。

（四）不良网络信息诱发大学生犯罪活动。

网络是个信息宝库，但也充斥着很多黄色、暴力等垃圾信息。这些不良信息严重污染了大学生的思想，导致大学生社会责任感缺失、道德感弱化，甚至扭曲了大学生的心灵，诱发了大学生网络犯罪。另外，一些大学生受游戏的影响，误认为通过伤害他人而达到自己目的的方式合情合理。一旦形成了这种错误观点，就会不择手段，欺诈、偷盗甚至对他人施暴。目前，因为网络成瘾而引发的道德失范、行为越轨甚至违法犯罪的问题正逐渐增多。

二、促使大学生网络成瘾的情境

学者对一些网络成瘾的大学生进行访谈后，通过对访谈内容的分析，得出了以下 8 种诱惑情境，可能促使大学生们上网并最终转变为网络成瘾者。

（一）空闲无聊

空闲无聊是指大学生拥有自由支配的时间多，却又没有事情做或没有紧急的事情需要做，感到无所事事的时候。“空闲无聊”作为最常遇到的上网诱惑情境，反映了大学生与中学生的一个重要的差别就是大学生有更多的空闲时间，他们更多地要靠自己规划和合理安排自己的时间，而中学生主要是按照学校的要求来做。这也带来一个问题：如果大学生对自己的生活没有清晰的定位和规划，就容易导致将上网作为消遣的主要方式。例如，有的学生因为没有课，也没有其他事情做，只好靠上网来打发时间。

（二）放松需要

放松需要是指在经过一段时间的工作或学习后，想要通过上网来娱乐放松的时候。由于科技的不断进步，网络的多媒体功能与互动性越来越好，其使用也越来越普及与便利，因此，它已经成为大学生最重要的休闲娱乐方式之一。很多大学生已经拥有自己的个人电脑，大学校园里也有很方便的上网设施，因此他们可以很方便地通过上网观看电影、听音乐、看新闻、QQ 聊天、写博客等来满足娱乐放松的需要。

（三）交流分享

交流分享是指在非出于事务性要求的情况下，想要跟别人在网上进行交流和分享。这不仅反映了大学生人际交往与情感交流的需要，也反映了网络作为人际交流与分享工具的便利和优势。网络的交往具有匿名性，也可以不分时间、不分地点地与认识的或不认识的人开展即时的或者非即时的交流。与面对面的交流相比，这种媒介更容易让大学生接触到更多和更广的人群，也可以让他们更真实地表达自己的内心感受。因此，当他们有这种需要的时候，更愿意选择采用上网的方式。

（四）实际需要

实际需要是指出于日常生活或学习的需要，上网去达到信息获取与信息交换的目的。这种需要更多的是客观上的要求，或者提前计划好的，网络是最理想的选择。这种情境是一种正常功能的表现，也是每个人都常会遇到的，体现了网络给人们带来的有益方面。网络在信息获取和交流上比传统方式具有明显的优势，因此它在大学生的生活和学习中也变得越来越不可或缺。

（五）压力困难

压力困难是指在学习或生活上遇到挫折，不想学习或心情不好时会想要通过上网来逃避压力与困难，得到暂时的解脱。这表现了网络成瘾大学生的一种消极的应对方式。由于网络产生一种虚拟的环境让人沉浸其中，忘记生活中的不快，体验到快乐和满足，因此这种一遇到压力困难就上网的行为就容易得到强化，成为一种恶性循环。

（六）刺激暴露

刺激暴露是指当个体直接面对电脑或网络等与网络有关的刺激物时，会诱发上网的冲动。这种刺激可能包括看到或听到有关上网的直接的画面或信息，也可能是一些间接的提示物或联想物。目前很多大学生拥有自己的个人电脑，在宿舍或机房的上网条件也很便利，因此刺激暴露对于大学生而言是很普遍的。对于很多成瘾者来说，当面对这种刺激暴露时，很容易引发对上网的渴求并导致上网行为的产生。

（七）他人邀约

他人邀约是指别人（朋友或同学，也可能是网友）邀你一起去上网。很多同学提到在遇到这种情况的时候，基本上都会去上网。这反映了大学生的网络行为在很大程度上会受到同伴关系的影响。

（八）习惯渴求

习惯渴求包括两种情况，一种是指习惯性上网，如同程序化一般，其特点是会按照原有的时间模式和行为模式去上网而不管是否真的需要上网；另一种情况是面临心理渴求的时候，比如一段时间没有上网了，就很想上。这两种情况都是网络成瘾比较典型的特点。

三、大学生网络成瘾的预防

（一）社会

制定系统的网络行为规范，加强对网络的管理，加强法制建设，对互联网进行有效的管理和监督。对网络上的各种信息要认真审查，对不利于社会政治经济发展，不利于个人健康成长的信息要尽快消除，对散布不良信息者要绳之以法。

（二）学校

1. 重视大学生同伴群体的作用

同伴群体在大学生的社会性发展中扮演着重要的角色，同时也是大学生重要的社会支持网络和力量。同伴群体既可以对大学生的上网行为起到负面的作用（约一起去上网），也可以起到积极的作用（相互监督和帮助）。因此，学校要正确引导，让大学生的同伴群体成为促进他们健康上网的一个重要的支持力量。同时，在干预教育中需要教会他们如何应对同伴邀请上网的压力。

2. 讲授应对上网诱惑的技巧

很多大学生都很想改变沉迷网络的行为，但是每当遇到诱惑情境时，总是情不自禁地去上网，自己难以控制，也苦于没有找到好的方法可以帮助自己改变。学校可以通过宣传海报、传单、网络等方式，宣传一些克服和应对上网诱惑的方法。比如，美国心理学家 Young 提出的若干认知一行为的方法可供参考：①改变平时上网的时间模式；②借助外部力量（如闹钟）来提醒停止上网；③制定比较具体的上网时间安排；④上网前先列出这次上网要做的事情的先后顺序表；⑤在卡片上写上网瘾所带来的危害以及改变所能带来的好处，并在自己很想上网时用卡片提醒自己；⑥通过参加以前感兴趣的活动，重新找回现实中的快乐等。

3. 鼓励将网络应用于合理的用途

网络作为信息时代的重要工具，已经在日常生活或工作中变得不可或缺。但是不难发现，网络成瘾大学生的上网用途并不是将其用于帮助学习或者用于学习新的有用的技术，而是用于玩网游、下载和聊天等。因此，学校要正确引导学生将电脑与网络应用于合理的用途，比如可以开展网页制作、Flash 比赛、PPT 模板比赛，引导学生利用网络查阅学习有关资料等。通过活动的开展，让网络成为大学生成长和成才的得力助手，而不是绊脚石。

（三）个人

1. 提高自身素质，加强心理的自我调适

大学生要树立正确的世界观、人生观和价值观，培养自制力，用坚强的意志增强抵制网络的负面影响，不断优化自己的性格，正确对待人际关系，正确看待网络、使用网络。

2. 树立远大理想和奋斗目标

一个人如果没有远大理想和奋斗目标，就没有前进的方向和动力。对此大学生要为自己设计职业生涯计划，热爱所学专业，熟练掌握专业技能，把时间和精力用在有意义的事情上。

3. 丰富业余生活，培养广泛的兴趣爱好，建立良好的人际关系

大学生要积极参加学校组织的各种社团，参加社会实践活动，参加或组建兴趣小组，让自己的课余生活丰富多彩，充实而有意义；同时，还要严于律己，宽以待人，遇到人和事要换位思考，多体谅理解他人，与同学、老师、亲友建立良好的人际关系。

四、大学生网络成瘾的心理干预

（一）代币管制法

代币管制法是一种利用强化原理促进更多的适应性行为出现、减少或消除不适应行为出现的方法。代币是指可以在某一范围内兑换物品的证券，其形式有小卡片、铁牌等。当事人可以用这些证券换取自己所需要或非常喜爱的物品。假如一位网络成瘾者每天都上网三个多小时，那么第一周每天减少上网时间半小时，做到了就得到一张小奖励卡片，每周 5 天以上就得一张大奖励卡片，每张大奖励卡片可以换取当事人自己所喜爱的物品。以此类推，以后逐渐减少上网的时间，直至不再上网为止。这种由于战胜自我所得到的奖品可以使他们产生愉悦感、自豪感，增强他们的自信心。这就如同滚雪球一样越滚越大，好的行为越来越多，不良行为越来越少，激励他们不断战胜自我、超越自我，从而以崭新的姿态出现。

（二）厌恶干预法

厌恶干预法指将某种不愉快的刺激与当事人对他有吸引力的，但是不受社会欢迎的行为活动联系起来，使得行为者最终因感到生理或心理上的厌恶而放弃这种行为。橡皮圈疗法是最简便易行常用的方法之一。做法是网络成瘾者在自己的手腕上套上橡皮圈，当有上网的想法或冲动时，弹拉橡皮圈，产生疼痛感，边拉边记数，目的是通过这种厌恶刺激转移注意力。

（三）自我警示法

当个体发现自己被互联网"俘获"并意识到问题的严重性后，就会想办法将其摆脱。可以让网络成瘾者分别用两张卡片列出网络成瘾给我们的学习、生活都带来哪些危害和摆脱网络成瘾带来的好处，然后让成瘾者随身携带这两张卡片，时时处处提醒自己，约束自己的行为。

（四）团体辅导法

团体辅导法是在团体情境下提供心理帮助与指导的咨询形式。即咨询员根据当事人问题的相似性组成课题小组，通过团体内的人际关系交互作用，运用团体动力和适当的心理咨询技术，协助个体认识自我，探索自我，调整改善与他人的关系，学习新的态度与方式，从而促进自我发展和自我实现的过程。此法在网络成瘾的干预中起着重要的作用。因为有相同问题的大学生们在一起，同伴间的相互支持远比成人的支持效果好，通过团体成员间的互动，使学生注意到自己的能力，看到自身的优势，增强自信心和安全感。再由成员们共同签署契约，团体的监督和支持作用，以及强烈的约束作用，迫使每个成员遵守和维护自己的诺言，可以使其行为的改变得到长期的坚持和巩固。

（五）冲击疗法

采用此法的意图是物极必反，从而达到消除网络成瘾的目的。网络成瘾者往往一上网就高兴，下网则痛苦失落，就此照样给他一个超强的刺激，但不是他厌恶的刺激，而是他喜欢的刺激物。他不是喜欢上网吗？那就让他上个够，要给他足够的上网次数和时间，不久他就会戒除网瘾。

综上所述，可知高校大学生沉迷于网络有一定的原因。大学生长期生活在一个狭小空间内，空闲时间也较多，很容易将网络视为自己的"伙伴"，从最初的好奇到沉迷其中是有一定过程的。如果大学生个体、家庭和学校等方面采取积极的防御措施，将其停留在适度的范围内，可能就不会让他们沉迷于网络了。而对于那些已经网络成瘾的学生，我们也可以利用前面所提到的方法进行干预，给予他们更多的爱心和关心，帮助他们走出网络，面对现实。

第四节　大学生同居的相关行为问题

当前社会主义市场经济的迅速推进，不仅改变了我国的经济面貌，也深刻地改变着人们的思想观念。在任何一个社会里，青年大学生都是思维活跃、感触敏锐的高智力群体。所以在这样的社会背景下，大学生的性价值观和其他价值观一样，是随着个体社会化的历程逐步形成和发展的，极易受到社会环境的影响。所以高校中谈恋爱是一种普遍现象，而大学生同居更是呈上升趋势。

大学生群体的年龄在18～25岁，也就是说无论从心理还是生理，都处于一种日趋成熟的阶段。青春期是从幼稚走向成熟的过程，然而当今的大学生正是处于幼稚与成熟二者交接的关键时刻，伴随着残存的幼稚性和抗诱惑力弱的特点，以及性生理成熟期的低龄化。不少大学生已有性经历，所以，在这样的情况下大学生走向同居在所难免。而且现在在各大高校周围都有很多经济的民房，有不少大学生恋人在这里租了房子，过起了小夫妻一般的生活，这种民房被学生们私底下称作"夫妻部落"，也有的人将其称作"大学生村"。

一、大学生同居的危害

大学生同居在一定程度上是有好处的，主要体现在生活上同居双方可以互相照顾，在陌生的城市可以找到家的感觉，有利于缓解学习压力。来自挪威的一项研究显示了同居对于年轻人的心理障碍和抑郁水平有一定的缓解作用。但不可否认，中西方文化有着巨大差异，这样的结果对于我国大学生来说并不一定适用。但就目前的情形看，大学生同居带来的危害影响更显著。

（一）影响学业

大学尽管可以称为一个小社会，但其最根本的职能还是教书育人。大学生在校期间所学的知识直接关系到将来的就业。如果过早地同居，必定会将有限的精力分散到过多的生活琐事中，不能专心致志地学习。这对于以后的就业和升学都有很大的影响。

（二）损害身心健康

大学生的生理发育已经成熟，但由于我国特殊的文化背景，性教育相对落后，大学生普遍缺乏性知识，不懂得自我保护，致使同居引发了许多社会问题，尤其对于女生的身体和心理健康造成了许多伤害。由于大学生的心理不够成熟，对于恋爱、婚姻的认识还很肤浅，往往只认识到情感层面，没有考虑到相关的责任，同居带有很大的盲目性。有研究调查得出发生同居行为后悔的，女性约有 60%，男性约有 20%。一旦恋爱或同居关系结束，很多大学生不能理性地面对，有些甚至采取极端的方法如自杀等来解决问题，给自己留下了很深的心理阴影，所造成的身心伤害对今后的婚姻生活也会产生很大的影响。

（三）增加经济负担

因为同居，除了日常衣食的开销之外，还需承担在校外租房的相关费用。大学生的生活费用普遍仅够自己日常开销，因此有些大学生因为没有足够的钱，甚至去犯罪。例如，2001 年 8 月初，哈尔滨警方以抢劫、伤害嫌疑将哈尔滨某大学三年级学生陈某逮捕。警方在向当地媒介透露案情时说，据陈某交代，他干这一切都是为了新学期开学后凑足与女友在外租房同居的费用。也有些大学生因为恋爱，还要经常互送礼物，这样极容易在大学生中形成相互炫耀礼物、相互攀比的风气，对经济拮据的大学生来说，经济压力很重。

二、大学生同居的原因

在现代社会，同居在很大程度上表现为一种生活方式，我们选择哪一种方式生活都有其一定的原因，就如同一些大学生选择未婚同居，既有自身因素，也有社会环境、文化等因素的影响。

（一）大学生自身因素

1. 生理原因

随着人民生活水平的提高，大学生的营养状况得到了极大的改善，生理性成熟提前。在前文也已叙述过，青年大学生正处在幼稚和成熟的交接期，虽然本身仍有幼稚性和抗诱惑力弱的特点，但在自身智能、体能和性机能方面的发展却已趋于成熟。从生理上说，具有比较强的性冲动。据调查，大学生中平时有性冲动的比例男生为 97%，女生为 83%。恋爱中的男女更是几乎都发生过边缘性性行为，大学生出现性冲动是正常现象，关键是如何正确引导、排解这种性冲动。倘若高校管理工作者对此问题没有足够的重视，没有采取正确的教育方法，那么，为了解决性饥渴，在生理的驱动下，处于“性待业期”的男女大学生们就易选择同居。

2. 心理原因

（1）大学生追求时尚的心理。现在的社会是一个信息量巨大的社会，除了传统的电视、广播、报纸等媒体外，网络信息充斥着大学生的生活。通过网络，大学生接触到了一个更广阔的世界。越来越多的大学生接受了西方性开放、性自由的思想，婚前性行为对于大学生来说不再陌生，随之而来，同居成为一种时尚。大学生是一个时代的代言人，他们时刻追随时尚的脚步，在这样一种大环境下，大家相互效仿，同居现象越来越普遍。其中也有一部分人是出于从众的心理，“既然大家都同居，那我们也同居吧”成为许多校园情侣开始同居的理由。

（2）情感需求心理。有些大学生选择同居纯粹是因为爱情，当热恋到一定程度，觉得谁也离不开谁的时候，就搬到一起住，认为住在一起，更容易磨合两人之间的感情，更了解对方。特别是恋爱双方不在同一学校或一方已经参加工作，两人期盼天天见面，又不愿意将时间和精力都浪费在约会的路上，所以索性选择同居。在渴望爱情、追求爱情、崇拜爱情的强烈心理下，传统社会公认的婚恋伦理自然已经无力约束大学生的情感。

（3）代偿心理。部分大学生认为，同居可以帮助他们摆脱传统家庭生活的烦扰，同时可以避免孤独和寂寞，补偿内心的失落，尤其是对于那些不习惯学校集体生活的人而言，同居可以起到代偿作用。

（二）社会环境因素

1. 观念改变

随着改革开放的深化，西方文化不断渗透，人们的价值观、伦理观、道德观都在发生着变化，而大学校园一向都是东西方文化的交汇点。一方面，大学生们有着父辈的传统观念；另一方面，又受到西方思潮的强烈冲击，倾向于追求更自由、更个性的生活方式。大学生们认为自己是成年人，已经具备各种条件承担成年人所能承担的事情。对于同居的态度，他们显得很宽容，其价值观和亚文化观并不认为同居就是不道德。现在，持“试婚”观点的年轻大学生为数不少。然而，他们不能正确处理同居、爱情、婚姻三者的关系，认为这三者完全可以分离，没有顾及双方的性格、爱好、生活观、价值观、家庭背景、经济条件等因素，在交往中发生矛盾，分手也无所谓。他们对爱情的态度可以说是“随便”。

2. 后勤管理存在漏洞

随着高校逐年扩招，一方面德育教育工作没有跟上形势的发展，缺乏使大学生树立正确的人生观、恋爱观的教育，忽略对大学生的性教育和引导，极少有高校能够开展完备科学的性教育课程；另一方面大学生的居住空间相对狭小，集体宿舍不利于个人隐私的保护。尤其是独生子女，一味追求个性与尊严，不愿意自己的生活空间、生活方式受到干扰，于是想通过外出居住解决这个问题。还有的学校校舍陈旧年久失修。由于高校在扩招同时后勤服务等配套措施并未及时跟上，学生宿舍脏、乱、拥挤，大锅饭难以满足每个人的口味，也使许多学生无法接受。适应能力强或经济条件不允许的就默默忍受，而经济条件宽裕的便纷纷离开宿舍，寻找自己的一方空间。有人说：租房的目的并不是谈恋爱，而是找个安静的地方学习，正是这种安静的地

方为同居提供了条件。有学者对校外同居者做了调查，在校外同居学生中 71.1%的认为租房比学校宿舍强，这是因为我国高校集体宿舍实行较为严格的管理制度，男女交往受到限制，熄灯时间受到限制，连用水用电也受到限制。这些因素使大学生出现未婚同居现象在所难免。

3. 缺乏婚恋观教育及性教育

目前我国各高校还缺乏对学生的爱情观教育和积极引导，少之又少的高校能够开设完备科学的性教育课程，缺乏引导大学生树立正确的恋爱观、性爱观的措施。有调查显示，大学生的性知识几乎 80%来自报刊书籍、网络、电视等各种媒体，而最应关心学生身心健康成长的老师和家长却轻易放弃了引导孩子的机会。虽然多数大学生希望能够掌握科学、全面的性知识，少数学校也开设了性教育课程，但学生的反应却普遍较为反感，一是因为内容太浅显，照着两张生理解剖图将男女生殖器官名称讲一遍就算完了；二是只有简单的说教和正面宣传，没有真正性知识的传授，学生宁愿通过网站、BBS 讨论、电视报纸等媒介了解性知识。对于学校平时没有注重有关恋爱及性的教育，而遇到问题却简单严肃处理的态度，大学生中存在强烈的逆反心理。

三、引导大学生避免同居的对策

（一）加强健康性教育，树立正确恋爱观和婚姻观

高校要积极开展传统的道德教育，帮助大学生继承和弘扬中华民族的传统美德，引导大学生树立崇高的理想和信念，树立正确的爱情观。要让大学生们明白爱情的本质是人的自然属性和社会属性相结合的异性间的崇高感情。爱情的核心就是要求恋爱的当事人对恋人、对社会负责任，实现爱情和道德责任的统一。诚如车尔尼雪夫斯基所说：爱情的价值在于帮助对方提高，同时也提高自己。

在对大学生开展性教育过程中往往容易产生一些误区，即社会认为这应该是家庭的责任，而父母认为这种教育由学校来开展更为合适，推诿的结果便是任由学生“自学成才”。性教育也是一个系统工程，需要学校、社会、家庭共同努力，更离不开学生自身的正确认识与积极配合、形成合力，朝着一个方向前进才能取得良好效果。因此，在学校加强性教育的同时，社会也要净化空气，拒绝低俗文化，弘扬民族精华，培养健康文明的社会新风尚，家庭更要从小就对学生进行正确的性教育，进行科学引导。

（二）提高自身修养，增强抵制不良信息的能力

有些大学生同居或者发生婚前性行为，是受网络等媒体的不良信息所影响，因而沉湎其中不能自拔。因此，大学生首先必须从自身做起，理性地对待恋爱。为了自己一生的幸福，克制自己的冲动。多参加体育锻炼和课外活动，丰富自己的生活，让恋爱成为一种精神动力，在校期间努力学习，为将来打好基础。

（三）加大对大学生租房的治理力度，为大学生营造良好社会成长环境

由于学校纪律的约束和住宿条件的限制，大学生非婚同居的现象大都发生于校外出租房。对于大学生租房的有效治理，可以极大地避免大学生非婚同居现象的发生。2007 年 7 月，教育部发出通知要求各地高校 2007 级及以后的新生要保证按班级住宿。原则上不允许学生自行在校外租房居住。对特殊原因在校外租房的学生，教育部要求各地各高校履行相关备案手续，加强

信息沟通，严格教育管理。这些规定给大学生校外租房带来了困难，也在一定程度上遏制了大学生非婚同居的发生。

大学生的成长离不开社会的关心和支持，因此，全社会应该积极行动起来，为大学生的成长创造有利条件。首先，政府有关部门要加强对有关性广告、书刊、光碟和网络的监控，避免不健康的信息对大学生产生负面影响。其次，媒体要遵守职业自律，本着对大学生负责的态度，用正确的舆论引导大学生健康成长。为了增加发行量，用一些媚俗的新闻来吸引读者，对大学生的报道大量充斥着“性”“同居”“堕胎”内容的做法是对大学生极不负责的，不仅对大学生没有积极教育意义，反而在一定程度上会给很多跃跃欲试而又缺乏胆量的大学生以强烈的心理暗示，为他们的非婚同居找到充足的理由。

大学生未婚同居行为是现代高校的一种普遍现象，这种现象的发生所引起的未婚先孕、学业受挫也日益增多，而且其偏离了当今社会所公认的伦理道德规范。对于这种行为应给予正面的教育，让爱、尊重、明智、责任成为生活的主流，使每个人既拥有个体的幸福，又使他人获得幸福。

第十七章　大学生常见心理疾病及高校心理咨询工作

大学生正处于人生发展的关键时期，将面临很多重要的发展课题，将会遇到各种困惑和矛盾，将会体验伴随成长而出现的焦虑、苦恼、悲观、失望以及兴奋、喜悦、欢乐和自信。大多数大学生具有良好的心理健康状态，他们有能力调节和处理成长过程中所遇到的各种压力和问题，但也有一部分大学生单单依靠自己的力量已不能有效地解决所遇到的压力和问题，他们需要外界的帮助和引导，否则，他们的问题有可能进一步发展，甚至导致心理疾病。心理疾病与其他任何疾病一样，如果不及早治疗就会加重病情，从而给治愈带来困难。如果及早发现、及早进行心理咨询和治疗，就可以较快地治愈，所以，积极面对，及早求助，是每一名大学生面对心理问题的基本应对策略。

第一节　大学生常见心理疾病与自我调适

心理问题是指所有各种心理及行为异常的情形。心理的“正常”和“异常”之间并没有明确的和绝对的界限，一般认为，人的心理及行为是一个由“正常”逐渐向“异常”、由量变到质变，并且相互依存和转化的连续谱。因此，现实社会中的每一个人在一定程度上都存在心理问题，即人的心理问题是普遍存在的，只是程度不同而已。

在大学生活期间，每一名大学生都承受着成长所伴随着的各种压力和挑战，这种压力和挑战或者来自环境和他人，或者来自自身。每一名大学生对这种客观上存在的压力和挑战的处理方式及其发展结果都是不一样的。通常，心理健康水平高的学生能够克服困难，战胜自我，顺利成长；而心理健康水平低的学生则囿于困惑，裹足不前，不能有所突破，甚至可能发展成为心理障碍。

一、焦虑症

焦虑性神经症，简称焦虑症，是指以广泛和持续性焦虑或反复发作的惊恐不安为主要特征的神经症性障碍，常伴有头晕、胸闷、心悸、呼吸急促、口干、尿频、尿急、出汗、震颤等自主神经症状和运动性紧张。患者的焦虑情绪并非由实际威胁或危险引起，其紧张不安和恐慌程度与现实处境很不相称。女性患病率明显高于男性。焦虑，是由紧张、焦虑、忧虑、恐惧等的感受交织而成的一种情绪状态。这种病症在大学生中比较多见。有的学生因考试临近，变得焦虑不安，茶不思、饭不想，甚至失眠，导致神经衰弱；有的学生因毕业在即，对未来过于担心，因而产生紧张、忧虑和不适感。焦虑症患者心理承受能力较弱，遇事总是放心不下，过低地估计自己的能力，过高地估计了客观困难，因而对前途丧失信心，对现实采取回避态度。

在临床上，把由于很轻的原因所引发的，以比较严重焦虑为中心的一组症状称为“焦虑症”。按照现代心理学的划分，焦虑症属于中度心理不健康的范畴。随着社会发展和竞争的日益激烈，患焦虑症的人数不断上升，目前西方国家的发病率为3%～5%。近年来，我国焦虑症患者比例也逐渐上升到2%～3%，尤其是在以脑力劳动为主的群体里，如科研、教学、机关、管理等职业中的患者人数要高于体力劳动者，因此对这部分人群的关注是十分必要的。

（一）病例

某大学一位男生，自幼学习上进，深受老师的器重。进入大学后，由于迷恋上网，成绩直线下降，第一学期考试，有三门课程不及格。为此，他感到无比内疚，整日惶惶不安，晚上严重失眠，有时直到凌晨5点才能睡着。这种状况持续了较长时间，到了第二学期考试临近，他的心理焦虑达到了难以承受的地步，不得不申请缓考。为此，他前往咨询心理医生，心理医生告诉他，他的焦虑已经达到了相当严重的程度。要摆脱焦虑，关键是要树立学习的信心。只要努力，应该是能够赶上的，不要害怕失败，要从失败中吸取教训。在心理医生的启发和指导下，这位学生明确了学习的重要性，恢复了自信，在第三学期的考试中取得了较好的成绩，焦虑症状也随之消除了。

（二）病因

大多数人认为焦虑症的发病原因主要与心理——社会因素有关。按照弗洛伊德的观点，儿童时期的一些特殊的精神创伤性体验被压抑到潜意识中去，到了成年以后则可能由于新的精神刺激而引起焦虑症。新弗洛伊德主义者艾里克森则提出，焦虑症是由于儿童期心理发展受到挫折和失败的结果。

社会——文化的观点认为，在现代社会，由于竞争加剧、人口集中、居住和交通拥挤、生活节奏紧张，给人们带来了许多心理压力，这是现代社会中出现大量神经症包括焦虑症的原因。尤其是市场经济的发展、高校体制的改革，对学生提出了更高的要求。市场经济优胜劣汰的法则不能不对大学生产生强烈的心理压力。如何看待改革，如何处理学业与就业的关系，如何解决知识与能力的矛盾，就成为大学生关注的热点问题。面对高校改革的严峻现实，心理适应能力强的学生能从突变和惊愕中走出来，可一些心理适应承受能力差的学生，则烦躁不安，这种情绪打破了他们的心理平衡，最终导致了“焦虑”的产生。

焦虑症患者有明显的个性特点，一般来说，易于紧张、焦虑，对躯体微小的不适应容易引起很大注意，遇到挫折易于过分自责。谨小慎微、优柔寡断、多愁善感、依赖性强的人，易于患焦虑病。

（三）治疗

对于焦虑症，要立足于预防为主。其关键在于提高大学生自身的心理承受力。现介绍几种自我疗法。

（1）暗示疗法。自信是治疗焦虑症的必要前提。焦虑症患者应暗示自己树立自信，正确认识自己有处理突发事件和完成各种工作的能力，坚信经过治疗可以完全消除焦虑疾患。通过暗示，患者每多一点自信，焦虑程度就会降低一些，同时反过来使自己变得更自信，这个良性循环将有助于摆脱焦虑症的纠缠。

（2）松弛疗法。自我松弛对焦虑症有显著疗效。它是一种通过训练有意识地控制自身的心

理生理活动，以降低唤醒水平，改善机体紊乱功能的心理治疗方法。我国的气功、印度的瑜伽、日本的坐禅等，都是以放松为主要目的的自我松弛训练。患者在进行自我松弛训练时，要注意消除“私心杂念”，使自己处于一种“超然”的状态，这样通过一段时间的治疗会大大减轻心理焦虑。

（3）分析疗法。有些焦虑是由于患者将过去的情绪体验和欲望压抑到潜意识中去的结果。因为这些被压抑的情绪体验并未在头脑中消失，而是仍然潜伏在自己的无意识中，患者成天忧心忡忡，惶惶不可终日，不知其所以然。此时，心理咨询医生可以和患者一道，回忆过去的有关经历，把深藏于患者潜意识中的“病根”挖掘出来，这样患者的焦虑便不治自愈。例如，一位女大学生，各方面表现都很好，但她常常感到内心存在焦虑，却苦于找不到原因。经过心理咨询教师的耐心开导，终于发现其家庭父母不睦，常常发生争吵。心理医生告诉她，家庭夫妻争吵是常有的事，不吵不算夫妻，但只要不是因为原则性的问题，没有必要大惊小怪的。在心理医生的帮助下，这位女生很快摆脱了焦虑。

（4）刺激疗法。焦虑症患者发病时大多胡思乱想、痛苦不堪，此时患者可采用自我刺激转移注意力。比如，在胡思乱想时，不妨找一本有趣的书读，或从事自己喜爱的某项体育活动，或在户外散散步，这样可以缓解焦虑，忘却痛苦。

（5）催眠疗法。焦虑患者大多有睡眠障碍，难以入睡或梦中惊醒。此时病人可进行自我催眠，如闭上双眼进入催眠：“我现在开始睡觉了……我的呼吸均匀、心情平静……我的杂念消失了……我的四肢及全身肌肉放松了……我快睡着了……我已入睡。”

（6）药物治疗。目前治疗焦虑症的主要手段是药物治疗，如果与上述方法结合使用，常可以控制症状、缩短疗程。在临床上常用的药物属抗焦虑药，它们主要作用于中枢神经系统的边缘系统、丘脑、杏仁核等部位，能明显改善情绪、对抗焦虑，如苯二氮䓬类（地西泮、氯硝西泮、阿普唑仑、罗拉等）、多塞平、安宁、溴剂等。但是此类药物大多有较强的毒副作用和成瘾性，需要在医师的指导下使用，不得滥服。此外还可以针对不同系统的突出症状加用一些其他药物，如心慌可加用普萘洛尔、美托洛尔等；消化不良可用多酶片、多潘立酮等。

二、社交恐惧症

社交恐惧也是一种强迫观念，患病率较高。该类患者对与人接触感到苦恼。

当然，谁都有可能具有某种程度的社交恐惧，但发展成神经质症的症状时，其恐惧、痛苦程度非常之深，以至于回避与人接触，对日常生活造成严重障碍。社交恐惧症通常起病于青少年期，男女均有可能出现。青少年渴望友谊，希望广交朋友，但有些大学生一到具体交往时，如找人交谈或在公开场合，就神情紧张、心神不安，或是面红耳赤、语无伦次、举止失态、失去控制，这就是社交恐惧症，也就是我们常说的怯场。严重者拒绝与任何人发生交往关系，把自己孤立起来，对日常的工作学习造成极大影响。

恐惧症患者一般都知道，也承认他们的害怕和焦虑是过分和不合理的，尽管如此，但他们却克服不了特定情境中的恐惧。这是由于他们总是高估所害怕的情境和事物的危险性，以及回避性的反应所致。这样的结果，使他们丧失了体验所害怕的情境的机会，也妨碍了学习和发展应付害怕情境的技巧，而各种应付技巧可以提高面对恐惧时的信心。童年时期的特殊恐惧体验被压抑到潜意识中，也许会导致个体成年后患有与该体验有关的恐惧症。

（一）病例

某大学有一女生，性格内向，不善于表现自己。因其眼皮上有一点不明显疤痕而自卑，导致无法正常社交，最后上课都感到困难。为此，她感到很苦恼。她向心理咨询老师哭诉："我现在无法面对同学们，不敢正视他们，更不敢正视男生。我很害怕别人看我，看我就感到紧张。每天晚上睡觉心跳得很厉害，我怀疑自己是否得了心脏病。"心理咨询老师指出："你的社交恐惧与你的自卑有关，要想克服社交恐惧，关键是要消除自卑。一个人不可能完美无缺，眼皮上有一点疤痕也没什么，要用正确的心态去对待，不要总是放心不下。要学会与人相处，在集体生活中去感受生活的乐趣。"在心理咨询老师的指导下，这位女生逐渐走出了社交恐惧的阴影。

（二）病因

社交恐惧症的原因有四：其一，本人长期生活在一种压抑、沉闷、紧张的生活环境中或是在以前生活中发生过不良的经历，使其形成一种胆小、孤僻、敏感、退缩和依赖性强的性格特点，从而在遇到新环境和重要场合时就会产生一种不适应行为。其二，心理负担过重。自己认为在众人面前讲话非同小可，第一印象如何，讲话的内容、语言、风趣如何，直接影响到自己的形象和众人对自己的评价。由于过分看重第一印象以及自己在别人心目中的位置，导致心理压力增大，难免在讲话时心情紧张、心慌意乱。其三，缺乏社交的经验。人是社会的人，人在社会中生活，必然要与他人发生交往联系。但社交是一门学问，没有足够的知识，没有现场应变的能力，没有经验的积累，与人交往往往发生困难。大学生要注意这方面的知识积累、能力培养，以适应社会交往的需要。其四，自我控制能力差。在社交过程中，出现某些失误是正常的，只要及时调节、控制情绪，使心情平衡，准备充分，神态自然，就不会导致怯场。事实上，在社交过程中，许多大学生的自我控制能力较差，一激动或紧张，就难以平静。

（三）治疗

社交恐惧症是一种因心理紧张造成的心因性疾病，只要积极治疗，是可以治愈的。其治疗有以下几个途径。

(1) 消除自卑、树立自信。很多社交紧张者就是因为不悦纳自己、对自己不自信造成的。所以，要改变首先就得在心里接受和悦纳自己，树立起对自我的信心。对自己应有正确的认识，过于自尊和盲目自卑都没有必要，事事处处得体、求全责备也是没有必要的。可以暗示自己，我只不过是集体中的一分子，谁也不会专门盯着我、注意我一个人的，摆脱那种过分考虑别人评价的思维方式。要记住：我并不比别人差，别人也不过如此，以此来增强自信。

(2) 改善自己的性格。害怕社交的人多半比较内向，应积极参加社会实践活动，丰富自己的社会阅历，塑造自己的性格，多参加体育、文艺等集体活动，尝试主动与同学和陌生人交往。在交往的实际过程中，逐渐去掉羞怯、恐惧感，使自己成为开朗、乐观、豁达的人。

(3) 掌握社交知识。尽管大家都知道社交的重要意义，但是有关社交的知识、技巧和艺术，以及相关的社会学、心理学和传播学知识却掌握得不够。所以要广泛涉猎有关知识，获取知识营养，明白社交的道理，这对消除社交恐惧症是大有裨益的。

(4) 做好准备。俗话说：有备无患。如临场前拟好发言提纲，写好发言稿，做到"胸有成竹"，到时心里就不会发慌，语言表述就不会停顿。这种良好的心理状态不仅能使你把已经准备好的材料表述清楚，还可以借题发挥，达到意外的效果。

（5）系统脱敏疗法。即有计划、有目的、一步一步地鼓励和指导患者亲自去接触那些使他发生恐惧情绪的事物或情境来达到治愈目的。比如，引导患者先与家人接触，再与亲朋好友接触，然后再与一般熟人接触，最后与陌生人接触，一步步地引导脱敏，并通过奖励、表扬使其巩固。

三、抑郁症

喜怒哀乐乃人之常情。精神病学家克莱曼称，人在其一生中总会有一段时间处于抑郁心情之中。抑郁心境是一种忧伤、悲哀或沮丧体验。可以说，抑郁心境是大学生一种非常常见的情绪状态。当抑郁心境发展到一定程度，出现一组有特征性的症状，持续一定时间，且严重损害患者的社会功能时，就要考虑为抑郁症。抑郁症是危害人们心身健康的常见病。据有关调查资料显示，学龄前儿童抑郁症患病率为0.3%，青春期儿童抑郁症患病率为1.8%，而14～16岁的少年抑郁症患病率则为4.7%，大学生抑郁症患病率为6.8%，其中女生患病率较男生高。另据美国1990年的统计，美国有1100万人患抑郁症，其中约800万患者正处于工作年龄段。抑郁症又可危及生命，严重的抑郁症患者中有15%因自杀而结束自己的生命。

抑郁症是一组综合征。它包括多种症状和体征，涉及躯体和心理方面。躯体症状包括睡眠障碍、食欲减退、疲劳感、精神运动性迟缓或激越；心理症状包括丧失自尊，有自罪感，注意力不能集中或犹豫不决，有自杀意念或想法等。这些症状之间相互关联，具有一定的生物学基础。

抑郁症的临床表现为情绪低落、患者心情苦闷、愁眉不展、愉快感缺乏，生活中没有什么事情能让他们高兴。疲劳感：患者常常感到精力不足，或有“力不从心”的感觉。思维迟钝：患者语言表达缓慢，反应能力减弱。睡眠障碍：约70%～80%的患者有不同状况的睡眠障碍，表现为早睡、入睡困难等。自责及自罪感：很多患者产生强烈的自我责备，他们的心里总是放心不下，老是担心会有什么事情发生。自杀观念：很多抑郁症患者伴有自杀观念，或曾经考虑到自杀。

抑郁症的原因有：

（1）遗传因素。如果家庭中有抑郁症患者，那么家庭成员患此病的危险性较高。当然，遗传并不是具有唯一决定性的患病因素。证据表明，脑内生化物质的紊乱是抑郁症发病的重要因素。现在已知抑郁症患者脑内有多种神经递质出现了紊乱，抑郁症患者的睡眠模式与正常人截然不同，另外，特定的药物能导致或加重抑郁症，有些激素具有改变情绪的作用。

（2）环境因素和应激。人际关系紧张、经济困难或生活方式的巨大变化，都会诱发抑郁症。有时，抑郁症的发生还与躯体疾病有关。一些严重的躯体疾病，如脑中风、心脏病发作、激素紊乱等常常引发抑郁症，并使原来的疾病加重。另外，抑郁症患者中有1/3的人有药物滥用的问题。

（3）性格因素。有下列性格特征的人很容易患上抑郁症：遇事悲观、自信心差、对生活事件把握性差、过分担心。这些性格特点会使心理应激事件的刺激加重，并干扰个人对事件的处理。这些性格特征多是在儿童少年时期养成的，这个时期的精神创伤影响很大。

总之，抑郁症是遗传、心理和社会环境这些因素综合作用导致的，应结合患者的情况具体分析。

（一）病例

王某，男，某重点大学毕业生。曾是众人眼中的天之骄子，如今却患上了抑郁症，沦为一个无法自食其力的社会遗弃者。生活中的细小挫折，使这名堂堂男儿一蹶不振。他毕业后进入一家科研机构工作，可半年之后，因种种原因被辞退。此后数年，他试图做过多种工作，但每份工作总在一个月左右就结束了。后来，他对生活彻底失去了信心，终日无所事事。是什么导致了英才的沦落？为此记者进行了跟踪采访，了解到王某出身于一个革命家庭，在中学时期学习成绩很优秀，同学们也很喜欢他。但他社会经验却十分缺乏。后来，他以高分考取了某重点大学，但却在父母的指导下选择了一个非常冷门的专业。但他怎么也没有想到，他会因就业而痛苦不堪。

（二）诱因

抑郁症主要是因心理遭受刺激后而诱发的。

（1）感情上受到重大打击。比如，失恋、亲人去世、父母关系紧张、考试不理想等，这些打击，对于一个心理承受能力强的人来说，可以经过自我调整，予以克服；但对于一个心理承受能力弱的人来说，就会感到无所适从，从而产生抑郁。

（2）自尊心、自信心受挫。有的学生认为自己的长相不好，天生缺陷，因而自卑。也有的学生在中学是学习尖子，可进入大学后，因为大家都是尖子，自己成绩平平，总认为自己不如人，不受老师重视，不引人注目等，从而产生一种失落感。

（3）不良性格的影响。有的学生性格内向、不善交际，往往把自己封闭起来，不与任何人接触。久而久之，就会产生孤独、寂寞、忧伤的情绪。

（4）家长的影响。家长是孩子的第一任老师。如果父母患有抑郁症，那么，孩子患抑郁症的可能性会很大，如有抑郁症的父母在家少言寡语，不参加社会活动，不与人结交往来，或对自己的身体健康状态过分关心，稍有不适，就十分焦虑，这些都会直接影响到孩子的情绪。

（5）攻击性。大多抑郁症患者都有攻击性的倾向，这种攻击性是在患者的自尊、自信受到严重挫折时表现出来的。患者常常把攻击冲动转化为抑郁倾向，越是想攻击，越是压抑自己的攻击，越是压抑自己的攻击情绪，因而抑郁也会越来越深。

（三）治疗

大学生抑郁症主要是由心理因素引起的，其疗法如下：

（1）支持疗法。当老师发现学生有抑郁症症状后，应主动与之谈心，给予更多的理解和关心。通过谈心，一方面可以找到产生抑郁症的病因，然后对症下“药”；另一方面，也可以给学生以情感上的支持，使其感到温暖，进而产生上进心和克服挫折的勇气。

（2）行为疗法。行为疗法是治疗抑郁症不可缺少的方法，如上面谈到的抑郁症病例，心理医生与他本人交换意见：“根据你的自述，可能是患了意志行动障碍，也就是因失恋丢了面子，心理压力过大，精神受到严重创伤的抑郁病。其原因是你在一帆风顺的环境中长大，再加上父母的期望值过高，使你意志脆弱，经不起一点挫折。”王某连连说：“医生，你说得太对了。我怎么才能克服这种病态心理呢？”心理医生沉思了一会儿，遂对王某说：“治疗此病的唯一办法，就是培养坚强的意志力，提高对挫折的心理承受能力。其途径是在生活、学习实践中进行锻炼。例如，每天除正常上课外，坚持看书 2 小时，每天早起跑步 20 分钟，同时积极参加学校的各项

集体活动，在活动中培养自己的意志力和自信心。这些行为疗法的目的旨在使你认识到：人生活在社会上，不论生活、工作和学习，挫折和困难是必然的、经常的，一帆风顺是偶然的、少见的。这样坚持下去，你的心理承受能力就会大大提高，心理抑郁也会随之烟消云散。”王某说：“医生，你讲得很有道理，我回去一定按您说的办法试试。”

经过一个学期的心理调整和细致教育，王某摆脱了抑郁，逐步培养起了坚强的意志，恢复了开朗的性格。

（3）增强自信心。自信心是人成功的心理基础。为数不少的抑郁症患者都是因自尊心受到损伤引起的。因此，帮助大学生树立起自尊心、自信心，是克服抑郁心理的重要手段。首先，要调整期望值，青年学生往往对问题的考虑过于理想化、简单化，一旦理想不能实现，就从一个极端走到另一个极端。产生抑郁心理。比如，“我这次必须考上××重点大学”“我这次期终考试必须门门达到优秀”“我这次必须评上三好学生”等，这些标准都是从自己的主观出发，没有考虑到自己的能力、条件等客观情况，因而往往出现主客观相背离的情境，使自尊心、自信心受挫。因此，要根据自己的实际情况去制订自己的目标，使之具有实现的可能性和现实性。其次，要运用奖励手段。一旦学生在某些方面取得成绩，都要给予及时的肯定、鼓励，使之产生成就感、幸福感。成就感、幸福感的情绪体验反过来促使他向更高的目标攀登。

（4）药物治疗。最常用的是抗抑郁药治疗，如三环类抗抑郁剂（常用的有阿米替林、多塞平、丙米嗪等）、四环类抗抑郁剂（代表药物是马普替林）和选择性5－羟色胺再摄取抑制剂。对于病情严重尤其是具有强烈自杀观念的患者，及时使用电痉挛治疗，不仅可很快控制病情，而且有可能挽救生命。

四、疑病症

疑病症又称疑病性神经症，是指对自身感觉或征象做出患有不切实际的病态解释，致使整个身心被由此产生的疑虑、烦恼和恐惧所占据的一种神经症。疑病症以对自身健康的过分关心和维持难以消除的成见为特点。

“疑病”是神经病的一种，患者对自身健康特别关注，带有强迫性质（强迫观念和动作），使某些观念、意向和行为冲动反复出现，明知这观念和行为是不合理的，却不能摒弃，由此导致焦虑和恐惧。疑病症患者略知一些医学知识，但又非常有限，因而常常小题大做地抱来医学专著，对号入座地去生搬硬套，专门研究自身疾病，认为自己患了“不治之症”或某种严重疾病。例如，表皮有点小外伤，便怀疑要得破伤风；出血点，就认为得了白血症；头痛，误认为是脑瘤所致；有点咳嗽，认为是患了肺癌；进食吞咽不顺，怕是食道癌作祟。总之，身体某一部位稍有不适，就怀疑自己患了某种严重疾病。对医生的检查持不信任态度，难以消除固有的成见，唯恐医生对自己的“病”漏诊或误诊，为得到“合理”治疗而四处求医，深信自己患有严重疾病。

（一）病例

李某，大一新生，在学校组织的新生体检中，医生为他听心脏时，低声自语说：“心尖区有点风吹样杂音。”李某顿时紧张起来，怀疑自己是不是患了——心脏病，并且他一再追问医生，自己的病严重不严重。医生告诉他：这是生理性杂音，不要紧的。但李某却怀疑是医生在骗他。体检结束后，他找到有关医学书籍，查看自己是否有心脏病。他越看越觉得自己患了心脏病。

从此，他四处求医，虽然许多医院都诊断没有心脏病，但他仍然坚信自己患有心脏病。李某情绪一落千丈，学习没有心思，成绩逐渐下滑。李某在极度苦闷的情况下，走进了心理咨询室。心理咨询老师告诉他：首先，要相信医生的各种检查，不要过多猜疑；其次，要积极主动配合医生的诊断，不要把自己的感觉强加于医生；最后，要把主要精力放在学习上，培养自己多方面的兴趣和爱好，积极参加一些有益的活动，增强身体素质和心理素质，转移自己对“疾病”的过分关注。在心理咨询老师的开导下，这位学生逐渐好了起来。

（二）病因

疑病患者安闲时无事生非，假戏真做，导致这种“畸形心理”的病因有以下几个：

（1）人格因素。疑病患者，男性多具强迫性人格，女性则与疑病个性有关。个性敏感、多疑、主观、固执、自我中心、自怜和孤独者多见。该病在有过度执拗、要求过度精确、过分坚持以及无力性的人格中较常见。半数病人发病前有诱因，如重大生活刺激事件、躯体疾病之后，自我暗示和条件联想，尤其是不当的过多检查和解释而导致的医源性暗示的影响，在疾病的发展中起了重要作用。

（2）社会心理因素。比如，婚姻的改变、子女的离别、朋友交往减少、孤独、生活的稳定性受到影响、缺乏安全感，均可成为疑病症的诱因。有一部分病人作些检查，则易造成病人产生怀疑患有某种疾病的信念。有一部分病人在躯体疾病之后，通过自我暗示或联想疑病。

（3）消极心理因素。疑病患者一般具有强烈的逃避责任和自我保护欲望。社会对病人有免除某些责任或义务的倾向，当个人处在某种挫折、失败又要承担责任时，病人为了逃避责任，总是寻求良好的避风港，自然会在不知不觉中把自己加入病人之中，以求得社会公众的谅解，达到逃避责任和义务的目的。疑病患者的自我保护欲望较强，当自己面临着重大压力或别的欺侮、凌辱，自己又无法去对抗时，最好的处理方式就是把自己扮演成病人，从而获得别人的同情而放弃攻击，这样既维护了自己的尊严，又不至于受到别人的伤害，自我将无意识地强化疾病观念。

（三）治疗

疑病症的治疗可以从以下几个方面入手：

（1）消除心理压力。要对疑病症患者进行全面、细致的身体健康检查和必要的化验，根据检查结果表明他（她）并无躯体性疾病，以打消其思想疑虑。

（2）完善个性。疑病症患者往往具有固执、多疑、敏感、谨慎等性格特点。遇事总是过多地考虑悲观或不幸的一面，缺乏自信，这是疑病症发病的主要原因之一。为此，疑病症患者要做到心胸宽广，努力培养乐观情绪，提高生活信心；要走向社会，丰富自己的生活；还应坚持体育锻炼，要多与朋友谈心，培养幽默感，从而战胜消极悲观情绪和不良心理状态，最终治愈疑病症。

（3）认知领悟疗法。疑病症是一种神经官能症，由于求治者过分害怕自己会得某种病，因而焦虑不已。焦虑本身可引起一系列自主神经症状。这些“症状”的出现反过来又加重求治者对疾病的恐惧焦虑，形成恶性循环。可以说，疑病症是心理问题，不是躯体问题，心理医生要对病人讲清这个道理。疑病症往往与个人的不幸经历有关，如前面我们讲到的大一新生李某怀疑自己患了心脏病，是由于李某在体检时医生的一句话，引起了他的警觉，再加上他对医学知

识的一知半解，才造成了他的心理怀疑。如果他真的对医学知识比较了解，就不会发生类似的事情。

五、性心理异常

从性成熟到以合法的婚姻形式开始夫妻生活，一般至少要有10年时间，这一时期被称为“性饥饿期”。大学生正处于这一时期，这往往给他们带来困扰。心理学研究表明：大学生性心理卫生问题具有广泛性、轻微性、冲突性和隐蔽性的特点，即涉及的人数众多，但多数是属于细节问题而非障碍，且以对性的内心矛盾不安为主，由于社会的忽视和个体的掩饰而不易被发现，这样有可能以其他曲折的形式表现出来。

大学生常见的性心理异常有以下几种。

（一）性认知偏差

不少大学生对“性”持有不正确的认识，视性是下流的、肮脏的、见不得人的、难以启齿的等。这种性认知往往会导致性情感、性态度的过敏、禁忌、矛盾。据调查结果显示，大学生中对性问题感到困惑的占55%，感到敏感的占53%，神秘的占36%，无所适从的占28%，害怕的占17%，厌恶的占10%。这种对性的无知必然会引发一系列的性心理障碍。一些人（尤其是女大学生）表现出纯粹追求“柏拉图式”的爱情，他们把性与爱情完全割裂开来，认为只有精神上的享受而非生活中的爱情才是崇高的。这种观点是对爱情的误解，爱情是建立在性爱的基础上的，没有性爱的纯粹精神上的爱情是不存在的。

也有极少数的大学生受西方资产阶级腐朽思想的影响，过分强调人的生物性，信奉“性自由”“性解放”，从而放纵自己的行为，以不恰当的手段去获得性的满足。这种性意识、性观念是相当有危害性的。

为此，大学生必须树立正确的性观念。性既有自然属性，也有社会属性。性的自然属性是指性乃是人性的表现，学习、掌握性知识是大学生心身发展的需要。性的社会属性是人的社会性的具体体现，因而人的性观念、性行为应符合社会规范和社会道德。性禁忌和性放纵都是有害于心理卫生、有悖于人性的。

（二）性冲动困扰

性冲动是大学生性生理的成熟、性意识的觉醒的正常表现，它是在性激素作用下和外界刺激下产生的，并不是不纯洁、不道德或可耻的。据有关资料显示，大学生平时有性冲动的占87%；但对自己的性冲动感到羞愧的占36%，自责的占33%，恐惧的占12%。调查中发现，一方面他们对异性抱有美好的情感，追求纯洁的爱情，另一方面，他们又对自己的某些性欲望、性冲动感到无比的厌恶，试图加以否定批判，这就必然形成内心的矛盾和冲突。

如何解除性冲动的困扰呢？这里介绍三种方法。

（1）压抑。这是一种常用的方法。一个人一旦产生性冲动，又无释放的条件时，最好的办法是压抑。适度的性压抑是社会化的需要，也是一个人性心理健康的反映。然而，严重的性压抑则有可能导致疾病的发生。

压抑有健康的压抑与病态的压抑之分。健康的压抑表现为：压抑是一种轻松自如的活动，压抑并不使情欲发生畸变，压抑不妨碍心理活动的效率，不妨碍人的社会功能，甚至还能起促

进作用；反之，则是病态的压抑。

心理学研究表明，大多数压抑是健康的，少数压抑是病态的。性压抑对两类人的身心健康影响较大：一类是性冲动明显强烈而心理素质又比较脆弱，难以找到合理宣泄途径的人。他们由于过分压抑，显得焦虑不安、苦闷烦恼，久而久之，易产生心理疾病。另一类是对性抱有反感、厌恶、冷漠的人，他们的性心理发展往往显得迟缓。这种性心理和性态度会导致生理上感应失灵，从而引起一系列心理问题。

（2）升华。即用一种积极的、富有建设性的、能为社会所接受的欲望或方式来取代原始的性欲，转移性欲。比如，用绘画、音乐、文学、体育、娱乐等方式使性能量得到合理的释放，并在释放的过程中为社会创造杰出的贡献。弗洛伊德认为对性冲动的升华创造了文学、艺术和社会文明，这是泛性论的表现。但我们说，适时适度的升华性欲，是有益于社会、也有益于个人的。

（3）宣泄。即指以某种方式获得性冲动的满足。这里需要指出的是，性宣泄不是一个生理过程，其方式应该符合社会规范，有益心身健康。也就是说，性宣泄方式有健康的、正当的、合理的，也有不健康的、不正当的、不合理的。凡是符合社会规范的性宣泄方式（如男女适度交往、文艺娱乐等）是健康的、正当的，凡是不符合社会规范的性宣泄方式是有害的、不正当的，如过度手淫是有害的，婚前性行为更是不应该的，随便在厕所、课桌乱画乱写是不文明的，尤其是性放纵，更是错误的。

（三）性心理焦虑

性心理焦虑是大学生常见的性心理异常现象，这是由性心理的矛盾、冲突所引起的。性焦虑包括对自己形体的焦虑，对自己性角色的焦虑和对自己性功能的焦虑。

随着青春期的到来，生理发育的逐渐成熟，一些大学生出现了对自己形体的不安，这集中地表现在与自己的性别相关的形体特征方面。比如，男生希望自己魁梧高大、英俊潇洒，如果自己身材矮小、瘦弱就会感到自卑；女生若发现自己过胖、长相平平，就会感到忧虑。有的男生担心自己生殖器发育不正常，怀疑自己没有性能力；有的女生担心乳房发育不良，怕影响自己的身材和性感……有一位女大学生智力正常、成绩优良，但她对自己的汗毛过多深感不安，为此十分苦恼。夏天，其他女生穿上裙子，而她却穿长裤长褂，把自己捂得严严实实，甚至洗澡都不到公共浴室。一天，她从杂志上看到汗毛过多是一种返祖现象，这更使她忐忑不安。为了去掉体毛，她尝试过用剪刀剪，用手拔，甚至到药店买来脱毛剂，真可谓费尽心思。在万般无奈的情况下，她求助于心理医生。心理医生告诉她，汗毛多这是一种人体差异，对身体无关紧要，不必过于担心。这才驱散了她心头的一片愁云。

除了对形体的不安外，大学生还存在对自己性角色的焦虑。不少男生感到自己缺乏男子汉的阳刚之气，不能吸引异性；一些女生则觉得自己温柔不够、细心不足。为了改变自己在异性面前的形象，一些人产生了“过度补偿”。比如，有些男生为了显示自己的男子汉气概，故作深沉，或表现出大胆、粗鲁的行为，甚至以打架、冒险来显示自己、证明自己。有些女生为了表现自己的温柔，矫揉造作，说话嗲声嗲气。男性的阳刚之气，女性的温柔之美，都是一个人本质的外在表现，不是靠刻意模仿或矫揉造作所能达到的。

性焦虑的严重者担心自己的性功能是否正常，尤其是当看到某些书刊上谈到性功能障碍时，

便对号入座，认为自己患了阳痿或性冷淡。一位男生几个月没有遗精，就断定自己了患了性功能障碍。他找到校医，校医给他作了外科检查，告诉他一切正常。可他对校医的话半信半疑，又偷偷跑到省立医院检查，结果仍然得出同样的结论。这时，他一颗悬着的心才放下。一般来说，未婚的男女缺乏经验，很难下有性功能障碍的结论。成年男女中，90%以上的性功能障碍患者是由于心理因素所引起的，其中大多数经过心理治疗都是可以治愈的，大学生大可不必为此事烦恼。

上述的性焦虑对大学生的性心理发展的影响很大，并且常常影响其日常生活和精神状态。我们说，大学生随着性生理的发育，对自己的躯体征象和性角色给予适当关注并不为怪，但缺乏生理卫生知识的过分担忧则是不必要的。例如，有的女大学生嫌自己"胖"，就强制自己少进食，以减轻体重，这对发育期的青少年来说，可能会造成永久性的损害；有的女生嫌自己的乳房发育过小，私下接受隆胸术，这是相当危险的。对于大学生来说，最重要的是要树立健康的审美观，同时接受自身的现实，不怨天尤人，注意扬长避短。如果对自身的性生理、性心理有疑惑，不妨先请教医学专家咨询，弄清躯体征象变化的原因，切不可暗自忧虑、无事生非。目前，电视中大多数隆胸广告都是虚假的，大学生要注意，不要上当。

(四）性行为失误

性行为失误表现为以下两种：

(1) 婚前性行为。据有关资料显示，近年来高校大学生婚前性行为的发生人数呈上升趋势。女生的性体验发生率随年龄、年级的增高而依次递升；男生在低年级时的发生率则大大低于女生，但进入高年级后却有突增趋势。大学生的婚前性行为常不为社会和道德所接受，因而容易引起心理上的冲突，一旦被他人知道，就会羞愧难当。性行为的发起者多是男性，但直接受害者则往往是女性。广州某大学一年级的一对情侣，在感情冲动下初尝了禁果。几个月后，女方在寝室呕吐不止，同学以为她生病了，把她送到校医院检查，结果乃妊娠反应所致。学校对他们进行了严肃批评，并给予留校察看一年的行政处分。一般来说，怀孕的女生在人工流产前后，担心被人发现，心理特别恐惧、紧张、后悔，又缺乏应有的营养和休息，很容易给身心造成严重损害。

(2) 性心理偏差行为。主要表现为窥阴、恋物行为。对大学生中的这类行为，不能简单地冠之"窥阴癖""恋物癖"等性变态的名称。大学生中的这类行为多属"窥阴倾向"和"恋物倾向"，是由于正常的性对象、性方式的需求不能满足而导致的一种补偿性行为，是性压抑的一种宣泄方式，但这种宣泄方式是有悖于社会规范的。

大学生应如何提高自己的性控制能力，使性心理和性生理得到健康的发展呢？关键是要做到以下几点：

第一，要有正确的性观念。人类的性不仅是个人生活问题，也是严肃的社会问题。首先，性意味着责任和义务，一旦发生性行为，就意味着人必须对社会负起做夫（妻）和父（母）的义务和责任，那种对性抱着好奇、好玩以及放纵、享乐的心理，是对性的亵渎。其次，还应认识到人类之性与动物之性是有本质区别的。动物之性受其本能驱使，是本能的一种正常反映；而人类之性要受人的社会性的约束，是人的社会性反映。人对性的要求，不仅仅是追求一种性欲的满足，更重要的是追求一种更高的精神生活。再次，还要认识到性是人生的重要内容，但

它不是人生的全部。人对幸福的理解，不能把它简单地等同于生儿育女，满足自己的性欲，更重要的是人要实现自我价值和社会价值。

第二，通过性生理、性心理、性道德的学习，认识性欲和性冲动是可以控制的。人与动物的最大不同是人是有理智、有思想的，人对自己的行为有认识能力和判断能力。一旦发现一些行为不符合社会道德要求和社会规则，人能主动地修正、约束和控制自己的行为，使行为与社会要求吻合。这实际上是一种认同过程。人们对性知识和性道德的学习，知道哪些行为是可为的，哪些行为是不能为的，从而更好地指导自己的实践。

第三，培养两性正常交往的习惯。两性正常交往是必要的，它有助于男女学生的健康发展。越是人为地加以隔阂、阻止，越是容易产生异性间的神秘感、渴望感。有一则故事：一位老和尚为防止弟子产生思凡之心，一直对他们说山下的女人是老虎。一天，老和尚叫几个弟子下山办事，弟子一看到女人，个个都激动不已，回来后个个变得茶饭不思。老和尚觉得奇怪，一问才知道他们爱上“老虎”了。这则故事告诉我们，被动地阻止异性交往是无济于事的，男女之间有一种天然的吸引力，有一种正常交往的需要。日常生活中，有些人一见到某对男女在一起，就在背后议论他们谈恋爱了，这对男女正常交往是不利的。这样说的后果，要么起到推波助澜的作用，本来他们没有谈恋爱，但经人家这么一说，真的给他们点破了，进而假戏真做起来；要么起到遏制作用，有些男女交往，一听到有人在背后议论，他们就害怕起来，双方只好忍痛分手，视如路人。我们要相信学生，相信他们之间能够正确地处理友谊与爱情的关系。当然，异性之间建立友谊，除要遵守交友的一般原则之外，还要注意交往的方式方法和讲究分寸。友谊与爱情虽然仅是一步之差，但毕竟是不相同的两码事。男女交往应当自然、大方、得体，开诚布公，言行之中要注意不要引起对方的错觉和性意向的浪漫幻想等，这些都是异性之间友谊长存的“秘诀”。

第四，避免性的诱惑。平时多看健康的书报、影视和图片，尽量回避低级的、庸俗的、性描写过多的作品。男女同学之间交谈，应以高雅话题为主。大学阶段是人生学习的最佳时期，要多把精力和心思用在学习上，要用知识来给自己“充电”，这样，走入社会才有竞争力，才能感到生活的充实。与此同时，大学生要积极参加各种丰富多彩的文化体育活动，以锻炼体质、陶冶情操。

六、精神分裂症

精神分裂症是以基本个性改变，思维、情感、行为的分裂，精神活动与环境不协调为主要特征的最常见的一类精神病。

精神分裂症的主要表现有以下几种：

（1）思维障碍。思维联想过程缺乏连贯性和逻辑性，表现为思维联想散漫或分裂，缺乏完整性和现实性。病人常出现妄想。妄想是一种错误的信念、推理和判断，其特征为：不符合客观现实，说服教育和生活经验均无法纠正，病人对之坚信不疑。

（2）情感障碍。情感反应迟钝、冷漠，表现为对亲友缺乏热情，对家人态度冷淡，对是非善恶漠不关心，对别人的情感不发生共鸣。严重时，可对欢迎、愤怒、恐惧等情境均无明显反应。

（3）感知障碍。患者常出现幻觉，幻觉是在没有相应刺激作用于感官时所产生的虚幻知觉

体验，如无人在场时，病人听到有责骂他的声音并确信如此。常见的幻觉有幻听、幻视、幻嗅、幻触等。

（4）意志行为障碍。活动减少、缺乏主动性，行为被动、退缩。对社交、工作、学习缺乏应有的要求，行为懒散。有的患者发生矛盾意向，不能果断选择应该做什么，遇事总是犹豫不决。有的病人在妄想的支配下，可反复提出控诉或坚持某种行为。

精神分裂症有四种基本类型：单纯型、青春型、偏执型、紧张型。

（一）病例

患者，男性，20岁，某大学二年级学生。患者在其父陪同下来到心理门诊。患者在医生面前不说一句话，呆呆地若有所思，医生问之不作回答，时时窃窃发笑。据其父介绍，病人入学第一学期成绩尚可，第二学期起成绩明显下降。同学反映他的宿舍床铺很脏，被子不叠、衣服不洗；上课迟到或打瞌睡，后来干脆不去上课；在寝室用打火机把别人的衣服点着取乐，老师找到他，他又否认；他不与别人交往，不同别人打招呼，有时喃喃细语，别人听了不知说什么。每日对着镜子自我欣赏，边照边笑个不止。3个月前，其母因车祸死亡，他闻知不说一句话、不落一滴泪。

（二）病因

（1）遗传因素。关于精神分裂症患者的家谱调查发现，遗传因素对该病有一定的影响作用。当然，也不是每一位精神分裂症患者的家庭中都能发现精神分裂症患病史。许多病人并无阳性家族史，说明遗传起一定的作用，但不是唯一因素，而环境中的有害因素可能起着更重要的作用。

（2）精神因素。精神分裂症的发病与精神刺激的影响有密切关系。据国内资料分析，有54％～77.6％的精神分裂症患者在发病前受到精神因素的刺激。

（3）社会环境因素。精神分裂症多发生在经济水平低或社会阶层低的人群。推测这可能与他们社会生活环境恶劣、生活动荡、职业无保障等心理、社会应激因素有关。

（三）治疗

精神分裂症的治疗，一般采用以药物治疗为主、适时辅以心理治疗的综合疗法。

（1）住院治疗。接受系统而充分的治疗，在医师和护士的严密观察下，给病人以充分药物剂量的同时，视病情的需要，给予心理治疗以及娱乐、音乐治疗等综合治疗。仔细观察出现的副反应，及时给予对症处理，必要时调整药物剂量，这些在医院外是难以做到的。当症状缓解，病情进入恢复期，逐渐将药量缓慢递减，进行维持治疗。

（2）家庭治疗。精神分裂症者出院后，还要进行家庭治疗。治疗的内容着重监护患者按医嘱服药及坚持门诊复查，因为不少患者出院后不久就不服从治疗。同时，给患者讲明坚持服药的重要性，使患者意识到不坚持服药，就可能有旧病复发的严重后果。

（3）康复治疗。当患者症状缓解，自知力开始恢复后，应采取开放式的管理。医生、护士与患者谈心了解其思想动态及对疾病的认识，使其正确对待疾病。为了使患者能尽快恢复社会劳动技能，可组织患者看书、读报、讨论，并要求患者自己的事情自己做，锻炼患者自我管理的能力，这样可促进其社会功能的恢复。此时要进行各种功能训练，以使其早日回归社会。

第二节　心理咨询的概念和功能

一、心理咨询的概念

心理咨询是指在心理方面给咨询对象以帮助、劝告、教导的过程。目前，学术界对此认识不一，莉奥妮·E. 泰勒认为："咨询是一种从心理上进行帮助的活动，它集中于自我同一感的成长以及按照个人意愿进行选择和做出行动的问题。"塞西尔·H. 帕特森认为："咨询是一种人际关系，在这种关系中咨询人员提供一定心理气氛或条件，使咨询对象发生变化，做出选择，解决自己的问题，并且形成一个有责任感的独立个性，从而成为更好的人和更好的社会成员。"

心理咨询有障碍性咨询和发展性咨询之分。前者偏重于心理门诊，是对患者有一定程度的心理障碍、心理疾病以及心身疾病者的咨询；后者偏重于心理保健、情绪调节、潜能开发。即对来访者在学习、工作、生活等方面遇到的心理问题提供帮助，指导来访者更好地认识自己、发展自己，提高社会适应能力和生活质量。大学生心理咨询所面对的对象、问题和性质以及技术力量和咨询功能等因素决定了高校心理咨询应以发展性咨询为主要内容。

1984 年，美国出版的《心理学百科全书》肯定了心理咨询的两种意义模式，即教育模式和发展模式。该书认为："咨询心理学始终遵循着教育的模式而不是临床的、治疗的或医学的模式。咨询对象是指在应付日常生活中的压力和任务方面需要帮助的正常人。咨询者的任务就是教会他们模仿某些策略和新的行为，从而能够最大限度地发挥其已经存在的能力，或者形成更为适应的应变能力。""咨询心理学强调发展的模式，它试图帮助咨询对象得到充分的发展，扫除其成长过程中的障碍。"

二、心理咨询的功能

心理咨询的主要功能有以几个。

（一）使人们认识到自身问题主要来自内部冲突

心理咨询可以帮助人们认识到自身的问题很大一部分是由于尚未解决的内部冲突，而不是由于外界的影响造成的。这时咨询员采取的重要步骤就是让求询者认识到，要解决问题最重要的是改变自己某些方面以使问题有所缓解。并且，在咨询的过程中，求询者将逐渐认识到，只要改变了自己的内部冲突，不仅问题得到了解决，同时也使自己变得更加坚强。

（二）为人们更加有效地面对现实问题提供机会

前来咨询的人在应付现实问题时，往往采用一些无效的防御反应，如逃避、理想化及过分责备他人等，但他们同时还往往认为自己对现实的认识是清楚的、解决问题的方法也是正确的。通过咨询可以帮助求询者更加全面、客观地认识自己和外部世界，并采取积极有效的方式去解决所面对的问题。

（三）深化求询者对自身的认识，引导他们去发现真实的自我并相应地生活

求询者中关于自我的问题不外以下三种：有人能明确认识自己，但却要制造假象给别人看；有些人认为已经认清了自己，但实际上并非如此；还有些人则对自己感到迷惑不解，不知自己

到底是什么样的人。通过咨询，求询者可以真正地认识自己的需要、价值观、态度、动机、个性特征等，而且可以根据自己的心理状况设计自己的行为，从而可以尽可能快地成长并获得最大程度的进步。这也就意味着咨询不仅可以帮助求询者认清自己，并且还促使他们根据这个真实的自我同别人交往。

（四）为求询者提供一种建立新型人际关系的机会

因为要成为真正的心理咨询者必须是心理健康的，并且全心全意地关心和帮助求询者的人，同时具备丰富的有关心理咨询的知识和帮助别人的技巧。求询者在现实生活中能与这样的人交往的机会是很少的。他们生活中的某些人可能是关心他们的，但却不一定持久，或者并不一定在心理上比他们健康，而且往往缺乏必要的心理咨询方面的知识和技巧。换句话说，尽管咨询人员不一定十全十美，但他们应该比求询者所接触的所有其他人更有能力提供一种健康的和有益的相互关系，而且，在这种相互关系中的许多特征是人们在其他关系中不常遇到的。

（五）增加求询者心理的自由度，给予他们更多的心理自由的机会

大多数求询者至少在一个相当重要的方面缺乏心理自由。例如，很多人从来不敢承认自己有过失或缺点，或者是不愿意让别人失望，以及不能容忍自己存在互相矛盾的情感等。通过咨询，人们可以发现他们到底在哪些方面缺乏自由，进而增加这种自由。

（六）纠正求询者的某些错误观念

许多前来咨询的人都存在一些关于自我的错误观念，而纠正这些观念对于解决他们存在的问题是至关重要的。由于这些观念是社会上一大部分人所共有的，所以它们在求询者头脑中不断得到强化。心理咨询也许是第一次为这些人提供了这样一次机会，使他们对错误观念进行思考，并代之以更准确的观念。这时，求询者就获得了自己做出有利的决定的自由。

第三节　高校心理咨询的理论与方法

文献分析发现，我国心理咨询与治疗以整合使用多种理论为主，单一理论的使用频率依次是认知理论、行为主义理论、理性情绪理论、精神分析理论、森田治疗理论、家庭理论、艺术治疗、问题解决、人本理论、现实疗法、人际关系、叙事心理治疗、内观疗法及其他；我国心理咨询与治疗的方法绝大多数来源于国外，单一技术的使用频率依次是行为疗法、认知疗法、森田疗法、以人为中心、精神分析、系统治疗、催眠疗法、箱庭（沙盘）、内观疗法、游戏疗法、暗示疗法、艺术治疗、叙事疗法、焦点解决疗法等。可见，我国高校心理咨询的理论和技术以国外引进为主，同时，随着国内心理咨询理论和实践的发展，一些具有中国特色的本土化技术（如认知领悟疗法）也得到了广泛开发和应用。以下介绍我国高校心理咨询中常用的几种理论与方法。

一、认知心理学与认知疗法

认知心理学（cognitive psychology）兴起于20世纪50年代中期，以皮亚杰的发生认识论、计算机模拟和人工智能为理论基础，认为认知即信息加工过程，是人类行为的心理基础，其核心在于信息输入和输出之间发生的内部心理过程。

（一）认知心理学的观点

认知心理学的基本观点包括：①信息加工的观点，心理过程是信息的编码、存储和输出的过程；②信息加工的主观能动性，信息进入加工系统后激活不同的知识点，并赋予不同的含义；③正常的与病理性的编码系统。从病理学的角度讲，某种特殊的编码系统可能会被先期激活，超越“正常”的编码系统，从而得到一个病理性的认识。认知心理学强调支配行为的是大脑内部的信息处理结果，非正常行为是内部心理活动歪曲的结果。因而，要改变非正常行为首先要改变他们的不合理认知。

认知心理学指导下的心理咨询和治疗观点主要包括以下几点。第一，认知影响行为。由于个体差异的存在，人们对同一事件有不同的看法，从而影响其心理和行为反应。第二，咨询的关键是重构认知。认知理论的落脚点在于来访者的非功能性认知上，强调通过改变来访者对自己、对他人或对事物的看法与态度，重构认知来改变其心理问题。第三，重视改变来访者的认知方式和认知——情感——行为的和谐。认知理论着眼于能意识到的事件而非无意识事件，强调可用语言描述的观念、想法或信念。第四，改变来访者的现实评价。因为感觉器官的功能有限，不可能完全反映现实，可能会存在歪曲的理解和认识，认知理论致力于让来访者认识到这一点。总之，认知心理学指导下的心理咨询与治疗强调信念和思维系统在行为和情绪中的重要性，意图通过改变来访者对自己、他人或事物的看法与态度来改变并改善所呈现的心理问题，达到认知——情感——行为的和谐。

（二）认知疗法

认知疗法（cognitive therapy）产生于20世纪60年代初期的美国，以改变认知歪曲作为主要干预目标，其核心概念包括“自动化思维”“消极图式”“非功能性认知”和“非适应性行为”等。狭义的认知疗法指贝克和雷米所开创的心理治疗方法；广义的认知疗法还包括艾利斯的合理情绪行为疗法和梅肯鲍姆的认知行为疗法。

1. 贝克和雷米的认知疗法

贝克和雷米的认知疗法强调“共同感受”“自动化思维”“规则”等重要概念。其原理在于，如果个体不能正确使用共同感受这一工具来处理日常生活中的问题，或是对自己的自动化思维中某些错误观念不加内省，或是过分按规则行事，无论哪种情况出现，都会造成认知歪曲，产生不良情绪和不适应行为。贝克和雷米的认知疗法分为以下几个步骤：①建立咨询关系；②确定咨询目标；③利用提问和自我审查技术确定问题；④通过建议、演示和模仿检验表层错误观念；⑤通过语义分析技术纠正核心错误观念；⑥通过行为矫正技术进一步改变认知；⑦通过认知复习巩固新观念。在运用认知疗法的过程中，贝克进一步提出了5种具体的认知疗法技术，即识别自动性思维，识别认知性错误，真实性验证，去中心化和忧郁或焦虑水平的监控。总之，认知疗法就是要揭示并改变那些处于中心位置的基本错误观念，从边缘的、表层的错误观念入手，逐步靠近中心，挖掘深层错误观念，并最终予以纠正。

2. 艾利斯的合理情绪行为疗法

艾利斯的合理情绪行为疗法也称为“理性情绪疗法”，简称RET（Rational－Emotive Therapy），其理论基础是ABC模型。ABC模型认为，个体对激发事件A的反应B引起情绪与行为的后果C，该行为后果不是由A激发事件直接造成的，而更多是由个体的信念系统B引起的。

也就是说，如果激发事件A是愉悦的，结果C一般是无害的；如果激发事件A是不愉快的，不合理的信念系统B就会出现，并引起情绪困扰和行为后果C。合理情绪疗法的主要步骤如下：①介绍理论知识。向来访者直接或间接地介绍ABC理论，使其清楚自己痛苦和失望的根本原因在于对事件所作的不合理评价。②找出不合理思维。挖掘导致来访者情绪困扰的不合理观念。③展开辩论。使用质疑式、价值式、极端式、更新式或夸张式等辩驳方法，与不合理观念辩论。④建立新的合理观念。在通过上述阶段使来访者原有的不合理观念发生动摇的基础上，帮助来访者及时发展新的合理观念。⑤练习与迁移。发展新的合理观念之后，要求来访者多次重复诵读以获得巩固效果。总之，艾利斯合理情绪疗法通过改变来访者的认知，除去非理性的不合理的信念，以正确观念取代错误观念。

3. 梅肯鲍姆的认知行为疗法

梅肯鲍姆的认知行为疗法假设来访者的痛苦来源于适应不良的想法，关注来访者自我语言表达的改变，认为个体的自我陈述与他人陈述一样，在很大程度上能够影响其行为。认知行为疗法主要是教给来访者做合理的自我陈述，训练他们矫正给自己的指导，更加有效地应对所遇到的问题。梅肯鲍姆提出，行为的改变要经过一系列中介过程，如内部言语、认知结构与行为的相互作用以及随之而来的结果，包括下面3个步骤：①自我观察。改变过程的第一步是让来访者学会观察自己的行为，提高对自己的想法、情感、行为、生理反应和对他人反应方式的敏感性。②开始一种新的内部对话。用新的内部对话作为新行为的向导，影响并改变其认知结构。③学习新技能。经过认知重组，来访者能够使用哪些有效应对现实生活的技能，并能够进行观察和评估。总之，认知行为疗法始于来访者的自我观察，通过观察获取自我信息，形成新的内部对话，从而产生有效的生活技能，其核心也是重建来访者的认知结构。

（三）认知疗法治疗抑郁性神经症的案例

以下是运用认知疗法治疗抑郁性神经症的案例，节选自中国就业培训技术指导中心、中国心理卫生协会组织编写的国家职业资格教程《心理咨询师（二级）》，供读者参阅。

来访者A，男，25岁，某大学三年级研究生。

来访者主诉一个月来经常失眠、无食欲。常感到浑身无力，对任何活动和事物都不感兴趣，活动水平明显下降；同时情绪低落，由于烦闷，提不起精神。总感到生活中面临着许多难以解决的问题，故认为自己活着很累，产生自杀观念。除上述表现外，对自己的问题尚有一定的自知力，也有一定的求助动机，而且无幻觉、妄想等精神病状。

咨询的开始阶段，被试参与了SCL－90量表测查。结合量表中抑郁得分较高，来访者有自杀意念，持续时间为一个月，且排除精神疾病，因而诊断来访者为抑郁性神经症。咨询主要采用认知疗法，咨询师所提问题大都基于可见的事实，很容易被验证，重要的是，这些问题都是来访者所忽略的经验和感受。比如，谈到一个月前与A中断恋爱关系的女友时，咨询师询问："她也很爱你吗？"就是让来访者重新感受对方对自己的感情，确认来访者的恋爱并不像他自己想象的那么好。这一技术和提问结合起来，促使来访者去思考一些他未曾注意的问题。

通过3次咨询，来访者逐步暴露出一些不正确的观念，如认为自己不能像以前那样和人交往，自己的吸引力也不如从前，别人对自己的印象不好等。这都是一些具体事件，代表着来访者的表层错误观念。针对这些，咨询师采用语义分析技术，把代表来访者深层错误观念的句子扩充为语义合理的语句，而不是向来访者生硬地灌输理论。对于本例来访者A，经过10次咨询，A在情绪和行为上有了根本的改变，在人际交往、生活、学习等方面也逐步恢复了以前的状态。

以上介绍了认知心理学指导下的心理咨询和治疗的主要观点，认知疗法的3种具体技术，包括贝克和雷米的认知疗法、艾利斯的合理情绪行为疗法和梅肯鲍姆的认知行为疗法，以及应用认知疗法针对大学生抑郁性神经症进行咨询的案例。可以看出，认知疗法能够有效地解决一般心理问题，并用于抑郁、焦虑、恐惧等相关问题的咨询与治疗。然而，认知疗法并非对所有此类障碍和疾病都有效，且要求咨询师具有较强的洞察力和语言表达能力。

二、行为主义心理学与行为疗法

（一）行为主义心理学的观点

行为主义心理学的理论基础主要有经典条件作用原理、操作条件作用原理、模仿学习原理等。以俄国生理学家巴甫洛夫为代表的经典条件反射理论（classical conditioning）认为，一切有意识和无意识的活动就其发生机制来说都是反射，这从根本上改变了人们关于心理活动性质的旧观念；以美国新行为主义学家斯金纳为代表的操作条件作用（operant conditioning）认为，塑造行为的过程就是学习的过程，当一个行为造成了有利的结果时，该行为更有可能在将来的相似环境中被重复；美国心理学家班杜拉提出的模仿学习（1earning by imitation）认为，人的社会行为是通过观察和模仿学习获得的，模仿学习可以在既没有模型也没有奖励的情况下发生。以上3种观点构成了行为治疗最原始的理论基础。

行为主义理论指导下的心理咨询和治疗认为，行为疾病是不良行为在长期生活经历中通过学习固定下来的，因此学习和训练良好行为便替代不良行为，达到治疗疾病的目的。其心理咨询观点主要有以下几点：第一，实验性神经症模型的理论。巴甫洛夫强调，条件化刺激和反应的联系及其后继反应规律，可用于解释行为的建立、改变和消退。第二，反射学说。斯金纳的操作条件反射学说阐明了“奖励性”或“惩罚性”操作条件对行为具有良好的塑造作用。第三，社会性学习对行为的影响。班杜拉和华生认为任何行为都是可以习得或放弃的。第四，“靶行为”的确立与矫治。沃尔普认为靶行为就是需要矫治的目标行为，该行为的确立是行为治疗的第一步。总之，行为主义心理学家认为，“变态行为”从生物学意义上讲并非“病态”，和所谓正常行为一样是后天习得的，两者的区别仅在于“变态行为”是社会所不能接受或社会适应不良的。

（二）行为疗法

行为疗法（behavior therapy）指帮助来访者消除或建立某种行为从而达到治疗目的的咨询技术。行为疗法的原理是，如果所有行为都是学习得来的，那么变态行为也不能例外，可以被习得，也可以通过学习被放弃。行为疗法兴起于20世纪50年代末至60年代初，因其针对性强、易操作、疗程短、见效快等特点，迅速发展出各种实用技能，并成为心理咨询的重要方法之一。行为疗法的技术很多，主要包括放松训练、系统脱敏、冲击疗法、厌恶疗法等。

1. 放松训练

放松训练（relaxation response），又称松弛疗法，指通过一定的程序性训练让来访者学会在精神和躯体上放松的技术，认为放松所导致的生理改变对应激所引起的生理改变是一种对抗力

量，放松可阻断焦虑。放松训练的主要方式有：肌肉放松、自生训练、自我催眠、静默和生物反馈辅助下的放松等。放松疗法实施的基本条件包括：精神专一，要求集中注意于身体感觉、思想或想象；被动态度，当思维或想象发生分心时，引导自己不注意无关刺激而重新集中注意力于精神专一；降低肌肉能力，减低肌肉紧张，使身体处于舒适的姿势；安静的环境，闭目以减少外来的干扰；有规律地进行训练。总之，各种放松技术的共同目标都是降低交感神经系统的活动水平，减少骨骼肌的紧张度，以及减轻焦虑与紧张的主观状态。

2. 系统脱敏

系统脱敏（systematic desensitization），也称交互抑制法，或缓慢暴露法。主要运用交互抑制原理或对抗条件作用的原理，在系统指导下由轻到重，逐步消除个体在某一特定的情景下产生的超出一般紧张的焦虑或恐惧状态。系统脱敏包括 3 个步骤：①放松训练。让来访者以舒适的姿势坐或躺在椅子上，深呼吸后闭眼，并想象放松的情境，依次练习放松前臂、头面部、颈、肩、背、胸、腹及下肢，并反复训练，直至来访者达到能在实际生活中运用自如、随意放松的娴熟程度。②建立等级表。根据来访者的病史及会谈资料，找出所有使来访者感到紧张（或恐怖、焦虑）的事件，依照致病作用的强弱分成若干等级，如引起 1 分主观焦虑或恐惧的刺激为一等，引起 2 分的为二等，以此类推，将这些不同的刺激按其等级依次排列成表。③系统脱敏。引导来访者在放松的情况下进行脱敏学习，按照设计的焦虑（或恐怖）等级表由小到大依次逐级脱敏。在咨询过程中，在一次会谈时间内以一般完成 1～2 个事件的脱敏训练为宜。总之，系统脱敏的基本原理是让一个原可引起微弱焦虑的刺激，在来访者面前重复暴露，同时来访者以全身放松予以对抗，从而使这一刺激逐渐失去引起焦虑的作用。

3. 冲击疗法

冲击疗法（flooding），又称满灌疗法。治疗的基本原则是一下子将来访者置于能引起其极大恐惧的刺激情境中，意图物极必反，达到消除紧张情绪的目的。冲击疗法的治疗程序主要有 4 个步骤：①向来访者详细介绍有关情况。在实施冲击疗法之前向来访者仔细介绍该疗法的原理、过程、疗效和可能出现的各种情况，尤其要让来访者了解在治疗中可能会承受的痛苦，使来访者慎重考虑是否选择该疗法。②进行身体及精神检查。确保没有严重的心血管疾病、中枢神经系统疾病、严重的呼吸系统疾病、内分泌疾病或各种精神病性障碍，此外，老人、儿童、孕妇及各种原因所致的身体虚弱者不适宜采用此疗法。③确定刺激物和治疗场地。刺激物应是来访者最害怕和忌讳的事物或情景，也就是引发来访者紧张反应的根源，如果刺激物不止一种，则选择引起焦虑或恐惧反应程度最高的事物；治疗场地由刺激物的性质决定，在可能的情况下，尽量在治疗室内进行，以便于对治疗过程有较多的控制。④实施冲击。实施冲击前，来访者应正常进食、饮水，最好排空大小便。如可能最好在治疗中同步监测血压和心电。治疗者将来访者带入治疗室在指定位置坐下，即刻迅猛地向来访者呈现刺激物进行冲击。患者受惊后可能会惊叫、失态，治疗者应不予理睬，仍持续地呈现刺激物，并对患者闭眼、塞耳等回避行为进行制止、劝说、鼓励。如果来访者出现严重的生理反应，应马上终止治疗，或者尽量鼓励劝说，使其坚持下去，如来访者的情绪反应和生理反应均已经过高潮，开始逐渐减轻，直至精疲力竭，对刺激物听而不闻、视而不见，此次治疗就可以结束。冲击治疗一般需实施 2～4 次，一次持续 30～60 分钟，1 日 1 次或隔日 1 次，视效果而定。最后，由于冲击疗法呈现的是来访者最害怕或忌讳的刺激，可能会产生晕厥、休克、呼吸异常或心电、脑电指标异常等，因而须慎重选用，并时刻关注来访者的反应。

4. 厌恶疗法

厌恶疗法（aversion therapy）指在想要消除的不适应性行为发生时，提供令人不愉快的或惩罚性的刺激，使来访者产生厌恶的心理或生理反应，在不适行为与厌恶反应之间建立条件联系，达到戒除不适应行为的行为治疗技术。厌恶疗法的操作程序主要有3个步骤：①确认靶症状。厌恶疗法具有极强的针对性，因此，必须先确定打算弃除的是什么行为。②选用厌恶刺激。厌恶刺激必须是强烈的，能使被治疗者产生的不快远远压倒原有的种种快感，才可能取而代之。但同时，作为一种医疗措施，厌恶刺激又必须是无害、安全的。一般说来，常用的刺激物包括适当电压的电刺激、可引起恶心和呕吐的药物及想象刺激（内在敏感训练）等。概括说来，厌恶刺激是根据它对跟随其后的行为所起的作用而界定的。③把握施加厌恶刺激的时机。要尽快地形成条件反射，必须将厌恶体验与不适应行为紧密联系起来。只有厌恶体验与不适应行为是同步的，才能很快建立起新的条件反射，从而达到消除不良行为的目的。最后还要注意的是，对不同的人在不同的情况下，同一刺激所起的功能可能是惩罚也可能是奖励。同时，正如一些治疗专家所认为的那样，厌恶疗法作为一种惩罚程序，也可能会带来一些消极的后果，如厌恶泛化、伦理问题等。

5. 其他行为疗法

迄今为止，行为疗法的发展已有上百年的历史，除上述的几种之外，还有其他一些常见的行为疗法。①代币法（token economics），也称代币管制法，或代币治疗法，指运用强化原理增加参加治疗或教育的个体的期望行为（适应性行为）。其中，条件强化物所起的作用类似于货币，因此称为“代币”。研究表明，代币法可成功地用于各种治疗环境中的儿童和成人，不同的代币法已被广泛应用于精神来访者、多动儿童、中小学生、被管制者、犯罪少年、工厂工人等。②自我控制疗法（self control therapy），也称自我管理疗法。当咨询师本人用行为矫正法矫正自己的行为时，这个过程就称为自我控制或自我管理。作为一种行为疗法，自我控制表现为行为者要以一种行为（期望行为）控制另一种行为（靶行为）的出现。③模仿法（modeling），又称示范法，指利用人类通过模仿学习获得新的行为反应的倾向，向具有不良行为的人呈现行为榜样，使其从事相符行为，消除不良行为，建立适应性行为的治疗方法。

（三）系统脱敏治疗考前焦虑的案例

本案例是美国心理学家沃尔普运用系统脱敏治疗考前焦虑的经典案例。节选自中国就业培训技术指导中心、中国心理卫生协会组织编写的国家职业资格教程《心理咨询师（二级）》，以方便读者参阅。

C小姐，艺术系学生，24岁，由于考试失败导致极度焦虑。进一步访谈表明她不仅对考试焦虑，对被别人观察或批评以及与别人争论也很害怕。

沃尔普的治疗分为3个主要过程：放松、焦虑等级建构和系统脱敏。

1. 放松沃尔普用这样的方式教C小姐：我请你用腕子抵抗我拉你的力量，以便绷紧你的二头肌。我要你仔细注意肌肉里的感觉。然后，我会减少拉你的力量，让你逐渐松弛下来。注意，当你的前臂下降时，你会感觉到二头肌放松的感觉。你将前臂放在扶手上休息，你想着自己尽可能舒适，完全放松。放松肌肉纤维可以带来我们需要的情绪的放松，你试试看。用先绷紧再

放松的方法，可以放松身体的不同部位。在治疗过程中也要继续进行放松练习。沃尔普在5～6次的治疗时间里教C小姐放松，并请她每天用10～15分钟练习。

2. 焦虑等级建构

在沃尔普的帮助下，C小姐建立了关于考试焦虑和争论吵架的几个不同的焦虑等级表。其中关于看到别人争论吵架的焦虑等级表如下：

她母亲对佣人喊叫（50分）；

她的妹妹抱怨她姐姐（40分）；

她姐姐和父亲争辩（30分）；

她母亲对她姐姐喊叫（20分）；

她看到两个陌生人吵架（10分）。

建立了这样的一个等级表，沃尔普就准备开始脱敏过程。

3. 系统脱敏

沃尔普为了考察C小姐的视觉表象能力，首先让她想象一个中性的情境，然后让她想象等级表中最轻的恐惧情境，即第5个情境。

心理咨询师：现在我要求你想象一些场面。你要想象得清晰，它们也许会干扰你的放松。如果你感到焦虑，想让我注意，你随时可以告诉我。如果你已经清楚地想象出了一个情境，举起左手手指让我知道。首先，你想象自己在一个熟悉的街角站着，这是一个愉快的清晨，你在看着车来人往。你看到汽车、摩托车、卡车、自行车、行人和交通信号灯，并听到相应的声音。(过了几秒钟，C小姐举起了她的3食指，心理咨询师停顿了5秒)

心理咨询师：停止想象那个场面。在你想象的时候，你的焦虑增加了多少？

C小姐：一点也没有。

心理咨询师：现在注意力再回到放松上。(停止20～30秒，重复放松指示)

心理咨询师：现在想象你看到街道对面有两个陌生人在吵架。(在15秒后C小姐举起她的手指。等待5秒)

心理咨询师：停止那个场面。焦虑增加了多少？

C小姐：大约15分。

心理咨询师：现在继续想象那个情景，在你考试前1个月。

在第二次想象中增加5分，第三次0分，想象的次数依个体不同和情境不同而不同。当一开始的分数超过50时，仅靠重复就很难降低了。但是也有例外，有的病人只是10分也不能用重复的方法降低。处理完等级表的第一项，可以进入第二项。或者，可以处理C小姐的另一个问题，建立类似他人之间的不和谐等级表的另一个等级表。

心理咨询师：想象你坐在公共汽车站的长凳上，道路对面是两个陌生人在吵架。(这个场面呈现2次，在病人对第二次做出反应之后，心理咨询师终止了脱敏)

心理咨询师：再一次松弛。现在我数5下，你睁开眼睛，感到安宁和清新。在17次脱敏治疗后，C小姐能够在4个等级表的所有项目上放松地想象，在实际情境中也可以放松了，几个月后她参加考试时没有紧张感，并且顺利通过。

以上介绍了行为主义心理学在心理咨询和治疗中的观点，以及几种常见的行为治疗方法，如放松训练、系统脱敏、冲击疗法和厌恶疗法，以及其他的行为疗法，如代币法、自我控制疗

法和模仿法。总之，行为治疗是以减轻或改善来访者的症状或不良行为为目标的一类心理治疗技术的总称，是目前发展种类最多、应用范围最广的心理咨询技术之一。

三、精神分析与精神分析疗法

（一）精神分析的观点

奥地利精神科医师弗洛伊德在19世纪末提出用精神分析（psychoanalysis）的观点解释人类行为。精神分析的发展可分为两个时期，早期理论一般是1920年以前的精神分析理论，1920年以后，弗洛伊德对他的理论做了一些较大的修正。总的来说，精神分析的基本观点包括以下5个。①意识—无意识理论。认为人的有些心理活动能够自己察觉到，另一些不易被觉察，不被觉察的部分称为无意识。无意识虽然不能被人所觉察，却对人的行为有极重要的影响，神经症症状行为的原因大都要追溯到无意识精神活动。②人格结构理论。认为人格可分为本我、自我和超我3个部分，每一部分都有相应的心理内容和功能，3部分又始终处于冲突—协调的矛盾之中。③人格发展理论。认为追求快感是一切生物的天性，且都直接或间接地与性有联系，弗洛伊德据此把儿童心理性欲的发展分为口唇期、肛门期、男性生殖器崇拜期、潜伏期和生殖器期。④心理障碍的本质。认为一些人类欲望或本能在社会禁忌中不能得到满足，因而产生了两种主要的神经症：现实神经症，包括神经衰弱、焦虑性神经症和忧郁症；精神神经症，包括歇斯底里、强迫症和恐惧症。⑤自我防御机制。认为自我在协调、解决矛盾的过程中逐步发展出一些手段技巧，因其具备某种防护性功能。

（二）精神分析疗法

精神分析疗法（psychoanalysis therapy），又称为心理分析疗法，分析性心理治疗。当代心理分析的治疗已很少有人恪守弗洛伊德的传统，而使用非常多样的方法和技术。但总的来说，精神分析技术仍然主要包括两大类：用于收集信息的自由联想和用于干预治疗的解析技术。

1. 自由联想

弗洛伊德称自由联想（free association）为“到达无意识的康庄大道”。自由联想的基本要求是不用意识指导思维，让来访者集中注意头脑中“流出”的任何念头、意象或思想，并对出现的东西不加任何评判。自由联想的具体步骤是：让来访者在一个比较安静与光线适当的房间内，躺在沙发床上随意进行联想。咨询师坐在来访者身后，倾听来访者讲话，并鼓励来访者按原始想法讲出来，不要怕难为情或担心人们感到荒谬奇怪而有意修改。因为越是荒唐或不好意思讲出来的东西，越有可能最有意义。在进行自由联想时要以来访者为主，咨询师不要随意打断，必要时可以进行适当的引导。一般来说，咨询师会鼓励来访者回忆从童年起所遭遇到的一切经历、挫折或精神创伤，从中发现那些与病情有关的心理因素。自由联想技术对于来访者来说并不难掌握，关键在于放弃一切评判倾向，不管出现的想法有多么荒谬、没有意义、不道德、愚蠢或罪过，也不管说出来多么难为情，或者会遭到批评或耻笑，来访者的任务仅仅是，觉察那些思想，并报告出来。总之，自由联想让来访者重新在心理上体验过去的挫折，并把压抑的感情宣泄出来，只有如此，来访者才具备认识它、克服它的可能性；当来访者能够自由表达被压抑的情绪，或对早年经验的再体验时，潜意识便达到意识层面；精神分析疗法的最终目的是发掘来访者压抑在潜意识内的致病情结或矛盾冲突，带到意识层面，使来访者有所领悟，重新

获得现实性的心理健康。

2. 解析技术

解析（interpretation）的目的是促使来访者意识到无意识的动机、态度和感受，使来访者获得领悟，主要包括梦、移情、防御或阻抗和超我（或良知）几个方面的解析：①梦的解析。按照精神分析理论，梦有显相和隐意之分，显相是梦中的情境和事件，隐意则是隐蔽在显相后面的无意识动机，梦的解析就是通过显相揭示隐意，找到显相和隐意之间的联系，对此弗洛伊德的《梦的解析》有大量讨论。②对移情的解析。对移情的解析关键是指出来访者此时对治疗者的情感与态度是其幼年时对家庭成员（如父母）情感与态度的反映。当遇到下述情况时，咨询师应关注移情的解析：当来访者在治疗中并无明显原因而表现出过分的情感反应，尤其是反复出现时；当来访者的自由联想进程受到阻碍时；当咨询师感觉到对移情的解析会增进来访者的领悟时；当来访者对童年重要人物的态度与现在对咨询师的态度有联系并且接近清醒的意识时。③对防御或阻抗的解析。防御或阻抗指来访者不敢承认或逃避心理问题和内心焦虑，或谈论无关紧要的话题拒绝进一步沟通。这时先要找出阻抗的根源，了解来访者运用了何种防御机制，然后据此分析其特点和作用，予以解析。④对超我的解析。来访者有时会有超我的表现，如过强的责任感、道德感或过分的内疚，此时应努力挖掘其产生根源并分析现实危害，最重要的是让来访者意识到超我的存在，并对超我是否合理进行反思。

（三）精神分析治疗创伤的案例

本案例摘自1895年弗洛伊德与布洛伊尔合著的《歇斯底里研究》（又译《癔症研究》）。

1892年年底，我熟悉的一位同事转诊给我一个他正在治疗的病人。这是一个有慢性再发化脓性鼻炎的年轻女士，我称她为露西小姐，30岁。后来才弄清，她顽固存在的疾病是由于筛骨溃疡的缘故。近来，她主诉的一些症状使见识渊博的医生再也不能视为局部感染了。她完全丧失嗅觉，而且持续受到一两种主观嗅觉的纠缠，她感到这是最令她痛苦的。另外，她感到精力差和疲劳，头有沉重感，食欲不振，办事效率低。

露西小姐在维也纳郊区一家工厂总经理的家里做家庭教师。她经常在我诊疗时间来就诊。她是个英国妇女，身体纤巧，皮肤上有色素沉着，除鼻部受感染之外，她显得很健康。她最初的陈述与那位医生告诉我的一样，她感到抑郁和疲劳，并遭受主观嗅觉的折磨。我初步认为，她患的是歇斯底里症，并表现出相当明显的一般痛觉丧失，但未丧失触觉感，大致的检查（用手）没有显示有视野的局限。她鼻腔内完全缺乏痛觉，也没有反射。虽然触压敏感，但作为感觉器官，她对特殊的刺激和其他刺激（如氨或醋酸）没有适当的感觉。那时她的化脓性鼻炎正处于好转时期。

要想弄清这个疾病，就必须解释她的主观性嗅觉感，因为反复的幻觉是慢性歇斯底里的症状。她的抑郁可能受到创伤的影响，我应当有可能发现主观嗅觉出现的一个客观经历。这个经历也许就是个创伤，使她记忆中出现象征性的反复嗅觉感。我认为可能反复出现的嗅觉上的幻觉与伴随着的抑郁一起引发了一次歇斯底里发作，而反复出现的幻觉性质与其在慢性症状中所起的作用是不相称的。但这个问题并没有在这个病人身上表现出来，因为对这个病人的治疗才刚刚开始。然而，从本质上来说，这种嗅觉的主观感觉以应假设为有一个特定的来源，是来自某些非常特殊的真正对象。

这个预见很快得到验证。当我问她什么样的嗅觉一直使其烦恼时，她答道："一种烧焦的布丁味。"因此，我只需要假设烧焦的布丁味实际上在她的经历中发生过，且这起着一种创伤的作用。把嗅觉选作创伤记忆的象征物是不同寻常的，但对这种选择的解释并不困难。该病人患化脓性鼻炎后，她的注意力特别集中在鼻子的感觉上。我知道这个病人的生活环境局限于她照看着的两个没有母亲的孩子身上，她们的母亲在多年前死于一种急病。

因此，我决定把烧焦的布丁味作为分析的出发点，我将详细地描述这个分析过程。实际上，本来应该是一次诊治的时间却分成几次进行，因为病人只能在我的诊疗时间来，我也只能花较短的时间对她进行治疗。而且，由于她的职责不允许她经常从很远的工厂到我这里来，因此一次单独的讨论常常需要拖延一个多星期，我们常常在短时间内中止谈话，下次再接着讨论。

当我对她尝试催眠术时，露西小姐没有进入催眠状态，因此我只是在她处于与平常稍稍不同的状态下对她做的全面分析。

此后，这一治疗过程持续了整整九个星期。弗洛伊德在最后的结局中描述道：

在这次分析两天后，露西小姐再次来到我这里。我不禁问她什么事使她这么高兴。她好像变了另一个人，微笑着，昂着头。我当时想了一会儿，认为她已成为总经理的未婚妻了，但我猜错了。

她否定了我的想法，说道："没发生什么事，你不知道我的情况，你仅仅在我生病和忧郁时看到我，现在我一直很快活。昨天早晨当我醒来时，已不再觉得有精神负担了，从此以后，我感觉很好。"

"那以后你怎么想?"

"我知道自己已没问题了，我不要自己再为过去而不快乐。"

"那么你现在会与佣人们很好地相处吗?"

"我想我过分敏感大多与那件事有关。"

"你仍爱着你的男主人吗?"

"是的，当然是这样的，但不会造成什么差别。毕竟我可以有自己的想法和情感。"

然后我检查了她的鼻子，发现她对疼痛敏感，几乎完全恢复了反射的兴奋性，她也能区分出不同的气味，但是不太肯定，而且只能区分强烈的气味。

4 个月后，一次偶然的机会我在一个避暑胜地遇到了这个病人。她精神很好，这使我确信她已保持了康复的状态。

以上介绍了精神分析在心理咨询和治疗中的主要观点，精神分析疗法的自由联想和解析技术，并摘取了某一经典案例的开头和结局片段。总之，精神分析技术强调对一些重要的无意识行为的挖掘和解析，使潜意识浮现到意识层面，用精神分析观点来讲，一旦来访者的无意识为自我所理解，人们意识到病症的根源，不适应症状自然就消除了。

四、人本主义心理学和"以人为中心"疗法

（一）人本主义心理学的观点

人本主义（humanism）是 14 世纪下半期发源于意大利并传播到其他欧洲国家的哲学和文学运动，人本主义心理学兴起于 20 世纪五六十年代的美国，与精神分析和行为主义齐名，被称为

"心理学的第三势力"。人本主义心理学家认为，心理学应着重研究人的价值和人格发展，他们既反对精神分析把意识经验还原为基本驱力或防御机制，也反对行为主义把意识看作行为的副现象。"人本主义"主要包含：①人的本性。人本主义心理学家认为人的本性是善良的，恶是环境影响下的派生现象，因而人是可以通过教育提高的，理想社会是可能的。②基本理论和方法论。人本主义心理学继承了19世纪末狄尔泰和韦特海默的传统，主张正视心理学研究对象的特殊性，反对用原子物理学和动物心理学的原理和方法研究人类心理。③心理咨询和治疗的操作原则。强调为来访者创造无条件支持与鼓励的氛围，通过改善自知或自我意识充分发挥积极向上的、自我肯定的、无限地成长的和自我实现的潜能，来访者能够改变适应不良行为，矫正心理问题。人本主义心理学家认为，心理治疗不应仅仅着眼于眼前问题，更在于支持来访者的成长发展，使他们更好地解决未来可能面临的问题。人本主义指导下的心理咨询其实质就在于帮助来访者去掉那些用于应付生活的面具，恢复真实的自我。

(二)"以人为中心"疗法

以人为中心疗法（person—centered therapy）由美国心理学家罗杰斯创立，其发展大体经历了4个阶段：第一阶段以1942年罗杰斯的《咨询和心理治疗》为标志。在书中，罗杰斯提出了一些重大的、与当时占主导地位的心理分析疗法很不相同的治疗思想，认为只有来访者才能够充分、深刻地了解自己，要取得好的疗效，就要依靠来访者自己来指导治疗过程。第二阶段以1951年出版的《来访者为中心疗法》为标志。更深入、清楚地探讨和分析了人的自我概念、自我概念与机体经验的关系等理论问题。第三阶段为"经验阶段"。自1957年以后，由于工作调动，罗杰斯的主要来访者从正常人转换为精神疾病患者，他开始强调咨询师和来访者之间的"伙伴关系"，重视咨询者的态度对来访者的影响，以及双方的情感、体验的交流。第四阶段即以人为中心治疗的阶段，大约开始于20世纪70年代初。这一时期，罗杰斯强烈希望把他的体系扩展到心理治疗领域以外，使大多数人过上一种人本主义的、存在主义的、超出个人的、社会角色的、充分发挥潜能的高质量生活。

在技巧方面，以人为中心治疗不追求特殊的策略和技术，而是把重点集中在创造一种良好的咨访关系中，要求咨询过程必须充满"自由""平等""关注""温暖"和"真诚"，对来访者"无条件地关注"，使他们自由地探索内在感受。如果非要说存在某种技巧，以人为中心治疗的核心是倾听。倾听有几层含义：①咨询师要认真、充满兴趣、设身处地地听，并适当地表示理解；②对来访者讲的任何内容不表现出惊讶、厌恶、奇怪、激动或气愤等评价性神态，对来访者的叙述不带偏见和框框，不作价值评判，而是予以无条件地尊重和接纳；③通过言语和非言语对来访者的倾诉做出反应；④不但要听懂来访者用言语、表情和动作所表达出来的东西，还要听出来访者在交谈中省略的和没有表达出来的内容或隐含的意思，甚至是来访者自己都没有意识到的想法；⑤用机警和共情的态度深入来访者的感受中，细心地关注来访者的言行，对来访者在叙述时的犹豫停顿、语调变化以及伴随言语出现的各种表情、姿势、动作等，从而对言语做出更完整的判断。此外，以人为中心治疗法强调，在咨询中运用开放式询问、释义、共情、自我揭示、鼓励和重复技术、情感反应、具体化、参与性概述以及非言语行为等技巧，为来访者创造良好的氛围。

(三)人本主义治疗大学生抑郁症的案例

本案例摘自网络，是美国人本主义心理学家罗杰斯（1961）帮助一名想要自杀的女大学生认识到她要对自己的生活和选择负责任。这位女生曾考虑自杀，并忧虑于许多事情。她的一部分问题是，她想让别人告诉她去做什么，并因为她的教授没有为她提供足够的指导或教育而痛苦。下面的内容选自治疗即将结束时的一次治疗。

来访者：哦，我不知道自己是否就是那样做的，对事情一知半解，并没有掌握起来，实际上并没有扎扎实实地学习。

治疗师：或许你只是在这儿挖一下，那儿挖一下，但并没有真正深入进去。

来访者：噢，那就是为什么我会说——（慢慢地并略有所思地）哦，原来的学习基础不好，哦，确实是我自己的责任。我是说，确实很明显，我不能依靠别人向我提供教育，（语气非常轻缓）我确实必须自己获得教育。

治疗师：真的开始说到点子上了——只有一个人能教育你——认识到也许没有别人能向你提供教育。

来访者：哦。（她坐着，思考着，长时间地停顿）我很感到惊骇。（轻轻地笑着）

治疗师：惊骇？你是说，这有点令人害怕？

来访者：噢。（很长时间地停顿——显然是正挣扎于自己的感受中）

治疗师：你想再多谈一点，你那是什么意思吗？它真的让你惊骇？

来访者：（笑）我不知道现在是否惊骇。我是说——我确实像是解脱出来了（停顿），似乎我很——我解释不清楚，但是我，哦，我谈到这个话题，哦，它似乎就是自己冒出来的，似乎不是我说的。它似乎是——我释放出来的。

治疗师：几乎就不是你的一部分。

来访者：哦，我感到吃惊。

治疗师：好像就是说，“哦，老天，我那样说过吗？”（两人都笑了）

来访者：确实，我过去没有那样感受过。我曾——哦，确实像是我在讲述自己的事。（停顿）或者说，哦，（很困惑）感觉好像我已经，哦，我不知道。我有一种力量的感觉，但仍然，我有一种感觉——意识到它有些可怕，有些吓人。

治疗师：你是否是说，谈论它的同时，也给你一种力量的感觉？但同时还有一种对自己的话语的恐惧感，对吗？

来访者：是，我感觉到它们了。例如，就是现在，我在心里感觉到它——一种向外的涌出，或力量，或发泄。好像是很大、很强烈的什么东西。但是，哦，一开始几乎就是一个人独自外出的身体感受，有点像是脱离了一个——我一直就拥有的一种支持。

治疗师：你感到它是深刻而强烈的，向前冲击着，并且在谈论它时，你感到，似乎脱离了任何的支持。

来访者：噢。或许那是——我不知道——我想，它是我一直以来就有的躁动。

治疗师：它动摇了一个重要的生活形态，使它松动了。

来访者：噢。（停顿，然后小心地，但略有所悟地）我想——我不知道，但我有这种感觉，即然后我将开始做更多的事情，我知道我应当做它们。……有那么多事情需要做。似乎在生活中的许多方面，我都不得不找到新的行为方式，但是——或许——我期望自己在某些事情上做得较好。

以上介绍了人本主义心理学在心理咨询与治疗中的主要观点和倾听的技术，以及心理学家

罗杰斯本人的一个案例片段。正如罗杰斯所说，我希望这个例子能使读者感受到在成为独特的人、为自己负责时，人们所体验到的力量感，我还想使读者感受到与这种责任的获得同时出现的不安。认识到“是我在选择”和“是我为自己决定了体验的价值”，是既令人欢欣鼓舞又令人惊恐的意识。总之，以人为中心治疗的所有特点可以归纳为一点，即强烈的人本主义倾向。

五、其他理论或技术

（一）认知领悟疗法

认知领悟疗法又称为中国式心理分析、钟氏领悟治疗法，是结合心理动力学疗法的原理和中国人的生活习惯而设计，由中国心理治疗专家钟友彬首创。认知领悟疗法指通过解释把无意识的心理活动变成有意识的，使来访者认识到症状的真正意义，得到领悟，症状即可消失。认知领悟疗法的根基在于，认为中国人至少有以下两方面的生活习惯与传统认识、心理动力学原理相近：相信幼年经历或遭遇对人的个性及日后心理健康有重大影响；可从成年的观念、作风和行为中看出幼年时期受到的影响。基于这两点，钟友彬认为病症的根源在于个体在过去受过精神创伤，这些创伤引起的恐惧在头脑中留下了痕迹，成年后遇到挫折时就会再现出来，以致往往用儿童的态度去对待本来不值得恐惧的事物。

认知领悟疗法采用面对面交谈的方式，指通过解释使来访者改变认识、得到领悟而使症状得以减轻或消失的过程。具体操作中应注意：初次会见时，让来访者或家属叙述症状产生和发展的历史及其症状的具体内容，尽可能在 1 小时内叙述完。同时进行躯体和精神检查以排除躯体和精神疾病。如果是认知领悟疗法的适应证，即可进行初次讲解，说明他的病是可以治好的，病态实际上是用幼年的方式排除成年人的心理困难或满足性欲望，是幼年时期恐惧情绪的再现等。在这一过程中，具体的解释要结合来访者的实际情况。当来访者对上述解释和分析有了初步认识和体会之后，再向来访者进一步解释病的根源在过去，甚至在 5 岁以前。在以后的会见中，可询问来访者的生活史，以及容易忆起的相关经历，但不要求“刨根问底”。每次会谈为 60～90 分钟，疗程由双方商定，可相隔几天、一周或更长时间。总之，认知领悟疗法让来访者充分领悟症状大都是幼稚的、不符合成年人思维逻辑规律的感情或冲动，其症状表现是以幼年的方式来解决成年人的问题。认知领悟疗法结合了西方心理治疗的理论和中国本土的实际情况，是目前国内高校常用的咨询技术之一。

（二）森田疗法

森田心理疗法简称森田疗法，是由日本森田正马教授于 1920 年创立的适用于神经质症的特殊疗法。森田学说理论体系的核心是精神交互作用说，认为如果对某种感觉的注意过于集中，就会使感觉处于一种过敏状态，这种敏锐性又会使注意力越发集中，并固定在这种感觉上，两者的交互作用就越发增大其感觉，这一系列的精神过程称为精神交互作用。精神交互作用加上自我暗示就会出现各种各样的奇异的感觉，是神经质症形成的重要原因。根据来访者症状，森田正马把神经质症分成 3 类：普通神经质症、强迫神经质症和焦虑神经质症。以强迫神经症为例，强迫观念发生时似乎感觉不到，当到达顶点时，强迫观念强度最高达到痛不欲生，发展到最后则会自动消亡，所以多数神经症都遵循开口向下的抛物线轨迹。因此，当来访者遇到强迫观念时，千万防止理性和痛苦感觉发生交互，凡事做到顺其自然，这样不用赶走它，强迫观念

也会自然消亡。

森田疗法强调“顺其自然、为所当为”的治疗理念，通常有门诊治疗和住院治疗两种方式。门诊治疗一般每周一次，接受生活指导和日记指导，疗程2～6个月，其基本要点包括：详细检查，排除躯体疾病的可能，解除来访者疑虑；要求来访者接受自身症状，顺其自然，绝不企图排斥；要求来访者带着症状从事日常活动，把注意转向无意识，使痛苦体验在意识中消失或减弱；告诉来访者切勿把症状挂在心上；治疗者按时批阅来访者的日记，来访者要保证下次再写再交。同时要家属不要对来访者谈病，也不要按病人来对待。经典森田疗法是住院治疗，也是对于严重的神经症来访者的最佳方法，其程序大致分为4个阶段：第一，绝对卧床期，一般4天至一周。绝对卧床期的第一周禁止会客、交谈、看书报、看电视等一切活动，只能独自静卧，因无事可做，来访者会感到十分苦恼，使其能体验“生的欲望”。目的是从根本上解除来访者精神上的烦恼和痛苦。第二，轻微工作期，疗期1～2周。每天必须保持卧床时间7～8小时，但白天要求到户外活动，接触好的空气和阳光，晚上写日记以进一步确定来访者的精神状态、对治疗的体验。主要是相对隔离治疗，禁止谈话、交际、游戏等活动，恢复来访者精神上的自发性，经过这一期来访者会渴望做更重的劳动，以此为标准，即进入第三期。第三，普通工作期，疗期1～2周。住院生活逐渐充实，并积极作回归正常社会生活的准备。但仍要求来访者不与别人谈论症状，只专注于当前的生活和工作，通过这样的实践与体会，让来访者自然而然地不再与其焦虑症状作强迫性的斗争，以便症状自然消失。第四，生活训练期，疗期1～2周。来访者开始打破人格上的执着，摆脱一切束缚，对外界变化进行顺应、适应方面的训练，为恢复其实际生活作准备。总之，森田疗法强调“顺其自然，为所当为”，引导来访者将注意力转移到工作、劳动等方面，对病症不关注、不在意，使其自然消除。

以上介绍了我国高校常用的几种心理咨询理论与技术，认知心理学与认知疗法、行为主义心理学与行为疗法、精神分析理论与精神分析疗法、人本主义心理学和“以人为中心”疗法，以及认知领悟疗法与森田疗法，各理论和疗法因不同的咨询师或来访者而适用于不同的情况。除此之外，我高校心理咨询还使用了家庭治疗、沙盘游戏治疗、内观疗法、游戏疗法、暗示疗法、艺术治疗、叙事疗法，焦点解决疗法等，总体上以国外的理论和技术为主。因此，未来还应当加强高校心理咨询的科学研究和实践探索，注重我国本土资源的挖掘与应用，开发出更多地适用于我国大学生的心理咨询理论与技能。

第四节　高校心理咨询的发展与现状

一、国外高校心理咨询的专业发展

19世纪中期，心理咨询伴随着心理治疗的产生而出现。作为心理治疗的手段和形式之一，在20世纪五六十年代以前的出版物中，心理咨询与心理指导、心理治疗等概念混为一谈，甚至在1931年以前，专业文献中从未提及心理咨询的概念。此后长期的发展中，心理咨询作为一种专门的职业，其专业功能、服务对象和范围及所运用的理论和方法等逐渐明确和丰富起来。作为一种有组织、有计划的活动，心理咨询的专业化可追溯到20世纪40年代后期，当时是为缓和“二战”带来的各种社会危机应运而生的。1984年，国际心理联合会出版编辑的《心理学百科全书》认为，心理咨询的对象是在应付日常生活中的压力和任务方面需要帮助的正常人。到 20 世纪末至 21 世纪初，心理咨询业已是一个涵盖非常广的职业领域，服务范围包括职业指导、教育辅导、心理健康、家庭婚姻、子女教育、情绪压力等各种心理和社会问题的咨询。随着心理咨询的专业化发展，高校心理咨询工作得到了丰富和发展，此处以美国、英国和日本高校心理咨询为例简要介绍国外高校心理咨询的专业化发展。

（一）美国高校心理咨询的发展

美国高校心理咨询工作起源于“二战”之后，咨询心理学从临床心理学和精神科中分离出来，成为美国心理学会（APA）的第 17 分会。此后，美国高校心理咨询的理论和实践研究一直居于世界领先地位。至 1968 年，服务于教育机构的心理咨询师几乎占据心理咨询师总数的 2/3，在教育机构从事教学、服务或管理工作；1997 年，美国学校咨询者协会（ASCA）颁布了《国家学校心理咨询标准》（NSSCP），规定学校咨询的目标、对象、内容以及基本的咨询范畴等；1990 年，美国心理学会制定的《心理学家的道德准则》成为美国学校心理学家提供心理健康服务时的基本行为规范；2000 年，《美国大学和学院咨询中心资格鉴定标准》界定了心理咨询机构在美国高校中的定位和作用、角色和功能、伦理要求及队伍建设等，勾勒出美国高校心理咨询服务系统的框架；2000 年，美国学校心理学家学会（NASP）颁布了学校心理服务指导性手册；2005 年，美国学校心理学家学会在《关于提供学校心理学服务的标准》的基础上又制定了《学校心理学家提供服务的专业大纲》以及《职业道德准则》。除了专业协会制定的学校心理学家服务标准、道德准则和伦理规范，美国联邦政府和各州政府也制定了相应的政策来保障学校心理健康服务的开展。目前，几乎所有美国大学都设有心理咨询服务机构，工作包括心理咨询和心理服务两部分，服务对象是学生、家长和教师，并以学生为主，而美国高校心理咨询工作的方方面面也成为世界各国高校争相学习和仿效的标杆。

（二）英国高校心理咨询的发展

在英国，心理咨询业发展的初期是一项无偿的社会服务，自发组织的志愿部门仅为那些有志于从事心理咨询工作的人员提供工作所需的最低限量的培训。当心理咨询发展为有偿服务时，人们一开始将其视为诸如护理和社工一类的职业。总之，在此期间，心理咨询被看作其他专业的一部分，还不被认为是一种有独特地位的专业，因而不培训或很少接受专门培训的人也做了咨询工作。英国学校心理咨询的蓬勃发展是在 20 世纪六七十年代，此时英国大多学校都配备有心理咨询人员。1976 年，英国咨询协会（BAC）成立，开始了心理咨询专业化的探索，在培训、督导、资格鉴定、伦理规范等方面发展出一套颇具特色的体系，英国咨询协会为推动英国高校心理咨询工作产生了重要的影响，取得了令人瞩目的成就；1988 年，英国开始了对培训课程的鉴定，倡议将接受培训作为从事咨询业的必备前提，进一步推动咨询的专业化发展；20 世纪 90 年代，大学的学习顾问加入心理健康咨询服务，主要为诵读困难、计算困难、自闭症、逃课厌学、沉迷网络以及学生导师无法解决的问题学生提供学习上的指导和服务；2000 年，英国咨询协会更名为英国咨询与治疗协会（BACP），继续发挥着重要的作用。近年来，英国高校心理咨询日臻成熟，由于在培训、督导、资格认定以及道德规范上的严格要求，高校心理咨询的专业化发展取得了很大成就，已进入以规范有序的培训、督导、资格鉴定、伦理、投诉等为标志的专业化发展阶段。

（三）日本高校心理咨询的发展

日本高校心理咨询工作受美国影响很大，学校心理咨询起源于20世纪50年代初美国心理学家受日本保健辅导研究会邀请讲学的事情。1953年，东京大学学生咨询所成立，致力于把学生的智力、个性、能力等的全面发展作为目标，培养身心健康的年青一代；20世纪60年代中期至70年代初是日本国立、公立大学心理咨询机构建立的高峰期，之后私立大学也纷纷建立类似的组织；1995年，日本文化科学部规定，全国各公立学校逐步设立学校心理咨询师（SC），之后全国范围内陆续扩充和完善心理咨询师的资源配置。此后，伴随着社会经济的快速发展，日本高校心理咨询工作发展迅速。目前，日本各大学基本上都设有专门的心理咨询机构，高校心理咨询工作呈现出以下特点：咨询机构普及，心理咨询已成为学校教育的重要组成部分；咨询内容广泛，形式多样；学生工作人员发挥着重要作用；借鉴西方理论和技术，并开发了一系列符合日本文化背景和大学生心身特点的研究。

以上介绍了美国、英国与日本高校心理咨询的专业化发展进程。可以看出，世界范围内的高校心理咨询大致起源于“二战”以后对心理健康问题的重视，而各国高校心理咨询的专业化发展情况不尽相同，各发达国家的高校心理咨询专业化发展之路为我国高校心理咨询工作的开展提供了有益的借鉴。

二、我国高校心理咨询的发展

（一）我国心理咨询的发展

与西方发达国家相比，我国心理咨询业起步相对较晚。早在20世纪30年代，我国曾出现心理诊所，但由于历史原因，心理学及心理咨询在相当长的时间内在我国并未得到发展。1985年9月，中国心理卫生协会成立，标志着心理咨询事业在我国重新起步。自21世纪以来，随着社会变迁、经济发展、生活节奏加快、矛盾冲突增加，人们对增进心理健康产生了越来越强烈的需求，心理咨询在我国形成巨大的买方市场，受到从国家到地方的全面重视。2001年8月，劳动部颁布《心理咨询师国家职业标准》，心理咨询师被正式列入《国家职业大典》；2001年12月，上海市通过并公布《上海市精神卫生条例》，并于次年4月正式实施；2002年，卫生部颁布《心理治疗师职称考核》，并于次年6月举行正式考试；2005年，国家出台正式标准，对心理咨询从业人员的培训与资格认证提出了更为严格的要求，心理咨询师专业化进程逐步走上正轨。国家层面的文件出台对医疗系统的心理治疗师和高校心理咨询师的规范、专业化发生具有非常重要的意义。目前为止，我国心理健康服务主要分为医学、社会和教育3种模式。医学模式的心理健康服务以心理障碍或心身疾病来访者为对象，从业人员大多为医学专业出身，多有处方权而常常使用药物，咨询形式带有较浓的临床色彩。社会模式指社会上开办的各种心理咨询机构，其运行机制为工商认证，从业者水平良莠不齐，运作方式随意性大，专业化程度很低。教育模式最初是在高校开展，后波及中小学。近年来，随着学生素质教育的推进，学校心理咨询受到越来越普遍的重视，许多高校心理咨询不但服务于学校，同时服务于社会。

（二）我国高校心理咨询的发展

我国高校心理咨询起步于20世纪80年代中期，以1988年6月在上海交通大学举办的“首届高校咨询教育理论与实践研讨会”为标志，此后高校心理咨询工作逐步发展。1990年11月，中国心理卫生协会常务理事会批准成立了“高校心理咨询研究会”（后易名为“大学生心理咨询专业委员会”）；1994 年 8 月，中共中央颁布的《关于进一步加强和改进学校德育工作的若干意见》第一次明确提出“心理健康教育”一词，并相继在国家颁布的一系列文件及学术研究中开始使用。自 21 世纪以来，我国高校心理咨询事业进入了一个新的发展时期。2001 年，教育部颁发的《关于加强普通高等学校大学生心理健康教育工作的意见》；2003 年 3 月的《普通高等学校大学生心理健康教育工作实施纲要（试行）》；2004 年，中共中央、国务院颁发《关于进一步加强和改进大学生思想政治教育的意见》（中发〔2004〕16 号），与此同时，教育部在大学新生入学时推出了中国大学生心理健康测评系统统一入学心理健康普查；2005 年，教育部、卫生部、共青团中央颁发《关于进一步加强和改进大学生心理健康教育的意见》（教社政〔2005〕1 号）；2011 年，教育部办公厅制定了《普通高等学校学生心理健康教育工作基本建设标准（试行）》（教思政厅〔2011〕1 号）。以上文件明确指出，加强大学生心理健康教育工作是新形势下全面贯彻党的教育方针、实施素质教育的重大举措，是促进大学生全面发展的重要途径和手段，是高校德育工作的重要组成部分。在一系列文件的支撑下，十年来我国高校心理咨询工作得到了迅猛的发展，在政策保障、资源配置、队伍建设等各方面都取得了较大的进步，针对高校心理咨询发展现状的调查，国外高校心理咨询的介绍以及高校心理咨询模式探索的研究与论述也层出不穷。然而，目前我国高校心理咨询仍然存在这样或那样的问题，尤其在评价监督、伦理规范方面远远落后于一些发达国家。

三、我国高校心理咨询存在的问题及启示

《2008 年世界卫生报告》发表专栏“政府从不参与到重新参与：来自中国的例子”，对我国政府曾在卫生事业上的“缺位”进行了系统批评。20 世纪八九十年代，政府放松了对卫生部门的监管，使我国初级卫生保健系统没有得到应有的重视，高校心理咨询工作一度停滞不前。自 20 世纪 90 年代尤其是新世纪以来，我国高校的心理咨询事业取得了很大发展，然而与发达国家相比较，仍然面临许多值得探讨和深思的问题。

（一）对心理咨询的认识偏差

由于受到浓厚的政治、道德与习俗等历史因素的影响，我国心理咨询的专业化发展中教师和学生都不免对心理咨询存在认识偏差。从心理咨询教师的角度看，心理咨询一度被简单地等同于思想政治或品德教育，高校心理健康教育重视自上而下的教导与灌输，缺乏以平等的身份和来访者讨论和沟通。此外，有些学校对心理咨询的重要性认识不够，建立心理咨询室仅为了应付上级检查或者教学评估，出现“重心理测试，轻科学分析”和“重心理问题调查，轻心理求助方式的调研”等现象。从学生的角度看，长期以来公众对心理咨询机构存在误解和偏见，有些学生认为只有具有强烈的精神疾病才去接受心理咨询，担心被人误认为有病，害怕受到他人歧视，宁愿去社会上的一些心理诊所及咨询热线都不愿走进心理咨询室接受心理咨询；有些学生对心理健康或心理疾病缺乏正确的认识，有了心理问题浑然不知，对存在的心理问题归类不清，对心理咨询缺乏正确的观念；还有些学生甚至大部分学生都把心理咨询当成一种短、平、快的活动，希望立竿见影。总之，由于长期的历史文化习惯，无论学校还是学生对心理咨询都可能存在认识偏差，因而，我国高校心理卫生工作的一项重要任务仍然是进一步加大宣传、解

放思想，帮助师生正确看待心理咨询。

（二）心理咨询机构归属不明

我国高校心理咨询室的设立多属于挂靠型，因而既没有独立经费来源，又无法规范工作人员的岗位系列，这已构成高校心理咨询工作的一大障碍。目前，我国心理健康服务工作实施的是以政府投资为主体的多渠道、多方位、多层次投入体系，是政府在政策和资金上给予精神卫生工作必要的支持和倾斜，并适度增加对精神卫生工作的投入，同时多渠道、多方位、多层次筹措资金，鼓励单位、团体、个人及社会福利事业等资助精神卫生工作。高校心理咨询工作的资金投入与此类似，“投入不足”和“分灶吃饭”的现象普遍存在，其中，起步不久的高职院校问题更加突出，组织机构不健全、保障机制不完善、专业队伍不强、经费投入不足等是其主要的问题所在。目前，某些高校还没有真正将心理健康咨询工作放在首位，所需经费没有纳入正常的财务预算，平时仅限于一块牌子、一张桌子、两把椅子的水平，室内没有有利于缓解学生心理压力的布置，数据收集和档案整理完全停留在手工阶段。针对北京、武汉、西安、新乡等20余所高校的心理咨询机构的调查显示，只有不足30％的咨询机构具备按学生人数划拨的用于学生咨询与测评的专项经费，年办公经费总投入最低的只有2000元。此外，在工作人员岗位系列问题上，起初我国没有专门培养心理咨询师的专门学校，从事咨询工作的人员大多数都是经短期培训的心理学的教师、校医生以及德育教育工作者，以专、兼、聘的形式从事咨询工作。2009年，廖全明的一项调查显示，我国中小学心理服务专职人员除极少数职称是心理专业的外（12.7％），绝大多数是政治、中文、体育、生物等其他学科的职称，心理咨询队伍建设规范化严重欠缺。近年来，许多高校专门开设培养专业心理咨询的专业，专职咨询工作人员数量不断增加，但各个高校心理咨询人员的构成和岗位系列，总体呈现人员缺乏的现象。因而，我国高校心理卫生工作应进一步明确机构所属，加大资金投入，真正做到心理咨询经费的“专款专用”。

（三）咨询师队伍参差不齐

专业人员准入门槛过低造成的服务质量欠缺是我国心理健康工作的一大弊病，并可能在一个较长时期内无法得到改善。一方面，我国高校心理咨询师队伍无论从质量还是数量上还远不能满足现在的需求。部分心理咨询工作人员的学历、技术水平和工作经验也难以胜任高校咨询工作的要求。对于来访者的问题有时难以做出准确的诊断，就造成了针对性不强、效果不佳的结果。在2009年周颖华和吴均林以及2010年程卫兵和赵锡荣的调查中发现，在接受过心理卫生服务的大学生当中，有相当一部分人曾中断服务，中断原因第一位的是认为服务没有效果（分别占30.2％和29.87％）。我国高校高素质的专业咨询师队伍建设步伐难以跟上当今心理咨询的需要，多数高校虽有心理咨询机构，但专业教师很少，在高校从事心理咨询的人员以兼职居多，而他们大多是辅导员。另一方面，高校心理咨询人员的培训和督导欠缺，这支队伍中有很多人员并不具备心理咨询的专业知识，只经过短期培训，缺乏系统的专业训练。有些心理健康教师表示对常用的技能和方法并不能熟练应用，咨询人员专业能力也不够突出。据浙江省《大学生心理健康教育途径研究》调查显示，高校心理教师60％是初学者，仅14％进行过心理咨询专门培训，个体咨询技能与心理咨询专业化标准存在一定差距。高校心理咨询的专业化发展还与心理咨询的督导制的确立和实施有很大关系。督导制是指由专业的心理咨询资深人士组成督导小

组，其作用是确保心理咨询人员道德操守的纯洁性，维持其高水准的专业化行为。目前，有少数学校建立了督导制度，咨询师遇到理论上的困惑或实践中的难题，可以及时与督导联系，并得到指导。但同时，由于没有统一的文件和规范，许多高校心理咨询工作没有确立督导制度，普遍缺乏案例监督和咨询师的自我分析。总之，无论是咨询师入门的资格审查，还是咨询师成长中的培训与督导，我国高校心理咨询师队伍的专业化建设都还有很长一段路要走。

（四）立法和伦理规范欠缺

用法律将心理服务工作予以规范，不但能提高整体健康素质，更能保护精神障碍患者的人格尊严和合法权益。自 1938 年全世界第一部《精神卫生法》诞生以来，已有近 70%的国家有精神卫生法或等效的条例。在我国，1985 年四川大学华西医院精神病学教授刘协和主持起草了《中华人民共和国精神卫生法》，直至 2010 年，我国的精神卫生立法已经艰难地走过了 25 个年头，期间修改了十余稿，却尚未出台。这对我国包括我国高校心理咨询的专业化发展是个很大的障碍。在职业伦理规范方面，虽然各地、各级部门的评价和监督性规定不少，但实质性的和有力度的文件远远不够。1988 年，卫生部颁布“医务人员医德规范及实施办法”（卫生部 1988 第 40 号文），我国高等医学院校和卫生系统相继开展了医德教育，部分医院成立了专门的医院伦理委员会，但直至目前，我国尚无明文规定的专门针对心理咨询与治疗的道德规范要求，我国心理咨询的专业伦理基本上处于真空之中。众所周知，由于心理咨询与治疗职业、方法和手段的特殊性，仅以医德规范作为心理咨询与治疗的伦理学守则是远远不够的，对于心理咨询中的侵权、伤害等事故，无论是政府部门还是行业学会都没有设置专门机构来判定心理服务者的职业操守和解决心理健康服务纠纷。因此，借鉴发达国家设立精神卫生法庭、精神卫生署、精神卫生代表委员会等机构的做法，尽快出台国家精神卫生法和职业伦理规范，是目前心理咨询行业专业化发展的迫切任务。

（五）心理咨询缺乏可延续性

目前，我国能够提供的心理服务机构有学校、精神科医院、综合医院和社会上以营利为目的的私人机构等，他们分属于教育、医疗、商业等不同部门。心理咨询工作是一个系统工程，学校通过开设心理咨询机构不能解决所有学生的所有问题，有些学生的心理问题根源并不是来源于大学，而是植根于家庭或社会，如父母离异、家庭教育方式不当、社会不良风气影响等因素。但是，我国缺乏一整套综合性强和以病人为中心的心理卫生服务模式，部门所属和条块分割弱化了心理咨询的服务能力，影响了现有资源的有效利用和整合，许多学生从学校进入社会或回到家里，其咨询就必须终止，无法保障心理咨询及其效力的可延续性。此外，宏观来讲，国家心理卫生资源集中于沿海及大中型城市，偏远地区的投入和实际使用很少，一些沿海地区和大中城市的院校及重点大学发展较快，但一些地方高校、民办高校、高职院校的投入不够，发展滞缓。虽然大学生心理咨询工作在各地各高校开展，但是发展不平衡。无论大学生还是一般民众，从一个地方到另一个地方，通常也会意味着心理咨询的中断。总之，只有形成学校、家庭和社会一体的心理卫生服务网络，才有可能使高校心理咨询更好地发光发热，成为我国心理卫生事业有机整体的重要组成部分。

以上介绍了我国高校心理咨询从起步到发展的整个过程，指出我国心理咨询尤其是高校心理咨询存在的几个主要的问题：教师和学生对心理咨询的认识偏差；高校心理咨询机构归属不

清楚，工作人员岗位系列不明；咨询师队伍参差不齐，缺少相应的培训监督；立法和伦理规范欠缺；心理咨询缺乏可延续性等。其中完善的体系需要完善的法律支持，目前我国基本立法和条例仍然空白，制定其他法规的条件也有待进一步成熟。此外，高校心理咨询事业要成熟，加强专业化进程固然重要，同时扩大宣传教育，让大学生正确看待心理咨询，不再讳莫如深也非常必要。

参考文献

[1] 许金凤．大学生心理健康教育的现状分析与理性思考［J］．资治文摘（管理版），2009（07）．

[2] 张钦哲．高校辅导员如何开展大学生心理健康教育工作［J］．人力资源管理，2010（05）．

[3] 许录艳，李晓冀．大学生心理健康教育分析［J］．辽宁教育行政学院学报，2010（03）．

[4] 韩伟．加强大学生心理健康教育的有效途径［J］．承德民族师专学报，2010（01）．

[5] 田芳源．大学生心理健康问题不容忽视［J］．科技信息，2010（10）．

[6] 肖华，邱冠文，安娜，等．新时期大学生就业难的原因及对策分析［J］．吉林广播电视大学学报，2010（04）．

[7] 李江霖．大学生心理健康问题及其影响因素探析［J］．改革与开放，2010（08）．

[8] 赵晶晶．构建和谐校园，加强大学生心理健康教育［J］．辽宁经济职业技术学院（辽宁经济管理干部学院学报），2010（02）．

[9] 孙玉文，刘作权．关于大学生心理健康教育现状分析与对策［J］．商场现代化，2011（31）．

[10] 张栋玲．网络成瘾心理咨询一例［J］．中小企业管理与科技（下旬刊），2011（12）．

[11] 刘灿彬，吴钊．浅析当前高校大学生心理健康教育工作［J］．新西部（下旬·理论版），2011.

[12] 崔俊红．当代大学生网络心理健康问题与网络心理咨询［D］．南昌：南昌航空大学，2012.

[13] 张宝君．90后大学生心理特点解析与对策［J］．思想理论教育导刊，2010（4）．

[14] 李姝．大学生挫折应对与心理健康相关研究［D］．荆州：长江大学，2014.

[15] 苏秋红．高校大学生学习动机研究［D］．福州：福建师范大学，2012.

[16] 吉利兰，詹姆斯．危机干预策略［M］．北京：中国轻工业出版社，2003.

[17] 王群．大学生心理健康教育［M］．上海：复旦大学出版社，2005.

[18] 黄建榕，陈建新．论我国大学生的心理危机及其干预系统的构建［J］．华南理工大学学报（社会科学版），2004（5）．

[19] 郑红波，孙红艳，王珍，等．当前大学生心理健康现状的调查分析［J］．中国高等医学教育，2009（10）．

[20] 王永铎．大学生心理危机防御与干预体系的建设［J］．河南科技学院学报，2010（9）．

[21] 杨井峰．大学生创造力培养课程设置研究［D］．广州：暨南大学，2009.

[22] 杨世昌，张迎黎．大学生心理健康教程［M］．北京：科学出版社，2014.

[23] 肖冬梅．大学生心理健康教育［M］．北京：中国人民大学出版社，2015.

[24] 晏莉．高校辅导员参与大学生心理健康教育的思考［J］．高教高职研究，2010（6）．

[25] 邹平．大学生人际信任与心理健康的关系研究［D］．桂林：广西师范大学，2008.